# Inhalt

### III
### Die flavischen Kaiser

### IV
### Das Zeitalter der Adoptivkaiser

### V
### Das Zeitalter der Severer

### VI
### Die Soldatenkaiser

# Ingemar König

# Der römische Staat

## Teil II

## Die Kaiserzeit

Philipp Reclam jun.
Stuttgart

*Der römische Staat*, Teil I: *Die Republik*, 1992 erschienen, liegt unter Nr. 8834 in Reclams Universal-Bibliothek vor.

Universal-Bibliothek Nr. 9615
Alle Rechte vorbehalten
© 1997 Philipp Reclam jun. GmbH & Co., Stuttgart
Gesamtherstellung: Reclam, Ditzingen. Printed in Germany 1997
RECLAM und UNIVERSAL-BIBLIOTHEK sind eingetragene Marken
der Philipp Reclam jun. GmbH & Co., Stuttgart
ISBN 3-15-009615-4

# Die Spätantike

## Aspekte des Staatswesens

### I
### Der Kaiser

### II
### *Populus*, Verwaltung und Provinzen

### III
### Das Steuerwesen

### IV
### Das Militär

V

## Das Rechtswesen

VI

## Ausgewählte Quellentexte

VII

## Kirche und Häresien

# Vorwort

Der zweite Teil des »Römischen Staates«, gewidmet der Kaiserzeit, muß naturgemäß wesentlich umfangreicher sein als der Teil »Republik«, da hier der Versuch unternommen wird, die Entwicklung und Umformung des Staatswesens, das sich weiterhin als »Res publica« bezeichnete, bis zum Untergang des römischen Westens darzustellen. Das Unterfangen ist deshalb kompliziert, da hier zwei Zeitabschnitte, nämlich der sog. ›Principat‹ und die ›Spätantike‹, die in Handbüchern zumeist getrennt abgehandelt werden, in einem Gesamtüberblick vorgestellt werden sollen. Zudem besteht für die Spätantike die Schwierigkeit, den »Untergang des römischen Reiches« mit dem Aspekt »Aufstieg von Byzanz« zu verquicken, die Beurteilungskriterien der ›klassischen‹ Althistoriker mit denen der Byzantinisten abgewogen zu verbinden. Aber nicht nur dieser Aspekt verdient hohe Beachtung, sondern auch die Tatsache, daß sich die Geschichte des spätantiken Westens mit der der Entstehung der germanischen Reiche überlappt, d. h. in das »früheste« Mittelalter übergreift.

Mit diesem Aspekt ist bereits das Problem des »Untergangs«, des »Endes« des römischen Reiches angesprochen, die sog. Periodisierung. Es kann nicht Aufgabe dieses Handbüchleins sein, das Problem in vollem Umfang zu diskutieren; als Ersatz einer Begründung meiner Betrachtungsweise soll auf die Überlegungen von K. F. Stroheker verwiesen werden, der das Ende des römischen Reiches im Westen mit der Landnahme der Langobarden ansetzt. Damit folge ich aber auch weitgehend dem Ansatz im Werke von A. Demandt, der ebenfalls die Rückeroberungspolitik Iustinians der Spätantike zurechnet.

Eine gewisse Ungleichgewichtigkeit der Darstellung mußte hinsichtlich der Entstehung des Principats in Kauf genommen werden. Die mit dem Namen des Augustus verbundene Verwandlung des Staatswesens ist nur aus der Phase des Bürgerkriegs heraus zu erklären, so daß es kaum möglich war, lediglich die Wandlung anzusprechen, ohne stärker, als es bei der Darstellung späterer Veränderungen der Fall sein wird, auf die »Ereignisgeschichte« einzugehen. Aber auch hier gilt das bereits im ersten Teil formulierte Einschränkung, daß die Darstellung nicht den Charakter einer »Römischen Geschichte« haben wird.

Um der Übersichtlichkeit des Stoffes willen wurde der Vorschlag Mommsens, die Kaiserzeit in eine Geschichte der Dynastien zu gliedern, übernommen.[1] Während sich die Geschichte der römischen Republik anhand der staatsrechtlichen Veränderungen, die ihren Niederschlag in den *leges* und *plebiscita* fanden, aufzeigen läßt, ist hier der Schwerpunkt naturgemäß auf die Veränderung gelegt, die der Staat durch die Entstehung des Principats erfuhr; aber auch der Principat = das Kaisertum entwickelte sich weiter, bedingt durch seine Dauer wie durch das wachsende monarchische Selbstverständnis der Kaiser. In den geläufigen Periodisierungen der römischen Kaiserzeit ist es seit Th. Mommsen üblich geworden, die jeweiligen Epochen mit Dynastien zu bezeichnen, die gleichzeitig auch als Charakteristikum verwendet werden:

Die *Iulisch-Claudische Dynastie* ist das Zeitalter der Stadtrömer, des patrizischen Adels, zu dem im Prinzip auch die

---

1 Th. Mommsen, der trotz seiner umfangreichen Studien zur römischen Kaiserzeit nie eine entsprechende »Geschichte der Römischen Kaiserzeit« veröffentlicht hat, äußerte sich 1873 auf eine diesbezügliche Frage seines Kollegen U. v. Wilamowitz-Moellendorff, daß »mit der Hof- und Senatsgeschichte in der Weise des Tacitus aufgeräumt werden müsse. Er würde nur nach Dynastien unterscheiden, danach den Stoff abgrenzen.« V. Ehrenberg, »Theodor Mommsens Kolleg über römische Kaisergeschichte«, in: *Heidelberger Jahrbücher* 4 (1960) S. 95.

Kaiser des Vierkaiserjahres gerechnet werden müssen, auch
wenn hier schon der Umbruch sich ankündigt durch die
Macht der Militärs.

Die *Flavische Dynastie* ist die Zeit der Italiker, die, aus dem
Ritterstand kommend, zum Kaisertum aufsteigen.

Die *Adoptivkaiser*, die als »Provinz-Römer« angesehen
werden, da sie aus Spanien oder der Narbonensis stammen,
sind Römer aus den alten überseeischen Provinzen, die bereits wie Italiker betrachtet werden. Auch sie bilden eine
Dynastie dank familiärer Verflechtungen.

Die *Severer* gelten als Stellvertreter einer Epoche der Mili-
tärmonarchie, die dann überleitet zu der Zeit der
*Soldatenkaiser*, Herrscher, die ihren Aufstieg, aber auch ihren Sturz den Legionen verdanken. Zu ihnen zählen nicht
wenige hoch angesehene Senatoren. Aber auch diese Kaiser
streben nach Dynastiebildung.

Die *Tetrarchie*, die mit der kurzen Alleinherrschaft Diocletians beginnt und für wenige Jahrzehnte das nicht immer
friedvolle Miteinander mehrerer Herrscher bringt, kennzeichnet den Übergang von der klassisch-römischen Antike
zur ›Spätantike‹, wobei hier der Ausdruck, den der Wiener
Kunsthistoriker A. Riegl geprägt hat, in der Geschichtsschreibung Verwendung findet.[2]

Die *Dynastien Constantins d. Gr., Valentinians und Theodosius' d. Gr.* sind eng verknüpft mit der Christianisierung
des Reiches, aber der christologische Konflikt hat Rück-
wirkungen auf die Innenpolitik und beeinflußt das Auseinanderdriften der beiden Reichsteile, des lateinischen
Westens und des griechischen Ostens. Noch aber ist eine
militärische wie territoriale Stabilität faßbar.

Mit der germanischen Landnahme, dem Einbruch der Hunnen, weiteren Wanderungen ostgermanischer Völkerschaften, der teils eigensüchtigen Machtentfaltung großer Heermeister, beginnt der politische, militärische und ökono-

2 A. Riegl, *Die spätantike Kunstindustrie*, Wien ²1927

sche Verfall des Westens, der schließlich zum Rückzug römischer Herrschaft, nicht aber römischer Kultur führt.

Diese plakativen Kriterien werden zwar verwendet, um den immensen Stoff chronologisch zu ordnen, gleichzeitig aber soll versucht werden, das Kontinuum der Entwicklung aufzuzeigen. Ansonsten folgt die formale Darstellung den Kriterien, wie sie bereits im Vorwort zum ersten Teil formuliert waren.

# Der Principat

## Einleitung

Der Dictator Caesar hatte, wie Sueton erzählt, Verschwörungen gegen sein Leben als gegeben hingenommen, gleichzeitig aber eine Warnung ausgesprochen: »Nicht so sehr in seinem als im Interesse des Staates sei es, daß er unbeschadet bleibe. Er habe schon längst Macht und Ruhm im Überfluß erlangt, der Staat dagegen werde, sollte ihm etwas zustoßen, statt zur Ruhe zu kommen, von Bürgerkriegen unter noch schlimmerer Bedingung heimgesucht werden.«[1] Daß diese Befürchtung zutreffen würde, war den Verschwörern nicht bewußt gewesen, und es dauerte Jahrzehnte, bis der *res publica* die ersehnte Ruhe, die Eintracht (*concordia*) durch den Adoptivsohn Caesars wiedergegeben wurde. Es erscheint daher einleuchtend, die römische Kaiserzeit mit Augustus beginnen zu lassen, da dieser Mann, der seine Macht hinter der Bezeichnis ›Princeps‹ verbarg, der große Friedensbringer wurde. Seine politische Leistung gab der zerrütteten *res publica* Stabilität und Ordnung zurück, seine monokratische Stellung wurde zum Garanten dieser Ordnung, sein Name *Imperator Caesar Augustus* zum Kaisernamen schlechthin, dem die Nachfolger nur noch ihren Individualnamen einfügten; seine Selbstbezeichnung *princeps* wurde für die Römer zur Bezeichnung »Kaiser«.

---

1 Sueton, *Iulius* 86: *Non tam sua quam rei publicae interesse, uti salvus esset: se iam pridem potentiae gloriaeque abunde adeptum; rem publicam, si quid sibi eveniret, neque quietam fore et aliquanto deteriore condicione civilia bella subituram.*

Tacitus sah in seinen um 120 (seit 116/117) verfaßten »Annales« in der Beseitigung der Caesarmörder das Ende der *libera res publica*: mit Augustus begann für ihn das Zeitalter der *res publica*, in dem die Freiheit (*libertas*) nur noch ein leeres Wort war, da sie sich dem Willen des Herrschers beugen mußte. Für Tacitus trat nunmehr an die Stelle der einstigen *libertas*, dem freien Zusammenspiel römischer Institutionen, der Wille des Machthabers, die *dominatio*. So überzeugend die Argumentation des Tacitus dann sein mag, wenn wir an Herrscher wie Caligula und Nero denken – Tacitus denkt an alle Herrscher seit Tiberius bis Domitian –, so darf man sich nicht verleiten lassen, zwischen Caesar und Augustus eine scharfe Zäsur zu erkennen. Wenn man von einer »Machtergreifung« des Augustus ausgeht, kann man das Jahr 27 v. Chr. nennen. Fragt man jedoch nach den Formen der Macht, der Idee der Macht, muß man spätestens mit Caesar einsetzen. E. Kornemann begann die Kaiserzeit mit dem Jahr 59 v. Chr., dem ersten Consulat Caesars, da Caesar mit dem Staatswesen monarchisch umgegangen war.[2] Einen ähnlichen Weg ging A. von Premerstein in seinem wichtigen Werk »Vom Werden und Wesen des Prinzipats«,[3] doch warnte er davor, das von ihm vorgeschlagene Datum, das Jahr 44, da Senat und Volk dem Dictator Caesar den Treueeid schworen, als absolut zu nehmen: Vorläufer derartiger Formen gab es schon früher. So ließ Sulla bei seinem Weggang in den Mithradatischen Krieg die »frei« gewählten Consuln schwören, seine Anordnungen zu wahren. In der Diskussion der »Philosophischen Grundlagen des Prinzipats« sagte v. Premerstein: »Die Staatsform des Prinzipats, für die sich Augustus seit 27 v. Chr. entschieden hatte, war eben das praktische Ergebnis einer jahrhunderte-

---

2 E. Kornemann, *Römische Geschichte*, hrsg. von H. Bengtson, 2 Bde., Stuttgart [6]1970.
3 A. von Premerstein, *Vom Werden und Wesen des Prinzipats*, aus dem Nachlaß hrsg. von H. Volkmann, München 1937 (Abhandlungen der Bayerischen Akademie der Wissenschaften München, phil.-hist. Kl. H. 15).

langen politisch-sozialen Entwicklung, hervorgegangen aus dem republikanischen Parteiführer- und Gefolgschaftswesen (cet.)«[4] Wir müssen daher im Principat, der von Augustus geschaffenen Staatsform, die Vollendung einer Entwicklung sehen, die sich über etwa ein Jahrhundert erstreckte.

Heftige Kontroversen hat bis heute die Frage hervorgerufen, wie die Leistung des Augustus gemessen an der Leistung Caesars zu bewerten ist. Th. Mommsen, der seine Geschichte der Republik mit Caesar abschloß, sah in diesem ersten der Caesaren[5] den Wegbereiter zu einer konstitutionellen Monarchie. Es ist das Urteil eines Liberalen, eines Vormärz-Revolutionärs, der die Anregungen Caesars in der staatsrechtlichen Sphäre suchte. Daher bedeutete ihm Augustus einen Rückschritt: Augustus war zwar »Testamentsvollstrecker« Caesars, aber unfähig für Caesars große Ideen. Caesar, so ließe sich formulieren, war Revolutionär, Augustus ein Konservativer. Auch v. Premerstein neigte, wenn auch zurückhaltend, dieser Ansicht zu, allerdings sah er darin die Vorsichtsmaßnahme des Realpolitikers. Er zog daher die Linie Caesar →M. Antonius und setzte Augustus etwas davon ab. Augustus, so urteilte er, habe bei seiner Schöpfung jeweils einen Schritt zurück getan, um das konservative Element des Staatswesens zu berücksichtigen. Darin aber liege eben die dauerhafte Leistung des Augustus.

In beiden Beurteilungen zeigen sich bereits die verschiedenen Standpunkte der historischen Diskussion: Der Jurist Th. Mommsen untersuchte den Principat von der Warte des Staatsrechtlers aus, der die Wandlung der Institutionen der *res publica* beurteilt und die Wandlung nach den Möglichkeiten im Vergleich zur staatlichen Realität untersucht, die Person des Augustus aber in den Hintergrund treten läßt.

4  v. Premerstein (s. Anm. 3) S. 6.
5  Mit Caesar beginnt Sueton sein Werk *De vita Caesarum.*

Es ist ein Weg, den z. B. F. de Martino[6] und J. Bleicken[7] mit
gebotener Vorsicht eingeschlagen haben.
Ihnen gegenüber stehen die Historiker, die das Wirken des
Augustus aus seiner Persönlichkeit herleiten und sich mo-
nographisch mit ihm auseinandergesetzt haben, so z. B.
V. Gardthausen, T. Rice Holmes oder D. Kienast.[8] Vor allem
Kienast hat zu begründen versucht, warum der Erbe Caesars nicht zum neuen Caesar wurde: »Während für Caesar
die *res publica* ein Nichts war, ein Name ohne Körper und
Gestalt, verstand sich Augustus als Vertreter und Garant der
*res publica*.«[9] Augustus, gewarnt durch die Geschehnisse
seit Sulla, tastete sich an die neue Staatsform, den Principat,
heran, bestrebt, das Verständnis der Zeitgenossen nicht zu
überfordern, und es kam seinem Werk zugute, daß er Mitarbeiter fand, die seinen politischen Fähigkeiten, seinem
wachsenden Charisma vertrauten. Augustus konnte sich
vom ehrgeizigen Abenteurer zum Staatsmann wandeln.
Der damit verbundene Verlust an *libertas* war es, was Tacitus beklagte, und er wie seine philosophisch gebildeten
Kollegen im Senat beobachteten das Verhalten jedes Kaisers
– auch des Augustus – mit Argusaugen, wieviel »Freiheit«
jeder Kaiser gewährte, d. h. wie sehr oder wie wenig er die
*auctoritas patrum*, das Ansehen und den Einfluß des Senats,
respektierte. Th. Mommsen leitete aus seinem Verständnis
des Principats ab, daß Augustus eine »Dyarchie« angestrebt
habe, eine gemeinsame Herrschaft von Princeps und Senat.
Aber diese Idee Mommsens entsprach eher einem Wunsch-
(traum) des Senats, den Plinius d. J. in seiner Dankesrede an
Traian für die Gewährung des Consulats im September 100

6  *Storia della costituzione romana*, 6 Bde., Neapel ²1958–72.
7  *Verfassungs- und Sozialgeschichte des römischen Kaiserreichs*, 2 Bde., Paderborn ³1989.
8  V. Gardthausen, *Augustus und seine Zeit*, 2 Tle. in 6 Bdn. Leipzig 1891–1917
   (Nachdr. 1964); T. Rice Holmes, *The Architect of the Roman Empire*, 2 Bde.,
   Oxford 1928–31; D. Kienast, *Augustus. Princeps und Monarch*, Darmstadt
   1982.
9  Kienast (s. Anm. 8) S. 14 f.

formulierte und den er mit dem Ausdruck *civilitas* charakterisierte. Die politische Realität war durch stetes Mißtrauen gekennzeichnet, durch Aktionen des Princeps, die
der Senat als Eingriff in seine Kompetenz, ja als Angriff auf
dieses erlauchte Gremium wertete.

Diese Vorbemerkungen sind keineswegs als Definition des
Principats gedacht, sondern als Hinweis auf die Bewertung
des Herrschers in unseren Quellen. So, wie die späte Republik zwei Formen der Geschichtsbeurteilung entwickelt hat,
den optimatischen und den popularen Standpunkt, so entwickelte sich jetzt ein neues Genus der Geschichtsschreibung: die »senatorische Geschichtsschreibung«, die die Kaiser in *principes – boni principes, mali principes – tyranni*
klassifizierte; daneben stehen die weniger zahlreichen Darstellungen aus der Feder von Mitarbeitern der Kaiser, die
dem Princeps dankbar oder gar bewundernd gegenüberstanden. Zudem entwickelte sich auf der Basis hellenistischen Herrscherverständnisses eine weitere Darstellungsform, die, wie bereits die Fragmente des »Bios Kaisaros«
des Nikolaos von Damaskus zeigen, den Kaiser als einen
Mann vorstellen, der als überragender, gottbegnadeter, ja
göttlicher Mensch seinen Aufstieg seiner »Übermenschlichkeit« verdankte.[10]

---

10 B. Scardigli, *Nicolao di Damasco: Vita di Augusto. Introduzione, traduzione italiana, commento storico,* Florenz 1983. – F. Taeger, *Charisma. Studien zur Geschichte des antiken Herrscherkultes,* Bd. 2: *Rom,* Stuttgart
1960.

# I

## Augustus
## und die Begründung des Principats

Als Augustus am 19. August 14 n. Chr. in Nola (Campanien) starb, konnte er, wie Velleius Paterculus versichert, ohne Sorge für die Zukunft auf eine ungewöhnliche Leistung zurückschauen, auf einen Weg, der begleitet war von Ehrungen, wie sie nie einem Römer zuvor zuteil geworden waren. Nur wenige Tage vor seinem Tod waren ihm von einem aus Alexandria in Puteoli einfahrenden Schiff Lobpreisungen entgegengeschallt: *per illum se vivere, per illum navigare, libertate atque fortunis per illum frui.*[1] Was die Reisenden Augustus zuriefen, war der Inhalt dessen, was wir als *Pax Augusta* kennen. Aber bis dahin war ein langer Weg.

## 1 Der Bürgerkrieg

C. Octavius, am 23. September 63 v. Chr. in Rom geboren, entstammte dem Kreis ritterlicher Familien, die erst über die sullanische Ordnung Zugang zur Ämterlaufbahn fanden. Die Mutter des späteren Augustus, Atia, war allerdings die Nichte des Dictators Caesar. C. Octavius konnte daher auf gute Beziehungen bauen, und Caesar, der in dem Großneffen den Erben sah, förderte ihn nach Kräften.[2] Das Erbe

---

1 Sueton, *Augustus* 98,2: »Dank seiner Leistung könnten sie leben, könnten sie zur See fahren, Freiheit und Wohlstand genießen.«
2 So wurde der erst 16jährige auf Betreiben des *pontifex maximus* Caesar im Jahr 48 zum *pontifex* gewählt; in der Umgebung Caesars sollte er auch in

umfaßte einen Teil des Vermögens, die Stellung als *pontifex maximus* und die *clientela* gleichermaßen, auch wenn nicht feststellbar ist, ob C. Octavius auch als Erbe der außergewöhnlichen Stellung des Dictators vorgesehen war;[3] doch hätte er automatisch eine herausragende Stellung im Staat eingenommen.[4] Der Dictator hatte seine Stellung aufgrund militärischer Leistung erreicht und ausgebaut, da seit Sulla das Heer die tragende Stütze politischer Macht geworden war.[5] Die Mitnahme des jungen Octavius auf den anstehenden Partherfeldzug diente offenbar dazu, diesem das notwendige Ansehen beim Heer zu verschaffen. Octavius hielt sich bereits in Apollonia auf, als ihn die Nachricht von der Ermordung des Dictators erreichte. Umgehend kehrte er nach Italien zurück, wo er von dem vollen Inhalt des Testaments, wozu auch die Adoption in die patrizische *gens Iulia* gehörte, Kenntnis erhielt: ab sofort nannte er sich C. Iulius Caesar Octavianus. Diese Handlungsweise richtete sich nicht zuletzt gegen M. Antonius, der die Führung der ›Caesarianer‹ beanspruchte.[6] Der Mord an Caesar hatte zwar den Dictator beseitigt, aber den Mördern war es nicht gelungen, der Plebs, die Caesar geliebt hatte, die Notwendig-

militärischen Dingen unterwiesen werden. Anläßlich des afrikanischen Triumphes Caesars im Jahr 46 erhielt Octavius die *dona militaria*, obwohl er keinerlei militärischen Rang bekleidet hatte; möglicherweise war er eine Art privater Adjutant Caesars. 45 v. Chr. reiste C. Octavius nach Spanien zu Caesar und durfte anschließend zusammen mit D. Iunius Brutus im zweiten Wagen hinter Caesar den Triumph mitfeiern.

3 Wir wissen über Caesars Absichten, den Staat neu zu ordnen, nur wenig. H. Volkmann, »Caesars letzte Pläne im Spiegel der Münzen«, in: *Gymnasium* 64 (1957) S. 299–308; M. Jehne, *Der Staat des Dictators Caesar*, Köln/Wien 1987.

4 Alle diese Aspekte, aber auch Octavians Umgang mit dem Testament Caesars, sind diskutiert bei W. Schmitthenner, *Octavian und das Testament Caesars*, München ²1973.

5 H. Aigner, *Die Soldaten als Machtfaktor in der ausgehenden Republik*, Innsbruck 1974.

6 H. Bengtson, *Marcus Antonius, Triumvir und Herrscher des Orients*, München 1977; A. Roberts, *Mark Antony: His Life and Times*, Upton-upon-Severn 1988.

keit der Tat zu vermitteln. So gelang es Antonius, nach anfänglicher Annäherung an den Senat[7] die Caesarmörder zu isolieren.[8] Andererseits konnte der junge Caesar unter geschickter Ausnutzung von Rivalitäten unter den Caesarianern, aber auch der Ängste des Senates, formuliert durch Cicero,[9] den Senat für sich gewinnen. Der junge Caesar suchte sofort das gute Andenken des Dictators beim Volke für sich zu nutzen: Als während der von ihm veranstalteten *ludi Victoriae Caesaris*, dem »Geburtstag« des Tempels der Venus Genetrix (20. bis 30. Juli), ein Komet erschien, wurde dieser als *sidus Iulium*, als »vergöttlichter Caesar«, gedeutet. Ferner bot er dem Senat ein eigenes, aus Veteranen Caesars bestehendes Heer an: erstmals verfügte der Senat nun über ein eigenes Heer (*publica arma*[10]). In seiner 5. Philippika (1. Januar 43) beantragte Cicero ein *imperium* für Octavian, die Erklärung des M. Antonius zum Staatsfeind (*hostis*) und sofortigen Krieg zum Entsatz des D. Brutus, der in Mutina von Antonius belagert wurde. Erst nach längerem Zögern beschloß der Senat ein *imperium propraetore* für Octavian, kooptierte den 19jährigen in den Senat mit Stimmrecht *inter consulares* und verlieh ihm das Recht, sich zehn Jahre vor dem gesetzlichen Alter um die Ämter bewerben zu können. Damit folgte er weitgehend dem Antrag Ciceros.[11]

---

7  So beantragte er die grundsätzliche Abschaffung der Dictatur: Cicero, *Philippica* 1 (13) 32.

8  E. Becht, *Regeste über die Zeit von Caesars Ermordung bis zum Umschwung in der Politik des Antonius (15. März bis 1. Juni anno 44 v. Chr.)*, Diss. Freiburg i. Br. 1911; U. Ehrenwirth, *Kritisch chronologische Untersuchungen für die Zeit vom 1. Juni bis 9. Oktober 44 v. Chr.*, Diss. München 1971.

9  Die erste seiner Philippischen Reden hielt Cicero am 2. September 44, die zweite erschien im Oktober 44 als Flugschrift.

10  Diesen Ausdruck verwendet Tacitus, *Annales* 1,2 als Bezeichnung für das Heer der *res publica* im Gegensatz zu den auf die Heerführer eingeschworenen Armeen (»Klientel-Armeen«).

11  *Res gestae* 1,1: *Annos undeviginti natus exercitum privato consilio et privata impensa comparavi, per quem rem publicam a dominatione factionis*

In der folgenden Auseinandersetzung erlitt Antonius zwar eine doppelte Niederlage (19. März, 21. April), wobei beide Consuln umkamen, aber der junge Caesar ließ den Gegner bewußt entkommen: sein vorrangiges Ziel war der Consulat, der ihn im Kreise der übrigen Caesarianer die, wie etwa L. Munatius Plancus, nicht mit Antonius sympathisierten, ebenbürtig machen sollte.[12] Als der Senat sich weigerte, marschierte Octavian auf Rom, wo sich der Senat dem militärischen Zwang beugte und den jungen Caesar und dessen Onkel Q. Pedius zu Suffektconsuln bestimmte. Octavian setzte nun offiziell die Adoption – genauer gesagt: die *adrogatio* – durch eine *lex curiata* durch; ferner bestimmte eine »Lex Pedia« die Ächtung (*hostes publici*) aller Caesarmörder. Die Acht über M. Antonius, der sich in die Narbonensis zum Heer des Lepidus geflüchtet hatte, wurde aufgehoben, ebenso die über Lepidus, den man der Unterstützung eines *hostis publicus* angeklagt hatte. Der Weg zur Einigung zwischen den drei caesarischen Führern Antonius, Lepidus und Octavian war frei, der Senat mußte sich entscheiden; ein Teil der Senatoren verließ Rom, um zu den Caesarmördern in den Osten zu gehen, andere suchten die Gunst der drei Caesarianer zu erringen, wieder andere – zu ihnen zählte Cicero – suchten zu vermitteln. Nicht übersehen

---

*oppressam in libertatem vindicavi. Eo nomine senatus decretis honorificis in ordinem suum me adlegit C. Pansa et A. Hirtio consulibus consularem locum sententiae dicendae tribuens et imperium mihi dedit. Res publica ne quid detrimenti caperet, me pro praetore simul cum consulibus providere iussit* (»Im Alter von neunzehn Jahren habe ich auf eigenen Beschluß und aus eigenen Mitteln ein Heer aufgestellt, mit dem ich dem von der Herrschaft einer Parteiung unterdrückten Staat die Freiheit wiedergab. Aus diesem Grunde wählte mich der Senat unter dem Consulat des C. Pansa und A. Hirtius in sein Gremium, teilte mir das Stimmrecht im Rang eines gewesenen Consuls zu und gab mir die militärische Befehlsgewalt. Er beauftragte mich, zusammen mit den Consuln als Propraetor Sorge zu tragen, daß dem Staat kein Unheil zustoße«). – Diese Formulierung entspricht dem klassischen Satz zur Verhängung des Staatsnotstandes: *videant consules . . .*

12 Vgl. Cicero, *Ad familiares* 10,24, vom 28. Juli 43.

werden darf hierbei die Macht der Soldaten. Lepidus befehligte damals sieben Legionen, darunter Caesars ehemalige Elitetruppen, die sich nun für Antonius erklärten. So schlossen sich die Statthalter von Hispania Ulterior, C. Asinius Pollio, und von Gallia Comata, L. Munatius Plancus, dem Antonius an, der nunmehr über 22 erprobte Legionen verfügte. Dieser Militärmacht war der junge Caesar nicht gewachsen, er selbst ohne militärische Erfahrung. Zudem war die »Lex Pedia« ohne Hilfe des Antonius gegen die Caesarmörder, die im Osten eine Militärmacht sammelten, nicht durchsetzbar. So nahm er gerne die Vermittlerdienste des in seinem Ansehen gekränkten Lepidus an.

Die drei caesarischen Führer trafen Ende Oktober 43 auf einer kleinen Insel im Fluß Renus [Reno] bei Bononia [Bologna] zusammen, wo man sich auf ein ›Triumvirat‹ einigte: *Triumviri rei publicae constituendae consulari potestate.*[13] Die gewählte Bezeichnung war staatsrechtlich nicht neu: bereits Sulla und Caesar hatten sich der *dictatura rei publicae causa* bedient, um den Staat in ihrem Sinne zu ordnen, Sulla hatte die Bezeichnung *dictator legibus scribundis et rei publicae constituendae* geführt. Neu war, daß es nun drei »Dictatoren« gab, die zwar nicht den Dictator-Namen führten, nun aber den von ihnen beherrschten Westen untereinander aufteilten. Antonius erhielt die Gallia Cisalpina und die Gallia Comata, Lepidus die Narbonensis und Spanien,[14] Octavian wurde Africa, Sizilien und Sardinien zugeteilt, Gebiete, die damals die Flotte des Sex. Pompeius kontrollierte. Weiterhin wurden, um sich der innenpolitischen Gegner zu entledigen und die leeren Kassen aufzufüllen, Proscriptionen beschlossen.[15] Der junge Caesar sollte als

---

13  Es handelt sich nicht, wie gemeinhin formuliert, um das »zweite Triumvirat«, da das »erste« zwischen Caesar, Pompeius und Crassus lediglich eine Privatabsprache darstellte, vgl. Sueton, *Caesar* 19,2.

14  Lepidus behielt das Amt des *pontifex maximus*, das er in den Wirren nach Caesars Ermordung an sich gerissen hatte.

15  Plutarch, *Antonius* 19.

Consul die Beschlüsse in Rom durchsetzen, danach aber zugunsten zweier Vertrauensleute des M. Antonius zurücktreten. Octavian war, so ist unschwer zu erkennen, der Schwächste im Triumvirat. Auf Antrag des Volkstribunen P. Titius wurde das Triumvirat am 27. November 43 legalisiert und für fünf Jahre bestätigt.[16] Die »Lex Titia« sprach ihnen die consularische Vollmacht (*consularia potestas*) zu, ihre Verordnungen (*edicta*) erhielten Gesetzeskraft; die Ämter wurden von den *IIIviri* vergeben (*designatio*), sie durften Landzuteilungen für Veteranen vornehmen. In den folgenden Proscriptionen wurden 300 Senatoren und 2000 Ritter ermordet, unter ihnen am 7. Dezember 43 auch Cicero; viele flohen zu M. Iunius Brutus.[17] Cassius seinerseits warb im Osten Soldaten an.

Zwischen diesen beiden Gruppen stand Sex. Pompeius, der Sohn des Pompeius Magnus. Aufgrund der »Lex Pedia« als »Sympathisant« geächtet, besaß er jedoch eine von Spanien bis Kilikien reichende Clientel. Mit einer schlagkräftigen Flotte, in der auch Sklaven Aufnahme fanden, eroberte er Sizilien, die Kornkammer Roms, und bedrohte von dort aus Italien und Rom. Der Kampf um die Macht riß somit alle Teile des Imperiums mit sich, die Tage von Pompeius und Caesar begannen sich zu wiederholen.

Am 1. Januar 42 wurde der ermordete Dictator unter die Götter aufgenommen (*Divus Iulius*), und der junge Caesar nannte sich nunmehr *Imperator C. Iulius, Divi Iuli filius, Caesar Octavianus*, was einen Zuwachs an Ansehen bedeutete. Aber die Entscheidung mußte militärisch fallen, und nichts konnte dem jungen Caesar ungelegener sein, als den Kampf gegen die Caesarmörder dem Antonius zu überlassen; so ging er zu diesem nach Griechenland. Bei Philippi

16 J. Bleicken, *Zwischen Republik und Prinzipat. Zum Charakter des Zweiten Triumvirats*, Göttingen 1990 (Abhandlung der Akademie der Wissenschaften Göttingen, phil.hist. Kl. 185).
17 Auch Q. Horatius Flaccus schloß sich damals Brutus an: Horaz, *Carmina* 2,7.

(Ostmakedonien) stießen sie auf die vereinten Heere des Cassius und Brutus. In einer ersten Schlacht (Oktober 42) wurde Cassius von Antonius geschlagen, am 23. Oktober schließlich Brutus vernichtet; die republikanischen Heerführer begingen Selbstmord. Obwohl es eindeutig ein Erfolg des Antonius war, hat sich Augustus später den entscheidenden Erfolg selbst zugerechnet.[18]

Immer wieder wird die Frage nach den Zielen der Caesarmörder aufgeworfen. Bereits Cicero hatte vor allem Brutus politische Unfähigkeit und Zaudern vorgeworfen. Erst unter dem Einfluß des Cassius, den Brutus selbst als »den letzten Römer« bezeichnet hat, schien er zum Handeln bereit. Dennoch muß man sich fragen, ob die führenden Caesarmörder überhaupt über das Augenblicksziel, die Iden des März, hinausgeplant hatten. Cicero, enttäuscht von ihrem Verhalten, verneint dies. Die Verschwörer hatten zwar wie einst Harmodios und Aristogeiton den Ruhm von »Tyrannenmördern« erreicht, ihre Tat aber war sinnlos geblieben, da sie die Selbsterneuerungskraft des Staatswesens überschätzt hatten und mit der Pflicht, selbst die politische Führung zu übernehmen, überfordert waren.[19]

Mit dem Sieg bei Philippi begann jedoch auch der Kampf um die Macht im Staat. Bei einer Neuverteilung der Provinzen verlor Lepidus unter dem Vorwand, Truppen zurückgehalten zu haben, Spanien und erhielt statt dessen Africa. Die Narbonensis fiel an M. Antonius, der bereits die Gallia

---

18 *A(nte) d(iem) X kal(endas) Novembres: Imperator Caesar Augustus vicit Philippis posteriore proelio, Bruto occiso* – »Am 23. Oktober siegte Caesar Augustus in der zweiten Schlacht bei Philippi, wobei Brutus getötet worden war« (*Fasti Praenestini* = Inscr. It. XIII 2,135). – Der einzige, der damals auf der Seite des Octavian tatsächlich militärische Fähigkeiten zeigte, war der etwa 22jährige M. Vipsanius Agrippa. R. Daniel, *M. Vipsanius Agrippa*, Diss. phil. Breslau 1933; J.-M. Roddaz, *Marcus Agrippa*, Paris 1984.

19 W. Stewens, *Marcus Brutus als Politiker*, Diss. phil. Zürich 1963; zu C. Cassius Longinus gibt es bislang keine monographische Darstellung; zu S. Pompeius: B. Schor, *Beiträge zur Geschichte des Sex. Pompeius*, Diss. phil. München 1977.

Comata kontrollierte; die Gallia Cisalpina wurde Italia zugeschlagen: da die Provinz ein hervorragendes Rekrutierungsgebiet darstellte, sollte sie keinem der Triumvirn überlassen werden. Gewinner der Neugliederung war der junge Caesar, der nun ganz Italien zu kontrollieren begann. Antonius war in den Osten gegangen, um Geld zu beschaffen und um die Anhänger der Caesarmörder zu bekämpfen. Aber er folgte damit auch seinen politischen Vorbildern: Sulla hatte sich als Sieger über den Osten Roms bemächtigt, Pompeius hatte seine Stellung im Staat im Osten erkämpft, und auch Caesar hatte im Osten gekämpft und einen Partherfeldzug vorbereitet; so rechnete Antonius ebenfalls damit, im Osten die Herrschaft über das gesamte Imperium zu erringen. Sein Bruder L. Antonius, designierter Consul des Jahres 41, sollte die Interessen des Abwesenden in Italien gegen den jungen Caesar vertreten, der mit der Veteranenansiedlung beauftragt war. Aber in dem von L. Antonius und Fulvia, der Gattin des M. Antonius, mit Billigung zahlreicher Senatoren und Großgrundbesitzer entfachten »Perusinischen Krieg« (Winter 41/40) unterlagen beide Octavian: 300 Senatoren und Ritter wurden am 15. März am Altar des Gottes Caesar als Sühneopfer getötet. Der Senat beeilte sich, dem jungen Caesar die Triumphalabzeichen zuzusenden, und verlieh ihm das Recht, beim Triumph anderer gleichfalls den Lorbeerkranz zu tragen. Der Senat hatte seine *auctoritas* völlig verspielt.

Antonius kam im Jahr 40 selbst nach Brindisi, um durch Vermittlung des Asinius Pollio einen Ausgleich herbeizuführen. Unter dem Druck der Soldaten wurde im »Frieden von Brindisi« eine erneute Teilung der Welt beschlossen: Octavian erhielt den Westen, Antonius den griechischen Osten, Lepidus lediglich Africa; Italien wurde in die Verteilung nicht einbezogen. Der inzwischen verwitwete Antonius heiratete die Schwester Octavians. Lepidus, so zeigte sich, spielte im Triumvirat keine Rolle mehr. Octavian und Antonius legten zudem die Consulliste für die nächsten acht Jahre vor und bestimmten, um ihre Anhänger zu belohnen, auch im voraus die Suffektconsuln: nach Cassius Dio (48,35) ein erstmaliger, ungeheurer Vorgang.

Nun forderten die Soldaten auch den Ausgleich mit Sex. Pompeius. Im Vertrag von Misenum (Jahr 39) einigte man sich auf eine Generalamnestie, die nur die Caesarmörder ausnahm. Sex. Pompeius wurde der Consulat versprochen, ferner die Statthalterschaft über Sizilien, Sardinien, Corsica und Achaia auf fünf Jahre sowie ein Teil des väterlichen Vermögens. Dafür sollte er – ähnlich seinem Vater Pompeius Magnus (Jahr 57 v. Chr.) – die Getreideversorgung Italiens, die *cura annonae*, übernehmen. Seine Anerkennung als »Nauarch« war eine Bestätigung der realen Machtposition des jungen Pompeius, der sich als ›Neuer Poseidon‹ feiern ließ. Doch der junge Caesar hielt sich nicht an die Abmachung, so daß Antonius sich erneut um den Ausgleich bemühte. Im »Frieden von Tarent« (Jahr 37) wurde der Vertrag von Misenum neu beschworen, gleichzeitig das am 31. Dezember 38 ausgelaufene Triumvirat für weitere fünf Jahre erneuert. Doch bereits am 1. Juli 36 erneuerte Octavian den Krieg gegen Sex. Pompeius: in der Seeschlacht bei Naulochos (3. September 36) unterlag Pompeius M. Vipsanius Agrippa so vollständig, daß er mit nur wenigen Schiffen in den Osten entkam. Von einem Legaten des M. Antonius in Phrygien geschlagen (Jahr 35), wurde er auf Befehl des Antonius in Milet hingerichtet.

Lepidus, der sich in Messina festgesetzt hatte, forderte Sizilien für sich, doch Octavian konnte die Truppen zum Seitenwechsel überreden. Lepidus ergab sich und wurde nach Campanien verbannt. Das Amt des *pontifex maximus* durfte er behalten, aber nicht mehr ausüben. Africa übernahm nun Octavian selbst. Das Triumvirat war damit technisch, wenn auch nicht juristisch, beendet. Der junge Caesar beherrschte nunmehr den gesamten Westen, zudem Rom, und beeinflußte damit weitgehend die Politik des Senats.

Der Sieg markierte einen Wendepunkt im Verhalten des

jungen Caesars: als Herr Italiens konnte er sich Großzügigkeit leisten, Großmut zeigen. Die Soldaten wurden belohnt,[20] verdiente Centurionen geehrt und entlassen. Octavians Verhalten aber entsprang weniger einem Wunsch nach Belohnung treuer Dienste als dem, die Offiziersstruktur zu verändern: Oft genug hatten die Militärs durch ihr Verhalten die Handlungsweise Octavians erzwungen; nun strebte er danach, ein Heer zu formen, das nicht aus altgedienten Caesarianern bestand, sondern aus seinen eigenen Anhängern. Rücksichtnahme bei Enteignungen zur Veteranenversorgung, ein allgemeiner Schuldenerlaß gegenüber der Staatskasse, die Herabsetzung der Vermögenssteuer kamen Senatoren und Rittern entgegen. Nunmehr verkündete Octavian offiziell das Ende des Bürgerkrieges, und der Senat bedankte sich mit Ehrungen, die an die für den Dictator Caesar anknüpften: der junge Caesar erhielt einen Triumph, das Recht, sich Standbilder aufstellen zu lassen und den Lorbeerkranz ständig zu tragen, den Ehrenvorsitz bei den Spielen. Am Jahrestag von Naulochos durfte er mit der ganzen Familie im Iuppitertempel auf Staatskosten speisen; auch eine Staatswohnung auf dem Palatin wurde ihm zugewiesen. Die Ehrenrechte der Volkstribunen wurden ihm zugestanden mit dem Recht, immer unter den Tribunen im Senat Platz zu nehmen. Auch das Amt des *pontifex maximus* wurde ihm angetragen, da es dem Dictator Caesar vormals als vererbbar zugesprochen worden war, doch Octavian lehnte ab, dieses noch zu Lebzeiten des Lepidus zu übernehmen.[21]

Antonius seinerseits widmete sich den Ostprovinzen, von denen er erhöhte Tribute einforderte, um den von Caesar geplanten Partherkrieg vorzubereiten. Unter der Anschuldigung, Cassius unterstützt zu haben, wurde auch die ägyptische Königin Kleopatra VII. aufgefordert, in seinem

20 Cassius Dio 49,14 spricht von 500 Drachmen = 2000 Sesterzen pro Mann.
21 *Res gestae* 10.

Hauptquartier in Tarsos [Kilikien] zu erscheinen.[22] Ob Antonius nur beabsichtigte, das Land durch Kontributionen zu belasten – als eine Art private Schatzkammer – oder aber als Provinz seinem Herrschaftsgebiet einzuverleiben, ist den Quellen nicht zu entnehmen. Kleopatra jedoch konnte die Begegnung für sich nutzen: »Den Antonius eroberte sie also so vollständig, daß er, während in Rom seine Gattin Fulvia an seiner Stelle mit Caesar Krieg führte und ein parthisches Heer in Mesopotamien operierte [...], sich einfach von ihr nach Alexandria mitnehmen ließ, dort mit Scherz und Zeitvertreib das Leben eines unbeschäftigten jungen Mannes führte und das kostbarste Gut (wie Antiphon es nennt[23]) vergeudete und verpraßte: die Zeit.«[24]

Antonius verbrachte den Winter 41/40 in Alexandria, wo ihm Kleopatra im Jahr 40 die Zwillinge Alexander Helios und Kleopatra Selene gebar. Obwohl er die Verbindung zum Senat nicht abreißen ließ, nutzte Antonius jedoch weder alle persönlichen noch politischen Möglichkeiten. Er verwies auf die militärischen Verhältnisse im Osten, die seine Anwesenheit notwendig machten.[25]

Antonius aber gefährdete sein Ansehen in Rom, als er sich nach kaum einjähriger Ehe von Octavia trennte. Er anerkannte seine Kinder von Kleopatra und ging mit ihr nach östlich-ägyptischem Ritus die Ehe ein – eine ungültige Ehe aus römischer Sicht. Einem zweiten Sohn aus dieser Verbindung gab er den programmatischen Namen Ptolemaios

---

22 Plutarch, *Antonius* 26 f.
23 Antiphon, attischer Redner, um 480–411/410 v. Chr.
24 Plutarch, *Antonius* 28,1 f. (übers. von K. Ziegler). – H. Buchheim, *Die Orientpolitik des Triumvirn Marcus Antonius. Ihre Voraussetzungen, Entwicklung und Zusammenhang mit den politischen Ereignissen in Italien*, Heidelberg 1960; H. Volkmann, *Kleopatra. Politik und Propaganda*, München 1953; J. Lindsay, *Cleopatra*, London 1970; P. M. Martin, *Antoine et Cléopâtre. La fin d'un rêve*, Paris 1990.
25 D. Magie, *Roman Rule in Asia Minor to the End of the Third Century a. C.*, Princeton 1950; K.-H. Ziegler, *Die Beziehungen zwischen Rom und dem Partherreich*, Wiesbaden 1964.

Philadelphos. Damit wurde Antonius zum »Prinzgemahl« der Kleopatra, die zusammen mit ihrem Sohn Kaisarion, den Antonius als Sohn Caesars anerkannt hatte, Ägypten regierte. Die Propaganda begann von der politischen Unersättlichkeit der Ägypterin zu sprechen. Für Antonius aber war es der Versuch, in die Alexandernachfolge einzutreten. Die Freunde des Antonius waren verunsichert.[26]

Am 31. Dezember 33 erlosch das in Tarent verlängerte Triumvirat, und als am 1. Januar 32 mit C. Sosius und Cn. Domitius Ahenobarbus zwei Freunde des Antonius den Consulat antraten, warf Sosius Octavian umgehend den Bruch des Vertrags von Tarent vor (Ausschluß des Lepidus). Inzwischen zog Antonius in Ephesos seine Truppen zusammen, und Kleopatra unterstützte ihn mit einer Flotte. Octavian geriet ernsthaft in Bedrängnis, da er rechtlich ohne Imperium dastand, während Antonius über eine erhebliche Militärmacht im Osten verfügte. Einen Antrag des Sosius vom 1. Februar 32, Octavian vor Gericht zu stellen, konnte er nur durch das Veto eines Volkstribunen vereiteln. In seiner Verteidigung forderte er, Antonius nach Italien zu rufen, damit er mit diesem gleichzeitig und gemeinsam alle Gewalten niederlegen könne. Er wußte, daß sich Antonius dazu nie bereit finden würde, und so bedeutete dies für den Senat, daß auch Octavian seine illegal gewordene Macht behalten werde. 300 Senatoren verließen Rom zusammen mit den beiden amtierenden Consuln und begaben sich zu Antonius. Octavian bestellte daraufhin zwei Patrizier zu neuen Consuln.[27] Es war eine Art Staatsstreich.

Antonius setzte nach Griechenland über und bildete in Athen einen Gegensenat, griff aber Italien nicht an. So hatte der junge Caesar die Möglichkeit, seine Anhänger zu sam-

---

26 K. Scott, »The political Propaganda of 44–30 B. C.«, in: MAAR 11 (1933) S. 7–49; J. R. Johnson, *Augustan Propaganda*, Diss. Los Angeles (California University) 1976.
27 L. Cornelius (Cinna) & M. Valerius Messalla.

meln,[28] wobei ihm der Zufall zu Hilfe kam: Munatius Plancus, über eine Brüskierung durch die Königin verärgert, ging nach Rom und verriet Octavian den Inhalt des bei den Vestalinnen hinterlegten Testaments des Antonius. Octavian ließ es daraufhin widerrechtlich erbrechen und im Senat verlesen: Antonius bezeichnete darin Kaisarion als Sohn Caesars;[29] seinen eigenen Kindern von Kleopatra wurden größere Gebietsschenkungen zugesprochen, für sich verfügte er, neben Kleopatra in Alexandria bestattet zu werden. Die verbliebenen Freunde des Antonius sahen sich bloßgestellt, von Antonius selbst verraten. So beschloß der Senat den Krieg gegen Kleopatra, um den Aspekt eines Bürgerkrieges zu vermeiden. Caesar wurde mit dem Krieg beauftragt, Antonius für unfähig erklärt, Staatsämter zu bekleiden. Octavian nahm die nötigen Riten zur Kriegserklärung beim Tempel der Bellona vor; Italien, Gallien, Spanien, Illyrien, Africa, Mauretanien, Sizilien, Sardinien, Corsica leisteten Octavian den Gefolgschaftseid.[30] Dieser Gefolgschaftseid, der *sponte sua* geleistet wurde, kündigt die Basis des späteren Principats an: *per consensum universorum potitus rerum omnium.*[31]

Am 2. September 31 fand bei Actium die letzte große Seeschlacht der Antike statt, die schließlich von Antonius verloren wurde.[32] Nicht unschuldig an der Niederlage war Kleopatra, die Befehl gab, direkt nach Ägypten zu segeln;

28  E. Gabba, Senati in esilio, Bolletino dell'Istituto di Diritto Romano 1960 S. 221–233; M. A. Levi, *Ottaviano capoparte*, 2 Bde., Florenz 1933.

29  H. Heinen, »Caesar und Kaisarion«, *Historia* 18 (1969) S. 181–203.

30  Dies ist einer der wichtigsten Punkte der *Res gestae* 25: *Iuravit in mea verba tota Italia sponte sua et me belli, quo vici ad Actium, ducem deposcit. Iuraverunt in eadem verba provinciae* (»Ganz Italien legte aus eigenem Antrieb auf mich [in den von mir vorgegebenen Worten] den Eid ab und forderte mich als Führer für den Krieg, in dem ich bei Actium siegte. Im gleichen Wortlaut schworen die Provinzen«).

31  *Res gestae* 34; D. Krömer, ZPE 28 (1978) S. 133 f., schlägt neuerdings die Lesung *per consensum universorum [potens reru]m om[n]ium* vor, was das Datum der Erlangung des *consensus universorum* offen läßt.

32  J. M. Carter, *Die Schlacht bei Aktium*, Wiesbaden 1972.

nur Antonius wurde von ihr mitgenommen. Das Landheer
des Antonius sah sich verraten und ergab sich: 13 Legionen
gingen kampflos zum Sieger über. Der junge Caesar aber
ließ an der Stelle, wo er sein Hauptlager aufgeschlagen
hatte, eine neue Stadt gründen, die er seinem Schutzgott
Apollon weihte: Nikopolis.

Octavian nahm nun den Osten in Besitz: Viele Clientelfürsten unterwarfen sich freiwillig, um ihre Stellung zu retten,
aber nur wenige konnten auf Nachsicht hoffen.[33] Die meisten kleinasiatischen Städte verloren ihre Selbstverwaltung.
Ritter und Senatoren, die zu Antonius gehalten hatten,
wurden teils hingerichtet, teils mit Geldstrafen belegt, nur
wenige begnadigt. Als dann Anfang 30 Octavian wegen
einer Veteranenrevolte in Italien nach Rom zurückkehren
mußte, wurde er vom Senat feierlich in Brindisi eingeholt
und zusammen mit Volkstribunen, Prätoren, einer Abordnung der Ritter und des stadtrömischen Volkes nach Rom
geführt. Caesar wies nun den Veteranen Land von anto-
niustreuen Anhängern zu, entschädigte die Vertriebenen
aber mit Geld oder Land außerhalb Italiens.[34] Danach
kehrte er in den Osten zurück, wo Antonius und Kleopatra
in Ägypten den Widerstand organisierten. Antonius bot
zwar für sich und Kleopatra die Unterwerfung an, wenn
deren Kindern die Herrschaft bestätigt würde, Octavian
aber lehnte ab. Nach einen Sieg über Antonius zog er am
1. August 30 in Alexandria ein; Antonius gab sich den Tod.
Kleopatra versuchte zu verhandeln, als sie jedoch erfuhr,
daß sie für den Triumph aufgespart werden sollte, beging
auch sie Selbstmord. Antyllus, der älteste Sohn des Antonius von Fulvia, wurde getötet, ebenso Kaisarion. Damit
war der Streit um die Anerkennung von Caesars Sohn be-

33  Zu Herodes von Judaea, Amyntas von Galatien und Archelaos von Kappa-
     dokien s. D. Kienast, *Augustus. Princeps und Monarch*, Darmstadt 1982,
     S. 65.
34  E. Schönbauer, »Municipia und coloniae in der Prinzipatszeit«, in: Anzei-
     ger der *Akademie der Wissenschaften in Wien* 91 (1954) S. 14–48.

endet. Die übrigen Kinder des Antonius wurden Octavia übergeben.[35] Der Senat beschloß, Antonius aus den Beamtenlisten (*fasti*) zu streichen, sein Name in den Gesetzen wurde getilgt (*damnatio memoriae*); sogar sein Geburtstag wurde, wie ein Kalenderfragment zeigt, zum *dies perniciosus* erklärt.

Ägypten wurde dem Reich einverleibt. Die »Fasti Praenestini« verzeichnen unter dem 1. August (30 v. Chr.): *Aegyptus in potestatem populi Romani redacta*, Augustus schreibt in den »Res gestae« (27,1): *Aegyptum imperio populi Romani adieci*. Dieser feine Formulierungsunterschied zeigt, daß Ägypten zwar Bestandteil des Imperiums wurde, aber eine Sonderstellung erhielt: als reiche Domäne wurde sie zum persönlichen Besitz des jungen Caesars, zur Hausmacht seiner Nachfolger. Octavian selbst trat, wie Bildwerke zeigen, in die Nachfolge des vergöttlichten Pharao ein.[36] Ägypten wurde von einem in Alexandria residierenden Stellvertreter Octavians verwaltet, dem *praefectus Aegypti*. Keinem Senator oder Ritter war es inskünftig gestattet, ohne »kaiserliche« Erlaubnis das Land zu betreten. Ja, selbst die eigenständige Münzprägung (Billonprägung) wurde beibehalten und ihr Umlauf auf Äpypten beschränkt. Damit war dem Senat der Zugriff auf diese neue Provinz verwehrt.[37]

Im Sommer 29 kehrte Octavian nach Rom zurück, wo er einen dreifachen Triumph feierte: (1) Sieg über Pannonier, Dalmater, gallische und keltische Stämme; (2) Sieg bei Actium; (3) Triumph über Ägypten. Zudem weihte er in der Curia Iulia ein Standbild der Victoria, das nun zum Symbol der Herrschaft Roms wurde. Der Senat seinerseits beschloß,

---

35  Kleopatra Selene wurde mit König Iuba von Mauretanien verheiratet.
36  H. Heinen, »Vorstufen und Anfänge des Herrscherkultes im römischen Ägypten«, in: ANRW II 18.5 (1995) S. 3144–80.
37  A. Stein, *Die Präfekten von Ägypten in der römischen Kaiserzeit*, Bern 1950; I. König, *Alexandrinische Münzen in der Original- und Abgußsammlung der Universität Trier*, Trier 1988.

den Monat ›Sextilis‹ in ›Augustus‹ umzubenennen[38], und
verlieh dem jungen Caesar das Recht, Patrizier zu ernennen,
ein Recht aus der Königszeit, das bereits dem Dictator Caesar zuerkannt worden war.[39] Zusammen mit M. Vipsanius
Agrippa übernahm Octavian nun die Censur und führte
eine *lectio senatus* durch. Die freigewordenen Ränge des
wieder auf 600 residierende Mitglieder begrenzten Senats
füllte Octavian in Übereinstimmung mit den verbliebenen
Senatoren auf.[40]

Das Hauptproblem jedoch war das Heer: Octavian reduzierte
die seit Actium bestehenden 70 Legionen auf 26, wobei die
Veteranen nun mit Geld oder Landzuweisungen außerhalb
Italiens abgefunden wurden. Ein Wiederaufleben von Vete-
ranenrevolten in Italien sollte damit verhindert werden.

Im Jahr 28 übernahmen der junge Caesar und M. Vipsanius
Agrippa den Consulat, um die Erneuerung des Staatswe-
sens zu Ende zu führen. Dazu gehörte neben einem allge-
meinen Schuldenerlaß die Revision der Maßnahmen der
Triumvirn; ein Census wurde durchgeführt – vier Millionen
Römer[41] –, die *lectio senatus* beendet, so daß Octavian nun
den Ehrentitel *princeps senatus*[42] erhielt. Nachdem bereits
im Jahr 29 der Ianustempel geschlossen worden war zum
Zeichen des äußeren Friedens, war nun auch der innere
Friede wiederhergestellt: *res publica restituta.*

Bis zu diesem Zeitpunkt hatte sich der junge Caesar nach
dem Auslaufen des Triumvirats auf das Sonderimperium für

---

38 Sueton, *Augustus* 31,2: *in cuius ordinatione Sextilem mensem e suo cogno-
   mine nuncupavit magis quam Septembrem quo erat natus, quod hoc sibi et
   primus consulatus et insignes victoriae obtigissent* (»Er verlieh dabei an
   Stelle des September, in dem er geboren war, dem Monat Sextilis seinen
   Beinamen, in Erinnerung daran, daß er in diesem Monat zum erstenmal den Consulat bekleidet und bedeutende Siege errungen hatte«). Vgl.
   Macrobius, *Saturnalia* 1,12,35.
39 Für Caesar: *lex Cassia*, J. 45; für Augustus: *lex Saenia*, Jahr 30.
40 Siehe hier das Vorgehen Sullas.
41 *Res gestae* 8: *censa sunt capita quadragiens centum millia et sexaginta tria
   millia* (4 063 000 Bürger).
42 *Res gestae* 7.

die Auseinandersetzung mit Antonius berufen können. Noch mehr aber berechtigte ihn dazu der *consensus universorum* und der Gefolgschaftseid, was ihm die höchste *auctoritas* verschaffte, die je ein *patronus* besessen hatte: er war *patronus* des Staatswesens geworden, dessen Freiheit (*libertas*) er verteidigt hatte.[43] Und so konnte er das nur scheinbare Wagnis eingehen, dem Senat den Staat zurückzugeben. Der junge Caesar trat von der politischen Bühne ab, Augustus, der *princeps*, wurde geboren.

## 2 Die Konsolidierung der Macht

Am 13. Januar 27 legte der Consul C. Iulius Caesar im Senat eine Art Rechenschaftsbericht vor, erklärte die Wiederherstellung der *res publica* für abgeschlossen und gab die ihm übertragenen Vollmachten zurück. In den »Res Gestae divi Augusti« (»Monumentum Ancyranum«) wird der Vorgang als ein länger andauernder Prozeß beschrieben: *In consulatu sexto et septimo [...] rem publicam ex mea potestate in senatus populi Romani arbitrium transtuli.*[44] Die Gegenüberstellung *mea potestas* und *arbitrium SPQR* verdeutlicht, daß durch freiwilligen Rücktritt von der Macht (*potestas*) dem Staat die Freiheit (*libertas p.R.*) wiedergegeben war. Aber es war nicht mehr das von Sulla erstrebte oder von Cicero herbeigesehnte Staatswesen:[45] der junge Caesar hatte zwar die *potestates* niedergelegt, besaß jedoch weiterhin den *consensus universorum*, der ihn zum *patronus* des Staatsvol-

---

43 *Res gestae* 1.

44 *Res gestae* 34: »Während meines 6. und 7. Consulats [...] habe ich die *res publica* [Staatswesen] aus meiner Verfügungsgewalt in die Entscheidungsfreiheit des Senates und des römischen Volkes zurückgegeben.

45 Wenn deshalb H. Castritius, *Der römische Prinzipat als Republik*, Husum 1982, davon ausgeht, daß die Republik durch Octavian tatsächlich wiedergewonnen wurde, so ist dies nur mit Vorbehalt richtig.

kes wie der Provinzialen machte. Seine Leistung bei der Beseitigung innenpolitischer (Caesarmörder, Sex. Pompeius, M. Antonius) wie außenpolitischer Bedrohungen (Kleopatra), sein schon zu Beginn der »Res gestae« (§ 1) formulierter Anspruch, *vindex libertatis* (Schützer der Freiheit) zu sein, verschaffte ihm die Position im Staat, die mit der früherer Staatsmänner nicht mehr verglichen werden konnte. Allein die Existenz des jungen Caesars mußte das Selbstverständnis des Staates verändern.[46]

Der Senat, auf den Rücktritt Octavians vorbereitet, bedankte sich für die Leistungen mit der Verleihung der *corona civica*, dem militärischen Ehrenzeichen für die Errettung von Bürgern im Krieg. Am 16. Januar wurden weitere Ehrungen beschlossen, darunter der Ehrenname ›Augustus‹. Dieser Vorgang wird in den »Res gestae« genau beschrieben, dient hier jedoch als Definition der außerordentlichen Stellung des Augustus im Staat: *Quo pro merito meo senatus consulto Augustus appellatus sum et laureis postes aedium mearum vestiti publice coranaque civica super ianuam meam fixa est et clupeus aureus in curia Iulia positus, quem mihi senatum populumque Romanum dare virtutis clementiaeque et iustitiae et pietatis causa testatum est per eius clupei inscriptionem. Post id tempus auctoritate omnibus praestiti, potestatis autem nihilo amplius habui quam ceteri, qui mihi quoque in magistratu conlegae fuerunt.*[47] Das Schlüsselwort ist *auctoritas*, das bewußt der *potestas in magistratu* gegenübergestellt

---

46  R. Syme, *The Roman Revolution*, Oxford 1939, spricht von einer Metamorphose der Republik.

47  *Res gestae* 34: »Für meine Verdienste wurde ich aufgrund eines Senatsbeschlusses Augustus genannt, die Eingangspforte meines Hauses wurde staatswegen mit Lorbeerbäumen geschmückt, die *corona civica* über meiner Tür befestigt und ein Ehrenschild in der *curia Iulia* angebracht, dessen Inschrift bezeugt, daß ihn der Senat und das römische Volk mir gewidmet habe aufgrund meines Mutes, meiner Güte, der Gerechtigkeit und Frömmigkeit. Von dieser Zeit an überragte ich alle an persönlichem Ansehen. An Macht aber besaß ich nicht mehr als alle übrigen, die – in welchem Amt auch immer – meine Kollegen waren.« – Zu den Lorbeerbäumen und *clupeus virtutis*: A Alföldi, *Die zwei Lorbeerbäume des Augustus*, Bonn 1973.

wird.[48] Es gibt keinen Bürger, der sich mehr um den Staat verdient gemacht hat als Augustus, sein Ansehen ist unerreicht und unerreichbar, selbst darin, daß er Macht abgibt und so den Staat neu begründet. Auch wenn der Begriff *auctoritas* keine staatsrechtliche Funktion enthält,[49] so ist er doch für den Träger von eminent politischer Bedeutung: Augustus übernahm die politische Leitfunktion. Der von Cicero einst geforderte *rector civitatis* war geboren.[50]

Sueton (Augustus 7,2) und Cassius Dio (53,16,5) berichten, Augustus habe ursprünglich an den Romulus-Namen als Symbol für die Neugründung des Staates gedacht; Romulus war zudem Ahnherr der Iulier-Familie. Aber der Name war mit dem Anspruch auf Königsherrschaft belastet, und als L. Munatius Plancus das Augustus-Cognomen vorschlug, griff Octavian dieses auf: der Name symbolisierte das *augurium maximum*, die höchste Befähigung zur Einholung und Deutung göttlicher Zeichen. Die Eignung des *divi Iuli filius*, den Götterwillen zu erkennen und zum Heile des Staates, zur Mehrung des Staatswesens anzuwenden, war unbestreitbar. Daher ist der Name ›Augustus‹ frühzeitig mit *auctor*, ›Mehrer (des Reiches)‹, in Verbindung gebracht worden.[51] Der Augustus-Beiname bestätigt somit die *auctoritas*: *Id summi fastigii vocabulum Augustus repperit, ne regis aut dictatoris nomen adsumeret ac tamen appellatione aliqua cetera imperia praemineret.*[52] Die Begriffe *consensus*

48 A. Magdelain, *Auctoritas Principis*, Paris 1967.
49 Anderer Ansicht ist allerdings A. Magdelain (s. Anm. 48).
50 Eine vergleichbare Formulierung wählte Tacitus in der Adoptionsrede des Galba, *Historiae* 1,16: *Si immensum imperii corpus stare ac libri sine rectore posset, dignus eram a quo res publica inciperet* (»Wenn der ungeheure Körper des Reiches ohne einen Lenker bestehen und im Gleichgewicht gehalten werden könnte, wäre ich würdig, daß mit mir die *res publica* begänne«).
51 Literatur bei D. Kienast, *Augustus* (s. Anm. 33) S. 80 Anm. 47.
52 Tacitus, *Annales* 3,56,1: »Augustus hatte diese Bezeichnung höchster Würde aufgegriffen, um nicht den Titel ›König‹ oder ›Dictator‹ annehmen zu müssen, und um dennoch durch diese Bezeichnung den übrigen Imperiumsinhabern etwas vorauszuhaben.« – W. K. Lacey, »Summi fastigii vocabulum: The story of a title«, in: JRS 69 (1979) S. 28–34.

*universorum, virtus, auctoritas, pietas, Augustus* umreißen
somit klar die außerordentliche Stellung des Augustus im
Staatswesen; gleichzeitig hatte Augustus damit auch den Begriff *princeps* umgeformt. Bereits in der Republik gab es
*principes civitatis*, führende Männer des Staates – im Staate;
Augustus aber war über alles Vergleichbare hinausgewach-
sen: er wurde zum *princeps* schlechthin.[53] Der Ehrenname
*princeps* wurde zur Bezeichnung der Regierungsform ›Principat‹. Mit der Rückgabe seiner außerordentlichen *potestates*
aber war Augustus nicht *homo privatus* geworden: bis zum
Jahre 23 bekleidete er kontinuierlich zusammen mit einem
Kollegen aus angesehener Familie den Consulat.
Neben den Consulat trat als weitere reale Macht das *imperium proconsulare*, wobei der Senat eine Aufgabenteilung
beschloß: Die Provinzen Tarraconensis, Lusitania, Narbonensis, Tres Galliae (Celtica = Germania), Coilesyrien, Phö-
nikien, Kilikien, Zypern wurden Augustus als »nichtbefrie-
det« für zehn Jahre überlassen; hinzu kam Ägypten; die
Narbonensis und Zypern tauschte Augustus bald gegen
Dalmatia; der Senat behielt sich Africa mit Numidia, Asia,
Bithynien und Pontus, Griechenland und Epirus, Libyen
(Cyrenaika), Baetica, Sizilien, Sardinien, Corsica.[54] Damit
war eine Provinzteilung eingetreten, die in den Quellen
durch die Bezeichnung *provinciae Caesaris* bzw. *provinciae
inermes* charakterisiert wird: Augustus war der Herr des
Großteils der Streitkräfte. Das *imperium proconsulare* um-
reißt somit die militärische Macht des Kaisers.
Augustus kontrollierte nunmehr das gesamte Staatswesen:
Legislative und Exekutive als Consul, den Senat durch seine
*auctoritas*, versehen mit den tribunizischen Ehrenrechten,

---

53 Augustus selbst unterscheidet in den *Res gestae* genau zwischen seiner
 Stellung als *princeps senatus* (7,13), den senatorischen *principes viri* (12)
 und der staatspolitischen Zäsur *ante me principem* (30) bzw. *me principe*
 (32); L. Wickert, »Princeps«, in: *Mélanges J. Carcopino*, Paris 1966, S. 979–
 986.
54 Cassius Dio 52,12,1–7.

das Militär durch sein *imperium proconsulare*, den Staatshaushalt durch die Entwicklung einer eigenen Kasse, den
*fiscus* (*Caesaris*). Die verschiedenen administrativen Bereiche führten frühzeitig zur Entwicklung eines »kaiserlichen«
Verwaltungsstabes. Zu Recht sah daher Cassius Dio
(53,17,1) in der Sitzung vom 16. Januar 27 die »konstitu-
ierende Sitzung« der augusteischen Monarchie. Dieser späteren Beurteilung aber steht die augusteische Propaganda
gegenüber:

Augustus hatte am 13. Januar 27 alle nicht an ein republikanisches Amt gebundenen, d. h. außerordentlichen Gewalten
(*potestates*) zurückgegeben, um den Eindruck zu vermeiden, er strebe nach (Gewalt-)Herrschaft (*dominatio*), nach
Monarchie oder gar nach Tyrannis.[55] Damit war die Über-
tragung von Macht – *imperium* und *potestas* –, die der Senat
am 16. Januar vornahm, nicht mehr sein persönlicher
Wunsch. So wie ihm vormals der *consensus* des Westens *sua
sponte* zuteil geworden war, so erfolgte nun die Machtzu-
weisung durch den Senat ebenfalls freiwillig. Die formale
Weigerung (*recusatio*), das Zögern (*haesitatio*) des Augustus, die Macht zu übernehmen, wurde damit zum Vorbild
für alle späteren Principes bis Septimius Severus.[56] Dem
Aspekt, den Staat als »unabhängig« zu erweisen, diente
auch, daß sich Augustus nun drei Jahre von Rom fernhielt
(in Gallia und Hispania[57]). Als aber Augustus im Jahr 24
nach Rom zurückkehrt, erneuerte der Senat den Treueeid
und bestätigte alle Verfügungen des Princeps.

Obwohl Augustus darauf bedacht war, die Abmachung mit
dem Senat nicht zu verletzen, hatte er entgegen der sullani-

---

55  Die Ansicht, daß das oberste Ziel des Augustus die Errichtung einer Monarchie war, vertreten E. T. Salmon, *Historia* 5 (1956) S. 458, und D. Kienast,
*Augustus* (s. Anm. 33) S. 90.

56  J. Béranger, *Recherches sur l'aspect idéologique du Principat*, Basel 1953; A.
Wallace-Hadrill, »Civilis Princeps: Between Citizen and King«, in: JRS 72
(1982) S. 32–48.

57  W. Schmitthenner, »Augustus' spanischer Feldzug und der Kampf um den
Prinzipat«, in *Historia* 11 (1962) S. 29–85.

schen Ordnung weiterhin den Consulat bekleidet. So legte er diesen schließlich (am 26.? Juni) 23 nieder.[58] Der Senat honorierte den Entschluß, indem er Augustus die volle tribunizische Gewalt (*tribunicia potestas*) verlieh. Zwar konnte ein Patrizier nicht Volkstribun (*tribunus plebis*) werden, aber nach staatsrechtlicher Vorstellung waren Amtsbezeichnung und Amtsgewalt trennbar; so wurde der Zugriff auf eine *potestas* möglich, ohne die Magistratur selbst zu bekleiden. Für Augustus bedeutete dies, daß er nunmehr alle Befugnisse des Volkstribunen – *ius agendi cum plebe, ius agendi cum senatu, ius auxilii ferendi*, Vetorecht, *ius relationis inter tribunos* – besaß, ohne der Einstimmigkeit, aber auch der Interzession der zehn Tribunen unterworfen zu sein. Damit wurde die tribunizische Gewalt die Säule der innenpolitischen Macht des Kaisers. Die *tribunicia potestas*, verliehen *ad tuendam plebem*, d. h. zum Schutz der Plebs,[59] wurde in den Comitien durch eine *lex* bestätigt, und Augustus benützte die Verleihung, damit seine »Herrschaftsjahre« zu zählen. Als Augustus am 19. August 14 n. Chr. starb, war er in seiner 37. *tribunicia potestas* (1. Juli[60]).

Neben der tribunizische Gewalt aber trat die Erweiterung des *imperium proconsulare* in ein *imperium maius* (zuerst auf fünf Jahre beschränkt), so daß Augustus nun das Recht

---

58 Cassius Dio 53,32,3 ff. – Ob ihn auch eine schwere Erkrankung zu diesem Schritt bewogen hatte, ist nicht klar zu erweisen. Augustus übergab damals Cn. Calpurnius Piso ein Verzeichnis der Truppenstärke und des Staatshaushaltes, M. Agrippa erhielt das Siegel des Augustus, wodurch er ihn quasi als Nachfolger seiner Stellung bezeichnete; D. Kienast, *Augustus* (s. Anm. 33) S. 87.

59 Tacitus, *Annales* 2,1.

60 Das Datum, da Augustus die *tribunicia potestas* verliehen wurde, ist umstritten. D. Kienast, *Augustus* (s. Anm. 33) S. 88 und vor allem D. Kienast, *Römische Kaisertabelle. Grundzüge einer römischen Kaiserchronologie*, Darmstadt 1990, S. 30 f. geht vom 26. Juli aus, wie er von O. Hirschfeld und A. Degrassi vorgeschlagen worden war (Literatur bei Kienast), während andere, wie etwa Th. Mommsen und L. Last, den 1. Juli bevorzugten.

besaß, auch in die Belange der Senatsprovinzen einzugreifen.[61] Auch die Gewährung des *imperium maius* war im Prinzip keine völlige Neuschöpfung: schon Pompeius und Caesar hatten ein *imperium maius* besessen, aber keiner von ihnen in derart umfassender Form.

Wir können somit zu Recht behaupten, daß die quasi-monarchische Position des Augustus im Jahre 23 ausgeformt wurde. Die Macht eines Princeps beruhte auf zwei Säulen: (1) der *tribunicia potestas* als innenpolitisch wirksamer Befugnis, die jederzeit die Tätigkeit der Beamten, des Senats, der Volksversammlungen kontrollieren, notfalls auch unterbinden konnte, und (2) der militärischen Macht des *imperium proconsulare maius*, die zudem die statthalterlichen Befugnisse (militärische wie zivile, auch finanzpolitische) in allen römischen Provinzen überwachte. Die Freiheit (*arbitrium*) römischer Institutionen war damit durch die kluge Zurückhaltung des Augustus definiert.[62]

Aber: So monarchisch die Stellung des Augustus geworden war, der Principat war auf die Person des Augustus zugeschnitten, bildete kein Element einer römischen »Verfassung«[63] und war nicht vererbbar. Augustus konnte allerdings nach republikanischen Maßstäben seine *auctoritas*, seine *clientela*, sein riesiges Vermögen weitergeben. Die Zeit ab dem Jahre 27 ist daher auch gekennzeichnet von dem Versuch, die außerordentliche Stellung innerhalb der engeren Familie zu bewahren.[64] Hierbei kam Iulia, seiner Tochter aus erster Ehe (mit Scribonia), eine maßgebliche Rolle

---

61 I. König, »Der Titel *proconsul* von Augustus bis Traian«, in: *Schweizer Münzblätter* 21 (1971) S. 42–54.

62 K. Christ, *Geschichte der Römischen Kaiserzeit von Augustus bis Konstantin*, München 1988, S. 86 ff., hat diese Entwicklung seit dem Jahr 27 als »die Verrechtlichung der Macht« charakterisiert.

63 Der immer wieder zu lesende Ausdruck »Prinzipatsverfassung« ist verfehlt.

64 Tacitus, *Annales* 1,3,1 spricht hierbei von *subsidia dominationi*, ›Unterstützung in der Herrschaft‹, wobei vor allem der Ausdruck *dominatio* als Gegenstück zu *libertas* Beachtung finden muß.

zu, da der Princeps aus seiner zweiten Ehe – er war seit 38 mit Livia Drusilla verheiratet, die aus erster Ehe die Söhne Tiberius und Drusus besaß – keine Nachkommen hatte. So wurde Iulia im Jahr 25 mit M. Claudius Marcellus, dem im Jahr 42 geborenen Sohn seiner Schwester Octavia aus erster Ehe, verheiratet. Der Senat erkannte die Absicht des Augustus und ehrte Marcellus im Jahre 24 mit dem Senatorenrang, einem Sitz *inter praetorios* und dem Recht, alle Ämter zehn Jahre vor der Zeit zu bekleiden.[65] Mit dem Jahr 23 aber rückte M. Vipsanius Agrippa in den Vordergrund, da nicht der unerfahrene Marcellus, sondern der erprobte Mitstreiter Agrippa beim Tode des Augustus befähigt gewesen wäre, das Werk zu bewahren. Er war mit Marcella, der Schwester des Marcellus und Nichte des Augustus, verheiratet. Als dann Marcellus im Jahre 23 starb, war Agrippa praktisch der zweite Mann im Staat. Augustus entfernte ihn allerdings vorübergehend aus Rom, indem er ihm ein fünfjähriges Imperium für den griechischen Osten übergab.

Im Jahr 21 rief Augustus Agrippa nach Rom zurück, ernannte ihn zum *praefectus Urbi* und zwang ihn, sich von Marcella scheiden zu lassen, um Iulia zu heiraten. Tiberius seinerseits mußte Vipsania, die Tochter Agrippas aus erster Ehe, heiraten. Die Dynastie war erneut gesichert, Agrippa hatte die höchste Stufe erreicht, Tiberius rangierte gleich hinter Agrippa.

Im Frühjahr 20 begab sich Augustus selbst in den Osten. Dabei suchte er den Ausgleich mit dem Partherkönig Phraates, der ihm durch Tiberius die römischen Feldzeichen aus dem Sieg über Crassus und Gefangene aus dem Krieg gegen Antonius übergeben ließ. Dieser glänzende diplomatische Erfolg wurde vom Senat entsprechend honoriert: anstelle des Triumphbogens von Actium wurde nun ein neuer

---

65 Vermutlich aus Rücksicht auf Livia – aber auch auf die mächtige patrizische *gens Claudia* – wurden deren Söhne Tiberius und Drusus in die Umgebung des Augustus eingebunden. So erhielt Tiberius das Recht, sich fünf Jahre früher um ein Amt bewerben zu dürfen.

Triumphbogen errichtet, die Feldzeichen im neuerbauten Tempel des Mars Ultor aufgestellt.[66] Die Rückgabe der Feldzeichen stellt auch ein zentrales Thema auf dem Brustpanzer der berühmten Augustusstatue von Primaporta dar.[67]

Während seiner Abwesenheit wurden Augustus weitere Befugnisse zuerkannt: Der Senat übertrug ihm das *imperium consulare* auf Lebenszeit, ferner die *cura legum et morum*, die quasi-censorische Gewalt, auf fünf Jahre. Damit war der Princeps für die Niederlegung des jährlichen Consulats entschädigt. Dennoch beruft sich Augustus in den »Res gestae« (§ 6) darauf, daß er Gesetzesinitiativen über die tribunizische Gewalt eingebracht habe. Agrippa, dem Iulia im Jahre 20 Caius, im Jahre 19 die Iulia Minor geboren hatte, wurde im Jahr 18 von Augustus (= Senat) die *tribunicia potestas* für fünf Jahre zuerkannt, das *imperium maius* für Augustus um weitere fünf Jahre verlängert. Damit unterschied sich Agrippa von Augustus nur noch durch das fehlende *imperium maius*; dies bedeutete die eingeschränkte Mitherrschaft.

In die Jahre 18/17 fallen eine Reihe von Anordnungen, die die sog. »Sittengesetzgebung« vorbereiteten:

(1) In einer neuen *lectio senatus* wurde der Senat zuerst auf 30 Mitglieder reduziert, danach durch Zuwahl (*cooptatio*) und Empfehlung des Augustus (*commendatio*) auf den sullanischen Regelbestand von 600 erhöht.

(2) Als Census für die Zulassung zum *cursus honorum* wurden 400 000 Sesterzen festgelegt, als Census für Senatoren 1 Million Sesterzen. Senatoren, die schuldlos verarmt waren (Vermögenseinbuße durch äußere

---

66 *Res gestae* 29: *Parthos trium exercitum Romanorum spolia et signa reddere mihi supplicesque amicitiam populi Romani petere coegi. Ea autem signa in penetrali, quod est in templo Martis Ultoris, reposui* (»Die Parther habe ich gezwungen, mir die Beutestücke und die Feldzeichen dreier römischer Heere zurückzugeben und die Freundschaft des römischen Volkes zu erbitten. Diese Feldzeichen aber ließ ich im Innern des Tempels des Mars Ultor niederlegen«).

67 Bibliographie bei D. Kienast, *Augustus* (s. Anm. 33) S. 284 Anm. 92.

Umstände), erhielten das Geld von Augustus als Geschenk oder als zinsloses Darlehen.

(3) Eine »Lex Iulia de ambitu« schloß Amtsbewerber, die sich der Bestechung schuldig gemacht hatten, für fünf Jahre von der Ämterlaufbahn aus.

(4) Aus den gewesenen Praetoren wurde unter Vorwahl der Consuln (Dreiervorschlag) durch Losverfahren ein *praetor frumenti dandi* für die Versorgung der *plebs frumentaria* bestimmt.

(5) Mit der Ausrichtung von Spielen beauftragte Praetoren und Aedile durften den ihnen aus der Staatskasse gewährten Betrag aus eigenen Mitteln um das Dreifache aufstocken.

(6) Triumphatoren mußten aus ihrer Beute (*manibium*) ein Denkmal (*tropaion*) errichten oder einen Tempel in Rom restaurieren.

(7) Advokatendienste mußten unentgeltlich geleistet werden, andernfalls drohte fünffacher Zahlungsersatz.

(8) Durch Losverfahren bestimmte Richter durften während ihres Amtsjahres keine Besuche abstatten.

(9) Unentschuldigtes Fernbleiben oder Zuspätkommen bei Senatssitzungen wurde mit einer hohen Geldstrafe belegt. Vorzeitige Abreise in die Senatsferien konnte zur Ausstoßung führen.

(10) Die »Lex Iulia de maritandis ordinibus« verbot Angehörigen des Senatorenstandes die Heirat mit Freigelassenen (»Geldehen«). Freigelassene Frauen erhielten jedoch das *ius connubii*, ihre Kinder das volle römische Bürgerrecht.

(11) Ehelosigkeit wurde durch Entzug des freien Testierrechts bestraft. Die davon Betroffenen waren nicht erbberechtigt und verloren die Vorrechte ihres Standes (z. B. den besonderen Sitz im Theater). Heirat wurde belohnt.

(12) Verlobungen mit Mädchen unter zehn Jahren wurden verboten; nach längstens zweijähriger Verlobungszeit mußte die Ehe geschlossen und vollzogen werden

(mithin bestand im 12. Lebensjahr Heiratsfähigkeit);
Scheinehen wurden verboten.

(13) Die »Lex Iulia de adulteriis coercendis« war ein reines
Sittengesetz gegen Ehebruch.

(14) Das sog. »Dreikindergesetz« (»Lex Papia Poppaea«)
verfügte die staatliche Unterstützung der »Großfami-
lie«; Familienväter erhielten Ehrensitze bei Spielen
und sollten bei der Bewerbung um Ämter bevorzugt
behandelt werden.

Als Abschluß der Reform wurden im Jahre 17 die Saecular-
feiern ausgerichtet. Die ersten nachweisbaren *ludi saeculares*
hatten 249 stattgefunden, als im Ersten Punischen Krieg
sich die Niederlagen zu häufen begannen. Die zweiten
Spiele wurden 146 abgehalten. Beide Feiern waren reine
Sühnefeste gewesen. Nun, im Jahr 17, feierte Augustus die
Spiele als Beginn einer neuen Epoche (*saeculum*), zu denen
Horaz sein »Carmen saeculare« schrieb. Im Zuge dieser Erneuerung wurde offiziell verkündet, daß die *ludi saeculares*
alle 110 Jahre gefeiert würden, was chronologisch widerleg-
bar und sinnlos war. Die Saecularfeier unterstand dem
Schutz des Apollo und der Diana, d. h. den Schutzgottheiten des Augustus, der selbst als Vorsitzender der *Xviri sacris
faciundis* die Spiele leitete.[68]

Im gleichen Jahr 17 wurde Agrippa der zweite Sohn Lucius
geboren, und Augustus adoptierte nun diesen wie dessen älteren Bruder Caius. Damit war die Dynastie gesichert,
Agrippa trat hinter die Söhne von Iulia zurück.

Obwohl im Rahmen dieser Darstellung auf Kriege nicht
eingegangen werden soll, muß festgehalten werden, daß die
wesentlichsten Kriegszüge unter Leitung von Mitgliedern
des Hauses des Augustus standen: Nach Umsiedlung der
rechtsrheinischen Ubier durch Agrippa – *oppidum Ubiorum* = Köln, Jahr 38 (oder 19?) – hatten sich in dem verlas-

---

68 Horaz, *Carmen saeculare*; Apollo ist es, der *melius semper provocat
aevum*, »ein immer schöneres Zeitalter hervorruft« (67 f.). Hauptanliegen
der Feiern aber war der Preis der Ehegesetzgebung des Augustus.

senen Gebiet mit römischer Erlaubnis Sugambrer, Usipeter und Tencterer festgesetzt. Als der Legat M. Lollius von den Sugambrern Tribut forderte, wurde er von den vereinten Stämmen geschlagen. Die *clades Lolliana* rief in Rom Erinnerungen an die Kimbern und Teutonen wach, so daß sich Augustus in Begleitung des Tiberius selbst nach Gallien begab.[69] Dort verblieb er bis zum Jahr 13, um die provinziale Organisation nach den früheren Plänen Caesars abzuschließen. Mit der Aufgabe der Eingliederung des Alpenvorlandes beauftragte er Tiberius und dessen Bruder Drusus. Er selbst kämpfte gegen die ligurischen Stämme des Seealpengebietes, nach deren Unterwerfung der Landweg von Ventimiglia aus bis Fréjus gezogen wurde und als »Via Iulia Augusta« die Verbindungslücke zwischen dem italischen und dem narbonensischen Teil der »Via Aurelia« schloß.[70] Agrippa kämpfte im Jahr 13 in Pannonien und erhielt für diese Aufgabe die Verlängerung des *imperium proconsulare*. Nach seiner Rückkehr aber erkrankte er Anfang des Jahres 12 in Campanien und verstarb Ende März. Augustus ließ den Freund im *Mausoleum Augusti* auf dem Marsfeld (erbaut 28 v. Chr.) bestatten und hielt selbst die Leichenrede.[71] Anstelle des Agrippa wurde nun Tiberius mit dem Kommando betraut. Gleichzeitig zwang ihn Augustus, sich von Vipsania scheiden zu lassen, um Iulia im Jahr 11 zu heiraten. Es war ein Akt der Staatsraison, aber Tiberius wußte, daß er lediglich als Militär und Ziehvater benötigt wurde. Als dann zudem ein gemeinsamer Sohn kurz nach der Geburt starb, zogen sich beide Gatten voneinander zurück.[72]

69 M. Lollius wurde nach Thrakien geschickt, um dem dortigen König Rhoemetalkes gegen die eingedrungenen Besser und Sauromaten zu helfen.
70 Augustus feierte seinen Sieg in einem großen Tropaion Augusti [La Turbie, Südfrankreich].
71 Teile der Rede sind auf einem Kölner Papyrus erhalten, die vor allem Hinweise auf den *cursus honorum* bieten; L. Koenen, »Die Laudatio funebris des Augustus für Agrippa auf einem neuen Papyrus (P. Colon. Inv. Nr. 4701)«, in ZPE 5 (1970) S. 217–283.
72 E. Kornemann, *Tiberius*, Frankfurt a. M. ²1980.

Im Winter 10/9 drangen die Dacer in Pannonien ein; Augustus
übernahm die senatorische Provinz Illyricum und beauftragte
M. Vinicius mit dem Dakerkrieg, doch als sich in dessen
Rücken die Pannonier und Dalmater erhoben, wurde Tiberius erneut gegen die Aufständischen gesandt. Dafür gestattete ihm Augustus eine *ovatio*. Mit den Kriegen und Eroberungen des Vinicius und Tiberius war eine sichere Landver-
bindung zwischen Italien und Griechenland gewonnen.

Bei seiner Rückkehr aus Gallien (4. Juli 13) hatte Augustus
Drusus mit der Sicherung der Rheingrenze betraut mit dem
ungefähren Auftrag, bis zur weitgehend unbekannten Elbe
vorzudringen, da man sie als Verkürzung der Reichsgrenze
zwischen Raetien und Nordsee ansah. Drusus übersiedelte
mit seiner ganzen Familie nach Lyon, der »Hauptstadt« der
Tres Galliae, und ließ dort als zentrale Kultstätte der Gallier
einen großen Altar für *Roma et Augustus* erbauen, der am
1. August 12 v. Chr. geweiht wurde. Es war der unverhüllte
Versuch, die im hellenistischen Osten bekannte Herrscher-
verehrung im Westen heimisch zu machen, ohne den Herrscher selbst in aufdringlicher, d. h. »unrömischer« Form zu
preisen. Die Kultstätte wurde von den Vertretern der 60
gallischen *civitates* der Tres Galliae beschickt, die wiederum
einen Priester *ad aram Romae et Augusti* wählten. Die Vertreter erhielten ein Beschwerderecht sowie das Recht, Aus-
zeichnungen vorzuschlagen.[73]

Mehrere Feldzüge führten Drusus bis zur Wesermündung,
er erreichte sogar als erster römischer Feldherr die Elbe bei
Magdeburg. Auf dem Rückzug stürzte er allerdings vom
Pferd und brach den Oberschenkel. Augustus sandte umgehend Tiberius nach Germanien, der den Bruder zwar noch
lebend antraf, aber nur 30 Tage nach dem Sturz starb Drusus
(1. September 9). Damit war die Zahl der Mitarbeiter des

73 J. Deininger, *Die Provinziallandtage der römischen Kaiserzeit von Augu-
   stus bis zum Ende des dritten Jahrhunderts n. Chr.*, München 1965;
   J. F. Drinkwater, *Roman Gaul, The Three Provinces, 58 B. C. – A. D. 260*,
   London 1983.

Princeps auf wenige Personen zusammengeschrumpft. Tiberius führte das Heer nach Mainz zurück und geleitete den Leichnam nach Rom, der im Mausoleum des Augustus bestattet wurde. Die Leichenrede hielt Tiberius als Oberhaupt der *gens Claudia*. Danach ging Tiberius an den Rhein.

### 3 *Pax Augusta*

Innenpolitisch sind die Jahre nach der Rückkehr des Augustus aus Gallien gekennzeichnet von dem persönlichen Triumph, der Selbstdarstellung des Augustus, aber auch von den Spannungen innerhalb seiner Familie.
Die Rückkehr des Augustus im Jahr 13 wurde wie ein Triumph gefeiert, der amtierende Praetor Iullus Antonius ließ anläßlich des Geburtstages Spiele ausrichten. Erneut ließ Augustus den Senatsbestand (*album senatorium*) überprüfen und sich das auslaufende *imperium maius* für fünf Jahre verlängern. Wichtig waren auch die Ehrenbeschlüsse des Senats, vor allem die zur Errichtung der *Ara Pacis Augustae* auf dem Marsfeld, die dann im Jahr 9 eingeweiht wurde. Dieser Altar war eine Selbstdarstellung der augusteischen Familie, aber auch des ›Augusteischen Zeitalters‹, sein künstlerischer Schmuck Ausdruck höchster Vollkommenheit, ein Zustand, den eben nur der Friede, die *pax*, bewirken kann.[74] Die Ara Pacis darf nicht isoliert gesehen wer-

---

74 Konzipiert als Hochaltar mit zwei Türen, bedeckt er eine Fläche von 10 x 11 m. Die Umfassungsmauern (ca. 6 m hoch) sind innen mit Girlanden, außen mit Ranken und Reliefs geschmückt. Neben dem Osteingang findet sich die Mutter Erde (Tellus – Italia), beim Westeingang das Penatenopfer des Aeneas, Iullus und Venus, Romulus und Remus. Die Längsseiten zeigen Prozessionen, wobei die Südseite die Porträts des Augustus und seiner Familie bietet. Zur Ausgrabungsgeschichte: G. Moretti, *Ara Pacis Augustae*, 2 Bde., Rom 1948; P. Zanker, *Augustus und die Macht der Bilder*, München 1987.

den: Ebenfalls auf dem Marsfeld wurde, vermutlich als Siegesdenkmal über Ägypten, eine riesige Sonnenuhr konstruiert, als deren Zeiger ein aus Heliopolis stammender Obelisk diente. Grabungen und Rekonstruktionen haben ergeben, daß die Ara Pacis so ausgerichtet war, daß an den Herbst-Äquinoktien des 23./24. September, also am Geburtstag des Augustus, der Schatten des Obelisks auf die Ara Pacis fiel.[75] Die Gesamtanlage ist somit ein Denkmal augusteischer Leistung wie der augusteischen Dynastie. Augustus war der »Friedensfürst«, die Züge der hellenistischen Herrscherpropaganda sind nur noch oberflächlich verdeckt.

Für Augustus kam noch hinzu, daß im Herbst des Jahres 13 Lepidus gestorben war, so daß er am 6. März 12 schließlich das Amt des *pontifex maximus* übernehmen konnte. »Ich habe es abgelehnt, anstelle meines noch lebenden Kollegen [Lepidus] Pontifex maximus zu werden, als das Volk mir diese Priesterwürde, die bereits mein Vater bekleidet hatte, antrug. Dieses Priesteramt habe ich aber einige Jahre später nach dem Tode dessen, der es sich bei der Gelegenheit des Bürgerkrieges angeeignet hatte, unter dem Consulat des P. Sulpicius und des C. Valgus aufgenommen, wobei zu meiner Wahl aus ganz Italien eine so riesige Menschenmenge zusammenströmte, wie sie noch niemals zuvor in Rom gewesen sein soll.«[76]

Mit dem Tode des Agrippa (12 v. Chr.) und des Drusus (Jahr 9) war Tiberius die einzige Stütze des Augustus, da die Adoptivsöhne Caius (geb. 20) und Lucius (geb. 17) noch zu

---

75 Zur Symbolik von Altar und Solarium Augusti: E. Buchner, *Die Sonnenuhr des Augustus*, Mainz 1982 (Zusammenfassung zweier Aufsätze von 1976 und 1980, mit Nachtrag).

76 *Res gestae* 10: *Pontifex maximus ne fierem in vivi conlegae mei locum, populo id sacerdotium deferente mihi, quod pater meus habuerat, recusavi. Quod sacerdotium aliquod post annos, eo mortuo qui civilis motus occasione occupaverat, cuncta ex Italia ad comitia mea confluente multitudine, quanta Romae nunquam fertur ante id tempus fuisse, recepi P. Sulpicio C. Valgio consulibus.*

jung für wichtige Aufgaben waren, doch sah er sich in die
Rolle eines Platzhalters gedrängt und zog sich nach Rhodos
zurück. So begann Augustus die Knaben politisch aufzubauen: im Jahr 6 v. Chr. erhielt Caius das Amt eines *pontifex*, das Recht, an den Senatssitzungen teilzunehmen, bei
Spielen unter den Senatoren zu sitzen und an Staatsbanket-
ten teilzunehmen. Im Jahr 5 erhielt er die *toga virilis*, wurde
für das Jahr 1 zum Consul designiert, und die Ritter gaben
ihm den Ehrentitel *princeps iuventutis*, ein Titel, den im Jahr
2 auch Lucius erhielt. Die Bedeutung dieses Aktes umreißt
Ovid: *nunc iuvenum princeps, deinde future senum*:[77] sie
sind somit Nachfolger des Augustus im Principat.[78] Augustus betonte die Bedeutung dieser Ereignisse noch dadurch,
daß er aus gegebenem Anlaß in den Jahren 5 und 2 den eponymen Consulat übernahm. Am 5. Februar 2 v. Chr. erhielt
Augustus vom Senat zudem den Ehrentitel *pater patriae*.[79]
Anlaß dafür war die bevorstehende Einweihung des Tempels für Mars Ultor am 1. August. Es war nicht mehr der
alte republikanische Ehrenname, der dem Retter des Staatswesens verliehen wurde, es war der Ehrenname für einen
Mann, der den Gott Caesar gerächt hatte und das ganze römische Volk zu seiner Clientel rechnen konnte.[80]
Im gleichen Jahr aber erfuhr Augustus von den Umtrieben
seiner Tochter Iulia und ließ sie im Senat wegen des Versto-
ßes gegen die »Lex Iulia de adulteriis« verurteilen. Sie
wurde auf die Insel Pandateria (Ventote bei Ischia) verbannt, viele ihrer Liebhaber, die zu den Adelskreisen zählten, wurden ebenfalls verbannt oder hingerichtet, darunter

---

77  Ovid, *Ars amatoria*, 1,194: »Jetzt *princeps* der Jugend, später *princeps* der
    Erwachsenen«.
78  W. Behringer, »Princeps iuventutis«, in: RE XXII (1954) Sp. 2296–2311.
79  *Res gestae* 35: *Tertium decimum consulatum cum gerebam, senatus et eque-
    ster ordo populusque Romanus universus appellavit me patrem patriae*
    (»Als ich mein 13. Consulat bekleidete, verliehen mir Senat, Ritterschaft
    und das gesamte Volk den Titel ›Vater des Vaterlandes‹«).
80  A. Alföldi, *Der Vater des Vaterlandes im römischen Denken*, Darmstadt
    1971 (Aufsätze aus dem MH).

Iullus Antonius.[81] Augustus sandte Tiberius den Scheide-
brief, doch obgleich Augustus seine militärischen Fähigkeiten dringend benötigte, weigerte sich Tiberius weiterhin,
nach Haus zurückzukehren. Nun wurde Tiberius wie ein
Exilierter behandelt.

Augustus hatte zur Sicherung Armeniens gegenüber den
Parthern versucht, dort einen Rom genehmen Fürsten einsetzen zu lassen.[82] Dieser wurde von den Parthern vertrieben, und Augustus sandte nach längerem Zögern im Jahr 1
n. Chr. Caius mit einem *imperium proconsulare* versehen in
den Osten. Bei der Belagerung von Artagira aber wurde
Caius verwundet (3 n. Chr.). Im Jahre 2 n. Chr. war L. Caesar zu einem Bildungsurlaub nach Marseille gereist, wo er
am 20. August verstarb. Erst jetzt erhielt Tiberius auf Fürsprache des Caius die Erlaubnis, nach Rom zurückkehren
zu dürfen. Im Jahre 3 n. Chr. schließlich verzichtete Caius
auf alle Ehren und Ämter und verstarb bereits am 21. Februar 4 n. Chr. Damit war aus der Familie des Augustus
niemand mehr übrig, der das Erbe hätte antreten können,
und so beschloß der fast 67jährige, am 26. Juni 4 n. Chr. Tiberius zu adoptieren. Aus der fast gleichartigen Formulierung bei Sueton (»Tiberius« 23) und in den »Res gestae«
(§ 14), daß Augustus bis an sein Lebensende mit dem »grau-
samen Geschick« (*atrox fortuna*), das ihm seine Adoptivsöhne entriß, gehadert habe, wird häufig abgeleitet, daß Augustus nur widerwillig diese Nachfolgeregelung getroffen
habe. Sueton (»Tiberius« 21,3) stimmt aber in seinem Bericht mit Velleius Paterculus, dem Verehrer des Tiberius,
überein, daß Tiberius von Augustus *rei publicae causa*, d. h.
im Interesse des Staates adoptiert worden sei (»Historia Romana« 2,104,1): Tiberius war dank seiner Fähigkeiten der

---

81 Es ist nicht sicher, ob sich hier eine Verschwörung gegen den Princeps zusammengefunden hatte.
82 K. Schippmann, *Grundzüge der parthischen Geschichte*, Darmstadt 1980,
   S. 48.

einzige, der das Werk des Augustus bewahren und fortführen konnte. Die Adoption bot zudem die Gewähr, daß die Dynastie an der Macht blieb. Augustus suchte aber die Herrschaft so weit zu sichern, daß er über die Regierungszeit des Tiberius hinaus eine dynastische Doppelerbfolge ins Auge faßte:[83] Tiberius besaß aus seiner Ehe mit Vipsania einen Sohn Drusus. Nun mußte er zudem Germanicus, den Sohn seines Bruders Drusus, adoptieren, der mit Vipsania Agrippina, der Schwester von L. und C. Caesar verheiratet war. Drusus seinerseits war mit Claudia Livilla, der Schwester des Germanicus und Witwe des C. Caesar, verheiratet. Erst nachdem Germanicus adoptiert worden ist, wurde Tiberius zusammen mit dem nachgeborenen dritten Sohn des Agrippa, Agrippa Postumus, in die *gens Iulia* aufgenommen. Der am 1. August 10 v. Chr. geborene kränkliche Ti. Claudius Nero Germanicus wurde damit Oberhaupt der *gens Claudia*.

Tiberius erhielt nun ein *imperium proconsulare aequum*, d. h. er besaß damit ein dem Augustus gleichrangiges Imperium, ferner die tribunizische Gewalt für zehn Jahre. Danach begab er sich erneut an den Rhein. Die militärische Situation hatte sowie im Westen Rückschläge erlitten, das Armenienproblem war ungelöst, einige Germanenstämme (Chauken, Brukterer) hatten sich erfolgreich geweigert, Roms Oberhoheit anzuerkennen. Um die militärische Effizienz zu erhöhen, verfügte nun Augustus die Verlängerung der Dienstzeit bei den Legionen auf 20 Jahre, bei den Auxiliartruppen auf 25 Jahre.

Für die im Felde erbrachten Leistungen erfuhr der Anfang 9 n. Chr. nach Rom heimgekehrte Tiberius höchste Anerkennung. Aber die Ferien wurden bald überschattet von der militärischen Katastrophe des P. Quinctilius Varus im ›Teu-

---

83 Dieses Vorgehen hat Kornemann ausführlich beschrieben: E. Kornemann, *Doppelprinzipat und Reichsteilung im Imperium Romanum*, Berlin/Leipzig 1930.

toburger Wald«.[84] Angesichts dieser Situation gab Augustus
dem Senat den Rat, das Erworbene zu bewahren und die
Grenzen des Imperiums zu sichern, um nicht die Kräfte des
Reiches zu überfordern. Donau, Rhein und Euphrat gab er
als Territorialgrenzen an, und diese Aufgabe war es, die der
in vielen Kriegen erfahrene Tiberius beim Tode des Augustus im Jahr 14 mit dem Principat übernahm und als Le-
bensaufgabe erkannte.
Aber Rom beanspruchte weiterhin die Weltherrschaft, die
Herrschaft über den *orbis terrarum*, wobei der Princeps der
*rector orbis* sein wollte. Nicht umsonst erwähnte Augustus
im »Monumentum Ancyranum« (§ 31) die Gesandtschaften
fernster Länder und Völker, betonte, daß häufig (*saepe*) Gesandtschaften der Inder zu ihm kamen. Die römische Kul-
turwelt mit ihren Grenzen stand nun der Welt der Barbaren
gegenüber; Rom hatte den hellenistischen Barbarenbegriff
für sich usurpiert. Aber neben den territorialen Grenzen,
die von den Legionen bewacht wurden, schützte sich das
Reich durch ein System unterschiedlichster Foedus- und
Amicitia-Verträge.[85]
Als Ergebnis augusteischer Politik seit 27 v. Chr. bis 14
n. Chr. läßt sich festhalten: Augustus – Princeps – Principat
bilden eine Einheit, die Personengeschichte, Ideologie und
Rechtsgeschichte (Staatsrecht) zusammenfaßt und gleichzeitig die Wirkungsebenen kennzeichnet. Augustus schöpfte
alle Möglichkeiten aus, sich unentbehrlich zu machen, vor-
gegebene Entwicklungslinien weiterzuziehen, so daß er das
wurde, was er werden wollte: Hegemon. Daher fällt es
schwer, Tacitus zu widersprechen, wenn er sagt, daß Augu-

84 Der Ort der Schlacht muß nach neuesten archäologischen Erkenntnissen
bei Kalkriese gesucht werden: W. Schlüter / R. Wiegels, »Archäologische
Zeugnisse zur Varusschlacht? Die Untersuchung der Kalkrieser-Niededer
Senke«, in: *Germania* 70 (1992) S. 307–402.
85 E. Kornemann, Die unsichtbaren Grenzen des römischen Kaiserreiches; in:
E. K., *Staaten – Völker – Männer. Aus der Geschichte des Altertums*, Leip-
zig 1934, S. 96–116; J. C. Mann, »The Frontiers of the Principate«, in:
ANRW II 1 (1974) S. 508–533.

stus die Institutionen der Republik entwertet habe, ohne sie ganz zu beseitigen.[86] Augustus gab dem Senat seine *dignitas* zurück, nicht aber seine frühere Stellung als Kontrollorgan für Beamte und Wächter über politische Entwicklungen. Die wiederholten *lectiones senatus* hatten ihn zu einem Instrument des Augustus umgeformt. Er besaß das Recht der *adlectio in ordinem splendidissimum*, die ohne Rücksicht auf die Ämterlaufbahn (*cursus honorum*) des Berufenen wirksam wurde, da nun der Dienst in der kaiserlichen Verwaltung als gleichrangig gewertet wurde.

Der *cursus honorum*, der zum Eintritt in den Senat berechtigte (Quaestur → Aedilität → Praetur → Consulat), blieb bestehen; aber für Plebejer wurde verpflichtend, zwischen Quaestur und Praetur das Amt des *tribunus plebis* zu bekleiden. Die Würdigkeit der *candidati* wurde von Augustus mitkontrolliert, und er hatte das Recht, Personen zu empfehlen (*commendatio*), ihnen für die Wahl seine persönliche Unterstützung zuzusichern (*candidatus Caesaris*). Der Consulat verlor an Macht, da die eponymen Konsuln selten ein ganzes Jahr – meist nur sechs, manchmal auch nur drei Monate – im Amt blieben, danach von Suffektconsuln (*consules suffecti*) ersetzt wurden. Damit aber wurde der »Stand« der Consulare verändert: der eponyme Consul, zumal dann, wenn er mit Augustus oder einem der »Prinzen« das Amt bekleidete, besaß ob seiner Seltenheit höchstes Ansehen; aus ihm rekrutierte sich der *princeps senatus*, das *caput senatus*. Augustus gab dem Senat eine feste Geschäftsordnung, feste Sitzungstage und überließ ihm die Standesgerichtsbarkeit.

Die Senatsideologie, die an die Wertbegriffe der Republik anknüpfte – *dignitas*, *nobilitas*, *auctoritas*, *libertas*, *mos maiorum* –, blieb bestehen und fand ihren Ausdruck in der Philosophie der Stoa, die das Engagement zugunsten des Staates der Besten (*optimi*) forderte und deren Gedanken-

86 Tacitus, *Annales* 1,2.

gut in die sogenannte »senatorische Geschichtsschreibung« einfloß. Der Kultur- und Staatspessimismus, wie er mit Sallust greifbar wurde, lebte weiter.[87]

Zur wichtigsten Stütze des Principats wurde der Ritterstand (*ordo equester*), den Augustus gezielt förderte. Vor allem bot er Munizipal- wie Provinzialadel Zugang zu diesem Rang. Ja, selbst Freigelassene konnten so ausgezeichnet werden.

Die Plebs war durch die *tribunicia potestas* an den Kaiser gebunden, der die Aufgabe übernahm, die politisch, rechtlich und ökonomisch Schwachen (*humiles*) vor den *potentes* zu schützen. Das Amt des Volkstribunen hingegen wurde bedeutungslos, da die Volksversammlung jegliches Gewicht verloren hatte. *Plebiscita* verschwanden, Beschlüsse des *populus* (*leges*) wurden immer seltener eingeholt, die Beamtenwahl war zugunsten der *commendatio*, die zur bindenden Empfehlung wurde, eingeschränkt.[88]

Eine gewisse »Macht« besaß noch der stadtrömische Pöbel, der, ein Herd steter Unruhen, ebenso Wahlen wie andere städtische/staatliche Veranstaltungen beeinträchtigen konnte. Es gab Banden und Gruppierungen, die die Ruhe in der Hauptstadt massiv gefährden konnten. Um diesen Unruhen zu steuern, wurden die städtischen Polizeitruppen (*cohortes urbanae*), Feuerwehr[89], Nachtwachen (*cohortes vi-*

---

[87] Asinius Pollio hatte sich ab 31 v. Chr. aus der Politik zurückgezogen. Er, der, 76 v. Chr. geboren, erst 4 n. Chr. starb, hatte den Untergang der Republik miterlebt und seine Überzeugung in 17 Büchern *Historiae* (Beginn 60 v. Chr.) niedergelegt. Seine kritische Darstellung beeinflußte den Stoiker Thrasea Paetus (gest. 66) bei dessen Cato-Biographie ebenso wie Tacitus in dessen Urteil über die Kaiserzeit. Aus diesen Reihen kamen denn auch immer wieder Gegner des Principats, Verschwörungen führten zur Revision der Senatslisten. R. A. Baumann, *Impietas in Principem. A Study of treason against the Roman Emperor with a special reference to the 1st Century A. D.*, München 1974.

[88] Vgl. die Tabula Hebana (Magliano) aus den Jahren 19/20 n. Chr., übersetzt bei H. Freis, *Inschriften*, n. 19.

[89] In den meisten Städten wurde die Feuerwehr aus der Gilde der Filzmacher (*centonarii*) gebildet.

Augustus und die Begründung des Principats 57

*gilum*) verstärkt und über die städtischen Regionen verteilt. Bei großer Gefahr konnten sie von den Praetorianern unterstützt werden. Der Kaiser selbst hielt die *plebs* durch Sonderzuwendungen an Getreide und Geld, aber auch durch Spiele bei Laune: *panem et circenses.*[90]
An die Spitze der Stadtverwaltung trat der *praefectus Urbi*, der bei Abwesenheit des Princeps als dessen Stellvertreter für Ordnung zu sorgen hatte.
Dank des *imperium maius* war der Princeps zudem »oberster Feldherr«. Gestützt auf die *summa auspicia*, die ihm auch als *pontifex maximus* zukamen, wurde der militärische Erfolg des Reiches sein persönlicher Erfolg. Die consularischen und praetorischen Heere verschwanden, und damit auch der Eid auf die *res publica*. Der Fahneneid (*sacramentum*) wurde dem Princeps geleistet, der auch die Kommandeure bestellte. Sein Bild (*imago*) war bei jeder Legion. Und so wie der Kaiser den Sold durch seinen *procurator fisci* auszahlen ließ, übernahm er auch die Sorgepflicht für Legionäre wie Auxiliarsoldaten. Verdiente Legionäre erhielten die *praemia militia*, für die Augustus das *aerarium militare*, eine Art Versorgungskasse, eingerichtet hatte, die aus der Erbschaftssteuer gespeist wurde. Verdiente Legionen erhielten vom Princeps ehrende Beinamen, bei besonderen Ereignissen Sonderzuwendungen (*donativa*). Soldaten der Auxiliartruppen wurden bei ihrem ehrenvollen Ausscheiden (*honesta missio*) mit Bürgerrecht und Eheerlaubnis (*connubium*) belohnt.[91]
In den Provinzen waren Truppen und Städte Träger des Kaiserkultes, die kaiserliche Familie wurde durch Büsten, Statuen, Tempel, Kultvereine (Hymnoden) geehrt, so daß

90 Z. Yavetz, *Plebs und Princeps*, Oxford 1969; I. Hahn, »Zur politischen Rolle der stadtrömischen Plebs unter dem Prinzipat«, in: *Die Rolle der Plebs im spätrömischen Reich*, hrsg. von W. Seyfarth, Berlin 1969, S. 39–54; P. Veyne, *Le pain et le cirque. Sociologie historique d'un pluralisme politique*, Paris 1976.
91 L. Keppie, *The making of the Roman army: from Republic to Empire*, London 1984.

der Kaiser zum Garant der Einheit und des Friedens im Imperium wurde. Sein Wohlergehen (*salus*) war identisch mit der *salus publica*, das gesamte Reich war auf seine Person hin ausgerichtet, und die Dichter der augusteischen Zeit – Horaz, Properz, Ovid, Tibull, Vergil – trugen dazu bei, die Taten des Augustus zu verbreiten, indem sie ihm als Friedensfürst und Förderer geistiger Erneuerung huldigten.[92]

Aber, und dies muß erneut hervorgehoben werden, dem auf Augustus ausgerichteten Principat fehlte jegliche staatsrechtliche Grundlage zur Herausbildung einer dauerhaften Monarchie bzw. Erbmonarchie. Für eine Weitergabe dieser Ausnahmestellung standen nur wenige, wenn auch bedeutende Mittel zur Verfügung: die langfristige Verleihung des *imperium proconsulare*, der *tribunicia potestas* und die Einsetzung als Vermögenserbe. Augustus hatte beides im Jahre 13 n. Chr. Tiberius verlängern lassen. Als daher Augustus am 19. August 14 in Baiae starb, war die Stellung des Tiberius als künftiger Princeps im Staate gesichert, was Tiberius in einer allen Senatoren unbegreiflichen Weise verschleiern wollte.

92 R. Heinze, *Die augusteische Kultur*, Leipzig 1930.

# II
## Die Iulisch-Claudische Dynastie

### 1 Tiberius

Der verstorbene Augustus wurde von TIBERIUS nach Rom
übergeführt und dort öffentlich aufgebahrt. Die amtierenden Consuln waren damit zu offiziellen Vertretern des
Staates geworden, ohne die konkurrierende *consularia
potestas* eines Princeps. Aber Tiberius besaß die ihm noch
im Jahre 13 für zehn Jahre verlängerten Gewalten. So beeil-
ten sich zwar Consuln, Praetorianer, Senat und Volk, Tiberius den Gefolgschaftseid zu leisten,[1] aber Tiberius verhielt
sich abwartend. Legitimiert durch die *tribunicia potestas*,
berief er den Senat ein und ließ drei Schriftstücke des Augustus verlesen: Das erste enthielt Anordnungen des Augustus
hinsichtlich seines Begräbnisses, das zweite einen »Rechenschaftsbericht« (*res gestae*), das dritte eine Übersicht über
den Staatshaushalt und den Truppenbestand (*breviarium
totius imperii*).[2]
Weitere Teile des Testaments betrafen Livia, die in die *gens
Iulia* adoptiert wurde. Ferner bat Augustus für sie den Senat um die Befreiung von der Bestimmung, daß Ehefrauen
nicht erben konnten,[3] und übergab ihr den Ehrennamen
*Augusta*. Tiberius wurde damit »Bruder« seiner Mutter,
aber der Augusta-Name hob sie gleichzeitig über ihn hinaus. Tiberius war verunsichert. Zu Recht sagt Tacitus (»Annales« 1,7,7) – auch wenn er dem Satz einen negativen
Grundton unterlegt –, Tiberius habe Wert darauf gelegt,

---

1 Tacitus, *Annales* 1,7,1.
2 Sueton, *Augustus* 101,4.
3 »Lex Voconia« vom J. 169 v. Chr.; A. Berger, *Encyclopedic Dictionary*, S. 561.

daß es später heiße, er sei vom Staate auserwählt worden (*electus ... a re publica*), statt daß er diesen durch den Ehrgeiz der Livia oder die Adoption eines Greises an sich gerissen habe. Für Tiberius standen damit zwei Werte im Mittelpunkt: die eigene Befähigung (*dignitas*) und das Staatswohl (*rei publicae causa = utilitas publica*). Tiberius folgte hierbei echt republikanischen Werten, auch wenn er kaum als »Republikaner« bezeichnet werden darf. Aber die Senatoren erfaßten diese Gedankengänge offenbar nicht: Warum sollte jemand zögern, eine Macht, die er tatsächlich schon besaß, auch offiziell zu ergreifen?[4]

Dieses Mißverständnis wurde in der Senatssitzung vom 17. September 14, in der auch die *consecratio* des Augustus beschlossen wurde, offenbar. Die Consuln Sex. Pompeius und Sex. Appuleius trugen Tiberius den Principat an, doch Tiberius wollte die grundsätzliche Frage der *dignatio* (Würdigkeit und Eignung gleichermaßen) diskutiert sehen: er bot der Nobilität eine (eingeschränkte) Zusammenarbeit an, wollte die Möglichkeit, sich um den Staat verdient zu machen, nicht eingeschränkt sehen. Aber der Senat griff das Angebot, republikanisches Staatsverständnis in den Principat zu integrieren, nicht auf: er wollte, daß Tiberius von sich aus den Principat antrete, als ob es sich um eine Monarchie handle. Als aber der Senat darüber diskutierte, Livia den Titel *mater patriae* und Tiberius den Ehrennamen *Iuliae filius* zu verleihen, mußte Tiberius zur Wahrung eigenen Ansehens einschreiten. Er lehnte die Ehren für Livia ab und übernahm den Principat. Der Senat hatte alle Möglichkeiten der politischen Einflußnahme aus der Hand gegeben. Tiberius ließ nun vom Senat für Germanicus, der in Germanien stand, das *imperium proconsulare* beschließen.

Anlaß für die Entscheidung waren auch Revolten der Legionen in Pannonien und am Rhein, die in dem Regierungswechsel eine Gelegenheit sahen, Forderungen nach Entlas-

4 S. dazu die Gedankengänge bei Velleius, *Historia Romana* 2,124,2.

sung und Solderhöhung zu stellen.[5] Tiberius sandte seinen
Sohn Drusus nach Pannonien, dem es gelang, die aufständischen Legionen ohne konkrete Zusagen zu beruhigen. Anders in Niedergermanien, wo die Legionen in Erinnerung
an den älteren Drusus versuchten, den Eid auf ihren damals
29jährigen Feldherrn Germanicus abzulegen. Es war das erste Anzeichen dafür, daß die clientelhafte Bindung an die
»Feldherrndynastie« das Heer bei der Anerkennung von
Kaisern beeinflussen konnte. Germanicus weigerte sich, das
Angebot anzunehmen, war aber zu Konzessionen bereit
und ordnete im Namen des Tiberius deren sofortige Durchführung an.
Die Aufstände warfen ein grelles Licht auf das Funktionie-
ren des Kaisertums: Die lange Regierungszeit des Augustus
hatte nicht vergessen lassen, daß der Principat durch die
Soldaten erfochten worden war, daß der Heerführer und
seine militärische Clientel den Staat zu Handlungen zwingen konnte. Der *consensus* war keine allgemeine, allumfassende Willensäußerung, sondern ging von einer Gruppe
aus, der sich andere Gruppen anschließen konnten. Der
*consensus* war das Zeichen, mit dem die *auctoritas* der zur
Führung geeigneten (*dignus*) Persönlichkeit anerkannt
wurde. Aber die Eignung zum Regieren kam nach diesem
Verfahren allen zu, die zu Exponenten einer Gruppe wurden. Damit waren im augusteischen Principat alle Punkte
angelegt, die das Kaisertum der Römer inskünftig kennzeichneten: die Eignung zum Regieren (*dignatio Caesaris*)
konnte von jeder beliebigen Gruppe – Senat, Heer – ausgesprochen werden; die Anerkennung eines Princeps durch
den Senat verhinderte nicht, daß andere Gruppen einen anderen Kandidaten wählten (Usurpation).
Als Tiberius Germanicus wie Drusus im Senat öffentlich
Dank aussprach, war allen klar, daß Drusus seine Aufgabe

---

5 H. H. Schmitt, »Der pannonische Aufstand des Jahres 14 n. Chr. und der
   Regierungsantritt des Tiberius«, in: *Historia* 7 (1958) S. 378–383.

im Sinne des Tiberius gelöst hatte, Germanicus hingegen
Freiheiten in Anspruch nahm. Im Unterschied zu Tiberius,
der die Entstehung des Principats miterlebt hatte und als
strenger Legitimist angesehen werden darf, war Germanicus
in den Principat hineingeboren worden. Er war in seinem
Betragen bereits ein Prinz, der das monarchische Element
repräsentierte. Tiberius und Germanicus erscheinen
wie die Verkörperung zweier Weltanschauungen, der Konflikt
war, gemessen an der Person des Tiberius, unvermeidlich,
wenn auch nicht, wie Tacitus glauben macht, mit Vorbedacht
geplant.

Germanicus hatte die Germanenkriege wieder aufgenommen,[6]
aber trotz aller günstigen Meldungen nach Rom standen
die Verluste in keinem Verhältnis zum Erfolg. Tiberius,
der selbst am Rhein gekämpft hatte, sah keinen Anlaß, an
einen schnellen Erfolg zu glauben, und rief Germanicus zurück.
Er ehrte ihn mit einem Triumph und bestimmte ihn
zum Kollegen im Consulat des Jahres 18; anschließend betraute
er ihn mit dem *imperium proconsulare maius* des
Ostens, so wie Augustus vormals mit Agrippa verfahren
war. In diesem Zusammenhang mußte Germanicus in Armenien
eingreifen, als der Partherkönig Artabanos II. im
Jahr 19 versuchte, seinen Sohn zum König von Armenien
zu erheben.[7] Durch militärisches Eingreifen zwang Germanicus
Artabanos, die alten Verträge mit Rom zu erneuern.
Kappadokien wurde, als der dortige König starb, einem Legaten
unterstellt.

Die Orientreise des Germanicus, die ihn zusammen mit seiner
Familie über Actium und Athen nach Kleinasien führte,
geriet zu einem einzigen Triumphzug: es war die Epiphanie
eines Monarchen. Gleichzeitig aber hatte Tiberius Cn. Calpurnius
Piso zum Statthalter Syriens ernannt. Piso, einem

---

6 W. Eck, *Die Statthalter der Germanischen Provinzen vom 1.–3. Jahrhundert*, Köln 1985.
7 Die Chronologie folgt hier K. Schippmann, *Grundzüge der parthischen Geschichte*, Darmstadt 1980.

Römer alten Schlages wie Tiberius, war das Auftreten des Germanicus zuwider, und er lehnte es ab, sich ihm unterzuordnen. Er berief sich hierbei auf fehlende Weisungen des Princeps, was bedeuten würde, daß Germanicus kein umfassendes Imperium über den Osten besaß, zumindest aber kein *imperium proconsulare maius et aequum*, das ihn – wie vormals Tiberius selbst – als *consors imperii* auswies. Ein Treffen beider Männer in Kyrrhos endete im Streit. Nun aber beging Germanicus selbst einen schweren Fehler: er entschloß sich zu einer Privatreise nach Ägypten, was seit Augustus ohne besondere Erlaubnis des Princeps verboten war.[8]

Nirgendwo zeigt sich das Selbstverständnis des Germanicus deutlicher, da er für sich als Angehörigen des »regierenden Hauses« dieses Verbot als nicht gültig erachtete. Als er bei einer Hungersnot sogar eigenmächtig Maßnahmen ergriff, sah sich Tiberius veranlaßt, Germanicus brieflich zur Observanz zu mahnen. Aber erst im Herbst des Jahres 19 kehrte Germanicus nach Syrien zurück, bereits erkrankt: am 10. Oktober 19 verstarb er mit 33 Jahren bei Antiochia. Die Heimkehr seiner Gattin Agrippina mit der Asche des Germanicus gestaltete sich zu einer Huldigung, die Tiberius verärgerte. Zudem verbreiteten Agrippina (?) und ihre Freunde das Gerücht, Piso habe mit stillschweigender Billigung des Princeps und der Livia den Tod des Germanicus herbeigeführt. So blieb Tiberius nur übrig, den Prozeß gegen Piso zu eröffnen. Während aber Tiberius strengste Neutralität wahrte, erlagen die Senatoren der Agitation der Freunde des Germanicus. So entschloß sich Piso zum Selbstmord, um seine übrige Familie zu retten. Tiberius selbst war über den Ausgang des Verfahrens verbittert: obwohl der Senat ihm und Livia öffentlichen Dank ausdrückte, war das Ansehen des Kaisers erschüttert, da man

8 D. G. Weingärtner, *Die Ägyptenreise des Germanicus*, Bonn 1969; D. Hennig, »Zur Ägyptenreise des Germanicus«, in: *Chiron* 2 (1972) S. 349–365.

trotz allem nicht an die Unschuld des ernsten, zurückgezo-
genen, nie volkstümlichen Kaisers glaubte.
Mit dem Tod des Germanicus trat Drusus, der mit Iulia Livilla, der Schwester des Germanicus, verheiratet war, in den
Vordergrund. Um die Dynastie weiter zu sichern, wurde
Nero, der älteste Sohn des Germanicus, mit Iulia, der Tochter des Drusus, verheiratet. Um die Selbständigkeit seines
Sohnes zu fördern, verließ Tiberius, nachdem er am 1. Januar 21 mit diesem den Consulat angetreten hatte, die Stadt
und blieb ein Jahr in Campanien. In dieser Zeit erfolgte der
Aufstieg des L. Aelius Seianus.[9] L. Seianus (Seius), zwischen
20 und 16 v. Chr. geboren, Angehöriger des Ritterstandes,
war von L. Aelius Gallus (um 26 bis 24 _praefectus Aegypti_)
adoptiert worden. Seit dem Jahr 14 Praetorianerpraefect neben seinem Vater Seius, zählte er zur engsten Umgebung
des Drusus. Durch dessen Fürsprache konnte er im Jahr 20
seine Tochter mit Claudius Drusus, dem Sohn des späteren
Kaisers, verloben. Dieser Erfolg – die Verschwägerung mit
dem Kaiserhaus – verführte ihn, selbst die Macht zu erstreben. Er trennte sich von seiner Gattin Apicata und begann
ein Verhältnis mit Livilla. Als sein Vater Seius im Jahr 23
zum _praefectus Aegypti_ ernannt wurde, blieb Seian alleiniger Praetorianerpraefect und zog die Garde, die bislang in
Quartieren um Rom verstreut lag, in einem Lager (_castra
praetoria_) auf dem Viminal zusammen. Damit konnte er die
Stadt militärisch kontrollieren. Als dann Drusus am 14. September 23 starb, rückten die ältesten Söhne des Germanicus, Nero und Drusus, sowie Tiberius Gemellus, der Sohn
des Drusus, in die Nachfolge im Principat. Nun suchte
Seian im Jahre 25 bei Tiberius um die Heirat mit Livilla
nach, was Tiberius jedoch ablehnte. Es war klar, daß nach
augusteischem Vorbild eine solche Ehe die Nachfolge im
Principat bedeutet hätte, aber der Patrizier Tiberius beabsichtigte nicht, den Staat einem Ritter zu übergeben. So ver-

9 D. Hennig, _L. Aelius Seianus_, München 1975.

anlaßte Seian Tiberius, erneut nach Capri zu übersiedeln; Seian wurde zum Vertreter des Kaisers in Rom, der Senat begann ihn wie einen Mitregenten zu verehren. Unter dem Vorwand, Tiberius vor Verschwörern zu schützen, eröffnete Seian Hochverratsprozesse gegen die Familie des Germanicus:[10] Nero wurde verbannt, Drusus ins Gefängnis geworfen. Damit erreichte Seian eine totale Entmachtung der Anhänger Agrippinas, seine Unentbehrlichkeit war erwiesen. Tiberius wählte Seian zum Kollegen im Consulat für das Jahr 31, berief ihn zum *pontifex* und verlieh ihm das *imperium proconsulare*. Damit fehlte Seian lediglich die *tribunicia potestas*, die ihn offiziell als Mitregenten ausgewiesen hätte. Tiberius schien auf Capri weitgehend von den Ereignissen in Rom isoliert, da Seian trachtete, alle wichtigen Geschäfte an sich zu ziehen. So ist nicht klar, wann Tiberius begann, mißtrauisch zu werden, ob er Seian nicht deshalb nachgab, um ihn zu beruhigen, um seine eigenen Gegenmaßnahmen ergreifen zu können. Es scheint, daß Tiberius nicht nur von Antonia ›Minor‹, der Witwe seines Bruders Drusus, sondern auch aus der engsten Umgebung Seians heraus gewarnt worden war. Erkennbar ist, daß Tiberius mit der »Beförderung« Seians auch den jungen C. Caesar Germanicus (Caligula) aufzubauen begann.

Caligula, am 31. August 12 n. Chr. in Antium geboren, war der jüngste Sohn des Germanicus. Er stand ab dem Jahr 28 unter der Obhut Livias, nach deren Tod wechselte er in das Haus seiner Großmutter Antonia ›Minor‹. Tiberius verlieh Anfang 31 Caligula Augurat und Pontificat und ließ damit erkennen, daß er ihn in die Nachfolge einbinden wolle. Dies scheint Seian zu einer direkten Verschwörung verleitet zu haben, die jedoch verraten wurde. In einem Vorgang, der wie ein Staatsstreich von oben wirkte, wurde Seian beseitigt: Am 18. Oktober 31 auf den Palatin zur Senatssitzung geru-

---

10 Tacitus (*Annales* 5,3,1) sagt, daß Seian nach dem Tode der Livia im Jahre 29 alle Zurückhaltung aufgab.

fen, wurde er von dem Praetorianeroffizier Naevius Serto-
rius Macro mit Hilfe der _vigiles_ des Graecinius Laco ver-
haftet aufgrund eines entsprechenden Schreibens des Tiberius an den Consul P. Memmius Regulus. Der Senat fällte
umgehend das Todesurteil, und der allmächtige Mann
wurde noch am gleichen Tag hingerichtet, wenig später auch
seine Kinder. Der Senat, der jahrelang Seian umworben
hatte, stürzte sich mit Eifer auf dessen Freunde und Anhänger. Eine Prozeßwelle ohnegleichen brach los.
Nach Tacitus sind die Majestätsprozesse charakteristisch für
das Verhältnis zwischen Tiberius und Senatsaristokratie.
Erst der Tod des Kaisers habe dem Wüten ein vorläufiges
Ende gesetzt. Prozesse wegen _crimen laesae maiestatis_ hatten bereits unter Sulla stattgefunden, da ein Magistrat als
Exponent der _maiestas populi Romani_ galt. Solche Verbrechen konnte im Prinzip jeder Bürger anzeigen (_delator_), der
sich damit um die Wahrung der _maiestas_ verdient machte.
Unter Caesar wie Augustus galten dieselben Prinzipien wie
unter Sulla, und auch Tiberius wurde mit solchen Anklagen
befaßt. Aber nirgendwo besser als hier wird die Gefährlich-
keit taciteischer Darstellung deutlich.[11] Zweifellos brachte
Tiberius solche Prozesse selbst in Gang, aber wir müssen
dabei drei Phasen unterscheiden: Prozesse vor der Abreise
des Tiberius nach Capri, solche bis zum Sturz des Seian und
die nach dem Sturz des Seian. Trotz seiner einseitigen Darstellung läßt auch Tacitus erkennen, daß in der ersten Phase
Tiberius eher damit befaßt wurde, als daß er selbst Initiator
war; daß Tiberius häufig strafmildernd den Eifer der Se-
natsgerichte bremste; soweit seine Person betroffen war,
strenge Neutralität beachtete, ja sogar Prozesse nieder-
schlug. Allerdings war sein Ausspruch »Gesetze sind dazu
da, angewendet zu werden«,[12] nur schwer mit dem später
Traian zugeschriebenen Verhalten zu vergleichen: _Nam et_

---

11 Die Mehrzahl der Prozesse ist besprochen bei C. Zäch, _Die Majestätspro-_
_zesse unter Tiberius in der Darstellung des Tacitus_, Diss. phil. Zürich 1971.
12 Sueton, _Tiberius_ 58: _exercendas esse leges._

*pessimi exempli nec nostri saeculi est*.[13] Die zweite Phase betrifft die Verurteilung der Söhne Agrippinas wie deren Parteigänger. Sie geht zwar auf das Konto Seians, aber Tiberius
kann hier kaum freigesprochen werden. Die dritte Phase ist
die prozeßreichste: Wohl war der mißtrauisch gewordene
Tiberius bereit, Anklagen Gehör zu schenken, aber es war
in erster Linie der Senat, der sich in einer riesigen Prozeßwelle selbst dezimierte in der Absicht, Tiberius seine Loyalität zu beweisen.[14] Das Versagen des Tiberius zeigt sich
aber darin, daß er auch nach dem Sturz des Seian nicht in
die Hauptstadt zurückkehrte bzw. frühere Fehler revi-
dierte.

Tiberius hatte auf Capri eine Art Beraterstab gebildet, zu
dem u. a. auch der Senator und Jurist M. Cocceius Nerva,
der Großvater des späteren Kaisers, zählte. Mit diesem arbeitete er die Weisungen an den Senat und an die Provinzgouverneure aus. Tiberius griff nur dann in die Provinzverwaltung ein, wenn die Ruhe einer Provinz durch schlechte
Verwaltung oder Steuerdruck gefährdet war.[15] Im Prinzip
aber ließ Tiberius erprobte Männer auf ihren Posten. Es finden sich Statthalter, die zehn Jahre,[16] 16 Jahre,[17] ja sogar 24
Jahre ihr Amt behielten.[18] Eine solche konservative Haltung, die weniger Genialität als Respekt vor der Leistung
des Augustus erkennen läßt, war nicht dazu angetan, Veränderungen zu schaffen: profitiert hat eher die Bürokratie.
Innenpolitisch aber war eine gewisse Veränderung eingetreten: Die Wahlcomitien waren nun völlig entmachtet, da Ti-

---

13 Plinius, *Epistulae* 10,97: »Denn das böte ein sehr schlechtes Beispiel, das
   nicht dem Geist unserer Zeit entspricht.« – Tacitus lebte und schrieb unter
   Traian.
14 Erst die bei Tacitus, *Annales* 6,8 geschilderte Verteidigungsrede des Ritters
   M. Terentius machte den Senatoren ihr doppelbödiges Verhalten klar.
15 W. Orth, *Die Provinzialpolitik des Tiberius*, Diss. München 1970.
16 So L. Arruntius, von 23 bis 33 in der Tarraconensis; Valerius Gratus, von
   15/16 bis 25/26 in Judaea; Pontius Pilatus, von 25/26 bis 35/36 in Judaea.
17 So C. Galerius, von 15/16 bis 30 in Ägypten.
18 So C. Poppaeus Sabinus, von 9/10 bis 33/34 in Macedonia-Achaia.

berius den Senat beauftragte, nur so viele Kandidaten zu bestimmen, als Ämter zu besetzen waren. Die Besetzung der Gerichtshöfe wurde weitgehend dem Senat überlassen, das Senatsgericht wurde mit größeren Freiheiten und Kompetenzen ausgestattet, wobei der Kaiser als Appellationsinstanz eingreifen konnte. Damit wurde der Senat zunehmend in eine Körperschaft mit juridischer Kompetenz gewandelt, während sein politischer Einfluß schwand.

Anfang 37 unternahm Tiberius einen letzten Versuch, nach Rom zu reisen, kehrte aber noch in Campanien um und starb am 16. März kurz vor der Überfahrt nach Capri im Beisein Caligulas; er wurde im Mausoleum des Augustus beigesetzt. Der Senat und die Bewohner Roms verhehlten nicht ihre Freude über den Tod des »Tyrannen«,[19] und so konnte Caligula unangefochten den Principat übernehmen, obwohl auch er die Formalität der *haesitatio* einhielt.[20]

Mit Tiberius aber wurden die Grundlagen geschaffen, die aus dem »Herrschaftsbereich« der Römer einen römischen Zentralstaat zu formen begannen: die Provinzen standen nunmehr neben Italien, nicht mehr so sehr hinter Italien zurück. Das Heer wurde zum Beschützer des Imperiums, nicht zur politischen und ökonomischen Belastung. Die Entstehung eines »Beraterstabes« ermöglichte, qualifizierte Mitarbeiter zu gewinnen, die alle innenpolitischen wie außenpolitischen Bereiche mit ihrer in der Praxis gewonnenen Sachkenntnis beurteilen konnten. Natürlich ist vieles erst in Ansätzen erkennbar, aber es waren Grundlagen, die – unter Claudius weitergeführt – unter den Flaviern und Adoptivkaisern voll zum Tragen kamen.

19  Die Consecration wurde Tiberius versagt.
20  A. Jakobson / H. M. Cotton, »Caligula's *recusatio imperii*«, in: *Historia* 34 (1985) S. 497–503.

## 2 Caligula

Nach dem Tode des Tiberius leisteten der Praetorianerprae-
fekt Macro, der auch die Verhandlungen mit dem Senat
führte, und die Consuln als erste den Eid auf CALIGULA.[21]
Der Senat erklärte alle nicht Caligula betreffenden Teile des
Testaments für ungültig, so daß Tiberius Gemellus, der Enkel des Tiberius, enterbt wurde; statt dessen adoptierte ihn
Caligula. Damit war der 17jährige als Nachfolger des 25jäh-
rigen Caius in Aussicht genommen, was auch der ihm
gleichzeitig verliehene Titel *princeps iuventutis* erweist.
Caligula war bereits am 18. März vom Senat als Kaiser anerkannt worden, hielt sich aber außerhalb Roms auf. In kor-
respondierte respektvoll mit dem Senat, so daß er bei diesem große Erwartungen weckte. Daher wurde ihm nach
dem Einzug in Rom in der Senatssitzung vom 29. März
*statim consensu senatus et irrumpentis in curiam turbae [...]*
*ius arbitriumque omnium rerum [...] permissum est.*[22] Caligula seinerseits nannte sich Sohn und Zögling des Senates.[23]
Am 1. Juli schließlich trat er mit seinem Onkel Claudius
den (Suffect-)Consulat an. Der Herrschaftsantritt Caligulas
wurde im gesamten Reich begrüßt: Truppen, Gemeinden,
Clientelfürsten leisteten den Treueeid. Zwei Treueeide für
Caius sind inschriftlich überliefert, der Eid der Bewohner
von Aritium[24] und der der Bewohner von Assos,[25] wobei
letzterer in hellenistischer Manier die Sehnsucht nach dem
neuen Herrscher artikuliert.

21 J. P. V. D. Balsdon, *The Emperor Gaius*, Oxford 1934.
22 Sueton, *Caligula* 14,1: »... sofort einstimmig vom Senat und der gewalt-
   sam in die Curia eingedrungenen Menge die unbeschränkte Regierungsge-
   walt übertragen«; vgl. dazu die Formulierung der *Res Gestae* (34,1): *per*
   *consensum universorum potitus rerum omnium*.
23 Cassius Dio 59,6,1: υἱὸς καὶ τρόφιμος αὐτῶν.
24 Lusitania, CIL II 172 = ILS 190; Freis, *Inschriften*, Nr. 9; Schumacher, *In-*
   *schriften*, Nr. 18.
25 Troas, gegenüber Lesbos; IGRR IV 251; Freis, *Inschriften*, Nr. 8.

Im September 37 erkrankte Caligula,[26] und mit seiner Ge-
nesung brach eine neue Prozeßwelle los: Tiberius Gemellus
erhielt den Selbstmordbefehl, Claudius geriet in Lebensge-
fahr. Als nächster wurde M. Iunius Silanus beseitigt, der Vater seiner im Jahr 36 oder 37 verstorbenen Ehefrau Iunia
Claudilla. Der Zusammenhang ist durchschaubar, da die Familie der Iunii Silani mit der Iulier-Familie verwandt war.
Macro, Caligulas Mitarbeiter der ersten Stunde, wurde im
Jahr 39 zum Selbstmord gezwungen. Caligula gebärdete
sich zunehmend wie ein hellenistischer Despot. Er begann
seine Herrschaft als Epiphanie eines Gottes mit absolutisti-
scher Regierungsform anzusehen,[27] und das Verhalten anderer kam dieser Selbsteinschätzung entgegen. Sueton (»Vitellius« 2,5) schreibt, daß L. Vitellius, der Vater des späteren
Kaisers, der erste war, der vor Caligula den Kniefall vornahm, *capite velato*, »mit verhülltem Haupte«, wie vor einem Gott, und Caligula selbst forderte von seinen Besu-
chern die hellenistische Form der *adoratio*, den Fußkuß.
Für ihn, der zusammen mit hellenistischen Prinzen erzogen
worden war, war dies ein selbstverständliches Verhalten, da
er als Princeps mehr war als jeder König. Seit 40 begann
sich Caligula als *optimus maximus Caesar* zu bezeichnen,
was die Verwandtschaft mit Iuppiter Optimus Maximus
ausdrücken sollte. Nach Sueton sollen ihn daher einige
Senatoren als *Iuppiter Latiaris* (»Latinischer Iuppiter«)
angesprochen haben.
Die Hinrichtung bedeutender Persönlichkeiten ließ allerdings den senatorischen Widerstand wachsen. Als das Gerücht entstand, der Kaiser wolle die Aufständischen des Jah-

---

26 Die Natur seiner Erkrankung ist nicht feststellbar. A. Garzetti spricht von
   körperlichem Zusammenbruch aufgrund unsoliden Lebenswandels, andere
   von schwerer Epilepsie, von Gehirnhautentzündung. A. Esser, *Caesar und
   die iulisch-claudischen Kaiser im biologisch-ärztlichen Blickfeld*, Leiden
   1958; L. Schmidt, »Epilepsie als literarisches Motiv – Caesar bei Plutarch,
   Shakespeare und Wilder«, in: *Epilepsie-Blätter* 4 (1991) Nr. 1, S. 8–14.
27 A. Alföldi, *Die monarchische Repräsentation im römischen Kaiserreiche*,
   Darmstadt 1970.

res 14 nachträglich hinrichten lassen, sahen sich auch Offiziere der Praetorianergarde in Gefahr. So wurde Caligula am 24. Januar 41, dem letzten Tag der *Ludi Palatini*, von den Verschwörern (Cassius Chaerea) erschlagen.

Der »Wahnsinn« des Caligula, Rom in eine absolute Monarchie nach hellenistischem Vorbild zu verwandeln, zeigte mehr Methode, als es unsere Hauptquellen Sueton und Cassius Dio erkennen lassen. Obwohl in vielem übertrieben und unausgereift, ist erkennbar, daß Caligula plante, die Herrschaftsberechtigung auf zwei Prinzipien zu reduzieren: die »Herrscherdynastie« und die Zustimmung der Götter (*consensus deorum*), wobei der Herrscher als Epiphanie des Gottes erscheint. Bereits in der Republik hatten Männer wie T. Quinctius Flamininus, L. Cornelius Sulla und M. Antonius im Osten diese Anerkennung erfahren, und unter Augustus war dieses Element wenig verschleiert in Rom präsent geworden in der Ara Pacis. Die Vorstellung eines *Dominus et Deus* mußte sich vor allem dann aufdrängen, wenn die Umgebung des Kaisers diese Selbstdarstellung hinnahm. Aber die Erinnerung an die Republik war noch zu gegenwärtig, das vorsichtige Agieren des Augustus zu lebendig: Caligulas Verhalten hinzunehmen hätte bedeutet, die »republikanische« Basis des Principats, den *consensus universorum*, zu leugnen. Und so mußte Caligula ebenso scheitern – wie 55 Jahre später Domitian, der den gleichen Versuch – immer noch zu früh – wagte.

Die Verschwörer hatten keinen Nachfolger gekürt. Die Senatoren hatten die Parole *libertas* ausgegeben und eilten auf das Capitol, um über die Situation zu beraten. In diese Euphorie platzte die Nachricht, daß die Praetorianer den Onkel Caligulas, Ti. Claudius Nero Germanicus, als neuen Kaiser begrüßt hatten. Nach einer erregten Diskussion entschloß sich dann der Senat am 25. Januar, CLAUDIUS anzuerkennen. Die Praetorianer hatten sich als Kaisermacher etabliert.

# 3 Claudius

Der neue Kaiser besaß weder militärische noch besondere politische Erfahrung.[28] Wegen körperlicher Gebrechen war er von der Öffentlichkeit möglichst ferngehalten worden. Zwar wurde er im Jahr 9 n. Chr. Augur, im Jahre 14 *Sodalis Augustalis*, erhielt von Tiberius sogar die *ornamenta consularia*, aber erst Caligula erhob seinen Onkel in den Senatorenstand. Claudius tritt uns daher in der Zeit vor seinem Regierungsantritt zumeist als Vertreter des Ritterstandes entgegen, wenn dieser sich aus besonderem Anlaß an den Kaiser selbst wenden wollte, so mit einer Dankesadresse an Tiberius für den Sturz des Seian.

Claudius war hochgebildet, antiquarisch und politisch interessiert; seine mangelnde politische Erfahrung wurde durch ein breitgefächertes Interesse aufgewogen. Der damals 50 Jahre alte Kaiser war sich von Anfang an bewußt, welche Macht ihm durch die Praetorianer zuwuchs, die die Entscheidungsfreiheit des Senates einschränkte. So trat er diesem mit überraschendem Selbstbewußtsein gegenüber.[29] Er gab zwar dem Wunsche nach, Caligula nicht offiziell zu bestatten, ließ auch dessen Namen aus offiziellen Inschriften und Senatsprotokollen tilgen, aber es wurde keine allgemeine *damnatio memoriae* verhängt, wie der Senat dies gewünscht hatte: dies hätte eine Rechtfertigung des Kaisermordes bedeutet. Ferner erließ er eine Amnestie für alle Majestätsverbrechen, ließ aber die Mörder Caligulas verurteilen.

Claudius bemühte sich vom ersten Moment an, das Reich

---

28 A. Momigliano, *Claudius. The Emperor and his achievement*, Cambridge ²1961; V. M. Scramuzza, *The Emperor Claudius*, Cambridge (Mass.) 1940; E. Manni, »Dall'avvenuto di Claudio all'acclamazione di Vespasiano«, in: ANRW II 2 (1975) S. 131–148; B. Levick, *Claudius*, London 1990.

29 Claudius soll bei seinen ersten Kontakten mit dem Senat von Herodes Agrippa beraten worden sein; Flavius Josephus, *Antiquitates* 19,212 ff.; vgl. *Bellum Iudaicum* 2,204 ff.

gut zu verwalten, wobei er trachtete, alle Bereiche der In-
nen-, Provinzial- und Außenpolitik zu kontrollieren. Hierfür bediente er sich der Freigelassenen des kaiserlichen
Haushaltes, Männer aus dem griechischen Osten, gebildet
und erfahren in der Verwaltungstechnik, und meist schon
unter Tiberius und Caligula tätig. Obwohl sie in die Verschwörung gegen Caligula eingeweiht gewesen waren,
beließ Claudius sie auf ihren Posten, legte nun aber ihre
Ressorts genau fest: Narcissus wurde zuständig für das gesamte kaiserliche Sekretariat und die amtliche Korrespondenz (*praepositus ab epistulis*), M. Antonius Pallas verantwortlich für die Einnahmen (*fiscus*) aus den kaiserlichen
Provinzen, desgleichen Oberaufseher der *procuratores
patrimonii*, die die in Italien und den Provinzen liegenden
kaiserlichen Besitzungen und Einkünfte verwalteten (*a
rationibus*), C. Iulius Callistus zuständig für Bittschriften.
Ihm zugeordnet war vermutlich das Büro *a cognitionibus*,
das die Rechtsentscheide des Kaisers vorbereitete (*a libellis*). C. Iulius Sabbio Polybios wurde zuständig für das Archiv und die öffentlichen Bibliotheken, aber auch mit der
Möglichkeit, Zensur auszuüben (*a studiis*). Damit ging fast
die gesamte Verwaltung des Reiches direkt zu den kaiserlichen Kanzleien, und selbst der Senat war gehalten, mit
Narcissus und Pallas zusammenzuarbeiten; auch die Staatskasse (*aerarium Saturni*) wurde von zwei Quaestoren geleitet, die Claudius selbst ernannte. Es war ein bedeutender
Schritt auf dem Weg zum Zentralstaat. Die Schöpfung des
Claudius war zwar ohne Vorbild im Principat, orientierte
sich jedoch an den großen römischen Haushalten, wo ähnliche »Ämter« von Sklaven oder Freigelassenen wahrgenommen wurden; Claudius glich nun das System in seiner
Funktionsweise hellenistischen Herrschaftsformen an, wo
die ehemaligen φίλοι (Freunde und Berater) die Funktion
von Ministern erreichten. Natürlich wurde bei diesem Verfahren, das den Einfluß des Senates zurückdrängte, der
Vorwurf laut, der »unfähige« Claudius sei ein Spielball sei-

ner Freigelassenen geworden, aber dieser Vorwurf kann kaum aufrechterhalten werden.[30] Stärker noch als Tiberius griff er in die Gestaltung des Staatswesens ein.

## Die Innenpolitik

**Der Senat.** Der Kaiser verbot das »Hofzeremoniell« der *adoratio*. Er versprach, mit dem Senat zusammenzuarbeiten, überwachte jedoch persönlich dessen Tätigkeit. Im Jahr 47 übernahm er zusammen mit L. Vitellius die Censur und hielt eine *lectio senatus*, wobei er von seinem Recht, Senatoren zu benennen, Gebrauch machte. Urenkeln von ehemaligen Sklaven versperrte er den Zugang zum Senat und handhabe streng die *lex Iulia de maritandis ordinibus*. Gleichzeitig ist aber der Versuch erkennbar, den Senat zum Kollegium der führenden Schichten des Reiches umzuformen.[31] In diesem Zusammenhang (Jahr 48) schlug er dem Senat vor, den romanisierten Adligen Galliens außerhalb der Narbonensis (*primores Galliae quae Comata appellatur*) das Recht zur Ämterlaufbahn (*ius adipiscendorum in Urbe honorum*) zu verleihen.[32]
Der Senat wurde zur legislativen Instanz, d. h. Gesetze waren nun zu *senatus consulta* geworden. Andererseits verlor der Senat seine Eigenständigkeit im Gerichtswesen. Entzogen wurde dem Senat auch die städtische Getreideverwaltung (*frumentatio*), die nun einem *praefectus annonae* aus

---

30   F. Millar, »Emperors at Work«, in: JRS 57 (1967) S. 9–19.
31   A. Bergener, *Die führende Senatorenschicht im frühen Prinzipat (14–68 n. Chr.)*, Bonn 1965; R. J. A. Talbert, *The Senate of Imperial Rome*, Princeton (NJ) 1984.
32   Der Vorgang ist sowohl bei Tacitus, *Annales* 9,23–25, als auch auf der großßenteils erhaltenen Bronzetafel, die an der *Ara Romae et Augusti* zu Lyon aufgestellt war, dargestellt: CIL XIII 1668 = ILS 212 = Freis, *Inschriften*, Nr. 34: *Oratio Claudiana de iure honorum Gallis dando*; Schumacher, Inschriften Nr. 19; Ph. Fabia, La Table Claudienne de Lyon, Lyon 1929; U. Schillinger-Häfele, »Claudius und Tacitus über die Aufnahme von Galliern in den Senat«, in: *Historia* 14 (1965) S. 443–454.

dem Ritterstand übertragen wurde. Auch den Einfluß auf
die Finanzverwaltung büßte der Senat ein, da das finanzielle
Übergewicht des *fiscus* weitere Aufgaben des *aerarium* an
sich zog, so die Reichspost (*vehiculatio*), die *cura viarum*
(Straßenbau), die *cura aquarum* (städtische Wasserversorgung).[33]

**Die Ritter.** Stärker noch als unter Augustus wurde der Ritterstand zur Verwaltung herangezogen.[34] Die 25 ritterlichen
Procuratorenstellen unter Tiberius wurden nun auf 38 erhöht, wobei vor allem drei stadtrömische Ämter neu geschaffen wurden: *procurator aquarum – procurator ludi –
procurator ad legationes et responsa Graeca*. Auch die italische Flotte (*classis Ravennatis – classis Misenensis*) wurde
Procuratoren unterstellt. Die übrigen Veränderungen betrafen die Provinzen (z. B. Belgica, Britannia, Corsica), wobei
die Finanzprocuratoren der Provinzen auch juristische Aufgaben wahrnahmen, soweit dies den *fiscus* und das *patrimo-
nium* betraf.[35]
Auch die Militärlaufbahn der Ritter (*militia equestris*) –
Kommando über Auxiliar-, Reitercohorten und Legionstri-
bunen – wurde geordnet, das Avancement festgelegt. Damit
wurden die ritterlichen Truppenkommandeure zu erfahrenen Militärs, während den Söhnen von Senatoren die Möglichkeit eröffnet wurde, sich vom Militärdienst freistellen zu
lassen.

**Das Bürgerrecht.** Obwohl Seneca sagt, Claudius habe sich
vorgenommen, »alle Griechen, Gallier, Spanier, Britannier
in der Toga zu sehen«[36], ging Claudius mit Bürgerrechtsver-

---

33 F. Millar, »The Fiscus in the First Two Centuries«, in: JRS 53 (1963) S. 28–
42.
34 H.-G. Pflaum, »Procurator«, in: RE XXIII (1957) Sp. 1240–79.
35 P. A. Brunt, »Princeps and Equites«, in: JRS 73 (1983) S. 42–75.
36 Seneca, *Apokolokyntosis* 3,3: *constituerat enim omnes Graecos, Gallos,
Hispanos, Britannos togatos videre.*

leihungen sparsam um: er vergab es für Leistungen – Verdienste um den Staat – an Peregrine, machte aber – damals ein Kuriosum – das Bürgerrecht von der Kenntnis der lateinischen Sprache abhängig.[37] Angehörigen der peregrinen Auxiliarverbände (Alen und Cohorten) wurde nach Ableistung ihrer Dienstzeit (*stipendium*) und ihrer ehrenhaften Entlassung (*honesta missio*) das römische Bürgerrecht verliehen, desgleichen der von ihnen erwählten peregrinen Ehefrau und ihren (bereits vorhandenen) Kindern.[38] Damit wurde nicht nur ein Anreiz zum Wehrdienst geschaffen, sondern auch die Romanisierung in den Grenzbereichen gefördert.[39]

Freilassungen wurden erschwert, die Bindung des Freigelassenen an den Freilasser in Form einer Rechtstutela und Sozialgarantie verstärkt. Frauen, die mit Sklaven ein Verhältnis hatten, konnten mit dem Verlust des Bürgerrechts bestraft werden, Kinder aus Beziehungen zwischen Freien und Sklaven folgten der schwächeren Hand.

**Die Rechtsprechung.** Claudius saß nicht nur, wie Sueton (»Claudius« 14) sagt, mit Leidenschaft zu Gericht, er versuchte auch, wirksame Änderungen durchzusetzen, und erleichterte die Appellation an das Kaisergericht. Bürgerrechtsprozesse zog er zumeist an sich, desgleichen Anklagen wegen Sittendelikten. Frauen wurden aus der Rechtsvormundschaft agnatischer Verwandter befreit, durften über ererbten Besitz frei verfügen, ihre Mitgift oder ihr sonstiges Vermögen durfte bei der Vermögenshaftung des Gatten nicht mitgerechnet werden. Für Schulden des Erblassers hafteten nun auch die Erben. Geldverleih an Minderjährige wurde verboten, ebenso Anleihen auf ein zu erwartendes Erbe.

37 Sueton, *Claudius* 16,2.
38 Y. Le Bohec, *L'armée romaine sous le Haut-Empire*, Paris 1989 S. 237 f.
39 K. Kraft, *Zur Rekrutierung von Alen und Kohorten an Rhein und Donau*, Bern 1951.

Die Aussetzung eines kranken Sklaven auf der Insel des Aesculap-Heiligtums hatte seine Freilassung zur Folge, die Tötung eines Sklaven wurde als Tötungsdelikt (*homicidium*) verfolgt.

**Die Stadt (Urbs).** Zur Sicherheit der Stadt wurden die *vigiles* (*cohortes Urbanae*) und die Prätorianergarde aufgestockt. Sein Hauptaugenmerk aber galt neben der Wasserversorgung Roms (*Aqua Claudia*) der Sicherung der Getreideversorgung. Um die Kornzufuhr nach Italien auch während der von Mitte Oktober bis Mitte März dauernden Winterperiode zu sichern, wurde eine vom Fiscus gespeiste Versicherung gegründet, die das Risiko des Seetransportes trug. Personen, die im Schiffsbau investierten, erhielten Privilegien. Vor allem Frauen wurden mit dem »Vierkinderrecht« ausgezeichnet, das sie von jeglicher *tutela* freistellte, d. h. ihre volle Geschäftsfähigkeit feststellte.[40] Dies zeigt, daß genügend Frauen des Ritter- und Freigelassenenstandes über entsprechende Vermögen verfügten, um Firmen zu gründen.[41] Zu den notwendigen Maßnahmen zählte auch der Ausbau des Hafens von Ostia. Claudius erlebte zwar die Fertigstellung dieses bereits in der Antike gepriesenen Unternehmens nicht mehr, um so mehr brüstete sich Nero mit dieser Tat.[42]

**Wirtschaft.** Die Getreidekrise Roms war auch auf die zunehmende Hinwendung zur weniger arbeitsintensiven Monokultur zurückzuführen, vor allem die Oliven(öl)produktion; Wein- und Getreideanbau verlagerten sich vermehrt in die Provinzen. Dazu kam, daß z. B. Gallien mit seiner großen Bevölkerungszahl billiger produzieren konnte als Ita-

---

40 Sueton, *Claudius* 18–20.
41 H. H. Herzig, »Frauen in Ostia«, in: *Historia* 32 (1983) S. 77–92.
42 Sueton, *Claudius* 20; RIC I, Nero n. 74. Unter Traian wurde die Hafenanlage erneut ausgebaut. R. Meiggs, *Roman Ostia*, Oxford ²1973; G. Rickman, *The Corn-supply of Ancient Rome*, Oxford 1980.

lien. Preiswerte gallische Terra-Sigillata-Ware[43] begann die italische Töpferware nördlich der Alpen zu verdrängen, die großen Getreideanbaugebiete Aquitaniens waren leicht zu bestellen; die Gebiete Nordgalliens übernahmen die Truppenversorgung am Rhein. Die großen Grundherren Galliens wurden immer reicher.[44] Auch darin ist der Sinn der Rede *De iure honorum Gallis dando* des Claudius zu sehen, die *primores* zur Ämterlaufbahn zuzulassen: jeder Senator war verpflichtet, sich in Italien einzukaufen, seinen Hauptwohnsitz in Italien zu nehmen. Auf diese Weise floß der »gallische« Reichtum nach Italien und trug zudem zur Geldwertstabilität erheblich bei.

**Die Provinzen.** Über die Veränderungen in den Provinzen und die Zuweisung juristischer Kompetenzen an die *procuratores fisci* wurde bereits gesprochen. Auch die Belgica wurde einem eigenen Finanzprocurator unterstellt, dessen Sitz Reims war. Claudius besaß eine besondere Vorliebe für Gallien, ließ dort viele Straßen anlegen und förderte die Romanisierung des *Tres Galliae* mit allen Mitteln.[45]

**Die Religion.** Claudius achtete als *pontifex maximus* sehr auf die Restauration der alten römischen Kulte. Im Jahr 47 schuf er ein Kollegium der *haruspices*, um die alte *Etrusca disciplina* wieder zu beleben. Hingegen kontrollierte er die Tätigkeit aller fremden Kulte, wobei er scharf gegen die Chaldäer und *mathematici* vorging und sie aus Rom verwies. Auch gegen die Druiden ging er vor, da sie für ihn das antirömische Element verkörperten und mit den Feinden Roms, den britannischen Stämmen, zusammenarbeiteten.

---

43 Hier ist vor allem La Graufesenque bei Rodez zu nennen.
44 F. De Martino, *Wirtschaftsgeschichte des alten Rom*, München 1985.
45 S. J. De Laet, Claudius et la romanisation de la Gaule septentrionale; *in:* Mélanges A. Piganiol, Paris 1966 S. 951–961; G. Walser, Die Straßenbau-Tätigkeit von Kaiser Claudius, Historia 29, 1980 S. 438–462.

Die Juden wurden wegen Unruhen in Rom und besonders in Alexandria gemaßregelt, teilweise aus Rom ausgewiesen. Claudius war ursprünglich den Juden gewogen, wie eine von Flavius Iosephus überlieferte »Glaubensgarantie« besagt.[46] Aber Alexandria war ein ewiger Unruheherd zwischen Griechen und Juden, und so erhielt der *praefectus Aegypti* ein Schreiben, das beide Seiten zum Frieden mahnte.[47] Vor allem verbot Claudius den alexandrinischen Juden, weitere Juden aus Syrien und Ägypten heranzuziehen. In dieser Warnung sah man einen Hinweis auf die Zuwanderung sog. ›Judenchristen‹, aber die Bewertung des Briefes als Beleg für christliche Missionstätigkeit in Alexandria ist nicht möglich.

Unter Claudius wurden im Jahre 47 (vor Antritt der Censur) die *ludi saeculares* abgehalten als Abschluß der 800-Jahr-Feier der Stadt am 21. April. Obwohl Augustus die Spiele erst 64 Jahre zuvor (im Jahr 17 v. Chr.) gefeiert hatte, erkannte Claudius die augusteische Manipulation nicht an.

Im Jahre 49 wurde dann von Claudius in feierlicher Form die Sakralgrenze Roms (*pomerium*) erweitert als Zeichen für die Erweiterung des *orbis Romanus*.

## Die Außenpolitik

Auf die Nachricht vom Mord an Caligula hin waren die Chatten ins römische Gebiet eingedrungen, wurden aber von der Rheinarmee geschlagen. Ein Aufstand in Mauretanien im Jahre 42 konnte von C. Suetonius Paullinus niedergeworfen werden, und Claudius teilte nun das Gebiet in die Provinzen Tingitana und Mauretania Caesariensis. Iulius

---

46 Flavius Iosephus, *Antiquitates Iudaicae* 19,280–285.
47 Papyrus London 1912 vom 10. November 41.

Agrippa Herodes wurde von Claudius in seine frühere Herrschaft eingesetzt, die durch einen Senatsbeschluß des Jahres 41 um Judaea und Samaria erweitert wurde. Nach seinem Tode im Jahr 44 wurde sein Reich jedoch einem Procurator unterstellt. Gleiches geschah im Jahre 46 nach dem Tode des Thrakerkönigs Rhoemetalces (III.), um die Sicherung der Donaugrenze zu verbessern. Als Prunkstück Claudischer Unternehmungen gilt die Eroberung Britanniens. Claudius zog insgesamt vier Legionen vom Rhein und aus Pannonien zusammen und führte die Truppen persönlich zum Sieg. Danach kehrte er als Triumphator nach Rom zurück und erhielt vom Senat den Beinamen ›Britannicus‹. Dies war die Ursache für die Erweiterung des Pomeriums.[48]

## Die Familie

Weniger glücklich gestalteten sich die persönlichen Beziehungen des Claudius. Sueton (»Claudius« 26) berichtet, daß Claudius nach zweimaliger Verlobung[49] zuerst Plautia Urgulanilla heiratete, von der er sich wegen moralischer Leichtfertigkeit und Mordverdachts scheiden ließ. Seine zweite Frau, Aelia Paetina, die ihm eine Tochter Claudia Antonia geschenkt hatte, verstieß er bald wegen Unverträglichkeit. Im Jahre 39 schließlich heiratete er Valeria Messalina, die Tochter seines Vetters M. Valerius Messalla Barbatus, eine Urenkelin der Octavia. Sie schenkte Claudius zwei Kinder, Octavia (geb. 40) und Ti. Claudius Caesar Britannicus (geb. 41). Über Messalina ein gerechtes Urteil zu fällen

---

48 Sh. Frere, *Britannia. A History of Roman Britain*, London ²1978; P. Salway, *Roman Britain*, Oxford 1981.

49 Zuerst mit Aelia Lepida, der Tochter des Verschwörers gegen Augustus, dann mit Livia Medullina Camilla, die am Hochzeitstag verstarb.

ist schwer,[50] da das von Sueton, Tacitus und dem Satiriker
Decimus Iunius Iuvenalis gebotene Material, ergänzt durch
Hinweise bei Plinius d. Ä. in dessen »Naturalis historia«,
bereits in der Antike immer weiter ausgeschmückt wurde.[51]
Das Interesse des Historikers gilt natürlich in erster Linie
den vielen Hinrichtungen, die Messalina veranlaßt haben
soll, darunter die des mächtigen Freigelassenen Polybios (*a
studiis*) im Jahre 47 oder 48, der ihr Liebhaber geworden
war. Narcissus, der sich nach dem Tode des Polybios selbst
schützen mußte, deckte schließlich die Umtriebe auf. Der
Senat verlieh dem nun allmächtigen Freigelassenen die *ornamenta quaestoria*, über Messalina wurde die *damnatio
memoriae* verhängt.
In dem nun ausbrechenden Streit, wer den inzwischen
60jährigen Kaiser heiraten solle, siegte Pallas, der (Iulia)
Agrippina Minor vorschlug, deren Ziel war, über diese
Ehe ihrem Sohn Nero den Principat zu verschaffen. Bereits
im Jahr 50 erreichte sie, daß Claudius ihren Sohn adoptierte
und mit Octavia verlobte. Sie selbst wurde mit dem Augusta-Titel geehrt. Als Erzieher ihres Sohnes wählte sie
L. Aennaeus Seneca, der Agrippina verpflichtet war, und
Sex. Afranius Burrus, der auf Fürsprache Agrippinas im
Jahre 51 alleiniger Praetorianerpraefect wurde. Im Jahr 51
wurde dem erst 13jährigen Nero die *toga virilis* verliehen,
zudem die Stellung eines *princeps iuventutis*, was praktisch
die Nachfolge des Claudius anzeigte. Im Jahr 52 wurde er
dann mit Octavia vermählt und seit dem Jahr 53 auch im
Senat wie der künftige Princeps behandelt. Agrippina hatte

---

50 D. Balsdon, *Die Frau in der römischen Antike*, München 1979, S. 107–118;
E. Meise, *Untersuchungen zur Geschichte der julisch-claudischen Dynastie*,
München 1969, S. 123–169 . Ein Versuch zur »Rehabilitierung« wurde von
A. Guarino unternommen: »In difesa di Messalina«, in: *Labeo* 20 (1974)
S. 12–26. Er sieht in ihr eine anfänglich liebende, seit der Erhebung des
Claudius zum Kaiser zunehmend frustrierte Ehefrau, da Claudius seine
Aufgabe als Kaiser ernster nahm, als es sich diese unreife Kindfrau vorstel-
len konnte.
51 Beispiel dafür ist der sonst seriöse Cassius Dio, 60 frgm. 61.

ihr Ziel erreicht. Ihr Gegner Narcissus versuchte den Kaiser zum Umdenken zu bewegen und Britannicus als Nachfolger zu bestimmen, doch als Claudius ein diesbezügliches Testament verfaßte, wurde er von Agrippina am 13. October 54 vergiftet. Der Senat beschloß die Consecration.

Eine Bewertung der Leistungen des Claudius muß positiv ausfallen: Seine Reformen haben das Reich stabilisiert, sein Hang zur Bürokratisierung hatte dem Reich den Verwaltungsunterbau geschaffen, den es bislang nur unzureichend besaß. Damit aber war das Kaisertum aus einer persönlichen Herrschaft, der Herrschaft einer Familie, in eine Regierungsform übergeleitet worden, die an die Stelle der alten republikanischen Ordnung treten konnte. Der Kaiser war als Organ des Staates nicht mehr wegzudenken, auch wenn der »Staatsauftrag«, die *lex de imperio*, bestehen blieb.

## 4 Nero

Der Regierungsantritt des erst 16jährigen Nero (geb. 15. Dezember 37) bedeutete für den Senat eine Provokation und Niederlage gleichermaßen.[52] Auf Anraten seiner Erzieher Burrus und Seneca begab sich Nero *zuerst* zur Praetorianergarde, um deren Huldigung entgegenzunehmen; *danach* wurde der Senat von den Vorgängen unterrichtet, der sich dem Votum der Praetorianer anschloß. Was bei der Proklamation des Claudius noch dem Zufall der Geschehnisse zuzuschreiben ist, war hier ein überlegter Schachzug, der klar die militärische Macht des Principats hervorhob. Aber der junge Kaiser war am Regieren wenig interessiert, und so stritten die Erzieher Neros und Agrippina um die

52 M. A. Levi, *Nerone e i suoi tempi*, Mailand 1949; M. Grant, *Nero*, übers. von H. Fliessbach, München 1978.

Macht. Agrippinas Einfluß zeigt sich deutlich in der frühen neronischen Münzprägung: In völlig ungewöhnlicher Darstellung erscheint sie auf der Vorderseite der Münzen im Profil, den jungen Kaiser anblickend. Jedem wurde damit klar, daß die Augusta den Rang einer Mitregentin (*domina*) beanspruchte. Demgegenüber versuchte Seneca einerseits, Nero im Sinne stoischer Verantwortung zu formen und in die hellenistische Geisteswelt einzuführen, andererseits die Macht Agrippinas einzuschränken. Dies gelang im Jahr 55 mit dem Sturz des Pallas; das Verhältnis Neros zur Mutter begann sich zu verschlechtern: auf Münzen wird sie zunehmend aus der Frontposition verdrängt.

Hier drängt sich die Frage auf, ob die beiden Erzieher Nero bewußt in seinen künstlerischen Neigungen unterstützten, um selbst regieren zu können, ob Nero in dieser Zeit nur als Repräsentant der Macht zu sehen ist. Tatsächlich war ihr Einfluß groß, ihre politische Linie gegenüber dem Senat so vorsichtig, daß trotz aller Merkwürdigkeiten die ersten fünf Regierungsjahre Neros als »glückliche Jahre« gepriesen wurden.[53] Seneca verfaßte um 55/56 einen »Fürstenspiegel« (»Ad Neronem de clementia«), der das ethische Herrscherideal der *humanitas* in den Vordergrund stellte. Er erhoffte sich mit dieser Schrift einen bildsamen Einfluß auf den jungen Kaiser, doch Nero nahm die Anregungen nicht auf. Ausgestattet mit guten Gaben, vor allem mit künstlerischem Verständnis und Geschmack, zeigte er die positiven Züge iulischer Abkunft. Sein Privatleben allerdings stellte einen extremen Gegenpol dar, so daß sein Charakter nicht klar zu deuten ist. Immerhin regierte er fast 14 Jahre (Caligula nur vier!), war beim Volke sehr beliebt, und als einige Zeit nach seinem Tode das Gerücht aufkam, er lebe noch, ja, als sogar ein falscher Nero auftrat, war das Volk Roms nur zu gerne bereit, diese Nachricht zu glauben.

---

53  O. Murray, »The Quinquennium Neronis and the Stoics«, in: *Historia* 14 (1965) S. 41–61; K. Abel, »Seneca«, in: ANRW II 32.2 (1985) S. 653–776.

Im Jahr 58 lernte der Kaiser Sabina Poppaea (geb. 30 oder 32), die Frau des M. Salvius Otho, kennen, den er deshalb als *quaestorius* nach Lusitanien schickte. Agrippina widersetzte sich dieser Verbindung, so daß Nero sich im Jahr 59 entschloß, seine Mutter zu beseitigen. Seneca und Burrus deckten die Tat, indem sie von einer Verschwörung sprachen, aber mit dem Mord fielen bei Nero die letzten Schranken; der Einfluß seiner Mentoren schwand. Nun endlich sah er die Möglichkeit, sein musisches Talent öffentlich zu zeigen. Im Jahr 60 richtete er das Musenfest der »Neronia« ein,[54] das alle fünf Jahre stattfinden sollte. Noch gelang es seinen Beratern, ihn vom persönlichen Auftritt abzuhalten, aber der ungewöhnliche Wunsch brachte Nero die Verachtung der Aristokratie ein. Das Volk aber hing an ihm, da es durch Schauspiele aller Art – und Spenden! – verwöhnt wurde.

Indessen funktionierte die Reichsverwaltung im claudischen Stil weiter, der Wohlstand des Reiches mehrte sich, und auch außenpolitisch waren Erfolge zu verzeichnen. Im Osten mußte wegen der Oberherrschaft über Armenien erneut mit den Parthern Krieg geführt werden.[55] Nero beauftragte damit Cn. Domitius Corbulo, der, wie die augusteischen Generäle, zum engeren Kreis der regierenden Familien zählte. Nach wechselvollen Kämpfen trafen sich die Gegner, auch der Armenienkönig Tiridates, in Rhandeia zu Verhandlungen. Hier nun erfolgte die historische Geste, daß Tiridates Diadem und Königsgewand vor dem Bilde Neros ablegte und schwor, beides nur aus der Hand des Kaisers entgegenzunehmen. Im Jahr 66 reiste Tiridates nach Rom, wo er in einer prunkvollen Zeremonie auf dem Forum von Nero den Königsornat als Herrscher Armeniens erhielt. Armenien wurde römischer Vasallenstaat und einem

---

54 Sueton, Nero 12,3; gefeiert am 13. Oktober, dem *dies imperii* Neros.
55 M.-L. Chaumont, »L'Arménie entre Rome et l'Iran. De l'avènement d'Auguste à l'avènement de Dioclétien«, in: ANRW II 9.1 (1976) S. 71–194; W. Schur, »Die Orientpolitik des Kaisers Nero«, in: *Klio*, Beiheft 15 (1923).

parthischen Prinzen als Sekundogenitur verliehen. Das Schauspiel der Eidesleistung und Krönung, zu dem auch das Volk Roms eingeladen war, war geeignet, Roms Größe allen vor Augen zu führen:[56] Tiridates beugte vor Nero das Knie (*adoratio*) und sprach: »Herr (δεσπότης), ich bin der Nachfahre des Arsakes, Bruder der Könige Vologaeses und Pacorus, und dein Sklave (δοῦλος); und ich bin zu dir als meinem Gott gekommen, um dich wie Mithras zu verehren (προσκυνέω), und das Schicksal (μοῖρα), das du mir bestimmst, wird meines sein. Denn du bist mein Schicksal und mein Heil (τύχη).« Und Nero antwortete ihm wie folgt: »Du hast gut daran getan, selbst hierher zu kommen, um mich von Angesicht zu Angesicht zu treffen und dich meiner Gnade (ἀπόλαυσις) zu erfreuen. Denn was dir weder dein Vater hinterlassen hat noch deine Brüder dir geben und bewahren konnten, das alles gewähre ich dir (χαρίζομαι). Ich erwähle (ποιῶ) dich zum König von Armenien, damit du und jene erkennen, daß ich die Macht (δύναμις) habe, Königreiche wegzunehmen und zu verschenken.«
Selbst wenn man diesen Formulierungen die Diktion des Cassius Dio unterstellt, so ist bemerkenswert, daß nicht der alte Begriff »Rom« = *senatus populusque Romanus*, sondern der Begriff »Kaiser« (δεσπότης) Verwendung findet. Das Eigenvermögen des Kaisers, die Despotie, wird hier offen herausgestellt; Nero war auf der Höhe seines Ansehens.
Trotz solcher außenpolitischen Erfolge ist die Wende in Neros Verhalten klar zu markieren: Nach dem Tod des Burrus im Jahre 62 betrieb dessen Nachfolger Ofonius Tigellinus mit Erfolg die Entmachtung Senecas und unterstützte den Ehrgeiz Poppaeas, Neros Gattin zu werden: Octavia wurde geschieden, wegen Ehebruchs nach Pandateria verbannt und dort am 9. Juni auf Befehl Neros getötet.[57] Mit dem Auftre-

---

56 Vgl. hierzu den Bericht bei Cassius Dio 62 (63),5.
57 Jedermann beklagte das unschuldige Opfer, und ihr Schicksal wurde in einer *fabula praetexta*, einem Historienspiel *Octavia*, dargestellt. Senecas Verfasserschaft ist unwahrscheinlich.

ten des Tigellinus und der Heirat Neros mit Poppaea begannen auch die Majestätsprozesse. Zu den prominentesten
Opfern zählte im Jahr 64 D. Iunius Silanus Torquatus, der
als Urenkel des Augustus in gentiler Nähe zum Thron
stand.

Als in der Nacht vom 18./19. Juli 64 ein Brand in Rom fast
zwei Drittel der Stadt, darunter Palatin und Caelius, verwüstete, entstand das Gerücht, Nero selbst habe Rom anzün-
den lassen. Obwohl sich Nero um tätige Hilfe bemühte,
war die Stimmung gegen ihn, und so lenkte er die Schuld
auf die wegen ihres *odium humani generis*[58] allgemein ver-
haßten Christen.[59] Der Bericht des Tacitus, der allerdings in
seiner Beschreibung der Christen und ihres Religionsstifters
von Erkenntnissen der nach-domitianischen Zeit lebt, zeigt,
daß die Christengemeinde in Rom relativ groß gewesen war
und sich in ihrem Auftreten vom Judentum genau unterschied. Dennoch muß festgehalten werden, daß sie wegen
des Verbrechens der »Brandstiftung« verfolgt wurde, nicht
wegen ihres Glaubens.[60] Aber die Tatsache, daß hier eine
Religionsgemeinschaft eines bestimmten Verbrechens bezichtigt wurde, machte es der christlichen Tradition leicht,
hierin die erste Verfolgung zu sehen (Tod des Petrus und
Paulus). Trotz dieser Ablenkung kam es zu einer Verschwörung, die allerdings verraten wurde.[61] Eine gewaltige Prozeßwelle erfaßte Rom und Italien, Seneca und Piso waren

---

58  Es handelt sich hier offenbar um den Vorwurf der politischen und gesell-
    schaftlichen Passivität, der aus dem Parusie-Gedanken der jungen Chri-
    stengemeinden erwachsen war.
59  Tacitus, *Annales* 15,44. – A. von Harnack, *Die Mission und Ausbreitung des
    Christentums in den ersten drei Jahrhunderten*, Leipzig ⁴1924; A. Wlosok,
    *Rom und die Christen: Zur Auseinandersetzung zwischen Christentum
    und römischem Staat*, Stuttgart 1970; K. Aland, »Das Verhältnis von Kir-
    che und Staat in der Frühzeit«, in: ANRW II 23.1, 1979 S. 60–246; P. Ke-
    reztes, »The Imperial Roman Government and the Christian Church. I:
    »From Nero to the Severi«, in: ANRW II 23.1 (1979) S. 247–315.
60  Aufschlußreich ist in diesem Zusammenhang die Anfrage Plinius’ d. J.,
    Epistulae 10,96.
61  Tacitus, *Annales* 15,48–72.

die prominentesten Opfer; den Helfern Neros, Tigellinus, dem Consular Petronius Turpilianus und dem designierten Consul M. Cocceius Nerva, wurden dafür die Triumphalabzeichen (*ornamenta triumphalia*) verliehen.

Nero hatte den Adel dezimiert, den Senat fast völlig entmachtet und lebte seinen künstlerischen Neigungen. So begab er sich im Jahr 66 auf eine Vortragsreise nach Griechenland, als in Iudaea wegen des zunehmenden Steuerdrucks eine Revolte ausbrach, die auch auf Syrien und Ägypten überzugreifen drohte. Dem damaligen *praefectus Aegypti* Ti. Iulius Alexander gelang es, in seinem Bereich Ordnung zu schaffen; der Krieg gegen Iudaea wurde im Februar 67 T. Flavius Vespasianus übertragen. Doch als Nero vom Volk gefeiert im März 68 nach Italien zurückkehrte, erhielt er gleichzeitig die Nachricht von der Revolte des Statthalters der Lugdunensis, C. Iulius Vindex. Dieser hatte eine Armee von etwa 100 000 Mann aufgestellt und rief unter dem Schlagwort »Freiheit« (*libertas*, ἐλευθερία)[62] die Gouverneure von Hispania Citerior (Tarraconensis), Galba, von Lusitania, Otho, und von Africa, L. Clodius Macer, zur Revolte auf. Dem obergermanischen Legaten Verginius Rufus gelang es zwar, Vindex zu schlagen, der daraufhin Selbstmord beging, aber Galba begab sich auf den Marsch nach Rom. Nun unterstellte Verginius Rufus seine Armee dem Senat, der seinerseits mit Galba Verhandlungen aufnahm. Der Senat erklärte Nero zum *hostis publicus*, und in dieser aussichtslosen Lage beging Nero am 9. Juni 68 Selbstmord.[63]

Neros Leistung ist am besten mit der eines kunstsinnigen Monarchen hellenistischer Prägung zu vergleichen. Vom hellenistischen Auftreten Neros anläßlich der Krönung des Tiridates wurde bereits gesprochen. Eine weitere Möglichkeit zur Selbstdarstellung bot der Wiederaufbau Roms:

---

62 Dio (= Xiphilinos) 63,22,3–6.
63 Sueton, *Nero* 49,1: *qualis artifex pereo* (»Welch ein Künstler geht mit mir zugrunde!«).

Nero ergriff die Gelegenheit, Rom den Aspekt einer modernen Hauptstadt zu verleihen. Verordnungen für Brandschutzmauern und für Hausabstände wurden ebenso erlassen wie Vorschriften für die Bauhöhe.[64] Die Wasserversorgung mit öffentlichen Brunnen wurde verbessert. Zudem wollte Nero innerhalb Roms eine Palastanlage errichten lassen, die Natur und Architektur gleichermaßen umfaßte: die riesige *domus aurea*, der bukolische Traum des Städters, entstand auf dem Terrain am Abhang des Esquilin bis zur Niederung vor dem Palatin.[65] Die Bauanlage Neros verschlang Unsummen, die nur mit dem Mittel der Erpressung und Majestätsprozesse zu beschaffen waren. Der Aspekt einer Tyrannis, dokumentiert durch die Megalomanie (Größenwahn), war gegeben. Als daher Vespasian nach Rom kam, bezog er nicht die Domus aurea, und Titus ließ große Teile zuschütten, um darauf seine Thermen zu erbauen, anderes hingegen abreißen, um das Amphitheatrum Flavianum (Colosseum) zu errichten. Die Ausbeutung der Domus Aurea war nicht nur Teil der *damnatio memoriae* Neros, sondern auch eine Möglichkeit, das verwendete Material gewinnbringend anzuwenden.[66] Zur Selbstdarstellung Neros gehört auch die von Sueton (»Nero« 31,1) beschriebene Kolossalstatue, die, nachempfunden dem berühmten Koloß von Rhodos, außer den Zügen Neros auch eine Strahlenkrone trug: Während Augustus noch den Heilbringer Apollo als seinen persönlichen Beschützer betrachtete

64 Tacitus, *Annales* 15,43; Sueton, *Nero* 16.
65 Eine Beschreibung findet sich bei Sueton, *Nero* 31; A. Boethius, *The Golden House of Nero*, Michigan 1960.
66 Und so wurde ein Bauwerk vernichtet, das in seiner kulturellen Bedeutung oft mit den besser erhaltenen Resten der Hadrians-Villa in Tivoli verglichen wird. Nero beabsichtigte, die Domus Aurea mit den besten Skulpturen der griechischen Klassik zu schmücken, wobei er Originale aufkaufen ließ oder Künstler mit Kopien beauftragte. Zu diesen Werken zählt die aus dem 1. Jh. v. Chr. stammende (rhodische Arbeit) und 1506 wiederentdeckte Laokoon-Gruppe, die nicht nur Winckelmann begeisterte, sondern auch Lessing 1766 zu seiner bekannten Abhandlung *Laokoon oder Über die Grenzen der Malerei und Poesie* angeregt hat.

und ihm ein an sein Haus angeschlossenes Heiligtum erbaut
hatte (Apollo Palatinus), ließ sich Nero selbst als Apollo
darstellen (Helios = Soter), so daß die Anrede des Tiridates
als Mithras der Selbstdarstellung Neros voll entsprach. Die
Darstellung Neros als Apollo war somit ein offenes Be-
kenntnis zur hellenistischen Monarchie. Dieses Selbstverständnis dokumentiert auch die Bronzeprägung (SC), deren
Doppelas-Stück (*Dupondium*) aus Messing (*orichalcum*)
den Kaiser mit der Strahlenkrone zeigt im Unterschied zum
einfachen As, auf dem der Kaiser im Lorbeerkranz erscheint. Was vormals nur divinisierten Kaisern zustand, die
Strahlenkrone (*divus Augustus*), wurde nun zu Lebzeiten
eines Kaisers geprägt. Es war somit die Summe aller Extra-
vaganzen Neros, der drohende Staatsbankrott eingeschlos-
sen, die *incuria rerum*, die den Untergang Neros verursachte. Bekleidet mit der Toga und dem ›Freigelassenenhut‹
(*pileus libertatis*), rannten Senatoren und Volk auf das Forum, auf das Capitol, um das Ende der Knechtschaft (*dominatio*) zu feiern.[67]

Mit Nero war der letzte Angehörige der Iulisch-Claudischen Dynastie gestorben. Auch wenn manche römische
*gens* sich der Verwandtschaft mit Augustus, Antonius und
Livia rühmen konnte, besaßen diese Familien keinen Rückhalt bei Armee und Volk. Dies aber war die Voraussetzung
der Macht, um die sich nun Heerführer und Senatoren stritten, und so beginnt Tacitus seine »Historien«, die das nach
den schnell aufeinanderfolgenden Machthabern benannte
»Vierkaiserjahr« beschreiben, mit der bezeichnenden Feststellung: *evulgato imperii arcano posse principem alibi quam
Romae fieri.*[68]

67 Sueton, *Nero* 57,1.
68 Tacitus, *Historien* 1,4: »Nachdem das Geheimnis des Regierens allgemein
   bekannt war, erkannte man, daß man auch anderswo als in Rom einen Kaiser ›schaffen‹ könne.«

# 5  Das Vierkaiserjahr[69]

Der neue Machthaber S. Sulpicius Galba verhielt sich im
Sinne senatorischer Erwartungen: Erst nach seiner offiziellen Anerkennung durch den Senat nahm er den Titel *princeps* an, ebenso nach und nach den Kaisernamen »Imperator
Caesar Augustus« und die übrige Machtfülle eines Kaisers.
So konnte der Senat behaupten, einer aus seinen Reihen
führe den Staat. Aber Galba, damals bereits 72 Jahre alt, verstand nicht die Komplexität der Situation, in die ihn seine
Usurpation gebracht hatte, und ließ mögliche Rivalen beseitigen, scheinbar unzuverlässige Statthalter ablösen. Da er
kinderlos war, riet ihm seine Umgebung, umgehend einen
geeigneten Nachfolger zu suchen. Galba zögerte, und so
riefen die niedergermanischen Legionen den Gouverneur
der Germania Inferior, A. Vitellius, am 2. Januar zum Kaiser
aus; auch Britannien neigte ihm zu. Zum Handeln gezwungen, adoptierte Galba am 10. Januar 69 den 30 Jahre alten
L. Calpurnius Piso Frugi Licinianus, einen Nachfahren des
Crassus und Überlebenden der Pisonischen Verschwörung.
Piso erscheint in unseren Quellen als ein steifer, integrer
Aristokrat, ein Sinnbild der *gravitas* und politisch farblos,
somit ein völliger Mißgriff. Man darf sich nicht von der berühmten »Adoptions-Rede« Galbas (d. h. Tacitus) beste-
chen lassen:[70] sie ist eine Zustandsbeschreibung des Reiches
und der Wunsch der Senatsaristokratie, die Macht in den
Händen des Besten zu sehen, der diese wiederum an den
Besten im Staat weitergibt: *optimum quemque adoptio inveniet.*[71] Der Gedanke der Erbmonarchie wird abgewandelt in
das Adoptivkaisertum, und der Ausspruch Galbas, daß er in
seinem Alter dem römischen Volk nichts Besseres geben

---

69  P. Zancan, *La crisi del principato nel anno 69 d. C.*, Padua 1939; K. Wellesley, *The Long Year A.D. 69*, London 1975.
70  Tacitus, *Historiae*, 1,15 f.
71  Tacitus, *Historiae* 1,16: »Die Adoption könne den jeweils Besten finden.«

könne als einen guten Nachfolger (*bonum successorem*), wurde von den Lesern des Tacitus selbstverständlich auf die Adoption Traians durch Nerva bezogen: *Traianus optimus princeps.*

Die Wahl des Piso war, wie gesagt, politisch verfehlt, und so verbündete sich M. Salvius Otho, der seine eigenen Hoffnungen getäuscht sah, mit den Praetorianern. Am 15. Januar wurden Galba und Piso erschlagen, Otho vom Senat als neuer Princeps anerkannt. Otho ernannte nun T. Flavius Sabinus, der dieses Amt schon unter Nero bekleidet hatte, zum *praefectus Urbi*; Sabinus war der Bruder des T. Flavius Vespanianus, und so sollten große Teile der Ostarmee gewonnen werden. Otho bot auch Vitellius die Mitherrschaft an, was dieser ablehnte. In der folgenden militärischen Auseinandersetzung wurden am 14. April die Truppen Othos in der Schlacht bei Betriacum geschlagen, und obwohl Otho Verstärkung aus Moesien erwarten konnte, wollte er kein weiteres Blutvergießen und beging Selbstmord.

Die Ostarmeen hatten sich bislang ruhig verhalten und die früheren Entscheidungen des Senates hingenommen, der sich nun beeilte, Vitellius anzuerkennen. Jetzt aber leisteten sie unter der Führung des *praefectus Aegypti* Ti. Iulius Alexander und des Statthalters von Syrien, Licinius Mucianus, Vespasian den Treueeid. Diesem Vorgang folgten die Donaulegionen, die so Otho rächen wollten. Es war ein Streit der großen Heeresgruppen um das Recht der Kaiserkür, und so sah sich Vitellius gezwungen, die gerade erworbene Herrschaft gegen einen neuen Prätendenten zu verteidigen. Im ersten Anlauf wurden die Vitellianer bei Betriacum geworfen, und nun begann der systematische Abfall von Vitellius, so daß sich dieser zu Verhandlungen mit den Flavianern, vor allem Flavius Sabinus, entschloß.

Die folgenden Ereignisse, in vollem Umfang bei Sueton und Tacitus überliefert,[72] sind historisch wie staatsrechtlich

---

72 Sueton, *Vitellius* 15,2–4; Tacitus, *Historiae* 3,67 f.

von Bedeutung, weil zum erstenmal der Versuch unternommen wurde, freiwillig auf die Macht zugunsten eines Usurpators zu verzichten, und zwar *rei publicae causa*. Der Vorgang verdeutlicht erneut den Sonderstatus eines Princeps, da der Principat eben nicht Teil einer »Verfassung« ist.[73] Eindeutig zeigen die Quellen, daß der Principat auf zwei Säulen beruht, die außerhalb des Staatsrechtes liegen, dem *consensus universorum* – jetzt vermehrt der *consensus militum* – und dem *consensus deorum*. Der Princeps verkörpert diesen *consensus*, ist ihm verpflichtet, sobald er den Ruf annimmt. Die ihm vom Senat übertragene Macht ist nichts weiter als das Instrumentarium, diesen Auftrag erfüllen zu können unter Wahrung der staatsrechtlichen Ordnung. Daraus ergibt sich, daß die Eignung eines Kandidaten (*dignatio Caesaris*) lediglich eine Orientierungshilfe bei der Suche nach einem Princeps = Kaiser darstellt, daß der in Aussicht Genommene die Möglichkeit hat, die Entgegennahme des Angebotes zu verweigern.[74] Die Annahme des *consensus* aber machte den Kaiser zum Exponenten, Beauftragten einer Gruppe, die ihn an sich band wie die Clienten ihren Patron. Daraus ergibt sich, daß der Princeps den übernommenen Auftrag, den *consensus*, nicht von sich aus zurückgeben kann; er kann lediglich bitten, ihn von diesem Auftrag zu entbinden, den Auftrag einem anderen zu erteilen. Wird diesem Wunsch durch die Gruppe der »Kaisermacher« nicht entsprochen, ist er bis zu seinem Tode daran gebunden.

Seit Augustus verkörpert der Kaiser die Eintracht im Staat (*concordia*), deren Garant die Götter sind. Ein Usurpator verstößt gegen die *concordia*, es sei denn, die Götter stellen

73 I. König, »Exire de imperio – cedere imperio. Tacitus und Sueton über die Abdankungsversuche des Vitellius«, in: *Sodalitas* (Festschrift für A. Guarino), Bd. 1, Neapel 1984, S. 295–314.
74 So verfuhr damals der Legat der Germania superior, L. Verginius Rufus: G. B. Townend, »The Reputation of Verginius Rufus«, in: *Latomus* 20 (1961) S. 337–341.

sich auf seine Seite,[75] lassen ihm Vorzeichen und den Sieg
zukommen und offenbaren ihm auf diese Weise ihren *consensus* (= *consensus deorum*). Aus der Erfüllung des aus dem
*consensus universorum* erwachsenen Auftrages zur *concordia* resultiert die *auctoritas* des Kaisers. Wenn, so sagen die
politischen Freunde des Vitellius, Vitellius *rei publicae causa*
Vespasian die Macht übergäbe, so besäße Vitellius eine höhere *auctoritas* als Vespasian, der den Staat in Unordnung
gebracht habe. Daraus ergibt sich, daß Vespasian ihn auf alle
Fälle beseitigen müsse. Und noch etwas erfahren wir gleichsam nebenbei: Der Kaiser gehört zwar automatisch dem
höchsten Stand an, dem *ordo senatorius*, überragt ihn aber
als Princeps. Damit ist im Grunde ein neuer »Stand« (*status*) entstanden, dem nur der Princeps angehören kann, zuzüglich der männlichen Personen, die als Mitregenten bzw.
Nachfolger herangezogen werden. Wird ein Princeps (Vitellius) entmachtet, so entscheidet sein Nachfolger (Vespasian),
welchem Rang (*status*) er künftig zuzuordnen ist. Dennoch
bleibt er gefährlich, weil er einmal die *dignatio Caesaris* besessen hat: man kann sich seiner erinnern.

An der Person des Vitellius, an seinem Verhalten läßt sich
somit nicht nur erkennen, daß trotz fast 100jähriger »Kaiserherrschaft« der Principat *nicht* Teil einer »Principatsverfassung« geworden war, sondern daß er nach denselben
Grundsätzen beurteilt werden muß, die seit Augustus galten. Der Princeps war so mächtig, wie die ihn unterstützende Gruppe, aber das Widerstandsrecht war Teil des Verhältnisses zwischen *princeps* und *populus*: Mißbrauch des
*consensus*.

Das Vierkaiserjahr zeigt auch, daß sich der Principat als
quasi-monarchische Herrschaft etabliert hatte, daß er aber

---

75 Aufschlußreich ist hier Vespasians Besuch in Alexandria nach der Usurpation: Sueton, *Vespasian* 7,2: *Auctoritas et quasi maiestas quaedam ut scilicet
inopinato et adhuc novo principi deerat; haec quoque accessit* (»Noch fehlten
dem sozusagen unvermuteten und bislang neuen Kaiser [Vespasian]
Ansehen und Maiestät; aber auch diese wurden ihm zuteil«).

nicht an eine Familie gebunden war, auch wenn, wie Tacitus in der erwähnten Adoptions-Rede des Galba sagt, versucht wurde, sie wie ein Erbstück weiterzugeben.[76] Der Principat war auch nicht an eine Adelsschicht gebunden: bis Vitellius waren alle Kaiser Angehörige des patrizischen Adels, Vespasian kam aus dem Ritterstand.

Das Ende des Vitellius ist schnell berichtet: Trotz der mit Flavius Sabinus getroffenen Abmachung, zugunsten Vespasians auf den Principat zu verzichten, mißlang der Akt: Praetorianer, Truppen und Plebs revoltierten gegen den Plan, und durch Zurufe ermutigt wagten die Vitellianer am 19. Dezember 69 den Sturm auf das Capitol, wo sich die in der Stadt befindlichen Anhänger Vespasians, darunter Flavius Sabinus und Domitian, verschanzt hatten. Das Capitol ging in Flammen auf, Sabinus wurde getötet, Domitian gelang die Flucht. Tags darauf (20. Dezember 69) brachen die Legionen des Antonius Primus in Rom ein. In erbitterten Straßenkämpfen wurden Rom und die Castra Praetoria erobert, Vitellius vom Pöbel und den Soldaten umgebracht. Die siegreichen Militärs begrüßten Domitian als Caesar, der Senat beglückwünschte ihn.

---

76  Tacitus, *Historiae* 1,16,1: *unius familiae quasi hereditas fuimus* (»wir waren gleichsam Erbstück einer Familie«).

# III
## Die flavischen Kaiser

### 1 Vespasian

Mit dem Sieg der Anhänger der Flavier (*partes Flavianae*) begann für Rom und das Imperium die Phase der Konsolidierung des Principats, nachdem das Kaisertum unter Nero und während des Vierkaiserjahres in die Krise geraten war. Immer noch bestand die staatsrechtliche Einbettung des Principats aus dem Bündel an Befugnissen, die aus den verschiedenen Magistraturen bzw. Promagistraturen abgeleitet waren, Befugnisse, die vom Senat bzw. von der Volksversammlung *ad personam* und auf Lebenszeit verliehen waren. Das einzige Amt, das der Herrscher bekleidete, war das des *Pontifex maximus* – auf Lebenszeit. Alle anderen Magistraturen – mit Ausnahme der plebeischen – standen ihm zur Bewerbung offen. Aber es ist der neuerliche Versuch zu erkennen, sich von der schwankenden Basis, der man die Macht verdankte, zu trennen und die Herrschaft innerhalb der Familie weiterzugeben. Unter diesem Blickwinkel ist der von Vespasian während eines Streites mit dem Senator Helvidius Priscus geäußerte Satz zu interpretieren: *aut filios sibi successuros aut neminem*.[1]

Mit VESPASIAN, geboren am 19. November 9 n. Chr. und am 1. Juli 69 n. Chr. durch den *praefectus Aegypti* Ti. Iulius Alexander proklamiert, gelangte ein Mann mit einer für den Ritterstand typischen Militärkarriere zur Herrschaft. Für seine Verdienste in Britannien hatte er von Claudius im

---

1 Sueton, *Vespasian* 25: »entweder würden ihm seine Söhne in der Regierung folgen oder niemand.« – M. A. Levi, »I Flavi«, in: ANRW II 2 (1975) S. 177–207.

Jahr 41 die *ornamenta triumphalia* erhalten, November/
Dezember 51 war er *cos. suffectus*, 63 wurde er Statthalter
(*proconsul*) in Africa, Ende 66 schließlich als *legatus Aug.
pro praetore* Oberbefehlshaber im jüdischen Krieg. Begleitet wurde er von seinem am 30. Dezember 39 in Rom geborenen ältesten Sohn Titus. Dieser war zusammen mit Britannicus, dem Sohn des Claudius, erzogen worden, bevor
er ebenfalls die Militärkarriere einschlug. Die Nähe zum
iulisch-claudischen Kaiserhaus war gegeben. Legat unter
seinem Vater, hatte er die *legio XV Apollinaris* aus Alexandria nach Iudaea gebracht. Seine diplomatischen Fähigkeiten nutzte nun Vespasian bei der Verständigung mit dem
syrischen Statthalter Licinius Mucianus und dem *praefectus Aegypti* Ti. Iulius Alexander, der diesen Posten seit
September 66 innehatte.
Die Usurpation des Vitellius hatte den Gegensatz zwischen
West- und Ostarmee zum Ausbruch gebracht: beide beanspruchten für sich das Recht, als Schützer der Reichsgrenzen
– Germanien/Britannien, bzw. Armenien/Euphrat – den
neuen Princeps zu stellen. Galba hatte seinen Erfolg dem
Kontakt zum Senat zu verdanken, Vitellius den Truppen
Germaniens. Nun fand sich ein Großteil des alten Offi-
ziersstabes um Cn. Domitius Corbulo zusammen, um nach
einem eigenen Prätendenten zu suchen. Ti. Iulius Alexander
ließ als erster die in Ägypten stationierten Legionen den
Eid auf Vespasian ablegen, wenige Tage später (3. oder
11. Juli) folgten Vespasians eigene Truppen, wobei die *legio
XV Apollinaris* nicht ohne Einfluß war; dann schlossen sich
Mucianus und die von corbulonischen Offizieren befehlig-
ten Donautruppen (Pannonien) an.
Nach der Einnahme Roms wurde der jüngste Sohn Vespasians, Domitian, als Stellvertreter des neuen Kaisers vorgestellt, bis Vespasian persönlich eintreffe und die Regierung
übernehme. Der Senat besaß keine Möglichkeit der freien
Entscheidung mehr und bestätigte durch eine *lex*, die sich an
den Befugnissen vor allem der iulisch-claudischen Herr-

scher ausrichtete,[2] die Befugnisse des neuen Machthabers.
Die Ursache für diese häufig als »Bestallungsgesetz Vespasians« definierte *lex* war die Tatsache, daß Vespasian mit
seiner Usurpation und den daraus geborenen Taten – seine
eigenen wie die seiner Anhänger und Beauftragten – *contra
principem* und damit *contra rem publicam* verstoßen hatte.
Nach seinem Sieg konnte Vespasian Legitimität beanspruchen. Als Ausgangspunkt seines Herrschertums (*dies imperii*) wählte er offenbar die Proklamation durch Ti. Iulius
Alexander am 1. Juli 69. Dies war ein vor allem aus Propagandagründen wichtiges Datum,[3] da auch Augustus den
1. Juli als *dies imperii* – *dies tribuniciae potestatis* ansah.[4] Der
Senat aber mußte nun die *acta* des neuen Herrschers rückwirkend billigen. Um entscheiden zu können, was unter
diese »Amnestie« fiel, war es nötig, die Befugnisse und
Freiheiten des neuen Princeps zu definieren. Dies geschah
dadurch, daß der Senat durch eine spezifische *lex* Vespasian
zugestand, was seinen Vorgängern im Prinzipat erlaubt
war. Vespasian seinerseits nannte sich *Imperator Caesar
Vespasianus Augustus*, d. h. er benützte den Herrschernamen des Schöpfers des Principats. Wichtig für den Senat wie
auch für Vespasian war, daß die Anbindung an die guten
Kaiser erfolgte, d. h. es werden nur die Kaiser Augustus,
Tiberius und Claudius aufgeführt, alle übrigen Kaiser, die
wie Caligula, Nero, Otho und Vitellius der *damnatio memoriae* verfallen waren, sind verschwiegen, ja sogar Galba,
den zu rächen Vespasian vorgegeben hatte. Wichtigster
Punkt – neben der ihm aus *imperium maius* und *tribunicia
potestas* zukommenden Macht – war somit die Anerken-

---

2 Zu der zwischen 1342 und 1350 in Rom gefundenen Bronzetafel, heute in
den Capitolinischen Museen ausgestellt, der sog. *Lex de imperio Vespasiani*
(CIL VI 930 = ILS 244 = Freis, *Inschriften*, Nr. 49; Schumacher, *Inschriften*,
Nr. 20), P. A. Brunt, »Lex de Imperio Vespasiani«, in: IRS 67 (1977) S. 95–
116.
3 H. Last, CAH XI S. 405.
4 S. dazu oben ›Augustus‹ Anm. 60.

nung der Rechtmäßigkeit seiner mit dem 1. Juli getroffenen
Verfügungen juridischer und personeller Natur, aber auch,
wie die abschließende _sanctio_ (Strafverfügung, Strafbefrei-
ung) besagt, der Schutz derer, die bei der Rückwirkungs-
klausel des Gesetzes schuldig geworden waren, da der Ausgang des Machtkampfes sie überrollt hatte.

Zum Hauptpunkt moderner Diskussion geriet aber neben
der Frage, ob die Vorgänger Vespasians seit (ausschlie-
ßend?) Tiberius ein gleichartiges Senatsgesetz erhalten hatten, die Bedeutung und Tragweite der Formulierung _legibus
solutus_ (§ 7). Ulpian sagt: _Princeps legibus solutus est_.[5] Die
Formulierung des Juristen der Severerzeit wurde mit einem
Ausspruch Plinius' d. J. in seinem Panegyricus auf Kaiser
Traian in Verbindung gebracht: »Diesen Satz höre ich, lerne
ich jetzt zum erstenmal: Nicht der Princeps steht über den
Gesetzen, sondern die Gesetze über dem Princeps, und für
den Caesar als Consul gelten dieselben Beschränkungen«.[6]
Vom Rechtsstandpunkt aus, den der Senat im Jahr 69 vertrat, ist die moderne Diskussion fragwürdig. Die »Lex de
imperio« zeigt den Vorgang auf, wie die außerordentlichen
Befugnisse des Herrschers per Gesetz verankert wurden,
wobei eben der Senat wie in der Republik diese Sondervoll-
machten beschloß. Geht der Kaiser – wie Caligula, Nero,
oder später Domitian – darüber hinaus, ist er ein Tyrann.[7]
Für die Verleihung der _tribunicia potestas_ waren weiterhin
die _comitia_ zuständig (_comitia tribuniciae potestatis_), wie ein
entsprechender Vermerk in den Akten der Arvalbrüder zur
Zeit Domitians zeigt, ebenso die Verleihung des Amtes eines _pontifex maximus_ (_comitia pontificatus maximi_). Natürlich hatte sich die Macht des Princeps seit August weiterent-

---

5 Kommentar zur »Lex Iulia et Papia« (_Digestae_ 1,3,31 = Ulpianus 13).
6 Plinius, _Panegyricus_ 65,1: _Quod ego nunc primum audio, nunc primum
disco, non est »princeps super leges« sed »leges super principem« idemque
Caesari consuli quod ceteris non licet._ Vgl. _Res gestae_ 34.
7 So Plinius im gleichen Kapitel des _Panegyricus_.

wickelt, aber wir haben gleichzeitig die Bestätigung, daß der Principat für jeden Kaiser neu ausformuliert wurde in Anlehnung an die *mos maiorum*. Der Principat war keine Erbmonarchie, er war lediglich eine politische Unvermeidbarkeit geworden, wobei sich weder der Senat noch die Ritter Illusionen über den Gebrauch der Macht durch den Herrscher hingaben.

Vespasian überließ die Niederwerfung des jüdischen Aufstandes Titus und kehrte Mitte des Jahres 70 nach Rom zurück, wo Domitian, seit dem Jahr 70 offizieller Stellvertreter Vespasians in Rom als *praetor urbanus consulari potestate* (Vespasian war Consul *in absentia*), eine schnelle Besetzung vakant gewordener Posten bzw. den Austausch diskreditierter oder unzuverlässiger Personen versuchte, um die staatliche Ordnung zurückzugewinnen. Bereits hier zeigt sich das feindselige Domitian-Bild der Quellen, indem sie ihm unterstellen, er habe seine Kompetenzen weit überschritten. Die moderne Forschung ist diesem Bilde weitgehend gefolgt und verweist auf eine spöttische Äußerung Vespasians: »*mirari [. . .] quod successorem non et sibi mitteret.*«[8] Wenn man aber bedenkt, daß seit der Ermordung Galbas bis zum Sieg des Antonius Primus nicht nur in Rom, sondern in ganz Italien, Gallien und Germanien ein nicht geringes Chaos herrschte, so wird ein solches Vorgehen einsichtig, der Vorwurf zweifelhaft.

Ebenso zweifelhaft ist die Äußerung Suetons, Domitian habe auch einen Feldzug nach Gallien und Germanien begonnen, *neque necessariam et dissuadentibus paternis amicis*,[9] nur um den gleichen Eignungsnachweis wie sein Bruder Titus zu erlangen. Dieser »unnötige« Feldzug aber betraf den sog. Bataveraufstand, über den die breite Darstellung

---

8 Sueton, *Domitian* 1,3: »Er wundere sich, daß er nicht auch für ihn einen Nachfolger schicke.«
9 Sueton, *Domitian* 2,1: »unnötig, wobei ihm die väterlichen Freunde abrieten«.

bei Tacitus ausführlich informiert.[10] Der Aufstand wurde
niedergeworfen, den Ruhm dafür erntete Q. Petilius Cerealis Caesius Rufus, einer der *amici paterni*: Cerealis war nach
der Mitteilung des Tacitus ein naher Verwandter Vespasians.[11]

Im Jahre 70 wurde Jerusalem erobert, der Tempelschatz
nach Rom gebracht, die Tempelsteuer sowie eine Kopfsteuer (*capitatio*) mußten nun nach Rom entrichtet werden.
Jerusalem selbst blieb als Stadt den Juden zugänglich, erhielt
aber eine römische Besatzung.[12]

Mitte des Jahres 71 feierten Vespasian und Titus in Rom einen Triumph, den Domitian auf dem im Jahre 82 erstellten
>Titusbogen< darstellen ließ.[13] Titus selbst wurde nun in
Rom als Mitregent und Nachfolger vorgestellt. Obwohl er
als Teilhaber am Triumph den Titel *Imperator* tragen
durfte, ging er aus Respekt vor der höheren Stellung des
Vaters sparsam damit um. Vespasian hatte ihm noch 69 das
*nomen Caesaris* verliehen, das Domitian bereits besaß, so-

10 Tacitus, *Historiae* 4–5; seine Informationen entstammen mit großer Wahr-
    scheinlichkeit dem 20bändigen Werk *Bella Germaniae* des Plinius d. Ä. –
    L. Bessone, *La rivolta batavica e la crisi di 69 d. C.*, Turin 1972; R. Urban,
    *Der »Bataveraufstand« und die Erhebung des Iulius Classicus*, Trier 1985;
    H. Heinen, *Trier und das Trevererland in römischer Zeit*, Trier 1985 S. 70–
    81.
11 Tacitus, *Historiae* 3,59,2; nach Cassius Dio 64,18,1 ein angeheirateter Ver-
    wandter; W. Eck, *Statthalter*, Nr. 13, S. 135.
12 Die *X Legio Fretensis*, »die Trotzende«. Trotz des Falles von Jerusalem
    verharrten die beiden Festungen Macherus und Masada im Widerstand.
    Masada, das von dem Selbstmordkommando der >Sicarii< verteidigt
    wurde, fiel erst im Jahr 72: die Verteidiger töteten sich selbst. – Y. Yadin,
    *Masada*, übers. von E. und A. Eggebrecht, Hamburg 1966; S. J. D. Co-
    hen, *Josephus in Galilee and Rome. His vita and his development as
    a historian*, Leiden 1979; C. H. Ben-Sasson, *Geschichte des jüdischen
    Volkes*, Bd. 1: *Von den Anfängen bis zum 7. Jahrhundert*, München
    ²1981. – Die Judenchristen ihrerseits wählten nun die Stadt Pella, 26 km
    südlich des Sees Genezareth, zu ihrem Refugium (Eusebius, *Historia
    ecclesiastica* 3,5,3).
13 L. Yarden, *The Spoils of Jerusalem on the Arch of Titus: A re-investigation*,
    Stockholm 1991.

wie den Titel *princeps iuventutis*, der ihn als Nachfolger
im Principat auswies.[14] Am 1. Juli 70 erhielt Titus die *tribunicia potestas* und bekleidete den Consulat zumeist mit
seinem Vater. Vespasian orientierte sich somit an Augustus, die Macht innerhalb der eigenen Familie durch früh-
zeitige Verleihung von *potestates* zu wahren. Seit 71 war
Titus zudem *censor designatus*, ein Amt, das er im Jahre
73 mit dem Vater bekleidete. Damit war automatisch auch
der Vorrang vor Domitian festgestellt.[15] Bedeutend aber
war, daß Titus im gleichen Jahr 70 das Amt des *praefectus
praetorio* übernahm, das normalerweise einem Ritter vorbehalten war. Dies ermöglichte Titus, gegen die Feinde
seiner Familie vorzugehen, was ihn höchst unbeliebt
machte. Mit tiefer Sorge, so sagt Sueton (»Titus« 6,2),
habe man dem Moment entgegengesehen, da Titus die
Nachfolge antreten werde.

Das »Regierungsprogramm« Vespasians ist in dem berühmt gewordenen Satz Suetons zusammengefaßt: »Während der ganzen Regierungszeit hielt er nichts für wichtiger, als den übel zugerichteten und schwankenden Staat
zuerst wieder aufzurichten, und dann erst ihm Glanz zu
verleihen.«[16] Vordringlichste Aufgabe war die Neuordnung
des Westheeres, dessen Verhalten die Usurpation des Vitellius ebenso begünstigt hatte wie den langwierigen Bataveraufstand. Die vier Legionen am Rhein, die auf der Seite des
Vitellius gekämpft hatten (*I Italica, V Alauda, XXI Rapax,
XX Primigenia*), wurden aus der Germania Inferior abgezogen und erhielten neue Standlager; an ihre Stelle traten
Legionen, die aus Spanien oder Britannien stammten. Der

14 Siehe das Vorgehen des Augustus bezüglich seiner Adoptivsöhne Gaius
und Lucius Caesar.
15 B. W. Jones, *The Emperor Titus*, London 1984.
16 Sueton, *Vespasian* 8,1: *per totum imperii tempus nihil habuit antiquius
quam prope afflictam nutantemque rem p(ublicam) stabilire primo, deinde
et ornare.*

Bestand von acht Rheinlegionen wurde nicht reduziert, allerdings verfuhr Vespasian großzügig mit Entlassungen. Drei neue Legionen wurden geschaffen, die *IV Flavia Felix*, die *XVI Flavia Firma* und die *II Adiutrix*, die als besonders kaisertreue Truppen an den militärischen Brennpunkten des Reiches in Dalmatien, Kappadokien bzw. Britannien stationiert wurden. Es wird erkennbar, daß ein militärischer Kordon um das Imperium gelegt wurde; innerhalb des Reiches fand eine Art »Entmilitarisierung« statt: Spanien, das zur Zeit des Augustus noch drei Legionen besaß, verfügte nun nur noch über eine einzige (*legio VII Gemina* = León).

Mit Ausnahme der Jahre 73 (Domitian) und 78 bekleidete Vespasian den Consulat, fast immer (70, 72, 74–77, 79) zusammen mit Titus, ein ungewöhnliches Vorgehen, da bereits Augustus seit 23 v. Chr. darauf geachtet hatte, diese höchste republikanische Magistratur nur sparsam zu bekleiden[17] und sich mit der *consularia potestas* zu begnügen. Es entsprach dem neuen Regierungstil, Amt und *potestas* zusammenzuführen. In den Jahren 73/74 übte Vespasian zusammen mit Titus die Censur aus, um eine *lectio senatus* durchzuführen. Nicht wenige verdiente Militärs gelangten in den Senat, darunter auch Angehörige der Provinzialaristokratie.[18] Weiterhin wurden die in der Vergangenheit gewaltig dezimierten patrizischen Familien durch einen »Pairsschub« ergänzt, da das Religionswesen nicht mehr voll funktionsfähig war. Damals erhielten die später so bedeutenden Familien der Ulpier, Annier und Domitier den Patriziat. Spanien erhielt das *ius Latinum* als Vorbereitung auf das römische Vollbürgerrecht.

---

17 Tiberius war als Princeps nur dreimal, Claudius viermal, Nero fünfmal Consul. Nur Caligula hatte als *malus princeps* diese Rücksichtnahme abgelegt und den Consulat in den Jahren 37, 39, 40, 41 bekleidet.

18 W. Eck, *Senatoren von Vespasian bis Hadrian*, München 1970 (Vestigia 13).

Hauptanliegen Vespasians aber war die Neuordnung des Finanzwesens. Nach Sueton (»Vespasian« 16,3) betrug der Fehlbetrag im Staatshaushalt 40 Milliarden Sesterzen. Um diesen ausgleichen zu können, widerrief Vespasian Steuerbefreiungen, die Galba spanischen und gallischen Gebieten zugesprochen hatte, ebenso die von Nero großzügig dem griechischen Osten verliehenen Immunitäten.[19] Nachdem bereits im Jahr 71 der *fiscus Iudaicus* eingerichtet worden war, um die Tempelsteuer nach Rom fließen zu lassen, wurden nun im Sinne besserer Steuerkontrolle auch der *fiscus Asiaticus* und der *fiscus Alexandrinus* eingerichtet. Es entwickelten sich somit Steuerbezirke, die (nach hellenistischem Vorbild) die jeweilige Eigenart des Bereiches nutzten. Das Steueraufkommen der Provinzen wurde überprüft, die Ausgaben der Gemeinden einer Kontrolle unterworfen. Die Güter der iulisch-claudischen Familie wurden als kaiserliche Domänen (»Krongut«) eingezogen, der *ager publicus* auf Rechtmäßigkeit der Pacht untersucht, um illegale Okkupation festzustellen. Wichtig war auch, daß der Kaiser vor allem die Bergwerke in kaiserliche Monopole umwandelte, um den Gewinn dem Fiscus zufließen zu lassen; auch der Getreidehandel wurde staatlich überwacht.

Die Neuordnung der Finanzen war begleitet von einer Reduzierung übermäßiger Ausgaben, was unsere Quellen (Sueton, Dio) als übertriebene Sparsamkeit, ja Geiz bewerten. Grund dafür aber war nicht nur, die Lücken im Fiscus zu schließen, sondern auch die Geldwertstabilität durch Ausgabenkontrolle wiederherzustellen. So kamen nicht selten Einzelspenden aus Vespasians »Privatschatulle« (*res privatae*) statt aus dem Fiscus, um zu vermeiden, aus derartigen Zuwendungen Rechtstitel ableiten zu können. Eine

19 Sueton, *Vespasian* 8,4, nennt hier speziell Achaia, Lykien, Rhodos, Byzanz und Samos, die letztgenannten drei wichtige Handelszentren.

Neuerung war die feste Besoldung von Rhetoriklehrern, da
ihre Kenntnisse dem Gesamtstaat zugute kamen (Gerichts-
rede, Kanzlei).[20]

Geld wurde auch für den Wiederaufbau Roms benötigt. Die
Auseinandersetzung zwischen Vitellianern und Flavianern
hatte vor allem den Capitolinischen Tempel vernichtet,[21]
ebenso das Staatsarchiv (*tabularium*), dessen wichtigster
Bestand, 3000 Bronzetafeln, rekonstruiert wurde,[22] eine
Meisterleistung von Juristen und Grammatikern. Das
größte Bauwerk aber war das erst unter Titus und Domitian vollendete *amphitheatrum Flavianum* zwischen Palatin
und Esquilin. Ferner erhielten viele Municipien von Vespasian und seinen Söhnen Stadtrecht und begannen das Vorbild Rom zu kopieren: Flaviobriga [nahe Bilbao an der Bis-

20 Einer der berühmtesten war der um 35 in Calagurris (Spanien) geborene
M. Fabius Quintilianus, der im Jahr 68 mit Galba nach Rom gekommen
war; ausgebildet in Rom von Domitius Afer, erhielt er nun von Vespasian
eine öffentliche Anstellung. Einer seiner Schüler war Plinius d. J. Quintili-
ans Hauptwerk, die *Institutio oratoria*, 95 in 12 Büchern veröffentlicht,
war ein Werk, das die Entwicklung des Schülers von der Elementarschule
bis zur Rhetorik höchster Stufe verzeichnete. Ein wichtiges Element der
Schrift ist das Buch 10, das ähnlich einer griechisch-römischen Literatur-
schichte einen Lesekanon enthält mit dem Höhepunkt Cicero, eine Idee,
die um 540 der berühmte Flavius Magnus Aurelius Cassiodorus wieder
aufgriff, als er das von ihm gegründete Kloster Vivarium (Calabria) zum
Mittelpunkt von Studien schuf und den Schülern in den *Institutiones* einen
Lese- und Lernkanon unterbreitete.
21 Er wurde im Jahr 71 vollendet, die Bauaufsicht einem Ritter, nicht dem Senat übertragen!
22 Sueton, *Vespasian* 8,5: *aerearumque tabularum tria milia, quae simul con-
flagraverant, restituenda suscepit undique investigatis exemplaribus: in-
strumentum imperii pulcherrimum ac vetustissimum, quo continebantur
paene ab exordio urbis senatus consulta, plebi[s] scita de societate et foedere
ac privilegio cuicumque concessis* (»Er unternahm es auch, dreitausend Erz-
tafeln, die gleichzeitig [beim Brand des Archivs] geschmolzen waren, wiederherzustellen, wobei überall nach Kopien gesucht wurde: eine höchst
vortreffliche und ebenso alte Sammlung von Reichsurkunden, die Senats-
und Volksbeschlüsse über Verträge, Bündnisse und Privilegien, wem immer zugestanden, enthielt, und das fast seit Gründung Roms«).

kaya], Flavium Irnitanum [nahe Sevilla], Flavia Solva [südlich von Graz an der Mur], Forum Segusiavorum [Feurs bei Lyon], Aventicum [Avenches], Arae Flaviae [Rottweil am Neckar].

Aber wie seine Vorgänger war auch Vespasian Zielscheibe von Verschwörungen: *assiduae coniurationes* sagt Sueton (»Vespasian« 25). Da allerdings die Äußerung Suetons durch andere Quellen kaum bestätigt wird, ist der Ausdruck eher als »heftiger Widerstand« aufzufassen, wofür Vespasian genügend Anlaß bot: der Kaiser, der seine militärische Basis nie verleugnete, zeigte vor der römischen senatorischen Nobilität keine besondere Ehrfurcht. Er ignorierte das scheinbare Monopol der Italiker auf Bekleidung von Senatorenrang und Consulat. Zwei Beispiele sind hierfür typisch: C. Antius A. Iulius Quadratus aus Pergamon kam durch Vespasian als *adlectus inter praetorios* in den Senat und wurde – von den nachfolgenden Kaisern kontinuierlich gefördert – im Jahr 108/109 *proconsul Asiae*;[23] Q. Aurelius Pactumeius Fronto aus Cirta in Nordafrica, *adlectus inter praetorios*, bekleidete als erster Africaner unter Titus im Jahr 80 den Suffectconsulat. Der Senat alter Prägung fühlte sich »überfremdet«. Noch mehr aber verärgerte den Senat das häufig geübte Commendations-Recht des Kaisers bei der Besetzung von Magistraturen. Dies bedeutete für die Stoiker im Senat einen Verlust an *libertas*, was sich vor allem bei C. Helvidius Priscus, dem Schwiegersohn des unter Nero getöteten T. Clodius Thrasea Paetus, in konstanter Opposition und offener Verachtung Vespasians äußerte.[24] Schließlich wurde Helvidius Priscus verbannt und später getötet. Als unter Domitian eine Art »Stoiker-Verfolgung« ausbrach, um die Opposition zu unterdrücken, wurde Hel-

23 ILS 8819.
24 Dio 66,12.

vidius Priscus zur Symbolfigur des geistigen Widerstandes.[25]

Außenpolitisch kehrte Vespasian zur tiberischen Politik der Grenzsicherung und Bewahrung zurück. In Britannien konnte die Linie Firth of Forth – Firth of Clyde durch Castelle gesichert werden,[26] in Germanien gelang die Besetzung des Schwarzwalds und Neckargebietes (*Decumates agri*).[27] Die Eroberung war um 73 abgeschlossen; als Zentrum des Kaiserkultes entwickelte sich Ara Flaviae [Rottweil], das auch Straßenknotenpunkt wurde für die Verbindung von Straßburg zur Donau, d. h. dem raetischen Gebiet (Vindeliker), aber auch nach Süden, nach Vindonissa, so daß die beiden wichtigsten Legionslager Obergermaniens, Argenorate [Straßburg] = *Legio VIII* (seit 71) und Vindonissa [Windisch] = *Legio XI Claudia pia fidelis* (seit 70) miteinander verbunden waren. Die neuen Grenzen wurden durch Castelle gesichert.

Auch in Kleinasien wurde die Sicherung und Neuordnung des Gebietes vorangetrieben, aufbauend auf den Erfahrungen aus den Feldzügen des Cn. Domitius Corbulo. Die Grenzgebiete zu Parthien und Armenien wurden militärisch straff organisiert, von 75 bis 79 unterstand Syrien dem General M. Ulpius Traianus, dem Vater des späteren Kaisers.[28]

---

25 Plinius, *Epistulae* 7,19; Tacitus, *Agricola* 2,1.
26 Die Feldzüge sind bestens bekannt aus der *Vita Iulii Agricolae* des Tacitus, der hier seinem Schwiegervater ein einmaliges Denkmal setzte (Jahr 98).
27 Tacitus, *Germania* 29. Der Sinn dieser Bezeichnung für dieses Gebiet ist unklar und heftig umstritten, R. Much, *Die Germania des Tacitus*, 3. Aufl. hrsg. von H. Jankuhn und W. Lange, Heidelberg 1967, S. 370–374; eine mögliche Deutung ist die Ableitung von *decumanus*, die Bezeichnung für Vermessung des *ager publicus*. Damit wäre das Decumatland als Staatsbesitz, als *ager occupatorius* freigegeben worden gegen Steuerpacht an die Staatskasse.
28 E. Dabrowa, *L'Asie mineure sous les Flaviens. Recherches sur la politique provinciale*, Breslau 1980.

Das Reich war somit nach innen und außen bestens geordnet, als der Kaiser plötzlich erkrankte und auf seinem Landgut bei Reate am 23. Juni 79 im Alter von 69 Jahren verstarb.[29]

## 2 Titus

Rom erwartete mit Zittern den Regierungsantritt des gefürchteten TITUS,[30] dem man sogar unterstellte, er habe den Vater mit Gift getötet, um endlich regieren zu können. Nun aber wandelte sich Titus zum pflichtbewußten Kaiser, der den Ehrentitel *amor et deliciae generis humani* erhielt,[31] doch der spätantike Dichter Ausonius vermerkt, daß dieser Ruhm nicht zuletzt der Kürze seiner Regierung zu verdanken war.[32] Aber seine Regierungszeit ist vor allem gekennzeichnet durch bedeutende Unglücksfälle: Am 24. August 79 wurden bei einem Ausbruch des Vesuvs die Orte Pompeji, Herculaneum und Stabiae verschüttet, ebenso viele se-

29 Sueton, *Vespasian* 24 (Diarrhoe?). Bekannt ist Vespasians Witz zu Beginn der Krankheit: *Vae [. . .] puto deus fio* = »Ach, ich glaube, ich werde ein Gott!« Bedeutender aber sind seine *ultima verba: Imperatorem ait stantem mori oportere*, »Ein Kaiser (ein Feldherr) muß aufrecht sterben.« Dieser Satz kennzeichnet Vespasian als einen Mann, der bis zum letzten Augenblick seiner Pflicht gegenüber dem Reiche nachkam, wie ein Feldherr gegenüber seinen Truppen. Ob hier bereits der Ansatz zu der spätantiken Auffassung liegt, der »Reichsdienst« sei ähnlich dem »Militärdienst« *militia*, darf überlegt werden.
30 Seit 75 lebte er zeitweilig mit der jüdischen Prinzessin Berenice zusammen, umgeben von schlechter Gesellschaft; D. C. Braund, »Berenice in Rome«, in: *Historia* 33 (1984) S. 120–123.
31 Sueton, *Titus* 1,1: »die Liebe und das Entzücken des Menschengeschlechts.«
32 Ausonius, *Opera* 24,2,2; vgl. A. Garzetti, *From Tiberius to the Antonines. A History of the Roman Empire AD 14–192*, aus dem Ital. übers. von J. R. Foster, London 1974, S. 264.

natorische Villen. Die Verheerung, bei der der Präfekt der Flotte von Misenum, C. Plinius Secundus, umkam,[33] war so groß, daß Titus selbst nach Campanien reiste und eine Kommission, *curatores restituendae Campaniae* (zwei Männer in consularischem Rang), einsetzte. Während sich Titus bemühte, durch private Mittel die Not zu lindern, brach in Rom ein Brand aus, der das Gebiet zwischen Campus Martius – Circus Flaminius – Capitol verwüstete. Der neue Capitolinische Tempel sank in Schutt und Asche. Kaum waren die Restaurierungsarbeiten begonnen, brach eine Pestepidemie aus. Es war geradezu eine menschliche Notwendigkeit, daß Titus die Eröffnung des Amphitheaters und der Thermen mit einem 100tägigen Fest feierte.[34] Durch persönlichen Einsatz gewann Titus die Römer für sich, zumal er auch das Restaurierungswerk des Vaters fortsetzte und ergänzte. Der wohlgefüllte Fiscus erlaubte ihm, großzügig zu sein. Mitte des Jahres 81 erkrankte Titus plötzlich und starb am 13. September im gleichen Haus wie sein Vater. Nachfolger wurde sein Bruder Domitian.

## 3 Domitian

Das Leben des 30 Jahre alten Kaisers war bislang im Schatten seines Vaters und Bruders verlaufen, nachdem er einen Augenblick lang – Ende 69/Anfang 70 – die Macht in Händen gehalten hatte und vom Senat hofiert worden war. Aber die Tatsache, daß unsere Quellen ihm ein Gefühl der Zurücksetzung und übertriebenen Ehrgeiz zuschreiben, darf nicht darüber hinwegtäuschen, daß das Domitian-Bild ge-

33 Plinius d. J., *Epistulae* 6,16.20.
34 Dio 66,25.

prägt ist durch den Haß auf den Tyrannen.[35] Völlig korrekt
hatte Vespasian den älteren und im jüdischen Krieg ausge-
zeichneten Titus als künftigen Herrscher zur Mitregentschaft herangezogen, aber er hatte wie schon Augustus die
Nachfolge doppelt gesichert, indem Vespasian dem jüngeren Sohn alle Ehren zukommen ließ, die auch Titus besaß.[36]
Beim Regierungsantritt des Titus bezeichnete dieser den
DOMITIAN sofort als *consors successorque* und betonte diese
herausragende Stellung durch ein gemeinsames Consulat.
Wir haben zudem einen klaren Hinweis auf die Stellung
Domitians innerhalb der Familie: zumeist wurde Domitian
als Suffectconsul Nachfolger des Vespasian oder des Titus,
so daß Titus im Jahr 80 nur ein Consulat mehr (acht) besaß
als sein wesentlich jüngerer Bruder (sieben). Die Familie
trat somit wenn immer möglich als Einheit auf. Titus selbst
hatte keine männlichen Nachkommen, so daß Domitian –
wie Titus nun *divi Vespasiani filius* – Erbe des Princeps war.
Auch wenn er nicht die *tribunicia potestas* oder das *imperium proconsulare* erhielt, also keinen Anteil an der fakti-
schen Kaisermacht hatte, mußten doch die Jahresbeamten
auch auf ihn den Eid ablegen. Als daher noch am 13. September 81 die Praetorianer dem neuen Kaiser huldigten,
und am 14. September der Senat darin folgte, kam keine
Diskussion um die Nachfolge auf.
Sueton, der Domitians Regierung selbst noch miterlebt hatte,[37] betont die hohen geistigen Fähigkeiten des Kaisers und
seine guten Anlagen, die sich im Verlauf der Regierung ins
Negative verkehrt hätten.[38] Die Unterschiede zwischen Ves-

35 St. Gsell, *Essai sur le règne de l'empereur Domitien*, Paris 1894 (Nachdr.
   1967); A. Degrassi, *Domiziano*, Rom 1955; B. W. Jones, *The Emperor Domitian*, London ²1993.
36 E. Kornemann, *Doppelprinzipat und Reichsteilung im Imperium Romanum*, Leipzig/Berlin 1930.
37 Sueton, *Domitian* 12,2: *me adulescentulum memini* [...] (»Ich erinnere
   mich, daß ich als Jüngling [...]«).
38 Sueton, *Domitian* 3,2. – K. H. Waters, »The Character of Domitian«, in:
   *Phoenix* 18 (1964) S. 49–77.

pasians Regierung und der Domitians sind offensichtlich
und im Prinzip logisch: Domitian, der 12 Jahre das Verhalten des Senates wie der Herrscher beobachtet hatte, übernahm ein Staatswesen, dessen fiktive republikanische
Grundlage ihm nicht mehr einleuchtete und ihn daher zum
»Tyrannen« werden ließ.[39] Die Macht des Kaisers war
immer noch verschleiert durch die Trennung von Amt und
Befugnis (*potestas*); Domitian nun führte Macht und Amt
zusammen und übernahm den Consulat mit wenigen Un-
terbrechungen, ohne sich je der *nominatio* zu unterziehen.
Spätestens seit dem Jahr 84 besaß er offiziell die *censoria
potestas*, seit 85 nannte er sich *censor perpetuus*. In dieser
Eigenschaft kontrollierte er den gesamten Senat und zog
folgerichtig die senatorische Gerichtsbarkeit an sich. Es ist
der klare Versuch, den Prinzipat in eine Monarchie überzu-
leiten, in der sich der Herrscher zu der Macht, die er besaß,
auch offen bekennen konnte. Als Sohn eines vergöttlichten
Vaters und Bruder des ebenso vergöttlichten Titus war Domitian zudem Teilhaber eines Staatskultes. Der Schritt zum
hellenistischen Aspekt des Herrschertums war zu klein, um
ihn nicht zu vollziehen. So ging er dazu über, den amtlichen
Schreiben seiner Procuratoren die Formel voransetzen zu
lassen: *dominus et deus noster hoc fieri iubet*.[40]
Ein weiterer Punkt monarchischen Selbstverständnisses
war, daß sich Domitian in allen Dingen die oberste Entscheidung vorbehielt, was die Kompetenz der Magistrate
beschränkte und sie zwang, vermehrt das Urteil des Kaisers
einzuholen. Domitian liebte die eigene Entscheidung, die er
aber von Beratern vorbereiten ließ. Schon unter Augustus
bestand eine Art loser Beraterstab, das *concilium* (*principis*),
dessen Mitglieder dem Senat entstammten. Nun aber wur-

39 K. Christ, »Zu Herrschaftsauffassung und Politik Domitians. Aspekte des
   modernen Domitiansbildes«, in: *Schweizer Zeitschrift für Geschichte* 12
   (1962) S. 187–213.
40 Sueton, *Domitian* 13,2: »Unser Herr und Gott befiehlt, daß dies ge-
   schehe!«

den vermehrt Ritter in diesen Kreis aufgenommen, die dank ihrer langjährigen Erfahrung in der kaiserlichen Verwaltung eine bessere Qualifikation besaßen als Personen, die den *cursus honorum* eines Senators in Rom und die einjährige Promagistratur in einer senatorischen Provinz durchlaufen hatten. Die Bevorzugung der Ritter zeigte sich auch in der Besetzung der »Hofämter«, die unter Claudius noch Freigelassene innehatten. So wurde der wichtige Posten *ab epistulis* mit einem Ritter besetzt.

Die Maßnahmen Domitians waren eine konsequente Weiterführung langsam herangereifter Formen im innenpolitischen wie im religiösen Bereich, aber sein unverhüllt monarchisches Auftreten ließ den Widerstand des Senates wachsen, zumal Domitian die Sitzungen nicht mehr im zivilen Amtsgewand (*trabea*), sondern im militärischen Triumphalgewand (*paludamentum*) leitete, d. h. als *imperator*. Hinzu kam, daß Domitian offen die Plebs durch Spiele und Spenden begünstigte, den Soldaten sogar den Sold um ein Drittel von 900 auf 1200 Sesterzen pro Jahr erhöhte.[41] Domitian nahm seinen Auftrag, die ökonomisch und politisch Schwachen (*tenues*) vor den *potentes*, d. h. den Angehörigen des zur Mitarbeit befähigten Senatoren- und Ritterstandes, zu schützen, sehr ernst. Durch Spitzel ließ er die Tätigkeit der Beamten überwachen, die öffentlichen Ankläger (*delatores*) fanden ebenso das Ohr des Kaisers wie die Klagen der ärmeren Bevölkerung auch in den Provinzen. Dies alles brachte Domitian immer wieder in Konflikt mit den Eigeninteressen der Senatoren; aber, so muß betont werden, Domitian steuerte keinen bewußten Kollisionskurs. Es ist bestimmt kein Zufall, daß der Höhepunkt des Konfliktes im Jahr 92 mit dem Weinbaugesetz Domitians zusammenfällt: Jahrelang hatten die großen Gutsbesitzer kleinere Bauernhöfe aufgekauft, so daß das städtische Proletariat vermehrt

---

41 R. G. Watson, »The Pay of the Roman Army«, in: *Historia* 5 (1956) S. 332–340.

und die Latifundien in Monokulturen (Öl, Weinbau) ver-
wandelt wurden, die bei guter Rendite mit billigen Saison-
arbeitern betrieben werden konnten. Im Jahr 92 stand Italien am Rande einer Hungersnot, während gleichzeitig eine
Weinschwemme herrschte.[42] So befahl Domitian, in den
Provinzen den Weinanbau auf die Hälfte zu reduzieren,
und verbot, in Italien neue Weinberge anzulegen. Dieses
Edikt traf vor allem die senatorischen Großgrundbesitzer,
die so zu großen Investitionen bzw. Verlusten verurteilt
wurden.

Der Tenor senatorisch beeinflußter Geschichtsschreibung
erweckt den Eindruck, Domitian habe gegen den Senat regiert, allerdings gegen einen Senat, der sich in mindestens
60 Jahren immer wieder desavouiert hatte. Sueton (»Domitian« 20) vermerkt, daß Domitian mit Vorzug die *com-
mentarii et acta* des Tiberius gelesen habe. Da Tiberius in
seinem späteren Verhalten dem Senat gegenüber in der
Geschichtsschreibung fast wie ein Vorbild Domitians dargestellt wurde, haftet dieser Mitteilung ein negativer Aspekt
an. Tatsächlich aber kann man Tiberius als Vorbild Domitians (und dies auch schon für Vespasian) in der Außen- und
Militärpolitik erkennen.

Bereits Tiberius war von Tacitus getadelt worden, weil er
die Feldzüge des Germanicus gestoppt und das bislang Erreichte durch Kastelle und Wachtposten gesichert hatte.
Vespasian hatte diese Politik am Euphrat verfolgt, im Westen durch die Gewinnung des Schwarzwaldgebietes eine
Verkürzung der Front erreicht. Domitian setzte diese Politik, die ihm in Senatskreisen größte Vorwürfe einbrachte,
fort, nämlich nur dann Kriege zu führen, wenn sie unumgänglich waren, ansonsten aber die Grenzsicherung zu
verstärken. Domitian ließ das Gebiet von Wetterau und
Taunus besetzen und breite Schneisen in das Waldgebiet
schlagen, die eine schnelle Truppenverschiebung ermöglich-

---

42 Sueton, *Domitian* 7,2.

ten. Nach Frontin (»Strategemata« 2,3,23) hatte eine dieser Schneisen (*limes*) eine Länge von 120 Meilen. Ziel der Anlage war, eine durch Wachstationen gesicherte Grenzlinie zu schaffen, die es ermöglichte, im Ernstfall Truppen aus den im Hinterland gelegenen Kastellen und Legionslagern herbeizuschaffen. Vor allem die Alenkastelle erhielten wegen der Schnelligkeit der Reiterei nun größere Bedeutung. Auch eine Verkürzung der Front zwischen Rhein – Main – Donau wurde erreicht. So entstand hier der Odenwald- – Neckar- – Alblimes, der zur Donau führte. Es war eine relativ offene Grenze, die erst unter Traian und vor allem Hadrian zum festen Verteidigungssystem ausgebaut wurde.[43] Auch die als militärische Gouvernements verwalteten Distrikte Ober- und Untergermaniens erhielten nun (vor 90) den Status von Provinzen unter einem *legatus Augusti pro praetore*; Amtssitze wurden Köln und Mainz. Der Gouverneur von Mainz war für den Limes zuständig.

In den Jahren 85/86 brachen die Dacer unter ihrem Führer Decebalus in Moesien ein. Der mit der Verteidigung beauftragte *praefectus praetorio* Cornelius Fuscus ging vermutlich gegen den Auftrag Domitians zum Gegenangriff über und verlor dabei Schlacht und Leben. Das später von Domitian (Jahr 89?) bei Adamklissi aufgestellte Siegesdenkmal (Tropaion) zählt die damaligen Verluste auf. Die Niederlage erinnerte fatal an die Varusschlacht, und Domitian eilte sofort nach Moesien. Ob damals die Provinz Moesien in zwei Teile aufgeteilt wurde (Moesia Superior, Moesia Inferior) oder bereits unter Fuscus, ist umstritten. Damals wurde die Zahl der Donaulegionen auf neun erhöht. In einem erfolgreichen Gegenangriff wurde Decebalus nahe der dacischen Königsstadt Sarmizegetusa geschlagen, aber die Stadt nicht eingenommen. So wurde mit den Dacern ein Vertrag (*foedus*) ausgehandelt, der das Reich des Decebalus an Rom band: gegen römische Zahlungen und Wiederaufbauhilfe

43 W. Beck / D. Planck, *Der Limes in Südwestdeutschland*, Stuttgart 1980.

(Ingenieure) verpflichtete sich Decebalus zur Waffenhilfe.[44] Die Opposition im Senat warf Domitian vor, daß jeder neue Sieg den Staat finanziell ruiniere,[45] lediglich der Dichter P. Papinius Statius (gest. 95), ein Freund Domitians, hat in seinem Gedicht »Silvae« Domitian gelobt, so wie Frontinus in den »Strategemata«. Aber der Chor der antidomitianischen Historiker ist so groß, daß dieses negative Bild bis heute überwiegt und die Reminiszenzen eines M. Valerius Martialis als »Tyrannenlob« abgetan werden, da sich dieser Dichter mit Domitian, nicht aber mit Nerva und Traian verstand. Hingegen persiflierte der bekannte Satirendichter D. Iunius Iuvenalis nach Domitians Tod in seiner 4. Satire eine Sitzung von Domitians Kronrat: Domitian und sein Kronrat diskutieren über die richtige Zubereitung eines Steinbutts. Und obwohl Iuvenals geflügeltes Wort *difficile est saturam non scribere*[46] auf seine eigene Lebenszeit bezogen ist, wird es häufig auf Domitians Regierung gemünzt.

Grund für die vernichtende Kritik an Domitian war außer der in den Augen des Senats erfolglosen Außenpolitik das Zurückdrängen seines Einflusses auf die Regierungsgeschäfte. Zudem war Domitian fähig, mit einem raschen, zynischen Wort Beleidigungen zuzufügen, so daß sich Verschwörungen formierten, deren Teilnehmer die unterschiedlichsten Motive hatten. Eine der bedeutendsten war die des L. Antonius Saturninus im Jahr 89.[47]

Saturninus verdankte Vespasian den Aufstieg: um 82 wurde er Suffectconsul und erhielt um 85 die Militärprovinz Germania Superior[48] als Befehlshaber von vier Legionen, von denen allein zwei, die *Legio I Adiutrix* und die *Legio XXI*

---

44  C. Patsch, *Der Kampf um den Donauraum unter Domitian und Traian*, Wien/Leipzig 1938.

45  Dio 67,6.

46  Iuvenal, *Saturae* 1,30: »Es ist schwierig, keine ›Satire‹ zu schreiben.«

47  G. Walser, »Der Putsch des Saturninus gegen Domitian«, in: *Provincialia* (Festschrift für R. Laur-Bélart), Basel/Stuttgart 1968, S. 497–507.

48  W. Eck, *Statthalter*, Nr. 18, S. 40.

*Rapax*, im Doppellager von Mainz stationiert waren. Die
»Epitome de Caesaribus« berichtet, daß Domitian den Saturninus zutiefst beleidigt habe,[49] so daß dieser mit den
Gegnern Domitians im Senat konspirierte und für den 1. Januar 89, dem 20. *dies imperii* des Vitellius, die Usurpation
plante. Die Putschabsicht wurde Ende 88 an Domitian verraten, der die *Legio VII Gemina* unter ihrem Kommandanten M. Ulpius Traianus aus Spanien an den Rhein beorderte.
Der Kaiser selbst brach am 12. Januar mit den Praetorianern
nach Norden auf. Saturninus konnte noch vor Domitians
Eintreffen von dem Legaten der Germania Inferior besiegt
werden,[50] und Domitian verbot künftighin die Einrichtung
von Doppellegionslagern.
Domitian begann nunmehr selbst der engsten Umgebung
zu mißtrauen: *condicionem principum miserrimam aiebat,
quibus de coniuratione comperta non crederetur nisi occi-
sus.*[51] Bis zum Jahr 92 war die Gegnerschaft im Senat so weit
eskaliert, daß Domitian Rom nicht mehr zu verlassen
wagte. Prozesse gegen die Führer der Opposition häuften
sich, Philosophen wurden aus Rom und Italien ausgewiesen
(»Stoiker-Verfolgung«).[52] Auch die Anhänger monotheisti-
scher Religionen, Juden und Christen, gerieten unter Anklage, da sie Domitian die schuldige Ehre versagten, ja die
Mitarbeit am Staat verweigerten. Unter dieser Beschuldi-

---

49 *Epitome de Caesaribus* 11,9: *scortum* ›Hure‹. G. Walser vermutet, daß der
   wahre Hintergrund des Aufstandes die Enttäuschung der obergermanischen Generalität war, statt einen Eroberungskrieg führen zu dürfen, nur
   zum Limes-Ausbau abgestellt worden zu sein.
50 A. Bucius Lappius Maximus: W. Eck, *Statthalter*, Nr. 21, S. 149. Die *Legio
   I Minervia* aus Bonn erhielt von Domitian den Ehrentitel *pia fidelis*. Dio
   67,11,2 berichtet, daß die siegreichen Legionskommandanten noch vor
   Eintreffen Domitians die belastende Korrespondenz des Saturninus verbrannt haben – vielleicht ein Selbstschutz?
51 Sueton, *Domitian* 21: »Die Lage der Herrscher ist höchst bedauernswert,
   soll er gesagt haben, da man ihnen die Aufdeckung einer Verschwörung
   nicht eher glaube, als bis sie ermordet sind.«
52 Sueton, *Domitian* 10,3 f.; Dio 67,13,1 ff.

gung der *asebeia* (ἀθεότης) wurde im Jahr 95 dann Domitians Vetter Flavius Clemens hingerichtet, wenig später dessen Frau Flavia Domitilla. Die christliche Tradition machte aus ihnen Märtyrer einer domitianischen Christenverfolgung.[53]

Die Hinrichtung von Angehörigen des Kaiserhauses – zwei Söhne des Flavius Clemens waren als Nachfolger Domitians erwählt und von Quintillian erzogen worden – schürte die Angst in der direkten Umgebung des Kaisers, so daß die Kaiserin Domitia zusammen mit dem Kämmerer Parthenius sowie den beiden Praetorianerpraefecten Norbanus und Petronius Secundus beschloß, Domitian zu beseitigen. Als Nachfolger wurde der angesehene betagte Senator M. Cocceius Nerva vorgesehen. Am 18. September 96 wurde Domitian, der *calvus Nero*,[54] erst 45 Jahre alt in seinem Schlafgemach von Stephanus, dem Freigelassenen der Domitilla, getötet, Nerva am gleichen Tag im Senat als Kaiser anerkannt.

53  K. Gross, »Domitian«, in: RAC IV, 1959 Sp. 91–109.
54  Iuvenal, *Saturae* 4,38 f.

# IV
## Das Zeitalter der Adoptivkaiser

## 1 Nerva

Der 66jährige M. COCCEIUS NERVA (geb. 8. November in Narni) war ein Mann aus dem senatorischen Adel, aber seine Freundschaft mit Nero und die Hilfe, die er diesem bei der Aufdeckung der Pisonischen Verschwörung geleistet hatte (s. S. 87), ferner sein gutes Verhältnis zu den Flaviern, obwohl er 93 kurzfristig nach Tarent verbannt worden war, machten ihn nicht unbedingt zum Vertreter der Senatsopposition. Die Legionen waren von dem Mord an Domitian überrascht: Sie hatten ihm Solderhöhungen zu verdanken, die Zeit der mörderischen Kriege schien vorüber, viele waren beschenkt worden, Legionen trugen den Ehrennamen *Pia Fidelis Domitiana*. Die Statthalter hatten, wenn sie ihrer Pflicht nachgekommen waren, wenig zu befürchten, die Praetorianer, oft in den von Domitian persönlich geführten Zügen ausgezeichnet, waren nur durch das Zureden ihrer Praefecten ruhig zu halten, die *plebs urbana* war zornig, da sie einen freigebigen Kaiser verloren hatte.

Nerva war gewillt, mit dem Senat zusammenzuarbeiten, wie schon die ersten Münzaufschriften zeigen (LIBERTAS PUBLICA, PROVIDENTIA SENATUS), und beeilte sich, die *damnatio memoriae* über Domitian zu verhängen. Die Verbannten wurden zurückgerufen, der Senat an der Finanzpolitik beteiligt. Er ernannte nun eine fünfköpfige Senatskommission (*quinqueviri minuendis publicis sumptibus*), der es binnen kurzem gelang, die Staatsfinanzen so zu ordnen, daß die Erbschaftssteuer gemindert wurde; sie schaffte die Zwangsrequirierung für die Staatspost (*vehiculatio*) in Italien ab, verringerte die Leistungen der Provinzen und nahm die strengen Bestimmungen des *fiscus Iudaicus* zurück. Nerva übernahm die von Domitian begründeten Versorgungs- und Unterbringungsinstitutionen für Waisenkinder (*alimentationes*), regelte die Versorgung der stadtrömischen *plebs* (*frumentatio*) und erließ ein Ackergesetz (*lex agraria*), das Staatsland an Pächter verteilen sollte. Auch das Bauprogramm wurde weitergeführt, so daß eine gewisse Kontinuität der domitianischen Politik erkennbar wird. Nun aber beging Nerva den Fehler, den Praetorianerpraefecten und einstigen Mitverschwörer Norbanus abzulösen (Jahr 97); statt dessen berief er Casperius Aelianus, der dieses Amt bereits von 92 bis 95 innegehabt hatte. Möglicherweise wollte sich Nerva aus dem Einfluß des »Kaisermachers« Norbanus lösen, ohne bei den Praetorianern Unruhe zu schaffen, doch das Gegenteil geschah: Aelianus wiegelte die Praetorianer auf, die Bestrafung der Mörder Domitians zu verlangen. Die Zeit des Vierkaiserjahres schien sich zu wiederholen, Nerva mußte sich, wie vormals Galba, nach einem Nachfolger und Helfer umsehen. Er befolgte den Rat seiner Umgebung, die Praetorianer durch die Wahl eines erfahrenen Heerführers in Schach zu halten, und so wurde nach der Durchsicht möglicher Kandidaten[1] der Legat des obergermanischen Heeres gewählt. Am 27. Oktober 97 begab sich Nerva anläßlich einer Siegesfeier (Sieg in Pannonien) auf das Capitol und verkündete in seiner Eigenschaft als *pontifex maximus* die Adoption (*adrogatio*) des aus Spanien stammenden M. Ulpius Traianus; gleichzeitig erhob er ihn zum Mitregenten. Plinius d. J., dessen im September 100 gehaltene Dankesrede (*gratiarum actio*) für den Consulat im Jahr 100 unsere Hauptquelle für diese frühen Jahre ist,[2] sagt,

---

1 Plinius, *Panegyricus* 8,5.
2 Im Jahr 101 als *Panegyricus Traiano Imperatori dictus* veröffentlicht; W. Kühn, *Plinius der Jüngere*, »*Panegyrikus. Lobrede auf Kaiser Trajan*«, Darmstadt 1985; M. Durry, *Pline le Jeune*, »*Panégyrique de Trajan*«, Paris 1938 [wichtiger Kommentar].

daß nun durch Adoption der Mann gefunden wurde, den die Götter dafür ausersehen hatten, zu regieren. Diese Äußerung wurde in der Spätantike dahingehend umgedeutet, daß Nervas einzige Regierungstat – und Regierungsauftrag – darin bestanden habe, Traian zu adoptieren.[3]

Das nun beginnende »goldene« Zeitalter der Adoptivkaiser, das mit dem Tode des Commodus zu Ende ging,[4] hat dazu beigetragen, die Leistungen der Flavier zu verdunkeln: dem strahlenden Eroberer Traian, dem gebildeten Hellenisten Hadrian, dem Senatskaiser Antoninus Pius, dem Philosophenkaiser Marcus Aurelius, der wie eine späte Erfüllung des großen Wunsches eines Platons war,[5] war keiner der Flavier gewachsen. Und doch: die Leistung der flavischen Kaiser war die unverzichtbare Voraussetzung für die Leistungen der Adoptivkaiser, die in vielen Punkten die Fortsetzung flavischer bzw. domitianischer Politik war:

**Senat.** Die Zusammensetzung wurde vermehrt vom Kaiser gesteuert, Provinzialen verstärkt in den Senat aufgenommen. Die Mitarbeit des Senates wurde weiter zurückgedrängt. Die von der Stoa geprägte Senatsideologie führte zu schärferer Beurteilung, aber auch Differenzierung von ›Princeps‹ und ›Tyrann‹. Die Idee der *libera res publica* wich der Vorstellung vom *optimus princeps*, der die Gesetze ebenso respektierte (*leges supra principem*) wie den Senat und die republikanischen Institutionen (*civilitas*).

**Princeps.** Der Weg zur absoluten Monarchie, zum Dominat, war geebnet, der Kaiser bezog sich dabei auf den Auftrag der Götter (*princeps a diis electus*). Seine Hauptstütze war das Heer, nicht mehr in erster Linie die Praetorianer-

3 Plinius, *Panegyricus* 7 wirkt wie eine Vorlage (?) der berühmten Adoptionsrede Galbas, die Tacitus, enger Freund des Plinius d. J., in seinen *Historien* (Kap. 15 f.) zwischen 105 und 110 veröffentlicht hat.
4 Seit Antoninus Pius als Dynastie der ›Antonine‹ zu fassen.
5 Platon, *Politeia* 473 c–d.

garde. Der militärische Auftrag und Aspekt des Kaisertums begann das äußere Auftreten des Kaisers zu beeinflussen. Die Mitarbeiter des Kaisers wurden häufig aus dem Ritterstand gewählt, die Ritter überwogen nun in der Umgebung des Kaisers, vor allem im *consilium*.

**Ritterstand.** Der Ritterstand stellte den breiten Repräsentationsspiegel des Reiches dar, da für den *cursus* des Ritters die Erfahrung und Leistung, nicht wie beim Senator der Stand (*ordo*) zählte. Der immer mehr durchorganisierte *cursus*, der über die *militiae* in die verschiedensten Ämter der Militärlaufbahn, der Procuratorenstellen in Provinzen, des Fiscus (*procuratores*), der Finanz- und Rechtsverwaltung (λογιστής) führte, »züchtete« erfahrene Verwaltungsmänner, aus denen später die großen Juristen hervorgingen. Ihre Mitarbeit wurde vermehrt durch Eintritt in den Senat belohnt.

**Plebs.** Der Lebensunterhalt der Plebs wurde durch kaiserliche Spenden (*congiaria*, *largitiones*, Spiele, *frumentationes*) gesichert. Bauprogramme dienten zur Arbeitsbeschaffung, die Einrichtung der *alimentationes* sollten Kindesaussetzungen verhindern. Die Kaiser vermehrten ihre Fürsorgepflichten, ebenso die Kaiserinnen.

**Heer.** Rekrutierungen für die Legionen erfolgten vermehrt in den Provinzen. Die Legionen wurden zumeist an die Grenzen verlegt oder in Spannungsgebiete; die inneren Provinzen wurden entmilitarisiert. Die Disposition des Heeres erfolgte entlang leicht zu verteidigender, befestigter Grenzlinien (*limites*). Die Legionen trugen die Hauptlast des Krieges, der immer seltener zum Angriffs- bzw. Eroberungskrieg wurde. Neben der Verlegung ganzer Legionen wurde der Einsatz von Teilformationen (*vexillationes*) üblich, um die Grenzsicherung bei gleichbleibendem Truppenbestand wahren zu können. Die Reiterei gewann zunehmend an Bedeutung, ebenso der Abschluß von *foedera* mit reichsfremden *gentes*.

**Provinzen.** Viele Vasallenfürstentümer wurden eingezogen und kaiserlichen Legaten unterstellt. Die Finanzverwaltung, Verwaltung von Häfen wurde ritterlichen Procuratoren übertragen, die auch in den senatorischen Provinzen als *procuratores fisci* agierten. Neben dem Fiscus, zuständig für kaiserliche Domänen, Bergwerke, Monopole, entwickelte sich die Verwaltung des kaiserlichen Privatbesitzes. Dadurch wurde die Finanzkontrolle der Provinzen größer, ohne daß die Selbstverwaltung der Städte offiziell beeinträchtigt wurde. Die Verleihung von Munizipal- und Colonie-Statuten band die Städte an Rom und den Kaiser, die Finanzprocuratoren wurden vermehrt *patroni* der Städte und *civitates*.

**Finanzen.** Die Neuorganisation der Finanzsprengel (z. B. *fiscus Aegyptiacus*, *Asiaticus*, *Iudaicus*) erbrachte verbesserte Einnahmen, die zur Senkung der allgemeinen Steuerlast führten, den Wohlstand durch Handel und Gewerbe förderten. In Rom, in den Provinzhauptstädten wurden große Bauprogramme durchgeführt. Größter Ausgabeposten aber blieb das Heer, danach die kaiserlichen Bauten, Spenden, Zahlungen an Foederaten. Der Staatshaushalt war ausgewogen, solange kein Krieg geführt wurde.

**Bevölkerung.** Die nichtrömische Bevölkerung wurde zum Dienst am Staate ermuntert, Freigelassene in die kaiserlichen Kulte einbezogen (*Augustales*); der Einsatz für Rom konnte das Bürgerrecht bringen. Der Straßenbau förderte den Verkehr wie die Romanisierung, ließ Handelszentren florieren bis über die Lokalgrenzen hinaus. Die Mobilität der Bevölkerung nahm zu. Allerdings kam es zu Klassenkonflikten: Saisonarbeiter und Tagelöhner wurden auf den großen (senatorischen) Gütern (*latifundia*) beschäftigt, die

Großpächter (*conductores*) beuteten das Land aus. Die
Kleinbauern verarmten, wurden aufgekauft, vertrieben, vermehrten das Proletariat, überschwemmten den freien Ar-
beitsmarkt. Soziale Unruhen entstanden, unsere Quellen
verzeichnen Streiks freier Lohnarbeiter. Es gab kein »sozia-
les Netz«, nur die Taten der Nächstenliebe, vor allem bei
den Christen, die vermehrt Zulauf erhielten.

**Religion.** Mit der beginnenden Öffnung Roms für die Provinzialen veränderte sich auch das religiöse Verhalten der Bevölkerung. Capitolinische Trias, Romkult, Kaiserkult bildeten zwar die umfassende Klammer, aber sie boten keinen
Rückhalt für den individuellen Glauben, in den die täglichen
Sorgen einflossen. Auch das starre, formalisierte Ritual, das
die Verehrung der olympischen Götter kennzeichnete, kam
diesem Wunsch nicht entgegen. Auch die Kaiser hatten persönliche Schutzgottheiten bevorzugt, Augustus und Nero
den Apollo, Domitian die Minerva; aber man begnügte sich
nicht mehr, die Götter zu besänftigen, auf ihre Äußerungen
zu warten – man wollte wissen, was die Zukunft bringen
würde. Orakelstätten, Astrologen (*mathematici*), Wahrsager
hatten großen Zulauf. Aber: nicht die »bekannten« Götter
waren es, die man fürchtete und verehrte, sondern die unbekannten, unpersönlichen: Fortuna – Tyche, Genius (*loci*), der
»allumfassende« Gott, Pantheus – Panthea. Die Mysterien-
kulte des Ostens – Demeter, Mithras, Attis, Isis – waren im
Vormarsch, da sie eine feste Gemeinschaft (*communio fide-
lium*) mit festen sittlichen Leitsätzen (*leges*) anboten. Diese
Gemeinschaft vermittelte Sicherheit, aber auch Erlösung,
wenn die Regeln der Sittlichkeit befolgt wurden. Gottesnähe
war die Bereitschaft und Fähigkeit zur Selbstdisziplin. Daß
in einem solchen Milieu, das nicht schichtenspezifisch ausgerichtet war, das Christentum einen guten Nährboden fand,
ist selbstverständlich. Die christliche Mission erlebte in dieser Zeit einen ersten Höhepunkt, geriet aber verständlicher-
weise in Konflikt mit dem offiziellen Staatskult.

## 2 Traian

M. ULPIUS TRAIANUS, am 18. September 53 in Italica (Spanien) geboren, gehörte einer Familie an, die vermutlich seit republikanischer Zeit das Bürgerrecht besaß, jedoch erst unter Nero nach Rom gekommen war. Der Vater gehörte möglicherweise dem Offizierscorps um Domitius Corbulo an,[6] mit Sicherheit aber dem Stab Vespasians im Jüdischen Krieg, und unter den Flaviern ging sein Aufstieg steil weiter, bis er 79/80 *proconsul Asiae* wurde und der Priesterschaft der *Sodales Flaviales* angehörte. Kaiser Traian hing mit großer Verehrung an seinem noch vor 100 verstorbenen Vater, an dessen Kriegszügen er oft teilnahm, und ließ ihn im Jahr 113 sogar divinisieren: *Divus Traianus pater*.[7] Die beiden Traiane gehörten damit der flavischen Offiziersgruppe an.

Die Familie der Ulpier entstammte einem Provinzmilieu, das sich durch Abkapselung gegenüber den peregrinen Einheimischen »rein römisch« hielt und nur innerhalb des Standes heiratete. So hatte Ulpia, die Schwester von Traians Vater, den Ritter Aelius Hadrianus Marullinus aus Italica geheiratet, ihr Enkel P. Aelius Hadrianus wurde am 24. Januar 76 in Italica geboren. Traian selbst war seit ca. 76 mit Pompeia Plotina aus Nemausus [Nîmes] verheiratet. Ihre Familie war bekannt mit der reichen, in Nîmes beheimateten Familie des T. Aurelius Fulvus, der ebenfalls im Jahre 64 zum Offizierscorps Corbulos gehörte. Dieser war der Großvater des späteren Kaisers T. Aurelius Fulvus Boionius Arrius Antoninus (Antoninus Pius). Plotina ihrerseits kümmerte sich um den früh verwaisten Hadrian ebenso wie um ihre Großnichte Vibia Sabina (geb. 83/86), die Enkelin von Traians hochverehrter Schwester Ulpia Marciana (Au-

---

6 ILS 8970, aus Milet.
7 Erster »Nicht-Kaiser«.

gusta). Im Jahre 100 stiftete sie eine Ehe zwischen den beiden jungen Leuten.[8] Hadrian durfte sich nun höchster Protektion sicher sein.[9] Es läßt sich somit leicht feststellen, daß mit und unter Traian ein neuer Familien- bzw. Standesklüngel aufgebaut wurde, der von den Historikern als ›Adoptivkaisertum‹ gepriesen wird.

Nerva hatte Traian sofort in die Herrschaft integriert, so daß dieser auch den Siegesbeinamen ›Germanicus‹ erhielt, den Nerva im November 97 aufgenommen hatte. Als dann Nerva am 27. Januar 98 starb, war der neue Machthaber so abgesichert, daß er erst Spätsommer 99 nach Rom kam, um dort die Divinisierung Nervas vorzunehmen. Der Senat war sich über das Verhalten des Militärmannes Traian nicht im klaren, aber Plinius (»Panegyricus« 22 f.) vermerkt, daß der Kaiser sich zuerst ohne Pomp zu Fuß durch Rom in den Senat begab und erst danach in sein Haus auf den Palatin (»Palast«). Bereits diese Geste machte klar, daß Traian kein zweiter Domitian werden wollte. Aber – und dies ist bei allen Adoptivkaisern zu beachten – es muß sehr genau unterschieden werden zwischen der Beziehung Kaiser – Senat und der Administration bzw. Politik des Kaisers. Die Ideologie des Kaisers richtete sich nach dem augusteischen Vorbild, der den Senat in seiner Würde und Autorität respektiert hatte,[10] aber die militärische wie administrative Linie der Flavier, besonders des Domitian, wurde weitergeführt.[11] Auch unter Traian gelangten vermehrt Provinzialen in den Senat, nun vor allem Griechen aus dem gesamten hellenisti-

---

8 SHA, *Hadrian* 2,10: *favente Plotina, Traiano leviter [. . .] volente* (»durch die Gunst der Plotina, weniger mit Traians freudiger Zustimmung)«.

9 H. Temporini, *Die Frauen am Hofe Traians. Ein Beitrag zur Stellung der Augustae im Prinzipat*, Berlin/New York 1978.

10 Th. Frankfort, »Le retour de Trajan aux apparances républicaines«, in: *Latomus* 21 (1962) S. 134–144; M. Fell, *Optimus Princeps? Anspruch und Wirklichkeit der imperialen Programmatik Kaiser Traians*, München 1992.

11 K. A. Water, »Traianus Domitiani continuator«, in: AJPh 90 (1969) S. 385–404; E. Cizek, *L'époque de Trajan. Circonstances politiques et problèmes idéologiques*, Bukarest/Paris 1983.

schen Osten. Noch blieb die Zahl der Italiker höher als die der Provinzialen, aber sie schwankt nun um die 40 %.[12] Traians Aufgeschlossenheit für das Griechische zeigt sich auch in seiner Freundschaft mit dem berühmten Redner Dio von Prusa (Dio Chrysostomus, 40 – um 111 n. Chr.), dessen vier sog. »Königsreden« (»Dialexeis«) Traian über das philosophische Königsideal unterrichten sollten: die Verpflichtung zur Humanität und das persönliche Vorbild des Lebens, das auf der Tugend (ἀρετή) aufbaut.[13] Ob Traian wirklich Ratschläge des Dio annahm, ist nicht zu entscheiden, aber wir können feststellen, daß dieses »humanitäre« Kaisertum Kennzeichen Traians vor allem in der senatorischen Geschichtsschreibung wurde. Zudem war Traian auf die Zusammenarbeit mit dem Senat angewiesen, da er sich immer nur kurzfristig in Rom aufhielt.[14]

Traian verdeutlichte die Grundzüge seines Verhaltens gegenüber dem Senat dadurch, daß er nur in republikanischer Amtstracht den Senat betrat, und wiederum lobt Plinius (»Panegyricus« 63.64) den Kaiser, daß er sich nicht nur wie ein »normaler« Bürger um die Stimmen der Wahlbürger bemüht habe und am Wahltag anwesend war, daß er sogar, nachdem das Wahlergebnis feststand, dem amtierenden Consul, der die Wahl geleitet hatte, den Eid auf die Gesetze leistete: *seditque consul principe ante se stante*.[15] Kein Senator wird sich über die tatsächlichen Machtverhältnisse Illusionen gemacht haben, aber es mag ihnen geschmeichelt haben, den schönen Schein der alten *res publica* zu erleben. Traian gestand dem Senat weiter die geheime Beamtenwahl zu, respektierte das Senatsgericht als Standesgerichtshof.

---

12 H. Halfmann, *Die Senatoren aus dem östlichen Teil des Imperium Romanum bis zum Ende des 2. Jahrhunderts n. Chr.*, Göttingen 1979.
13 Vorbild des Kaiserpanegyrikos, abgeleitet aus dem *Philippos* des Isokrates vor Philipp II., wo auch das Herkulesmotiv herausgearbeitet ist.
14 Jahr 99 bis Anfang 101; Ende 102 bis Ende 104; 107 bis Ende 112.
15 Plinius, *Panegyricus* 64,2: »der Consul saß, wobei der Kaiser vor ihm stand.«

Eine Verneigung vor dem Senat bedeutete ferner, daß Amtsbewerber ihre Kandidatur dem Senat vortragen mußten; der
Kaiser behielt sich zwar die Kontrolle der Bewerberliste
vor, aber er machte seltener von seinem Recht der *designatio*
bzw. der *commendatio* Gebrauch als seine Vorgänger. Hingegen senkte er für Bewerber aus alten Senatoren- oder Pa-
trizierfamilien das Bewerbungsalter.

Kennzeichnend für das Selbstverständnis der senatorischen
Kreise ist, daß sie den ihnen zukommenden Vorrang auch
nach außen hin dokumentierten: seit 101 finden wir für die
Senatoren die Bezeichnung *clarissimus vir* bezeugt, die bald
zur Rangbezeichnung des Senatorenstandes wurde, so daß
sich auch Damen als *clarissima femina* bezeichnen konnten.[16] In diese Betrachtung muß auch die Tatsache einbezogen werden, daß Traian mit der Adoption am 28. Oktober
97 auch die *tr(ibunicia) p(otestas)* erhielt, diese Ende 98 aber
nicht mehr am *dies imperii*, sondern am 10. Dezember erneuerte:

TR.P. II: 28. Oktober – 9. Dezember 98
TR.P. III: 10. Dezember 98 – 9. Dezember 99

Ob dies wirklich republikanisch war – Nero hatte im Jahr
60 gleiches getan – oder eher ein Abrücken von den Flaviern, ist schwer zu entscheiden.

Traian baute die Alimentations-Einrichtungen Nervas weiter aus,[17] doch ließ er sich nicht ausschließlich von huma-
nitären Gesichtspunkten leiten: da das Geld als Hypothek-
anleihe vergeben wurde, wurden zugleich Handel und
Gewerbe gefördert. Diesem Gesichtspunkt unterlag auch
die Anlage des Forum Traiani in Rom. Arbeitsbeschaffung für Gewerbe und Lohnarbeiter war dadurch für lange

---

16 O. Hirschfeld, »Die Rangtitel der römischen Kaiserzeit«, in: *Sitzungsberichte der Preußischen Akademie der Wissenschaften zu Berlin* (1901)
S. 579–610 [1–32].

17 CIL XI 1147; Freis, Inschriften Nr. 102; Schumacher, Inschriften Nr. 70.
Daß andere zu gleichem Verhalten angeregt wurden, zeigt Plinius d. J., der
eine *alimentatio puerorum et puellarum* in Como mit 500000 Sesterzen
gründete: ILS 2927; Plinius, *Epistulae* 7,18,2.

Zeit gesichert, ebenso war dem Wunsch nachgekommen, in Rom einen zentralen Markt zu schaffen (Mercato di Traiano). Rom war als Weltstadt einer der größten Verbrauchermärkte geworden, und Traian sorgte dafür, daß die Innungen und Großlieferanten, wie etwa die Bäcker, mit Privilegien ausgestattet wurden, um die Versorgung zu gewährleisten.

Auch in der Verwaltung wurden die Ansätze Domitians aufgegriffen. Der Einfluß der Juristen im »Kronrat« (*consilium principis*) wurde größer, Rechtsschulen blühten auf, die in ihren Kommentaren Entscheidungsgrundsätze darlegten und das Recht zu systematisieren begannen. Es waren zum Teil Männer, die bereits unter Domitian im Kronrat saßen und ihre Erfahrungen nun in die Rechtsschulen einbrachten. Damals entwickelten sich zwei bedeutende Rechtsschulen, die ›Proculianer‹ und die ›Sabinianer‹, von denen die Sabinianer lange Jahrzehnte das Rechtsleben beherrschten: einen von ihnen, Neratius Priscus, soll Traian als Nachfolger ausersehen haben.[18]

Domitianisch war, daß Traian die kaiserliche Verwaltung fast vollständig ritterlichen Beamten übergab, nun aber auch der *cursus equester* strenger reglementiert wurde, diesmal durch die Rangbezeichnung der Besoldungsstufen gekennzeichnet: *sexagenarius* (60 000 Sesterzen), *centenarius, ducenarius*. Die Laufbahn der Finanzprocuratoren (*a rationibus:* staatlich; *procurator patrimonii:* privat) wurde vorgezeichnet, das ritterliche Amt des *praefectus vehiculorum* ebenso geschaffen wie das des *procurator monetae*, desgleichen die *procuratores a studiis, a bibliothecis*.[19] In den Provinzen wurde die flavische Politik der Stadtrechtsverleihungen fortgesetzt. Ehemalige Zivilsiedlungen (*canabae*) der Legionslager, längst zu selbständigen Zentren herangewachsen,

18 J. Crook, *Consilium Principis*, Cambridge 1955; W. Kunkel, *Römische Rechtsgeschichte*, Köln/Wien ²1986.
19 H.-G. Pflaum, *Les carrières procuratoriennes équestres sous le Haut-Empire romain*, 3 Bde., Paris 1960–61.

erhielten Stadtrechte, so etwa Colonia Ulpia Traiana [Xanten], Colonia Ulpia Noviomagus [Nimwegen]. Auch die Provinzialen wurden aufgefordert, sich für Roms Belange vor allem im Decurionat (Stadtrat) einzusetzen, um sich die Ritterwürde zu verdienen, andere zum Erstreben des römischen Bürgerrechts angehalten, wobei ihnen nicht selten die Erbschaftssteuer erlassen wurde.

Die kaiserliche Verwaltung griff häufig in die Selbstverwaltung der Provinzen ein, um vor allem über das Gebaren der Decurionen die Politik zu kontrollieren *curatores rei publicae*).[20] Aber der Kaiser, der in Fortsetzung Domitians die Freigelassenen aus den Hofämtern entfernte, benutzte ebendiese Freigelassenen, um sie als Rechnungsführer und unteres Verwaltungspersonal den Procuratoren beizugeben, bzw. auf Posten innerhalb der Patrimonialverwaltung einzusetzen. Die Kontrolle wurde zunehmend umfassender, die Macht der von den Kaisern Abhängigen stieg an.[21] Über die Verhältnisse in Italien und den Provinzen unterrichten die Briefe des Plinius, vor allem das 10. Buch über die Verhältnisse der senatorischen Doppelprovinz Pontus-Bithynien, wohin ihn Traian im Jahr 110 als *legatus Augusti propraetore consulari potestate [. . .] ex s.c.* geschickt hatte.[22]

Unter Traian aber erreichte das Imperium seine größte Ausdehnung. Er selbst wollte nicht nur, wie vormals Domitian, Kriege vermeiden, indem er das Limes-System weiter ausbaute, die Flotten auf Rhein und Donau verstärkte, er

---

20  D. Nörr, *Imperium und Polis in der hohen Prinzipatszeit*, München 1966.
21  P. R. C. Weaver, *Familia Caesaris*, Cambridge 1972.
22  CIL V 5262 = ILS 2927 (Como); Schumacher, *Inschriften*, Nr. 101. In dieser Provinz ist Plinius vermutlich im Jahr 113 gestorben. A. N. Sherwin-White, *The Letters of Pliny. A Historical and Social Commentary*, Oxford 1966; L. Vidman, *Étude sur la correspondance de Pline le Jeune avec Traian*, Prag 1960. In diesem 10. Buch finden sich auch die beiden berühmten ›Christenbriefe‹ aus dem Jahr 111/112 (10,96.97). Das Schrifttum zu diesen Briefen füllt inzwischen eine Bibliothek. Eine knappe Auswahl bietet der Forschungsbericht von K. H. Waters, »The Reign of Traian«, in: ANRW II 2 (1975) S. 381–431, hier 406–412.

wollte ein Feldherr sein nach dem Vorbild eines Caesar, eines Alexander, eines weltbeherrschenden Herakles. Dieses selbstgesetzte Ziel konnte er weitgehend erreichen, auch wenn das Reich fast bis zur Erschöpfung strapaziert wurde. Aber es war auch ein Glück für Traians Größe, daß er das Abbröckeln des Erreichten aus ebendiesem Grunde nicht mehr selbst erleben mußte. Es war das Schicksal des wesentlich nüchterner handelnden Hadrian, die Herrschaft Roms auf ein verteidigungsfähiges Maß zurücknehmen zu müssen.

Bis heute schwelt der Gelehrtenstreit, ob Traian die Feldzüge vor allem in Dacien aus Ruhmsucht (*gloria*) und »Goldgier« (*avaritia*) (»Dacergold«) unternommen oder ob er einer militärischen Notwendigkeit nachgegeben hat, da unter dem König Decebalus die Dacer offensichtlich zu einer politischen Einheit zusammengewachsen waren.[23] Der genaue Bericht über den Dacerkrieg, das Kriegstagebuch Traians, ist verloren, aber es war eine der Hauptquellen für Cassius Dio. Bereits die antiken Historiker haben als Hauptgrund des Feldzuges den wirtschaftlichen Reichtum Daciens benannt, der Roms schlechter Finanzlage abhelfen sollte. Dies war aber nicht der einzige Grund, wenn auch der am leichtesten überzeugende; Ursache war eher, daß durch Domitians Dacerkrieg das Problem der Foedus-Einbindung Daciens nicht gelöst war. Die Dacer hatten ihre Selbständigkeit bewahrt, erhielten Zahlungen und unternahmen weiterhin Raubzüge. Es lag also auch im Interesse der Militärs, den Staat des Decebalus zu vernichten und dem Imperium einzugliedern, was Traian mit großem Kriegsglück gelang.[24] Der Kaiser kehrte Ende 102 nach

---

23 D. Berciu, »Die Daker im 1. Jahrhundert n. Chr.«, in: *Das Römische Reich und seine Nachbarn*, hrsg. von F. Millar, Frankfurt a. M. 1966, (Fischer Weltgeschichte, Bd. 8), S. 270–278.

24 Zur Traianssäule als Quelle: R. Florescu / I. Miclea, *Decebal și Traian*, Bukarest 1980; zum *Tropaion Traiani* von Adamklissi, einer Umarbeitung und Vergrößerung der Domitianischen Altaranlage: M. Sâmpetru, *Tropaeum Traiani*, Bukarest 1984 (mit dt. Zusammenfassung).

Rom zurück, wo er einen Triumph abhielt und den Siegesbeinamen ›Dacicus‹ annahm. Damals wurde die Provinz
Pannonia geteilt in Pannonia Superior mit Hauptort Carnuntum [Petronell], und Pannonia Inferior mit Hauptort
Aquincum [Budapest]. Die Ausplünderung Daciens (Gold,
Eisen, Salz, Feldfrüchte) führte 105 erneut zum Krieg; 106
fiel Sarmizegetusa durch Verrat, Decebalus floh und beging
Selbstmord.[25] Dacien wurde als Provinz eingerichtet, einem
consularischen Statthalter (*legatus Augusti consulari potestate*) unterstellt und mit drei Legionen belegt. Verwal-
tungszentrum wurde Apulum [Alba Iulia].
Noch während der Kämpfe um Dacien griff das Reich im
Südosten aus: im Jahre 106 wurde das Nabatäergebiet an-
nektiert. Wirtschaftlicher Erbe wurde die Stadt Palmyra, wo
nun die Seidenstraße und die Weihrauchstraße zusammen-
trafen, ebenso die im persischen Golf angelandeten indi-
schen Güter.[26]
Um 110/112 brach erneut zwischen Parthern und Römern
der Konflikt um Armenien aus.[27] Als Traian 113 Rom verließ, schlug eine parthische Gesandtschaft Traian die alte ne-
ronische Regelung der Sekundogenitur für Armenien vor
und wurde abgewiesen. Im Frühjahr 114 begann der Angriff auf Armenien, und Parthamasiris bot die Unterwerfung an; Traian akzeptierte, verkündete jedoch gleichzeitig
die Einrichtung der Provinz ›Armenia‹. Der Senat ehrte
Traian, indem er ihm offiziell den Titel ›Optimus‹ verlieh.
Von Armenien aus marschierte Traian nach Nordmesopotamien und konnte eine neue Provinz ›Mesopotamia‹ einrichten. Gleichzeitig aber erhielt er die Nachricht von Judenauf-

---

25  K. Strobel, *Untersuchungen zu den Dakerkriegen Traians*, Bonn 1984. Die
    Grabinschrift des Soldaten, der damals als Aufklärer Decebalus stellte und
    seinen Kopf Traian brachte, wurde 1965 bei Philippi entdeckt: Aép. 1969/
    1970 n. 583; Schumacher, Inschriften Nr. 187; M. Speidel, »The Captor of
    Decebalus«, in: JRS 60 (1970) S. 142–153.
26  Ph. C. Hammond, *The Nabataeans*, Lund 1973.
27  F. A. Lepper, *Traian's Parthian War*, Oxford/London 1948.

ständen in Ägypten und der Cyrenaika. Im Frühjahr 116 drang Traian in die Adiabene vor. Der Senat hatte ihm für seinen Siegeszug den Titel ›Parthicus‹ verliehen, aber Traians Ziel war nun, das Partherreich selbst in Abhängigkeit zu bringen. So eroberte er Seleucia und erreichte wenig später Ktesiphon, wo ihm der Königsthron und eine Tochter des Königs Osroes in die Hände fielen. Wiederum wurde eine neue Provinz ›Assyria‹ eingerichtet, und Traian segelte den Tigris hinunter bis zum Persischen Golf, wo ihm der Fürst der Charakene den Treueeid leistete. Damals zeigten sich vermehrt Spuren einer ernsthaften Erkrankung Traians, so daß er sich zur Rückreise nach Italien entschloß. Er übergab Hadrian den Befehl über die syrischen Legionen und reiste in Begleitung der kaiserlichen Damen ab. Aber bereits in Selinus an der kilikischen Küste verstarb der Kaiser am 8. August 117.

Der Tod Traians ließ viele Probleme offen: weder war die parthische Frage gelöst noch der Judenaufstand beendet; Armenien war nicht gesichert, und Traian selbst starb ohne Nachfolgeregelung. Es war der Entschlossenheit der Kaiserin Plotina und dem Praetorianerpraefecten P. Acilius Attianus zu verdanken, daß die Herrschaftsübernahme durch Hadrian ohne Schwierigkeiten gelang: sie hielten die Todesnachricht bis zum 11. August zurück, informierten am 9. August Hadrian vom Tode Traians und teilten dann dem Senat mit, Traian habe auf dem Sterbebett Hadrian adoptiert. Natürlich entstand sofort das Gerücht, Plotina habe hier einen Staatsstreich unternommen, doch hatte sich Hadrian fast immer in unmittelbarer Umgebung des Kaisers aufgehalten, begleitete ihn zumeist im Generalstab, so daß die Benennung Hadrians als Nachfolger nicht unwahrscheinlich ist.[28] Aber wir sehen, daß Hadrian nach einer ersten Münzserie mit seinem Kaisernamen eine Prägung

28 L. Perret, *Essai sur la carrière d'Hadrien jusqu'à son avènement à l'Empire (76–117)*, Paris 1935.

(Emission) nachschob, die ihn nur als HADRIANUS CAESAR bezeichnete, was als »Kronprinz« gewertet werden sollte. Dies sieht so aus, als habe der Senat an der Adoptions-»Geschichte« gezweifelt und sollte so überzeugt werden.

## 3 Hadrian

P. AELIUS HADRIANUS erkannte, daß die kostspieligen Eroberungen Traians nicht weitergeführt werden konnten.[29] Im Prinzip hatte Traian nichts Dauerhaftes erreicht, aber das empfindliche Gleichgewicht im Osten gestört. So entschloß sich Hadrian, die neugewonnenen Provinzen Armenien, Mesopotamien und Assyrien wieder aufzugeben, da der Euphrat eine leichter zu verteidigende Linie darstellte. Damit aber überwarf er sich mit ehemaligen Beratern Traians, die eine Verschwörung unternahmen. Attianus entdeckte das Unternehmen und zwang den Senat, die Männer zum Tode zu verurteilen. Als Hadrian davon erfuhr, schrieb er dem Senat, daß dies ohne sein Wissen geschehen sei; aber es war klargeworden, daß die traianischen Zirkel, die »Kriegspartei«, die Opposition darstellten.

Die Sorge um das Reich, die Grenzen, den Zustand der Provinzen, ließ Hadrian zum »Reisekaiser« werden: Am 9. Juli 118 in Rom eingetroffen, um die Huldigung des Senates entgegenzunehmen, verließ er die Stadt bald wieder, um Italien zu bereisen. 121 begab er sich über Gallien nach Germanien, um den Limes zu inspizieren. 122 bereiste Hadrian Britannien und ließ die Kastellinie des »Hadrianswalls« errichten. Ende 122 durchquerte er Spanien, 123 befand er sich in Nordafrika, als er die Nachricht von einem Panthereinfall erhielt. Über Kreta eilte er an den Euphrat, wo er in

29  M. K. Thornton, »Hadrian and his Reign«, in: ANRW II 2 (1975) S. 433–
    476; St. Perowne, Hadrian. Sein Leben und seine Zeit, München ²1977.

einer persönlichen Zusammenkunft mit Osroes auf die umstrittenen Gebiete verzichtete und die seit Nero gültige Regelung für Armenien anerkannte. Vom Euphrat aus reiste Hadrian nach Palmyra, dann durch die Städte Kleinasiens nach Bithynien, wo er den hübschen, 13jährigen Antinoos aus Claudiopolis (geb. 110) kennenlernte. Im Herbst 124 begab sich Hadrian nach Pannonien und dann über Dacien nach Athen, wo er den Winter verbrachte. Athen wurde für Hadrian, der die Stadt als »Geburtsstätte« der Philosophie verehrte, zu einer Art Nebenresidenz. Die Stadt war völlig verarmt, so daß es der Kaiser als eine Pflicht ansah, die alte Größe wiederzubeleben. Im Frühjahr 125 bereiste Hadrian die ägäischen Inseln und kehrte dann nach Athen zurück, wo er bis Frühjahr 126 verweilte. Damals wurde mit einem umfangreichen Neubauprogramm für Athen begonnen, das als Mittelpunkt den riesigen, unvollendeten Tempel des Zeus Olympios wählte.[30] Seine Vollendung brachte Hadrian Ende 128 den Ehrennamen ›Olympios‹ ein. Wahrscheinlich wurde er auch mit den Eleusinischen Mysterien bekanntgemacht. Erst Ende 126 kehrte Hadrian nach Rom zurück, wo er sich durch Spiele und Spenden dem Volk in Erinnerung brachte. Der Senat aber verlieh dem Kaiser den Titel *pater patriae*, während er Sabina den *Augusta*-Titel verlieh.

Wenig später reiste Hadrian nach Afrika, den Winter verbrachte er erneut in Rom. Im August 128 begab sich der Kaiser in Begleitung von Sabina, Antinoos und L. Ceionius Commodus Verus nach Athen, um dort die Einweihung des Panhellenions, eines Tempels für Zeus und Hadrian, vorzunehmen. Während seines Aufenthaltes besuchte Hadrian 129 auch Eleusis, wo er nun die höchste Einweihung in den Mysterienkult erhielt. Es ist bezeichnend für Hadrian, daß er sein Lebensziel in Philosophie und Mystik suchte, da die Götter für ihn keine reale Bedeutung besaßen, doch trachtete er auch, die Kulte der Provinzen in Rom anzusiedeln:

---

30  Der Tempel war 174 v. Chr. von Antiochos Epiphanes begonnen worden.

jeder sollte Rom als religiöses Zentrum erkennen. Damit wurden vor allem die Heilsreligionen, die orientalisch-ägyptischen Erlösungsreligionen (Sarapis-Kult), aber auch der Kult der alles belebenden Sonne (Sol) in Rom heimisch.

Von Eleusis aus reiste Hadrian über Ephesos nach Antiochia. Vermutlich um Osroes in einem Thronstreit diplomatisch zu stützen, gab Hadrian 129 die von Traian gefangengenommene Prinzessin zurück, nicht jedoch den begehrten Thron der Arsakiden. Im Jahr 130 begab sich Hadrian nach Iudaea. Dort war die Revolte bald nach Traians Tod erloschen, und Hadrian trug sich mit dem Plan, Jerusalem in eine römische Colonie zu verwandeln und den Tempel Salomons als Iuppitertempel wieder aufzubauen.[31] Diese Absicht ließ die Unruhe wieder wachsen. Am meisten aber erbitterte die Juden Hadrians Gesetz gegen die Beschneidung;[32] sie fühlten sich an die Zeit der Makkabäer erinnert. Religiöse Identität und staatliche Freiheit wurden für sie zu einer Einheit, die die Sehnsucht nach dem Messias wachsen ließ, und so brachen, während Hadrian in Ägypten weilte, die ersten Aufstände los.

Hadrian blieb bis Herbst 131 in Ägypten, wo anläßlich einer Nilfahrt Antinoos ertrank (Selbstmord?); Hadrian ehrte ihn durch die Gründung der Stadt Antinoopolis. Dann traf er sich mit dem syrischen Statthalter wegen der jüdischen Unruhen und reiste erneut nach Athen. Im Frühjahr 132 begab er sich nach Macedonien und Thracien, wo er die Nachricht erhielt, daß sich die Juden unter Führung des Bar Kochba Jerusalems bemächtigt, die dort lebenden Römer und Soldaten vertrieben oder niedergemacht hatten.[33] In einem Kampf kaum vorstellbarer Härte gelang es den Römern 134, Jerusalem zurückzuerobern, aber erst 135 brach

---

31  D. Golan, »Hadrian's Decision to Supplant ›Jerusalem‹ by ›Aelia Capitolina‹«, in: *Historia* 35 (1986) S. 226–239.

32  SHA, *Hadrian* 14.

33  A. Oppenheimer / U. Rappaport, *The Bar-Kokhva Revolt*, Jerusalem 1984.

der Aufstand zusammen. Hadrian, der 133 persönlich die Lage in Iudaea in Augenschein genommen hatte, verfügte nun, daß kein Jude Jerusalem, das in Aelia Capitolina umbenannt wurde, jemals wieder betreten dürfe. Iudaea wurde als Provinz Syria Palaestina eingerichtet und mit zwei Legionen belegt. Hadrian sah in den Juden einen Feind, der die innere Ruhe des Imperiums bedrohte und deshalb in seiner Eigenart mit seinem kultischen Zentrum vernichtet werden mußte. Die Juden wurden zu *dediticii*, die an den Gütern des Reiches (*bona rei publicae*) nur teilhaben konnten, wenn sie sich dem Reich und seiner vom Kaiser ausgehenden panhellenistischen Idee unterwarfen. Für die Juden, die unter Vespasian ihr Zentralheiligtum verloren hatten, begann nun endgültig die Ära der Diaspora.

Hadrian, von seiner rastlosen Tätigkeit erschöpft, war 134 nach Rom zurückgekehrt. Anfang 135 wurde der Kaiser ernsthaft krank, so daß sich die Frage des Nachfolgers stellte. Damals adoptierte er L. Ceionius Commodus, mit dem Hadrian eine besondere Freundschaft verband, als L. Aelius Caesar.[34] Er wurde zum Statthalter Pannoniens ernannt und zum Consul designiert. Aber L. Aelius starb bereits am 1. Januar 138 an einem Blutsturz. Nun entschloß sich Hadrian, T. Aurelius Fulvus Boionius Arrius zu adoptieren (24. Januar), einen erprobten Juristen und Senator, damals bereits 52 Jahre alt; gleichzeitig mußte dieser den Neffen seiner Frau Sabina, M. Annius Verus, und den Sohn des L. Aelius Caesar, L. Ceionius Commodus, adoptieren. Es war eine Doppelsicherung der Nachfolge, die offensichtlich Annius Verus in die vorderste Reihe schob, so daß sich der Verdacht aufdrängt, Hadrian habe – wie vormals Augustus mit Tiberius – in Antoninus Pius einen Platzhalter gewählt, dem dann Marc Aurel nachfolgen sollte.

---

34 Die Vermutung von J. Carcopino, »L'hérédité dynastique chez les Antonins« in: REA 51 (1949) S. 262–321, L. Aelius sei ein Sohn Hadrians gewesen, ist nicht zu beweisen; H.-G. Pflaum, Les règlements successoral d'Hadrien, Bonner HAC 1963 [1964] S. 95–122.

Hadrian hatte, als er am 10. Juli 138 in Baiae starb, das Beste für das Reich getan: er wollte die Grenzen sichern und hat tatsächlich Ruhe erreicht. Er wollte durch seine Reisen die Allgegenwart des Kaisers dokumentieren, den Auftrag der *cura rei publicae* ernsthaft erfüllen, wollte dem Reich eine Klammer geben durch die Förderung des Rom-Kultes, wobei Rom religiöser Mittelpunkt werden sollte; er wollte durch die Förderung des Hellenismus eine von ihm verehrte Kultur und Sprache zur kulturellen Einheit des Imperiums aufblühen lassen. Unter Hadrian setzte eine Renaissance des Hellenismus ein, die das Selbstbewußtsein der ehemaligen hellenistischen Städte förderte und einer neuen Blüte zuführte. Aber in dieser Absicht war auch der Keim verborgen, der das sprachliche wie kulturelle Auseinanderdriften der lateinisch bzw. griechisch geprägten Reichshälften erst ermöglichte.

Doch Hadrian war nicht nur ein Philhellene und »Reisekaiser«, er war ein erprobter Militärmann, wenn auch im Schatten Traians, und ein guter Verwaltungsmann mit systematisierendem Verstand. Er führte die Linie Domitians, die kaiserliche Administration in die Hände der Ritter zu legen, konsequent fort, verstärkte die staatliche Finanzkontrolle, verfügte einen 15jährigen Zyklus zur Feststellung von Steuerschulden und schuf das Amt des *advocatus fisci*, der bei Prozessen die Interessen des Staates vertrat. Aus Steuergründen aber erließ Hadrian auch ein Gesetz (»Lex de ruderibus agris«), das die Okkupation des von den Großpächtern (*conductores*) nicht bearbeiteten Landes erlaubte, um es in eigener Regie zu bewirtschaften; damit wurde man als *possessor* in den Steuerlisten geführt.

Italien selbst wurde in vier Gerichtssprengel geteilt, in denen je ein vom Kaiser ernannter *iudex* consularischen Ranges für Vermögens- und Erbschaftsfragen amtierte. Einer davon war der spätere Kaiser Antoninus Pius. Da in Italien die Güter der Senatoren lagen, empfanden sie diese Einrichtung als besonders schweren Eingriff in ihre Sonderrechte.

Praetoren und Aedile hatten neben dem magistratischen Ediktrecht die Rechtsweisungsgewalt und die Rechtsmittelbelehrung. Nun ließ Hadrian im Jahr 130 (oder bereits 129?) durch den Juristen Salvius Iulianus das ›Praetorische Edikt‹ als *edictum perpetuum praetoris urbani* kodifizieren und als verbindlich edieren.

Auch die Gesetzgebung des Senates verschwand: die Senatsempfehlungen (*senatus consulta*) hatten den Stellenwert von Gesetzen erlangt. Vespasian besaß das Recht, Anträge zu stellen, die nach Diskussion im Senat Gesetzeskraft erhielten; dies änderte Hadrian dahingehend, daß er über seinen Vortrag und Antrag im Senat nur noch abstimmen ließ: die *oratio principis*, seit Ende des 2. Jahrhunderts nur noch vom kaiserlichen Beauftragten verlesen und im Senat akklamiert, trat an die Stelle des *senatus consultum*. Der Senat sah sich von Hadrian entmachtet, und als er die Nachricht vom Tode des Kaisers erhielt, wollte er sogar die *damnatio memoriae* verhängen. Lediglich dem Eingreifen des Antoninus Pius war es zu verdanken, daß doch noch die Consecration beschlossen wurde.[35]

## 4 Antoninus Pius

Der neue Kaiser T. Aelius Hadrianus Antoninus Pius,[36] geboren am 19. September 86, war im Geiste alten Senatorentums erzogen worden. Er durchlief den *cursus honorum* bis zum *consul ordinarius* im Jahr 120, eine Auszeichnung, die nur angesehensten senatorischen Familien zuteil wurde,

---

35 Die *moles Hadriani* (Engelsburg), jenseits des Tiber gelegen und durch eine Steinbrücke, den *pons Aelius* (Ponte S. Angelo) mit der Stadt verbunden, diente als Grablege der Antoninen-Dynastie, d. h. auch für die Severer bis Caracalla.

36 W. Hüttl, *Antoninus Pius*, 2 Bde., Prag 1933–36.

die häufig Patriziatsrang besaßen. Zwischen 130 und 135
war er *proconsul Asiae*. Über seine Heirat mit Annia Galeria Faustina, der Urenkelin von Traians Schwester Ulpia
Marciana – ihr Bruder Annius Verus war der Vater des späteren Kaisers Marcus Aurelius[37] –, gehörte er zur kaiserlichen Familie.

Mit Antoninus Pius brach eine Friedensperiode an, die von
der Leistung Hadrians zehren konnte.[38] Lediglich an der
Nordgrenze Britanniens fand ein größerer Kampf statt,
nach dessen Beendigung zwischen Glasgow und Edinburgh
[Firth of Forth – Firth of Clyde] ein neuer Wall, der ›Anto-
ninus-Wall‹, angelegt wurde.[39] Aber die Kriege wurden nun
von kaiserlichen Legaten geführt, der Kaiser selbst verblieb
in Rom, das so wieder zur politischen Zentrale wurde.[40] Als
hervorragender Jurist trachtete Antoninus Pius danach,
möglichst in allen bedeutenderen Rechtsfragen konsultiert
zu werden. Die »Historia Augusta« (»Antoninus Pius«
6,11) berichtet, daß der Kaiser hierfür seine *amici* zu Rate
gezogen habe, deren Gutachten (*responsa*) er als kaiserliche

---

37 Stemma bei A. Birley, *Marc Aurel. Kaiser und Philosoph*, München ²1977:
   Annia Galeria schenkte Antoninus vier Kinder, von denen nur Annia Galeria Faustina d. J. überlebte. Sie wurde zuerst dem Sohn des L. Aelius Caesar anverlobt, nach dem Tode Hadrians aber mit M. Aurel, d. h. ihrem Vetter verheiratet.

38 SHA, *Antoninus Pius* 5,4 f.: *Mauros ad pacem postulandam coegit et Ger-
   manos et Dacos et multas gentes atque Iud⟨a⟩eos rebellantes contudit per
   praesides ac legatos. In Achaia etiam atque ⟨apud⟩ ⟨A⟩egyptum rebelliones
   repressit. Alanos molientis saepe refrenavit* (»Die Mauren zwang er, um
   Frieden zu bitten. Die Germanen, Dacer, viele andere Völker und die sich
   empörenden Juden unterwarf er durch seine Legaten und Statthalter. Auch
   dämpfte er Aufstände in Achaia und Ägypten und zügelte die häufig unru-
   higen Alanen«). – Dgl. SHA, *Antoninus Pius* 9,6: *Parthorum regem ab Ar-
   meniorum expugnatione solis litteris reppulit. Abgarum regem ex orientis
   partibus sola auctoritate deduxit* (»Den König der Parther hielt er allein
   durch ein Schreiben von der Eroberung Armeniens ab. Sein bloßes Ansehen bewog den König Abgar von Räumung des Orients«).

39 Für diesen Krieg erhielt Antoninus Pius eine zweite Akklamation (142).

40 SHA, *Antoninus Pius* 5,4: *per legatos suos plurima bella gessit.* S. dazu
   K.F. Stroheker, Die Außenpolitik des Antoninus Pius nach der Historia
   Augusta, Bonner HAC 1964/1965 [1966] S. 241–256.

Antwortschreiben (*rescripta*) abfaßte. Sie führt zudem Namen solcher *amici* auf:[41] Vindicius Verus, Salvius Valens, Volusius Maecianus, Ulpius Marcellus, Iavolenus. Nicht wenige von ihnen waren Ritter, die als Sachverständige in das *consilium principis* berufen wurden und das *ius respondendi* erhielten. Fast alle aber lassen sich mit der Rechtsschule der ›Sabinianer‹ in Verbindung bringen, so daß die Vermutung naheliegt, Antoninus Pius habe selbst seine Ausbildung bei den ›Sabinianern‹ erhalten. Unter diesem Kaiser begann die Jurisprudenz sich von der einfachen Kasuistik zu lösen und zur Rechtssystematik zu finden: Personenrecht – Sachenrecht – Prozeßrecht, und so entstanden bedeutende Lehrbücher (*institutiones*) für Studenten, zu denen das bekannte Werk, die »Institutiones« des Gaius zählt (um 160 entstanden).

Die Regierungszeit des Antoninus stellte eine Periode echten Einvernehmens zwischen Kaiser und Senat dar; die Ritter waren als »Beamtenreservoir« in die Verwaltung von Provinzen, Fiscus und Heer fest eingebaut, wobei viele ihre Posten über lange Jahre hinweg bekleideten. Selten griff die kaiserliche Verwaltung in die städtische Selbstverwaltung ein, die innenpolitische Ruhe führte zu einem Aufschwung von Handel und Gewerbe, die Steuerpolitik war so ausgeglichen, daß der Kaiser eine allgemeine Schuldenamnestie aussprechen konnte.[42] Eine Neuerung betraf allerdings die Auxiliarsoldaten, die bislang zusammen mit der *honesta missio* auch das Bürgerrecht für sich, ihre peregrine Gattin und die gemeinsamen Kinder erhalten hatten: nun wurden die Kinder davon ausgenommen, sie mußten sich das Bürgerrecht selbst verdienen; der Dienst in den Auxiliartruppen sollte zu Gunsten der Legion gefördert werden, aber es war auch ein Eingeständnis dessen, daß die Selbsterneuerung der Armee durch Freiwillige nicht mehr gewährleistet war.

---

41 SHA, *Antoninus Pius* 12,1.
42 Bei seinem Tode hinterließ der Kaiser einen Staatsschatz von rund 670 Mio. Denaren, die größte Summe seit Tiberius.

Antoninus Pius war zudem bestrebt, Marcus Aurelius systematisch auf seinen »Beruf« als Kaiser vorbereiten zu lassen,[43] der das Bildungs- und Herrscherideal dieser aufgeklärten Zeit verkörpern sollte. Geboren am 26. April 121, hatte er die senatorische Ämterlaufbahn durchlaufen (*consul ordinarius* im Jahr 140), nahm am Kronrat teil und wurde von einem der bedeutendsten Mitglieder, L. Volusius Maecianus, juristisch ausgebildet. Als daher Antoninus Pius am 7. März 161 auf seinem Landgut Lorium starb, konnte er dem Reich einen guten Nachfolger hinterlassen.[44] Nicht voraussehbar war, daß Kräfte außerhalb des Imperiums eine militärische Situation schufen, für die Marcus Aurelius allerdings nicht ausgebildet worden war.

## 5  Marcus Aurelius

Mit der Regierungszeit des Kaisers MARCUS AURELIUS beginnt der »Vorlauf« der Reichskrise. Ein Blick in die Geschichtsschreibung zeigt, daß unsere Standardwerke die Krise zwar erst mit dem Jahr 193, dem Regierungsantritt des Septimius Severus, beginnen lassen,[45] aber die Ursachen der Veränderungen liegen in der Zeit der Blüte, d. h. des Marcus Aurelius und des Commodus.[46] Im Zeitalter der Adoptivkaiser hatte das Imperium trotz der Grenzkorrek-

---

43  Vgl. Seneca und Nero! Antoninus Pius hatte die ersten Redner und Philosophen der Zeit, M. Cornelius Fronto und Herodes Atticus, als Prinzenerzieher an den Hof gerufen.

44  Es ist bezeichnend für ihn und seine Herrschaft, daß die letzte Parole, das letzte Wort des Sterbenden *aequanimitas*, »Gleichmut«, gewesen sein soll: SHA, *Antoninus Pius* 12,6: *signu(um) tum tribuno aequanimitatis dedit*.

45  So G. Walser / Th. Pekáry, *Die Krise des römischen Reiches*, Berlin 1962, in Anlehnung an die *Cambridge Ancient History*, Bd. 12 (1939).

46  J. Vogt, *Der Niedergang Roms. Metamorphose der antiken Kultur*, Zürich 1965; R. Remondon, *La crise de l'empire romain*, Paris ²1970.

turen unter Hadrian seine größte Ausdehnung erreicht und umfaßte die gesamte Oikumene, d. h. »nichtbarbarische« Welt: das Mittelmeer wurde zum Binnenmeer, dessen Schiffahrtsrouten als Handelsstraßen dienten. Der echte Reichtum beruhte weiterhin auf dem Grundbesitz; Gallien z. B. war übersät mit Villenanlagen von Grundbesitzern, die römisches Leben kopierten, aber die Kleinbauern erlagen vermehrt dem Druck großer Gutsherrschaften. Die Gewerbe, vor allem die Massenproduktionen, zeigten kaum technologischen Fortschritt. Das Reich selbst war geschützt durch ein Heer, das nach Hadrians Vorstellung in erster Linie der Verteidigung dienen sollte. Aber die Blüte basierte auf der unter Antoninus Pius erreichten Friedensperiode, die keiner ernsthaften Bedrohung ausgesetzt war. Die Städte mit ihrer reichen Bürgerschaft blieben als Handels- und Verbraucherzentrum das Steuerreservoir des Staates, aber mit den Kriegen Traians stieg der Steuerdruck, so daß Hadrian die Steuerhaftung auf die Stadtverwaltung (*decuriones* und *IIIIviri*) ausweitete. Die Belastung der Decurionen begann zu wachsen, die Bautätigkeit mancher Städte wurde eingeschränkt.

Während nach Tacitus (›silberne Latinität‹) die lateinische Literatur stagnierte, erlebte die griechische Philosophie, ausgelöst durch die sog. Zweite Sophistik,[47] einen Aufschwung. Vor allem Aelius Aristides stellte mit seiner »Romrede« (Εἰς Ῥώμην) das Ideal des römischen Weltstaates (πόλις) vor, in dem Friede und Wohlstand herrscht. Griechisch-hellenistische Ideen drangen im Reich vor, die Neupythagoräer wiesen den Weg zum Neuplatonismus.

Aber nicht nur in der Philosophie, auch in der Geschichtsschreibung finden sich bedeutende Griechen: Appian, Plutarch, Arrian. Der Senatorenstand rekrutierte sich zunehmend aus gebildeten Griechen des Ostens, Griechisch erhielt den Rang einer Weltsprache, der Sprache der Gebil-

---

47 Hauptvertreter war der alexandrinische Arzt Sextus Empiricus.

deten zurück. Zwar erfuhr der Senat geistige Impulse durch
seine hellenistischen Mitglieder, doch gleichzeitig schwand
seine politische Macht zusehends. Die Kurzlebigkeit senatorischer Adelsfamilien – zwei bis drei Generationen –
schränkte automatisch das Traditionsempfinden, wie es
z. B. die Zeit des 1. Jahrhunderts geprägt hatte, ein. Die kaiserliche *adlectio in ordinem splendidissimum* durchsetzte
den Senat mit verdienten, teilweise auch willfährigen kaiserlichen Beamten, und die von Hadrian geförderte Hellenisie-
rung des Reiches gab diesem einen zunehmend kosmopoli-
tischen Anstrich, der allerdings die Gefahr einer politischen
Nivellierung hervorrief. Das Kaisertum wurde als Klammer
des Reiches definiert und ließ ihm einen göttlichen, absolu-
tistischen Machtanspruch zukommen. Die Staatsreligion
früherer Prägung war zugunsten des Kaiserkultes zurück-
getreten, die alte griechisch-römische Götterwelt im Niedergang begriffen. Die Vielfalt der Götterwelt ging über in
den Henotheismus, der Gott in vielen Gestalten sieht, und
schließlich in den philosophisch begründeten Monotheis-
mus, der zum Gegenpol des Christentums wurde. Die gebildete Oberschicht aber wandte sich der Philosophie zu.
Zudem hatte Antoninus Pius dem Reich in Marcus Aurelius
einen Princeps geschenkt, der den Grundsätzen seiner eigenen Regierung – Gerechtigkeit, Milde, Arbeitsamkeit, wei-
ses Urteil und Voraussicht[48] – nachzueifern strebte: Marc
Aurel war der Garant des Wohlfahrt des Staates.[49]
Als der 40jährige Marc Aurel am 7. März 161 die Regierung
antrat, begann er mit einer überraschenden Neuerung: unmittelbar mit der Machtübernahme erhob er seinen Adoptivbruder L. Aurelius Verus zum Augustus *pari potestate*,[50]
wobei lediglich der Oberpontifikat nicht geteilt wurde, der

48 M. Aurel, *Selbstbetrachtungen* 1,16; vgl. 17.
49 A. Birley, *Marc Aurel. Kaiser und Philosoph*, München ²1977; G. R. Stanton
   »Marcus Aurelius, Lucius Verus, and Commodus: 1962–1972«, in: ANRW
   II 2 (1975) S. 478–549.
50 Ammian 27,6,16.

damit den Vorrang des Marc Aurel dokumentierte. Wir wissen nicht, ob ein echt philosophisch begründeter *horror imperii* oder die *pietas* gegenüber dem Wunsche Hadrians Marc Aurel zu diesem Verhalten veranlaßt hatte: noch bestand keine Notwendigkeit, das Reich in zwei Regierungssprengel aufzuteilen. Leider wissen wir auch nicht, ob Marc Aurel vielleicht eine politische Opposition beruhigen wollte, da der Vater des L. Verus bereits unter Hadrian Caesarrang besessen hatte. Dennoch gibt es ein Indiz, daß Marc Aurel eine Aufgabenteilung erwog, daß Verus für das Heer, er selbst, der Philosoph, für Senat und Verwaltung zuständig sein wollte: Nach der Senatssitzung, in der beide ihre Vollmachten erhielten, begaben sich beide Kaiser ins Lager der Praetorianer, wo Lucius in beider Namen sprach, die Akklamation entgegennahm und ein Donativ von 20 000 Sesterzen pro Mann (Offiziere mehr) ankündigte.

Beide Kaiser traten als *divi Antonini filii* auf, und Marc Aurel verlobte zur Absicherung der Dynastie dem 30 Jahre alten Adoptivbruder L. Verus seine zweitälteste Tochter Lucilla (Annia Aurelia Galeria Lucilla), damals 12 Jahre alt. Münzen priesen die *concordia Augustorum*, aber, was noch bedeutsamer war, der Senat verlor die Möglichkeit, auch nur theoretisch über die Nachfolge im Principat oder gar über die Stellung des Princeps zu diskutieren.

Das Verhältnis der Kaiser, speziell des Marc Aurel, zum Senat war unproblematisch: *Adepti imperium ita civiliter se ambo egerunt, ut lenitatem Pii nemo desideraret.*[51] *Civilitas*, d. h. die die Rechte des Bürgers und das Ansehen des Senates respektierende Gesinnung, wurde zum Schlagwort der Regierung und sollte die *libertas* garantieren. Dies war Ausfluß des stoischen Herrscherideals, das im Gegensatz zum ›Tyrannenbild‹ stand und den Herrscher zum »ersten Die-

---

51 SHA, *Marcus* 8,1: »Nach Erlangung der Herrschergewalt betrugen sich beide so ›gutgesinnt‹, daß niemand die Sanftmut des [Antoninus] Pius vermißte.«

ner des Staates« machte, wobei die Betonung auf ›erster‹ liegen sollte.

Alle Fäden der Verwaltung liefen in den kaiserlichen Kanzleien zusammen. Der berühmten *Tabula Banasitana*[52] ist zu entnehmen, daß der Kaiser seine Entscheidungen auf die Gutachtertätigkeit des *consilium Principis* stützte, das aus Consularen, Praetoriern und Rittern der kaiserlichen Administration bestand. Aber die Inschrift zeigt auch, daß der ›Sachverständigenrat‹ nach den Erfordernissen des zu beratenden Gegenstandes zusammengesetzt wurde. Wir müssen somit, stärker als unter Antoninus Pius erkennbar, die Gutachtertätigkeit der Juristen neben der Tätigkeit des *consilium Principis* sehen.

Eine wichtige Neuerung war, daß nun, wie in Ägypten schon lange üblich, überall im Reich Standesämter eingerichtet wurden, denen binnen 30 Tagen jede Geburt und jeder Sterbefall ohne Unterschied des Personenstandes gemeldet werden mußte. So stellten die Standesamtsregister eine genaue Grundlage der Steuerschätzung dar, und die *curatores rei publicae* waren gehalten, den Einzug der Erbschaftssteuer (*vicesima hereditatum*) zu überwachen.

Aber vor allem Naturkatastrophen – im Mai 161 kam es zu einer schweren Tiberüberschwemmung, die in Rom und Mittelitalien eine große Hungersnot verursachte; 162 (?) wurde Kilikien von einem Erdbeben heimgesucht – belasteten den Staatshaushalt, da zumindest Steuererleichterungen oder gar Steuererlaß erforderlich wurden. Die Hauptbelastung aber verursachten die Kriege in Britannien, am Euphrat und an der Donau, wobei das Limes-System Hadrians beinahe zusammenbrach und mit ihm fast der gesamte Staatshaushalt.

Die lange Friedensperiode unter Antoninus Pius hatte sich zum Nachteil entwickelt: die militärische Disziplin war so lasch geworden, daß es schien, als habe dieser Zustand die

---

52 Freis, *Inschriften*, Nr. 107.

Picten, Scoten, Germanen und Parther herausgefordert, sofort beim Kaiserwechsel über die Grenzgarnisonen herzufallen. Aber – und dafür kann Rom der Vorwurf nicht erspart bleiben – dies war vorhersehbar, da es sich bei fast jedem Kaiserwechsel seit Augustus wie ein Ritual wiederholt hatte. Erneut wurde Armenien Auslöser des Konflikts zwischen Rom und dem Partherreich. Es ist sicher, daß der damalige Partherkönig Vologaeses IV. den Zustand der Grenzgarnisonen kannte, als er – entgegen dem Brauch plötzlicher Überfälle – im Jahre 161 Rom formell den Krieg erklärte und den Statthalter von Kappadokien, M. Sedatius Severianus, der mit nur einer Legion herbeigeeilt war, völlig vernichtete. Ein zweiter Angriff galt Syrien, dessen Statthalter L. Attidius Cornelianus sich nur durch Flucht retten konnte. Diese alarmierenden Nachrichten bewogen Marcus, Verus persönlich in den Osten zu entsenden. Nach Cassius Dio (71,1,3) wurde Verus als der jüngere und körperlich kräftigere gewählt,[53] aber abgesehen von der höheren *auctoritas* Marc Aurels, der hier eine Aufgabe delegierte, war es gleichgültig, wer von den Kaisern nach dem Osten ging: keiner besaß militärische Erfahrung, alles hing vom Generalstab ab. Um so bemerkenswerter ist es, daß Verus sich sehr schnell in seiner neuen Aufgabe zurechtfand.[54] Er begab sich in Begleitung mehrerer Senatoren, darunter dem Syrer C. Avidius Cassius, und dem Praetorianerpraefecten T. Furius Victorinus in den Osten. Da Verus noch in Apulien erkrankt war – man vermutet einen leichten Schlaganfall, der seinem Lebenswandel zugeschrieben wurde –, schlug er sein Hauptquartier im Sommer 163 in

---

53 Die *Historia Augusta* vermerkt zudem den Stadtklatsch, daß Verus wegen seiner vielen Affären in den Osten geschickt wurde, SHA, *Marcus* 8,9; *Verus* 5,8; 6,9.

54 P. Lambrechts, »L'empereur Lucius Verus: Essai de réhabilitation«, in: Ant. Class. 13 (1944) S. 173–201; C. H. Hood, »Chronology of the Eastern Campaigns of the Emperor Lucius Verus«, in: *Num. Chron.* 1911 S. 209–267.

Antiochia auf, um die 1 km entfernten Bäder von Daphne besuchen zu können.

Armenien konnte zurückgewonnen werden, und Verus wurde zum Imperator ausgerufen; im Herbst 163 nahm er den Beinamen ›Armeniacus‹ an, Marc Aurel führte den Siegesnamen seit 164. Ebenso erfolgreich waren die Römer unter Führung des Avidius Cassius in Syrien. Noch im Jahr 163 wurde der Euphrat erreicht. Mitte 164 reiste Verus nach Ephesus, um seine inzwischen 15jährige Verlobte Lucilla zu heiraten, die nun wie ihre Mutter Faustina den Augusta-Titel erhielt. Bei Zeugma wurde 165 der Übergang über den Euphrat erkämpft und die Festung Dura-Europos berannt; nacheinander fielen Edesse und Nisibis. Ende des Jahres stand Avidius Cassius praktisch vor den Toren Ktesiphons, das schließlich von den Römern eingenommen und geplündert wurde. Nach diesem Sieg, der an die Erfolge Traians erinnerte, erhielt Verus den Beinamen ›Parthicus maximus‹, den Marcus ebenfalls 166 aufnahm. Der Krieg schien beendet: Avidius Cassius drang 166 auch in Medien ein, und aufgrund dieser Erfolge nahm Verus den Beinamen ›Medicus‹ auf.

Seit Ende 165 hatte sich Verus auf seine Rückkehr vorbereitet. Das Heer war in guten Händen, Syriens Grenze bis zum Euphrat stabil, Dura-Europos wurde zu einer riesigen Festung ausgebaut. Zur Kontrolle Armeniens wurde die senatorische Doppelprovinz Pontus/Bithynien einem kaiserlichen Legaten consularischen Ranges übergeben, um die militärische Bedeutung dieses »Aufmarschgebietes« neben Kappadokien hervorzuheben. Aber der Sieg trug die künftigen Rückschläge bereits in sich: die Truppen hatten sich bei der Belagerung von Seleukia an der Pest (Pocken?) infiziert. In Windeseile breitete sich die Seuche über die Provinzen aus und erreichte Rom, bevor der Kaiser Verus selbst dort eintraf, um erstmals seit fast 50 Jahren wieder einen Triumph zu feiern: über die Parther.[55] Der Senat

---

55 R. Ghirshman, »La Porte Noire de Besançon et la prise de Ctésiphon«, in: ANRW II 9.1 (1976) S. 215–218.

bedrängte nun die Kaiser, den Titel *pater patriae* (*patres patriae*) aufzunehmen, und Marc Aurel erreichte, daß seinen beiden Söhnen L. Aurelius Commodus (geb. 161) und M. Annius Verus (geb. 162) am 12. Oktober 166 der Caesar-Titel verliehen wurde.[56]

Die Feiern in Rom verbargen nur unvollkommen die Tatsache, daß die Seuche im Osten die Legionen dezimierte, daß die in ihre Heimatlager an Donau und Rhein zurückkehrenden Soldaten die Seuche in sich trugen, ja, daß sie noch nicht einmal ihren Höhepunkt erreicht hatte. Auch suchten die Parther, verlorenes Gebiet zurückzugewinnen. Der Krieg im Osten wurde zum dauernden Grenzkonflikt.[57]

Während aber im Osten die Auseinandersetzungen weitergingen, bahnte sich an der Donau ein Konflikt an, dessen Ausmaß kaum abzuschätzen war. Der Abzug von Truppen für den Partherkrieg hatte die Grenzen durchlässiger gemacht, immer häufiger kam es zu Kämpfen mit den germanischen Quaden. Die beginnenden Grenzkonflikte aber standen im Zusammenhang mit Völkerbewegungen im sog. ›Freien Germanien‹ bis hin zum Dnjestr.[58] Durch Völkerverschiebungen zwischen Jütland und Weichsel – die Ursachen dafür sind unbekannt, vielleicht eine Bevölkerungsexplosion oder eine Klimaveränderung – kam es zur Abwanderung dort ansässiger Stämme. Der Druck der Germanen gegen die Donaugrenze wurde immer größer, und noch bevor die in den Partherkrieg abgezogenen Legionen wie-

---

56 Die *Historia Augusta* (SHA, *Marcus* 12,8; *Commodus* 11,13) behauptet, daß Verus den Antrag gestellt habe, was aber fraglich erscheint, da seine (künftigen) eigenen Söhne in eine fast hoffnungslose Nachfolgeposition geraten wären; es sei denn, der bereits kranke Verus rechnete nicht mehr mit Nachkommen.

57 J. Wolski, »Iran und Rom. Versuch einer historischen Wertung der gegenseitigen Beziehungen«, in: ANRW II 9.1, 1976 S. 195–214.

58 L. Schmidt, *Geschichte der deutschen Stämme bis zum Ausgang der Völkerwanderung*, Bd. 1: *Die Ostgermanen*, München ²1941, Bd. 2: *Die Westgermanen*, München ²1938/40; *Geschichte der Wandalen*, München ²1942; E. Demougeot, *La formation de l'Europe et les invasions barbares, des origines germaniques à l'avènement de Dioclétien*, Paris 1969.

der in ihre alten Standlager zurückkehren konnten, brachen sie Ende 166 in Pannonien ein. Iallius Bassus konnte sie zurückdrängen und einen Frieden aushandeln. Dieser Friede (*pax – fides – clientela*) wurde nach der »Historia Augusta« (»Marcus« 22,1; 17,3) von insgesamt elf Stämmen beschworen: Marcomanni, Varisti, Hermunduri, Quadi Suebi, Sarmatae, Lacringes, Burei, Obii, Cotini, Vandali, Daci. Es zeigt sich also, daß sich hier die verschiedensten Germanenscharen, aber auch Nichtgermanen zusammengefunden hatten, Vorboten einer wachsenden Gefahr. Ein 167 erfolgter Angriff der Quaden und Markomannen auf die Goldbergwerke Thrakiens wurde zwar zurückgeschlagen, aber Marc Aurel entschloß sich nun, zusammen mit Verus an die Donau zu reisen. Um Italien und die Pässe zu schützen, wurde das neue militärische Amt der *praetentura Italiae et Alpium* geschaffen. Im Herbst 168 begaben sich beide Kaiser nach Aquileia, das als Hauptquartier eingerichtet wurde. Aber wenig später erlitt Verus einen Schlaganfall und starb kurz darauf in der Stadt Altinum, ca. 93 km von Aquileia entfernt. Er wurde im Mausoleum Hadrians bestattet und konsekriert.

Auf sich selbst gestellt, war Marcus auf die Verläßlichkeit seiner Generäle angewiesen. Inzwischen hatten die Markomannen und Quaden bei Carnuntum [Petronell] die Donau überquert und drangen über die Iulischen Alpen bis Aquileia vor. Bis Mitte 169 waren die Germanen zwar aus Oberitalien wieder vertrieben, und der Kaiser bereitete nun den Gegenschlag vor, problematisch aber war die finanzielle Situation. Steuerrevisoren wurden in die Provinzen entsandt, und der Kaiser ließ, um mit gutem Beispiel und »Bürgersinn« voranzugehen, auf dem Traiansforum die Luxusgegenstände des kaiserlichen Haushaltes versteigern. Noch kann man von keiner allgemeinen Finanzkrise sprechen, aber es fällt auf, daß der Silbergehalt des Denars, der seit der Zeit des Antoninus Pius stabil geblieben war, abzusinken begann.[59]

---

59 Th. Pekáry, »Studien zur römischen Währungs- und Finanzgeschichte von 161–235 n. Chr.«, in: *Historia* 8 (1959) S. 443–489.

Vermutlich zur Vorbereitung des Krieges wurde die ursprünglich geteilte Provinz Dacia einem einzigen Statthalter
übergeben, Claudius Fronto, einem General aus dem Stabe
des Verus, doch Fronto wurde Ende 170 geschlagen und
fiel. Die Feinde stießen bis Makedonien vor, eine Gruppe
plünderte sogar Eleusis. 170/171 konnten Claudius Pompeianus, Oberbefehlshaber an der Donaufront, und der
*praepositus vexillationum* P. Helvius Pertinax die Markomannen aus Raetien und Noricum wieder vertreiben. Die
Quaden unterwarfen sich, und Marc Aurel wurde als ›Germanicus‹ gefeiert. Aber erst 174 wurde der Markomannen-
krieg beendet. Bevor jedoch noch eine grundsätzliche Neuordnung des Donauraumes getroffen werden konnte, stellte
die Usurpation des C. Avidius Cassius 175 in Syrien alles
in Frage.
Avidius Cassius unterstanden damals fast alle kaiserlichen
Provinzen des Ostens mit Ausnahme von Ägypten. Anlaß
der Machtergreifung war offenbar eine Hofintrige: Marc
Aurel war im Jahre 175 schwer erkrankt, so daß die Kaiserin, um die Nachfolge ihres damals 14jährigen Sohnes Commodus (Caesar) zu sichern, Avidius Cassius quasi als Vormund für Commodus zur Usurpation aufgefordert haben
soll. Der Senat erklärte Avidius Cassius zum *hostis publicus*,
und der genesene Marc Aurel ließ Commodus zu sich nach
Sirmium kommen und zum *princeps iuventutis* ausrufen.
Doch auf dem Zug gegen den Usurpator erhielt er die
Nachricht, dieser sei von einem seiner eigenen Soldaten ermordet worden.[60]
Nichts erhellt deutlicher die durch das Militär entstandenen
Parteiungen und Rivalitäten, aber auch die Gefahr eines
wachsenden Nationalismus. Laut Cassius Dio (71,31,1)
wurde damals ein Gesetz erlassen, daß niemand ein Kommando über ein Volk (ἔθνος, ›Provinz‹) erhalten solle, dem

---

60 J. Spiess, *Avidius Cassius und der Aufstand des Jahres 175*, Diss. München
   1975.

er selbst entstammte. Marc Aurel reiste nun persönlich in Begleitung seiner Familie in den Osten, um die ehemals aufständischen Gebiete zur Loyalität zu führen und vor allem Ägypten zu beruhigen. Auf der Rückreise starb dann die Kaiserin Faustina, die seit 174 den Ehrennamen *mater castrorum* trug. Auch sie wurde konsekriert.[61]

In Rom feierte Marc Aurel einen Triumph über Germanen und Sarmaten. Zuvor aber, am 27. November 176, verlieh der Kaiser Commodus noch das *imperium maius*, um ihn auf diese Weise als Mitregenten vorzustellen und am Triumph (23. Dezember 176) teilhaben zu lassen. Anfang 177 wurde Commodus, der damals sein erstes Consulat bekleidete (16jährig), zudem die *tribunicia potestas* verliehen, kurz darauf die Augustuswürde. Die Usurpation des Avidius Cassius hatte gezeigt, daß der Gesundheitszustand des Kaisers eine Nachfolgeregelung dringlich machte.

An der Donau war die Lage nach dem Weggang des Kaisers keineswegs ruhig. Im Quadengebiet stand eine ungeheure Besatzungsmacht, Steuereinnehmer wie Furagierbeamte plünderten das Volk aus. So kam es immer wieder zu Revolten, bis die Quaden schließlich beschlossen, nach Norden zu den Sueben abzuwandern. Als der Kaiser die Wege sperren ließ, kam es zum Aufstand, dem sich sofort Markomannen und Hermunduren anschlossen. Nunmehr erklärte Marc Aurel den Germanen nach altem Fetialrecht den Krieg. Am 3. August 178 brachen beide Kaiser zur *expeditio Germanica secunda* auf. Nach einem Sieg 179 über die Quaden und Markomannen wurden beide zu Imperatoren ausgerufen. Bis Anfang 180 waren weite Teile Böhmens besetzt, aber Anfang März erkrankte Marcus in Vindobona [Wien] und starb am 17. März 180.

Marcus Aurelius war kein zweiter Traian, aber Roms Waffen wurden erneut respektiert. Dennoch ist eine Wandlung in der Germanenpolitik zu erkennen: Marc Aurel suchte

---

61 Marcus benannte ihren Sterbeort in ›Faustinopolis‹ um.

Germanen zum Heeresdienst für Rom zu gewinnen, bereits 172 hatte er zur Grenzsicherung 3000 Naristen und Hermunduren in Pannonien, also im Reichsland selbst, angesiedelt.[62] Damit aber forderte er andere Stämme zur Landsuche im Römerreich heraus. Erkennbar wird auch die zunehmende Macht der Generäle, zumal viele von ihnen mit provinzübergreifenden Kommanden ausgerüstet waren.

## 6 Commodus

Der Regierungsbeginn des COMMODUS ist durch einen Akt brüskierender Offenheit gekennzeichnet. In der Ansprache vor den in Vindobona versammelten Offizieren und Truppen hob er hervor, daß er zum Herrschen geboren wurde: »Die Tyche hat mir das Reich (βασιλέα) als seinem Nachfolger gegeben, nicht als einem Adoptierten wie meinen Vorgängern, die stolz waren auf die hinzugewonnene Macht (ἀρχή), sondern dem einzigen eurer Kaiser, der dazu geboren wurde (ἀποκυέω). Nicht die Windeln eines Privatmannes hüllten mich ein, sondern im Augenblick meiner Geburt nahm mich der kaiserliche Purpur auf.«[63] Commodus war somit »Pupurgeborener«, *princeps natus*, das Reich sein väterliches Erbe.[64] Es war klar, daß bei dem sich bald

---

62 Cassius Dio 71,21; vgl. vormals die Ubier am Rhein.

63 *Herodian* 1,3,1.

64 H. Bengtson, *Grundriß der römischen Geschichte*, Bd. 1, München ²1970, S. 359, schreibt: »Mit Commodus [...] beginnt die Reihe der Kaiser, die ihre Thronbesteigung dem Heer zu verdanken hatte. Der Senat war gar nicht erst gefragt worden, dies erklärt teilweise den scharfen Gegensatz, der in der Folgezeit zwischen dem Kaiser und der hohen Körperschaft bestanden hat.« (Wenig verändert ebd., ³1982, S. 380.) Irriger kann man den Herrscherwechsel nicht charakterisieren. Commodus verdankte seine Herrschaft dem Senat, der vormals den Wünschen des Marcus entsprochen hatte. Für den unerprobten Kaiser war es wichtig, sich den Militärs zu empfehlen, die die Kontinuität der Kriegspolitik Marc Aurels erwarteten.

offenbarenden Selbstgefühl des jungen Herrschers der Gegensatz zwischen ihm und dem Senat zum Ausbruch kommen mußte.

Aber Commodus war kein Militärmann und daher bereit, den Krieg gegen die Markomannen und Quaden zu beenden. Mit beiden Stämmen wurde ein Foedus abgeschlossen, das die Germanen zur Stellung von Hilfstruppen verpflichtete (Quaden: 13 000 Mann). Danach begab sich Commodus nach Rom (22. Oktober 180). Sein Verhalten findet zumeist die Entschuldigung, er habe in weisem Entschluß einen kostspieligen Krieg beendet. Dabei wird aber übersehen: beide Stämme waren soweit geschlagen, daß zumindest das Projekt einer neuen Provinz ›Marcomannia‹ realisierbar schien. Trotz der andauernden Völkerbewegungen in Germanien blieb die Donaugrenze bis in die Severerzeit weitgehend sicher – auch das zeigt, daß der Erfolg Roms zum Greifen nahe war. Die Abkehr von der Politik Marc Aurels ist daher schwer zu rechtfertigen. Andererseits war die Friedenssehnsucht der Römer nach 20 Kriegsjahren groß genug, um Commodus als »Friedensbringer« zu umjubeln. Damit stand die »Kriegspartei« in Opposition zur »Friedenspartei«, und zu dieser Opposition gehörten viele alte Freunde des Marcus.[65]

Die erste Opposition fand sich 181 unter der Führung Lucillas, der Witwe des L. Verus, und deren Vetter Ummidius Quadratus zusammen, vermutlich ausgelöst durch den persönlichen Ehrgeiz der Augusta und deren Haß auf ihre Rivalin Bruttia Crispina, die Gattin des Commodus. Mitwisser war offenbar der *praefectus praetorio* Tarrutienus Paternus, doch scheiterte man am Ungeschick der Verschwörer. Nun begann eine Hinrichtungswelle, die immer neue Oppositionen hervorrief, gegen die der Praetorianerpraefect Tigidius .Perennis vorging. Dieser scheint zudem im

---

65 F. Grosso, *La lotta politica al tempo di Commodo*, Turin 1964; M. Gherardini, *Studien zur Geschichte des Kaisers Commodus*, Wien 1974.

Auftrag des Commodus begonnen zu haben, die senatorischen Legionskommandeure durch Ritter zu ersetzen, so
daß die Truppen als erste zu meutern begannen. Auf Anraten seines Kämmerers M. Aurelius Cleander gab Commodus nun Perennis preis, der mit seiner Familie von den
Soldaten erschlagen wurde. Von 185 bis 187 wurde das
Doppelamt der Praetorianerpraefectur in schneller Folge
besetzt, bis dann Cleander selbst die Macht übernahm.
Offenbar unterstanden ihm zwei *praefecti praetorio*, während er als *praefectus praetorio a pugione* die richterliche
Gewalt allein ausübte. Mit Cleander wurden die Hochverratsprozesse durchgeführt, denen Lucilla und die Kaiserin
Crispina wegen Ehebruchs zum Opfer fielen. Während
einer 189 durch Spekulanten hervorgerufenen Hungersnot
in Rom kam es zu einer weiteren Revolte, und der verängs-
tigte Commodus lieferte Cleander dem Mob aus, der ihn
und seine Familie umbrachte. Nunmehr lag die Macht in
den Händen von Commodus' Geliebter Marcia, deren spä-
terem Ehemann und Kammerdiener Eclectus und dem
Praetorianerpraefecten Q. Aemilius Laetus.
Die Angst im Senat wurde immer größer, und selbst Cassius Dio gibt zu, daß Commodus eilfertig gehuldigt wurde.
Commodus konnte sich bei solcher Kriecherei jegliche Ex-
travaganz leisten, doch die Opposition in Italien wie bei den
Statthaltern wuchs. Bereits vorher war Commodus dazu
übergegangen, die *felicitas temporum* seinem bloßen Dasein
als Herrscher zuzuschreiben, d. h. sich selbst als *felix* (*felix Augustus*) zu bezeichnen, der Senat verlieh ihm zudem
den Beinamen ›Pius‹. Seit 192 stellte sich Commodus als
lebender Gott, Hercules Romanus, vor und beanspruchte
einen eigenen Priester (*flamen Herculaneus Commodianus*).
Der Hercules-Kult war von alters her mit dem Herrscherkult verbunden und auch bei den Soldaten geschätzt. Nun
erhielt er eine religiöse Überhöhung, indem Commodus
sich als wiedergeborener Hercules vorstellte und damit auf
eine »theokratische« Monarchie zusteuerte. Damit begann

Commodus alles zu verkörpern, was die philosophisch gebildete Opposition seit Domitian bekämpft hatte. Schließlich aber war es die nackte Angst seiner direkten Umgebung, die Commodus den Untergang brachte: Von der Un-
berechenbarkeit des Commodus bedroht, verschworen sich
Marcia, Eclectus und Aemilius Laetus gegen den Kaiser. Als
der Versuch, ihn zu vergiften, scheiterte, ließen sie ihn von
dem jungen Gladiator Narcissus in der Nacht vom 31. Dezember auf den 1. Januar 193 erwürgen.

Natürlich wurde Commodus vom Senat mit der *damnatio
memoriae* bestraft, aber seine Ermordung war kein Akt einer politischen Opposition, die, wie nach dem Mord an Domitian, einen Nachfolger ins Auge gefaßt hatte. So stellte
sich die Aufgabe, dem Reich, den Provinzen, den Legionen
einen neuen Princeps zu präsentieren, und sehr schnell
zeigte sich, daß der Senat damit völlig überfordert war.

# V

## Das Zeitalter der Severer

### 1 Septimius Severus

Direkter Nachfolger des Commodus wurde P. HELVIUS PERTINAX, ein Mann aus dem Ritterstand, der in seiner augenblicklichen Stellung als *praefectus Urbi* mit Duldung des Senates die Macht übernahm, gestützt auf sein Ansehen, das er unter Marc Aurel an der Donau erworben hatte. Zuerst von den Praetorianern wegen der Zusicherung eines angesichts der leeren Staatskasse unsinnig hohen Donativs geduldet,[1] wurde er, als er die Zahlungen nicht in vollem Umfang leisten konnte, am 28. März 193 beseitigt. Wenn wir der »Historia Augusta« (»Pertinax« 5, 6) glauben dürfen, war Pertinax der erste Kaiser, der nicht wie seine Vorgänger Ämter und Ehren sukzessive auf Antrag des Senates übernahm, sondern alles am Tag der Akklamation.

An seine Stelle trat der reiche Senator M. DIDIUS SEVERUS IULIANUS, der zwar auf seine guten Beziehungen zu Marc Aurel und seine militärischen Erfolge als Statthalter der Germania Inferior verweisen konnte,[2] im übrigen aber anbot, das von Pertinax versprochene Donativ in doppelter Höhe zu zahlen: der Principat wurde meistbietend versteigert. Wie im Vierkaiserjahr lehnten die Legionen die Wahl der Praetorianer ab. Fast gleichzeitig wurden Mitte April in Syrien (Antiochia) der Statthalter C. Pescennius Niger und in der Pannonia Superior (Carnuntum) der Statthalter L. Septimius Severus zu Kaisern ausgerufen.

---

1 Cassius Dio 73,1,2; SHA *Pertinax* 15,7: 12 000 Denare pro Mann.
2 W. Eck, *Statthalter*, Nr. 38, S. 194.

Der um 135 geborene Italiker C. PESCENNIUS NIGER war
Angehöriger des Ritterstandes; er hatte 185 gegen die Dacer
gekämpft und war von Commodus in den Senat aufgenommen worden. 191 hatte er dann ein Suffectconsulat bekleidet und die syrische Statthalterschaft erhalten. Auch L. SEP-
TIMIUS SEVERUS, am 11. April 145 (146?) in Lepcis Magna
geboren, gehörte einer Ritterfamilie an. Vor 170 von Marc
Aurel mit dem *latus clavus* ausgezeichnet, durchlief er nun
den typisch senatorischen *cursus honorum*. Nach Ableistung
ziviler und militärischer Ämter wurde er Statthalter in der
Lugdunensis (186–189), wo seine Söhne Septimius Bassianus und Septimius Geta geboren wurden. Er wurde Proconsul von Sicilia, 190 *consul suffectus*. Seit 191 war er Statthalter der Pannonia Superior. Septimius Severus hatte gute
Beziehungen zum Senat und gehörte zu den Senatoren, die
sich mit Commodus arrangiert hatten.[3] Die Diskussion, ob
der »Putsch«[4] des Septimius Severus von langer Hand vorbereitet war und sich ursprünglich noch gegen Commodus
richten sollte, jetzt aber Didius Iulianus traf, ist noch nicht
beendet. Zuvor hatte Severus Verbindung zu den Statthaltern von Nieder- und Obergermanien aufgenommen,
ebenso mit D. Clodius Albinus, dem Statthalter Britanniens. Damit stützten ihn mindestens 16 Legionen an Donau
und Rhein. Als er vom Tode des Pertinax erfuhr, entschloß
er sich zum Marsch auf Rom, vorgeblich um Pertinax zu rächen. Damit hatte er gegenüber Pescennius Niger den Vor-
teil der Nähe. Didius Julianus versuchte den Usurpator militärisch wie politisch (Achterklärung zum *hostis publicus*)
aufzuhalten. Beides scheiterte, und Didius Iulianus bot nun
Severus die Mitregentschaft an, was dieser ablehnen konnte,
da die Mehrzahl der Consulare im Senat zu ihm übergegangen war; Iulianus selbst wurde am 2. Juni 193 von einem

3 T. D. Barnes, »The family and career of Septimius Severus«, in: *Historia* 16
  (1967) S. 87–109.
4 So A. Birley, »The Coups d'Etat of the Year 193«, in: BJbb 169 (1969)
  S. 247–280.

Soldaten getötet. Der Senat beeilte sich, den bei Interamna an der Via Flaminia lagernden Severus durch eine Ehrengesandtschaft einzuholen. Auch die Praetorianer unterwarfen sich Severus, der sie nun unehrenhaft (*cum ignominia*) entließ als Sühne für den Tod des Pertinax. An ihrer Stelle wurde aus 15 000 Soldaten der Pannonien-Armee eine neue Praetorianergarde zusammengestellt. Außerdem verfügte der neue Kaiser, daß die bislang auf Italien, Spanien, Makedonien und Noricum beschränkte Zulassung zur Garde nun auf alle Mitglieder der kämpfenden Truppe ausgedehnt wurde.[5] Italien begann seine besondere Stellung im Reich zu verlieren. Noch aber konnte Rom – d. h. der Senat – wenigstens das Privileg bewahren, die Legitimität des tatsächlichen Machthabers auszusprechen, und Severus tat diesem Anspruch Genüge, indem er die auf seinen Befehl hin zusammengeeilten Senatoren wie Traian im consularischen Festgewand (*trabea*) begrüßte und nicht im Ehrengewand des Imperators (*paludamentum*), d. h. als militärischer Sieger.[6]

Mit der Anerkennung des Septimius Severus wurde C. Pescennius Niger automatisch Usurpator.[7] Für ihn hatten sich die östlichen Provinzen von Ägypten bis zu den Dardanellen ausgesprochen, zu seiner eigenen Macht von neun Legionen kam noch ein militärisches Angebot der Parther. Die Entscheidung mußte militärisch fallen, doch Severus sicherte sich doppelt ab: er ließ Commodus und Pertinax di-

---

5 M. Durry, *Les cohortes prétoriennes*, Paris ²1968; Y. Le Bohec, *L'Armée romaine sous le Haut-Empire*, Paris 1989, S. 104.

6 A. Birley, *Septimius Severus, The African Emperor*, London ²1988.

7 Das Usurpationsdatum des Pescennius Niger ist bislang nicht exakt feststellbar, muß aber Mitte April 193 gesucht werden. Für Severus gibt die *Historia Augusta* (*Severus* 5,1) überraschenderweise den 13. August (*Idibus Augustis*) als Usurpationsdatum, während der unter Severus Alexander redigierte Festkalender von Dura Europos, das »Feriale Duranum«, den 9. April als *dies imperii* benennt. Dieses Datum liegt so nahe an der Usurpation des Niger, daß wir vielleicht von einer Manipulation auf der Seite des Severus sprechen können.

vinisieren und adoptierte zudem D. CLODIUS ALBINUS, den
er zum Caesar erhob. Ende Sommer 194 wurde Niger bei
Issos (Nikopolis) geschlagen und floh nach Antiochia, um
von dort aus mit den Persern Kontakt aufzunehmen; dort
wurde er Ende Oktober gefangengenommen und enthauptet, seine Anhänger teils hingerichtet, teils exiliert, ihre Güter konfisziert. Aber auch gegen die Perser, die den Euphrat
überschritten hatten, ging der Kaiser im Jahr 195 vor: *expeditio Parthica*.[8] Im Zuge dieses Krieges wurden die Adiabene und die Osrhoene dem Reich eingegliedert, Syrien in
die Gebiete Syria Coele (Norden) und Syria Phoenice geteilt, um die Macht künftiger Statthalter zu mindern. Severus selbst nahm die Beinamen ›Adiabenicus‹, ›Arabicus‹
und ›Parthicus‹ auf.

Im gleichen Jahr 195 aber begann Severus seine Familie mit
den Antoninen zu verbinden: durch Verbreitung einer fikti-
ven Adoption bezeichnete er sich als Sohn des vergöttlichten Marcus (*divi Marci Pii filius*), um auf diese Weise den
Herrschaftsanspruch auch dynastisch zu begründen. Vermutlich in diesem Jahr wurde auch dem ältesten Sohn des
Kaisers, Bassianus (geb. 4. April 186?) der Caesartitel verliehen,[9] ihm der Rang eines *Imperator destinatus (designatus)*
zuerkannt und sein Name in M. AURELIUS ANTONINUS
CAESAR geändert.[10] Der Vorgang war eine Kampfansage an
Clodius Albinus, der damit hinter Caracalla rangierte. Die
antike Geschichtsschreibung macht für den ausbrechenden
Krieg die »Überheblichkeit« (*superbia*) des Albinus verantwortlich, der die Abwesenheit des Kaisers für eigene Pläne
nutzen wollte. Doch scheint sich der West-Caesar erst nach
der Proklamation des Caracalla zum Kampf um die Macht-

8 CIL II 4114 = ILS 1400; Schumacher, *Inschriften*, Nr. 141.
9 So zumindest kann ein Rescript vom 1. Januar 196 gedeutet werden,
CJ 9,41,1; vgl. ILS 8805.
10 Die Ansicht der *Historia Augusta*, Severus habe Caracalla erst auf dem
Heimweg aus dem Osten in Viminacium (Kostalac) zum Caesar erhoben
(SHA, *Severus* 10,3), ist anzuzweifeln. Der 4. April 196 ist das traditionelle
Datum; D. Kienast, *Kaisertabelle*, S. 162.

erhaltung entschlossen zu haben.[11] Bereits am 15. Dezember 195, also noch von Kleinasien aus, wurde Clodius Albinus zum *hostis publicus* erklärt. Dieser verlegte nun, unterstützt von britannischen und hispanischen Truppen, sein Hauptquartier nach Lyon; hingegen blieb die Rheinarmee Severus treu. Die Herrschaft des Clodius Albinus umfaßte damit – unter Ausschluß der germanischen Provinzen – das ungefähre Gebiet der spätantiken *praefectura Galliarum*.

Aber Clodius Albinus nutzte seine militärischen Möglichkeiten nicht zum Angriff auf Italien: In der Entscheidungsschlacht bei Lyon (19. Februar 197) wurde er geschlagen und tötete sich auf der Flucht. Lyon wurde gebrandschatzt, die Anhänger des Albinus bestraft: nach der »Historia Augusta« (»Severus« 13,1) sollen allein 41 Senatoren als *hostes populi Romani* hingerichtet worden sein. Es war ein Rundumschlag, dem auch andere innenpolitische Gegner zum Opfer fielen. Wie zuvor Syrien wurde nun auch Britannien in zwei Provinzen geteilt, um die Macht eines Statthalters zu verringern: Britannia Superior, mit der Hauptstadt Deva [Chester], Britannia Inferior, mit der Hauptstadt Eburacum [York].

Septimius Severus, nunmehr unangefochtener Herr des Reiches, wird nicht selten als der »afrikanische Kaiser« bezeichnet, da seine Familie aus Lepcis Magna stammte.[12] Interessanter aber ist, daß Severus zu einer ganzen Gruppe von Nordafrikanern zählte, die damals bedeutende Posten im Reich bekleideten, so etwa Clodius Albinus und C. Fulvius Plautianus. Aber man kann kaum von einer »Afrikanisierung« des Reiches unter Severus sprechen.[13] Auch die Frage nach der »Orientalisierung« des Reiches wurde von

11 G. Alföldy, »Herkunft und Laufbahn des Clodius Albinus in der HA«, in: Bonner HAC 1966/1967, Bonn 1968, S. 19–38.

12 H. Herzig, »Die Laufbahn des Lucius Septimius Severus, Sufes, und das Stadtrecht von Lepcis Magna«, in: *Chiron* 2 (1972) S. 393–404.

13 S. dazu G. Barbieri, *L'Albo senatorio da Settimio Severo à Carino*, Rom 1952.

der Forschung wegen der Herkunft der ›syrischen Kaiserinnen‹ aufgeworfen.[14] Severus hatte im Jahr 185 (?) Iulia
Domna, die Tochter des Baal-Priesters Bassianus von
Emesa, geheiratet, die ihm die Söhne Bassianus (Caracalla)
und Geta (27. Mai 189) gebar. Ihre Schwester Iulia Maesa
war mit dem hoch angesehenen römischen Senator Iulius
Avitus verheiratet. Dieser Ehe entsprangen zwei Töchter,
Iulia Soaemias, die Mutter des späteren Kaisers Elagabal,
und Iulia Mamaea, die Mutter des Kaisers Severus Alexander. Vor allem aus dem von Cassius Dio (75,16,4) geschil-
derten Zwist zwischen dem »Afrikaner« Plautian mit der
»Syrerin« Iulia Domna wurde auf einen Kampf »nationali-
stischer« Interessen geschlossen, doch prosopographisch ist
ein Übergewicht einer der beiden Nationalitäten über die
Italiker schwer nachweisbar.
Die Parther hatten die Auseinandersetzungen im Westen
benützt, Nisibis in der Osrhoene anzugreifen, und Severus
begab sich in Begleitung der Familie in den Osten. In Pannonien hob er drei neue Legionen aus (*Legio I – III Parthica*), die einem *praefectus* im Ritterrang unterstellt wurden. Severus konnte die Parther vertreiben, danach marschierte er gegen Ktesiphon. Die Stadt wurde vermutlich im
Dezember 197 eingenommen, aber Severus verschob seinen
persönlichen Einzug auf den 28. Januar 198, den *dies imperii*
Traians. Damals nahm Severus den Titel ›Parthicus maximus‹ auf, Caracalla wurde zum Augustus, Geta zum Caesar
erhoben.[15] Der Partherkrieg wurde 199 mit der Einrichtung
einer neuen Provinz ›Mesopotamia‹ abgeschlossen, die Provinz einem *praefectus* im Ritterrang übergeben; die 1. und 3.
Parthische Legion blieben als Besatzung stehen. Das Kö-
nigreich Osrhoene wurde der Provinz eingegliedert.

---

14 E. Kettenhofen, *Die syrischen Augustae in der historischen Überlieferung:
   Ein Beitrag zum Problem der Orientalisierung*, Bonn 1979.
15 Vgl. die SHA, *Severus* 16,3–4; G. J. Murphy, *The Reign of the Emperor
   L. Septimius Severus from the Evidence of the Inscriptions*, Philadelphia
   1945.

Im Anschluß an den Feldzug unternahm Severus mit seiner
Familie eine Reise nach Ägypten. Dabei verlieh er Alexandria eine Ratsversammlung (βουλή) und gab ihr damit die
vermutlich unter den Ptolemäern verlorene Selbstverwaltung zurück.[16] Auch andere Hauptstädte ägyptischer Ver-
waltungsbezirke (νομός) erhielten dieses Recht.[17] Dieses
Zugeständnis war weniger ein Akt der Großzügigkeit als
eine Maßnahme zur Stärkung der Fiskalverwaltung, da die
städtische Ratsversammlung für das Steueraufkommen bürgen mußte. Anfang 202 besuchte Severus die moesischen
und pannonischen Legionen. Der Senat ließ dem siegreichen Kaiser im Jahr 203 einen Triumphbogen aufstellen *ob
rem publicam restitutam imperiumque populi Romani pro-
pagatum*.[18] Mitte 203 bis Anfang 204 besuchte Severus in
Nordafrika u. a. die Städte Karthago, Lambaesis und Lepcis
Magna. Es ist zu vermuten, daß damals die Abtrennung
Numidiens als selbständige Provinz von der Africa Proconsularis vorgenommen wurde.

Mitte Mai 204 war der Kaiser wieder in Rom, um in festli-
cher Form die *ludi saeculares* zu begehen. Das neue Jahrhundert wurde von dem gemeinsamen Consulat der Brüder
Caracalla und Geta 205 eingeleitet, gekennzeichnet aber ist
das Jahr 205 durch den Sturz des Praetorianerpraefecten
C. Fulvius Plautianus.[19]

Plautian hatte als Vertrauter des Kaisers das Amt der *praefectura praetorio* erhalten, das den Amtsinhaber zu einer Art
»Vizekaiser« machte. Sein Aufstieg erinnert in manchen Phasen an den des Seian: 202 vermählte er seine Tochter Plautilla

---

16 Kaiser Claudius hatte ein derartiges Ersuchen abgelehnt.
17 K. Hannestad, »Septimius Severus in Egypt«, in: C&M 6 (1944) S. 194–
   222; A. K. Bowman, *The Town Councils of Roman Egypt*, Toronto 1971
   (American Studies in Papyrology, 11).
18 »Wegen der Wiederherstellung des Staates und der Erweiterung der Herrschaft des römischen Volkes« (CIL VI 1033 = ILS 425; Schumacher, *Inschriften*, Nr. 127).
19 L. L. Howe, *The pretorian prefect from Commodus to Diocletian
   (A. D. 180–305)*, Chicago 1942.

mit Caracalla. Plautian war auf der Höhe seiner Macht: er
besaß die magistratische Kapitalgerichtsbarkeit (*ius gladii =
ius vitae necisque*), die Abzeichen consularischen Ranges
(*ornamenta consularia*), Sitz und Stimme im Senat und
wurde durch seine Verschwägerung nun *necessarius DD. nn.
Augg., socer et consocer Augg., pater Fulviae Plautillae Au-
g(ustae)*.[20] Er wurde als *pontifex nobilissimus*[21] Mitglied der
Sakralkollegien *neben* dem Kaiser. 203 bekleidete er zusammen mit P. Septimius Geta, dem Bruder des Kaisers, sein
zweites (erstes ordentliches) Consulat, und der Kaiser verlieh der Familie Patrizierrang (*inter patricios*). Auf Inschriften und Statuen wurde er als »herausragendster aller bisherigen Praefecten« geehrt.[22] Diese Anhäufung von Macht und
Reichtum zog ihm die Feindschaft Iulia Domnas und Caracallas zu. Anfang 205 wurde er der Verschwörung angeklagt
und während einer Audienz von Caracalla und einem Tribun der Praetorianer getötet. Über Plautian wurde die *damnatio memoriae* verhängt, Plautilla nach Lipara verbannt.

Das Problem des Plautian ist nicht nur ein Problem der
Quellen:[23] die Macht der Praetorianerpraefecten, ihre oft
kaiserliche Machtfülle, ihre militärische Kontrolle Roms
wie der kaiserlichen Umgebung kam ihrem Ehrgeiz entgegen, schuf aber auch Spannungen zwischen Kaiser und
Feldheer. Sie waren zu nahe am Purpur, um nicht nach ihm
greifen zu können,[24] zu wenig unschuldig, um nicht mit
diesem Vorwurf belastet zu werden.[25]

20 Aép. 1914 n. 117.118: »Verwandter unserer Herrn und (dreier) Kaiser,
   Schwiegervater und Schwager der (zwei) Kaiser, Vater der Kaiserin Fulvia
   Plautilla.«
21 CIL VI 1074 = ILS 456.
22 CIL XI 8050 = ILS 9003: *omnium praecedentium praef(ectorum) excellen-
   tissimus.*
23 E. Hohl, »Herodian und der Sturz Plautians«, in: *Sitzungsberichte der
   Deutschen Akademie der Wissenschaften zu Berlin* (1956) H. 2 S. 33–46.
24 Vgl. außer Plautian noch M. Opellius Macrinus, C. Furius Sabinus Aquila
   Timesitheus, M. Iulius Philippus, M. Aurelius Carus.
25 Vgl. L. Flavius Aper, der wegen dieses Vorwurfs von Diocletian erschlagen
   wurde.

Severus blieb bis 208 in Italien und begab sich dann nach Britannien, wo seit 206 die Picten und Scoten über den Hadrianswall vorstießen. Der Erfolg war – entgegen der Aussage der Propagandamünzen – mäßig. In mehreren Feldzügen wurde lediglich das Gebiet bis zum Hadrianswall wieder unter römische Herrschaft gebracht, der Wall selbst auf voller Länge restauriert. Der Kaiser hielt sich vor allem in Eburacum [York] auf, wo im Jahr 209 Geta zum Augustus erhoben wurde. Dort starb der Kaiser in Anwesenheit seiner Familie am 4. Februar 211.

Die Regierungsweise des Severus wird zumeist nach seinen berühmten *ultima verba* beurteilt: »Haltet Eintracht untereinander, bereichert die Soldaten, alle anderen verachtet«.[26] Die Leistungen des Kaisers wie die Veränderung des Reiches lassen sich wie folgt zusammenfassen:

(1) Die großen Provinzen, die genügend Legionen besaßen, um Usurpationen zu ermöglichen, wurden verkleinert und zumeist Legaten aus dem Ritterstand übergeben.

(2) Das seit Hadrian bestehende Limes-System wurde verstärkt und durch *limites* in Africa und Mesopotamien weiter ergänzt.

(3) Die Zahl der Legionen wurde auf 30 erhöht, wovon eine, die *Legio II Parthica*, nun ihr Standlager in den Albanerbergen vor den Toren Roms erhielt. Die Rekrutierung der Legionen wurde zumeist im Umfeld ihres Standlagers vorgenommen, die Legionen »provinzialisiert«.

(4) Die städtische Selbstverwaltung in den Provinzen wurde verstärkt, viele Städte erhielten das *ius Italicum*,[27] manche wurden zu Titularcolonien erhoben. Gleichzeitig aber wurden die Mitglieder eines Stadtrates (βουλή)

---

26 Cassius Dio 77,15,2: ὁμονοεῖτε, τοὺς στρατιώτας πλουτίζετε, τῶν ἄλλων πάντων καταφρονεῖτε. J. Hasebroek, *Untersuchungen zur Geschichte des Kaisers Septimius Severus*, Heidelberg 1921, nannte den Kaiser einen »Zerstörer römischen Wesens« (S. 136).
27 Selbstverwaltung, Ausgliederung aus der Aufsicht durch den Statthalter.

bzw. *concilium*) zu einer erblich gebundenen Standes-
schicht, an deren Spitze eine Zehnmännerkommission
(*decemviri primi*, δεκάπρωτοι) für die Steuererhebung
fungierte.

Städte und Militär wurden verstärkt für öffentliche Aufgaben (*munera publica*) herangezogen, nicht zuletzt für
Straßenbau und Straßenerneuerung. Auch Zwangserhe-
bungen der *annona*, meist Naturallieferungen, gehören
nun vermehrt zur Stützung des Militärs und seiner Aufgaben; äußeres Zeichen dafür ist die Zusammenfassung
von bestimmten Regionen unter einem »Transportvor-
steher« (*praefectus vehiculorum*), häufig eine Ver-
trauensperson aus der Umgebung des Kaisers.[28]

(5) Die Mehrzahl der Provinzgouverneure erhielt das *ius
gladii*, so daß die Appellation nach Rom fast nur noch
bei herausragenden Mitgliedern der obersten Stände zugelassen wurde.

(6) Die Zeit des Severus ist auch die Zeit der großen Juristen, so eines Papinian (*praefectus praetorio* 205) und
seiner Gehilfen Ulpian und Paulus. Sie bereiteten die
Entscheidungen des *consilium principis* vor, ihre Rechts-
kommentare ergänzten frühere Rechtsentscheide (*Edictum perpetuum*).[29]

(7) Die Mitarbeit des Ritterstandes an der Verwaltung des
Reiches wurde intensiviert, der Ritterstand selbst mili-
tarisiert: der Sohn eines Centurio erhielt nun den Ritterrang (*angustus clavus*) zuerkannt, die Laufbahn des Ritters führt zu den hohen Verwaltungsposten mit der
Möglichkeit des Eintritts in den Senat (*adlectio in ordinem splendidissimum*). Der alte Senatorenstand verlor
an Bedeutung.[30]

---

28 Das Amt ist seit Hadrian bezeugt und wird nun weiter ausgebaut.
29 W. Kunkel, *Herkunft und soziale Stellung der römischen Juristen*, Weimar 1952.
30 G. Alföldy, »Die Stellung der Ritter in der Führungsschicht des ›Imperium Romanum‹«, in: *Chiron* 11 (1981) S. 169–215.

# 2 Caracalla

Nachfolger des Septimius Severus wurden seine beiden Söhne CARACALLA und GETA. Der Beginn der Doppelherrschaft ist gekennzeichnet von dem Plan, das Reich in zwei getrennte Hälften und Herrschaften aufzuteilen. Nach dem Bericht Herodians (4,3,5–9) über eine entsprechende Sitzung des *consilium principis* in Gegenwart der Brüder und Iulia Domnas sollte die Scheidung zwischen dem hellenistischen Teil des Reiches – Kleinasien, Cyrenaika bis zur Großen Syrte – und dem lateinisch-griechischen Westen erfolgen. Es war dies nicht nur eine – in großen Zügen – Vorwegnahme der Herrschaftsgliederung der Diocletianischen Tetrarchie oder der unter Honorius und Arcadius, es war eine Aufteilung, die die kulturhistorischen Entwicklungen zweier Reichsteile berücksichtigte.[31] Die Teilung sollte aber auch die militärische Situation in Rechnung stellen, indem sie die Euphrat- und Armenienpolitik von der Donau-Rhein-Britannienpolitik abgetrennt hätte, wie dies bereits unter Marc Aurel und L. Verus erkennbar war. Zum Zeitpunkt des Streites schien eine derartige Reichsteilung in den Augen des Senates – verkörpert in der Person der Iulia Domna – absurd: so wie man die eigene Mutter (= Kaiserin) nicht teilen könne, so auch nicht die gemeinsame Mutter (= Reich = Rom). Aber die Kriege hatten gezeigt, daß das Reich zu groß war, um dem Kaiser zu erlauben, an allen Brennpunkten gleichzeitig anwesend zu sein, daß die dem Gesamtreich verpflichteten Kaiser regionale Entwicklungen kaum berücksichtigen konnten. Aber ebendiese Besonderheiten hatten Usurpationen als notwendige Selbstbehauptung begünstigt, auch wenn sie oftmals als Äußerungen persönlichen Ehrgeizes dargestellt wurden. Der Teilungsplan

---

31 M. Rostovtzeff, *The Social and Economic History of the Roman Empire*, hrsg. von P. M. Frazer, 2 Bde. Oxford ²1957.

war somit weitsichtiger, als die zeitgenössischen Quellen dies
darstellen. Der Bruderzwist aber wurde dazu benützt, den
Staat zu polarisieren, bis Caracalla schließlich am 27. Februar
212 seinen Bruder töten ließ und sich den Praetorianern als
Alleinherrscher vorstellte.[32] Mit Geta wurden auch dessen
Parteigänger getötet, darunter der Jurist und *praefectus praetorio* Papinian, ebenso alle, die noch zu Lebzeiten des Severus zur senatorischen Opposition gezählt hatten.[33]

Im Jahr 213 brach Caracalla zu einem Alamannenfeldzug
auf, und am 20. Mai 213 wurde er bereits als ›Germanicus
Maximus‹ gefeiert; am 6. Oktober wurde ein Opfer darge-
bracht *ob salutem victoriamque Germanicam*.[34] Im Zusammenhang mit diesem Alamannenfeldzug ist wohl die
berühmte, teilweise auf dem ›Papyrus Gießen I 40‹ erhaltene ›Constitutio Antoniniana‹ zu sehen,[35] die das römische
Bürgerrecht einer breiten Basis freier Reichsbewohner zukommen ließ, ausgenommen den kaum identifizierbaren
*dediticii* (χωρὶς τῶν δεδειτικίων). Die Formulierung, das
Bürgerrecht werde verliehen μένοντος παντὸς γένους
πολιτευμάτων (»wobei jede Form von Bürgerrecht bestehen bleiben solle«), ist durch die sog. ›Tabula Banasitana‹[36]
erklärbar geworden: die dortige Formulierung heißt im
Kanzleilatein *salvo iure gentis sine diminutione tributorum
ac vectigalium* (»unbeschadet der Beibehaltung des Volks-
rechts und ohne Minderung der Tribut- bzw. Vectigalsteu-
ern«).[37] Die ›Constitutio Antoniniana‹ betraf im Prinzip

32 Caracalla hatte Geta der Verschwörung bezichtigt, aber aufgrund der Tatsache, daß der ungeliebte Caracalla den »Sieg« davontrug, wurde seine Begründung als »Vorwand« abgetan.
33 So sieht dies zumindest Cassius Dio 77,2; vgl. SHA, *Caracalla* 4.
34 *Acta Fratrum Arvalium*, hrsg. von W. Henzen, Berlin 1874, S. CXCVII
   Z. 23; L. Okamura, *Alamannia devicta: Roman – German Conflicts from
   Caracalla to the First Tetrarchy*, 2 Bde., Diss. phil. Michigan 1984.
35 FIRA I² n. 88; vgl. Ulpian, *Digesta* 1,50,17; Cassius Dio 77,9,4; Ch. Sasse,
   *Die Constitutio Antoniniana*, Wiesbaden 1958.
36 Aép: 1971 n. 534 = Freis, *Inschriften*, Nr. 107.
37 A. N. Sherwin-White, »The Tabula Banasitana and the Constitutio Antoniniana«, in: JRS 63 (1973) S. 86–98.

drei Bereiche: die Ausweitung der Wehrpflicht, die Her-
anziehung der Provinzialen zur Erbschafts- und Freilassungssteuer *neben* dem *tributum*, dem die Provinzialen
unterworfen waren, die allgemeine Verpflichtung zum
Reichs- und Kaiserkult. Damit konnten nun »Peregrine« zur
Übernahme städtischer Ämter oder zum Eintritt in den De-
curionenstand verpflichtet, das römische Recht endgültig
zum »Reichsrecht« werden. Die ›Tabula Banasitana‹ zeigt
aber auch, daß die ›Constitutio Antoniniana‹ keine Neuerung, sondern der Abschluß einer langen Entwicklung war.
Nicht ganz geklärt ist die Datierung der ›Constitutio Antoniniana‹. Ein Teil der Forschung neigt heute dem Jahr 214 zu,
da die Rekrutierungslisten von Dura-Europos in diesem Jahr
*Aurelii* in großen Mengen kennen, ein anderer zum Jahr 213, da
der ›Papyrus Gießen I 40‹ von einem Sieg (?) spricht, was
auf den Alamannenzug zutreffen würde.[38] Das traditionelle
(Handbuch-)Datum 212 ist jedenfalls kaum aufrechtzuhalten.
Caracalla hatte ferner die Absicht, die Tochter des parthischen Großkönigs Artabanos IV. zu heiraten.[39] Es ist dies
ein interessanter Aspekt römischen Selbstverständnisses:
Das Partherreich war, trotz (oder wegen) der zahlreichen
Auseinandersetzungen mit Rom, als gleichwertig respektiert worden. Eine Zusamenfassung beider Reiche in römischer Hand hätte somit die Herrschaft über die »Welt« bedeutet, den Auftrag der Götter an Rom weitestgehend
durch Caracalla zur Erfüllung gebracht. Es war ein ehrgei-
ziger Plan, dessen Ablehnung zu einem Krieg gegen die
Parther führte. Im Sommer 216 fiel Caracalla in Parthien
ein und ließ die Gräber der Arsakidendynastie bei Arbela

38 Positionen bei P. Herrmann, »Überlegungen zur Datierung der Constitutio Antoniniana«, in: *Chiron* 2 (1972) S. 519–530; auch die »Befreiung« aus
der Bedrohung durch Geta 212 wird favorisiert.
39 Cassius Dio 78,1; J. Vogt, »Die Tochter des Großkönigs und Pausanias,
Alexander, Caracalla«, in: *Festschrift für O. Weinreich*, Baden-Baden 1955,
S. 55–80; D. Timpe, »Ein Heiratsplan Caracallas«, in: *Hermes* 95 (1967)
S. 470–495; Replik von J. Vogt, »Zu Pausanias und Caracalla«, in: *Historia*
18 (1969) S. 299–308.

verwüsten. Als er sich von Edessa nach Karrhae begab, wurde er unterwegs ermordet (8. April 217). Haupt der Verschwörung war der *praefectus praetorio* M. Opellius Macrinus, der Caracalla wegen einer Prophezeiung, einmal selbst Kaiser zu werden, denunziert worden war.

Caracallas Werk blieb fragmentarisch und wurde in der Forschung als unreif und verrrückt abgetan. Th. Mommsen nannte ihn »keinen Krieger und keinen Staatsmann wie sein Vater, aber von beidem eine wüste Caricatur«. Wie auch immer man seine hochfliegenden Pläne beurteilen mag, so ist doch ersichtlich, daß er das Werk des Vaters, die Romanisierung des Gesamtreiches und die Förderung des Ritterstandes, vorantrieb; er suchte, dem Reich einen neuen ideologischen Überbau im Kaiserkult zu geben, eine einheitliche Rechtsbasis zu schaffen und die seit Marc Aurel sinkende Finanzkraft des Reiches zu stabilisieren. Mit dem Namen Caracallas ist der Name einer neuen Reichsmünze verbunden: der ›Antoninianus‹.[40]

## 3  Opellius Macrinus

Caracallas Nachfolger, M. OPELLIUS SEVERUS MACRINUS, entstammte einer Provinzialenfamilie aus Caesarea (Cherchell) in Mauretanien und war der erste Praetorianerpraefect, der tatsächlich Kaiser wurde. Angehöriger des Ritterstandes, wurde er trotz seiner Anerkennung am 11. April 217 vom Senat abgelehnt. Aber der Senat war zu schwach, eine andere Person zum Kaiser zu erheben. Zudem hatte sich Macrinus

---

40 Der Name ist nicht eindeutig festgelegt; die SHA bezeichnen die Prägungen Caracallas in Gold (*Aurelianus* 9,7; 12,1; *Probus* 4,5) wie in Silber (*Quadrigae Tyrannorum: Bonosus* 15,8) als solche; Th. Pekáry, »Studien zur römischen Währungs- und Finanzgeschichte von 161 bis 235 n. Chr., in: *Historia* 8 (1959) S. 443–489.

den Beinamen ›Severus‹ zugelegt, um so die Truppen zu gewinnen. Ferner zwang er den Senat, Caracalla zu divinisieren. Seinem damals 9jährigen Sohn Diadumenianus gab er den Namen M. OPELLIUS ANTONINUS DIADUMENIANUS und erhob ihn im Herbst 217 zum Caesar. Damit stilisierte sich der neue Machthaber als Fortsetzer der Regierung der Severer und nahm Iulia Domna die Möglichkeit, die Soldaten zur Rache aufzufordern. So beging sie Selbstmord.

Macrinus stellte das Herrschaftsgebiet Armeniens vollumfänglich wieder her und schloß im Frühjahr 218 einen Vertrag mit den Parthern, der den Römern Mesopotamien gegen finanzielle Entschädigung überließ. Macrinus feierte eine ›Victoria Parthica‹ und erhob seinen Sohn zum Augustus. Doch Senat wie Truppen sahen den Vertrag gegen die Interessen des Staates gerichtet. So gelang es den Damen des Severerhauses, Iulia Maesa, Iulia Soaemias und Iulia Mammaea, von Emesa aus mit riesigen Bestechungssummen die Soldaten für Varius Avitus Bassianus, genannt Elagabal,[41] den ältesten Neffen Caracallas und Sohn der Iulia Soaemias, zu gewinnen (in Raphaneae bei Emesa, 16. Mai 218). Damit fiel den Severern die gesamte Ostarmee zu, und Macrinus suchte die militärische Entscheidung. Er wurde geschlagen, sein Sohn auf der Flucht getötet.

## 4 Elagabal

Der neue Kaiser M. AURELLIUS ANTONINUS[42] war erst 14 Jahre alt und stand unter dem Einfluß der Kaiserinnen Iulia Maesa und Iulia Soaemias. Sein Auftreten war geprägt vom

41 Varius Avitus war in Emesa Priester des ›Herrn der Berge‹, El-Gabal.
42 G. R. Thompson, *Elagabalus, Priestemperor of Rome*, Diss. Kansas 1972; M. Frey, *Untersuchungen zur Religion und zur Religionspolitik des Kaisers Elagabal*, Stuttgart 1989 (Historia Einzelschriften, 62).

Kulte des syrischen Gottes, dessen Kult er als Reichskult
auch in Rom heimisch machen wollte; Mitte 219 erlebte
Rom das Schauspiel eines *adventus Augusti*, das eher dem
Einzug eines exotischen Priesters glich. Er brachte das
Wahrzeichen des Kultes, den Meteoriten des Sonnengottes
von Emesa, auf den Palatin, wo er auch die Herrschaftsab-
zeichen (*insignia imperii*) in einem El-Gabal geweihten
Tempel niederlegte. Die mit höchstem politischem und reli-
giösem Ungeschick begonnene Regierung führte zu einer
völligen Entfremdung zwischen Senat und Kaiser. Kurz
nach der Proklamation waren alle (mutmaßlichen) Anhänger des Macrinus getötet worden, die Macht in Rom lag in
den Händen des Emporkömmlings P. Valerius Comazon
Eutychianus, der seine Stellung als *praefectus praetorio* und
später *praefectus Urbi* mißbrauchte.[43] So verfügte Iulia
Maesa, daß ihr zweiter Enkel, der kaum 17jährige Alexianus
Bassianus, Mitregent des Elagabal werde. Anfang Januar
222[44] wurde er unter dem Namen Aurelius Alexander Severus als *nobilissimus Caesar imperii et sacerdotis* vorgestellt.
Wenig später, nach dem 10. März 222, wurden Elagabal und
seine Mutter Iulia Soaemias von den Praetorianern erschlagen, die *damnatio memoriae* ausgesprochen.

## 5 Alexander Severus

So wie Elagabal der »Historia Augusta« als das typische
Beispiel eines unfähigen Kaisers dient, wurde nun sein
Nachfolger ALEXANDER SEVERUS von ihr zum Idealbild ei-
nes Herrschers stilisiert. Er, der Platons »Staat« als seine
Lieblingslektüre bezeichnet haben soll, wird auch in den se-

43 H.-G. Pflaum, *Les carrières procuratoriennes équestres sous le Haut-Empire Romain*, Bd. 2, Paris 1961, S. 752–756 (Nr. 290).
44 Dieses Datum wird durch ein Militärdiplom vom 7. Januar nahegelegt.

riösen Quellen, z. B. Cassius Dio, gelobt, da er die Zusammenarbeit mit dem Senat angestrebt habe.[45] Der am 1. Oktober 205 in Arca Caesarea (Phoenikien) geborene Kaiser stand zum Zeitpunkt der Machtübernahme unter dem Einfluß der Kaiserinnen Iulia Maesa (gest. 226) und Iulia Mammaea. Bedeutender aber war der Einfluß der großen Juristen Ulpian (*praefectus praetorio* ab 222), Paulus und Modestinus, die die Rechts- und Regierungsgeschäfte im *concilium principis* leiteten. Von Ulpian stammt der berühmte Satz *princeps legibus solutus est* (»Digesta« 1,3,31), der zumeist als absolutistisches Herrschertum interpretiert wird. Dies stimmt allerdings nur aus der Perspektive, daß der Kaiser Gesetze abändern und erlassen kann.

Noch einmal erlebte der Senat eine Würdigung, indem der Kaiser mit ihm zusammenarbeitete, ihn häufig bei der Wahl der Beamten befragte, ihn zumindest umgehend informierte. Nie betrat Alexander die *curia* im *paludamentum*. Es schien, als ob er die Erinnerung an die *civilitas* Traians wiederbeleben wollte. Für die Hauptstadt selbst erleichterte er die Bildung spezieller *collegia*, die für die Versorgung der Stadt mit allen nötigen Gütern verantwortlich waren, und sie erhielten mit der Wahl eines sog. *defensor* die Möglichkeit, bei Prozessen als iuristische Person aufzutreten. Die »Historia Augusta« kennt weiterhin die Gründung von *alimentationes*, Förderung von Medizinern, Architekten, Schulen und Professoren.

Gescheitert war allerdings die Reform der *praefectura praetorio*. Alexander scheint mit Ulpian geplant zu haben, den *praefectus praetorio* als juristischen Berater des Kaisers einzusetzen, dem die militärischen Praefecten der Garde unterstanden.[46] Damit aber entfremdete der Kaiser Ulpian den

---

45  A. Jardé, *Études critiques sur la vie et le règne de Sévère Alexandre*, Paris 1925; C. Bertrand-Dagenbach, *Alexandre Sévère et l'Histoire Auguste*, Brüssel 1990 (Collection Latomus, 208).
46  Hier ist möglicherweise ein Rückgriff auf die Position des Cleander unter Commodus zu sehen.

Soldaten, die ihn nach wenigen Monaten Amtszeit erschlugen.

Auch mit dem Heer hatte Alexander wenig Glück, obwohl er mit seinem Namen die Alexandernachfolge propagieren wollte. Nach der »Historia Augusta« (»Alexander« 58,4 f.) soll er die Niederlassung der Grenzsoldaten durch Geld-, Land- und Sklavenzuteilungen gefördert haben. Die Truppen jedoch verachteten den »unmilitärischen« Kaiser, der sich zwar selbst an die großen Kriegsschauplätze begab, aber die Truppen weder durch Geld noch durch militärisches Talent für sich gewinnen konnte.

Die Regierungszeit des Severus Alexander war zudem gekennzeichnet durch das Ende des Partherreiches und die Gründung des Neupersischen Reiches der Sassaniden.[47] Im April 224 besiegte der Perser Ardaschir den Partherkönig Artabanos V. und nannte sich nun ›König der Könige von Iran‹. Sein Reich entwickelte sich zum gefährlichsten Gegner Roms im Osten, Kämpfe am Euphrat und um Armenien wurden nun soldatische Routine. Alexander eilte in den Osten und versuchte 231 von Antiochia aus zu verhandeln. 232 kam es zum Krieg, doch obwohl Alexander den Titel eines ›Persicus maximus‹ annahm, mußte er in einem Waffenstillstand den Status quo anerkennen. Aufgrund einer im Heer ausbrechenden Seuche konnte der Kaiser den Krieg nicht erneuern und kehrte 233 nach Rom zurück. Inzwischen hatten am Rhein die Germanen (Alamannen) versucht, die Grenze zu durchbrechen. Alexander begab sich 235 persönlich in Begleitung von Iulia Mammaea nach Mainz und versuchte, durch große Geldsummen den Alamannen den Frieden »abzukaufen«. Über ein derartig un-

47 A. Christensen, *L'Iran sous les Sassanides*, Kopenhagen 1944; R. Frye, *Persien*, Essen 1975; W. Ensslin, »Zu den Kriegen des Sassaniden Schapur I.«, in: *Sitzungsberichte der Bayerischen Akademie der Wissenschaften* München (1947) H. 5. – Zur Genealogie s. die Schapur-Inschrift von Naq's-i-Rustam: A. Maricq, »Res gestae Divi Saporis«, in: *Syria* 35 (1958) S. 295–360.

kaiserliches Verhalten empört, erschlugen Soldaten Alexander und seine Mutter am 22. März 235.[48] An seiner Stelle wurde der Halbbarbar (*mixobarbaros*) C. Iulius Verus Maximinus zum Kaiser ausgerufen.

Mit Alexander Severus erlosch die Dynastie der Severer, die letzte Herrscherdynastie vor der Constantins d. Gr. Die nun ausbrechende Reichskrise betraf nicht nur die äußere Sicherheit, sondern auch das Kaisertum an sich. Die von zeitgenössischen Quellen – Cassius Dio, Herodian, Marius Maximus – kritisierte *Militarisierung* des Kaisertums war, wie sich zeigen sollte, die einzige Lösung gegenüber der äußeren Bedrohung; eine Rückkehr zu den Theorien des »Senatskaisertums« war verhängnisvoll, da die kaiserliche *auctoritas* zunehmend an der militärischen Befähigung gemessen wurde. Militärischer Erfolg wurde ausschlaggebend für die Beurteilung eines Kaisers als gut oder schlecht. Die Überwindung der Krise aber war nur dadurch möglich, daß die severische Umgestaltung des Staates zu einem positiven Ergebnis weiterbetrieben wurde.

48  L. Schumacher, *Römische Kaiser in Mainz*, Bochum 1982, S. 85 ff.

# VI

## Die Soldatenkaiser

### 1 Von Maximinus Thrax bis Gallus

In den Jahren von 235 bis 284 erlebte das Reich die zunehmende Machtlosigkeit des Senates: die Feldtruppen schufen
Kaiser, die die geringste Zeit ihrer Herrschaft in Rom zu-
brachten und denen der Senat ebenso fremd gegenüberstand
wie sie selbst dem Senat. Die neuen Kaiser, meist ritterlicher, manchmal sogar niedrigster – unbekannter – Herkunft, erwiesen sich häufig als begabte Militärs und gute
Organisatoren, aber sie regierten zu kurz, um wirklich notwendige Reformen durchsetzen zu können. Die aus der
Krise erwachsenen vielfachen Usurpationen wirkten zusätzlich destabilisierend: die Kaiser wurden im Kampf um das
Reich ebenso verschlissen wie im Kampf um den Erhalt der
Macht.[1]

Rom selbst war zwar politischer Mittelpunkt des Reiches,
lag aber zu fern von den militärischen Brennpunkten. Andere Städte, z. B. Aquileia, Antiochia, Viminacium, auch
Eburacum, waren bereits von Kaisern als Standorte benutzt
worden, andere Städte traten an ihre Seite. Die Trennung
Hauptstadt – Residenzstadt begann sich abzuzeichnen.
Aber auch die Umwelt des Reiches war verändert: nicht nur
die expansionistische Schlagkraft des neuen Perserreiches
war zu fürchten: an Rhein und Donau entstanden germani-

---

1 F. Hartmann, *Herrscherwechsel und Reichskrise: Untersuchungen zu den
Ursachen und Konsequenzen der Herrscherwechsel im Imperium Romanum
der Soldatenkaiserzeit (3. Jahrhundert n. Chr.)*, Frankfurt a. M. / Bern 1982;
K. Strobel, *Das Imperium Romanum im ›3. Jahrhundert‹. Modell einer historischen Krise?*, Stuttgart 1993 (Historia Einzelschriften, 75).

sche Stammesbünde, entlang der Donau bis zur Schwarz-
meerküste erschienen germanische Stämme und Stammes-
gruppen, deren militärische Stoßkraft das Reich erschüt-
terte. Der Respekt vor diesen Barbaren zeigte sich auch
darin, daß dem neuen Kaiser Maximinus Thrax eine »germanische« Herkunft zugeschrieben wurde: der Vater Micca
soll ein Gote, die Mutter Hababa eine Alanin gewesen
sein.[2]

C. Iulius Verus MAXIMINUS (THRAX), ein um 173 geborener
Thraker, entstammte dem Militär (*praefectus tironum*). Er
war der erste einer langen Reihe von Soldatenkaisern, unter
denen der Bedeutungsrückgang des Senates erkennbar wird,
und so ist seine Regierung gekennzeichnet vom Widerstand
der Senatsaristokratie gegen die Wahl der Truppen. Trotz
militärischer Erfolge gegen die Alamannen – Anfang 236
nahm er den Titel ›Germanicus maximus‹ auf und erhob
seinen Sohn C. Iulius Verus Maximus zum Caesar –, Sarmaten und Dacer (236/237 ›Sarmaticus maximus‹, ›Dacicus
maximus‹), wuchs die Opposition. Der Kaiser hatte es auch
nicht für notwendig erachtet, sofort nach seiner Proklamation Rom aufzusuchen; vielmehr sah er seine vorzügliche
Aufgabe in der Grenzsicherung. Schließlich brach 238 in der
Africa Proconsularis eine Revolte aus, die unter der Führung der Gordiane Großgrundbesitzer und Senat gleichermaßen vereinte.[3] Ursache dafür war, daß die in der Byza-
zena ansässigen Großgrundbesitzer wegen steuerrechtlicher
Unregelmäßigkeiten den dortigen *procurator fisci* erschlugen und, zur Deckung der begangenen Tat, den Proconsul
von Africa, M. Antonius Gordianus Sempronianus Romanus, zum Kaiser ausriefen (GORDIANUS I.). Gordian I. un-

2 SHA, *Maximini* 1,5; A. Bellezza, *Massimino il Trace*, Genua 1964; X. Loriot,
»Les premiers années de la grande crise du IIIe siècle: De l'avènement de
Maximin le Thrace (235) à la mort de Gordien III (244)«, in: ANRW II 2,
1975 S. 659–787; A. Lippold, *Kommentar zur Vita Maximini Duo der Historia Augusta*, Bonn 1991.

3 K.-H. Dietz, *Senatus contra principem. Untersuchungen zur senatorischen
Opposition gegen Kaiser Maximinus Thrax*, München 1980.

terhielt beste Beziehungen zum Senat wie zu den Großgrundbesitzern seiner Provinz, die er seit Juli 237 verwaltete. Aber er war zum Zeitpunkt der Proklamation schon fast 80 Jahre alt, so daß er seinen etwa 40 Jahre alten Sohn zum Mitaugustus erhob (GORDIANUS II.). Beide nahmen den Beinamen ›Africanus‹ auf als Verbeugung vor den Anhängern und sandten P. Licinius Valerianus nach Rom zum Senat, der die Gordiane anerkannte. Die Maximine wurden zu *hostes publici* erklärt und die Regierungsgeschäfte einer Art Staatsrat übergeben (*XX consulares ex s(enatus) c(onsulto) reipublicae curandae*), der bis zum Eintreffen der Gordiane amtieren sollte. Valerian wurde als Vertrauensmann *princeps senatus*.

Aber die Herrschaft der Gordiane wurde Anfang 238 vom Legaten Numidiens, Capellianus, niedergeschlagen: Gordian II. fiel, sein Vater erhängte sich. Die Provinz wurde den Truppen zur Plünderung überlassen, einflußreiche Personen, vor allem Großgrundbesitzer, hingerichtet. Maximinus Thrax seinerseits war im April 238 von Sirmium aus gegen Italien aufgebrochen, und nach Herodian (7,10,3–5) wählte der Senat 20 Männer, die ihrerseits aus den eigenen Reihen zwei neue Kaiser benannten: den vornehmen M. Clodius PUPIENUS Maximus sowie den 14 Jahre jüngeren D. Caelius Calvinus BALBINUS, einen Patrizier.

Ein Gelehrtenstreit entzündete sich an der Frage, ob das bei Herodian genannte Wahlmännergremium eine Neuschöpfung *ad hoc* war, ob es die vorgenannten *XXviri* waren, die damit erst *nach* dem Untergang der Gordiane gewählt worden waren,[4] oder ob Valerian als *princeps senatus* die neuen Kaiser vorgeschlagen habe.[5] Meines Erachtens ist das Wahlmännergremium mit dem unter den Gordianen geschaffenen Vigintivirat – so die »Historia Augusta« und Zosimus – identisch.

---

4 So X. Loriot, ANRW II 2 (1975) S. 707 f.
5 So A. Piganiol, *Histoire de Rome*, Paris ⁵1962, S. 421.

Beide Männer wurden Ende Mai als gleichrangige Augusti vom Senat anerkannt, sogar das Amt des *pontifex maximus* wurde erstmals von beiden Kaisern aufgenommen. Doch das Volk in Rom verlangte die Assozziierung des damals etwa 13jährigen gleichnamigen Enkels Gordian I., um das Andenken der vom Senat divinisierten Gordiane zu wahren. So wurde, nach dem Willen des Senates, das Reich von zwei Augusti und einem Caesar – GORDIANUS III. – regiert.

Maximinus, der damals Aquileia belagerte, wurde zusammen mit seinem Sohn während einer Meuterei von den Truppen erschlagen (Ende April?), die nun zu Pupienus überliefen. Das ganze Reich, ausgenommen die Tarraconensis und Numidien, anerkannte die Wahl des Senates, lediglich die Praetorianer sahen sich in ihrem »alten Recht« der Kaiserkür übergangen. Kurz nach der Heimkehr des Pupienus drangen sie in den Palast ein und erschlugen beide Augusti. An ihrer Stelle erhoben sie den jungen Caesar Gordian III. zum Augustus (Anfang Juni 238).

Gordian III., der Sohn der Schwester Gordians II., am 20. Januar 225 in Rom geboren, war versippt mit anderen Senatorenfamilien, so daß der erst 13jährige »Kindkaiser« in Rom von einer Gruppe von Senatoren umgeben war, die die »kaiserliche Politik« formulierten. Daher ist nicht verwunderlich, daß die »Historia Augusta« dem Kaiser ein gutes Verhältnis zum Senat zubilligt.[6] Die Besetzung wichtiger Funktionen durch Anhänger der Gordiane führte auch dazu, daß die Legionen auf den neuen Kaiser eingeschworen wurden.

Ein neuer Regierungsabschnitt begann mit der Ernennung des C. Furius Sabinius Aquila Timesitheus zum *praefectus praetorio*.[7] Er gehörte ursprünglich zum Mitarbeiterkreis

---

6  Aufschlußreich ist hierfür der inschriftlich erhaltene Brief Gordians III. an Aurelius Epaphras im carischen Aphrodisias, diskutiert von K. T. Erim / J. Renolds in: JRS 59 (1969) S. 56–58 (= Freis, *Inschriften*, Nr. 144), der den römischen Senat noch vor den vergötterten Kaisern nennt.

7  Zum *cursus honorum*, ILS 1330.

der syrischen Kaiserinnen und war 234 zum Statthalter der Germania Inferior aufgestiegen,[8] welchen Posten er unter Maximinus Thrax verloren hatte, der ihn nach Kleinasien sandte. Ende 240/241 befand er sich wieder in Rom, wo er einer der bedeutendsten Berater Gordians wurde und Anfang Mai 241 seine 16jährige Tochter Furia Sabinia Tranquillina mit dem Kaiser verheiraten konnte. Der erfahrene Praefect beeinflußte die Politik des Schwiegersohnes, indem er zwar den Senat respektierte, selbst aber ritterliche Mitarbeiter heranzog. Zu diesen gehörte der aus der Trachonitis (östlich des Golan) gebürtige M. Iulius Philippus. Für die pro-senatorische »Historia Augusta« (»Gordian« 23,6 f.) wurde Timesitheus der wahrhaft ideale *praefectus praetorio*, der seinen Einfluß nicht gegen den Senat ausspielte.

Inzwischen hatten die Perser große Erfolge erzielt: Ende 240 war die Festung Hatra eingenommen worden, Carrhae und Nisibis fielen 241, Antiochia war bedroht. So begannen Gordian und Timesitheus im Frühjahr 242 die Gegenoffensive, Ende 242 wurde Antiochia Aufenthaltsort des Kaisers. Anfang 243 überschritt Timesitheus den Euphrat, eroberte Carrhae und Edessa, besetzte die Osrhoene und schlug die Perser bei Rhesaena. In diesem Moment aber – Mitte 243? – starb Timesitheus, und an seine Stelle trat M. Iulius Philippus als *praefectus praetorio*, dessen Kollege sein eigener Bruder C. Iulius Priscus wurde.

Im März 244 fiel Gordian vermutlich einem Verrat des Philippus zum Opfer. Vielleicht ist die von der »Historia Augusta« und von Zosimus gebotene Version, die vom Mord aus Ehrgeiz spricht, korrekt, zumal auch Ammian von *insidia* spricht, ausgeführt von der *factio Filippi, praefecti praetorio, sceleste iuvantibus paucis*.[9] Die Truppen wählten nunmehr PHILIPPUS (ARABS) zum neuen Kaiser, der sich beeilte, mit

---

8 W. Eck, *Statthalter*, Nr. 57, S. 214.
9 Ammian 23,5,17: »von Parteigängern des Praefectus Praetorio Philippus, wobei ihn wenige verbrecherisch unterstützten«. Den bei Zaitha errichteten Cenotaph sah noch Ammian 32,5,7.

den Persern einen Friedensvertrag zu schließen, indem er
ihnen eine Kriegsentschädigung – 500 000 Aurei – zahlte
und Kleinarmenien überließ. Die von Timesitheus zurück-
eroberten Gebiete blieben bei Rom.[10] Um aber in Rom
nicht als Usurpator zu gelten, ließ er Gordian III. divinisieren. Erneut hatte ein Ritter, ein *praefectus praetorio*, ohne
Zusammengehen mit dem Senat den Purpur aufgenommen.[11]

Philippus Arabs begab sich nach dem Perserfrieden nach
Europa, ließ aber seinen Bruder Priscus als *rector Orientis*[12]
zurück. Der Kaiser hatte erkannt, daß er im Osten einen
zuverlässigen Mann benötigte, der die Perser in Schach halten konnte, ohne selbst nach dem Purpur zu greifen; er
selbst wandte sich gegen die Carpen in Dacia. Während
(oder zu Beginn?) des Carpenfeldzuges hatte Philippus seinen etwa 9jährigen Sohn M. Iulius Severus Philippus im
Sommer 244 zum Caesar ernannt, bereits im August 247 erhielt dieser den Augustus-Rang. Im Sommer 247 schließlich
kamen die Kaiser nach Rom, wo sie Anfang 248 die Siegestitel ›Carpicus maximus‹ und ›Germanicus maximus‹ aufnahmen.

Höhepunkt des Jahres 248 aber war die 1000-Jahr-Feier
Roms, ausgerichtet am 21. April, den Parilia (*dies natalis*
Roms). Im Zusammenhang mit diesen Feiern wird häufig
auf einen Satz des Paulus Orosius verwiesen, daß Philippus
Christ geworden sei, *ad hoc tantum constitutus fuisse mihi
visus est, ut millesimus Romae annus Christo potius quam
idolis dicaretur*[13] Auch Eusebius berichtet in seiner »Kirchengeschichte«, daß Philippus – unter dem noch 249 in

10 So konnte Philippus auf Münzen die PAX FACTA CUM PERSIS feiern.
11 X. Loriot, »Chronologie du règne de Philippe l'Arabe (244–249 après
   J.-C.)«, in: ANRW II 2, 1975 S. 789–797; L. De Blois, »The Reign of the
   Emperor Philipp the Arabian«, in: *Talanta* 10/11 (1978/1979) S. 9–43.
12 CIL III 14149⁵.
13 Orosius, *Historia adversus paganos* 7,28,1: »wie mir scheint nur aus dem
   Grunde festgesetzt, daß das tausendste Jahr Roms eher Christus als den
   Götzen geweiht werde«.

Alexandria eine Christenverfolgung stattgefunden hatte –
aus freiem Willen unter Anleitung des römischen Bischofs
Fabianus sich zum Christentum bekannt habe. Er verweist
hierbei auf die Existenz eines nicht verifizierbaren Briefes
des Origenes an Philippus und dessen Gattin Otacilia Severa;[14] doch ist das Christentum des Philippus Arabs eher unwahrscheinlich.[15]

Die Großartigkeit der Jahrtausendfeier konnte nicht darüber
hinwegtäuschen, daß auch die Herrschaft der Philippi durch
Usurpation bedroht war.[16] Als daher die Goten in Moesien
und Pannonien eindrangen, glaubte Philippus, in dem hochangesehenen Senator C. Messius Quintus Traianus Decius einen verläßlichen Mann zum Schutz dieses Gebietes zu entsenden. Decius, vermutlich zwischen 190 und 200 bei Sirmium
geboren,[17] wurde der erste der sog. »illyrischen Kaiser«.[18]

Decius reiste 249 zum moesischen Heer, und der Erfolg seines militärischen Unternehmens führte dazu, daß die Truppen ihn im Juni 249 in Viminacium zum Kaiser erhoben.
Decius scheint gezögert zu haben, den Bruch mit Philippus
zu vollziehen,[19] doch Philippus nahm den Kampf auf: vermutlich im Spätsommer 249[20] fand bei Verona die Entscheidungsschlacht statt, in der Philippus fiel; sein Sohn wurde
von den Praetorianern (?) in Rom getötet.

14 Eusebius, *Historia ecclesiastica* 6,36,3.
15 Gegen H. Grégoire, *Byzantion* 13 (1938) S. 560, J. Moreau, *Die Christenverfolgung im Römischen Reich*, Berlin ²1971, S. 83, und J. M. York, *Historia* 21 (1972) S. 320–332 mit guten Argumenten H. A. Pohlsander, »Philip
   the Arab and Christianity«, in: *Historia* 29 (1980) S. 463–473.
16 In der zweiten Hälfte des Jahres 248 wurde Ti. Claudius Marinus Pacatianus von den moesischen und pannonischen Truppen zum Augustus ausgerufen, die Usurpation scheint noch im ersten Aufstandsjahr 248/249 zu-
   sammengebrochen zu sein. Vermutlich in Syrien – der »Laterculus Polemii
   Silvii« gibt zwar Kappadokien, vgl. jedoch IGR III 1033, Palmyra – usurpierte ein gewisser Iotapianus, dessen Herrschaftsdauer (bis in die Anfänge
   des Decius?) nicht zu ermitteln ist.
17 Aurelius Victor, *Caesares* 29,1.
18 K. Gross, »Decius«, in: RAC III 1957 S. 611–629.
19 Zonaras 12,19, p. 584
20 Dieses Datum vermitteln die Alexandrinischen Prägungen.

DECIUS begab sich nach dem Sieg nach Rom, wo er seine Frau zur Augusta erhob. In seine Regierung fällt die bekannte große Christenverfolgung.[21]
Die Grundlage für den Umgang des Staates mit den Christen bildete der berühmte Briefwechsel zwischen Plinius d. J. und Traian.[22] In den Jahren 111/112 hatte Plinius von Bithynien aus angefragt, auf welcher Rechtsgrundlage Christen verurteilt werden sollten: aufgrund nachweislich begangener Verbrechen oder ob Christsein an sich schon den Tatbestand eines Vergehens erfülle: *nomen ipsum, si flagitiis careat, an flagitia cohaerentia nomini puniantur.* Traian wich dieser Grundsatzfrage scheinbar aus, indem er schrieb, daß es eine feste Prozeßform (*certa forma*) nicht gebe. Aber: *conquirendi non sunt; si deferantur et arguantur, puniendi sunt.*[23] Als Beweis der Unschuld galt das Götteropfer. Der karthagische Kirchenvater Q. Septimius Florens Tertullianus (um 160 – nach 220) schrieb in seinem Ende 197 verfaßten »Apologeticum«, Traian habe eine totale Rechtsunsicherheit geschaffen, indem er Christen wie Verbrecher, die Hochverrat (*crimen laesae maiestatis*) begangen hätten, verurteilen ließe, ohne sie auch offiziell zu solchen zu erklären. Dies war jedoch gar nicht nötig, da die Christen, die eine religiöse Bindung an die staatserhaltenden Götter (*di con-*

21 R. Selinger, *Die Religionspolitik des Kaisers Decius. Anatomie einer Christenverfolgung*, Bern / Frankfurt a. M. 1994. – A. Alföldi, »Zu den Christenverfolgungen in der Mitte des 3. Jahrhunderts«, in: Klio 31 (1938) S. 323–348 = *Studien zur Geschichte der Weltkrise des 3. Jahrhunderts nach Christus*, Darmstadt 1967, S. 285–311; J. Moreau, *Die Christenverfolgung im römischen Reich*, Berlin / New York ²1951; J. Vogt, *Zur Religiosität der Christenverfolger im römischen Reich*, Heidelberg 1962 (Sitzungsberichte der Heidelberger Akademie der Wissenschaften, phil.-hist. Kl.)
22 Plinius d. J., *Epistulae* 10,96.97. Der Text ist im vorliegenden Band S. 412–418 wiedergegeben.
23 Plinius d. J., *Epistulae* 10,97: »Sie sind nicht aufzuspüren; wenn sie aber angezeigt und überführt werden, so sind sie zu bestrafen.« Traian wollte – im Gegensatz zu Domitian – Staatsfeinde nicht systematisch suchen lassen oder jeder anonymen Anzeige nachgehen: *nam et pessimi exempli nec nostri saeculi est* (»dieses sehr schlechte Beispiel entspricht nicht unserem Zeitalter«).

*servatores*) nicht anerkannten, sich selbst als Staatsfeinde definierten. Zudem war das Christentum bestrebt, seinen »Aberglauben« (*superstitio*) missionarisch auszubreiten; aufgrund derartigen Verhaltens konnte ihm auch vom Kaiser als *pontifex maximus* die Zulassung als religiöser Verein nicht erteilt werden. Es blieb der kaiserlichen Gnade (*clementia*) überlassen, wie scharf man gegen solche areligiösen Personen vorgehen wollte. Da der Kaiser als *pius* gegenüber den Göttern auftrat, diese ihm dem Erfolg zubilligten (*felicitas*), widersprach jede mangelnde Verehrung der Staatsgötter der Verpflichtung der Kaiser.

Aber die von Decius Ende 249 eingeleiteten Maßnahmen, die zur Christenverfolgung führten, waren keineswegs nur gegen Christen gerichtet. Sie dienten der allgemeinen Überprüfung der Religiosität. Auch die Vorgehensweise, die die Christen als neu empfanden, war nicht neu: Zuerst wandte man sich gegen die unerlaubte Kirchenhierarchie[24] – am 20. Januar 250 starb Fabianus, Bischof von Rom –, dann wurden die unzuverlässigen Elemente aus der Umgebung des Kaisers entfernt. Jetzt ging es darum, die Forderung gegenüber den Untertanen durchzusetzen, sie überprüfbar zu machen. Traian hatte als Beweis der »Unschuld« Beklagter ein Opfer gefordert, und die ›Constitutio Antoniniana‹ läßt erkennen, daß Götteropfer und Kaiseropfer eine Einheit bildeten. Diese Forderung wurde nun als Opferzwang allen Reichsangehörigen auferlegt, d. h. dieses Bittopfer für Kaiser und Reich wurde von *jedem* Bürger, wo immer er lebte, gefordert; als Termin wurde vermutlich der *dies imperii* des Kaisers, d. h. der 1. Juni 250, gewählt.[25] Die Behörden wollten nicht die Christen »herausfiltern«, vielmehr wurde jedem die Möglichkeit zum Beweis seiner Loyalität geboten, so wie dies bereits Traian zugestanden hatte. Wer opferte, erhielt eine Bestätigung (*libellus*), die ihn davor schützte, zu

---

24 Vgl. die Verfügungen zum *Senatusconsultum de Bacchanalibus* 186 v. Chr.
25 A. Alföldi, Christenverfolgungen (s. Anm. 21) S. 295 f.

Unrecht der Verweigerung angeklagt oder zur Wiederholung des Opfers gezwungen zu werden. Alle übrigen wurden wegen *asebeia, superstitio* oder *obstinatio* verurteilt.[26] Viele Christen wurden hingerichtet, nicht wenige, darunter auch Bischöfe, suchten sich durch ein Opfer zu retten. Die christliche Kirche wurde mit einem zwar nicht mehr neuen, nun aber numerisch schwierigen Problem konfrontiert: den »Gefallenen« (*lapsi*).

Die Regierung des Decius ist zudem gekennzeichnet durch die bis dahin gefährlichste Auseinandersetzung mit den Goten.[27] Im Frühjahr 250 hatte Decius seine beiden Söhne Q. HERENNIUS ETRUSCUS Messius Decius und C. Valens HOSTILIANUS Messius Quintus zu Caesaren erhoben und Herennius mit dem Feldzug gegen die Goten beauftragt, die unter dem Führer Cniva in Niedermoesien eingebrochen waren; eine andere gotische Gruppe gelangte bis vor Philippopolis [Plovdiv]. Decius selbst war damals mit einem Krieg gegen die in Dacien eingedrungenen Carpen beschäftigt.[28] Zwar wurde Cniva von dem moesischen Legaten Trebonianus Gallus geschlagen, konnte anschließend aber das Heer des Decius nahe dem Schipka-Paß [Beroea = Stara Zagora] vernichten. Erst im Frühjahr 251 hielten sich die Römer wieder für stark genug, die mit Beute überladenen Goten auf deren Heimweg anzugreifen. Kurz zuvor, Mai 251, wurden beide Caesaren zu Augusti erhoben.[29] Da gelang es Cniva, Decius und Herennius Etruscus in eine

26 A. Bludau, *Die ägyptischen Libelli und die Christenverfolgung des Kaisers Decius*, Freiburg i. Br. 1931 (Römische Quartalschrift, Suppl. 27), beruhend auf: J. R. Knipfing, »The Libelli of the Decian Persecution«, in: HThR 16 (1923) S. 345–390; P. Allard, *Histoire des persécutions*, 5 Bde., Paris 1905–11.
27 H. Wolfram, *Die Goten. Von den Anfängen bis zur Mitte des sechsten Jahrhunderts*, München ³1990.
28 R. Vulpe, »Considérations historiques autour de l'évacuation de la Dacie par Aurélien«, in: *Dacoromania* 1 (1973) S. 41–51.
29 Münzen mit VICTORIA GERMANICA wurden in Rom – vermutlich in Erwartung des Sieges – geprägt.

Sumpfgegend der Dobrudscha zu locken: bei Abrittus [in Bulgarien] wurden die Römer vernichtet, beide Kaiser fielen. Die Reste des Heeres riefen C. Vibius Afinius Trebonianus Gallus zum Kaiser aus, der nun mit den Goten eine Art Frieden schloß, indem er ihnen Jahrgelder zahlte.

TREBONIANUS GALLUS war nun Kaiser neben Hostilian, der sich damals vermutlich in Viminacium aufhielt. Nach den Münzen ist erkennbar, daß beide Augusti in Rom anerkannt wurden, daß aber gleichzeitig der Sohn des Gallus, C. Vibius Afinius Gallus Veldumnianus VOLUSIANUS zum Caesar erhoben wurde. Mögliche Auseinandersetzungen zwischen beiden Augusti verhinderte aber der Pest-Tod des Hostilian (Ende 251). Gallus, um 206 in Perugia geboren, war einer der letzten Italiker auf dem Kaiserthron. Kurz nach seiner Proklamation begab er sich nach Rom, wo er seinen Sohn Volusianus zum Augustus erhob (Juli 251).[30]

Trotz des Abkommens mit den Goten gingen die Auseinandersetzungen weiter, geführt von dem Statthalter Niedermoesiens, M. Aemilius Aemilianus. Nach einem entsprechenden Erfolg wurde AEMILIANUS umgehend von seinen Soldaten zum Kaiser ausgerufen. Wiederum zog ein Kaiser gegen Rom, um seine Anerkennung durchzusetzen, wiederum war die Usurpation Anlaß für einen erfolgreichen Einbruch der Goten, diesmal bis weit in den Balkan, so daß Athen und Korinth schleunigst ihre Mauern aufzubauen begannen.

Gallus zog gemeinsam mit seinem Sohn gegen Aemilian, forderte aber zudem P. Licinius Valerianus auf, von Raetien her gegen den Usurpator zu marschieren. Als die Kaiser bei Interamna an der Via Flaminia Stellung bezogen, wurden sie von den eigenen Soldaten umgebracht. Aber auch Aemilian überlebte seinen Gegner nur kurz: bereits drei Monate später wurde er bei Spoleto erschlagen. Übrig blieb P. Licinius VALERIANUS, der zuwartend in Raetien verblieben war.

---

30 G. Sotgiu, »Treboniano Gallo Ostiliano Volusiano Emiliano (1960–1971)«, in: ANRW II 2 (1975) S. 798–802; R. Hanslik, »Vibius n. 58«, in: RE VIII 2 (1958) Sp. 1984–94; »Vibius n. 65«, in: ebd., Sp. 1996 f.

Im Spätsommer wurde er von den eigenen Soldaten zum Kaiser proklamiert, und so zog der ehemalige *princeps senatus* in Rom ein. Dort bat er wegen seines hohen Alters – er war 70 Jahre alt – den Senat, seinen erwachsenen Sohn P. Licinius Egnatius GALLIENUS, geb. um 213 (?),[31] zum Mitaugustus zu erheben.[32] Der Traum des Senates, erneut einen Kaiser aus den eigenen Reihen stellen zu können, dazu einen Italiker aus altem senatorischem Adel, hatte sich erfüllt.[33]

## 2 Von Valerian bis Numerian/Carinus

Die Regierungszeit des Valerian und des Gallienus stellt den optischen Höhepunkt der Reichskrise dar. Wohl hatten frühere Usurpationen gezeigt, daß die Grenztruppen immer wieder versuchten, ihre eigenen Interessen auch personell durchzusetzen: sie vermißten die Anwesenheit eines Kaisers, den sie gleichsam als ihre Fahne dem Feind entgegenstellen konnten. So war URANIUS ANTONINUS, ein Baalpriester von Emesa, während eines Persereinfalls im August 253 zum Kaiser proklamiert worden und konnte sich halten, bis Valerian im Herbst 254 selbst in den Osten kam.[34] Vermutlich 260 ist die Usurpation des pannonischen Statthalters INGENUUS anzusetzen.[35] Nun aber kamen zwei neue

---

31  So D. Kienast, *Kaisertabelle*, S. 217, nach *Epitome de Caesaribus* 33,3.

32  Vor 22. Oktober 253: ILS 531. Ob bereits damals oder erst 256 Valerian iun., der Sohn des Gallienus, Caesar wurde – so ILS 2296 –, ist umstritten.

33  M. Christol, »Les règnes des Valérien et de Gallien (253–268)«, in: ANRW II 2 (1975) S. 803–827; L. De Blois, *The policy of the emperor Gallienus*, Leiden 1976.

34  H. R. Baldus, *Uranius Antoninus, Münzprägung und Geschichte*, Bonn 1971 (Antiquitas 3/11).

35  J. Fitz, *Ingenuus et Régalian*, Brüssel 1966 (Collection Latomus, 81); R. Göbl, *Regalian und Dryantilla*, Wien 1970 (Österreichische Akademie der Wissenschaften, Denkschriften, 101). – Die SHA, *Tyranni triginta* 9,1 datiert die Usurpation irrig in das Jahr 258.

Aspekte hinzu: der Untergang eines Kaisers machte die Besetzung des Thrones umgehend notwendig, und die Gefangennahme eines Kaisers warf zudem die Frage nach der Regierungsberechtigung, nach dem *consensus deorum* des Sohnes auf, der seinen Rang der Empfehlung des Vaters verdankte. So haben wir in der Zeit nach Juli 260 mehr Usurpationen zu verzeichnen als »normalerweise«.

Mit Valerian und Gallienus begann aber auch die militärische Umstrukturierung des Reiches, die es Männern wie Aurelian, Probus und Diocletian erst ermöglichte, die äußere und damit die innere Stabilität des Reiches, des Herrschertums zurückzugewinnen. Ansatzpunkt war erneut die Aufgabenteilung zwischen Valerian und Gallienus, wie sie bereits von früheren Herrschern ins Auge gefaßt worden war. Während sich Valerian 254 der Ostgrenze zuwandte, wo er das von den Persern belagerte Antiochia entsetzen und dort sein Hauptquartier einrichten konnte, sollte Gallienus seit 255[36] die großen Germanenstürme am Rhein bzw. in Dacia abwehren: die Goten selbst gelangten bis Thessalonici und fielen sogar in Kleinasien ein.

Anfang 257 bekleideten beide Augusti ein gemeinsames Consulat und feierten – vermutlich in Rom[37] – einen Parthischen bzw. einen Germanischen Triumph. Damals begann erneut eine große Christenverfolgung. In zwei Edikten – August 257[38] und Sommer 258 – sollte die Organisation der Kirche zerschlagen werden; dazu zählte natürlich auch der Einzug von Kirchengut. Aber im Gegensatz zur Decischen scheint daraus keine allgemeine Christenverfolgung entstanden zu sein; Nordafrika und Ägypten bildeten die Schwerpunkte.

---

36 Viminacium wurde damals Prägeort mit einer *moneta comitatensis*. Aufgrund der Ausmünzung in Gold kann der jeweilige Aufenthaltsort des Kaisers angegeben werden, so daß ein Itinerar entsteht.

37 Dagegen D. Kienast, *Kaisertabelle*, S. 212, trotz CJ 6,42,15.

38 »Acta proconsularia Cypriani«; Eusebius, *Historia ecclesiastica* 7,10 f.; es bestimmte den Opferzwang für den Klerus.

In dieser Situation geriet Ende Juni / Anfang Juli 260 Kaiser
Valerian in persische Gefangenschaft. MACRIANUS ›iun.‹ und
QUIETUS, die Söhne des *praefectus fisci* und Verteidigers
von Samosata, Macrianus, wurden als neue Kaiser ausgerufen.[39] Der Fürst von Palmyra, Odaenathus, begann seinerseits den Kampf gegen die Perser in Syrien und erreichte
so eine quasi-selbständige Position; die Truppen in Pannonien revoltierten erneut, und die Rheinlegionen erhoben
M. Cassianius Latinius POSTUMUS, einen ihrer Generäle,
zum Kaiser.

Gallienus mußte nun den Usurpationen im Osten begegnen, die zum Separatismus von Palmyra und zur Ausweitung des Perserreiches führen konnten. Gleichzeitig aber
sah er sich gezwungen, die 261 nach Italien eingebrochenen
Alamannen zurückzuschlagen. So erkannte er, daß die Bedingungen zur Sicherung des Reiches geändert werden
mußten: Mailand wurde als Residenz neben Rom ausgebaut, und in Oberitalien wurden Truppen zusammengezogen, um die gefährdeten Pässe leichter kontrollieren zu
können. Die Grenzen wurden in »Kampfabschnitte« unterteilt und einem *dux limitis* unterstellt. Um die Effizienz der
Verteidigung zu heben, wurden zuerst in den Krisenprovin-
zen, dann in den Militärprovinzen allgemein die senatorischen Statthalter durch ritterliche *praesides* abgelöst, auch
wenn diese anfänglich als *agens vices praesidis* nur die militärische Gewalt neben den zivilen Statthaltern ausüben sol-
ten. Hierin ist eine Vorwegnahme der Diocletianischen Provinzreform zu sehen.[40] Auch eine neue taktische Waffe, die
aus Dalmatern und Mauren bestehende ›Schlachtenkavallerie‹, wurde geschaffen, um sie den persischen Panzerreitern

---

39  Vor 17. September 260: *Papyrus Oxyrhynchus* 3476 Z. 12 f.; A. Krzyzanow-
    ska, »Macrinus, usurpateur du temps des guerres Perses dans les émissions
    monétaires«, in: RNum (1968) S. 293–396.
40  H.-G. Pflaum, »Zur Reform des Kaisers Gallienus«, in: *Historia* 25 (1976)
    S. 109–117.

ebenso entgegenzustellen wie den berittenen Arabern, Ber-
bern, Skythen, Goten und Alanen. Der General der neuen
Kavallerie wurde nun zu einem der mächtigsten Generäle
im Reich.[41]

Gallienus erkannte als vordringlich diejenigen Krisen zu
bekämpfen – dazu gehörte auch die monetäre Krise –, die
das Reich in seiner Struktur bedrohten, statt umgehend gegen die Usurpatoren zu kämpfen. So überließ er praktisch
den Perserkrieg dem Odenathus, der dafür den Titel *corrector Orientis* erhielt und der dann auch die »Macriane« beseitigte; den Kampf gegen Postumus in Gallien zögerte Gallienus bis 265 hinaus, da er nicht durch den Abzug von
Truppen die Donaufront entblößen wollte: die Gotengefahr
war groß genug. In diesem Zusammenhang erklärt sich der
Vorwurf Eutrops gegen Gallienus: *ita Gallieno rem publicam deserente Romanum imperium in Occidente per Postu-
mum, per Odenatum in Oriente servatum est.*[42] Das Reich
war nur dadurch zu retten, daß Gallienus die Grenzen an
den gefährdetsten Punkten auf eine strategisch besser zu
kontrollierende Linie zurücknahm, Usurpatoren aber – und
dies traf vor allem auf die in Gallien zu – solange nicht bekämpfte, wie sie die Aufgabe, die Germanen abzuwehren,
erfüllten. Daß die gallischen Gegenkaiser POSTUMUS (260
bis 269), MARIUS (269), VICTORINUS (269–271), TETRICUS
(271–Mitte 274) sich fast 14 Jahre lang halten konnten, lag
nicht zuletzt daran, daß sie die Sicherung ihres Herrschafts-
gebietes Britannien, Gallien (nicht jedoch die östliche Nar-

---

41 R. Grosse, *Römische Militärgeschichte von Gallienus bis zum Beginn
der byzantinischen Themenverfassung*, Berlin 1920; M. R.-Alföldi, »Zu
den Militärreformen des Kaisers Gallienus«, in: *Limes-Studien*, Basel 1959,
S. 13–18 (Schriften des Instituts für Ur- und Frühgeschichte der Schweiz,
14).

42 Eutrop, *Breviarium* 9,11,1: »Während so unter Gallienus der Staat im Stich
gelassen wurde, wurde das römische Reich im Westen durch Postumus, im
Osten durch Odenathus bewahrt.«

bonensis) und Spanien (bis in die Zeit des Victorinus) dem
üblichen Marsch auf Rom vorzogen.[43]
Die Tatsache jedoch, daß Gallienus die Usurpatoren weniger bekämpfte als ihre militärischen Aktivitäten in das Kon-
zept der Grenzstabilisierung einbezog, während er selbst
Kriege gegen Goten, Sarmaten, Juthungen, Heruler und
Alanen führte, um die Donauprovinzen, den Balkan und
Italien selbst zu schützen, belastete seine kaiserliche *auctoritas*. Hinzu kam der Vorwurf der *impietas*, da er die Legionen nicht persönlich gegen die Perser führte, um seinen Vater Valerian zu rächen. Aber Gallienus stellte das Wohl des
Reiches über alle persönlichen Interessen. Um auch die innenpolitische Ruhe wiederherzustellen, erließ Gallienus zudem eine Art Toleranzedikt: vermutlich noch 260, spätestens 261 verfügte es die Rückgabe von konfisziertem Vermögen an die Christengemeinde. Aber das Bedürfnis der
Soldaten nach einem starken Kaiser war ebenso enttäuscht
worden wie das Bedürfnis der notleidenden Bevölkerung,
der *humiles*, nach Schutz: rapider Geldverfall, Verschuldun-
gen, Landflucht aus Steuernot, Kindesaussetzungen, Entste-
hen von Räuberbanden waren zwar keine Konsequenz Gal-
lienischer Unfähigkeit, wurden aber nun dem Kaiser ebenso
zur Last gelegt wie die Entmachtung der Senatoren und die
Hinwendung zum Hellenismus.[44] So brach die Revolte aus:
268 erklärte sich der erste von Gallienus eingesetzte Reitergeneral, Aureolus, für den Usurpator Postumus. Als ihn
Gallienus daraufhin in Mailand, dem Hauptquartier des
Aureolus, belagerte, wurde er in einer Offiziersverschwö-

---

43 Dieses in der modernen Forschung als »gallischer Separatismus« gedeutete
Verhalten (vgl. hierzu E. Demougeot, *La formation de l'Europe et les inva-
sions barbares*, Paris 1969) basiert auf der irrigen Interpretation des von
Eutrop verwendeten taciteischen Ausdrucks *imperium Galliarum* (Tacitus,
*Historiae* 9,9,3 hinsichtlich des Bataveraufstandes); I. König, *Die gallischen
Usurpatoren von Postumus bis Tetricus*, München 1981.
44 A. H. Armstrong, *Plotinus*, London 1953; E. Bréhier, *La philosophie de
Plotin*, Paris ²1940; Ph. Merlan, *From Platonism to Neoplatonism*, Den
Haag ²1968.

rung, zu der möglicherweise auch der spätere Kaiser Aurelian zählte, im September 268 ermordet. Neuer Kaiser
wurde der Reitergeneral M. Claudius.

Die Zeit des M. Claudius (II. ›Gothicus‹)[45] wie seiner
Nachfolger Aurelian und Probus ist gekennzeichnet durch
die Wiedergewinnung der Stabilität der Reichsgrenzen,
durch die Beseitigung der Sonderreichsbestrebungen in Palmyra wie die Beseitigung der in Gallien herrschenden Usurpatoren. Die unter Gallienus geschaffenen Grundlagen einer
militärischen Erneuerung waren gut genug, die äußere Krise
zu überwinden, auch wenn die innenpolitischen und wirtschaftlichen Verhältnisse erst unter Diocletian und Constantin neu geordnet werden konnten. Klares Kennzeichen dafür
ist, daß Constantin d. Gr.[46] sich als »Nachfahre« des Claudius
Gothicus bezeichnete,[47] d. h. die nach Gallienus regierenden
›illyrischen‹ Kaiser wurden in der Person des Claudius Gothicus als würdig erachtet, eine neue Dynastie zu bilden. Es
waren Militärkaiser, aus deren »Schule«, besonders aber der
des Kaisers Probus,[48] so bedeutende Männer (*duces praeclarissimi*) hervorgingen wie Carus, Diocletian, Constantius
Chlorus, ebenso Asclepiodotus und Annibalianus, die wir
später als *praefecti praetorio* wiederfinden.

Der Erfolg dieser Kaiser, zuerst des Claudius, dann des
Aurelian, war trotz ihrer kurzlebigen Herrschaft so bedeutend, daß etwa die Provinzialen Galliens keinen Grund
mehr sahen, die »Rom-Kaiser« abzulehnen, und wir haben
genügend Hinweise dafür, daß Victorinus und Tetricus
Aufstände niederschlagen mußten. Dennoch war es eben
den westlichen Usurpatoren zu verdanken, daß das Reich
die Kraft besaß, sich der Germanen, der Perser und der Pal-

---

45  Geb. 10. Mai 214 (?), so D. Kienast, *Kaisertabelle*, S. 228; P. Damerau, *Kai-
    ser Claudius II Gothicus*, Leipzig 1934 (Klio-Beiheft 33).
46  Nach Ansicht von Lippold bereits Constantius Chlorus: A. Lippold,
    »Constantius Caesar, Sieger über Germanen, Nachfahre des Claudius Go-
    thicus?«, in: *Chiron* 11 (1981) S. 347–369.
47  *Panegyrici latini* 7 [VI] 22,2 vom Jahr 310.
48  SHA, *Probus* 22,3.

myrener gleichermaßen zu erwehren: die 268 bis an den Gardasee vorgedrungenen Alamannen konnten zurückgeschlagen werden; dank der neuen Schlachtenkavallerie wurden die auf dem Balkan eingedrungenen Goten im Spätsommer/Herbst 269 bei Naissos vernichtet.[49] Claudius II. nahm den Beinamen ›Gothicus Maximus‹ an, starb aber bereits im September 270[50] an der Pest.

Auch sein Nachfolger L. Domitius AURELIANUS, geboren am 9. September 214 in der Umgebung von Sirmium, war General der Schlachtenkavallerie gewesen.[51] Erneut wurde dem Senat ein ferner Kaiser aufgezwungen. Zuerst aber kämpfte Aurelian gegen Juthungen, Sarmaten und Vandalen. Vor allem die Juthungen und Alanen waren weit in Italien eingebrochen und hatten Aurelian bei Piacenza sogar besiegt (270). Erst auf ihrem Rückzug gelang es dem Kaiser, sie bei Fano zu schlagen. Im gleichen Jahr mußte Aurelian erneut gegen die Goten kämpfen, die in Moesien und Thrakien eingebrochen waren.

Schwierig gestalteten sich auch die Verhältnisse im Osten, wo nach der Ermordung des Odenathus 267 dessen Gattin ZENOBIA im Namen ihres Sohnes VABALLATHUS eine eindeutige Expansionspolitik auf Kosten Roms betrieb und offensichtlich die Lösung vom Reich plante. In zwei Feldzügen (Mai 272, Frühjahr 273) wurde Palmyra eingenommen und im Verlauf einer Revolte völlig zerstört; Zenobia geriet in Gefangenschaft,[52] Aurelian nahm die Siegestitel ›Parthi-

---

49  Naissos ist der Geburtsort Constantins d. Gr.
50  So D. Kienast, *Kaisertabelle*, S. 228; Ende Oktober/Anfang (3.?) November?
51  L. Homo, *Essai sur le règne de l'empereur Aurélien (270–275)*, Paris 1904; G. Sotgiu, *Studi sull'epigrafia di Aureliano*, Sassari 1961, »Aureliano (1960–1972)«, in: ANRW II 2, 1975 S. 1039–61. – Der von den in Italien stationierten Truppen proklamierte und vom Senat anerkannte Bruder des Claudius, Quintillus, beging Selbstmord (September 270).
52  B. Nakamura, »Palmyra and the Roman East«, in: *Greek-Roman and Byzantine Studies* 34 (1993) S. 133–150; R. Stoneman, *Palmyra and its Empire. Zenobia's Revolt against Rome*, Ann Arbor 1992.

cus Maximus‹ und ›Palmyrenicus maximus‹ an. Die
Schlachtenkavallerie hatte sich in der Auseinandersetzung
mit den traditionellen Reitervölkern bewährt.
Danach wandte sich Aurelian gegen den gallischen Usurpator Tetricus. Dieser, ein Angehöriger des senatorischen
Adels und Verwaltungsmann, aber kein Militär, hatte immer
weniger Rückhalt bei den Truppen gefunden.[53] Als daher
Aurelian in Gallien erschien, gab Tetricus freiwillig auf.
Ende Frühjahr 274 war Gallien zurückgewonnen, Aurelian
nach langer Zeit der erste Alleinherrscher des Gesamtreiches geworden.
Nunmehr konnte sich der Kaiser der Reichsreform wid-
men. Erste Anzeichen finden sich in der Grenzstruktur, die
in ihrer Linienführung den natürlichen territorialen Gegebenheiten angepaßt wurde. Am schwerwiegendsten war der
Verzicht auf Dacien im Jahr 274: Dacia nördlich der Donau
wurde systematisch evakuiert, aus den Randgebieten Moe-
siens, Thrakiens und der Dardania die Provinz Dacia Nova
geschaffen. Im transdanuvischen Teil breiteten sich nun Sarmaten und Goten aus.[54]
Auch eine Münzreform wurde in Angriff genommen, die
nach Aussage des Zosimus (1,61,3) die Silberprägung betroffen haben soll.[55]
Unter Aurelian wurde zudem der Sol-Kult zum Reichskult
erhoben.[56] Es handelte sich höchstwahrscheinlich um eine
politische Maßnahme, da sich in der Sol-Verehrung die viel-
fältigen Verehrungsformen des gallischen Sol (Apollo Gran-

---

53 Zur Revolte des Statthalters der Belgica, Faustinus, Aurelius Victor 45,4;
   Polemius Silvius = Chron. Min I S. 522.
54 A. Bodor, »Emperor Aurelian and the Abandonment of Dacia«, in: *Daco-*
   *romania* 1 (1973) S. 29–40.
55 J. Lafaurie, »Réformes monétaires d'Aurélien et de Dioclétien«, in: RNum
   (1975) S. 73–138; D. Kienast, »Die Münzreform Aurelians«, in: *Chiron* 4
   (1974) S. 547–565.
56 Die SHA, *Aurelian* 4,2–6, behaupten, daß die Mutter Aurelians eine Sol-
   Priesterin gewesen sein soll. G. Halsberghe, *The Cult of Sol invictus*, Leiden 1972.

nus), des griechisch-römischen Apollo, des ägyptischen Sarapis, des semitischen Baal sowie der Lichtgestalt des persischen Mithras wiederfinden konnten; zudem war es die Verehrung einer allumfassenden Gottheit, die sich mit den Gedankengängen des Neuplatonismus traf. Der Sol-Kult war somit geeignet, die einigende, einheitliche Staatsreligion zu werden, und wie die Münzen Aurelians zeigen, wurde das Reich dem Sol geweiht: SOL DOMINUS IMPERII ROMANI. Sein *dies natalis*, der 25. Dezember, wurde mit Zirkusspielen gefeiert. Der Sol-Kult wurde später der Hauptkult Constantins und von ihm erst nach 324 aufgegeben. Zentrum des Kultes wurde in Rom der von Aurelian eingerichtete Helios-Baal-Tempel.

Die Einbrüche der Germanen in Italien hatten gezeigt, daß nun auch Rom eines militärischen Schutzes bedurfte, und so ließ Aurelian die 18 837,5 m lange, mit 382 Türmen bewehrte und mit 18 Toren versehene ›Aurelianische Mauer‹ errichten, die die nur 11 570 m lange verfallene ›Servianische Mauer‹ der frühen Republik ersetzte (1230 ha zu früher 426 ha).[57] Italien selbst wurde neu geordnet: in einem Rückgriff auf die unter Hadrian bereits bestehenden *consulares*, Rechtsvertreter des Kaisers in den italischen Landschaften (*iuridices* unter Marc Aurel), wurde nun ein Amt geschaffen, das die unter Caracalla begonnene Neuorganisation Italiens hinsichtlich der Regionalverwaltung weiterführte: es wurden regionale *correctores* eingerichtet, die Ämter mit Vertrauenspersonen des Kaisers besetzt. Einer von ihnen war C. Pius Esuvius Tetricus, *corrector Lucaniae*.

Aurelian war militärisch *restitutor orbis* geworden, was sein Triumphzug des Jahres 274, in dem Zenobia wie Tetricus mitgeführt wurden, zeigte, aber auch er wurde am 23. März 275[58] bei der Vorbereitung eines Perserkrieges in Caenophrurium (einem Ort zwischen Perinth und Byzanz) in ei-

57 J. A. Richmond, *The City Wall of Imperial Rome*, Oxford 1930.
58 D. Kienast, *Kaisertabelle* (S. 231) datiert auf September/Oktober.

ner Offiziersverschwörung ermordet. Doch die Reformansätze des Kaisers waren gut genug, daß Diocletian auf sie zurückgreifen konnte.

Die Verschwörung war so plötzlich entstanden, daß kein Nachfolger zur Verfügung stand, und so überließen die Truppen dem Senat die Benennung eines Kaisers. Nach langem Zögern – sechs Monate, bis 25. September 275![59] – wählte dieser schließlich den *princeps senatus* M. Claudius TACITUS zum Augustus.[60] Der neue Kaiser war bestrebt, den Einfluß des Senates wiederzubeleben,[61] aber er war betagt (70 Jahre) und militärisch kaum erfahren. Auf die Nachricht von einem Einbruch der Goten in Kleinasien hin begab er sich in Begleitung seines Bruders M. Annius Florianus, den er zum *praefectus praetorio* ernannt hatte, nach Kleinasien. Trotz seines Erfolges, der ihm den Beinamen ›Gothicus Maximus‹ einbrachte, wurde er Anfang Juli 276 von den Soldaten beseitigt. Als FLORIANUS daraufhin den Purpur aufnahm, riefen die Truppen Ende Juli 276 den Chef des Ostheeres, M. Aurelius PROBUS, einen Offizier Aurelians und *dux Orientis*, zum Kaiser aus. Bevor es aber zur Entscheidungsschlacht kam, wurde Florianus getötet.[62]

Die Beseitigung der gallischen Usurpatoren hatte zu einer Schwächung der militärischen Präsenz geführt: Alamannen und Franken überschritten den Rhein. Probus kämpfte einigermaßen erfolgreich gegen die Germanen, danach begab er sich ins Illyricum, um die Grenzbefestigungen erneuern zu lassen. Aber nun begann das Spiel der Usurpationen erneut: Im Osten mußte der Kaiser 280 (?) den Aufstand des

---

59  D. Kienast, *Kaisertabelle* (S. 247) hält das Datum für fiktiv und nennt statt dessen November/Dezember, s. Anm. 58.

60  L. Polverini, »Da Aureliano a Diocleziano«, in: ANRW II 2 (1975) S. 1013–35.

61  CIL XII 5563: *Verae libertatis auctor*, »Urheber wahrer Freiheit«.

62  G. Vitucci, *L'Imperatore Probo*, Rom 1952; September (?) 276.

SATURNINUS niederwerfen,[63] im Westen, am Rhein, hatten sich PROCULUS und BONOSUS erhoben. Immer noch blieb Probus Sieger, und im Jahre 281 feierte er in Rom einen großen Triumph. Danach zog er nach Pannonien, um durch neue Aushebungen einen Perserkrieg vorzubereiten. Dabei wurde er im September 282 erschlagen. Ursache soll gewesen sein, daß Probus, mit dessen Name die Verbreitung des Weinbaues an Mosel, Rhein und Donau verbunden ist, die Soldaten zur Rekultivierung herangezogen haben soll. Diese unwürdige Arbeit führte zur Meuterei und zum Kaisermord.

Nachfolger wurde sein aus Narbo Martius [Narbonne] stammender *praefectus praetorio* M. Aurelius CARUS.[64] Dieser ernannte seine beiden Söhne CARINUS und NUMERIAN zu Caesaren und übergab dem Westen dem älteren Sohn Carinus. Er selbst begab sich nach einem Kampf gegen die Quaden (Sarmaten?) mit Numerian auf einen Perserzug. Erfolgreich konnte er bis Ktesiphon vordringen. Als er aber im Sommer (August/September?) 283 am Tigris lagerte, wurde er während eines Gewitters vom Blitz erschlagen. Seine beiden Söhne nahmen den Augustus-Titel an, und Numerian befahl den Rückzug. Unterwegs starb auch er an einer Augenkrankheit (November 284). Die Soldaten waren so sehr daran gewöhnt, daß ihre Kaiser ermordet wurden, und das vor allem auf Initiative des jeweiligen *praefectus praetorio*, daß der damalige *protector domestici* C. Aurelius Valerius Diocles, ein Illyrer aus Dalmatien, in einer Heeresversammlung bei Nicomedia den damaligen *praefectus praetorio* Aper des Mordes bezichtigen konnte und ihn unter allgemeinem Beifall erschlug. Die Versammlung aber erhob Diocles am 20. November 284 zum neuen Kaiser: C. Aurelius Valerius DIOCLETIANUS. Dieser zog umgehend nach Westen, um seine Ansprüche gegen Carinus durchzu-

63 Hieronymus, *Chronikon*, gibt 281; D. Kienast, *Kaisertabelle*, S. 253: Jahr 281.

64 P. Wuilleumier, »Carus et Numérien«, in: REA 47 (1945) S. 116–121.

setzen. In der Schlacht am Fluß Margus (Morava) nahe Viminacium, Spätsommer 285, unterlag zwar Diocletian, aber Carinus wurde unmittelbar danach von seinen eigenen Generälen ermordet. Damit war Diocletian der neue Herrscher des Gesamtreiches.

Die Krise des 3. Jahrhunderts hatte Reich, Kaisertum und Reichsverteidigung gleichermaßen verändert:

(1) Die Kaiser waren zunehmend von ihren Truppen abhängig, ihre Gegner fanden sich häufig in ihrer unmittelbaren Umgebung. Die Autorität eines Herrschers war an seinen militärischen Erfolg geknüpft, so daß er seine Herrschaftslegitimation vom Schutze einer Gottheit, der Götter (*consensus deorum, deus consul, deus comes*) ableitete. Der Kaiser versuchte, sich als Emanation des Göttlichen zu stilisieren.

(2) Das Reich war nur durch eine Aufgabenteilung (Herrschaftsbeteiligung) wirksam zu sichern, die Grenzkriege und Usurpationen gleichermaßen unterband. Dazu gehörte auch die Trennung zwischen militärischer und ziviler Gewalt in den Provinzen.

(3) Die Hauptstadt Rom selbst lag zu weit entfernt von den Brennpunkten militärischen Geschehens, so daß neue Residenzen entstanden, in denen auch Münzateliers angesiedelt wurden, um bestimmte Militärbezirke mit Geld zu versorgen.

(4) Die Städte wurden erneut durch Mauern, sogar Castelle gesichert, um eine eigenständige Verteidigung zu ermöglichen.

(5) Der Geldwertverfall verlangte nach einer Neuordnung der Münze, deren Ansatz in der Reform Aurelians zu sehen ist. Nur eine Neubewertung des Münzstandards konnte in der Lage sein, das Wirtschaftsgefüge zu stabilisieren, das den steigenden Geldbedarf, verursacht durch Kriege und vermehrte Anwerbung von Barbaren, decken konnte.

(6) Die Schlachtenkavallerie stand fast selbständig neben den Fußtruppen, die in schneller bewegliche Einheiten (*vexillationes*) gegliedert wurden.

(9) Zur Hebung der Schlagkraft wurden vermehrt germanische *principes* und *gentiles* angeworben. Das römische Heer begann sich zu »barbarisieren«. In der Kaiserbestätigung traten zunehmend römische *acclamatio* und germanische Schilderhebung nebeneinander.

(10) Geistig und religiös drifteten die einzelnen Stände – Senatoren, Ritter, Militärs, *humiles* – auseinander, so daß alles auf eine Auseinandersetzung zwischen den Religionen, bzw. zwischen Christentum, Mithraskult und der Philosophie hinsteuerte. Die Verbindung von traditionellen Verehrungselementen des Sol-Kultes mit der Christusverehrung verschaffte dem Christentum als theologischer Religion einen uneinholbaren Vorsprung, der zudem durch eine straffe Organisation unterstützt wurde. Das Reich begann sich unaufhaltsam zu christianisieren, das Heidentum zog sich in den »Elfenbeinturm« überlegener Bildung zurück.

# Die Spätantike

## Einleitung

Den Beginn der Spätantike mit Kaiser Diocletian anzusetzen liegt begründet in der Tatsache, daß dieser Herrscher eine Neuordnung des Reiches vorgenommen hatte, die fast alle politischen, administrativen, militärischen und ökonomischen Bereiche betraf. Nur so war es gelungen, das Imperium nach außen hin zu verteidigen und im Inneren zu stabilisieren. Aber auch das Herrschertum veränderte mit ihm seinen Aspekt, und Aurelius Victor stellt ihn uns als Herrscher »neuen Typs« vor: »Valerius Diocletianus, ein großer Mann, hatte allerdings folgende Sitten: Er war nämlich der erste, der nach einem golddurchwirkten Kleid trachtete und Schuhe aus Seide in Purpur und mit Edelsteinen besetzt beanspruchte. Dieses, obschon es über den Bürgersinn hinausgehend von einer aufgeblasenen und hochmütigen Geisteshaltung zeugt, ist doch noch wenig gegen das übrige. Denn er duldete als erster nach Caligula und Domitian, daß man ihn öffentlich ›Herr‹ (*Dominus*) nannte, sich vor ihm niederwarf und ihn wie eine Gottheit ansprach.«[1] Dieser von Aurelius Victor hervorgehobene Aspekt des

---

1 Aurelius Victor 39,1–4: *Valerius Diocletianus [. . .] magnus vir, his moribus tamen: quippe qui primus, ex auro veste quaesita serici ac purpurae gemmarumque vim plantis concupiverit. quae, quamquam plus quam civilia tumidique et affluentis animi, levia tamen prae ceteris. namque se primus omnium Caligulam post Domitianumque dominum palam dici passus et adorari se appellari uti deum.*

»Dominats«[2] leitete eine Periode ein, die den Eindruck absoluter Herrschaft vermitteln kann. Gleichzeitig muß betont werden, daß die Leistung Diocletians im wesentlichen auf der Weiterentwicklung von Ansätzen beruht, die die Kaiser seit Septimius Severus entwickelt hatten. Aus diesem Grunde hatte sich A. Piganiol vormals entschlossen, Dioicletians Herrschaft dem Zeitalter der ›Illyrischen Kaiser‹ zuzurechnen und die Neugestaltung des Reiches (»La monarchie bureaucratique«) mit Kaiser Claudius II. Gothicus beginnen zu lassen.[3] Dennoch sind die mit Dioicletian beginnenden Veränderungen so bedeutend, daß hier auf einige Aspekte, die bei einer Darstellung der Spätantike zu beachten sind, hingewiesen werden soll.

(1) Obwohl die Herrschaft Dioicletians die Zeit der Tetrarchien einleitet, obwohl die kommenden Jahrhunderte charakterisiert sind durch das Neben- und Miteinander mehrerer Herrscher, gingen die Kaiser grundsätzlich von der territorialen Einheit des Reiches aus. Die Notwendigkeit, Mitregenten zu bestellen, geschah aus Gründen der Aufgabenteilung wie der dynastischen Sicherung, bewahrte somit den Herrschaftsaspekt, wie er unter der gemeinsamen Regierung eines Marcus Aurelius und Lucius Verus angelegt war. Die Einheit des Imperiums zeigt sich vor allem in der Beachtung des »Seniorates« im Herrscherkollegium: der jeweils »dienstälteste« (*dies imperii*) Kaiser beanspruchte die Legislative für das Gesamtreich, das Ausscheiden eines Mitregenten stellte ihm theoretisch frei, einen neuen zu berufen oder das Reich allein zu beherrschen. Dies bedeutet – wenn wir etwa den Wechsel vom 5. zum 6. Jahrhundert betrachten –, daß nach der »Beseitigung« der ›weströmischen‹ Kaiser die ›Ostkaiser‹ automatisch zu Herrschern des ungeteilten Gesamtreiches wurden.

2 J. Bleicken, *Prinzipat und Dominat. Gedanken zur Periodisierung der römischen Kaiserzeit*, Wiesbaden 1978 (Frankfurt Historische Vorträge, 6).
3 A. Piganiol, *Histoire de Rome*, Paris ⁵1962, S. 439.

(2) Gerade in der Legislative zeigt sich sehr deutlich, daß
die Einheit des Imperiums in der Person des (ranghöchsten)
Kaisers bewahrt blieb, dies vor allem ab dem Moment, da
dem römischen Senat der von Constantinopel gegenübergestellt wurde. Vermerkt Aurelius Victor, daß der Senat bereits unter Kaiser Probus das Recht der Herrscherbestallung
an die Soldaten verloren hatte,[4] so begann er nun zunehmend seine ideologische Vorrangstellung einzubüßen. Die
jahrhundertealte Tradition, römischen Senat und Kontinuität des Staates seit seiner Begründung unter Romulus
gleichzusetzen, verblaßte, ging zunehmend auf das Kaisertum über. Im ideologischen Verständnis des Reiches wird
dieses unverzichtbarer denn je, ohne jedoch – im modernen
Sinne – eine verfassungsmäßige Einbindung und damit Definition zu erfahren. Die von Augustus formulierte Grundlage der Macht, der *consensus universorum et deorum*, blieb
auch unter den christlichen Herrschern bestehen, selbst als
sich der äußere Rahmen, die Szenerie der Herrschereinset-
zung, wandelte.[5]
(3) Die Herrscher seit Diocletian betonen zunehmend ihre
vom Staatsvolk »abgehobene« (»absolute«) Position, indem

4 Aurelius Victor 37,5.7: *Abhinc militaris potentia convaluit ac senatui imperium creandique ius principis ereptum ad nostram memoriam, incertum, an
ipso cupiente per desidiam an metu seu dissensionum odio. [. . .] Verum dum
oblectantur otio simulque divitiis pavent, quarum usum affluentiamque
aeternitate maius putant, munivere militaribus et paene barbaris viam in se
ac posteros dominandi.* (»Von dieser Zeit an festigte sich immer mehr die
Gewalt des Militärs, und dem Senat wurde die Macht und das Recht auf
Kaiserwahl bis in unsere Zeit entrissen, ohne daß man entscheiden könnte,
ob aus eigenem Wunsche wegen Trägheit, aus Furcht und Abscheu vor inneren Unruhen [. . .] Aber während sie die Ruhe genossen und gleichzeitig um
ihre Reichtümer fürchteten, deren Gebrauch und Anhäufung sie höher als
die Unsterblichkeit schätzen, haben sie Soldaten und beinahe den Barbaren
den Weg zur Herrschaft über sie selbst und über ihre Nachkommen ge-
bahnt.«)
5 Siehe dazu die Erhebung des Kaisers Anastasius: Constantinos Porphyro-
gennetos, *De caeremoniis aulae Byzantinae*, hrsg. von J. J. Reiske, Bonn
1929, S. 417–425, übersetzt von H.-G. Beck, in: H.-G. B., *Byzantinisches
Lesebuch*, München 1982, S. 70–73 (»Eine Frau kreiert einen Kaiser«).

sie auf Vorgaben eines Domitian, aber auch – positiv bewertet – auf Traian zurückgriffen, ohne jedoch die Verpflichtung gegenüber Gesetz und Bürgern zu vergessen oder gar zu leugnen. Gerade die Rechtssicherheit gehörte zum Ausweis des guten Herrschers, und die Kaiser der Spätantike legten dafür die Basis durch die großen, unter Diocletian beginnenden Rechtskodifikationen. Der Herrscher selbst ist nicht *legibus solutus*, sondern gerade weil er Recht setzen kann, der oberste Wahrer und Diener des Rechts ist, sieht er sich ihm unterworfen. Hierin definiert sich der Herrscherauftrag wie das Herrscherideal der *civilitas*: nicht die einzelnen Gesetze, deren Einhaltung der Herrscher überwacht, sondern die Gesamtheit des Rechts (Rechtsstaat) ist für ihn bindend, so daß man sich an den ciceronischen Ausdruck erinnert fühlt: *iusta imperia sunto*, »Anordnungen sollen gerecht sein« (Cicero, »De legibus« 3,3,6).

(4) Aber wie vormals die ›Constitutio Antoniniana‹ die Verehrung der Staatsgötter durch die Bevölkerung des Reiches als tragende Stütze des Imperiums formulierte, so sahen auch die Kaiser der Spätantike in der »Reichsreligion« die Stütze der Einheit des Reiches. Hier erfuhr vor allem das Christentum eine politische Bewertung, um die Aufgabe, die die heidnischen Kulte nur scheinbar leisten konnten, zu übernehmen und zu erfüllen. So wie das Christentum trotz – oder gerade wegen – der endlosen christologischen Streitigkeiten politisiert wurde, so konnten sich auch die Kaiser zunehmend weniger dem Einfluß der Kirche, dem über das rein Christologische/Theologische hinausreichenden Anspruch auf politische Einflußnahme, entziehen. Kirchenpolitik und Reichspolitik wurden so ineinander verwoben bis hin zur offenen Machtpolitik und Konfrontation. Was aus der Sicht der Theologie die Suche nach der wahren Definition der Trinität bedeutete, wurde offen auf der politischen Bühne – mit Unterstützung der Kaiser oder auch gegen deren Eigeninteressen – durchgesetzt. Wenn also in der vorhergehenden Darstellung des Principats die

religiösen Aspekte eine untergeordnete Rolle zu spielen schienen, so sind sie bei der Betrachtung der Spätantike unverzichtbar, auch wenn der Aufgabe, diese Verknüpfung aufzuzeigen, hier nur in sehr bescheidenem Maße Rechnung getragen werden kann.

# I

## Von Diocletian bis Constantin

### 1 Diocletian und die Tetrarchie

Mit der Ermordung des Carinus konnte Diocletian seinen Regierungsanspruch auf den *consensus omnium et deorum* zurückführen. Es ist nicht klar, was die Generäle des Carinus bewogen hatte, zuerst den Usurpator zu bekämpfen, um nach dem Sieg den eigenen Kaiser umzubringen. Möglicherweise werden hier alte Rivalitäten aus der Zeit des Kaisers Probus sichtbar, aus dessen »Offiziersschmiede« die Mehrzahl der Generäle stammte.[1]

Diocletian, vermutlich am 22. Dezember 245 (?) geboren,[2] stammte aus dem Illyricum, wahrscheinlich aus der Stadt Dioclea in Dalmatia.[3] Wie alle Militärs kannte er die Gefahr, die von der eigenen Umgebung wie der Bedrohung des Reiches gleichermaßen ausging. So hatten sich in Gallien unter dem Druck der Germaneneinfälle, aber auch der Steuern, Bauern, Hirten, Handwerker und Deserteure zu Banden (*bagaudae*; gallisch *baga* ›Kampf‹) zusammengeschlossen, die unter der Führung von Aelianus und Amandus standen.[4] Da Diocletian gleichzeitig die Donaufront gefährdet sah, übergab er 285 das Kommando in Gallien seinem früheren Waffengefährten M. Aurelius Valerius Maximianus.

1 Die SHA, *Probus* 22,3 zählt neben Diocletian noch Carus, Constantius, Asclepiodotus, Annibalianus und andere zu den *duces praeclarissimi* des Kaisers.

2 *Papyrus Beatty Panopolis* II Z. 164.173.181 f.

3 So sagt Lactanz, *De mortibus persecutorum* 9,11; 19,5, Diocletianus habe zuvor Diocles geheißen.

4 Eutrop 9,20; B. Czuth, *Die Quellen der Geschichte der Bagauden*, Szeged 1965 (Acta Antiqua et Archeologica, 9).

Auch der um 250[5] geborene Maximian stammte aus dem Illyricum, vermutlich nahe Sirmium.[6] Über einen mit dem Auftrag verbundenen Rang gibt es keine sicheren Quellen, doch ist möglich, daß Diocletian ihm den Caesarnamen, wie ihn Eutrop überliefert, titular übergab, jedoch ohne weitere Herrscherbefugnisse.[7] Die Erfolge in Gallien führten dazu, daß ihm 286 der Augustusrang zugesprochen wurde.[8] Damit besaß das Reich zwei Augusti, Diocletian, der sich den Osten vorbehielt, und Maximian. Diocletian legte jedoch Wert darauf, seine Anciennität als Regent gegenüber Maximian festzustellen; so ließ er sich als Mitglied der Iuppiter-Familie verehren, *Diocletianus Iovius*, während Maximian in Anlehnung an den Gehilfen des Zeus Mitglied der Familie des Hercules, *Herculius*, wurde: der ›Herculius‹ sollte den ›Iovius‹ bei der Bewältigung der Regierungsaufgaben unterstützen. Diocletian behielt als rangerster Augustus die Legislative, auch wenn die Gesetze im Namen beider Kaiser verkündet wurden. Rom blieb die Hauptstadt des Gesamtreiches, aber beide Herrscher wählten sich in Trier und Mailand, bzw. Serdica [Sofia] und Nicomedia [Ismid] Nebenresidenzen.

Die Kämpfe Maximians gegen Franken und Sachsen führten 287 zur Usurpation des Admirals M. Aurelius Maus(aeus?) Carausius, der der Unterschlagung angeklagt war. Diocletian seinerseits hatte 287 unter Ausnützung innerpersischer Streitigkeiten Armenien für Rom sichern können, ebenso die Euphratlinie.

März 291 trafen sich dann beide Kaiser in Mailand, um dem Imperium die Eintracht der *divi fratres* zu demonstrieren;

---

5 Geboren am 21. Juli? So D. Kienast, *Kaisertabelle*, S. 268.
6 A. Pasqualini, *Massimiano Herculius. Per un' interpretazione della figura e dell'opera*, Rom 1979.
7 Zum Caesar-Titel CIL VIII 10 285: *Aur[eli]o Valerio Maximiano nobilissimo Caes(ari)*. Eine Caesar-Prägung ist bislang nicht bekanntgeworden.
8 Allerdings ist, wie bereits O. Seeck vermutet hat, nicht auszuschließen, daß Diocletian hier einer Proklamation der Westtruppen nachgegeben hat.

gleichzeitig war dies eine Absage an den Usurpator Carausius. Die andauernden Germanenkriege erschwerten allerdings dessen Beseitigung, so daß sich Maximian entschloß, seinerseits einen Helfer zu wählen: Fl. Valerius Constantius (Chlorus), Statthalter der Provinz Dalmatia und vermutlich seit 289 mit Maximians Stieftochter Theodora verheiratet. Nun wurde er am 1. März 293 in Mailand zum Caesar erhoben und in die Familie der ›Herculier‹ aufgenommen. Constantius,[9] der ebenfalls aus dem Illyricum (Dacia Ripensis?) stammte, war während seiner Laufbahn mit der *stabularia* Helena liiert, die ihm um 284/285 einen Sohn Constantinus geboren hatte. Diocletian mußte des inneren Friedens halber das Vorgehen Maximians hinnehmen; berief allerdings seinerseits am 21. Mai 293 den Illyrer C. Galerius Valerius Maximianus in Viminacium [Kostalac] zum eigenen Caesar und verheiratete ihn mit seiner Tochter Valeria; Galerius wurde in die Familie der ›Iovier‹ aufgenommen.[10]

Damit war die Doppelherrschaft zur Tetrarchie erweitert, die nach außen hin auf völlige Eintracht[11] wie Repräsentanz des Göttlichen Wert legte: die unterschiedliche Regierungsdauer der beiden Augusti wurde der Herrschaftszählung Diocletians angeglichen, der 1. März offiziell als Regierungsantritt *beider* Caesaren festgesetzt. Diocletian und Maximian aber ließen sich als *di geniti et deorum creatores* feiern.[12] Vor allem die den Senatskreisen nahestehende

---

9 Geboren am 31. März 350 oder kurz danach; D. Kienast, *Kaisertabelle*, S. 276.

10 Die Laufbahn des Galerius bis zu seiner Erhebung ist unbekannt, vermutlich unterdrückt von der späteren constantinischen Geschichtsschreibung. Hinweise bei den Epitomatoren lassen schließen, daß er ungefähr gleichaltrig mit Constantius war und eine gleichartige Militärlaufbahn absolviert haben muß. I. König, »Die Berufung des Constantius Chlorus und des Galerius zu Caesaren«, in: *Chiron* 4 (1974) S. 567–575.

11 Siehe dazu die Tetrarchenstandbilder in Venedig.

12 ILS 629 (nahe Dyrrhachium): *Diis genitis | deorum creatoribus | dd. nn. Diocletiano et | [Maximiano invict]is Augg. | – – –.*

»Historia Augusta« lobt die Tetrarchen, indem sie ihnen alle Tugenden guter Herrscher (*boni principes*) zuerkennt: »Es sind fürwahr vier tapfere Weltbeherrscher, weise, gütig und ungemein freigebig, eins in ihrer Verantwortung gegenüber dem Staat, äußerst ehrerbietig gegen den römischen Senat, maßvoll, Freunde des Volkes, sehr gewissenhaft, ernsthaft, gottesfürchtig, und daher die Kaiser, die wir uns immer gewünscht haben.«[13] Allerdings war durch die Berufung des Constantius Chlorus die Iovius-Herculius-Konstruktion, die ursprünglich die autoritative Stufung innerhalb des Herrscherkollegiums versinnbildlichen sollte, unterlaufen worden. Die Edikte der sog. 1. Tetrarchie, allen voran das bekannte ›Höchstpreisedikt‹, lassen folgende Herrscherordnung erkennen: (1) Diocletianus Iovius – (2) Maximianus Herculius – (3) Constantius Herculius – (4) Galerius Iovius. Damit war Constantius ›Herculius‹ aufgrund seines früheren *dies imperii* ranghöher eingestuft als Galerius ›Iovius‹.[14]

Mit der Gestaltung der Tetrarchie wurden auch die Aufgaben im Reich wie die Reichssprengel neu verteilt:

DIOCLETIAN behielt sich die Provinzen des Ostens, dazu Ägypten und die Cyrenaika. Seine Residenz war Nicomedia [Ismid];

GALERIUS erhielt die Donau- und Balkanprovinzen östlich von Raetien. Seine Residenz war Serdica [Sofia], später Thessalonica [Saloniki];

CONSTANTIUS CHLORUS erhielt Britannien, Gallien-Germa-

---

13  SHA, *Carus* 18,4: *Quattuor sane principes mundi fortes, sapientes, benigni et admodum liberales, unum in rem p. sentientes, perreverentes Romani senatus, moderati, populi amici, persancti, graves, religiosi et quales principes semper oravimus.*

14  Eine andere Deutung bietet T. D. Barnes, *The New Empire of Diocletian and Constantine*, Cambridge (Mass.) 1982, S. 62 Anm. 73, der ein höheres Alter des Constantius annimmt. – A. Rousselle, »La chronologie de Maximien Hercule et le mythe de la tetrarchie«, in: DHA 2 (1976) S. 445–466.

nien, Hispanien. Seine Residenz wurde Augusta Treverorum [Trier] und vielleicht Eburacum [York];

MAXIMIAN behielt sich Italien, Raetien, Africa und die westlichen Inseln. Seine Residenz war Mediolanum [Mailand].

Rom selbst blieb Reichshauptstadt. Jeder Kaiser aber hatte das Recht, in das Gebiet des Mitkaisers militärisch einzugreifen.

Mit der Schöpfung der ›Kaiserepiphanie‹ wurde zugleich versucht, den Herrscher der Willkür der Truppen zu entziehen. Die Anrede *Dominus noster* wurde verpflichtend, ebenso die *adoratio*, der verehrende Kniefall. Alles, was mit dem Kaiser zusammenhing, war *sacer*.

Constantius bekämpfte nunmehr Carausius bzw. Allectus, der Carausius ermordet und seinerseits den Purpur aufgenommen hatte,[15] doch erst 296 konnte Britannien zurückgewonnen werden.[16] Zum Schutz Galliens, aber auch zur Rekultivierung des in den Bagaudenkriegen verwüsteten Landes, siedelte Constantius Franken und Friesen als ›Laeten‹ in Gallien an, die als Grundhörige auf staatlichem Gebiet steuer- und heerpflichtig zugleich waren.[17]

In den Jahren 297 und 298 mußten in Ägypten die Aufstände des L. Domitius Domitianus und Aurelius Achilleus niedergeworfen werden,[18] und in den Auseinandersetzungen mit Persien blieb Rom 298 Sieger; ein langjähriger Friede wurde abgeschlossen.

---

15 Allectus war Vizeadmiral und Rechnungsführer des Carausius; Aurelius Victor 39,41.

16 Diesem Ereignis ist der Panegyricus vom 1. März 297 (*Panegyrici latini* 8 = 4 ed. Galletier) gewidmet.

17 R. Günther, »Laeti, Foederati und Gentiles in Nord- und Nordostgallien im Zusammenhang mit der sog. Laetenzivilisation«, in: *Zeitschrift für Archäologie* 5 (1971) S. 39–59.

18 A. K. Bowman, »The Military Occupation of Upper Egypt and the Reign of Diocletian«, in: *Bulletin of the American Society of Papyrologists* 15 (1978) S. 25–38.

Mit dem Jahr 298 war das Reich militärisch nach außen wie nach innen stabilisiert. Da aber die Vergangenheit gezeigt hatte, daß Revolten und Usurpationen jederzeit ausbrechen konnten, stellten Diocletian und seine Mitregenten das Reich auf eine einheitliche Verwaltungsbasis, die eine militärische wie finanzielle Machtkonzentration einzelner verhindern sollte. Die Steuerberechnung erhielt eine neue Grundlage, um in erster Linie die immensen Ausgaben für das Heer und die Reichsverteidigung decken zu können. Die Reichsbewohner sahen darin eine ungeheure Belastung, und das vernichtende Urteil des Lactanz kann für viele stehen: »Dieser (Diocletian) verdarb den Erdkreis zugleich durch Habsucht und Furchtsamkeit. Er nahm drei Mitregenten an, teilte das gesamte Reich in vier Teile und vervielfältigte die Heere, so daß jeder einzelne von ihnen trachtete, eine weit größere Anzahl Soldaten zu besitzen als die früheren Herrscher, die noch allein den Staat lenkten. So sehr begann die Zahl der Empfangenden gegenüber den Gebenden anzuwachsen, daß, als aufgrund der Maßlosigkeit der Steuern die Kräfte der Bauern erschöpft waren, die Äcker verlassen wurden und kultiviertes Land sich in Wälder verwandelte. Und um alles mit Schrecken zu erfüllen, wurden auch die Provinzen in kleine Stücke zerschlagen. Viele Statthalter und zahlreiche Bureaus wurden den einzelnen Gebieten und fast jeder Stadt auferlegt, desgleichen eine Menge von Rechnungs-, Verwaltungsbeamten und Vertretern der Praefecten, und bei all denen gab es nur selten Gerichtsverhandlungen, aber häufige Verurteilungen und Konfiskationen; die Einforderungen unzähliger Dinge waren, ich möchte sagen nicht nur häufig, sondern unablässig, und die Ungerechtigkeiten bei den Erhebungen waren nicht zu ertragen. Auch hätte man das, was den Unterhalt der Soldaten betraf, noch hingenommen. Aber (Diocletian) wollte in unersättlicher Habsucht seine Schatzkammern nie vermindert sehen, sondern raffte unaufhörlich außeror-

dentliche Schätze und Gaben zusammen, um das, was er
beiseite geschafft hatte, unversehrt und ungeschmälert zu
bewahren.«[19]


## Die Reformen


**Die Provinzreform**. Größere Provinzen wurden geteilt,
ihre Gesamtzahl – in der Severerzeit 50 – auf fast 100 verdoppelt. ›Asia‹ und ›Africa‹ blieben proconsularische Provinzen, ›Achaia‹ wurde ihnen rangmäßig gleichgestellt. Die
übrigen vergaben die Kaiser an *correctores* senatorischen
Ranges (*clarissimi viri*) und ritterliche *praesides* (*perfectissimi viri*). Den senatorischen Statthaltern wurde die militärische Befugnis entzogen, und nur die ritterlichen *praesides*
der Grenzprovinzen besaßen beschränkte Militärgewalt.
Die Aufgabe der Statthalter war damit auf die Administration und Rechtsprechung beschränkt, weshalb auch häufig
die Bezeichnung *iudices* verwendet wurde.
Die Provinzen wurden zu Großverwaltungsräumen, sog.
Diözesen, zusammengefaßt und einem *vicarius* (*agens vices
praefecti*) unterstellt. Auch Italien wurde nun in dieses Sy-

---

19 Lactanz, *De mortibus persecutorum* 7,2–5: *Hic orbem terrae simul et avaritia et timiditate subvertit. Tres enim participes regni sui fecit in quattuor
partes orbe diviso et multiplicatis exercitibus, cum singuli eorum longe maiorem numerum militum habere contenderent, quam priores principes ha-
buerant, cum soli rem publicam gererent. Adeo maior esse coeperat numerus accipientium quam dantium, ut enormitate indictionum consumptis vi-
ribus colonorum desererentur agri et culturae verterentur in silvam. Et ut
omnia terrore complerentur, provinciae quoque in frusta concisae: multi
praesides et plura officia singulis regionibus ac paene iam civitatibus incu-
bare, item rationales multi et magistri et vicarii praefectorum, quibus omnibus civiles actus admodum rari, sed condemnationes tantum et proscriptio-
nes frequentes, exactiones rerum innumerabilium non dicam crebrae, sed
perpetuae, et in exactionibus iniuriae non ferendae. Haec quoque tolerari
(non) possunt quae ad exhibendos milites spectant. Idem insatiabili avaritia
thesauros numquam minui volebat, sed semper extraordinarias opes ac
largitiones congerebat, ut ea quae recondebat, integra atque inviolata ser-
varet.*

stem eingebunden. Damit entstand ungefähr folgende Gliederung.

| | |
|---|---|
| im Osten: | Diözesen Oriens, Pontica, Asiana |
| an der Donau: | Diözesen Thracia, Moesia, Pannonia (Illyricum) |
| im Westen: | Diözesen Britanniarum, Galliarum, Viennensis, Hispaniarum |
| im Süden: | Diözese Africa |
| Italien: | Diözese Italia, geteilt in *Italia annonaria* (Ancona bis Donau), und *Italia suburbicaria* und die Inseln, je einem *corrector* unterstellt, manchmal aber auch einem einzigen (*corrector utriusque Italiae*) übertragen. Rom selbst blieb bis zum 100. Meilenstein einem *praefectus Urbi* unterstellt. |

Diese Gebiete wurden gemäß der Zahl der Kaiser in vier Reichssprengeln zusammengefaßt, die von den Kaisern und deren Stellvertretern, den *praefecti praetorio* im Rang von *illustres*, kontrolliert wurden. So war eine direkt auf den Kaiser bezogene Pyramide der Provinzordnung entstanden.

An der Spitze der Provinzialverwaltung stand der Statthalter, dem das *officium* der Verwaltungsbeamten beigegeben war; dieses unterstand einem dem Gouverneur verantwortlichen *princeps*, war aber für etwaige Fehler der Beamten mitverantwortlich. Das *officium*, gegliedert in verschiedene Abteilungen (*scholae*), leitete die von oben gekommenen Anordnungen weiter, arbeitete die Verfügungen aus, führte die Standes-, Bürger- und Censuslisten. Für diese Arbeiten war ihnen das Schreib- und Archivbüro, das *scrinium*, angegliedert.

Alljährlich wurden Provinziallandtage abgehalten, wo Anordnungen empfangen und Klagen zur Verwaltung eingebracht werden konnten.

Die aufgezeigte Hierarchie – Statthalter →*vicarii* – zeigt auch den Weg der Appellationsgerichtsbarkeit. Die *vicarii* selbst hatten das Recht, unter Umgehung der *praefecti praetorio* direkt an den Kaiser zu appellieren.

Alles aber wurde zusätzlich überwacht von den *agentes in rebus*, die dem Kaiser allein verantwortlich waren und als Boten, Staats-, Sicherheits- und Geheimpolizei gleichermaßen dienten und in einer *schola* zusammengefaßt waren. Den direkten Nachrichtendienst übernahmen die Kuriere der Staatspost, die *veredarii*.[20]

**Die Militärreform.** Das in den Provinzen stehende Heer (zumeist zwei Legionen) wurde einem *dux* unterstellt; ausgenommen waren Grenzprovinzen, in denen die *praesides* aus dem Ritterstand diese Aufgabe weiterhin behielten. Das Gesamtaufgebot des Reiches wurde auf der Basis der gallienischen Reformen neu organisiert, die weiterhin von einem *praeses* kommandierten Legionen wurden verkleinert (zumeist 1000 Mann). Ihre Anzahl stieg von 39 auf 60, doch wurden sie weiterhin von Hilfstruppen aus Kavallerie (*alares*) und Infanterie (*cohortales*) unterstützt; hinzu kamen berittene und damit schnell bewegliche Einheiten von durchschnittlich 500 Mann (*vexillationes*), die einem *praepositus* unterstellt waren. Damit wurde eine Gesamtstärke von rund 400 000 Mann erreicht. Das bestehende Grenzwehrsystem (*limes*) wurde zwar beibehalten, aber durch Anlage von Kastellen und schnellen Militärstraßen weiter gesichert. Die Grenzverteidigung lag in der Hand der fest an der Grenze stationierten Truppen (*limitanei*), die im Ernstfall auf das Angebot der *laeti* (im Westen) bzw. *gentiles* zurückgreifen konnten. Die Kaiser hingegen bedienten sich bei ihren Feldzügen neben den Legionen besonders beweglicher schneller Einsatztruppen (*comitatenses*).

**Die Zentralverwaltung.** Obwohl die Kaiser »feste« Residenzen auswählten, befanden sie sich, wie die Ausstellungs-

---

20 *vereda* (gallisch) ›Pferd‹.

orte der Gesetze zeigen, ständig auf Reisen, wobei sie ein erheblicher Teil des Verwaltungspersonals wie der Palast-beamten (*palatini*) begleitete: so etwa der *comes sacrarum largitionum* (für Staatsausgaben[21]) und der *comes rerum (summarum) privatarum* (für kaiserliches Vermögen). Zu diesem Personenkreis zählte neben ranghohen Offizieren und hohen Verwaltungsbeamten (*comites*) auch die kaiserli-che Dienerschaft (*castrenses*), ferner die Leibwache der *pro-tectores* (*domestici*). Die anfallenden Unkosten für Einquar-tierungen und Verköstigungen mußten die betroffenen Orte tragen. Der Kaiser selbst wählte aus den *comites* seinen Beraterstab, der, hervorgegangen aus dem ehemaligen *con-silium principis*, nun das *sacrum consistorium* bildete und juristische Beraterfunktionen besaß. Da nach Ansicht Dio-cletians der Dienst beim Militär (*militia armata*) dem in der Zivilverwaltung gleichbedeutend war, wurde die Beam-tenlaufbahn nun allgemein als *militia* bezeichnet, die Beam-ten trugen den »Militärgürtel« (*cingulum militare*).[22]

**Die Steuerreform**. Die Finanzverwaltung unterstand, so-weit sie die Einkünfte aus Steuern betraf, dem *rationalis*. Ihm war auf der Ebene der Diözesen der *vicarius rationalis* untergeordnet. Von hier aus erfolgte der direkte Zugriff auf die Steuerlisten der Provinzen, wo entsprechende *officia* tä-tig waren. Zudem war das Reich durchsetzt von Staatsgü-tern, die dem *comes rerum privatarum* unterstellt waren und deren Unterbeamte als *vicarii* tätig wurden.
Ein verändertes Steuersystem wurde Basis des Staatshaus-haltes:[23] Die Steuererhebung war aufgeteilt in Personen-steuer (*capitatio*) und Grundsteuer (*iugatio*), wobei die *capi-*

---

21 Die Besoldung wurde so als freiwillige Großzügigkeit (*largitio*) des Kai-sers definiert.
22 Vgl. Lactanz, *De mortibus persecutorum* 31,3; W. Seston, *Dioclétien et la Tétrarchie*, Paris 1946, S. 347; A. Demandt, *Spätantike*, S. 231; Av. Came-ron, *Das späte Rom*, S. 56.
23 Seit ca. 297 in den ägyptischen Papyri faßbar.

*tatio* auf das in den Provinzen erhobene *tributum* zurück-
griff, das teils in Geld, teils in Naturalabgaben geleistet
werden mußte. Grundlage der *capitatio* war die Anzahl aller
in der Landwirtschaft tätigen Reichsbewohner zwischen
12 und 60 Jahren, wobei Frauen als halbe Arbeitskraft nur
den halben Steuersatz leisten mußten. Die *iugatio* war in der
Berechnung mit dem *iugum* verbunden, d. h. der Flächeneinheit, die einem Mann den Lebensunterhalt ermöglichte.
So wurde der Boden nach Ertrag und Lage eingeteilt. *Caput*
und *iugum* zusammen ergaben die Steuerbelastung des
Steuerpflichtigen. Der Personensteuer waren auch die nicht
in der Landwirtschaft tätigen Reichsbewohner, vor allem in
den Städten, unterworfen (*capitatio plebeia*), sofern sie
nicht Steuerprivilegien (*immunitas*) besaßen. Berechnungs-
grundlage bildete ein allgemeiner Census (*novus census*),
wobei alle fünf Jahre eine Revision der Steuerlisten durchgeführt wurde (*indictio*).

Daneben bestand weiterhin das System unentgeltlicher
Dienstleistungen (*munera*) wie der Abgaben (*portorium*)
der Händler, wenn ihre Waren von einem Zollbezirk in einen anderen transportiert wurden. Solche Zollbezirke waren Gallien, Hispanien, Italien, Africa, Illyricum, Asia. Die
Senatoren waren zur Zahlung des *aurum oblaticium*, einer
»freiwilligen« Sondersteuer, verpflichtet, und auch Curialen
konnten dafür herangezogen werden.

Die Tatsache, daß unsere Quellen die *annona* als Haupt-
steuer bezeichnen, darf nicht zu dem Irrtum verleiten, die
Geldsteuer sei zugunsten der Naturalsteuer vernachlässigt
worden. Wir können vielmehr feststellen, daß *capitatio* und
*iugatio* auch in Geld erhoben werden konnten nach Maßgabe
der Notwendigkeiten: Beamte und Soldaten wurden weiterhin »bezahlt« (*adaeratio*), erhielten aber auch Naturalien.

**Die Münzreform.** Um 294 entschloß sich Diocletian, eine
»Währungsreform« durchzuführen. Der alte Antoninianus
wurde durch eine versilberte Bronzemünze (*follis*, ›Beutel‹)
ersetzt (¹⁄₃₂ des römischen Pfundes), ferner ein *denarius ar-*

*genteus* mit 90% Silbergehalt ausgegeben, der etwa ¹⁄₉₆ des römischen Pfundes entsprechen sollte.[24] Der *aureus* wurde mit ¹⁄₆₀ Pfund festgelegt. Damit ergab sich folgende Relation: 1 Aureus = 1000 Denare = 5000 Folles. Wir wissen, daß Diocletian die kaiserlichen Finanzbehörden (*rationales*) der Provinzen beauftragte, Gold in erheblichen Mengen aufzukaufen und den Preis in Denaren zu erstatten, der damit zum Standardnominal werden sollte. Da aber der staatliche Ankaufpreis für Gold künstlich festgelegt wurde,[25] schwankte der Goldpreis auf dem freien Markt und entzog sich damit der Relation zu den übrigen Währungseinheiten. Mit der Reform Diocletians wurde auch die monetäre Sonderstellung Ägyptens wie der kleinasiatischen Städte aufgegeben. Die Münzstätten (*sacrae monetae*) wurden gemäß den in den Praefecturen stationierten Truppen dezentralisiert.

Die Tatsache, daß der Realwert des Follis erheblich niedriger lag als seine künstliche Festsetzung, ließ die Preise in die Höhe schnellen. Diocletian reagierte darauf, indem er den Edelmetallgehalt des Denars senkte, was neue Preissteigerungen hervorrief. Deshalb erließ Diocletian im Jahr 301 eine Verordnung, die alle Waren und Dienstleistungen mit einem Preis belegte, der bei Todesstrafe nicht überschritten werden durfte. Diese Regelung sollte, wie in der Einleitung formuliert, in erster Linie die Soldaten vor Wucherpreisen schützen. Aber das »Höchstpreisedikt« (*Edictum de maximis pretiis*) ließ, wie Lactanz berichtet, viele Waren vom Markt verschwinden, Dienstleistungen wurden verweigert, mußten durch Zwang (*munera*) eingefordert werden.[26] Das

24  1 römisches Pfund = 327 g.
25  Ein Papyrus aus Panopolis vom 16. Februar 300 berechnet nach kaiserlicher Verfügung 1 Pfund Gold zu 40 Talenten, d. h. 60000 Denaren (Papyrus Beatty Panopolis II Z. 215–221).
26  Da bis heute Fragmente des Preisedikts fast nur aus der östlichen Reichshälfte bekannt geworden sind, wurde die Ansicht geäußert, Maximian Herculius und Constantius hätten dieses Edikt im Westen nicht zur Durchführung gebracht. Da das Edikt im Namen aller vier Kaiser erlassen war, kann der Zufall der Überlieferung nicht ausgeschlossen werden.

Edikt war eine »flankierende Maßnahme« zur Münzreform, doch orientierten sich die Preise am Denar als Rechnungseinheit, nicht an der Follis-Prägung.[27]

Weder das neue Steuersystem noch die Münzreform konnte in Krisenmomenten den Staatshaushalt ausgleichen, so daß die Kaiser immer wieder auf Sonderleistungen und Zusatzerhebungen (*superindictio*) zu Lasten des mittleren und niederen Bauernstandes sowie des städtischen Adels zurückgreifen mußten. Seit Aurelian waren die meisten Berufe – Handwerker, Bäcker, Schiffer, Transportarbeiter usw. – in Korporationen (Zünften) zusammengefaßt, wobei der Zunftmeister für die Vergabe der Aufträge wie die staatlichen *munera* zu haften hatte; die Berufe waren zudem für den ältesten Sohn erblich geworden. Gleiches galt für den Stand der Curialen. Aus den Decurionenlisten wurden die städtischen Beamten und Gemeinderäte aufgeboten, wobei jeder verpflichtet war, einmal das Amt des Steuerbeamten zu übernehmen. Mit der zunehmenden Gefährdung der Städte bzw. Verödung des Grundbesitzes begann dieser Stand zu verarmen.

Am schwierigsten war die Lage der Bauern, für die die Schollenbindung galt. Großgrundbesitzer trachteten, ihre Steuerbelastung an die Pächter weiterzugeben, während die freien Kleinbauern die Steuerlast kaum tragen konnten: ihr Lebensstandard sank. Sie unterstellten sich daher nicht selten dem Patrocinium eines Großgrundbesitzers, wenn möglich einem Angehörigen des Senatorenstandes. So begannen sich riesige Latifundien herauszubilden, die nicht nur auf eine Provinz beschränkt waren.

Diocletian war ein unermüdlicher Gesetzgeber, und die Subskriptionsorte der rund 1200 erhaltenen Konstitutionen

---

27 E. Frézouls, »Prix, salaires et niveaux de vie: quelques enseignements de l'édit du maximum«, in: *Ktema* 2 (1977) S. 253–268.

ermöglichen, die Reisetätigkeit des Kaisers fast lückenlos zu rekonstruieren. Latein wurde verbindliche Amtssprache, wie es auch beim Militär Pflicht war. Die Edikte zeigen, daß Diocletian Wert auf »altrömische« Sittlichkeit legte: Die Ehe wurde unter besonderen rechtlichen Schutz gestellt, die Auflösung erschwert. Die Kinder wurden zur *pietas* (Ehrerbietung, Gehorsam) gegenüber ihren Eltern angehalten, diese durften aber nicht aus der *pietas* ungebührliche Pflichten ableiten (z. B. Zwangsverheiratung u. ä.). Kinder waren gegenüber den Eltern unterhaltspflichtig, Eltern aber durften ihre Kinder weder aussetzen noch verschenken, verkaufen oder verpfänden.

Auch die Verehrung der alten Götter wurde gefordert, die Familie wie das Reich – die Regierung – unter den Schutz der alten Götter, der *dii conservatores*, gestellt.[28] Es war, wie sich nachweisen läßt, keine unzeitgemäße konservative Haltung, sondern die Religionspolitik sollte die Einheit des Reiches fördern und religiös motivierte Unruhen in den Provinzen unterbinden. Als daher der *proconsul Africae* Annius Anicius Iulianus 297 von Umtrieben der Manichäer berichtete, reagierte Diocletian mit äußerster Schärfe: »Wir ordnen an, daß die Urheber und Führer zusammen mit ihren schändlichen Schriften zur schärfsten Strafe zu verurteilen sind in der Art, daß sie verbrannt werden sollen.«[29] Aber erst 302/303 kam es zu einer Verfolgung von Christen, die seit Gallienus eine gewisse Toleranz genossen. Auch Diocletian wußte von Christen in seinem Palast (Lactantius) und beim Heer. Als es 298/299 zu massiven Weigerungen christlicher Soldaten kam, das Kaiser-/Götteropfer zu vollziehen,[30] stellte Diocletian sie vor die Wahl, das Op-

---

28  *Mosaicarum et Romanarum legum collatio* 6,4,4.6 (= Gregorianus V *De nuptiis*; FIRA² II S. 560); CIL X 5576.

29  *Mosaicarum et Romanarum legum collatio* 15,3,6 [= Gregorianus VII *De maleficis et Manichaeis*; FIRA² II S. 581]: *Iubemus [. . .] auctores quidem ac principes una cum abominandis scripturis eorum severiori poenae subici, ita ut flammeis ignibus exurantur [. . .].*

30  Euseb, *Historia ecclesiastica* 8,4,2 f.

fer vorzunehmen oder den Dienst zu quittieren. 299 und
301 wurden weitere Säuberungen durchgeführt, doch kam
es zu keinem Pogrom. Möglicherweise sagt Lactanz richtig,
daß die Notwendigkeit einer Verfolgung von außen an Diocletian herangetragen wurde.[31] Nach Beratung im *consistorium* und Befragung von Orakelstätten wurde dann am
23. Februar 303 das erste Christenedikt erlassen, das auf die
Vernichtung des Kultes zielte: alle Kirchengebäude sollten
zerstört, die Schriften ausgeliefert und verbrannt, die Chri-
stengemeinden aufgelöst werden; die Christen wurden aus
allen Ämtern entfernt, sie verloren die Zeugnis- und Te-
stierfähigkeit und durften der Folter unterzogen werden.
Als jedoch im Palast von Nicomedia ein Brand ausbrach,
wurde der Opferzwang eingeführt: wer opferte, wurde freigesprochen; wer sich weigerte, gefoltert und hingerichtet.[32]
Im Sommer 303 wurde ein zweites Edikt erlassen, das die
Festsetzung aller christlichen Würdenträger, vom Bischof
bis zum Levita, verfügte, doch sollten sie, wenn sie opfer-
ten, wieder freigelassen werden (drittes Edikt). Diocletian
orientierte sich damit an den seit Traian und Decius gegebenen Richtlinien. Es ist eine offene Diskussion, ob das im
Frühjahr 304 folgende vierte Edikt von dem inzwischen erkrankten Diocletian selbst oder auf Drängen des Galerius
erlassen wurde. Dieses verlangte nun die rigorose Durchführung des Opferzwanges, zudem wurden dieselben Strafen verhängt, wie sie bereits das Manichäeredikt von 297
vorgesehen hatte. Obwohl wir von einer »allgemeinen
Christenverfolgung« sprechen, ist feststellbar, daß die
Durchführung der Edikte nicht in allen Provinzen und

---

31 Lactanz, *Divinae institutiones* 5,2 f. beschuldigt vor allem die Philosophen.
Einen von ihnen, Sossianus Hierocles, *praeses Bithyniae* 303, *praefectus
Aegypti* 310/11, bezeichnet er als *auctor et consiliarius ad faciendam perse-
cutionem*, »Urheber und Berater der durchzuführenden Verfolgung«; Lactanz, *De mortibus persecutorum* 16,4.
32 Vgl. Plinius, Epistulae 10,96.97.

Reichsteilen gleichartig gehandhabt wurde[33] und, wenn wir den Märtyrerakten vertrauen können, im gesamten Westen noch im Jahre 304 fast völlig zum Erliegen kam. Im Osten hingegen wütete die Verfolgung noch über den 1. Mai 305, den Tag, da die beiden Augusti zugunsten ihrer Caesaren zurücktraten, hinaus.[34]

## 2 Constantin der Große

Am 1. Mai 305 übergaben gleichzeitig zu Nicomedia und Mailand in Gegenwart der Soldaten die beiden Augusti Diocletian und Maximian die Macht ihren bisherigen Caesaren GALERIUS und CONSTANTIUS CHLORUS, erhoben sie zu Augusti und bekleideten mit dem eigenen Purpur zwei neue Männer, die nunmehr die Stellung von Caesaren einnahmen. Die Tatsache, daß zwischen der Machtergreifung

---

33 Nach den Darstellungen bei Lactanz und Eusebius, zusammen mit den überlieferten Märtyrerakten, scheint die Verfolgung in den Gebieten Maximians schärfer gewesen zu sein als in den Provinzen des Constantius Chlorus, der, so Lactanz, lediglich die Kirchen einreißen ließ. Doch gerade hier zeigen sich Widersprüche: Es soll hier nicht die »Wanderlegende« vom Martyrium der ›Thebäischen Legion‹ angesprochen werden, deren Historizität umstritten ist (vielleicht 286; s. die Tradition von St. Maurice d'Agaune, Schweiz); überraschend ist die relativ hohe Anzahl von Märtyrernamen für Spanien. Lange Jahre wurde daran kein Anstoß genommen, da man Spanien für einen Teil der Herrschaft Maximians hielt. Nachdem aber durch eine 1978 gefundene Inschrift die Zugehörigkeit Spaniens zum Gebiet des Constantius Chlorus als erwiesen gelten darf (M. Christol/ P. Sillières in: REA 82, 1980, S. 70–79), muß der Bericht des Lactanz wohl dahingehend beurteilt werden, daß er den Vater des ersten christlichen Kaisers Constantin nicht belasten wollte.

34 J. Vogt, »Christenverfolgung« in: RAC 2 (1954) Sp. 1159–1208; J. Vogt, *Zur Religiosität der Christenverfolger im römischen Reich*, Heidelberg 1962 (Sitzungsberichte der Akademie der Wissenschaften, H. 1); K. Stade, *Der Politiker Diocletian und die letzte große Christenverfolgung*, Wiesbaden 1926.

Diocletians und seinem Rücktritt rund 20 Jahre lagen,
führte zu der Ansicht, Diocletian habe schon frühzeitig den
Plan gehabt, nach einer entsprechenden Zeitspanne das
Reich an erprobte Nachfolger weiterzugeben. So wurde aus
der Formulierung des Lactanz, *ut duo sint in re publica
maiores, qui summam rerum teneant, item duo minores, qui
sint adiumento,*[35] das Wesen des »tetrarchischen Systems«
abgeleitet: nach Ablauf von 20 Jahren sollten in die Stellung
der abtretenden Augusti deren Caesaren aufrücken und sich
ihrerseits zwei neue Caesaren wählen. Gemäß diesem »System« wäre der »Caesarat« die Schule für den »Augustat«.
Diese Interpretation, die nicht den Gesamttext berücksichtigte,[36] geht weit über das, was Lactanz sagt, hinaus, und so
wurden unnötige Schwierigkeiten konstruiert bei der weiteren Gestaltung der (zweiten und dritten) Tetrarchie. Tatsache ist, daß weder Lactanz noch die anderen Quellen ein
»tetrarchisches System«, wie es die Handbücher beschreiben, kennen.[37] Vielmehr lassen Münzen und literarische
Quellen erkennen, daß der Rücktritt Diocletians relativ
kurzfristig vermutlich aus Gesundheitsgründen beschlossen
wurde.[38] Zudem schloß Diocletian eine dynastische Nachfolge der Söhne Maximians und Constantius Clorus', d. h.
Maxentius und Constantin, nicht aus. Damit wäre die
Familie des Galerius benachteiligt worden. Um ein Übergewicht der »Herculier-Dynastie« zu vermeiden, verwies
offenbar Galerius Diocletian auf das Recht des rangältesten
Augustus, ohne Rücksprache mit seinen Kollegen neue
Caesaren bestimmen zu können, und er empfahl dafür Fla-

---

35  Lactanz, *De mortibus persecutorum* 18,5: »daß zwei im Staate seien, die alle
    Verantwortlichkeit besäßen, desgleichen zwei, die sie (dabei) unterstüt-
    zen«.
36  Es handelt sich um ein Gespräch zwischen Diocletian und Galerius, in dem
    der Caesar seinen Augustus zum Rücktritt bewegen will.
37  I. König, »Lactanz und das ›System‹ der Tetrarchie«, in: *Labeo* 32 (1986)
    S. 180–193.
38  Aurelius Victor 39,48; G. R. S. Thomas, »L'abdication de Dioclétien«, in:
    *Byzantion* 43 (1973) S. 229–247.

vius Valerius SEVERUS, sowie den eigenen Neffen Galerius Valerius MAXIMINUS ›DAIA‹. Dennoch wurde Constantius Chlorus nun rangerster Augustus, und Galerius hielt Constantin als »Faustpfand« in Nicomedia fest.[39] Die beiden »Altkaiser« Maximian und Diocletian zogen sich in eine Villa in Italien (Campania? Lucania?), bzw. nach Spalato (Split) zurück.[40] Aus dem Vorgang des Rücktritts darf keinesfalls auf einen Abdankungsvorgang staatsrechtlicher Natur geschlossen werden: Die beiden abtretenden Augusti erhoben lediglich ihre Caesaren zu Augusti – wie Diocletian vormals Maximian – und ernannten zwei neue Caesaren. Sie selbst übergaben in Anwesenheit der Truppen und unter deren *acclamatio* die kaiserlichen Befugnisse, d. h. *imperium* und *potestas*, ihren ehemaligen Caesaren, sie selbst behielten ihre *auctoritas* und ihre *dignitas*, beanspruchten zudem die *pietas*, d. h. den Respekt ihrer früheren wie der neuen Caesaren, die den abtretenden Augusti den Purpur verdankten. Dies besagt deutlich die Inschrift der Diocletiansthermen in Rom: *DD. NN. Diocletianus et Maximianus invicti seniores Augusti, patres Imperatorum et Caesarum, et Domini nostri Constantius et Maximianus invicti Augusti et Severus et Maximinus nobilissimi Caesares* [...].[41]
Der Verlauf der sogenannten »zweiten« und »dritten Tetrarchie« ist ein einziger Kampf um die Macht, an deren Ende die Alleinherrschaft Constantins bzw. die Gründung Constantinopels stand.[42]
Constantin konnte noch 305 zu einem bereits erkrankten Vater nach Gallien fliehen, um sich im anstehenden Pikten-

---

39 Anonymus Valesianus c. 2: *obses apud Diocletianum et Galerium.*
40 J. J. Wilkes, *Diocletian's Palace Split: residence of a retired Roman emperor,* Sheffield 1986.
41 Dessau, ILS 646: »Unsere Herren Diocletian und Maximian, die unbesiegten Alt-Augusti, Väter der Kaiser und Caesaren, und unsere Herren Constantius und Maximianus, unbesiegte Augusti, sowie Severus und Maximinus, die sehr edlen Caesaren«.
42 *Origo Constantini. Anonymus Valesianus,* T. 1: Text und Kommentar, hrsg. von I. König, Trier 1987.

feldzug militärisch zu profilieren. So bezeichnete Constantius Chlorus auf dem Sterbelager in Eburacum [York] seinen Sohn als Nachfolger, und am 25. Juli 306 vollzog das Heer die Kaiserakklamation. Constantius nahm hierbei das Recht der *designatio* wahr, das ihm – wie zuvor von Diocletian geübt – als rangältestem regierenden Augustus zustand. CONSTANTIN war somit kein »Usurpator«, begnügte sich aber zuerst mit dem Caesartitel und ließ Severus als dem Rangälteren den Vortritt. Galerius konnte daher die Anerkennung Constantins nicht verweigern und erhob Severus zum Augustus; er selbst wurde nun rangerster Augustus.

Diese Vorgänge veranlaßten M. Valerius Maxentius, den Sohn Maximians, seinerseits am 28. Oktober 306 nach dem Purpur zu greifen. Unterstützt wurde er dabei von Praetorianergarde und städtischen Cohorten, deren Mannschaftsstärke wie Privilegien nach dem Wunsche des Galerius (oder bereits Diocletian?) beschnitten werden sollten. Galerius beauftragte Severus mit der Beseitigung des Usurpators, der inzwischen Maximian zur Wiederaufnahme des Purpurs bewogen hatte. Severus scheiterte, wurde gefangengenommen und später von Maxentius hingerichtet. Galerius, der gleichfalls Rom vergeblich belagerte, entschloß sich, Diocletian um Hilfe zu bitten, zumal auch Maximinus Daia den Augustus-Rang forderte.

Inzwischen hatte Maximian Constantin als Verbündeten gewonnen, indem er diesem den Augustusrang zusprach und ihn im Herbst 307 mit seiner Tochter Flavia Maxima Fausta verheiratete.

Galerius scheint geplant zu haben, Diocletian zur Rückkehr zur Macht zu bewegen, doch Diocletian lehnte ab: »Ich wünschte, ihr könntet hier in Salona den Kohl sehen, den ich eigenhändig gepflanzt habe; fürwahr, ihr würdet nimmer dieses Ansinnen an mich stellen.«[43] Er war lediglich be-

---

43 *Epitome de Caesaribus* 39,6: *Utinam Salonae possetis visere olera nostris manibus instituta, profecto numquam istud temptandum iudicaretis.*

reit, eine nach Carnuntum [Petronell] einberufene Kaiser-
konferenz zu leiten: *Sic uno tempore Augusti sex fuerunt*.[44]
Dort wurde im Spätherbst 308 in Abwesenheit von Constantin und Maxentius das Kaiserkollegium neu geordnet:
Maximian mußte den Purpur erneut niederlegen, Galerius
blieb rangerster regierender Augustus, Maximinus Daia
und Constantin wurden zu Caesaren mit dem Titel *filii Augustorum* zurückgestuft, und anstelle des Severus wurde ein
Gefährte (*contubernalis*) des Galerius zum neuen Augustus
erhoben; zudem ließ ihn Galerius von Diocletian in die Familie der ›Iovier‹ adoptieren.[45] Damit wurde der um 250 geborene Fl. Valerius Licinius[46] am 26. (?) Dezember[47] 308 als
Augustus vorgestellt, ohne je Caesar gewesen zu sein. Noch
einmal wurde anläßlich der Weihung eines Mitrasheiligtums
in Carnuntum Einigkeit demonstriert: *D(eo) S(oli) I(nvicto)
M(ithraico) fautori imperii sui, Iovii et Herculii religiosis-
simi Augusti et Caesares sacrarium restituerunt*;[48] danach
legte Diocletian erneut den Purpur nieder.
Doch Carnuntum löste die Herrschaftskrise nicht: Maximian wandte sich zu Constantin, der nicht bereit war, auf
den ihm zweimal zuerkannten Augustus-Rang zu verzichten. Maximinus Daia war enttäuscht, daß ihm Licinius vor-
gezogen worden war, und Maxentius, der eine Legalisie-
rung seiner Ansprüche erhofft hatte, sah sich als Usurpator
gebrandmarkt. So trachtete jeder Beteiligte sein Herrschaftsgebiet ähnlich einem Teilreich zu regieren. Nur Licinius mußte sein Herrschaftsgebiet – das des Maxentius –

44 Lactanz, *De mortibus persecutorum* 29,3: »So gab es gleichzeitig sechs Augusti.«
45 H. Chantraine, »Die Erhebung des Licinius zum Augustus«, in: *Hermes*
 110 (1982) S. 477–487.
46 *Epitome de Caearibus* 41,8 gibt ca. 265; er entstammte ebenfalls der Dacia
 Nova.
47 D. Kienast, *Kaisertabelle*, S. 290, gibt 11. November (?).
48 CIL III 4413 = ILS 659: »Dem unbesiegten mithraischen Sonnengott, dem
 Begünstiger seines Reiches: die Jovier und Herculier, allerfrömmste Augusti und Caesaren, haben das Heiligtum wiederhergestellt.«

erst gewinnen.[49] Aber auch Constantin bekam Schwierigkeiten, als ihm Maximian die Herrschaft in Gallien streitig
machen wollte. So griff er den in Marseille verschanzten
»Altkaiser« an und zwang ihn anschließend zum Selbstmord. Mit der anschließenden *damnatio memoriae* löste
sich Constantin nun offiziell von der Dynastie der ›Herculier‹ und damit aus der Tetrarchie.[50] Der Kampf um den Pri-
mat im Reich wurde ideologisch von Constantin eröffnet.

Anzumerken ist, daß mit der Machtergreifung Constantins
bzw. des Maxentius die Christenverfolgung im Westen fast
völlig zum Erliegen kam, während sie im Osten, vor allem
im Gebiet des Maximinus Daia, unvermindert andauerte.[51]
Im Jahre 308 erlaubte Maxentius die Bischofswahl in Rom,
ließ dann aber, als sich die Christen untereinander über die
Buße für die »Gefallenen« (*lapsi*) zerstritten, den Inhaber
des Stuhles nach Sizilien verbannen.[52] Als am 2. Juli 310 mit
Miltiades ein neuer Bischof in Rom ordiniert wurde, war
der innerkirchliche Friede unter dem Schutze des Usurpators weitgehend wiederhergestellt. Doch auch Galerius
mußte schließlich das Scheitern der Verfolgung eingestehen
und entschloß sich daher, bereits todkrank, am 30. April 311
im Namen aller vier Kaiser die Verfolgungsedikte zu wider-

49  R. Andreotti, »Licinius«, in: Diz. ep. IV (Juni 1959) S. 979–1041; H. Feld,
    *Der Kaiser Licinius*, Saarbrücken 1960.
50  Ein unbekannter Festredner bezeichnete im Jahr 310 Constantin in Trier
    als Nachkomme des ruhmreichen Kaisers Claudius II. Gothicus und hob
    hervor, diese Abstammung sei nur dem engsten Kreis um Constantin
    selbst bekannt: *Panegyrici latini* 7 [VI] 1.2, ed. E. Galletier; s. dazu den
    Kommentar von B. Müller-Rettig, *Der Panegyricus des Jahres 310 auf
    Constantin den Großen*, Stuttgart 1989. – Auch Licinius begann sich aus
    der Iovier-Dynastie abzulösen und seine Herrschaft auf Philippus Arabs
    zurückzuführen, SHA, *Gordiani tres* 34,5.
51  Eusebius, *Historia ecclesiastica* 8,10–12; H. Castritius, *Studien zu Maximi-
    nus Daia*, Kallmünz 1969.
52  Eusebius anerkennt dieses Verfahren des »Tyrannen« ohne jeglichen Vor-
    wurf der Unterdrückung; D. de Decker, »La politique religieuse de Ma-
    xence«, in: *Byzantion* 38 (1968) S. 472–562.

rufen:[53] Galerius, der sich der Religiosität des Imperiums verpflichtet sah, stellte fest: »Wir haben gesehen, daß sie weder den Göttern die Kultausübung und die schuldige Verehrung erwiesen noch den Christengott verehrten.«[54] Deshalb müsse die kaiserliche Gnade (*mitissima nostra clementia*) auch diesen Menschen zugute kommen: »Sie sollen von neuem Christen sein und ihre Versammlungsstätten wiederherstellen, doch so, daß sie nichts gegen die öffentliche Ordnung unternehmen.«[55] Zum Schluß bittet er die Christen, »für Unser Wohlergehen, das des Staates und ihr eigenes zu ihrem Gott zu beten, so daß der Staat nach allen Seiten hin unbeschadet bleibe und sie selbst sicher in ihren Wohnsitzen leben könnten.«[56] Dieses Widerrufdekret (»Toleranzedikt«) erhob den christlichen Kult in den Rang einer *religio licita*, Christus wurde in das Pantheon der staatserhaltenden Götter einbezogen. Die Versammlungsstätten durften wieder aufgebaut werden, eine Rückgabe von Kirchenvermögen wurde allerdings nicht angesprochen. Die Versammlungsfreiheit wurde zugestanden, Maßstab aber blieb das übergeordnete Staatsinteresse (*utilitas publica*), die öffentliche Ordnung. Nur bei Beachtung der öffentlichen Belange war den Christen Sicherheit (*securitas*) garantiert! Es bedarf keines juristischen Scharfsinns, die Vorbehaltsklauseln zu erfassen, die es ermöglichten, die Christen als Ruhestörer jederzeit vor Gericht zu ziehen; die Parteinahme für einen die Christen favorisierenden Herrscher konnte von einem heidnischen Herrscher sehr wohl als *crimen* klassifiziert werden. Wenige Tage nach Erlaß dieses

---

53  Text des Ediktes bei Lactanz, *De mortibus persecutorum* 34, und Eusebius, *Historia ecclesiastica* 9,1,1–7.

54  *videremus nec diis eosdem cultum ac religionem debitam exhibere nec Christianorum deum observare.*

55  *Ut denuo sint Christiani et conventicula sua component, ita ut ne quid contra disciplinam agant.*

56  *debebunt deum suum orare pro salute nostra et rei publicae et sua, ut undique versum res publica praestetur incolumis et securi vivere in sedibus suis possint.*

Ediktes starb Galerius in der ersten Hälfte des Mai 311. Der
Kampf um die Herrschaft konnte beginnen.

Constantin hatte, um Licinius für eine Allianz zu gewinnen, diesem 311 (?) die Halbschwester Constantia anverlobt. Maxentius seinerseits hatte mit einem Angriff des Licinius gerechnet und war daher völlig überrascht, als Constantin im Frühjahr 312 in Italien einmarschierte. Am
28. Oktober 312 trat er Constantin mit der Praetorianergarde am *pons Milvius* entgegen und wurde völlig vernichtet. Der Sieger veranlaßte den Senat, den 28. Oktober zum
Feiertag zu erheben wegen der »Besiegung des Tyrannen«
(*evictio tyranni*); die Praetorianergarde wurde aufgelöst, die
*castra praetoria* weitgehend zerstört. Der Senat beeilte sich,
Constantin den Beinamen *Maximus* zu verleihen und ihm
den Rang des Ersten Augustus zuzuerkennen. Ein Ehren-
bogen wurde beschlossen, der den Sieg Constantins darstellen und den Dank des Senats verewigen sollte: *Imp(eratori)
Caes(ari) Fl(avio) Constantino Maximo, p(io) f(elici) Augusto, s(enatus) p(opulus)q(ue) R(omanus), quod instinctu di-
vinitatis, mentis magnitudine, cum exercitu suo tam de tyranno quam de omni eius factione uno tempore iustis rem
publicam ultus est armis, arcum triumphis insignem dicavit.
‖ liberatori Urbis, ‖ fundatori quietis. ‖ Sic X Sic XX | Votis
X, Votis XX.*[57]

Zugleich mit dem Angriff auf Rom soll gemäß Lactanz
(»De mortibus persecutorum« 44) und Eusebius (»Historia

---

57 CIL VI 1139 = ILS 694: »Der Staat und das Volk von Rom haben dem Imperator Caesar Flavius Constantinus Maximus, dem pflichtgetreuen, vom
   Glück begünstigten Augustus, den Bogen als Wahrzeichen seines Triumphes geweiht, weil er auf die Eingebung der Gottheit hin sowie durch die
   Größe seines Geistes [=Großherzigkeit] mit seinem Heer den Staat in ge-
   rechtem Krieg sowohl am Tyrannen als auch gleichzeitig an dessen Parteigängern gerächt hat. Dem Befreier der Stadt, dem Begründer der Ruhe.« –
   H. P. L'Orange, *Der spätantike Bildschmuck des Konstantinbogens*, Berlin
   1939; W. Gauer, »Konstantin und die Geschichte. Zu den ›Spolien‹ am
   Konstantinbogen und zur Schlangensäule«, in: *Panchaia* (Festschrift für
   K. Thraede), Münster 1995, S. 131–140.

ecclesiastica« 9,9,2) die *conversio Constantini* erfolgt sein. Aufgrund eines Traumes habe Constantin seinen Soldaten befohlen, das Christusmonogramm auf die Schilde zu malen: die neue Standarte, das *labarum*, wurde geschaffen. Es ist bis heute ein Philologen- und Theologenstreit, wie der Satz *transversa X littera, summo capite circumflexo* [44,5] zu übersetzen ist: *transversa X littera* ⟨*I*⟩ = der Buchstabe X von I geschnitten = ☧, oder *transversa X* = quergestelltes X = ⳨. Das früheste Zeugnis ist eine 315 in Ticinum [Pavia] geprägte Silbermünze, auf der Constantin einen mit dem bekannten Christogramm geschmückten Helm trägt.[58] Das Christentum Constantins ist in dieser Zeit jedoch noch nicht klar zu erweisen,[59] wie auch der Einfluß des Bischofs Ossius (Hosius) von Cordoba (geb. 257) für diese Zeit nicht abzuschätzen ist.[60] Die Münzprägung zeigt weiterhin die Verwendung des Sol-Symbols durch Constantin.[61]

Nach dem Sieg lud Constantin Licinius zu einem Treffen nach Mailand. Dort wurde im Februar (?) 313 die Hochzeit mit Constantia gefeiert, und Licinius verpflichtete sich im sog. ›Mailänder Edikt‹, dem Widerrufsedikt des Galerius im östlichen Teil des Reiches Geltung zu verschaffen.[62] Maximinus Daia sah in der Vereinbarung einen gegen ihn gerichteten Pakt und eröffnete den Krieg, in dem er am 30. April

---

58 K. Kraft, »Das Silbermedaillon Constantins des Großen mit dem Christusmonogramm auf dem Helm«, in: JNG 5/6 (1954/1955) S. 151–178.

59 J. Vogt, *Constantin der Große und sein Jahrhundert*, München ²1960; H. Dörries, *Das Selbstzeugnis Kaiser Konstantins*, Göttingen 1954 (Abhandlungen der Akademie der Wissenschaften, phil.-hist. Kl., F.3); H. Kraft (Hrsg.), *Konstantin der Große*, Darmstadt 1974.

60 V. C. De Clercq, *Ossius of Cordoba. A contribution to the History of the Constantinian Period*, Washington 1954.

61 M. R.-Alföldi, *Die constantinische Goldprägung. Untersuchungen zu ihrer Bedeutung für Kaiserpolitik und Hofkunst*, Mainz 1963.

62 Das Christentum wird in der Vereinbarung an erster Stelle der Religionen im Reich genannt. – M. Anastos, »The Edict of Milan (313). A defence of its traditional autorship and designation«, in: REB 25 (1967) S. 13–41; T. Christensen, »Det såkaldte Milanoedict«, in: *Dansk Teologisk Tidsskrift* 37 (1974) S. 81–129.

bei Tzirallum unterlag; noch bevor er den Krieg erneuern
konnte, starb er, vermutlich August 313 in Tarsos in Kilikien. Licinius übernahm den gesamten Herrschaftsbereich
des Daia und ließ dessen ganze Familie ausrotten, darunter
auch Valeria, die Witwe des Galerius und Tochter des noch
lebenden Diocletian.

Mit dem Sieg Constantins aber brachen vor allem in Africa
Streitigkeiten aus über den Umgang mit den während der
Verfolgung schwach Gewordenen (*lapsi, traditores*). Die
Gemäßigten wurden von Bischof Caecilian von Karthago
geführt, die Rigoristen vom Bischof Donatus von Casae Nigrae.[63] Die »Donatisten« ersuchten nun den Kaiser, den
Streit auf einer Synode gallischer Bischöfe untersuchen zu
lassen. Ihr Vorgehen war fatal, da sie dem Kaiser die Zusammensetzung des Gerichts überließen, und Constantin
reagierte wie ein Kaiser, der als *pontifex maximus* verpflichtet war, Unruhen – auch kultische Unruhen – im Staat zu
unterbinden. Wie im kaiserlichen Gericht benannte Constantin im anhängigen Kirchenstreit Richter, Gerichtsstand
und Prozeßgegenstand gleichermaßen, wurde daher auch
für die Einhaltung der Beschlüsse, die Durchführung des
Urteils verantwortlich.[64] Eusebius schreibt dazu, Constantin »berief [...] Versammlungen der Diener Gottes [λει-
τούργοι τοῦ θεοῦ] wie wenn er von Gott zum Bischof aller
aufgestellt wäre [οἷά τις κοινὸς ἐπίσκοπος].«[65] Obwohl der
römische Bischof Miltiades den Vorsitz führte, wurde dem
Kaiser die Aufsicht über die Kirche zugebilligt: es sollte
lange dauern, bis sich die westliche Kirche aus dieser Abhängigkeit lösen konnte. Andererseits bot der Vorsitz Miltiades ein willkommenes Argument im Streit um den Rang

---

63 W. H. C. Frend, *The Donatist Church; a movement of protest in Roman
    North Africa*, Oxford 1952.
64 K. M. Girardet, *Kaisergericht und Bischofsgericht. Studien zu den Anfän-
    gen des Donatistenstreites (313–315) und zum Prozeß des Athanasius von
    Alexandria (328–346)*, Bonn 1975.
65 Eusebius, *Vita Constantini* 1,44,1.

der Bischofssitze und den Führungsprimat Roms. Die Donatisten unterlagen, ebenso beim Versuch einer Revision auf
der Bischofssynode in Arles (1. August 314), an der Bischöfe
des gesamten Westteils anwesend waren. Das Hauptziel
Constantins, die Kirche zu einer Einigung zu bringen, war
gescheitert, da die Donatisten sich nicht unterwarfen.
Constantin selbst war in Arles nicht anwesend,[66] da gleichzeitig ein Krieg mit Licinius ausgebrochen war, der nach der
Herrschaft über Italien strebte.[67] In zwei Schlachten geschlagen, mußte Licinius auf den größten Teil seiner europäischen Besitzungen verzichten. Lediglich die Diözese
Thracia wurde ihm belassen. Als Geste des Ausgleichs bestimmte Constantin sich und Licinius zu Consuln des Jahres 315. Am 1. März 317 schließlich entschloß sich Constantin, seine Söhne Crispus,[68] Constantin d. J.[69] sowie Licinia-

---

66 K. M. Girardet, »Konstantin d. Gr. und das Reichskonzil von Arles (314):
Historisches Problem und methodische Aspekte«, in: *Oecumenica et Patri-
stica* (Festschrift für W. Schneemelcher), Stuttgart 1989, S. 151–174.

67 Die moderne Forschung hat versucht, das in den Quellen als 314 angege-
bene Datum in das Jahr 316 umzudatieren. Vor allem P. Bruun, *The Con-
stantinian Coinage of Arelate*, Helsinki 1953, hat dieses neue Datum aufgrund der Münzprägung zu erweisen getrachtet, was Chr. Habicht, »Zur
Geschichte des römischen Kaisers Konstantin«, in: Hermes 86 (1958)
S. 360–378, anhand weiterer Überlegungen zu erhärten suchte. Gegen diese
Umdatierung haben sich vor allem M. R.-Alföldi, »Die Niederemmeler
Kaiserfibel. Zum Datum des ersten Krieges zwischen Konstantin und Lici-
nius«, in: BJbb 176 (1976) S. 183–200, V. Neri, »Un miliario liciniano ad
Aquileia. Ipotesi sui rapporti tra Costantino e Licinio prima del conflitto
del 314«, in: Rivista Storica dell'Antichità 5 (1975) S. 79–109, I. König,
*Origo Constantini. Anonymus Valesianus Teil I, Text und Kommentar*,
Trier 1987, S. 119–123, und D. Kienast, »Das bellum Cibalense und die
Morde des Licinius«, in: *Roma renascens* (Festschrift für I. Opelt), Frankfurt a. M. / Bern 1988, S. 149–171, mit unterschiedlicher Argumentation
gewandt. Siehe dazu jetzt H. A. Pohlsander, »The Date of the Bellum Cibalense: A Re-examination«, in: *The Ancient World* 26 (1995) S. 89–101, der
mit neuen Argumenten für das Jahr 316 eintritt.

68 Er wurde ihm von der Konkubine Minervina um 305 – D. Kienast, *Kaisertabelle*, S. 301, gibt um 300 –, also vor seiner Hochzeit mit Fausta geboren.

69 Constantin d. J., im Februar 317 geborener Sohn der Fausta, war erst wenige Tage alt.

nus Licinius, den Sohn des Licinius und der Constantia, zu
Caesaren zu erheben.

Obwohl Constantin bei der Benennung der Caesaren die
Familie des Licinius berücksichtigte, waren die Spannungen nicht beseitigt, und Eutrop beschuldigte Constantin
ganz offen, auf den Krieg mit Licinius hingearbeitet zu haben.[70] Als anläßlich eines Goteneinfalls ins Gebiet des Licinius Constantin gegen diese vorging, brach 324 erneut
der Krieg zwischen beiden Herrschern aus. In mehreren
Schlachten (Adrianopel und Chrysopolis) geschlagen, wurde Licinius abgesetzt, nach Thessalonica verwiesen und
schließlich 325 wegen Verschwörung hingerichtet, ebenso
Licinius junior. Constantia ihrerseits erhielt den Rang
einer *nobilissima femina* und die Bezeichnung *soror Constantini Augusti*.[71]

Constantin, nunmehr Herr des Gesamtreiches, wurde umgehend mit den innerkirchlichen und christologischen Streitigkeiten des Ostens konfrontiert, obwohl der Donatistenstreit noch längst nicht beigelegt war.[72] Nicht allein das Problem der *lapsi et traditores*, mehr noch beherrschte die
Frage nach der Natur Christi die Auseinandersetzungen.
Basierend auf der Lehre des um 250 geborenen Lukianos
von Samosata – er hatte 312 den Märtyrertod erlitten – definierte sein Schüler Arius Christus als Geschöpf Gottes, das
einen Heilsauftrag auf Erden durchgeführt habe, und leugnete die Gottesnatur Christi. Diese Lehre wurde von Bischof Alexander von Alexandria als ketzerisch verworfen,
Arius und seine Anhänger auf einer ägyptischen Synode
318/319 verurteilt und aus Ägypten verbannt.

70 Eutrop 10,5.
71 RIC VII S. 571 n. 14. – Vielleicht dürfen wir eine gewisse Versöhnung zwischen Bruder und Schwester, eine Geste guten Willens in der Tatsache erkennen, daß Constantin die Stadt Gaza zu Ehren seiner Schwester in Constantia umtaufte.
72 C. W. Frend, *The Rise of Christianity*, London 1984; A. M. Ritter, *Kirchen-
   und Theologiegeschichte in Quellen*, Bd. 1: *Alte Kirche*, Neukirchen-Vluyn
   ²1982.

Diesmal griff Constantin selbst ein und bot durch Ossius den streitenden Parteien seine Schiedsrichterrolle an. Dieser lud für Januar 325 zu einer Synode nach Antiochia, wo die Lehrmeinung des Arius erneut verworfen wurde; allerdings wurde den Exkommunizierten Bedenkzeit zugebilligt. Der Entscheid brachte keine Lösung des Streites, und nun bestimmte Constantin Nicaea (Bithynien) nahe Constantinopel zum Tagungsort eines allgemeinen Konzils, das die Einheit der Kirche wiederherstellen sollte. In Anbetracht des sofort nach der Eröffnung am 20. Mai 325 ausbrechenden Streites zwang Constantin die Versammlung, ein Glaubensbekenntnis auszuarbeiten, das allen anwesenden Bischöfen als »Einheitsdekret« zur Unterschrift vorgelegt wurde (›Nicaenisches Glaubensbekenntnis‹). Es enthielt die Definition Christi: »Gott von Gott, Licht von Licht, wahrer Gott von wahrem Gott, gezeugt, nicht geschaffen,« und Constantin soll nach langer Überlegung darauf bestanden haben, die Formel »eines Wesens mit dem Vater« (ὁμοιούσιος τῷ πατρί) einzufügen.[73] Es ist viel gerätselt worden, wer dem theologisch nicht gebildeten Kaiser diese Formel suggeriert habe, doch die Mitwirkung seines Mentors Ossius läßt sich nicht beweisen. Mit dem sog. ›Symbolon‹ von Nicaea wurde gleichzeitig die Lehre des Arius verworfen, Bischöfe, die nicht unterschrieben, wurden verbannt. Der Wunsch Constantins aber nach einem gemeinsamen Datum des Osterfestes, das, vom Osterfest der Juden verschieden, die Eigenständigkeit des Christentums demonstrieren sollte, erfüllte sich nicht. Dennoch war Constantin mit dem Ergebnis zufrieden, als er nach gemeinsamer Feier seiner Vicennalien (zwanzigjähriges Regierungsjubiläum) am 25. Juli 325 die Teilnehmer entließ. Die Durchsetzung der Beschlüsse war jedoch nicht von kaiserlich verordneter *coercitio* begleitet, so daß der Kampf in Ägypten weiterging, angeheizt durch die Agitation des

---

73 Vgl. Sokrates, *Historia ecclesiastica* 1,8.

alexandrinischen Diakons Athanasius. Aber auch andere,
die sich wie Arius außerhalb der Kirche fanden, bemühten
sich um Wiederaufnahme des Verfahrens und gewannen dafür die Kaiserschwester Constantia als Fürsprecherin. So
trat auf Wunsch des Kaisers 327 eine Abschlußsynode in
Nicaea zusammen, auf der Arius und alle, die darum nach-
suchten, erneut in die Kirche aufgenommen wurden. Constantin war offenbar ausschließlich am innenpolitischen
Frieden gelegen, und so verwässerte die Macht des Herrschers das Ergebnis von Nicaea. Lediglich die Autorität
des Kaisers verhinderte, daß der Konflikt erneut in voller
Schärfe ausbrach.

Epochal zu werten ist vor allem die Gründung Constantinopels. Constantin hatte erkannt, daß die wirtschafts- wie
militärpolitische Bedeutung Kleinasiens nach einer eigenen
Verwaltungshauptstadt verlangte. Aus strategischen Überlegungen wählte Constantin dafür die Stelle am Übergang
von Europa nach Kleinasien,[74] und bereits 326 nahm dort
die Münze ihre Tätigkeit auf. Ob der Kaiser dabei sofort an
eine neue »Hauptstadt« dachte, ist nicht sicher, doch scheint
die zunehmende Entfremdung zwischen ihm und dem römischen Senat mit ausschlaggebend gewesen zu sein.[75]
Hinzu kam der Wunsch Constantins, seinen Sieg und Namen ebenso zu verherrlichen und zu verewigen[76] wie vor
ihm u. a. Alexander, Traian oder Hadrian. Der Ausbau der
neuen Stadt nahm Rom zum Vorbild und erhielt auch die
gleichen Privilegien. Am 11. Mai 330 erfolgte die offizielle
Einweihung durch Constantin; sie wurde nach christlichem
*und* heidnischem Ritus vollzogen, nachdem die Astrologen
den günstigsten Weihetag errechnet hatten.

---

74  G. Dagron, *Naissance d'une capitale. Constantinople et ses institutions de
330 à 451,* Paris 1974; R. Janin, *Constantinople byzantine. Développement
urbain et répertoire topographique,* Paris ²1964.

75  J. Straub, »Konstantins Verzicht auf den Gang zum Kapitol«, in: *Historia*
4 (1955) S. 297–313.

76  Anonymus Valesianus, c. 30.

Wichtigstes Element der Neugründung aber war die Einrichtung eines Senates »zweiter Klasse«: *senatum constituit secundi ordinis: claros vocavit.*[77] Der römische Senat behielt seinen Vorrang (*clarissimi*), aber er war weit vom Zentrum der Macht, der politischen Entscheidungen entfernt, und obwohl erst unter Constantius II. die rangmäßige Gleichstellung beider Gremien – *senatus* – σύγκλητος – erfolgte,[78] war das von Constantinopel einflußreicher, da es sich um eine Art »Beamtensenat« handelte. Beide Gremien aber begannen sich von Anfang an auseinanderzuentwickeln: der römische Senat wurde Repräsentant des lateinischen Westens, der von Constantinopel Repräsentant des griechischen Ostens. Viele Historiker sehen daher in der Gründung der Stadt den Beginn der »Geschichte des byzantinischen Staates«.

## Die Reformen

**Die Münzreform.** Im Gegensatz zu Diocletian setzte Constantin bei der Goldmünze an, deren Gewicht er auf 4,5 g = ½₂ römisches Pfund senkte. Diese neue Münze, der *solidus*, wurde in *semisses* (½ Solidus) und *tremisses* (*triens* = ⅓ Solidus) unterteilt. Seit 309 in Trier geprägt, wurde der Solidus 324/325, d. h. mit der Niederlage des Licinius und vor allem mit der Gründung der Münze von Constantinopel, zur einheitlichen Reichsmünze und damit zur monetären Basis des byzantinischen Staates. Weitgehend stabil blieb die Silbermünze (*siliqua*) mit einem Sollgewicht von ¹⁄₉₆ Pfund (3,41 g), sowie die *miliarense* (½₂ Pfund = 4,5 g). Sie nahm die unter Diocletian eingestellte Denarprägung wieder auf. In immer wiederkehrenden Edikten »De falsa moneta«[79]

---

77  Anonymus Valesianus, c. 30: »Er begründete einen Senat zweiter Ordnung und nannte die Mitglieder ›clari‹.«
78  Anonymus Valesianus, c. 30.
79  CTh 9,21.

wurde gegen Geldfälscher hart vorgegangen. Unbedeutend hingegen blieb der Follis, der beim Tode Constantins auf ca. 1,5 g gefallen war, so daß sich Constantinus II. zu einer Reform entschließen mußte.

**Die Steuerreform**. Constantin verlängerte den Steuerzyklus (*indictio*) der Veranlagung (*census*) auf 15 Jahre. Zusätzlich konnte der Staat nach Bedarf Sondersteuern erheben (*superindictio*). Außerdem wurde nun ein spezieller Census für senatorischen Grundbesitz durchgeführt, um die weit verstreuten Besitzungen erfassen zu können. Dieser *census glebalis* wurde je nach Lage der Güter oder Bedarf des Heeres als *annona (naturalis)* oder als *follis senatorius (collatio glebalis)* in Gold erhoben. Zudem wurde an kaiserlichen Festtagen das *aurum oblaticium* des Senates erwartet, so wie die Curialen das *aurum coronarium* spendeten; Händler mußten alle vier Jahre eine Einkommens- und Vermögenssteuer in Gold und Silber entrichten (*chrysargyrion*). Um der besseren Steuerberechnung willen wurde auch das *portorium* nicht mehr von kaiserlichen Beamten, sondern von Steuerpächtern (*publicani*) erhoben. Die Belastungen der mittleren und unteren Schichten waren so gestiegen, daß es für die Bevölkerung nur ein kleiner Trost war, daß Constantin die Erbschaftssteuer (*vicesima hereditatum*) abschaffte. Aber Constantin reduzierte die unerträglichen Steuerprivilegien vor allem des Senatorenstandes, auch wenn die Steuerungerechtigkeit gegenüber Bauern und Handwerkern bestehen blieb. Einzig die christliche Kirche profitierte von den Reformen, da der Klerus von Abgaben (*munera*) befreit wurde, Kirchenbesitz weitgehend steuerfrei und die Kirche als juristische Person erbberechtigt waren. Die Steuerreformen brachten eine erhebliche Stabilität für den Staatshaushalt, was vor allem dem Beamtentum und dem Heer zugute kam.

**Die Militärreform**. Constantin verfügte die Trennung von ziviler und militärischer Gewalt in den Provinzen, Diözesen und Präfekturen. Der *praefectus praetorio* verlor jegliche militärische Kompetenz, an seine Stelle trat nun der *magister equitum* bzw. *magister peditum*, der dem Ritterstand entstammte, jedoch bis zum Clarissimat (*ordo senatorius*) aufsteigen konnte.[80] Unter den *magistri* standen die *comites*, die das Militärpotential mehrerer Provinzen kommandierten; in den Provinzen standen die *duces*. Anstelle der 312 aufgelösten Prätorianergarde schuf Constantin die in fünf *scholae palatinae* gegliederte kaiserliche Garde, ferner die *protectores* und die *domestici*. Die Truppe unterstand dem Kaiser selbst.

**Die Kanzleireform.** Der »Kronrat« (*consistorium*) wurde nunmehr zu einer ständigen Einrichtung »von Amtes wegen«: die vier obersten Beamten, der *comes sacrarum largitionum* (Finanzminister), der *comes rerum privatarum* (Hofhaltung und kaiserliche Domänen), der *magister officiorum* (Verwaltungschef), und der *quaestor sacri palatii* gehörten *ex officio* dazu. Dieser Kronrat beriet den Kaiser in juristischen, innenpolitischen und militärischen Fragen. Die Mitglieder gehörten dem Senatorenstand an.

**Die Senatsreform.** Der römische Senat hatte bereits in vorconstantinischer Zeit seine Funktion als beratendes Gremium eingebüßt, doch mit der Gründung des Senates von Constantinopel war die Entmachtung noch deutlicher geworden. Jedoch blieb der Senatorenstand von großer Bedeutung, da aus ihm die oberen Beamten rekrutiert wurden. Der *ordo senatorius* war ein erblicher Stand, berechtigt zur Ämterlaufbahn (*cursus honorum*); nach der Praetur (Quaestur) konnte der Eintritt in den Senat erfolgen. Die Neuaufnahme (*adlectio*) erfolgte im Rahmen der jährlich durchzuführenden Revision des *album senatorium*. Wie zuvor besaß der Kaiser das Recht, einen ihm genehmen Mann in den

---

80  A. Demandt, »Magister militum«, in: RE Suppl. XII (1970) Sp. 553–790.

*ordo senatorius* zu erheben, sogar in den Senat selbst zu berufen. Dies betraf vor allem wichtige militärische oder zivile Beamte, die ursprünglich dem Ritterstand angehörten. Die römischen Senatoren (*clarissimi*) tagten unter dem Vorsitz eines Consuls oder des *praefectus Urbi* in der von Diocletian restaurierten *curia*, und befaßten sich mit den ihnen vom Kaiser zugewiesenen legislativen Aufgaben. Erster Redner war dabei der *princeps senatus*, der älteste noch lebende Consular (»Alterspräsident«). Allerdings genügte ein Quorum von 50 Senatoren, um ein *senatus consultum* zu erlassen, das der Bestätigung des Kaisers bedurfte. Mit der Gründung des Zweiten Senates in Constantinopel wurde die Zahl der Senatoren Roms – bislang 600 – gewaltig erhöht: auf 2000, doch bestand keine Anwesenheitspflicht.[81]

**Die Stände.** Der Senatorenstand war das Reservoir der Provinzverwaltungsbeamten wie der zivilen Gerichtshöfe, und der Cursus konnte über die Stellung des *praeses provinciae* bis zur *praefectura Urbi* führen. Aus diesen Beamten wurden zudem die Mitglieder der im Westen weiterhin staatlich geförderten heidnischen Kulte gewählt, so daß sich der *ordo senatorius* als Refugium des gebildeten Heidentums darstellte. Während aber der Senat von Constantinopel seine Bedeutung aus der Nähe zur Residenz schöpfte, blieb der römische Senat Hort der Reichsideologie (*atrium libertatis*). So wurde er auch dadurch geehrt, daß er immer noch die formale Bestätigung der Kaiserproklamation vornahm.[82]

Im Gegensatz zum *ordo senatorius*, der sich zum politisch und wirtschaftlich mächtigen Stand entwickelte, wurde der Ritterstand (*ordo equester*), der bislang die kaiserliche Bürokratie, die Militärkommanden wie die Gerichtshöfe (Juri-

81 P. Petit, »Les sénateurs de Constantinople dans l'œuvre de Libanius«, in: *Ant. Class.* 26 (1957) S. 347–382; A. Chastagnol, »L'évolution de l'ordre sénatorial aux IIIe et IVe siècles de notre ère«, in: RH 496 (1970) S. 305–314.
82 Seit Theodosius d. Gr. allerdings zuerst der von Constantinopel.

sten) beherrschte, dahingehend entmachtet, daß die Posten dem *ordo senatorius* zugeordnet wurden. Nur wenige Provinzposten blieben den Rittern vorbehalten. Diese wenigen *perfectissimi*[83] ordneten sich ein in die Schicht des Munizipaladels.

Der soziale Aufstieg aus den mittleren und unteren Schichten – Geschäftsleute, Handwerker, Bauern – war durch die Berufsbindung kaum möglich, und Constantin verfestigte diese Situation durch immer wiederkehrende Gesetze. 332 wurde die Schollenbildung der Colonen verfügt, was sich für den Grundbesitzer beim Verkauf von Ländereien behindernd auswirkte. Ähnliche Bindungen wurden 326 für die Curialen verfügt, d. h. ein Curiale konnte sein Vermögen nur an seinen Sohn vererben, bei Kinderlosigkeit fiel es an die Stadt. Die freie Testierbarkeit wurde damit beseitigt. Zudem mußte jeder Sohn eines Curialen mit Erreichen des 18. Lebensjahres automatisch in die Decurionenliste eingeschrieben werden, auch wenn er noch in der *patria potestas* stand.

Die Mobilität der Stände war damit weitgehend auf persönliche Protektion beschränkt. Lediglich das Militär bot über die Offizierslaufbahn eine Aufstiegsmöglichkeit. Was blieb, war die Flucht in ein Räuberleben, der Eintritt in den Klerus oder eine Mönchsgemeinschaft.

**Das Hofzeremoniell**. Weiterentwickelt und ausgeformt wurde auch das Hof- und Kaiserzeremoniell, das uns später als »byzantinisch«, d. h. steif und entrückt, entgegentritt. Es entwickelte sich ein strenger *ordo admissionum*, d. h. eine Rangordnung innerhalb des Clarissimats, der obersten Beamtenschaft – Consuln, Mitglieder des Consistoriums, *castrenses* –, die als erster (*prima admissio*), zweiter oder dritter Rang zur Gegenwart des Kaisers vorgelassen wurde. Die Zulassung wurde streng vom *magister admissionum* und

83 Der Titel *vir egregius* verschwand 326.

seinem Personal, den *admissionales*, kontrolliert. Der Kaiser war »entrückt«, seine Majestät, seine Anwesenheit gebot ehrfurchtsvolles Schweigen, das nur durch ihn selbst gebrochen werden konnte. Selbst im Kronrat mußte geschwiegen werden, bis der Kaiser zum Sprechen aufforderte, weshalb sich der Begriff *silentium* für die Sitzungen des *consistoriums* herausbildete. So waren die Zeremonienmeister (*silentiarii*) gewichtige Persönlichkeiten.

In Gegenwart des Kaisers durfte niemand sitzen, und es bedeutete ein unerhörtes Privileg gegenüber der Kirche, als Constantin beim Konzil von Nicaea die Bischöfe zum Sitzen einlud. Lediglich gegenüber dem römischen Senat und den Consuln wurde gleicher Respekt gewahrt. Dieses »republikanische« Verhalten wurde daher als *civitas* empfunden.

Es sollen hier nicht alle Formen, die den sakralen Anspruch des Kaisertums betreffen und sich in *proskynesis, adoratio*, zeremoniellem Kuß der Knie, der Schuhe, von Teilen des Gewandes usw. äußern, aufgelistet werden.[84] Um so bedeutsamer war daher das Verhalten der Circusbesucher: Der Circus war das politische Forum der *plebs urbana*, fordernd, nicht selten respektlos bis zur Revolte, und die Kaiser mußten, um des inneren Friedens willen, diese Äußerungen beachten, ja ernst nehmen.[85]


Aber die Regierung Constantins war überschattet von der persönlichen Tragödie: der Hinrichtung des Crispus und der Fausta. Obwohl Aurelius Victor (41,11) sagt, Crispus sei von seinem Vater *incertum qua causa* getötet worden, sprechen vor allem die byzantinischen Autoren Zosimus (2,29,1), Zonaras (31,2,38–41) und Sozomenos (1,5,1–2)

---

84  A. Alföldi, *Die monarchische Repräsentation im römischen Kaiserreiche*, Darmstadt 1970.
85  A. Cameron, *Circus Factions: Blues and Greens at Rome and Byzantium*, Oxford 1976.

von einer (unerfüllt gebliebenen) Liebesbeziehung zwischen
dem damals etwa 21jährigen Prinzen und seiner kaum 30
Jahre alten Stiefmutter.[86] Die moderne Wissenschaft vermutet allerdings eine von Fausta initiierte Intrige, um Crispus
aus der Nachfolge zugunsten der eigenen Kinder zu elimi-
nieren.[87]

Mit der Hinrichtung des Crispus waren die noch minder-
jährigen Kinder der Fausta die direkten Erben der väterlichen Herrschaft geworden: Flavius Claudius Constantinus
(geb. Februar 317), Flavius Iulius Constantius (geb. 7. August 318) und Flavius Claudius Constans (geb. 320). Constantin II. besaß seit 1. März 317, Constantius II. seit 8. November 324 und Flavius Claudius Constans seit 25. Dezember 333 Caesarrang. Constantin II. erhielt die *praefectura
Galliarum* mit der Residenz Trier (Vienne, Arles), Constans
die *praefectura Italia et Illyricum* mit den Residenzen Mailand (Aquileia, Sisicia, Serdica, Sirmium, Thessalonica),
Constantius II. die *praefectura Orientis* mit den Residenzen Antiochia und Nicomedia. Die Hauptstädte Rom und
Constantinopel blieben dem Augustus vorbehalten. Aber
auch seine beiden Neffen Flavius Iulius Dalmatius und
Annibalianus (Hannibalianus), der mit der Constantin-
Tochter Constanti(n)a verheiratet wurde, wurden in die Regierung eingebunden: am 18. September 335 zum Caesar erhoben, erhielt Dalmatius das Donaugebiet der »*ripa Go-
tica*« (die Diözesen Dacia und Thracia?), Annibalianus
wurde zum *rex regum Ponticarum gentium*.[88] Damit bezog
sich seine Herrschaft auf die Oberhoheit über die Clientel-

---

86 Das Datum des Geschehens, erste Hälfte 326, wird von der constantinopo-
 litanischen Jahresliste, den »Consularia Constantinopolitana« [MGH AA
 IX S. 232], geboten.
87 H. A. Pohlsander, »Crispus: Brilliant Career and Tragic End«, in: *Historia*
 33 (1984) S. 79–106; J. Rougé, »Fausta, femme de Constantin: criminelle ou
 victime?«, in: Cah.Hist. 25 (1980) S. 3–17.
88 Polemius Silvius 1,63 = MGH Chron. min. I S. 522; vgl. Anonymus
 Valesianus, c. 35 = Origo Constantini ed. König, S. 182; *Epitome de Caesaribus* 41,20.

könige um das Schwarzmeergebiet, den Pontus Euxinus und Armenien, das allerdings erst durch eine Konfrontation mit Persien dem Reich als Pufferstaat gesichert werden mußte.

Die Tatsache, daß Constantin vier Caesaren erhob, die nach Eutrops Ansicht (10,9,1) alle nachfolgeberechtigt waren, hat in der Forschung zu der Diskussion geführt, ob Constantin zur alten tetrarchischen Regierungsform zurückkehren wollte, die diesmal nur auf der Familie basieren sollte, doch ist kaum vorstellbar, daß Constantin die von ihm wiedergewonnene Reichseinheit durch eine Zersplitterung aufs Spiel setzen wollte. Eher ist anzunehmen, daß Constantin einen Augustus vorsah, der entsprechend den militärischen Notwendigkeiten und dynastischen Gegebenheiten von Caesaren unterstützt wurde. Nach dem Senioratsprinzip (*dies imperii*) mußte diese Stellung Constantin II. zufallen.

Die letzten Regierungsjahre Constantins blieben weitgehend ruhig. Auch der Kirchenstreit in Alexandria wurde durch ein Eingreifen Constantins »gelöst«: der militante Athanasius, seit 327 Bischof von Alexandria,[89] wurde 335 vor eine Synode nach Tyros zitiert, die unter dem Vorsitz des *comes Syriae* Flavius Dionysius als Vertreter des Kaisers tagte. Als Athanasius sich dem Spruch der zumeist antinicaenisch ausgerichteten Teilnehmer widersetzte, verbannte der Kaiser ihn am 7. November 335 nach Trier.

Eine militärische Bedrohung sah der Kaiser im Verhalten der Perser: Šapor II. versuchte, den seit 297 bestehenden Friedensvertrag zu revidieren. Als die Perser 334 Armenien besetzten, mußte Constantin eingreifen. Aber erst 337 war Constantin für einen Angriff bereit. Doch inmitten der Vor-

---

89 Ammian 15,7,7, sagt, *ultra professionem altius se efferentem, scitarique conatum externa* (er habe sich »über seinen Beruf hinaus zu Höherem emporgeschwungen und sich um Fremdes gekümmert«). G. Gentz, »Athanasius«, in: RAC I 1950 S. 860–866; C. Kannengießer (Hrsg.), *Politique et théologie chez Athanase d'Alexandrie* (Actes du Colloque de Chantilly 23–25 Sept. 1973), Paris 1974.

bereitungen erkrankte der Kaiser und starb am 22. Mai 337,
nachdem er von Bischof Eusebius von Nicomedia – einem
Anhänger des Lukianos – die Taufe empfangen hatte. Constantius II. führte das Leichenbegräbnis durch, der römische
Senat beschloß die Consecration.

Begraben wurde Constantin in dem von ihm errichteten
Mausoleum zu Constantinopel. Es befand sich neben der
den Aposteln geweihten Märtyrerkirche und war so konzipiert, daß der Sarkophag des Kaisers in der Mitte stand,
flankiert von je sechs Gedenkstelen der Apostel. Constantins Absicht war,[90] auf diese Weise an den Gebeten der
Gläubigen zu den Aposteln teilhaben zu können und derge-
stalt eine würdige Ruhestätte zu besitzen.[91] Joseph Vogt ver-
mutete, daß Constantin durch die »Einreihung des Toten in
die Apostelschar« an die »Aufnahme antiker Herrscher unter die 12 Götter, an den Kult des 13. Gottes [...] erinnern
wollte.«[92] Er sah darin einen von Constantin ins Christliche
gewandelten heidnischen Gedanken.

---

90  Eusebius, *Vita Constantini* 4,58 ff. beschreibt das Beisetzungszeremoniell.
91  Eusebius, *Vita Constantini* 4,30.
92  J. Vogt, »Der Erbauer der Apostelkirche in Konstantinopel«, in: *Hermes* 31
    (1953) S. 111–117.

## II

# Die Erben Constantins des Großen
### oder
# Die Christianisierung des römischen Reiches

## 1 Die Söhne Constantins des Großen

Der Tod des Kaisers hinterließ ein Machtvakuum, das mehr als drei Monate eine Art politischen Stillstand verursachte.[1] Erst am 9. September 337 nahmen CONSTANTIN II., CONSTANTIUS II. und CONSTANS auf Druck der Soldaten den Augustustitel auf und ließen ihn vom römischen Senat bestätigen. Auf das Gerücht hin, Constantin sei von seinen Stiefbrüdern ermordet worden, töteten die Soldaten die männlichen Nachkommen des Constantius Chlorus und der Theodora; nur die Kinder des Iulius Constantius, der 11jährige Gallus und der 6jährige Iulianus, wurden verschont. Alle drei Herrscher erachteten ihren Reichsteil als Erbe (*hereditas*), aber als Teil des Ganzen. Nach dem Prinzip der Anciennität, d. h. dem *dies imperii* im Caesarat, kam der Rang des ersten Augustus automatisch Constantin II. zu, der damit das Recht der Gesetzgebungsinitiative genauso besaß wie das Recht, in die übrigen Reichsteile einzugreifen.[2] Zudem beanspruchte er die Vormundschaft (*tutela*) für seinen erst 14jährigen Bruder Constans.
Umgehend traten Spannungen und Rivalitäten zwischen

---

1 Eusebius, *Vita Constantini* 4,67,3: »So war der Selige (d. h. Constantin) der einzige der Sterblichen, der auch nach seinem Tode noch herrschte.«
2 Daher wird er auch auf einem zyprischen Meilenstein als *maximus triumphator Augustus* bezeichnet, im Unterschied zu seinen Brüdern, die nur *victores semper Augusti* sind; JRS 29 (1939) S. 187.

den Brüdern auf: So sandte Constantin II. Athanasius zusammen mit anderen auf der Synode von Tyros in den Westen verbannten orientalischen Bischöfen zurück, ein Affront gegen Constantius II., der ein überzeugter Arianer war. Spannungen gab es auch zwischen Constantin II. und Constans: Constantin versuchte einerseits in die administrativen Belange des Constans einzugreifen, andererseits den Bruder, der ein ebenso überzeugter wie intoleranter Anhänger des Nicaenums war – er war der einzige Getaufte! –, zu einer schärferen Haltung gegen Constantius II. zu bewegen. Es scheint, daß der Kirchenstreit zum Vehikel wurde, die eigenen Ambitionen gegen die Mitkaiser durchzusetzen. Als Ende 339 Athanasius erneut aus Alexandria vertrieben wurde und nach Rom zu Bischof Iulius floh, regte Constans ein Konzil im Westen an. Dies sollte der Autorität des jungen Kaisers heben, der zudem Gebietsforderungen an Constantius II. stellte. Während jedoch Constans in Naissus mit Constantius II. verhandelte, fiel Constantin II. Anfang 340 in Italien ein, das er als Domäne des rangersten Augustus beanspruchte. Allerdings geriet er bei Aquileia in einen Hinterhalt und fiel. Damit wurde Constans Herr des gesamten lateinischen Westens.

Constantius II. war nicht in der Lage, im Westen einzugreifen. Der erneut aufflammende Kirchenstreit, der drohende Perserkrieg und die Finanzkrise[3] beschränkten seine Handlungsfähigkeit, und erst ab 350 herrschte für fast ein Jahrzehnt relative Ruhe an der Perserfront.

---

3 So besitzen wir ein am 5. April 342 in Antiochia erlassenes Gesetz (CTh 12,1,33), das den Minimalbesitz, um Decurio (Stadtverordneter) zu werden, auf *25 iugera* – ca. 631 a = ca. 6,3 ha (63075 m²) – festlegte, nachdem in immer wieder erlassenen und verschärften Edikten seit Oktober 338 die Verpflichtung betont wurde, dieses Amt zu übernehmen, was gleichlautend war mit Steuerhaftung. Niemand, der die Mindestanforderungen (Grundbesitz, ererbte oder verliehene Ehren) erfüllte, durfte sich der Verpflichtung entziehen; der Verkauf des Vermögens, der Wechsel des Standes, ja sogar der bloße Versuch wurde mit einer Strafe von 30 Pfund Silber belegt, immerhin fast 10 kg (CTh 12,1,23–32).

244 *Die Spätantike*

Im Westen war nach dem Tod Constantins II. Constans die Aufgabe zugefallen, die Grenzen an der Donau, am Rhein und in Britannien zu verteidigen, und die Subskriptionsorte seiner Gesetze zeigen ein großes Reisepensum des Kaisers auf.[4] Der Bruderkrieg des Jahres 340 hatte Franken[5], Alamannen und Sachsen ermöglicht, in das Reich einzufallen. Während Constans die Franken offenbar als Foederaten in Toxandrien siedeln ließ, scheint mit diesem Kaiser das militärische Interesse an Britannien langsam zu erlahmen.[6]

Constans unterhielt gute Beziehungen zum Episkopat – Athanasius von Alexandria, Ossius von Cordoba, Iulius von Rom, Maximinus von Trier –, und so betrieb Iulius die Rehabilitierung des Athanasius auch auf die Gefahr eines Schismas hin. Diese Gefahr bestand vor allem deshalb, weil die Gegner unter Führung des Bischofs Eusebius von Constantinopel (vormals Nicomedia) den Jurisdiktionsprimat Roms ablehnten. So stand der Bischof des ›Alten Rom‹ gegen den Patriarchen des ›Neuen Rom‹. Die Situation schien günstig, da Constantius II. durch die Persergefahr gebunden war, doch Eusebius war nicht bereit nachzugeben. Anläßlich der Einweihung der noch von Constantin gestifteten großen Kirche von Antiochia berief er eine Bischofskonferenz, die sog. ›Kirchweihsynode‹ (Enkämien-Synode), die im Sommer 341 von Constantius eröffnet wurde und die das Anliegen Roms ablehnte. Nun trugen Iulius und Athanasius Constans die Idee einer Reichssynode vor, und beide Kaiser einigten sich auf ein Reichskonzil, das in Serdica [Sofia], d. h. im Reichsteil des Constans, stattfinden sollte

---

4 O. Seeck, *Regesten der Kaiser und Päpste für die Jahre 311 bis 476 n. Chr.*, Stuttgart 1919.
5 Ammian 17,8,3.
6 Bislang ist keine Kaiserinschrift in Britannien gefunden worden, die eindeutig nach 340, d. h. nach Constantin II. datierbar ist.

(Herbst 343[7]). Während aber die Orientalen die Anerkennung der Beschlüsse von Tyros und Antiochia erwarteten, wurden sie mit der Rehabilitierung des Athanasius und der Forderung, den römischen Jurisdiktionsprimat anzuerkennen, konfrontiert. So verweigerten sie die Teilnahme an den Sitzungen und fanden sich zu einer getrennten Synode in Philippopolis [Plovdiv] zusammen; die getrennt tagenden Gremien exkommunizierten gegenseitig die führenden Bischöfe; zudem legten die Orientalen ein eigenes Glaubensbekenntnis vor: Bereits in Antiochia hatte Eusebius formuliert, daß innerhalb der Trinität »die besondere Wesensart [›Hypostase‹] den Rang und die Glorie jedes der Wesen festlegt, so daß sie der Hypostase nach drei, der Übereinstimmung [Symphonia] nach aber eins sind.«[8] Damit wurde die Wesensart (οὐσία – *usia*) der Dreifaltigkeit nicht als eine einzige und gemeinsame (ὁμός) definiert, sondern als gleichartig, ähnlich (ὁμοῖος). Diese Definition wurde nun, ohne sie speziell als arianisch zu bezeichnen, von der West-Synode bestritten. Sie spricht von der »einen« Hypostase, d. h. der Einheit der Dreifaltigkeit: »Wir bekennen, daß es nur einen Gott gibt, und daß die Gottheit des Vaters und die des Sohnes eine einzige ist.«[9] Auf Antrag des Ossius beschloß die West-Synode ferner, dem Bischof von Rom die letztinstanzliche richterliche Befugnis bei Streitigkeiten von Provinzialsynoden zuzugestehen.[10] Constantius II. wurde brieflich aufgefordert, sich aus Kirchenstreitigkeiten herauszuhalten.

Natürlich lehnten die Orientalen die Beschlüsse ab. Auch sie arbeiteten ein Glaubensbekenntis aus, das sie gegen Rom wie gegen den Arianismus abgrenzte, und leiteten es Con-

---

7 Das Datum 343 ist nicht sicher: Athanasius nennt in der *Apologie* 4 das Jahr 342, in den Festbriefen das Jahr 343. Sokrates, *Historia ecclesiastica* 2,20,4 nennt hingegen das Jahr 347. Die Mehrzahl der Forscher hat sich für 343 entschieden, doch ist 342 nicht widerlegt.

8 Athanasius, *De synodis* 22–25.

9 Theodoret, *Historia ecclesiae* 2,8,45 ff.

10 E. Caspar, *Geschichte des Papsttums*, Bd. 1, Tübingen 1930, S. 159 ff.

stans zu. Ferner wurde eine eigene Berechnung des Oster-
zyklus vorgelegt. Damit wurde Serdica Ausgangspunkt des
Schismas, das die Kirche in eine ›römische‹ und in eine ›orthodoxe‹ aufspalten sollte.

Constans stellte sich voll hinter die Beschlüsse von Serdica
und zwang unter Androhung eines Krieges Constantius II.,
die rehabilitierten Bischöfe wieder in ihre Diözesen einzusetzen: so konnte Athanasius Ende 345 nach Alexandria zurückkehren. Für Constans bedeutete Serdica einen Sieg
über den Arianismus wie über seinen Bruder Constantius.
Um die religiöse Einheit des Westens zu erreichen, griff er
nunmehr auch in den Donatistenstreit Nordafrikas ein. Am
15. August 347 ließ er per Gesetz die Canones von Serdica
als Einheitsformel für Nordafrika verkünden, und als der
Widerstand ausbrach, die Gegner blutig verfolgen. 348 berief Bischof Gratus von Carthago eine Synode, in der er
Constans für die Wiedergewinnung der Glaubenseinheit
dankte. 50 Bischöfe unterschrieben das Einigungsdekret,
die Donatisten verschwanden im Untergrund.

Constans schien sein Ziel erreicht zu haben, aber die Wahl
der Mittel zeugt von mangelnder Sensibilität, so daß die
Ablehnung des Kaisers vor allem in Gallien wuchs: Nach
340 hatte er alle Anhänger Constantins II. aus ihren Ämtern
entfernt, forderte eine eiserne Truppendisziplin, betrieb
eine rigorose Steuerpolitik, die Grundbesitzer, Händler,
Handwerker und Städte belastete, und forcierte in Übereinstimmung mit dem Episkopat die Christianisierung. So
usurpierte am 18. Januar 350 der *comes rei militaris* Flavius
Magnus Magnentius, Constans wurde auf der Flucht nach
Spanien erschlagen.

Magnentius wurde in Gallien und Italien anerkannt, nur
Pannonien konnte durch die Initiative der Constantina, der
Tochter Constantins d. Gr., für Constantius II. bewahrt
werden,[11] indem sie den *magister peditum* Vetranio zur

---

11 Philostorgius, *Historia ecclesiae* 3,22.

Usurpation überredete. Als dann Constantius im Spätjahr 350 in Thrakien erschien, legte Vetranio freiwillig den Purpur nieder.[12] Um aber den Osten zu sichern, ernannte Constantius II. am 15. März 351 seinen Vetter Gallus in Sirmium zum Caesar und verheiratete ihn mit Constantina, der damit die Rolle einer Vertrauten des Kaisers zukam.

Magnentius, ein überzeugter Heide, betrieb in Italien eine Politik des Ausgleichs: er ließ, um den heidnisch gesinnten senatorischen Adel für sich zu gewinnen, unter dem Schlagwort *liberator orbis Romani, restitutor libertatis et rei publicae*[13] die strengen antiheidnischen Gesetze des Constans aufheben bzw. mildern. Gleichzeitig suchte er bei Constantius um Anerkennung seiner Herrschaft nach, nahm aber auch Kontakt auf zu Athanasius und damit den christlichen Gegnern des Kaisers. Erst im Sommer 351 marschierte Constantius gegen Magnentius, den er zuerst bei Mursa[14] und schließlich im September 352 bei Aquileia schlagen konnte. Den Winter verbrachte er in Mailand, wo er die später von Iulian sehr bewunderte Griechin Eusebia (aus Thessalonica), eine eifrige Arianerin, heiratete. Erst im Juli 353 zog Constantius nach Gallien, wo Magnentius nach einer erneuten Niederlage in Lyon zusammen mit seiner Familie Selbstmord beging (10. August). Der Sieger verkündete eine allgemeine Amnestie für diejenigen, die nicht unmittelbare Mitarbeiter des Usurpators gewesen waren.

Nun berief Constantius eine Synode nach Arles, auf der Athanasius wegen Konspiration verurteilt werden sollte. Gegen Androhung der Verbannung forderte er die Zustimmung der Bischöfe, und viele unterwarfen sich; Paulinus von Trier[15] und der neue Bischof von Rom, Liberius, verweigerten sich allerdings: Liberius sah in den Beschlüssen

---

12 Iulian, *Orationes* 1,35.
13 ILS 742, Meilenstein der Straße von Pavia nach Turin.
14 Nahe dem Zusammenfluß von Drau und Donau.
15 Er wurde umgehend in den Osten verbannt (Hilarius von Poitiers, Frg. 5,6).

von Arles die Grundfragen der Rechtgläubigkeit betroffen
und forderte ein allgemeines Konzil. Dies aber lehnte der
Kaiser, der gehofft hatte, den Streit politisch austragen zu
können, ab.

## 2 Constantius II. und Iulian

Während im Westen der Kaiser die politischen wie religiösen Verhältnisse mit der Hand des Siegers ordnete, drohte
die Ordnung des Ostens zu zerbrechen. Der Caesar Gallus
war in keiner Weise auf seine Aufgabe vorbereitet worden,
ebenso war seine Kompetenz als Caesar nicht genau umrissen, und Constantina trachtete danach, den Osten mit ihrem Mann selbständig zu beherrschen. Durch erstaunliches
Ungeschick brachten sie die Bewohner gegen sich auf und
verursachten schwere Unruhen, so daß Constantius II. eingreifen mußte. Er entzog Gallus den Oberbefehl über die
Truppen und unterstellte diese dem *magister equitum* Ursicinus. Neue Unruhen entstanden, als Gallus Ende 353 den
von Constantius ernannten *praefectus praetorio* Domitianus
wegen dessen arroganten Verhaltens von den aufgebrachten
Soldaten töten ließ. Nun lud der Kaiser Gallus nach Mailand, und Constantina begleitete ihren Mann, um den zu
gewärtigenden Beschuldigungen entgegenzutreten. Doch an
der Grenze zu Bithynien starb sie 354. Gallus hielt sich
kurz in Constantinopel auf, wo er sich dem Volke anläßlich
eines Wagenrennens im Hippodrom präsentierte. Daraufhin ließ ihn Constantius unter Bewachung stellen und wenig später offiziell verhaften und der kaiserlichen Insignien
entkleiden. Bei dem in Flanona [bei Pola] stattfindenden
Hochverratsprozeß beging Gallus die Ungeschicklichkeit,
die Hauptschuld der Constantina zuzuschieben. So fällte
das Gericht das Todesurteil: Gallus wurde Ende 354 mit 29

Jahren enthauptet, Constantina ihrerseits mit allen Ehren
im Mausoleum an der Via Nomentana bei Rom bestattet.
Im Zusammenhang mit diesem Prozeß wurde auch Iulian
nach Mailand befohlen. Inzwischen hatte Constantius die
ins Elsaß eingebrochenen Alamannen zurückgedrängt und
den Usurpator Silvanus durch den nach Gallien beorderten
*magister equitum* Ursicinus beseitigt (29.? August 355).
Aber die Auseinandersetzung mit Silvanus hatte die Franken zu weiteren Kriegszügen ermutigt. In dieser Situation
entschloß sich Constantius, am 6. November 355 seinen
Vetter IULIANUS zum Caesar im Westen zu erheben.[16]
Erneut hatte Constantius einen Caesar gewählt, der außer
seiner Zugehörigkeit zur constantinischen Familie keinerlei
Voraussetzungen für sein Amt mitbrachte: in Nicomedia
aufgewachsen, unterstand er der Vormundschaft des arianischen Bischofs Eusebius. Doch Mardonios, sein Erzieher,
weckte Iulians Liebe zum Griechentum und zur Philosophie. Wichtig wurde für ihn die geistige Führung des Bischofs Georg von Kappadokien, seines späteren Lehrers,
der Iulian die eigene Bibliothek zugänglich machte, die
außer exegetischen Schriften auch solche griechischer und
hellenistischer Philosophen enthielt. Philosophische Studien führten Iulian mit kaiserlicher Erlaubnis nach Constantinopel (347) und wenig später nach Nicomedia.
Neben der Philosophie, die damals durch die Werke des
Iamblichos von Chalcis (um 270–330) wichtige Impulse erfahren hatte, gewann die griechische Rhetorik neu an Gewicht. Ausgehend von der späten Sophistik, die den Dienst
am Staat als wünschenswert hervorhob, verbanden die Rhe-
torenschulen nun antike – hellenistische – Bildungstradition
mit rhetorischer Ausbildung, die zur Bekleidung höherer
Staatsämter befähigte. Damit standen Christentum und
Heidentum in scharfer Konkurrenz zueinander, wenn auch

16 R. Klein, Julian Apostata, Darmstadt 1978; J. Richer, L'Empereur Julien,
   Paris, 2 Bde 1978/81, Bd. I: De l'histoire à la légende (331–1715); Bd. II: De
   la légende au mythe.

mit unterschiedlichen politischen Ausgangspositionen und
Zielen.[17] In diese Zwitterwelt der Bildung geriet Iulian vor
allem in Nicomedia, wo nach 344 der Rhetor und Attizist
Libanios eine eigene Schule eröffnet hatte. Iulian war zwar
der Besuch seiner Vorlesungen verboten, doch verschaffte er
sich die Mitschriften. Gleichzeitig beeindruckte ihn Maximus von Ephesus, der ihm das asketische Dasein des Philosophen vorlebte und ihn in den Okkultismus des Hekate-
Kultes einführte. Maximus von Ephesus wird zumeist
der Erfolg zugeschrieben, Iulian zur Apostasie geführt zu
haben.[18]

Iulian war somit, als er zum Caesar erhoben wurde, ein
höchst belesener und gebildeter junger Mann, aber gerade
seine praxisferne Ausbildung scheint mit Anlaß gewesen zu
sein, ihn zum Caesar zu erheben. Constantius, gewarnt
durch das Verhalten des Gallus, hatte Iulians Befugnisse genau umrissen: das Heer war seinem Kommando entzogen,
ebenso die Finanzen, sofern sie nicht die Summe des kaiserlichen Haushaltes betrafen. Alle Beamten waren vom Augustus ernannt und diesem verantwortlich. So gab es in der
Umgebung Iulians nur zwei Personen, zu denen er ein Ver-
trauensverhältnis entwickelte: Oreibasios von Pergamon,
sein Leibarzt, der selbst dem Heidentum nahestand,[19] sowie
der *quaestor* und *comes consistorii* Flavius Sallustius, ein

17 J. Geffcken, Der Ausgang des griechisch-römischen Heidentums, Heidelberg 1929 (ND Darmstadt 1972); A. Momigliano, Paganism and Christianity, London 1962.
18 Iulian selbst gibt das Jahr 351 für dieses Ereignis an: In seinem 362/363
verfaßten Schreiben an die Alexandriner erklärte er in einer Polemik gegen
Jesus und die Athanasianer: »Wenn ihr euch von mir [...] leiten lassen
wollt, so lenkt euch selbst zur Wahrheit zurück. Ihr werdet den rechten
Weg nicht verfehlen, wenn ihr einem Manne folgt, der bis zu seinem
20. Lebensjahr ebenfalls jenen (falschen) Weg gegangen ist und, siehe, nun
mit der Gnade der Götter sich das zwölfte Jahr auf diesem (richtigen) be-
findet« (Bidez-Cumont n. 111 = n. 61 Weis). – Zu Maximus s. Eunapios in
seinen Βίοι φιλοσόφων καὶ σοφιστῶν.
19 Dessen Tagebuchaufzeichnungen wertete der Historiker Eunapios aus, der
wiederum von Zosimus benützt wurde.

Gallier (oder Spanier?) von hoher Bildung, der Iulians Neigung zur Philosophie teilte. Anzumerken ist noch, daß trotz seiner Bildung Iulians Lateinkenntnisse nur mäßig waren, und er scheint diese Sprache auch nie im gleichen Maße gelernt oder gar geliebt zu haben wie das Griechische. Am 1. Dezember 355 reiste Iulian nach Gallien; schon beim Überqueren der Alpen erfuhr er von den Erfolgen der Franken, wurde damit sofort mit der militärischen Wirklichkeit konfrontiert.

Im gleichen Jahr 355 erreichte Bischof Liberius endlich beim Kaiser die Einberufung einer Reichssynode, auf der über das Glaubensbekenntnis (Symbolon) von Nicaea und die Frage der Rechtgläubigkeit verhandelt werden sollte. Constantius, der seinen göttlichen Regierungsauftrag auch darin sah, die religiöse Einheit des Reiches zu erreichen, bestimmte als persönlich Einladender die Residenz Mailand zum Tagungsort, um über vertraute Bischöfe die Beschlüsse zu beeinflussen. Als daher der Bischof Eusebius von Vercelli den Synodalen das Symbolon von Nicaea zur Unterschrift überreichte, zerriß der Arianer Valens von Singidunum das Schreiben vor aller Augen. Nun drohte die Bevölkerung Mailands die Versammlung zu stürmen, so daß der Kaiser die Sitzungen in den Palast verlegte. Dem Protest mehrerer Bischöfe begegnete er mit dem Spruch: »Was ich will, das soll als Kanon gelten. Auch die syrischen Bischöfe lassen es sich gefallen, wenn ich so spreche. Gehorchet also, oder ihr werdet verbannt.«[20] Sollte der Ausspruch historisch sein, so wäre darin eine konsequente Weiterentwicklung von Constantins Haltung auf dem Konzil von Nicaea zu erkennen. Zahlreiche Bischöfe des Westens verweigerten die Unterschrift und wurden verbannt, darunter auch Liberius, ihre Stühle zumeist mit Arianern besetzt. Selbst der hundertjährige Ossius von Cordoba wurde vor den Kaiser zitiert, doch auch er verweigerte sich mit dem Hinweis, daß

20 Athanasius, *Historia Arianorum* 31–34.

nach dem Bibelwort »Gebt dem Kaiser, was des Kaisers ist, und Gott, was Gottes ist«, die kaiserliche Gewalt nicht über, sondern neben der Kirche stehe. Hier ist der Grund für die ›Lehre von den zwei Gewalten‹ bereitet, die vor allem die abendländische Kirche beeinflussen sollte.[21]

Unruhen verursachte auch die Verbannung des Athanasius; umgehend brach in Alexandria ein Volksaufstand aus, so daß Constantius schließlich 356 die Stadt durch Legionen besetzen ließ. Athanasius floh, und an seine Stelle trat Georg von Kappadokien, einst geistlicher Lehrer Iulians. Doch dem von Athanasius angeheizten Widerstand mußte Georg schließlich im Oktober 358 weichen.

Anläßlich der bevorstehenden Vicennalien (Erhebung zum Augustus) entschloß sich Constantius, Rom zu besuchen. Am 28. April 357 hielt er dort seinen feierlichen Einzug mit einer Prachtentfaltung, wie sie die Stadt seit Menschengedenken nicht mehr erlebt hatte. Der Besuch des Kaisers wird von Ammian (16,10) genau beschrieben – er sei wie ein Triumphator in eine eroberte Stadt eingezogen! –, seine Wirkung für den Senat und das Heidentum noch in der berühmten, 384 vor Kaiser Valentinian II. gehaltenen Rede des Q. Aurelius Symmachus, der sog. »3. Relatio«, aufgezeigt. So beeindruckt Constantius von der Pracht Roms war, so beeindruckt waren die Römer von der kaiserlichen Haltung des Herrschers, die zum Ideal der Herrscherpersönlichkeit selbst geriet. Die Darstellung Ammians aber zeigt, daß das als statuarisch charakterisierte Auftreten des Kaisers Teil des Kaiserzeremoniells war, »byzantinisch«, wie es dann von späteren Kaisern ebenfalls beachtet wurde.[22]

Unter dem Eindruck des heidnisch geprägten Roms bestätigte der Kaiser die alten Privilegien der Stadt, d. h. Steuerfreiheit und Getreideversorgung, ließ die Kulte unangetastet und besetzte sogar die alten Priesterämter mit Personen

21 M. Jacobs, *Die Reichskirche und ihre Dogmen*, Göttingen 1987 S. 40.
22 Av. Cameron, *Das späte Rom*, S.107 f.; J. Straub, *Vom Herrscherideal in der Spätantike*, Stuttgart 1939 (Darmstadt 1964).

aus hochangesehenen senatorischen Geschlechtern.[23] Es zeigt sich, daß der Kaiser als *pontifex maximus* seiner Kultpflicht nachkam, aber man kann sich des Eindrucks nicht erwehren, daß er in Rom nicht nur die Verkörperung des Reiches sah,[24] sondern eine Art Museum der Vergangenheit, das als Nationaldenkmal erhalten bleiben mußte. Damals wurde auf seinen Befehl der Altar der Victoria, das Symbol des unbesiegbaren Roms, aus dem Senatsgebäude entfernt. Aber es zeigte sich auch, daß das Heidentum zunehmend zum geistigen Refugium des senatorischen Adels geworden war.

Am 29. Mai 357 verließ der Kaiser Rom wegen eines Feldzuges gegen die Sarmaten (*Sarmatae Argaragantes*). Gleichzeitig bemühte er sich auf einer im Herbst 357 nach Sirmium einberufenen Synode, die Bischöfe des Ostens und Westens auf eine Einigungsformel zu verpflichten. Diese sog. ›zweite sirmische Formel‹ verbot den Gebrauch des Begriffes ὁμοούσιος und ὁμοιούσιος als nicht in der Bibel bezeugt, ferner Spekulationen über das Wesen (οὐσία) Christi.[25] Doch der Westen blieb unzufrieden, da er darin einen Freibrief für die Arianer sah, ebenso der Osten, der sich Ostern 357 auf der Synode von Ankyra auf den Begriff ὁμοιούσιος geeinigt hatte. Constantius, der den ›Homoiusiern‹ zuneigte, ließ nunmehr 358 eine Formelsammlung erstellen, die so wenig aussagekräftig war, daß sogar Liberius von Rom unterschrieb; lediglich die Verurteilung des Anastasius blieb bestehen. Constantius war zufrieden, obwohl jedem klar war, daß die Einigung von Sirmium nur einen dürftigen Kompromiß darstellte.

Die Feldzüge an der Donau gegen Sarmaten und Quaden konnten siegreich beendet werden,[26] doch nun drohte ein Krieg mit Persien.[27] Im Frühjahr 359 stieß Šapor II. mit ei-

---

23 Symmachus, *Relatio* 3,7.
24 So Themistius, *Orationes* 3.
25 M. Jacobs (s. Anm. 21) S. 41.
26 U. B. Dittrich, *Die Beziehungen Roms zu den Sarmaten und Quaden im 4. Jahrhundert n. Chr.*, Bonn 1984.
27 Ammian 17,5.

ner riesigen Armee, (die Quellen sprechen von 100 000
Kriegern) gegen Amida vor, das nach zweimonatiger Belagerung fiel. Einige Verteidiger, darunter Ammian, entka-
men. So entschloß sich Constantius, persönlich in den
Osten zu gehen, und forderte Iulian auf, ihm Truppen zuzusenden, da diese in Gallien dank der Leistung des Caesars
entbehrlich seien. Als Iulian, der sich gerade in seinem Win-
terquartier zu Paris befand, das Schreiben den anwesenden
Kommandeuren vorlegte, meuterten diese und riefen Ende
Februar 360 Iulian zum Augustus aus. Was Constantius
hatte vermeiden wollen, nämlich eine Annäherung zwischen
Caesar und Heer, war eingetreten.
Iulian hatte trotz mangelnder militärischer Ausbildung und
trotz des zeitweisen Widerstandes der ihm von Constantius
beigegebenen Generäle ein erstaunliches militärisches Talent
entwickelt. In mehreren Feldzügen gegen Franken (Rückge-
winnung Kölns 356) und Alamannen (Schlacht bei Straßburg August 357) konnte die Rheingrenze stabilisiert und
durch Kastelle gesichert werden;[28] sogar die Burgunden am
Main baten Iulian um Vermittlung bei einem Grenzstreit
mit Alamannen (wegen der Salinen bei Schwäbisch Hall).
Solche Erfolge förderten eine enge Bindung zwischen Caesar und Heer, und Iulian glaubte zunehmend an eine besondere Bevorzugung durch die Götter. Constantius seinerseits
durfte davon ausgehen, daß die Sicherung Galliens erreicht
war, und kam zu der richtigen Entscheidung, daß die
kampferprobten Verbände nunmehr im Osten notwendiger
waren. Aber Constantius hatte sich in Gallien Feinde geschaffen, nicht zuletzt durch das Vorgehen gegen Silvanus,
und so verweigerten die Offiziere den Befehl. Iulian, der
später berichtet, eine nächtliche Erscheinung des *Genius populi Romani* habe ihn zur Annahme des Auftrages gemahnt,
versprach den Truppen, sie in Gallien zu halten. Er informierte Constantius von den Geschehnissen, versicherte den

28 H. v. Petrikovitz, »Fortifications in the North-Western Roman Empire
   from the Third to the Fifth Century A.D«, in: JRS 61 (1971) S. 178–218.

Kaiser seiner Loyalität und bat um Anerkennung des Augustusranges. Constantius reagierte vorsichtig: Er ermahnte Iulian, sich mit dem Caesarrang zu begnügen, beharrte aber auf seiner militärischen Forderung wie der Treuepflicht Iulians. Iulian seinerseits feierte am 6. November 360 in Vienne seinen fünften *dies imperii* (Quinquennalien) und erschien aus diesem Anlaß erstmals im Purpur eines Augustus: die Usurpation war vollzogen. Gleichzeitig erfolgte auch der endgültige Bruch mit dem Christentum. Wohl erschien Iulian am 6. Januar 361 anläßlich der Epiphanie-Feier in der Kirche, um – so sagt Ammian (21,2,5) richtig – die Christen seiner Umgebung nicht zu verprellen, aber die Apostasie war innerlich vollzogen.

Constantius mußte dieser Herausforderung begegnen, aber er versuchte zuerst, die Verteidigung des Ostens zu organisieren. Damit überließ er Iulian die Offensive, ließ ihn zum Aggressor, zum Störer des Friedens werden. Dieser zog im Frühjahr 361 sein Heer zusammen und marschierte durch Oberitalien ins Illyricum. In Naissus, der Geburtsstadt Constantins d. Gr.,[29] schlug er sein Hauptquartier auf.

Das Verhalten Iulians, das er in Briefen an Maximus von Ephesus[30] oder an die Bulé von Athen rechtfertigte, wurde nicht von allen gebilligt. Vor allem der römische Senat warf ihm vor, Constantius gegenüber die *fides* und die *pietas* verletzt zu haben: als sich Iulian in einem Brief über die schlechten Handlungen und Laster des Constantius (*probra [. . .] et vitia*) beschwerte, »rief man nämlich einstimmig und in Übereinstimmung: ›Wir verlangen mehr Ehrerbietung gegenüber Deinem Urheber‹.«[31] Es wird ersichtlich, daß man Iulian Verrat am Kaiser vorwarf, als das Reich bedroht

---

29 J. Szidat, *Historischer Kommentar zu Ammianus Marcellinus, Buch XX–XXI*, Tl. 1: *Die Erhebung Julians*, Wiesbaden 1977 (Historia Einzelschriften, 31); Tl. 2: *Die Verhandlungsphase*, ebd. 1981 (Historia Einzelschriften, 38).

30 Iulian, Brief 21, ed. Weis.

31 Ammian 21,10,7: *exclamatum est enim in unum, cunctorum sententia congruente:* »*auctori tuo reverentiam rogamus.*«

war. Ein Teil der hohen Beamten, einschließlich der Consuln, floh zu Constantius, Africa erklärte sich für den Augustus, Aquileia vertrieb die Besatzung. Der Widerstand regte sich, und Iulian erkannte, daß der Zug schlecht vorbereitet war. So blieb er in Naissus stehen.

Constantius selbst demonstrierte Überlegenheit: noch im Juli heiratete er in Antiochia in zweiter Ehe Faustina und zog erst Ende Oktober gegen Iulian. Da die Perser sich überraschend hinter den Euphrat zurückgezogen hatten, hatte er freie Hand. Doch unterwegs erkrankte der Kaiser in Tarsus. Wie sein Vater Constantin ließ er sich nun taufen und starb kurz darauf in Mopsucrene am 3. November, erst 44 Jahre alt. Constantius, der sich selbst als Werkzeug Gottes sah und alles, was ihm widerfuhr, als gläubiger Christ dem Wirken Gottes zuschrieb, sah auch in der Revolte Iulians ein Zeichen der Allmacht. Und so, um nicht das Reich in einen Bürgerkrieg zu stürzen, bestimmte er Iulian in seinem Testament zum Erben und Nachfolger und empfahl ihm seine junge Gattin. Wenige Monate später wurde seine Tochter Constantia geboren, die später den Kaiser Gratian heiratete.

Constantius II. hatte seinen Regierungsauftrag ernst genommen und sah vor allem in der Einheit des Christentums die Klammer des Reiches. Zudem trachtete er, die Reformen des Vaters in Verwaltung, Heer und Rechtsprechung zu vollenden, war um Steuergerechtigkeit bemüht. Constantinopel und dessen Senat wurden nun Rom gleichgestellt, die Senatoren erhielten den Rang von _clarissimi_. Unter ihm entwickelte sich eine feste Kanzleihierarchie in den Büros (_scrinia_), im _consistorium_ und im Amt des _magister officiorum_. Vor allem der _magister officiorum_ wurde als Führer der _schola palatina_, der die Bürochefs der kaiserlichen Kanzleien entnommen wurden, zum obersten Leiter der Verwaltung. Damit war er der zweitmächtigste Mann des Hofes neben dem _quaestor sacri palatii_, der zuständig wurde für die kaiserliche Gesetzgebung sowie für die Kontrolle des _laterculus minus_, der militärischen Ämter und Amtsbereiche. Zu dieser hohen Funktionärsgruppe zählten die beiden Vor-

steher der Finanzressorts, der *comes rerum privatarum* und
der *comes sacrarum largitionum*. Beide besaßen eine besondere Machtfülle dadurch, daß den militärischen *duces* der
Zugriff auf die Finanzen – und damit auch auf die Besoldung der Soldaten – entzogen war. Diese vier »Minister«
waren dem Kaiser allein verantwortlich, und wir können
feststellen, daß Constantius II. ihre Tätigkeit streng kontrollierte.[32]

Auch das Münzsystem erfuhr eine Korrektur: die Ausgabe
einer versilberten *Aes*-Prägung – die *maiorina* von 4–5 g
und der *centionalis* von 2–3 g – sollte den Verfall dieser
Münze aufhalten. Die Silberprägung (*siliqua*) wurde durch
eine leichtere Kurantmünze von ca. 2,27 g ergänzt. Notwendig wurde die Korrektur durch die Schwankungen im
Wertverhältnis von Gold zu Silber, das sich nach dem Markt
wie dem Steueraufkommen richtete. Die Korrekturen erwiesen sich als gut genug, um bis in die Zeit Theodosius'
d. Gr. zu bestehen.

## 3 Kaiser Iulian

Mit Constantius' Tod stand IULIAN der Weg nach Constantinopel offen. Er suchte die dortigen Senatoren für sich zu
gewinnen, indem er ihnen das *aurum coronarium* erließ und
gleichzeitig Gelder für die Ausschmückung der Hauptstadt
bereitstellte. In seinen Handlungen berief sich Iulian gern
auf Traian, der seit dem Panegyricus des Plinius d. J. als Mu-
ster der *civilitas* galt. Aber die Reformen betrafen nicht nur
die Senatorenschicht:[33]

32 Ch. Vogler, *Constance II et l'administration impériale*, Straßburg 1979;
   M. Clauss, *Der ›magister officiorum‹ in der Spätantike, 4.–6. Jhdt.*,
   München 1980.
33 Av. Cameron, *Das späte Rom*, S. 114.

(1) Das *aurum coronarium* der Senatoren und Curialen wurde zum »freiwilligen Geschenk« erklärt, dessen Höhe festgelegt war.

(2) Die Städte erhielten die Ländereien zurück, die ihnen vormals in Steuerprozessen weggenommen oder zugunsten der Kirche enteignet worden waren. Die Klasse der Curialen wurde erweitert, so daß nun auch ansässige Fremde oder reiche Nichtcurialen in den *ordo decurionum* aufgenommen werden konnten. Die Curialen beklagten zwar die »Inflation« des Standes, doch kam diese der Wirtschaftskraft der Städte ebenso zugute wie der städtischen Selbstverwaltung. Die Doppelbesteuerung hingegen wurde aufgehoben.

(3) Die Lasten der Staatspost wurden gemindert durch Beschränkung des Personenkreises, der zur unentgeltlichen Benützung berechtigt war. Dies traf vor allem die privilegierte Schicht der Kleriker.

(4) Privilegien für Steuererleichterungen oder Befreiung von Leistungen (*munera sordida*) wurden überprüft und häufig zu Lasten der Kirche beschnitten oder aufgehoben; heidnische Kulte wurden bevorzugt.

(5) Die Effizienz der Verwaltung und Gerichte sollte gehoben werden (sog. »30-Tage-Dauer«), der Beklagte erhielt erhöhten Rechtsschutz (Vertagung zu Lasten des Klägers). Latein als Sprache der Juristen und der Rechtswissenschaft wurde verbindlich, die Tradition der römischen Juristenschulen somit fortgesetzt.

(6) Minderjährige Ehefrauen (unter 18) durften Schenkungen (vor allem Grundbesitz!) annehmen; bei Verkäufen aus ihrem Vermögen mußte nicht nur die Zustimmung des Ehemanns, sondern auch ein *decretum* der Munizipalbehörde vorgelegt werden. Der Ehemann war zur Einhaltung des Ehevertrags gezwungen, was zu einer erheblichen Stärkung der Stellung der Frau in der Ehe führte.

(7) Das Gesetz, daß bei einer Verbindung einer Freigeborenen mit einem Staatssklaven (*servus publicus*) diese der

schwächeren Hand folgen mußte, wurde aufgehoben. Es blieb zwar im Falle einer Verbindung mit einem *servus privatus* bestehen, die Durchführung sollte jedoch erst nach dreimaliger Verwarnung erfolgen.[34]

Wir haben es hier mit einer aufgeklärten Gesetzgebung zu tun, die jedoch aufgrund der kurzen Regierungszeit Iulians bruchstückhaft blieb.

Seine Hauptaufgabe sah Iulian in der Wiederherstellung der alten Kulte. Wie der Redner Claudius Mamertinus in seiner Neujahrsansprache 362 versichert, war es dem Bauern nun wieder ungestraft erlaubt, das Wetter zu beobachten, dem Seemann die Gestirne. All dies sei der Philosophie zu verdanken, die nun im Purpur einherschreite.[35] Man hat beim Lesen den Eindruck von leiser Ironie, als habe auch er an der Möglichkeit einer philosophischen Wiedererweckung des Heidentums gezweifelt. Iulian selbst sicherte den Heiden nicht nur volle Kultfreiheit zu, er erlaubte auch die Wiederherstellung verfallener Tempel und ordnete die Herausgabe rechtswidrig entfremdeten Tempelguts an.

Aber Iulian äußerte eine gefährliche Toleranz gegenüber dem Christentum: er gestattete den exilierten Bischöfen und Priestern die Heimkehr, und auch Athanasius kehrte am 21. Februar 362 zurück. Iulian kannte die Kirchenstreitigkeiten sehr gut und nutzte die Gelegenheit, durch dieses Edikt die Kirchenführer gegeneinanderzuhetzen.

Am 17. Juli 362 erging das berühmte »Philosophengesetz«: Professoren durften nur mit Zustimmung von Munizipalbehörden *und* Bürgern des Munizipiums eingestellt werden. Ihre moralische Qualifikation mußte in einem *decretum* festgehalten werden, das dem Kaiser vorzulegen war.[36] Diese Bestimmung, die noch keinen spezifisch antichristlichen Inhalt erkennen ließ, obwohl in ihr von der »rechten

34 Siehe dazu das *Senatus Consultum Claudianum.*
35 *Panegyrici latini* 11,[III],23 ed. Galletier.
36 CTh 13,3,5.

moralischen Einstellung« (*mores*, ›Überzeugung‹) gesprochen wird, wurde eindeutig zum antichristlichen Edikt
durch ein Sendschreiben, das vermutlich im gleichen Jahr
362 an alle Munizipien oder Professoren der Rhetorik erging und ihnen bei fehlender rechter Gesinnung die Interpretation der griechischen Klassiker verbot.[37] Dies war ein
Schlag gegen die christlichen Rhetoriklehrer, wenn auch
nicht gegen die Schüler, die so zum »rechten Glauben« geführt werden konnten.

Iulian benutzte nun die Gelegenheit, den inzwischen in Antiochia lehrenden Libanios zu besuchen. Libanios versuchte
allerdings, den Kaiser in maßvolle Bahnen zurückzulenken,
aber auch die Antiochener, deren Spottlust nicht einmal vor
dem »Philosophenbart«[38] des Kaisers haltmachte, waren
über das Eingreifen des Kaisers in ihre städtischen Angelegenheiten verärgert,[39] und Iulian verließ zutiefst gekränkt
die Stadt der »Ungläubigen«.

Die Religionsphilosophie, mit der Iulian dem Heidentum
zur Überwindung des Christentums verhelfen wollte, ist
nicht leicht zu charakterisieren. Iulian versuchte seine Absichten durch Sendschreiben den Statthaltern und Munizipalbehörden zu erläutern. In seiner 4. Rede (auf Helios),
ebenso in der 5. Rede (auf die Göttermutter) faßte er seine

37 Iulian, Brief 51 c Bidez = 55 Weis.
38 Dies wurde natürlich auf Marc Aurel bezogen. Iulian wehrte sich in der
   sarkastischen Schrift *Misopogon* (»Der Barthasser«), in der er sich scheinbar selbst ironisierte. Gleichzeitig aber warf er den Antiochenern Undank-
   barkeit vor. Es ist die Schrift eines Mannes, der sich in seinem innersten
   Wesen unverstanden fühlt.
39 Iulian hatte die Zahl der Curialen um 200 »Neureiche« vermehrt und statt
   dessen verarmte Curialen von ihrer Verpflichtung entbunden, was den
   Zorn der Munizipalaristokratie hervorrief. Ferner suchte der Kaiser den
   durch die Anwesenheit des Hofes bedingten Preisanstieg für Getreide
   durch eine Art Höchstpreisedikt zu steuern. In dem benachbarten Wall-
   fahrtsort Daphne ließ er ein Märtyrergrab, das er als Beleidigung des dort
   verehrten Apollo wertete, verlegen. Als am 22. Oktober 362 im Tempel ein
   Feuer ausbrach, das das Heiligtum vernichtete, bezichtigte Iulian offen die
   Christen der Brandstiftung und ließ seinerseits die Hauptkirche Antiochias
   für den Kult schließen.

Gedanken zusammen. Ausgehend von der platonischen Definition der Idee des Guten, die die Welt beseelt, setzte er die Idee in der sinnlich wahrnehmbaren Welt mit Helios-Sol (Helios-Apollo) gleich, »das lebende, beseelte, vernunftbegabte, wohltätige Abbild des geistig wahrnehmbaren Vaters.«[40] Dieser Helios ist der Mittelpunkt der Welten, vereint in sich die »denkende« wie die »sinnlich wahrnehmbare« Welt. Da Iulian sich verpflichtet sah, in sein Weltverständnis die Präsenz und das Wirken der alten Götter einzufügen, sah er das Wirken des Helios auch durch und in den übrigen Göttern. Helios selbst aber besaß einen Sohn Asklepios, der als Retter (Soter) in die Welt kam; Asklepios aber war von Anbeginn bei Helios-Apollon. Es wird ersichtlich, daß das religionsphilosophische Gebäude Gedankengänge des Neuplatonismus wie des Christentums in sich vereinte, also wie ein Spiegel der Erziehung Iulians war. Auch Mithras wurde in dieses System einbezogen als Mittler zwischen Gott und Menschen. Da aber diese Rolle auch von Helios wahrgenommen wurde, waren Mithras und Helios eins wie Vater und Sohn: Mithras konnte zu Helios werden.

Was dem Kaiser offenbar keine gedanklichen Schwierigkeiten bereitete, machte seinen Untertanen Mühe, obwohl sein Freund Sallustius eine Art »Katechismus« formulierte: Περὶ θεῶν καὶ κοσμοῦ (»Über die Götter und die Welt«). Iulian trachtete zudem, dem Heidentum auch eine innere Organisation zu geben, die der Tätigkeit des Christentums nachgebildet war: jede Gemeinde erhielt einen Erzpriester, der die Kulte überwachte (Archiepiscopus), ferner staatliche Zuwendungen, die zum Teil an die Armen weitergegeben werden mußten. Priester und Gemeinden wurden zur Armenspeisung und Krankenpflege verpflichtet, ähnlich den Christen und den Juden.

---

40 Brief 111 Bidez = 61 [p. 434 D] Weis: τὸν μέγαν Ἥλιον, λέγω τὸ ζῶν ἄγαλμα καὶ ἔμψυχον καὶ ἔννουν καὶ ἀγαθοεργὸν τοῦ νοητοῦ πατρός.

Im Rahmen kultischer Toleranz hob Iulian auch die antijü-
dischen Gesetze seit Constantin auf: für ihn war Jehova eine
ethnische Gottheit, und so unternahm er es, den Tempel in
Jerusalem wieder aufbauen zu lassen, was ein Erdbeben verhinderte.

Iulian plante einen Perserkrieg, nicht zuletzt, um die Unfähigkeit seines Vorgängers zu erweisen. Zwar suchten die
Perser, die kein Interesse an der Wiederaufnahme des Krieges hatten, zu verhandeln, aber Iulian wies alle Angebote
zurück. Er teilte die Armee in zwei große Heeressäulen –
eine unterstellte er seinem Verwandten Prokopios[41] – und
drang bis Ktesiphon vor. Weniger erfolgreich war Prokopios, dessen Heer in Armenien aufgehalten wurde. Zu
schwach, Ktesiphon im Sturm zu nehmen, beschloß der
Kaiser, sich mit den in Nordmesopotamien stehenden
Truppen zu verbinden. Nun wandten die Perser die Taktik
der verbrannten Erde an, so daß Iulian in ernsthafte Versor-
gungsschwierigkeiten geriet. Zudem wurde seine Armee
immer wieder von Panzerreitern (Kataphrakten) überfallen.
Am 26. Juli 363 wurde Iulian während eines nächtlichen An-
griffs auf die Nachhut von einer Reiterlanze in die Seite getroffen und starb in der folgenden Nacht, nachdem er in
Gegenwart von Freunden, vor allem dem mitreisenden Philosophen Maximus und dem Leibarzt Oreibasios, über die
Unsterblichkeit der Seele philosophiert hatte.[42]

Bis heute ist unbekannt, wessen Lanze den Kaiser traf: So-

---

41 Iulian soll damals Prokopios auch den Purpur übergeben haben, *occulte*,
  wie Ammian sagt. Die Übergabe des Purpurs war seit jeher die Berufung
  zum Mitregenten, sei es als Caesar, sei es als Augustus. Prokopios erhielt
  aber keinen entsprechenden Rang zugesprochen, sondern sollte erst im
  Falle von Iulians Ableben nach der Macht greifen (Ammian 23,3.2): *man-
  dasse arripere fidentius principatum, si se interisse didicerit apud Parthos*
  (»Er habe ihn beauftragt, auf die Nachricht von seinem Tod in Parthien
  sich ohne Zögern der Herrschaft zu versichern«).

42 G. Scheda, »Die Todesstunde Kaiser Julians«, in: *Historia* 15 (1966) S. 380–
  384, wiederabgedr. in: R. Klein (Hrsg.): *Julian*, Darmstadt 1978, S. 381–
  386.

fort nach seinem Tode erhob sich der Streit, ob es ein Perser oder ein Römer, ein Heide oder ein Christ war. Dies zeigt uns, daß Iulian als Heerführer, als Kaiser keineswegs unumstritten war. Ammian selbst läßt in seiner Darstellung erkennen, daß man zwischen dem lernbegierigen, umgänglichen, begeisternden Caesar Iulian und dem hektisch agierenden, oft ungerechten, reizbaren Kaiser unterscheiden muß.[43]

Aber Iulian war nicht ganz gescheitert: Sein Engagement für die Philosophie und das Heidentum führte zu einer geistigen Renaissance des späten Hellenismus, mit dem sich seine Nachfolger auseinanderzusetzen hatten. Wohl gewann das Christentum seine Freiheit zurück, ging Iulians »Heidenkirche« unter, aber die gebildeten Heiden traten nun den Christen, den christlichen Herrschern, mit größerem Selbstbewußtsein entgegen, so daß diese gezwungen waren, mit vorsichtiger Toleranz das unter den Söhnen Constantins d. Gr. bereits Erreichte wiederzugewinnen. Daß aber das Reich nicht mehr zum Heidentum zurückkehren konnte, zeigt die Tatsache, daß Iulians Nachfolger Iovian erneut ein Christ war.

---

43 G. Wirth vertritt die Ansicht, Iulian sei der Belastung als Herrscher und Kaiser nicht gewachsen gewesen, so daß ein psychischer Wandel eingetreten sei. Der Kaiser habe sein Scheitern erkannt und den Tod gesucht; G. Wirth, »Iulians Perserkrieg. Kriterien einer Katastrophe«, in: R. Klein, *Iulian*, Darmstadt 1978; S. 455–507.

# III

## Die Valentinianische und Theodosianische Dynastie

### 1 Valentinian I. und Valens

Sofort nach dem Tode Iulians traten die Generäle zusammen, um einen neuen Kaiser zu bestimmen, der vor allem den Rückzug organisieren konnte. Man dachte zuerst an Iulians Freund, den *praefectus praetorio Orientis* und Heiden Salutius Secundus, doch dieser lehnte für sich und seine Familie ab. So beriefen die Offiziere am 27. Juni 363 den knapp 32jährigen *primicerius domesticorum* Fl. IOVIANUS, einen Christen. Iovian vereinbarte mit den Persern den Verzicht Roms auf die Gebiete jenseits des Tigris, ebenso auf Nisibis und Singara; die Bevölkerung sollte das Recht haben, ins Imperium überzusiedeln. Armenien wurde zwischen beiden Mächten geteilt. Danach begann der Rückzug. Doch der Kaiser starb bereits am 17. Februar 364.[1] Obwohl Iovians Regierung nur kurz war, wird erkennbar, daß er auf die Linie des Constantius II. einschwenken wollte. Nicht wenige Mitarbeiter des Constantius wurden in hohe Positionen berufen, die Kirche erhielt ein Drittel ihrer früheren Besitzungen zurück, das ›Schulgesetz‹ Iulians wurde widerrufen.[2]

Nun fanden sich in Nicaea die Offiziere unter Führung des *magister militiae* Dagalaif, eines Germanen und Anführers des Westheeres, sowie des *magister militiae* Arintheus, ebenfalls eines Germanen und Führers des Ostheeres, zu-

---

1 Vermutlich an Kohlenmonoxyd-Vergiftung (Ammian 25,10,13).
2 CTh 13,3,6 (11. Januar 364).

sammen und wählten am 26. Februar 364 den *tribunus scholae secundae scutariorum* Flavius VALENTINIANUS zum neuen Herrscher. Die anwesenden Truppen verlangten jedoch, daß der neue Kaiser sofort einen Kollegen bestimme, und so erhob dieser am 28. März 364 seinen Bruder VALENS zum Mitregenten (Augustus): Valentinian übernahm als rangälterer Augustus, beraten von Dagalaif, den Westen, Valens, beraten von Arintheus, den Osten.[3] Valentinian, der selbst unter Iulian in Gallien gekämpft hatte, wußte, daß die Situation am Rhein bedrohlicher war als im Osten, wo die Perser offenbar durch den Vertrag mit Iovian zufriedengestellt schienen. Zudem war Gallien im 4. Jahrhundert Ausgangspunkt gefährlicher Usurpationen gewesen.

Valens mußte zuerst gegen Prokopios vorgehen, der am 28. September 365 in Constantinopel usurpiert hatte, doch wurde dieser von seinen eigenen Generälen verraten und am 27. Mai 366 getötet. Die interne Auseinandersetzung hatten die Goten unter dem Führer Athanarich zu einem Angriff genutzt, der 369 zum Abschluß eines *foedus* führte. Auch ein neuer Konflikt zwischen Römern und Persern um Armenien drohte, doch bevor der Krieg ausbrach, mußte Valens an die Donau, wo die Goten erneut das Reich bedrohten. Es war das Jahr 375, das Jahr, in dem das mühsam gehaltene Gleichgewicht der Kräfte an der mittleren und unteren Donau schlagartig unter dem Hunnensturm zusammenbrach.

Valentinian I. seinerseits war nach Mailand gereist, wo er sich von seiner Frau Maria Severa trennte, um in zweiter

---

3 W. Ensslin, »Das Römerreich unter germanischer Waltung«, in: *Das neue Bild der Antike*, Bd. 2, Leipzig 1942, S. 412–432. – Ammian 26,4,3 bezeichnet Kaiser Valens als »Gehilfen« (*apparitor*) des Bruders. E. Kornemann (*Doppelprinzipat und Reichsteilung im Imperium Romanum*, Leipzig/Berlin 1930, S. 141) hat aus der Tatsache, daß Imperium, Militär und Hofstaat zwischen beiden Brüdern gleichmäßig geteilt wurden, ableiten wollen, daß das Reich geteilt worden sei. Vorsichtiger äußerte sich J.-R. Palanque, »Collégialité et partages dans l'empire romain aux IV$^e$ et V$^e$ siècles«, in: REA 46 (1944) S. 47–64, 280–298.

Ehe Iustina zu heiraten. Es war eine politische Entscheidung, da ihr Vater Iustus zum italischen senatorischen Adel gehörte. Unter Constans hatte er das Amt eines *corrector Piceni* (Statthalter der Provinz Picenum) bekleidet und seine Tochter mit dem Usurpator Magnentius verheiratet. Valentinian I. wollte mit seiner neuen Ehe die italische wie gallische Opposition für sich gewinnen. Allerdings war Iustina eine überzeugte Arianerin.

Gallien wurde damals vor allem von Alamannen bedroht, und so bezog der Kaiser in Paris sein Hauptquartier. Bis zum Jahre 367 gelang es ihm weitgehend, das rechtsrheinische Gebiet zu sichern, dann aber erkrankte er Mitte 367 in Amiens während der Vorbereitung eines Britannienfeldzuges. Die Offiziere rechneten mit dem Ableben des Kaisers und dachten über die Wahl eines neuen Westkaisers nach, doch Valentinian genas und ließ nun am 24. August 367 sein 8jähriges Söhnchen Gratian zum Augustus proklamieren. Im Oktober 367 bezogen der Kaiser und sein Sohn die Residenz Trier.[4]

Aber auch in Nordafrika kam es zu Kämpfen: Die senatorischen Großgrundbesitzer wie die städtische Aristokratie standen im Gegensatz zur ärmeren Landbevölkerung, die den Donatisten und Circumcellionen zuneigte. Hinzu kamen die Feindschaften innerhalb der einheimischen Fürstenfamilien, die sich mehr oder weniger der Kollaboration bezichtigten.[5] Schließlich veranlaßte die Usurpation des Maurenfürsten und *dux Mauretaniae* Firmus den Kaiser, Theodosius d. Ä., den Vater des späteren Kaisers, nach Nordafrika zu entsenden. Firmus wurde besiegt und beging im Winter 374/375 Selbstmord. Doch auch Theodosius er-

---

4 Gratian erhielt dort Decimus Magnus Ausonius als Erzieher; Ch. Favez, »Une famille gallo-romaine au IV$^e$ siècle«, in: MH 3 (1946) S. 118–131; H. Heinen, *Trier und das Trevererland in römischer Zeit*, Trier 1985, S. 245 ff., 353 ff.

5 H. B. Warmington, *The North African Provinces from Diocletian to the Vandal Conquest*, Cambridge 1954.

lag einer Hofintrige: er wurde seines Amtes enthoben, 375 zum Tode verurteilt und Anfang 376, d. h. bereits in der Regierungszeit Gratians, hingerichtet.[6]

Valentinian I. seinerseits hatte sich Anfang 375 an die Donaufront begeben, um einen Einbruch von Quaden und Sarmaten abzuwehren. Als er in Brigetio einen Hoftag abhielt, wo die Quadenfürsten ihre Unterwerfung vollziehen sollten, geriet der als jähzornig bekannte Kaiser so in Wut, daß er einen Schlaganfall erlitt und wenige Tage später, am 17. November 375, 55 Jahre alt, starb.[7]

Es wäre zu einseitig, wollte man das Werk des Kaisers nur im Militärischen sehen, obwohl diese Aufgabe das Hauptanliegen Valentinians darstellte. Innenpolitisch hatte er den Ausgleich mit dem Senat und der Kirche gesucht,[8] offen stellte er sich auf die Seite der *plebs*, der *humiles* gegen die *potentes*. So schuf er um 368 das Amt des *defensor plebis*: ehemalige Provinzgouverneure oder kaiserliche Beamte fungierten in den Städten als kaiserliche Richter, die bei alltäglichen Streitigkeiten Entscheidungen treffen konnten. Damit sollte der Amtsmißbrauch städtischer Curialen unterbunden werden, die mit Hilfe von Prozeßakten, Verschleppung und Urteilen die ärmeren Schichten – von Valentinian häufig als *innocentes* bezeichnet – in Abhängigkeit bringen konnten.[9] Zudem ordnete Valentinian eine schärfere Überwachung der Verwaltung in den Provinzen an, um auch dort Übergriffe der Beamten zu ahnden und zu verhüten. Die Steuern wurden zwar rigoros eingetrieben – vor-

---

6 Die Vorgänge sind ziemlich undurchsichtig. Aber die Tatsache, daß der nach diesem Urteil ebenfalls in Ungnade gefallene jüngere Theodosius bereits 378 wieder als *magister militum* Gratians tätig war, zeigt, daß eine Rehabilitierung dieser Familie stattgefunden haben muß, die zur Vertuschung der Vorgänge beigetragen haben wird. A. Demandt, »Der Tod des älteren Theodosius«, in: *Historia* 18 (1969) S. 598–626.

7 Ammian 30,6.

8 Der Epitomator de Caesaribus 45,6 wirft dem Kaiser vor, bei der Wahl seiner Berater den falschen Griff getan zu haben.

9 CTh 1,29: *De defensoribus civitatis.*

zugsweise in *solidi*! –, aber die Behörden waren angewiesen, sich eher an die Reichen zu halten, die eine höhere Möglichkeit der Steuerhinterziehung besaßen. Zu erwähnen ist auch ein Hochschulgesetz: Um Unruhen der Studenten zu verhindern, durften nur Personen, die eine Erlaubnis der Provinzialbehörden besaßen, studieren. Jeder Student mußte einen festen Wohnsitz am Studienort nachweisen und durfte sich nicht an politischen Vereinigungen beteiligen. Sein Lebenswandel wurde vom städtischen *magister census* kontrolliert, der ihn jederzeit relegieren durfte. Doch aus den »Bekenntnissen« (»Confessiones«) Augustins erfahren wir, daß die Studenten ihre »Freiheiten« voll genossen: es wurde politisiert, Professoren wurden niedergeschrien, ja sogar massiv bedroht.

Gegenüber der Kirche hielt sich Valentinian weitgehend zurück, mischte sich nicht in die Streitigkeiten der Sekten und verfügte sogar den Schutz der Synagogen.[10] So ging er auch nicht gegen das Heidentum vor, für dessen Anhänger damals der Ausdruck *pagani* erscheint.[11] In einem Gesetz vom 29. Mai 371 wird genau zwischen Aberglaube, Magie und echter religiöser Überzeugung unterschieden.[12] Die Kulte der Hauptstadt Rom wurden – wie auch unter Constantius II. – von Staats wegen gefördert, der unter Iulian enteignete Besitz christlicher Kirchen in gemäßigter Form zurückerstattet.

Die Kirchenpolitik des Westens wurde damals – vor allem in der Zeit des Gratian und des Theodosius d. Gr. – mitgeprägt von drei kirchlichen Würdenträgern: (1) Damasus,

---

10  CJ 1,9,4 aus dem Jahr 370.
11  CTh 16,2,18, vom 17. 2. 370. Wodurch der Ausdruck inhaltlich bestimmt wird, ist unklar, doch wird vermutet, daß er als Synonym für die weitgehend heidnischen *gentiles* (›Einheimische, Barbaren‹) gebraucht wurde im Unterschied zu den christianisierten Romanen; H. Grégoire / P. Orgels, »›Paganus‹, étude de sémantique et d'histoire«, in: *Mélanges G. Smets*, Brüssel 1952, S. 363–400. – Ergänzungen in *Byzantion* 22 (1952) S. 333 bis 335.
12  CTh 9,16,9.

seit 1. Oktober 366 Bischof von Rom, zählte zu den unbedingten Anhängern des Symbolons von Nicaea. So wurde er nach dem Tode des Athanasius (3. Mai 373) im Osten als dessen politischer Erbe angesehen. Unter ihm wurde erstmals deutlich der Anspruch auf den Vorrang der *sedes Apostolica* Rom gegenüber den »Residenzkirchen« im Westen wie im Osten formuliert. (2) Ambrosius, Sohn des gleichnamigen *praefectus praetorio Galliarum*, hatte eine juristische Verwaltungskarriere begonnen.[13] Als er nach dem Tode des Bischofs von Mailand die Wahl leiten sollte, wurde er – obwohl noch nicht getauft – selbst am 1. Dezember 374 zum Bischof gewählt. Mit Ambrosius kam ein versierter Politiker auf den Bischofsstuhl der Residenz. (3) Martinus[14] entstammte einer pannonischen Soldatenfamilie aus Savaria. Unter Constantius II. und Iulian hatte er in Gallien *inter scholares alas* gedient, d. h. er gehörte den berittenen Abteilungen der *schola palatina* an.[15] Nach seinem Ausscheiden wurde er Eremit bei Savona (nahe Genua), unterhielt aber Beziehungen zu Bischof Hilarius von Poitiers. 372 zum Bischof von Tours gewählt, vertrat er nun die kirchenpolitische Linie des 367 verstorbenen Hilarius. Mit dem Tode Valentinians stand der junge Gratian im Westen drei Bischöfen gegenüber, deren Ziel die Unabhängigkeit der Kirche vom Kaiser war.

Aber 375 war nicht nur das Jahr des Kaiserwechsels im Westen, es war auch das Jahr, da sich die Verhältnisse an der Donaugrenze grundlegend veränderten durch die An-

---

13 Sein Biograph Paulinus von Mailand hat in der um 422 verfaßten *Vita S. Ambrosii* die Karriere notiert: 365 *advocatus* in Sirmium, anschließend *assessor* des *praefectus praetorio Illyrici, Italiae et Africae* Sextus Claudius Petronius Probus, 370 schließlich *consularis* (*rector*) der Provinz Liguria, deren Verwaltungssitz Mailand war.

14 Seine Vita wurde von Sulpicius Severus noch vor 397 niedergeschrieben; J. Fontaine, *Vie de Saint Martin*, 3 Bde. Paris 1967–69 (komm. Textausg.); C. Stancliffe, *St. Martin and his Hagiographer*, Oxford 1983.

15 In Amiens fand dann die bekannte Geschichte der Mantelteilung statt.

kunft der Hunnen am Don.[16] Es ist hier nicht der Ort,
über die Herkunft der Hunnen zu spekulieren, die die
Christen mit Gog und Magog gleichsetzten.[17] Ammian gibt
uns eine knappe Charakteristik dieser Horden, die Staunen
und Entsetzen gleichermaßen widerspiegelt: »Umherschwei-
fenden gleich durchziehen sie Berge und Wälder [...].
Sie bedecken sich mit Kleidungsstücken aus Leinen oder
solchen, die aus den Fellen von Nagetieren, die im Walde
leben, zusammengesetzt sind. [...] Keiner von ihnen pflügt
noch berührt eine Pflugschar. Ohne feste Wohnsitze, ohne
Heim, Gesetz oder feste Bindung streifen sie nämlich um-
her, stets Flüchtigen gleich, mit Wagen, in denen sie leben.«[18] Bei ihrem Vorstoß nach Westen hatten sie das Ost-
gotenreich des Königs Ermanarich im Jahr 375 im ersten
Ansturm zerstört und so eine neue Wanderbewegung in
Gang gesetzt.[19] Im Jahr 376 stießen die Hunnen auf die
Westgoten, die sich nun mit Erlaubnis des Kaisers Valens in
Thrakien niederlassen durften; dort kam es wegen Hungersnot zum bewaffneten Aufstand gegen die Römer. Valens entschloß sich persönlich einzugreifen und bat Gratian
um Unterstützung. Noch vor Eintreffen der Hilfe wagte er
die Schlacht, und am 9. August 378 wurden die Römer vor
Adrianopel völlig vernichtet; Valens selbst und eine große
Anzahl hoher Offiziere fielen. Der Sieg der Goten wurde
als eine Katastrophe für das Reich empfunden, und Ambro-

---

16  F. Altheim, *Geschichte der Hunnen*, 5 Bde., Berlin 1959–61; Bd. 2 und 3
    ²1969; O. J. Maenchen-Helfen, *Die Welt der Hunnen*, dt. von R. Göbl,
    Wien/Köln/Graz 1978.
17  Buch Ezechiel 38,1–39: Endzeiterwartung.
18  Ammian 31,2,4 f.: *vagi montes peragrantes et silvas [...]. Indumentis ope-
    riuntur linteis vel ex pellibus silvestrium murum consarcinatis.* 31,2,10:
    *Nemo apud eos arat nec stivam aliquando contingit. Omnes enim sine sedi-
    bus fixis, absque lare vel lege aut ritu stabili dispalantur, semper fugientium
    similes, cum carpentis in quibus habitant.*
19  H. Wolfram, *Die Goten. Von den Anfängen bis zur Mitte des sechsten Jahr-
    hunderts*, München ³1990.

sius wertete das Ereignis als eine Art Zeitenwende: *In occasu saeculi sumus.*[20]

Auch Valens hatte beabsichtigt, den Schutz der ärmeren Schichten zu stärken, doch ist festzustellen, daß sich die Abhängigkeit der Kleinbauern und der Pächter (*coloni*) von den Großgrundbesitzern verstärkte. Ein Pächter durfte eigenen Besitz nur mit Zustimmung seines Pachtherrn veräußern, die Großgrundbesitzer wurden zu Interessenvertretern der *coloni* erhoben. Ursache dafür war die zunehmende Landflucht und der Drang, sich der Berufsbindung zu entziehen, sich den Anachoreten anzuschließen. Auch das System der *defensores* wurde abgeschwächt, indem Valens diese Aufgabe den Senatoren überließ. Im Gegensatz zu Valentinian war Valens in Kirchenfragen wenig tolerant. Als überzeugter Arianer erließ er bereits am 5. Mai 365 ein Edikt, in dem er die nicht-arianischen Bischöfe seines Reichsteils, die unter Iulian hatten zurückkehren dürfen, erneut verbannte.[21] Aber auch der Osten besaß damals drei Kirchenführer, die das kirchenpolitische und geistige Klima der kommenden Jahre prägen sollten: Basilius von Caesarea, Gregor von Nyssa und Gregor von Nazianz.[22] Diese drei miteinander verwandten bzw. eng befreundeten Bischöfe werden gemeinhin ›die Kappadokier‹ genannt, weil sie die drei kappadokischen Bischofsstühle Caesarea, Nyssa und Nazianz innehatten. (1) Basilius von Caesarea, ›der Große‹, hatte in Constantinopel und Athen Rhetorik und Philosophie studiert. Nach Caesarea zurückgekehrt, ließ er sich 356 taufen und schloß sich nach kurzer Lehrtätigkeit einer Eremitengemeinde an.[23] Er erkannte den Wert heidni-

---

20  Ambrosius, *Expositio in Lucam* 54,10,10: »Wir befinden uns am Ausgang eines Zeitalters.«

21  Sokrates 4,2.

22  H. v. Campenhausen, *Griechische Kirchenväter*, Stuttgart ³1955, *Lateinische Kirchenväter*, Stuttgart 1960 [ohne Damasus und Martin].

23  B. Lohse, *Askese und Mönchtum in der Antike und in der alten Kirche*, München/Wien 1969; K. S. Frank (Hrsg.), *Askese und Mönchtum in der Alten Kirche*, Darmstadt 1975.

scher Bildungstradition für die Christen, ohne deren Gefahren zu leugnen. So entwarf er eine Art Bildungskatalog (Πρὸς νέους). Seit 370 Bischof von Caesarea, versuchte er als Anhänger des Symbolons von Nicaea die Orthodoxie gegen die Kirchenpolitik des Kaisers Valens zu verteidigen; aber sein großes Ziel, die christologische Spaltung der Kirche auf politischem wie theologischem Wege zu beseitigen, konnte er nicht erreichen, da er im Westen als häresieverdächtig galt. (2) Auch sein jüngerer Bruder Gregor von Nyssa war sehr belesen und verehrte den Rhetor Libanios. 371 überzeugte ihn Basilius, den Bischofsstuhl von Nyssa zu übernehmen, um der von Valens betriebenen Besetzung der Bischofsstühle mit Arianern gegenzusteuern. Doch Gregor vertrat eine eigenständige pronicaenische Theologie und Politik, die ihn in Konflikt mit Basilius, aber auch mit Valens brachte, da er für die Zurückdrängung des Kaisers in Kirchenfragen kämpfte. So wurde er 376 unter dem Vorwurf der Unterschlagung abgesetzt und durch einen arianischen Bischof ersetzt. Aber 378 durfte er sein Amt wieder übernehmen. (3) Gregor von Nazianz gehörte wie Basilius zu den athenischen Studenten. Bei seiner Heimkehr 356 ließ er sich auf Wunsch der Eltern taufen und wurde 361 zum Presbyter geweiht. Gregor war zwar begabt, stand aber unter dem Einfluß des Basilius, der ihn überredete, den neugegründeten Bischofssitz von Sasima zu übernehmen (372). Dies erwies sich als Mißgriff, da Gregor wegen des drohenden kirchenpolitischen Konflikts von dort floh. Aber Gregor entwickelte sich zum wortgewaltigen Philosophen der Orthodoxie, so daß er 379 an die Spitze der kleinen nicaenischen Gemeinde in dem von Arianern beherrschten Constantinopel berufen wurde. Aus dieser Position heraus war er maßgeblich an der kirchenpolitischen Entwicklung unter Kaiser Theodosius beteiligt.

## 2 Gratian und Theodosius

Mit dem Tode Valentinians war GRATIAN, den sein Vater 374 aus dynastischen Gründen mit Constantia, der nachgeborenen Tochter des Constantius II., verheiratet hatte, Kaiser des Westens geworden. Aber die in Brigetio versammelten Offiziere Valentinians I. beschlossen, dessen Sohn aus zweiter Ehe, den im Herbst 371 geborenen und nahe Sirmium lebenden Valentinian II., zum Mitkaiser zu erheben (22. November 375). Valens und Gratian mußten die Wahl der Offiziere hinnehmen, aber Gratian trachtete, den Machtbereich Valentinians II. auf das Illyricum zu beschränken. Als er nun auf dem Marsch nach Adrianopel die Nachricht vom Tode des Valens erhielt, berief er im Herbst 378 THEODOSIUS, den Sohn des hingerichteten älteren Theodosius, zum *magister equitum (militum?)*, und nach einem Sieg über die Sarmaten am 19. Januar 379 erhob er ihn in Sirmium zum Augustus für den Reichsteil des Valens.[24] Dies war nicht nur eine militärisch kluge Wahl, sondern auch ein gekonnter Schachzug gegenüber den Anhängern Valentinians II., die auf eine Einsetzung des Knaben als »Ost-Kaiser« gehofft hatten. Nach einem kurzen gemeinsamen Feldzug kehrte Gratian nach Mailand zurück. Dort geriet der theologisch interessierte Kaiser unter den Einfluß des Ambrosius, der ihn in seiner zunehmend antiheidnischen Politik bestärkte. In einem bereits 376 erlassenen *praeceptum Gratiani*[25] verfügte er, daß bei Klerikern nur Strafrechtsbestände von weltlichen Gerichten abzuurteilen, Glaubensfragen hingegen Synoden vorzulegen seien. Aber Damasus erkannte, daß es kaum möglich war, Synodalbeschlüsse ohne weltliche *coercitio* durchzusetzen, und bat im Auftrag einer römischen Synode um staatliche Hilfe bei der

24 A. Lippold, *Theodosius der Große und seine Zeit*, München ²1980.
25 CTh 16,2,23.

Durchsetzung der »päpstlichen« Jurisdiktion. So verpflichtete 378 Gratian den jeweiligen *praefectus praetorio per Italiam* bzw. *Galliarum*, den *praefectus Urbi* und die proconsularischen Statthalter Africas zur Vollstreckung.[26] Damit erreichte Damasus indirekt, daß die von ihm erstrebte Stellung der *sedes Apostolica* Rom als Appellationsinstanz der westlichen (lateinischen) Kirche bestätigt wurde. Vermutlich unter dem Einfluß des streng katholischen Theodosius legte 379 Gratian den Titel und das Amt (?) des *pontifex maximus* nieder. Hatte beim Tode Valentinians der Senat noch die Divinisierung verfügt, so mußte dieser Schritt für das römische Heidentum das Ende einer Welt bedeuten.

Theodosius selbst ging noch einen Schritt weiter: Am 28. Februar 380 erließ er ein Edikt, das (1) das Christentum zur alleinigen Staatsreligion erklärte, (2) die nicaenische Trinität allgemein verpflichtend machte, (3) die rechte Glaubensform als katholisch und alle übrigen als häretisch definierte.[27] Dieses Edikt »Cunctos populos« setzte aber auch die Autoritäten fest, indem es den Bischof von Rom (Damasus) zuerst und danach den Patriarchen von Alexandrien (Petrus) nannte. Die Politik des Theodosius zielte erneut auf die Gewinnung der Glaubenseinheit, die hier durch kaiserliches Edikt erreicht werden sollte. Für Frühjahr 381 berief Theodosius ein Konzil nach Constantinopel, das allerdings in Streitigkeiten um die Besetzung des Patriarchenstuhls von Constantinopel (Gregor von Nyssa) versank. Da benannte der Kaiser den amtierenden Stadtpraefecten Nectarius als Kandidaten, der sich in aller Eile taufen ließ. Mit Nectarius wurde ein politisch versierter Mann gewählt, der im Sinne des Kaisers wirkte. Das Edikt vom 28. Februar 380 wurde im Abschlußprotokoll vom 9. Juli bestätigt und ein Glaubensbekenntnis formuliert, das, nach Anerkennung als ›Ökumenisches Konzil‹ im 5. Jahrhundert, zum bis heute

26 *Collectio Avellana* 13; E. Caspar, *Geschichte des Papsttums*, Bd. 1, Tübingen 1930, S. 212 f.
27 CTh 16,1,2.

gültigen Glaubensbekenntnis auch des Abendlandes wurde (Nicaenisch-constantinopolitanisches Glaubensbekenntnis). Dennoch war der Westen enttäuscht: Zwar wurde der Vorrang Roms bestätigt, doch an zweiter Stelle stand Constantinopel als Residenzstadt, was eine Rückstufung aller übrigen *sedes Apostolicae* bedeutete. Am 3. September 381 trat in Aquileia ein westliches Konzil zusammen, in dem Ambrosius die freie Besetzung der Bischofsstühle forderte, was Theodosius als Affront zurückwies. Allerdings erkannte er, daß trotz der Bemühungen um den nicaenischen Glauben seine Alleingänge die Spaltung der Kirche in Ost und West riskierten; so berief er für 383 ein weiteres Konzil, das alle nicht-nicaenischen Bekenntnisse als ketzerisch verurteilte.[28]

Hand in Hand mit der religiösen Entwicklung ging auch ein Zurückdrängen des Heidentums. Gratian entzog den stadtrömischen Kulten alle Unterstützung und hob die Immunität für die heidnischen Priesterschaften (auch für die Vestalinnen) auf. 382 ließ er erneut den Altar der Victoria – das Symbol der Größe, der Unvergänglichkeit Roms –, den Iulian hatte wieder aufstellen lassen, aus der Curia entfernen. Selbst die christlichen Senatoren waren entsetzt, und man sandte eine Petition nach Mailand, die der Kaiser aber nicht empfing.[29] Gratian stand voll unter dem Einfluß des Ambrosius. Aber diese Verbindung scheint auch die Beziehung zwischen Gratian und Theodosius belastet zu haben, der am 19. Januar 383, seinen Quinquennalien, seinen um 377 geborenen Sohn Arcadius zum Augustus erhob. Das Imperium schien unter den Dynastien Valentinians und Theodosius' aufgeteilt.

Aber die Regierung Gratians kennzeichnen auch militärische Rückschläge, Hungersnöte und Mißernten, die als Strafe Gottes definiert wurden. So unternahm im Frühjahr

---

28 Zum damals sich mit Bischof Ulfilas entwickelnden gotisch-germanischen Arianismus K. Schaeferdieck, »Die geschichtliche Stellung des sog. germanischen Arianismus«, in: *Kirchengeschichte als Missionsgeschichte*, hrsg. von K. S., Bd. 2, München 1978, S. 79–90.

29 Symmachus, *Relatio* 3,1.

383 der damalige *comes Britanniarum* Magnus Maximus
einen Staatsstreich. Spanier wie Theodosius, war er möglicherweise mit dessen Familie verwandt. In der folgenden
Auseinandersetzung unterlag Gratian durch Verrat seiner
eigenen Generäle und wurde auf der Flucht in Lyon am
25. August getötet.[30] Maximus verlangte, daß der 12jährige
Valentinian II., der sich seit einigen Jahren *sub tutela* Gratians mit seiner Mutter in Mailand aufhielt, nun nach
Trier übersiedle: damit wäre der nun rangälteste Augustus
in die Gewalt des Usurpators geraten. Theodosius zögerte,
da er zuerst die Ostgrenze gesichert sehen wollte. Als er
schließlich im August 384 mit Valentinian II. bei Verona
zusammentraf, einigte man sich auf eine vorläufige Duldung – nicht Anerkennung! – des Usurpators. Daß Maximus seinerseits Münzen im Namen der drei Augusti
schlug, entsprang seinem Wunsch nach Legitimität. So lag
384 die Politik des Westens in den Händen eines Knaben,
den einerseits Ambrosius, andererseits seine arianische
Mutter Iustina zu lenken suchten. Iustina glaubte, Italien
dem Sohn sichern zu können, indem sie auf den Ausgleich
mit den Heiden im Senat setzte. Der Senat wiederum sah
darin eine Möglichkeit, die antiheidnischen Anordnungen
Gratians beseitigen, die Wiederaufstellung der *Ara Victoriae* erreichen zu können. So hielt der Stadtpraefect Fl.
Symmachus in Mailand seine berühmte »3. Relatio«, die Unglücksfälle – Mißernten, Hungersnöte, Barbareneinfälle,
Usurpationen – als Ergebnis der Verachtung des göttlichen
Geistes vorstellte. Ambrosius, der zu Recht einen Erfolg dieser Mission fürchtete, verfaßte zwei Briefe,[31] die die Argumentation der Heiden widerlegten, und so wurde der Antrag
des Senates im *consistorium* abgelehnt. Die Heiden waren
zutiefst enttäuscht.[32]

30 J.-R. Palanque, »L'Empereur Maxime«, in: *Les empereurs romains
   d'Espagne*, Paris 1965, S. 255–263.
31 Ambrosius, *Epistulae* 17.18.
32 R. Klein, *Der Streit um den Victoriaaltar*, Darmstadt 1972.

387 marschierte Maximus unter dem Vorwand, Valentinian II. gegen die Sarmaten zu unterstützen, in Italien ein, der Hof floh nach Thessalonica. Maximus ersuchte den Senat um Anerkennung und ernannte Symmachus zum Kollegen im Consulat des Jahres 388.

Theodosius hatte noch 384 mit Persien einen Ausgleich erreicht, bei dem Armenien geteilt wurde. Auch die von den Westgoten bedrohte Donaufront konnte 386 gesichert werden. So befand sich Theodosius, als er von der Besetzung Italiens durch Maximus erfuhr, in militärisch günstiger Position. Aber erst im Herbst 387 traf er mit Valentinian und Iustina in Salona zusammen, wo er Galla, die Schwester Valentinians II., heiratete. Am 14. Juni 388 ließ Theodosius das noch von Valentinian I. verkündete Toleranzedikt für Arianer aufheben:[33] es wurde schnell klar, daß er das Reich nicht für Iustina und Valentinian II. zurückgewinnen wollte. Bei dem folgenden Angriff ergab sich Maximus kampflos bei Aquileia.[34] Obwohl Valentinian II. rangerster Augustus war, bestand kein Zweifel, daß der Sieger Theodosius Herr des Imperiums war. Er selbst wählte nun Mailand als Residenz, während er Valentinian II. 389 unter Aufsicht des Heermeisters Arbogast nach Trier sandte. Der Versuch des Theodosius, die westlichen Bischöfe der kaiserlichen Autorität zu unterwerfen, rief sofort den Widerstand des Ambrosius hervor,[35] der keineswegs bereit war, das von Theodosius beanspruchte »Gottesgnadentum« anzuerkennen. Die Auseinandersetzung eskalierte, als im Frühjahr 390 der Kaiser den Befehl gab, die im Circus von Thessalonica revoltierenden Zuschauer durch Bogenschützen zu töten.[36] Ambrosius verweigerte daraufhin Theodosius die Kommunion und

---

33 CTh 16,5,15.

34 Maximus wurde daraufhin von den eigenen Soldaten am 28. August 388 erschlagen.

35 Als der Kaiser bei einer von Ambrosius gehaltenen Messe seinen Stuhl im Altarraum aufstellen ließ, wie dies in Byzanz geschah, zwang ihn der Bischof zum Verlassen der Apsis: nur Kleriker haben dort Zutritt.

36 3 000 Menschen sollen umgekommen sein.

zwang ihn zur öffentlichen Kirchenbuße (Weihnachtstag 390).

Der Aufstand des Maximus hatte Theodosius aber auch gezeigt, daß er sich im Westen mit dem heidnischen senatorischen Adel arrangieren mußte. Bei seinem Rombesuch vom 13. Juni bis 30. August 389 hielt der heidnische gallische Rhetor Pacatus die Festrede, und der Kaiser berief mit Ceionius Rufus Albinus einen überzeugten Heiden zum *praefectus Urbi*. Andererseits verbot er in dem Edikt vom 24. Februar 391 den Besuch heidnischer Tempel sowie heidnische Opfer.[37] Danach kehrte Theodosius nach Constantinopel zurück, wo er die Nachricht vom Tode Valentinians II. erhielt.

Valentinian II. hatte versucht, eine eigenständige Politik zu verfolgen, und war so in Konflikt mit Arbogast geraten, der ihn daraufhin in Vienne unter Arrest stellte. Am 15. Mai fand man den jungen Kaiser erhängt. Sein Leichnam wurde nach Mailand gebracht und dort bestattet, Ambrosius hielt ihm die Leichenrede.[38] Arbogast seinerseits erhob am 22. August 392 den Rhetor und Christen Eugenius zum Augustus,[39] der gute Beziehungen zu den heidnischen Zirkeln des Senats hatte; so wurde der Usurpator in Italien anerkannt. Theodosius reagierte auf die heidenfreundlichen Maßnahmen des Eugenius mit der Verschärfung der Häretiker- und Heidengesetze,[40] erhob seinen Sohn Honorius zum Augustus (23. Januar 393) und eröffnete am 30. April (?) 394 mit westgotischer Unterstützung (Alarich) den

---

37 Beamte, die dagegen verstießen, sollten mit 15 Pfund Gold bestraft werden: CTh 16,10,10.

38 B. Schmitt, *Ambrosius von Mailand und der Tod Kaiser Valentinians II. Ein historisch-theologischer Kommentar zu des Bischofs Leichenrede »De obitu Valentiniani« (1–14), nebst einer deutschen Übersetzung des gesamten Textes*, Egelsbach / Frankfurt a. M. / Washington 1994.

39 J. Szidat, »Die Usurpation des Eugenius«, in: *Historia* 28 (1979) S. 487–508.

40 Im Jahr 394 wurden die Olympischen Spiele verboten.

Krieg.[41] Als Theodosius in Italien eindrang, wurde Eugenius von den Soldaten erschlagen, Arbogast beging Selbstmord. Der Kaiser hatte inzwischen Honorius und dessen
388 geborene Schwester Galla Placidia nach Italien kommen
lassen, um ihm unter Aufsicht des *comes et magister utriusque militiae* Stilicho[42] den Westen zu übergeben. Aber der
Kaiser war bereits erkrankt und starb am 17. Januar 395.
Auch ihm hielt Ambrosius als Bischof der Residenz die Leichenrede: »De obitu Theodosiani«. Die Bestattung erfolgte
am 9. November im Mausoleum Constantins zu Constantinopel.

Von der christlichen Kirche wurde Theodosius schon früh
mit dem Beinamen ›der Große‹ geehrt[43] in Anerkennung
seines Einsatzes für das nicaenische bzw. nicaenisch-con-
stantinopolitanische Glaubensbekenntnis; aber sein ober-
stes Ziel, die Einheit der Kirche von Ost und West herbeizuführen und die verschiedenen Sekten zu beseitigen,
konnte er nicht erreichen. Wir können feststellen, daß die
Zeit des Theodosius einen gewaltigen Fortschritt in der
Christianisierung des Reiches brachte, auch wenn der
formale Abschluß erst unter Honorius und Theodosius II.
erfolgte. Aber die antipagane Gesetzgebung richtete sich
gegen die heidnischen Kulte,[44] nicht gegen die heidnische
Kultur: die heidnische Bildungstradition wurde als unverzichtbar angesehen. Dennoch erkannte der Senat in Rom
– heidnisch oder christlich – gerade in der Zeit des Theodosius die Gefahr, die Identität des Imperium Romanum zu
verlieren, die sich aus ebender heidnischen Vergangenheit
ableitete.

41 Die Hauptlast wurde von Alarichs Goten getragen; Orosius 7,35,19 spricht
   von 10 000 Gefallenen.
42 Er war mit der Kaisernichte Serena, der Erzieherin Galla Placidias, verheiratet.
43 Auf dem Konzil von Chalcedon 451.
44 K. L. Noethlichs, *Die gesetzgeberischen Maßnahmen der christlichen Kaiser des 4. Jahrhunderts gegen die Häretiker, Heiden, Juden*, Diss. Köln
   1971.

# IV

## Reichsteilung
## und Untergang des Reiches im Westen

### 1 Die Familie Theodosius' des Großen

Kaiser Theodosius hinterließ seinen Söhnen Arcadius und Honorius ein Reich, das von ihm zuletzt als alleinigem Herrscher regiert worden war. Aber der Tod hatte eine langfristige Stabilisierung nach innen wie nach außen verhindert. Theodosius war kein übereilter Reformer, regierte jedoch mit fast absolutistischem Willen; seine Autorität wurde häufig mit der Traians verglichen.[1] Das *Heer* war inzwischen stark barbarisiert, was auch die Besetzung der Offiziersposten widerspiegelt.[2] Seine *Kirchenpolitik* entsprach der politischen Linie des Constantius II., der die Kircheneinheit als Stütze der Reichseinheit sah, und Theodosius sah einen göttlichen Auftrag darin, die Kirche dem rechten Glauben zuzuführen. Während aber der Osten an das massive Eingreifen des Kaisers seit Constantin, Constantius II. und Valens gewöhnt war, der Patriarch von Constantinopel zum Sprachrohr kaiserlicher Kirchenpolitik wurde, wurde im Westen die Einmischung des Kaisers in Kirchen- oder – noch deutlicher – in Glaubensfragen scharf verurteilt: der Kaiser zählte lediglich *inter fideles*. Die *Administration* des Reiches war gesichert. Der Senat (›Synkletos‹) von Byzanz wurde zu einem Beamtensenat, der, zusammen mit den

---

1 Ein kurzes Charakterbild entwirft A. Lippold, *Theodosius der Große und seine Zeit*, München ²1980, S. 154.
2 So wurde der Kaiser wegen seiner Bevorzugung des Vandalen Stilicho oft als »barbarophil« getadelt. – A. Demandt, »Der spätrömische Militäradel«, in: *Chiron* 10 (1980) S. 609–637.

Spitzen der militärischen und zivilen Verwaltung, den *Adel* im Osten stellte, der sich aber nicht zu einem erblichen Stand entwickelte. Im Westen hingegen, wo die alten und neuen senatorischen Familien die Tradition als republikanisches Erbe pflegten, blieb die überkommene Senatsstruktur bewahrt, standen – auch dies ein Merkmal der Tradition – die gebildeten Senatsmitglieder häufig dem Christentum kritisch bis ablehnend gegenüber.

Hervorzuheben ist, daß die Kaiser die Kompetenzen des jeweiligen Amtsinhabers erweitern, übergreifend machen, sie einschränken konnten. Dies förderte nicht nur die Bindung zwischen Amtsinhaber und Kaiser, sondern auch den Ehrgeiz des Amtsinhabers, was wiederum zu Konkurrenzdenken, Intrigen und Cliquenbildung am Hofe führte. Das Hofzeremoniell machte es zunehmend schwieriger, Zugang zum Kaiser zu finden: auch dadurch, wer zur Audienz zugelassen wurde, konnte Machtpolitik betrieben werden. Der einzige, der uneingeschränkten Zugang zum Kaiser hatte, war der *praepositus sacri cubiculi* (»Kämmerer«). Eine Persönlichkeit wie Theodosius d. Gr. konnte diese Strömungen beherrschen, seine unerfahrenen Söhne aber waren dazu nicht in der Lage. Vielleicht hat ihre Regierung den im 5. Jahrhundert schreibenden Verfasser der »Historia Augusta« veranlaßt, vor »Kinderkaisern« (*principes pueri*) zu warnen.[3] Theodosius erkannte das Problem und bestimmte daher seinen Vertrauten, den *comes et magister utriusque militiae* Stilicho, zum Reichsverweser.[4] Nach Hinweisen bei Ambrosius und Zosimus[5] hat Theodosius nicht an eine »Reichsteilung« gedacht, sondern an eine gemeinsame Re-

---

3 SHA, Tacitus 6,5. – Arcadius, um 377 geboren, seit dem 19. Januar 383 Mitaugustus, war beim Tode des Vaters noch nicht 18 Jahre alt, sein Bruder Honorius, am 1. September 384 geboren und am 23. Januar 393 zum Augustus erhoben, gerade erst zehn Jahre. – W. Hartke, *Römische Kinderkaiser. Eine Strukturanalyse römischen Denkens und Daseins*, Berlin 1951 (Nachdr. Darmstadt 1972).

4 S. Mazzarino, *Stilicone*, Rom 1942.

5 Ambrosius, *De obitu Theodosiani* 5; Zosimus 5,4,6.

gierung, wie sie immer wieder bestanden hatte; Arcadius
besaß automatisch den Rang des ›Ersten Augustus‹. Aber
genau darin ist der Zerfall des Imperiums begründet: Rufinus, der Berater und *praefectus praetorio* des Arcadius,
fühlte sich von Stilicho überrundet und beanspruchte im
Namen des Arcadius die Führung. Diesen innenpolitischen
Konflikt machte sich der Westgote Alarich zunutze, der
Rom »Undank« vorwarf.[6]

Es ist nicht möglich, die innenpolitischen Wirren der kommenden Jahre ohne einen Blick auf die Situation an den
Grenzen und in den Provinzen darzustellen: wir können
hier eine Wechselwirkung erkennen, die schließlich zum
Untergang der römischen Herrschaft im Westen führte. Die
Schwäche der Kaiser gerade der Theodosianischen Dynastie
bot Personen und Persönlichkeiten Spielraum, dem eigenen
Ehrgeiz nachzugeben. Rufinus verlangte nun von Stilicho
die Rücksendung der von Theodosius in den Westen geführten Truppen. Stilicho gab dem von Arcadius unter-
zeichneten Schreiben notgedrungen nach, doch Rufinus
wurde am 27. November 395 von den heimkehrenden Truppen erschlagen. Der Abzug der Osttruppen zwang Stilicho,
die entstandene Lücke anderweitig zu schließen: er nötigte
die Franken am Niederrhein zur Erneuerung der Foedus-
verträge, um die Sicherung der Rheingrenze wie die Anwerbung von Foederatenverbänden zu erreichen. 397 trat Stilicho nahe Olympia Alarich entgegen, ließ den Gotenführer
aber entkommen, worauf Eutropius, der Nachfolger des
Rufinus, Kaiser Arcadius bewog, Stilicho wegen Verrats
zum *hostis publicus* zu erklären; Alarich seinerseits erhielt
den Rang eines *magister militum per Illyricum*. Diese offene
Brüskierung des Mailänder Hofes veranlaßte den *comes
Africae* Gildo, sich Constantinopel zuzuwenden und die
Kornlieferungen nach Rom zu unterbinden, doch konnte

---

6 Jordanes, *Getica* 146, sagt, daß nach dem Tode des Theodosius die »üblichen
 Geschenke« ausblieben, d. h. die Foederatenzahlungen nicht mehr geleistet
 wurden.

Stilicho ihn mit Hilfe gallischer Kontingente schlagen.[7] Seine Stellung am Hofe blieb unangefochten, zumal er seine Tochter Maria im Februar 398 mit Honorius verheiraten konnte. Trotz aller militärischen Erfolge mußte Stilicho die Grenzpolitik ändern: um den Schutz Italiens zu gewährleisten, wurden die Truppen in Britannien und am Rhein bis auf wenige Kontingente abgezogen. Damit aber geriet die Residenz Trier immer mehr in Frontnähe. In den Jahren 398 bis 402 erfolgten weitere Truppenabzüge, so daß damals wohl der Sitz des *praefectus praetorio Galliarum* von Trier über Vienne nach Arles verlegt wurde.[8]

In Constantinopel war auf Betreiben der Kaiserin Eudoxia der wegen seiner Eigenmächtigkeiten verhaßte Eutropius gestürzt und noch vor Jahresende 399 hingerichtet worden.[9] Aber die Revolte zielte gleichzeitig auf die Entmachtung der vor allem gotischen Heerführer und Offiziere.[10] Diese offen germanenfeindliche Haltung führte dazu, daß Stilicho Kontakte zu dem Gotenführer Gainas aufnahm, der seinerseits versuchte, in Constantinopel eine Stellung zu erreichen, die der Stilichos in Mailand ähnlich war. Trotz eines Anfangserfolges mußte Gainas mit seinen Truppen Constantinopel fluchtartig und unter großen Verlusten verlassen. Es ist symptomatisch für diese »antigermanische« Haltung, daß

7 Er ließ ihn am 31. Juli 398 hinrichten. T. Kotula, »Der Aufstand des Afrikaners Gildo und seine Nachwirkungen«, in: *Das Altertum* 18 (1972) S. 167–176; C. Gebbia, »Ancora sulle ›rivolte‹ di Firmo e Gildone«, in: *L'Africa Romana, 5 Convegno di Studio*, Sassari 1987 (1988) S. 117–129.

8 Die Diskussion ist noch nicht abgeschlossen. Das von J.-R. Palanque, »La date du transfert de la préfecture des Gaules de Trèves à Arles« (REA 36, 1934, S. 359–365) vorgeschlagene Jahr 396 ist von A. Chastagnol, »Le répli sur Arles des services administratifs gaulois en l'an 407 de notre ère« (RH 505, 1973, S. 23–40) zugunsten des Jahres 407 abgelehnt worden (J.-R. Palanque, »Du nouveau sur la date du transfert de la préfecture des Gaules de Trèves à Arles?«, in: *Provence Historique* 23, 1973, S. 29–38); vgl. H. Heinen, *Trier und das Trevererland in römischer Zeit*, Trier 1985, S. 261 ff.; A. Demandt, *Spätantike*, S. 142, bevorzugt hingegen das Jahr 402.

9 Vgl. Claudian, *In Eutropium*.

10 G. Albert, *Goten in Konstantinopel. Untersuchungen zur oströmischen Geschichte um das Jahr 400 n. Chr.*, Paderborn 1984 (Diss. Bonn.).

Arcadius westgotischer Hilfe (Fravitta) bedurfte, um sich der anderen Goten zu entledigen. Wir können hier zwar von einem Erfolg der »national« gesinnten Gruppe sprechen, aber es zeigte sich, daß selbst diese Politik sich ohne »Barbaren« kaum betreiben ließ.

Alarich seinerseits hatte inzwischen in Epirus eine eigene Herrschaft über seine Westgoten aufgebaut, nutzte aber einen Krieg Stilichos gegen Vandalen und Alanen in Rätien und Noricum (401) zum Einfall in Italien. So verfügte Stilicho die Übersiedlung des Hofes in das fast uneinnehmbare Ravenna: Ravenna wurde Residenzstadt bis zum Untergang des Ostgotischen Reiches.[11]

Erneut wurde Alarich zurückgeschlagen, daß aber Stilicho den Erfolg nicht ausnutzte, erregte Unverständnis. So begann sich auch in Italien eine antigermanische, gegen Stilicho gerichtete Opposition herauszubilden. Auslösendes Moment war, daß zu Jahresbeginn 407 Scharen von Vandalen (Hasdingen), Alanen, Sueben (Quaden) bei Kaub den Rhein überschritten und Gallien weithin verwüsteten. Die fränkischen Foederaten waren nicht in der Lage, Widerstand zu leisten; ja, fränkische Scharen schlossen sich den Vandalen an. In ihrem Rücken schoben sich die (West-)Burgunden entlang des Mains bis an den Rhein, wo sie um Worms eine neue Herrschaft errichteten. Man lastete nun Stilicho an, durch seine germanenfreundliche Politik das Reich verraten zu haben, und so riefen die Resttruppen in Britannien 407 den Soldaten (Flavius Claudius) Constantinus allein wegen seines Namens (*omen*) zum Kaiser aus. Er wurde in Gallien mit großen Hoffnungen aufgenommen und verhandelte mit Honorius über seine Anerkennung.

In dieser Situation kam die Nachricht vom Tod des Arcadius (1. Mai 408); Nachfolger wurde sein am 10. April 401 geborener Sohn THEODOSIUS (II.), den er bereits am 10. Ja-

---

11 M. Pierpaoli, *Storia di Ravenna. Dalle origine all'anno Mille*, Ravenna 1986.

nuar 402 zum Augustus erhoben hatte; der Rang des Ersten Augustus ging nun auf Honorius über. Als Stilicho nun verlangte, nach Constantinopel gehen zu dürfen, wurde der Vorwurf laut, er wolle den eigenen Sohn Eucherius zum Kaiser erheben: in einer Revolte wurde er am 22. August 408 in Ravenna erschlagen.[12] Auch die in anderen italischen Städten stationierten Germanen sahen sich bedroht und suchten zu Alarich zu entkommen. Damit bot sich dem Westgoten die Möglichkeit, als Rächer Stilichos aufzutreten. Plündernd zog er bis vor Rom, wo Serena, die Witwe Stilichos, von Galla Placidia offen beschuldigt wurde, die Feinde gerufen zu haben: sie wurde hingerichtet. Noch vor Ende 408 mußte die Stadt wegen der ausbrechenden Hungersnot kapitulieren. Honorius, militärisch zu schwach, verhandelte mit Alarich, doch lehnte er die Forderung, die Westgoten in den Gebieten von Venetien, Dalmatien und Noricum anzusiedeln, ab. Nun forderte Alarich, dessen Truppen unter Getreidemangel litten, entsprechende Lieferungen. Wiederum lehnte Ravenna ab, und Alarich zog erneut gegen Rom, das am 24. August 410 durch Verrat fiel. Drei Tage plünderten die Westgoten die Stadt, nur die Kirchen wurden als Asyle geschont. Zu den Gefangenen Alarichs zählte die Kaiserschwester Galla Placidia, die als Pfand dienen sollte: Getreide und Landzuweisung gegen die Tochter des Theodosius d. Gr.

Seit dem Galliersturm des Jahres 387 v. Chr. war dies die erste Eroberung Roms durch Barbaren, die Wirkung auf Christen wie Heiden gleichermaßen bestürzend. Während die Heiden den Christen vorwarfen, Schuld sei die Vernachlässigung der alten Götter, die Roms Aufstieg gefördert, die Stadt (und den Weltkreis) geschützt hatten, sahen die Christen darin den Anfang des Endzeitalters. Gegen solche historische Weltsicht wandte sich vor allem Augustinus, seit

12 Eucherius, der sich wie seine Mutter Serena in Rom aufhielt, wurde auf Befehl des Honorius getötet.

395 Bischof von Hippo Regius. In seinem in den Jahren 413–426 verfaßten Werk »De civitate Dei« wies er, gestützt auf Ciceros philosophische Schriften, das Wirken und die Kenntnis von Gott seit der Republik nach und verurteilte scharf die Astrologie als die schlimmste Form des Aberglaubens.[13] Gleichzeitig aber wandte er sich gegen die Endzeiterwartung der Christen, um diese zu überzeugen, daß die *civitas Dei* nicht an die Existenz der Stadt Rom gebunden war.[14] Unterstützt wurde er von Paulus Orosius, der auf Anregung Augustins ab 414 eine »Historia adversus paganos« verfaßte, die das Wirken Gottes in der Weltgeschichte nachzeichnen wollte.[15] Aber Heiden und Christen fühlten sich von dem Ereignis gleichermaßen betroffen. Viele flohen auf ihre Landgüter nach Sizilien, Nordafrika, oder sie wandten sich unter dem Eindruck weltlicher *vanitas* der Askese zu. So wurde (vor?) 410 von Honoratus auf der Insel Lerinum [Lérins] ein Kloster gegründet, das später berühmte Bischöfe hervorbrachte.

Alarich seinerseits versuchte nun nach Sizilien, der Kornkammer Roms, überzusetzen, doch ein Sturm zerstörte die Transportflotte. Da starb er plötzlich Ende 410 und wurde bei Cosenza im Busento begraben. Nachfolger wurde sein Schwager Athaulf, der erneut mit Honorius verhandelte, doch der Kaiser beharrte auf dem bedingungslosen Abzug der Goten.

Die Ereignisse in Italien hatten dem Usurpator Constantin III. ermöglicht, auch Spanien zu gewinnen. Nun zwang Fl. Constantius, ein ehemaliger Offizier des Theodosius und Bekannter Stilichos, Kaiser Honorius, ihm im Jahre 411 als *magister utriusque militiae* den Krieg im Westen zu

---

13 Dies zielte gegen die Kreise, die die Verbrennung der Sibyllinischen Bücher durch Stilicho beklagt hatten: sie sollen Sühneriten enthalten haben, die den Schutz Roms betrafen.
14 P. Brown, *Der heilige Augustinus*, übers. von J. Bernard, München 1973; Aurelius Augustinus, *Vom Gottesstaat*, übers. von Wilhelm Timme, 2 Bde., Zürich 1977–78.
15 H.-W. Goetz, *Die Geschichtstheologie des Orosius*, Darmstadt 1980.

übertragen. In raschem Vorstoß eroberte er Arles und ließ Constantin III. töten. Doch noch im gleichen Jahr usurpierte nahe Tongern der gallische Senator Iovinus.[16] Unterstützt von Burgunden, Alanen, Franken und Alamannen, zog er gegen Arles und wurde sehr schnell von der Führungsschicht Galliens, aber auch Britanniens anerkannt. Auf sein Ersuchen hin zog Athaulf 412 nach Gallien. Dort kam es offenbar wegen der Ansiedlung der Goten zu Streitigkeiten, so daß Athaulf Honorius anbot, im Auftrag Ravennas den Usurpator zu beseitigen (413). Honorius vereinbarte mit Athaulf, die Westgoten als Foederaten in der Aquitania Secunda, Novempopulania und Narbonensis Prima [im Gebiet zwischen Bordeaux – Poitiers – Toulouse – Carcassonne – Pyrenäen] anzusiedeln,[17] verwehrte ihnen jedoch den Zugang zum Mittelmeer. Die ebenfalls zugesagten Getreidelieferungen aber machte Honorius von der Rückgabe Galla Placidias abhängig. Athaulf sah darin einen Bruch der Foedusvereinbarungen und eroberte noch 413 Narbonne. Dort heiratete er im Januar 414 Galla Placidia nach römischem, d. h. katholischem Ritus.[18] Orosius sagt in diesem Zusammenhang, daß Athaulf geplant habe, anstelle des *Imperium Romanum* ein *Imperium Gothorum* zu setzen.[19] Dies zeigt das Selbstbewußtsein der (West-)Goten, die sich als Militärverwalter und Retter des Imperiums vor den »Barbaren« sahen. Hier ist die Ursache zu sehen, daß der vor Jahresende 414 geborene Sohn Galla Placidias den Namen Theodosius erhielt: Er war die Frucht der beiden *gentes* und sollte unter Hinweis auf den verehrten Kaiser die Kontinuität der Familie (= Dynastie) repräsentieren (Theodosius als Kaiser?). Natürlich protestierte Honorius gegen

16 K.F. Stroheker, *Der senatorische Adel im spätantiken Gallien*, Reutlingen 1948 (Nachdr. Darmstadt 1970).

17 Zum Gesetz der Hospitalitas (Einquartierung): CTh 7,8,5.13.

18 V.A. Sirago, *Galla Placidia e la trasformazione politica dell'Occidente*, Löwen 1961; R.B. Blockley, »Roman barbarian marriages in the Late Empire«, in: *Florilegium* 4 (1982) S. 63–79.

19 Orosius, *Historia adversus paganos* 7,43,5.

diese Heirat und sandte Constantius gegen Athaulf, der sich
nach Spanien zurückzog. Dort wurde er im August 415 von
einem Gefolgsmann ermordet. Sein Nachfolger Sigerich ließ
Athaulfs Kinder aus erster Ehe töten, Galla Placidia wurde
erneut Geisel.[20] Nach dessen Ermordung verhandelte sein
Nachfolger Valia (415–418) erneut mit Honorius: auf der
Basis des Foedus-Vertrags von 413 durfte er nach Gallien
zurückkehren, Galla Placidia wurde 416 gegen Getreidelie-
ferung zurückgegeben. Der Auftrag für die Goten lautete
nunmehr, gegen Alanen und Vandalen zu kämpfen. Als Valia Ende 418 starb, begründete sein Nachfolger Theoderid
(Theoderich I.) das Reich um Toulouse. Das Imperium des
Westens begann sich zunehmend mit der Fiktion abzufin-
den, daß die Landnahme der Germanen im Rahmen von
Ansiedlung und Foedusverträgen die Integrität des Reiches
bewahre.
Die Neuordnung in Südgallien hatte die Stellung des Constantius so gestärkt, daß er Honorius zwingen konnte, ihn
am 1. Januar 417 mit Galla Placidia zu verheiraten. Galla
Placidia scheint darin auch eine Möglichkeit gesehen zu haben, direkt Einfluß auf die Politik Ravennas zu nehmen,
denn Constantius wurde praktisch Regent des Westreiches,
der selbständig in innen- wie außenpolitische Belange eingriff.
In diesen Jahren suchte Honorius die kirchliche Einheit des
Reiches zu fördern, das Heidentum weiter zurückzudrän-
gen. So wurde am 7. Dezember 416 das Gesetz erlassen,
»alle, die sich mit dem unheiligen Irrtum oder dem Verbrechen des heidnischen Kultes beflecken, d. h. die Heiden, weder zum Kriegsdienst zugelassen noch durch die Ehrenstel-
lung eines Beamten oder Richters ausgezeichnet werden
sollten«.[21] Aber auch die westliche Kirche kam nicht zur

---

20 Placidias Sohn Theodosius war bereits gestorben.
21 CTh 16,10,21: *Qui profano pagani ritus errore seu crimine polluuntur, hoc
   est gentiles, nec ad militiam admittantur nec administratoris vel iudicis honore decorentur.*

Ruhe, da der britannische Mönch Pelagius die von Augustinus vertretene Gnadenlehre ablehnte und statt dessen die Willensfreiheit des Menschen betonte.[22] Damit gewann er in Kirchenkreisen Roms sehr schnell Anhang, und nur die massive Kritik Augustins veranlaßte Innozenz I., sich von Pelagius zu distanzieren. Unter seinem Episkopat (402 bis 417) wurde die Vorherrschaft Roms über die westlichen Bischofsstühle weiter gefestigt mit dem Argument, daß alle übrigen Kirchen Gründungen von Rom aus waren, d. h. Rom die Mutter, die übrigen aber Töchter Roms seien. Wir dürfen hier wohl den Beginn des römischen Papsttums sehen, das auch eine hohe Unabhängigkeit vom Kaiser errungen hatte. Sein Nachfolger Zosimus wiederum versuchte eine maßvolle Rehabilitierung des Pelagius, doch die Intervention des Augustinus veranlaßte Honorius, am 30. April 418 ein Edikt gegen die Pelagianer zu erlassen. Daraufhin suchten die Pelagianer die Unterstützung der Ostkirche, so daß beim Tode des Zosimus (26. Dezember 418) ein Schisma drohte. Nun griffen Galla Placidia und Constantius zu Gunsten der Pelagius-Gegner ein und bestätigten die Wahl des neuen Papstes Bonifatius. Das Papsttum schien erneut unter die weltliche Herrschaft zu geraten.

Im Osten ging der Streit um die Natur Christi, die Stellung der Gottesmutter und die Definition des Hl. Geistes unvermindert weiter; dort war es Pulcheria, die begabte Schwester des Theodosius II. – er hatte sie am 4. Juli 414 zur Augusta erhoben (15 Jahre alt) –, die sich um Kirchenfragen kümmerte und sich im Laufe der nächsten Jahre zur politisch bestimmenden Persönlichkeit in Constantinopel entwickelte.

22 R.F. Evans, *Pelagius*, New York 1968; P. Brown, »Pelagius and his Supporters«, in: JThS 19 (1968) S. 93–114. Zum Semipelagianismus C.M. Kasper, »Der Beitrag der Mönche zur Entwicklung des Gnadenstreites in Südgallien, dargestellt an der Korrespondenz des Augustinus, Prosper und Hilarius«, in: *Signum Pietatis. Festgabe für H.C.P. Mayer*, Würzburg 1989, S. 153–182.

Es ist festzustellen, daß die Politik der damaligen Zeit von zwei hochintelligenten Frauen beeinflußt wurde, Pulcheria im Osten und Galla Placidia im Westen, deren Gatte Constantius am 8. Februar 421 zum Augustus (CONSTANTIUS III.) erhoben wurde. Galla Placidia wurde Augusta, ihre Kinder durften sich daher Hoffnungen auf die Nachfolge des kinderlosen Honorius machen. Doch bereits am 21. September 421 starb Constantius III., und mit seinem Tode begann die mühsam gewonnene Ordnung im Westen wieder zu zerbrechen. Galla Placidia selbst mußte wegen eines Hofzwistes 422 mit ihren Kindern nach Constantinopel übersiedeln.

Als Honorius am 27. August 423 starb, war Theodosius II. alleiniger Herrscher, doch er zögerte, dem Sohn der Galla Placidia den gewünschten Rang zu verleihen. Erst als am 20. November 423 der *primicerius notariorum* (Personalchef für alle Beamten und Offiziere) Johannes als Usurpator auftrat, war Theodosius II. zum Handeln gezwungen: er erhob den erst 5jährigen VALENTINIAN (III.) am 23. Oktober 424 zum Caesar, verlobte ihn mit seiner zweijährigen Tochter Licinia Eudoxia und bestätigte Galla Placidia den Rang einer Augusta. Nach der Beseitigung des Usurpators wurde der junge Caesar zum Augustus erhoben (23. Oktober 425), Regentin in Ravenna aber war Galla Placidia.

Das Jahr 425 war auch wichtig für das Bildungswesen. Der hochgebildete Theodosius II., verheiratet mit der ebenso schönen wie begabten Athenais-Eudokia, die er 423 zur Augusta erhoben hatte, widmete sich den Bibliotheken und der Ausbildung.[23] So ordnete am 27. Februar 425 ein Edikt die Universität Constantinopel neu:[24] die Zahl der Professoren der *studia liberalia* (Rhetorik, Grammatik, Jurisprudenz) wurde auf 31 beschränkt; sie mußten eine Amtstracht tragen und korporiert sein. Sie allein hatten das Recht, als

---

23 Der Kaiser, der selbst Bücher schrieb, erhielt den Beinamen Kalligráphos; A. Lippold, »Theodosius II.«, in: RE Suppl. XIII (1973) Sp. 961–1044.
24 CTh 14,9,3.

staatlich besoldete Professoren im *auditorium Capitolii* –
eine Form von College – zu lehren. Neben ihnen standen
die Privatdozenten, die außerhalb des *auditorium* ihre
Räume beziehen mußten. Die Bibliothek (*basilika*) wurde
erweitert und soll, als sie 475 niederbrannte, insgesamt
120 000 Bände umfaßt haben. Man geht allgemein davon
aus, daß der Anstoß für das »Universitätsgesetz« von Athenais-Eudokia kam, doch war es auch ein besonderes Anliegen des Kaisers selbst.[25]
Aber auch die Juristenausbildung bedurfte einer Reform:
Die Rechtsfindung war dank der ausufernden Literatur immer schwieriger geworden, und obwohl es immer wieder
Ediktsammlungen gab, war die Auslegung durch die sich
bekämpfenden Rechtsschulen behindert. So wurde auf Ver-
anlassung Galla Placidias am 6. November 426 das sog.
›Zitiergesetz‹ erlassen, das die Autorität der Schriften von
Papinian, Paulus, Gaius, Ulpian, Modestinus, Scaevola, Sabinus, Julian, Marcellus als verbindlich festlegte, wobei Papinian den Vorrang haben sollte.[26] Am 26. März 429 schließlich berief Kaiser Theodosius II. eine Juristenkommission
aus neun Männern, die in Zusammenarbeit mit dem Senat
von Constantinopel eine offizielle Sammlung der Gesetze
und Edikte seit Constantin d. Gr. vorzunehmen hatte: sie
sollte die unter Diocletian entstandenen Privatsammlungen
des »Codex Gregorianus« (Constitutionen von Hadrian bis
Diocletian) und »Codex Hermogenianus« (fast ausschließlich Diocletian) ergänzen und gleichzeitig die Kommentarienliteratur auf der Basis des Zitiergesetzes einarbeiten.
Ebenso wie die beiden älteren Codices im Osten entstanden
waren, fällt auf, daß unter den überlieferten Namen der Be-
teiligten keine Weströmer sind. Am 15. Februar 438 wurde
die Gültigkeit des Sammelwerkes im Senat von Constanti-

25 P. Lemerle, *Le premier humanisme byzantin. Notes et remarques sur l'enseignement et culture à Byzance des origines au X^e siècle*, Paris 1971;
N.G. Wilson, *Scholars of Byzantium*, London 1983.
26 CTh 1,4,3.

nopel verfügt mit dem Zusatz, daß künftig im Osten nur
diejenigen westlichen Kaiserconstitutionen Gültigkeit haben sollten, die der kaiserlichen Kanzlei offiziell angezeigt
würden. Am 25. Dezember wurde die Publikation im Senat
von Rom verkündet (zur *lex* erhoben). Die Sammlung stellt
nicht nur ein Dokument der juristischen Reichseinheit dar,
sondern durch den Juristenkommentar auch ein Lehrbuch
für die einheitliche Juristenausbildung in Ost und West; zudem wurde am Latein als einheitlicher Rechtssprache des
Imperiums festgehalten.

Politisch allerdings geriet der Westen in neue Schwierigkeiten: der Westgote Theoderich I. griff 425 Arles an, das damals von starken hunnischen Truppen unter Führung des
Fl. Aetius verteidigt wurde.[27] Diesem gelang es, das Foedus
mit den Westgoten zu erneuern. Nach einigen Erfolgen gegen die Hunnen in Pannonien wurde er dann 427 mit der
Beseitigung des *comes* Bonifatius beauftragt, der in Nordafrika eine selbständige Politik betrieb. Daraufhin bat Bonifatius, der selbst nur über geringe Truppen verfügte, die
Vandalen um Unterstützung.[28] Diese hatten 409 die Carthaginiensis [etwa das heutige Andalusien] besetzt; 428 übernahm Geiserich die Herrschaft, der das Ersuchen des Bonifatius um Waffenhilfe annahm, da das kornreiche Nordafrika bessere Siedlungsmöglichkeiten bot. Nach einer
Volkszählung – 80 000 Menschen, davon 15 000 Krieger[29] –
setzte er 429 nach Afrika über. Bonifatius, der mit einer derartigen Invasion nicht gerechnet hatte, trat Geiserich zwar
entgegen, wurde jedoch geschlagen. Ebenso problemlos wie
dieser Sieg wurde auch die Landnahme: viele Berberfürsten
hatten sich dem Kampf gegen die Römer angeschlossen,

27 G. Zecchini, *Aezio. L'ultima difesa dell'occidente romano*, Rom 1983.
28 H.-J. Diesner, *Der Untergang der römischen Herrschaft in Nordafrika*,
   Weimar 1964; Chr. Courtois, *Les Vandales et l'Afrique*, Paris 1955;
   R. Wenskus, *Stammesbildung und Verfassung. Das Werden des frühmittel-*
   *alterlichen Gentes*, Köln 1961.
29 Victor von Vita 1,2.

aber auch die sozial und kirchenpolitisch benachteiligten Schichten, die Donatisten, Manichäer, Arianer, Pelagianer; die arianischen Vandalen wurden vielerorts wie Befreier begrüßt.[30] Schließlich wurden am 11. Februar 435 die Vandalen in den Gebieten Numidia und Sitifensis als Foederaten angesiedelt (Vertrag von Hippo). Doch Geiserich kümmerte sich nicht um den Vertrag: 437 griff er Sizilien an, am 19. Oktober 439 eroberte er nach langer Belagerung Carthago, das nun Hauptstadt eines föderierten, aber völlig unabhängig organisierten Vandalenreiches wurde.

Ravenna sah sich nicht in der Lage, den Verlust Afrikas militärisch zu verhindern. Aetius war zwar mächtigster Mann Italiens geworden, aber Galla Placidia trachtete, seine Macht zu beschränken. Schließlich floh Aetius zu dem Hunnenkönig Rua. Dieser gab ihm ein neues Heer, mit dem Aetius 433 vor Ravenna erschien. Ravenna mußte Aetius als *magister militum utriusque militiae* bestätigen, und 435 erhielt er den Rang eines *patricius* verliehen. Er war es, der den Hof zu einer Politik des Ausgleichs veranlaßte und dem Kaiser zum *foedus* mit Geiserich riet. Mit ihm schien der Westen noch einmal militärisch an Kraft zu gewinnen. Aber der Zerfall der Römerherrschaft war trotz der Fiktion uneingeschränkter kaiserlicher Autorität auch über die angesiedelten Foederaten nicht aufzuhalten.

(1) Die Germanen, angesiedelt nach dem Gesetz der *hospitalitas*, lebten nach ihrem eigenen Stammesrecht, so daß die Romanen *neben* den Germanen standen.

(2) Die romanische Bevölkerung muß nach den drei Gruppen »Landbevölkerung«, »Großgrundbesitzer« und »Kirche« unterschieden werden: (a) Die *coloni* hatten als grundabhängige (*glebae adscripti*) Pächter die Hauptlast der Steuern zu tragen. Ihre Rechte gegenüber

---

30 H.-J. Diesner, »Die Lage der nordafrikanischen Bevölkerung im Zeitalter der Vandaleninvasion«, in: *Historia* 11 (1962) S. 97–111. – Am 28. August 430 starb Augustinus im belagerten Hippo Regius.

dem Grundherrn waren beschränkt, die ihrerseits als
*patroni* Magistratsgewalt über ihre Pächter beanspruchten (*patrocinium*). (b) Der Großgrundbesitz (*latifun-
dium*) befand sich zumeist in den Händen des senatorischen Adels, der sich seine Wohnsitze zu Herrensitzen
und Festungen ausbaute. Häufig hielten sie sich kleine
Privatarmeen, um sich gegen Räuber (*bagaudae* in Gallien und Spanien), aber auch gegen Steuereintreiber
(*exactores*) bzw. Soldaten zu wehren. Sidonius Apollinaris spricht nicht selten von *regna*, was nicht nur die
Ausdehnung der Güter kennzeichnet. (c) Die Kirche
suchte den Ausgleich zwischen Oberschicht (*potentes*)
und Unterschicht (*humiles*) und wuchs zunehmend in
die Rolle eines *patronus* hinein. Aber auch zwischen den
zumeist arianischen Germanen und den katholischen
Romanen mußte sie vermitteln. Festzuhalten ist, daß
viele geistliche Würdenträger aus zivilen oder militärischen Rängen stammten. d. h. Senatoren, Munizipaladel, Beamtenschaft, Offiziere, die, politisch geschult,
das Recht der oberen Schichten besser vertreten konnten als das der Landbevölkerung.
(3) Die Bischofsstädte waren häufig auch Verwaltungssitze
der Provinzverwaltung (*provincia, dioecesis*), zumindest
aufgrund militärischer oder politischer Bedeutung bevorzugte, d. h. jetzt ummauerte Städte, die zumeist,
wie die »Notitia Dignitatum« zeigt, für die Rüstungs-
oder Versorgungsindustrie wichtig waren. Wir dürfen
daher – soweit sie nicht völlig in die Hand der Germanen geraten waren – dort mit einem Weiterleben der römischen Verwaltungsstrukturen rechnen.
(4) Die kleineren und kleinen Landstädte mit ihrer zumeist
im Handwerk beschäftigten Bevölkerung sanken sozial
ab, waren, da es sich selten um große Produktionszen-
tren handelte, im Krisenfall eher der Unterversorgung
ausgeliefert als die Verwaltungs- oder Handelszentren.
Dennoch boten sie der bedrohten Landbevölkerung Zu-

flucht, suchten sich durch Mauern und eine Bürgerwehr zu schützen, waren jedoch auf den Schutz und die Zuwendungen des Kaisers, des senatorischen Adels, der Kirchen angewiesen. Ihre städtische Bausubstanz war als erste gefährdet, und so suchten sie sich dem Patronat Mächtigerer (*potentes*) zu unterstellen.

Wir haben somit vor allem auf dem Lande mit einem staatspolitischen Vakuum zu rechnen, das sich um so stärker bemerkbar machte, als die militärische Präsenz Roms abnahm. Die Krise des Westens ist daher nicht nur eine militärische, sondern auch eine sozialökonomische: Die im Luxus lebenden *patroni* zogen es vor, sich vor den Germanen, aber auch aus Standesinteressen, in die sicheren Gebiete zurückzuziehen, d. h. nach Südgallien (Aquitanien), die ostspanischen und nordafrikanischen Städte, nach Italien und Rom. Sie überließen die Verwaltung der Güter fest besoldeten *conductores*, die die *coloni* weiter ausbeuteten. So war es nur natürlich, daß die Landbevölkerung in der Ansiedlung, in der Landnahme der Germanen keine besonders negative Änderung ihrer eigenen Verhältnisse sah. Der Westen begann sich von innen her auszuhöhlen.

Im Unterschied zum Westen blieb der Osten einigermaßen stabil: Seine ökonomische Basis beruhte vor allem in Kleinasien nicht allein auf der Landwirtschaft, sondern auch auf der Wirtschaftskraft der Städte, die als Handelszentren und Zentren für Manufakturen gut funktionierten. Die Tatsache, daß seit Theodosius d. Gr. mit den Persern ein längerfristiger Ausgleich gefunden war, der sogar eine christliche Missionierung zuließ, ließ die Wirtschaft so erstarken, daß die finanziellen Ressourcen Constantinopel erlaubten, drohende kriegerische Angriffe an der Donau oder gegen den Balkan/Thrakien durch Goldzahlungen abzuwenden. Hier bietet sich noch ein weites Feld der Forschung, neben den soziopolitischen Verhältnissen des Ostens und des Westens auch die Frage der unterschiedlichen politischen Mentalität herauszuarbeiten.

Territorial war der Westen erheblich geschrumpft: Nachdem
Honorius im Jahre 410 Britannien faktisch aufgegeben
hatte,[31] ist das Gebiet ab 435 als selbständig zu erachten. Die
Burgunden hatten 413 um Worms ein quasi-selbständiges
Reich errichtet. Als sie 435 und 436 unter König Gundahar in
das Gebiet der Belgica Prima eindrangen, wurden sie von
Aetius mit Hilfe hunnischer Kontingente völlig vernichtet
und ins Gebiet der Sapaudia umgesiedelt. Dort sollten sie die
Alamannen, die sich in der Westschweiz (Neuenburger See,
Avenches) ausbreiteten, aufhalten.[32] Die (salischen) Franken
hatten ihre Herrschaft über Toxandrien gefestigt. König
Chlodio eroberte die Stadt Cambrai und drang bis zur
Somme vor, wo er allerdings von Aetius (zwischen 440 und
450) besiegt wurde. Historisch bedeutete dies nur eine Ver-
zögerung der Eroberung Nordgalliens.[33] Der Westgote
Theoderich I. hatte nach mehreren verlustreichen Schlachten
den damaligen *praefectus praetorio Galliarum* Eparchius
Avitus schließlich zum Frieden gezwungen: es ist wahrscheinlich, daß damals das *foedus* mit Rom gekündigt wurde,
so daß ein selbständiger Germanenstaat auf römischem Boden entstand. Nach erfolgreichen Eroberungszügen in Spanien blieben den Römern nur die Städte und ein Küstenstrei-
fen am Mittelmeer.[34] Der König suchte sich durch ein Hei-
ratsbündnis mit den Vandalen abzusichern,[35] doch die Allianz zerbrach, als Hunerich die Tochter Theoderichs zurück-
sandte und sich statt dessen mit Eudokia, der Tochter Valentinians III. und Enkelin der Galla Placidia, verlobte (445).

---

31  Zosimus 6,5,2 f.; 10,2. – Es war vor allem die Kirche, die den Widerstand
    organisierte, allen voran Bischof Germanus von Auxerre, der seit 429 die
    Insel mindestens zweimal besuchte.
32  H.-H. Anton [u. a.], »Burgunden«, in: RGA IV² (1979) S. 224–271.
33  E. Zöllner, *Geschichte der Franken*, München 1970; F. Beisel, *Studien zu
    den fränkisch-römischen Beziehungen von den Anfängen bis zum Ausgang
    des 6. Jahrhunderts*, Idstein 1987.
34  K. F. Stroheker, »Spanien im spätrömischen Reich 284–475«, in: *Archivio
    Español de Arqueología* 45/47 (1972–74) S. 587–605.
35  442 verheiratete er seine Tochter mit Geiserichs Sohn Hunerich.

Die militärische Schwäche Ravennas veranlaßte schließlich Kaiser Valentinian III., 442 Geiserich als souveränen Herrscher in der Proconsularis, im Westteil der Tripolitania und im Ostteil Numidiens anzuerkennen: das *foedus* war beendet.

Die Hauptbedrohung des Reiches aber stellten die westlichen Hunnen dar, die unter dem Fürsten Uldin Thrakien überfallen hatten, und unter Rua (um 425 – 434?) eine zunehmend zentralistische Ordnung erhielten. Die sich herausbildende Einheit führte zu einer festen Anbindung der von ihnen unterworfenen germanischen Völkerschaften: der Rugier, Skiren, Gepiden, Ostgoten. Ihre Hilfsvölker, vor allem die Ostgoten, gehörten zu den bevorzugten Kampfeinheiten. Mit dieser immensen Schlagkraft wandte sich Rua gegen Constantinopel, das die Angriffe nur durch Zahlung von Jahrgeldern abwenden konnte. Nach dem Tode Ruas teilten sich seine Neffen Bleda und Attila in die Herrschaft, bis 445 Attila seinen Bruder Bleda ermorden ließ. Nunmehr beherrschte er ein Gebiet, das von Rußland bis zum Rhein reichte; das Zentrum seiner Macht lag an der Theiß. Da plötzlich bot sich ihm die Gelegenheit, im Westen einzugreifen.

Honoria, die Schwester Valentinians III. und seit etwa 437 Augusta, war in eine Affäre verwickelt, die dazu dienen sollte, den Bruder zu ihren Gunsten zu entmachten.[36] Sie wurde unter Hausarrest gestellt und sollte mit einem zuverlässigen Senator verheiratet werden. Um dies zu verhindern, schickte sie ihren Ring an Attila und bat ihn um Hilfe. Attila empfand das Angebot als Eheversprechen und forderte von Valentinian III. die Hälfte des Reiches als Mitgift. Als der Kaiser ablehnte, zog Attila nach Westen. Dort war bei den Franken[37] ein Streit zwischen Kleinkönigen (*reguli*) ausgebrochen, die sich teils an Aetius, teils an Attila um Hilfe

---

36 Johannes von Antiochia, Fragm. 199.
37 Es ist nicht ganz klar, ob es sich um ripuarische (mittelrheinische) – so Zöllner und Beisel – oder salische Franken – so Demandt – handelte.

wandten. Attila eroberte 451 die Stadt Metz, und nun erhielt Aetius, der nur über wenige eigene Truppen verfügte, Unterstützung von Burgunden, Franken und Westgoten. In der berühmten Schlacht auf den Katalaunischen Feldern Ende 451 siegten die Westgoten, doch ihr König Theoderich I. fiel. Aetius, an einem Alleinsieg der Westgoten nicht interessiert, überredete den Königssohn Thorismud, nach Toulouse zurückzukehren, um seine Regierung zu sichern.[38]

Attila wandte sich nunmehr nach Italien (542), plünderte Aquileia, Pavia und Mailand und zog gegen Rom. Die Rettung Roms wird einer Bittgesandtschaft des Papstes Leo d. Gr. (440–461) zugeschrieben, doch ist dies im Zusammenhang mit einer immensen Kriegsentschädigung zu sehen, die die Italiker aufbringen sollten. Danach zog Attila an die Theiß, um gegen einige rebellierende Germanenvölker vorzugehen; dazu gehörte auch, daß er 453 eine Germanenprinzessin heiratete. Doch in der Hochzeitsnacht starb der König unerwartet an einem Blutsturz. Seine Söhne erbten zwar das Königtum, waren aber militärisch unfähig, den Vielvölkerstaat zu beherrschen. So wagten zuerst die Gepiden unter ihrem König Ardarich den Aufstand.[39] In der Schlacht am Fluß Nedao besiegten sie ein hunnisches und gotisches Heer so vollständig, daß das Hunnenreich zerfiel, die Hunnen sich nun nach Osten zurückzogen.

Rom war von dieser Bedrohung befreit, doch mit dem Zerfall des Hunnenreiches verstärkte sich automatisch die Bedrohung des Imperiums durch die Germanen, die schließlich das Ende des Westreiches herbeiführten.

38 Aufgrund eines reichen Schatzfundes nahe der Stadt Troyes (bei Pouan) nimmt die französische Forschung an, daß der dort Begrabene möglicherweise der Gotenkönig war, die Schlacht somit nahe Troyes stattfand. E. Salin, »Sur le trésor barbare de Pouan (Aube)«, in: *Gallia* 14 (1956) S. 65–75.
39 W. Pohl, »Die Gepiden und die gentes an der mittleren und unteren Donau nach dem Zerfall des Attilareiches«, in: *Die Völker an der mittleren und unteren Donau im fünften und sechsten Jahrhundert*, hrsg. von H. Wolfram und F. Daim, Wien 1980 (Österreichische Akademie der Wissenschaften, phil.-hist. Kl., Denkschriften, 145), S. 240–305.

## 2. Das Ende des Kaisertums im Westen

In das Jahr 450 (28. Juni) fällt der Tod des Theodosius II. und damit das Ende der Theodosianischen Dynastie. Aber nicht nur der »Codex Theodosianus«, auch das Konzil von Ephesus ist mit dem Namen dieses Herrschers verbunden. Wie unter seinen Vorgängern war die Kirchenpolitik von Rangstreitigkeiten der Patriarchensitze wie christologischen Auseinandersetzungen geprägt. Anlaß war die Frage nach der Stellung Mariens, die je nachdem, wie man Christus definierte, als ›Christusgebärerin‹ (›Christotokos‹) oder als ›Gottesgebärerin‹ (›Theotokos‹) bezeichnet wurde. Natürlich wurde auch der Westen in den Disput hineingezogen, der sich für ein allgemeines Konzil einsetzte, das dann am 7. Juni 431 (Pfingsten) in Ephesus eröffnet wurde. Der umgehend ausbrechende Streit wurde dadurch beendet, daß der Kaiser die Hauptkontrahenten (Nestorius von Constantinopel, Kyrillus von Alexandria) absetzte und verbannte. Unter diesen Bedingungen beschloß Ephesus die Definition von Maria als ›Gottesgebärerin‹.[40] Kirchenpolitisch aber wurde die Auseinandersetzung mit dem Anspruch des Ostens auf das Ost-Illyricum verbunden, was Rom ablehnte; Papst Leo I. trachtete danach, die westlichen Kirchen juridisch und dogmatisch fest an Rom zu binden.

Bei seinem Tode hinterließ Theodosius II. nur die mit dem Westkaiser Valentinian III. verheiratete Tochter Eudoxia. So entschloß sich Pulcheria, den 58jährigen erfahrenen Offizier der *protectores*, Marcian, zum Kaiser zu berufen, den der Senat von Constantinopel am 25. August 450 anerkannte. Pulcheria ihrerseits heiratete Marcian.

MARCIANUS war unter dem Einfluß Pulcherias bereit, mit Papst Leo I. zu verhandeln, und lud für den 1. September 451 zu einem Konzil nach Nicaea. Als mit dem Eintref-

---

40 M. Jacobs, *Die Reichskirche und ihre Dogmen*, Göttingen 1987, S. 107 f.

fen der Alexandriner sofort der Streit ausbrach, entschloß sich Marcian, das nahe Constantinopel liegende Chalcedon als neuen Tagungsort zu bestimmen (8. Oktober). Eine Kommission sollte auf der Basis von Ephesus ein neues ›Symbolon‹ erarbeiten, das nun Maria als ›Gottesgebärerin‹ (›Theotokos‹) definierte und ein Glaubensbekenntnis formulierte.[41] Das neue ›Symbolon‹ wurde am 25. Oktober beschworen. Der Westen hatte sich im christologischen Streit durchgesetzt, politisch aber verloren: Im Kanon 28 wurde zwar der Vorrang Roms bestätigt, aber das Patriarchat der ›Nea Rhome‹ diesem gleichgestellt; zudem wurden die umstrittenen Gebiete des Ost-Illyricums der Jurisdiktion Roms entzogen. Damit wurde die Ostmission (Slavenmission) griechisch geprägt. Leos Protest wurde mit dem Hinweis auf die Allgemeinheit des Konzils zurückgewiesen. Dies war um so bedeutender, als Leo selbst sich als Nachfolger Petri definiert hatte,[42] und ein Edikt des Kaisers Valentinian III. bestätigte das Papsttum Leos wie den Papst als Oberhaupt der Kirche.[43] Der Westen steuerte somit auf ein einheitliches, starkes, zentralistisches, d. h. römisch-katholisches Christentum hin, während die politische – weltliche – Macht zerfiel.

Nach dem Sieg über Attila war Aetius der unbestritten stärkste Mann im Westen. 454 konnte er sogar seinen Sohn Gaudentius mit der Kaisertochter Placidia verloben. Es war klar, daß er nach der Kaisermacht griff, da ihm nicht, wie vormals Stilicho, der Makel des »Germanen« anhaftete. Doch nach dem Tode Attilas 453 begann sich Valentinian III. gegen den allmächtigen Heermeister aufzulehnen: Eigenhändig tötete der Kaiser Aetius während einer Audienz in Rom (21. September 455), doch hatte er versäumt, das Heer für sich zu gewinnen. So formierte sich der Wider-

41 E. Schwartz, *Acta Conciliorum Oecumenicorum* II 1,2 S. 126–130 = A. M. Ritter, *Alte Kirche*, Neukirchen-Vluyn ²1982, S. 221 (93 g).
42 Sermo III 2.3; M. Jacobs, Die Reichskirche und ihre Dogmen S. 160 ff.
43 *Novellae Valentinianae* 17; Leo, *Epistulae* 11 vom 8. Juli 445.

stand, und im Einvernehmen mit angesehenen Senatoren
(die Anicii) wurde der Kaiser bei einer Truppenschau am
16. März 455 von den *bucellarii* (persönliche, gefolgschaft-
lich ausgerichtete Gardetruppe) des Aetius erschlagen. Damit erlosch auch im Westen die theodosianische Herrscher-
linie.
Die Substanz des Reiches war so sehr geschwächt, daß die
Agonie nicht mehr zu verhindern war. Bis zum Jahre 476
lösten neun weströmische Kaiser einander ab, die alle getötet oder vertrieben wurden. Autoritätskämpfe im Innern
des Westreiches, politische Auseinandersetzungen mit dem
Ostreich schwächten das westliche Kaisertum ebenso wie
das egoistische Verhalten der Heermeister, die die Germaneneinfälle nicht immer energisch genug zurückwiesen. Der
Westen war in voller Auflösung begriffen: Rom wurde 455
von Geiserich geplündert; die gallischen Senatoren wählten
im Beisein westgotischer und burgundischer Vertreter auf
Vorschlag des Westgotenkönigs Theoderich II. in Ugernum
[Beaucaire] den *magister militum* EPARCHIUS AVITUS zum
neuen Herrscher (9. Juli 455).[44] Schließlich erhob Fl. Ricimer,[45] Sohn eines Suebenfürsten und einer Westgotenprin-
zessin, am 1. April 457 MAIORIANUS zum neuen Westkaiser,[46] was Constantinopel anerkannte. Doch die zunehmend
selbständige Politik dieses Kaisers, verbunden mit militärischen Erfolgen in Gallien, machten Ricimer mißtrauisch:
anläßlich einer Niederlage gegen die Vandalen, die zum Verlust Siziliens führte, ließ Ricimer den Kaiser am 2. August in
Dertona gefangensetzen, ihm in einem Prozeß die Kaiser-
würde aberkennen und am 7. August 461 hinrichten. Dies
war ein ungeheuerliches Vorgehen, das, obwohl rechtlich

---

44 R. Mathisen, »Avitus, Italy and the East in 455/456«, in: *Byzantion* 51
(1981) S. 232–247.
45 A. M. Papini, *Ricimero. L'agonia dell'impero Romano d'Occidente*, Mailand 1959.
46 Maiorian gehörte zur Offiziersschule des Aetius. – G. Max, *Majorian Augustus*, Diss. Madison (Wisconsin) 1975.

abgesichert, die Schwäche der römischen Institutionen wie
des Westkaisertums offenbarte.

Ricimer, seit 457 *comes et magister utriusque militiae et patricius*, unternahm den Versuch, Italien selbständig zu verwalten, ließ sogar Münzen mit der Aufschrift RICIMERVS PATRICIVS prägen, doch dann entschloß er sich 461, den militärisch unerfahrenen Senator LIBIUS SEVERUS zum Kaiser zu erheben: offenbar schreckte er als Germane zurück, selbst nach dem Purpur zu greifen.

Aber auch das Ostreich stand damals unter der Führung eines Reichsfeldherrn, des Alanen Fl. Ardabur Aspar, der die Nachfolge seines Vaters Fl. Ardabur im Amt des *comes et magister utriusque militiae* angetreten hatte. Sein Vater hatte bei der Erhebung Marcians eine maßgebliche Rolle gespielt, und so erwartete Anthemius, der Schwiegersohn des 457 verstorbenen Kaisers, Nachfolger zu werden. Doch Aspar schlug statt dessen den thrakischen Offizier LEO I. zum neuen Herrscher vor, in der Hoffnung, in ihm einen lenkbaren Kaiser zu finden.[47]

Am 14. November 465 starb im Westen Kaiser Libius Severus, und Ricimer zögerte erneut, einen Herrscher zu bestimmen. Erst nach längerem Interregnum entschloß er sich, eine Senatsgesandtschaft zu Kaiser Leo I. zu schicken, der nun ANTHEMIUS zum Westherrscher bestimmte.[48] Der neue Kaiser, ein erfahrener Offizier, versuchte sich abzusichern, indem er einerseits seine Tocher Alypia 467 mit Ricimer verheiratete, andererseits die Macht des *patricius* durch Ernennung ergebener Offiziere wie durch Prozesse gegen Anhänger des Ricimer zu brechen trachtete. Schließlich zog Ricimer bei Mailand eine Streitmacht zusammen, zu der auch Burgunden zählten. Daraufhin bat der norditalische Adel 471 Bischof Epifanius von Pavia um Vermittlung, doch Anthemius war nicht bereit, dem Heermeister die alte füh-

____

47  G. Vernadsky, »Flavius Ardabur Aspar«, in: *Südost-Forschungen* 6 (1941) S. 38–73.
48  Anthemius wurde am 12. April 467 vor Rom als Augustus proklamiert.

rende Position zurückzugeben. So zog Ricimer, unterstützt von seinem Neffen, dem Burgundenprinzen Gundobad – er hatte den Rang eines *magister militum per Gallias* zugesprochen bekommen –, Anfang 472 gegen Rom. Die Stadt wurde nach mehrmonatiger Belagerung erobert, und am 11. Juli 472 erschlug Gundobad den Anthemius.

Mit Anthemius verlor der Westen den letzten militärisch fähigen, auf Selbständigkeit gegenüber den Heermeistern bedachten Herrscher; seit Constantius III. und Aetius war deren militärische Privatmacht so angewachsen, daß sie den Westen wie den Kaiser beherrschten. Sie alle besaßen den Rang eines *patricius*, so daß bei vielen Forschern die Ansicht entstand, daß der ehemals als persönliche Ehre konzipierte Rang zum Legitimitätsnachweis für den *magister utriusque militum* als »Vizekaiser« des Westens wurde.[49]

Ricimer überlebte den Kaiser nur kurz: er starb am 19. August 472 und hinterließ die Macht seinem Neffen Gundobad, der von dem noch durch Ricimer ausgerufenen Kaiser OLYBRIUS den Rang eines *patricius* erhielt.

Während jedoch das Westreich immer mehr in die Abhängigkeit der Germanen geriet, versuchte sich Byzanz unter Kaiser Leo aus dieser Klammer zu befreien. Dies war um so eher möglich, als Kleinasien ein starkes politisches Gegengewicht darstellte. Aspars Macht beruhte in erster Linie auf der Unterstützung durch Ostgoten, die allerdings untereinander zerstritten waren: ein Teil stand unter der amalischen Königsfamilie, geführt von dem Oberkönig Valamir, ein anderer unter dem rivalisierenden König Triarius. Leo entschloß sich nun zu einem Bündnis mit den Valamir-Goten, während Aspar mit seinem Schwager Triarius zusammenarbeitete. Als Triarius ermordet wurde, erbte dessen Sohn Theoderich ›Strabo‹ die Herrschaft und Feindschaft mit den Amalern.

---

49 Diese vor allem von W. Heil, *Der konstantinische Patriziat*, Basel/Stuttgart 1966, ausgearbeitete These bedarf der Überprüfung, da sie nicht Amt mit Rang, sondern Rang mit Amt verbindet.

Neben den Amalergoten suchte Kaiser Leo auch die Unterstützung der Isaurier, deren Führer Zeno er zum *comes domesticorum* erhob und 466/467 mit seiner Tochter Ariadne
verheiratete; Zeno wurde gegen Aspar aufgebaut. In dem
nun beginnenden Machtkampf wurde Aspar unter dem
Vorwand der Verschwörung erschlagen, Zeno hingegen
zum *magister utriusque militum praesentalis* erhoben. Aber
es gab große Widerstände gegen Leos Plan, Zeno als Nachfolger zu bestimmen. So entschloß sich Leo, seinen 467 geborenen gleichnamigen Enkel im Oktober 473 zum Caesar
und wenig später zum Augustus zu erheben. Doch starb
Leo bereits am 18. Januar 474, so daß LEO II. nun alleiniger
Herrscher wurde. Auf Anregung der Kaiserinwitwe Verina
und der Kaisertochter Ariadne wurde daher ZENO im Senat
als Mitregent und Vormund Leos II. zum Augustus erhoben und dem Volk am 9. Februar 474 im Hippodrom zur
Akklamation vorgestellt. Als dann am 17. (?) November
474 Leo II. starb, war Zeno Herrscher im Osten. In seine
Regierungszeit fällt das endgültige Ende des weströmischen
Kaisertums.[50]
Im Westen beherrschte nun der Burgunde Gundobad den
Schattenkaiser Olybrius, der jedoch schon am 2. November
472 starb. Am 3. März 473 erhob Gundobad den *comes domesticorum* GLYCERIUS zum neuen Herrscher, doch Leo I.
lehnte diese Eigenmächtigkeit ab und bestimmte 474 den
damaligen *magister militum Dalmatiae* und *patricius* IULIUS
NEPOS zum neuen Westkaiser.[51] Glycerius dankte ab und
ließ sich zum Bischof von Salona (Dalmatien) weihen. Daß
die Machtergreifung des Nepos so problemlos vonstatten
ging, lag daran, daß der Heermeister Gundobad kurz zuvor

---

50 A. Lippold, »Zeno«, in: RE X A, 1972, Sp. 149–213; J. Sundwall, *Abhand-
lungen zur Geschichte des ausgehenden Römertums*, Helsingfors 1919
(Nachdr. 1975); M. Wes, *Das Ende des Kaisertums im Westen des römischen
Reiches*, Den Haag 1967.
51 J.P.C. Kent, »Iulius Nepos and the Fall of the Western Empire«, in: *Corolla
Memoriae Erich Swoboda dedicata*, Graz/Köln 1966, S. 146–150.

Italien verlassen hatte, um nach dem Tode des Vaters seine Rechte als Oberkönig über die Burgunden gegen seine Brüder Godegisel, Chilperich und Godomar zu verteidigen. Seine Patricius-Würde wie seine militärische Stellung legte er allerdings nicht ab.

Nepos hatte, um die Provence gegenüber Westgoten und Burgunden zu verteidigen, den Pannonier und ehemaligen Sekretär Attilas, Orestes, zum *magister militum et patricius* erhoben. Doch dieser wandte sich mit einem aus Skiren, Herulern, Rugiern, Torcilingen (Thüringern?) bestehenden Heer gegen Nepos, der nach Salona floh (28. August 475), wo er fünf Jahre später vermutlich auf Befehl des Bischofs Glycerius, seines kaiserlichen Vorgängers, ermordet wurde. Orestes seinerseits erhob seinen kleinen Sohn Romulus am 31. Oktober 475 zum Augustus (ROMULUS AUGUSTULUS), um selbst die Stellung des *magister militum* bekleiden zu können. Der Staatsstreich war allerdings nur möglich, weil er den unter dem Offizier Odoacar stehenden Germanen die Ansiedlung in Italien versprach. Als Orestes dies nach dem Sieg verweigerte, erhoben die germanischen Truppen am 23. August 476 Odoacar zum König. Am 28. August wurde Orestes bei Piacenza von Odoacar besiegt und erschlagen, Romulus Augustulus abgesetzt und mit einer ansehnlichen Jahresrente auf ein Landgut bei Neapel verbannt. Odoacar seinerseits sandte die Abzeichen des Kaisertums (*ornamenta palatii*) durch eine Abordnung des Senates nach Constantinopel und ließ mitteilen, daß der Westen keinen eigenen Kaiser mehr benötige. Damit war das Ende des weströmischen Kaisertums eingetreten, da Zeno nunmehr alleiniger Kaiser des Gesamtreiches war.[52] Odoacars Königstitel beschränkte sich auf die im Militär dienenden Germanen in Italien, besaß auch Ansehen bei den Römern,

---

52 B. Croke, »A. D. 476: The manufacturing of a turning point«, in: *Chiron* 13 (1983) S. 81–119.

war jedoch keine Legitimation für die Römer, wie dies der
Rang eines *magister militum praesentalis*, verbunden mit
der Würde eines *patricius*, darstellte; diese Stellung sollte
daher eine Senatsgesandtschaft an Kaiser Zeno für Odoacar
erbitten. Zeno antwortete zuvorkommend, verwies aber auf
die Zuständigkeit des noch in Salona lebenden West-Kaisers
Nepos. Da er aber in seinem Brief Odoacar als *patricius* ansprach, leitete der König daraus die *De-facto*-Anerkennung
ab.[53] Seinen germanischen Söldnern teilte der König gemäß
dem Gesetz der *hospitalitas* das gewünschte Land zu, siedelte sie aber an strategisch wichtigen Punkten an: im Norden um Mailand, Pavia, Ravenna, Faenza, Verona, im Süden
bei Neapel und Messina, sowie zum Schutz gegen vandali-
sche Überfälle auf Sizilien. Die Verwaltung blieb bestehen,
die Rechte des Königs beschränkten sich auf die Heerfüh-
rung, die Finanzhoheit und die Verhandlung mit dem von
ihm respektierten Senat.[54] Gesetzesvollmacht und Münz-
recht blieben kaiserlich, doch regierte Odoacar durch *edicta*
und ließ Münzen mit eigenem Namen prägen. Odoacar versuchte somit, die Einheit des Imperiums *de iure* anzuerkennen, dennoch wurde seine Regierung in Byzanz als Usurpation, als Ausscheren aus dem Reichsverband gewertet.
Lediglich der zwischen Constantinopel und Rom neu aus-
gebrochene Kirchenstreit erleichterte dem König das Regieren. So konnte er sich gegen die Rugier wenden, die die
Provinz Noricum Ripense überfielen. Dort hatte das Wirken und Ansehen des hl. Severin die Bedrohung begrenzt
halten können,[55] aber mit dem Tod des Heiligen 486 wurden die Überfälle so massiv, daß Odoacar trotz zweier er-
folgreicher Schlachten alle dort lebenden Romanen nach

53 A.H.M. Jones, »The constitutional position of Odoacar and Theodoric«,
in: JRS 52 (1962) S. 126–130.
54 A. Chastagnol, *Le sénat romain sous le règne d'Odoacre. Recherches sur
l'épigraphie du Colisée au V$^e$ siècle*, Bonn 1966.
55 R. Noll, *Eugippius, Das Leben des Hl. Severin*, Berlin 1963.

Italien umsiedelte.[56] Die geschlagenen Rugier wandten sich zu den Amaler-Goten, die damals unter König Theoderich standen.

Aber auch in Constantinopel waren Unruhen ausgebrochen: In einer Hofverschwörung vertrieben, gelang Zeno erst zwei Jahre später (477) mit Hilfe von Isauriern und Amaler-Goten die Rückkehr nach Constantinopel. Nun suchte der Kaiser verstärkt die Unterstützung der von dem streitbaren Patriarchen Akakios (471–489) geführten Kirche. Beiden war daran gelegen, eine weitere Kirchenspaltung (Orthodoxe gegen Monophysiten) zu verhindern, und so wurde ein Unionsdekret (›Henotikon‹) erarbeitet, das der Kaiser 482 als für das gesamte Imperium verbindlich erklärte. Aber das Henotikon ging hinter die Beschlüsse von Chalcedon (451) zurück, so daß Zeno und Akakios automatisch in Gegensatz zum Westen gerieten. Der damalige Papst Felix III. stand unter dem Einfluß seines aus Nordafrika stammenden Sekretärs Gelasius.[57] Dieser veranlaßte den Papst, das ›Henotikon‹ als ketzerisch zurückzuweisen: 484 wurde Akakios von Felix III. gebannt; damit entstand eine Spaltung (›Akakianisches Schisma‹), die der Kaiser nicht gütlich beseitigen konnte; Italien drohte dem Imperium zu entgleiten. Dies kam dem Ehrgeiz des jungen Amalers Theoderich zugute.[58]

56 Dazu gehörte auch die Mönchsgemeinschaft des hl. Severin. F. Lotter, »Antonius von Lérins und der Untergang Ufernoricums«, in: HZ 212 (1971) S. 265–315.
57 W. Ullmann, *Gelasius I. (492–496). Das Papsttum an der Wende der Spätantike zum Mittelalter*, Stuttgart 1981.
58 W. Ensslin, *Theoderich der Große*, München ²1959.

# 3 Die Ostgoten und Byzantiner in Italien

Theoderich hatte als Dank für geleistete Hilfe von Zeno den Rang eines *magister militum praesentalis* und die Patricius-Würde erhalten, zusammen mit dem römischen Bürgerrecht (Flavius Theodericus). Ein tödlicher Reitunfall seines Gegenspielers Theoderich ›Strabo‹ machte ihn zum mächtigsten Germanenführer im Osten, der entsprechende Forderungen nach Gold und Land für seine Goten stellen konnte. So entschloß sich Zeno, den Amaler gegen Odoacar zu senden. Iordanes berichtet zwar, daß der Wunsch von Theoderich ausgegangen war,[59] doch lassen die byzantinischen Quellen erkennen, daß Zeno auf diese Weise Italien dem Imperium zurückgewinnen wollte. Daß man aber in Byzanz damit »nur« einen durch ein *foedus* an das Reich gebundenen Germanen beauftragte, zeigt, daß die Stellung Italiens im Reichsverband völlig anders gewichtet wurde, als es die Italiker selbst sahen. Aber die rechtliche Position des Reiches blieb unverkennbar. Kaiser Zeno sandte seinen *magister militum praesentalis et patricius* Theoderich mit einem ostgotischen Foederatenheer gegen den Usurpator Odoacar.[60] So vereinbarten 488 Theoderich und Zeno, daß der Heermeister eine Art Vizekaisertum (*loco imperatoris*) in Italien ausüben sollte bis zu dem Zeitpunkt, da Zeno selbst nach Italien käme, längstens aber bis zum Tode des Kaisers. Das Ziel war offenbar, Odoacar zu beseitigen, aber Italien gleichzeitig nicht den Ostgoten auszuliefern.

Theoderich verfügte, als er 489 in Italien einbrach, über rund 15 000 – 20 000 Krieger,[61] verstärkt durch die Reste der

---

59 Iordanes, *Getica* 289.
60 Aber Iordanes läßt gleichzeitig erkennen, daß Zeno auch mit der Möglichkeit rechnete, daß Theoderich den Kampf verlieren könnte, d. h. dann wenigstens die bedrohlichen Ostgoten los war.
61 Die Gesamtzahl der abziehenden Goten, d. h. Männer, Frauen, Kinder und ältere Menschen, dürfte 100 000 kaum überschritten haben.

Rugier. In einer ersten Schlacht wurde Odoacar am 28. August 489 am Isonzo geworfen, aber es dauerte bis 493 (die sog. ›Rabenschlacht‹), bis Theoderich nach erheblichen Rückschlägen[62] in Ravenna einziehen konnte, wo er schließlich Odoacar durch Verrat und Mord beseitigte. Theoderich hatte immer wieder versucht, Byzanz zu einer Anerkennung seiner Herrschaft zu bewegen, doch Zeno zögerte. Auch nach dem Tod des Kaisers (9. April 491) wurde eine entsprechende Gesandtschaft mit dem Hinweis auf den Herrscherwechsel zu Anastasius hingehalten. Daraufhin bestätigten die siegreichen Ostgoten ihrerseits durch Akklamation die Königsherrschaft Theoderichs über Italien, ein Akt, der eigentlich von Byzanz hätte vollzogen werden müssen. Damit aber wurde Italien zum »speergewonnenen« Territorium Theoderichs, der König selbst zum Usurpator. Erst 497 erfolgte die formale Anerkennung durch Kaiser Anastasius durch die Übersendung der *vestis regia*.[63] Für die Goten war die Eigenmächtigkeit von vitaler Bedeutung: nur so konnte die Ansiedlung vorgenommen werden, wobei sich Theoderich an den Richtlinien der *hospitalitas* orientierte. Zumeist wurde dafür aber das Land ehemaliger Anhänger Odoacars herangezogen, zudem wichtige gotische Siedlungszentren geschaffen: Verona, Mailand, Brescia, Pavia, Ravenna, Rimini, Neapel, Messina, Syrakus, Palermo.[64]
Theoderich übernahm die Zentralverwaltung des weströmischen Reiches in der Zivil- wie in der Steuerverwaltung: die

---

62 Ein Einbruch der Burgunden in Oberitalien konnte lediglich durch ein Hilfskontingent des jungen Westgotenkönigs Alarich II. zurückgeschlagen werden, die Rugier ihrerseits hatten versucht, im Gebiet um Pavia und Verona eine eigene Herrschaft aufzubauen.

63 I. König, »Die Herrschaftsbestätigung Theoderichs des Großen durch die Goten im Jahre 493. Ein spätantikes Rechtsproblem«, in: *E fontibus haurire*. Festschrift für H. Chantraine, Paderborn 1994, S. 147–161.

64 V. Bierbrauer, »Zur ostgotischen Geschichte in Italien«, in: *Studi Medievali* (1973) S. 1–37. Die Landverteilung wurde von dem von Theoderich zum *praefectus praetorio* erhobenen Liberius vorgenommen; J. O'Donnell, »Liberius the Patrician«, in: *Traditio* 37 (1981) S. 31–72.

als *militiae* bezeichneten zivilen Büros wurden mit Römern besetzt, militärische Belange blieben zumeist in gotischer Hand. An der Spitze der Verwaltung stand der *magister officiorum*, unter ihm der *quaestor sacri Palatii*, der als Verfasser von Erlassen des Königs das Ediktwesen des Ostgotenreiches vor allem hinsichtlich der romanischen Bevölkerung kontrollierte. Der *comes sacrarum largitionum* war zuständig für das Finanzwesen, der *comes rerum privatarum* für das »Krongut«. Der Besitz des Königs wurde vom *comes patrimonii* verwaltet, der auch Finanzverwalter für Sizilien und Dalmatien war. Neben dem König stand das Consistorium, eine Art Staatsrat, dem Römer angehörten, aber auch die *proceres Palatii*, ein gotischer Beraterstab, der sich aus dem Stammesadel und den hohen Offizieren zusammensetzte. Es gab *correctores* (Polizeibefugte), *cancellarii* (Kontrollbeamte), *canonici* (Steuerbeamte), und für die gotische Bevölkerung spezielle Rechtsaufsichtsbeamte, die *saiones*. Der König selbst beanspruchte für die romanische Bevölkerung das Ediktrecht und war oberster Richter, auch wenn für Romanen und Ostgoten spezielle Gerichtshöfe eingesetzt wurden.[65] Aber für die Romanen gab es keine Appellation nach Byzanz.

Die Basis seiner Herrschaft suchte Theoderich durch eine weitreichende Heiratspolitik zu sichern: (1) Er selbst hatte 493 Audofleda, die Schwester des Salierkönigs Chlodwig, geheiratet. Auf diese Weise sollte ein Gegengewicht gegen Burgund geschaffen werden. (2) Kurz vor 496 verheiratete er seine jüngere Tochter *ex concubina*, Thiudigotho, mit dem Westgotenkönig Alarich II. als Dank für die Unterstützung gegen die Burgunden, (3) seine andere Tochter *ex concubina*, Ariagne = Ostrogotha, um 496 mit Sigismund, dem Sohn des Burgundenkönigs Gundobad. (4) Seine verwitwete Schwester Amalafrida wurde im Jahr 500 mit dem

65 P. S. Barnwell, *Emperors, Prefects & Kings. The Roman West, 395–565*, London 1992; J. Moorhead, *Theoderic in Italy*, Oxford 1992.

Vandalenkönig Thrasamund (496–537) verehelicht, wofür sie die Hafenstadt Lilybaion (Marsala) sowie 1000 Mann persönliche Garde und 5000 Gotenkrieger als Mitgift erhielt. Damit wurde Reichsgebiet ohne Zustimmung von Byzanz an einen selbständigen Germanenkönig abgetreten. (5) Wahrscheinlich kurz nach 507 verheiratete Theoderich schließlich seine Nichte Amalabirga, die Tochter Amalafridas, mit dem Oberkönig der Thüringer, Herminafrid. Theoderich plante so eine germanische Allianz, die zu politisch stabilen Verhältnissen im Westen führen sollte, ein politisch weitblickendes Ziel, das ihn zu Recht in die Reihe der »Großen« der Weltgeschichte stellte. Daß diese Stabilität aber nur durch Ausnutzung der Grundlagen möglich war, die Rom in seiner jahrhundertelangen Verwaltungspraxis geschaffen hatte, erkannte der Amaler sehr schnell. Da Theoderich zudem Italien besaß und für sich als Amaler den ältesten Stammbaum nachwies, beanspruchte er in diesem politischen Nebeneinander der Germanenreiche die Schiedsrichterrolle des Älteren, des Erfahreneren (*fratres – filii*).

Der Aufbau gotischer Herrschaft in Italien war begleitet von kirchlichen und innenpolitischen Schwierigkeiten in Byzanz, die ein direktes Eingreifen in Italien verhinderten. Die Veröffentlichung des ›Henotikons‹ hatte auch im Osten keine Beruhigung gebracht, da es gegen die Beschlüsse von Chalcedon verstieß. So mußte der neue Kaiser Anastasius noch vor der Bestätigung in Gegenwart des Patriarchen Euphemius einen Eid auf die Orthodoxie ablegen.[66] Aber Anastasius mußte sich auch um eine Neuordnung des Wirtschaftssystems bemühen. Die laufenden Zahlungen an die Foederaten wie an die Perser verlangten eine funktionierende Wirtschaft mit regelmäßigen Einkünften. So trachtete er vor allem danach, die Städte zu fördern. Anastasius hob die alle fünf Jahre fällige *collatio auri lustralis* (χρυσάρ-

66 A. Capizzi, *L'Imperatore Anastasio I (491–518)*, Rom 1969.

γυρον) für die handels- und gewerbetreibende Stadtbevölkerung auf und übertrug die Steuereintreibung auf die *vin-
dices*, spezielle Beamte des *praefectus praetorio*, um die
städtischen Curialen vor dem Ruin zu schützen. Andererseits wurde die Landbevölkerung gezwungen, auch
die Naturalsteuer (*annona*) in Geld (Gold) zu entrichten
(χρυσοτέτεια). Die notwendigen Naturalankäufe wurden
nun durch den Zwangsverkauf anhand amtlich vorgeschrie-
bener Preise getätigt (*coemptio* – συνωνή), ein schon vorher angewandtes System.[67] Zudem reformierte Anastasius
den seit Constantius II. erheblichen Schwankungen unterworfenen Follis, indem er ihn in eine feste Relation zum
Solidus brachte. Byzanz war in eine reine Geldwirtschaft
eingetreten.[68]

Kirchenpolitisch hatte sich Anastasius trotz seines Eides sofort den Monophysiten angeschlossen, eine logische innenpolitische Entscheidung. Die städtische Politik in Constantinopel war beherrscht von den Demen, die in den beiden
Zirkusparteien der ›Grünen‹ und ›Blauen‹, angeführt von je
einem Demarch, organisiert waren. Während Großgrundbesitzer und Senatsaristokratie, die zumeist orthodox ausgerichtet war, die ›Blauen‹ favorisierten, neigten die Gewer-
betreibenden, Händler und Beamten den monophysitisch
ausgerichteten ›Grünen‹ zu. Die gesamte Finanzpolitik des
Kaisers war zugunsten des Gewerbes angelegt, so daß die
›Grünen‹ zu seinen natürlichen Verbündeten wurden. Daher kam es immer wieder zu Auseinandersetzungen zwischen den Demen, die bis zu persönlichen Angriffen gegen
den Kaiser führten. Im November 512 brach dann der Streit
offen aus, als Anastasius das von den Monophysiten gebe-
tete ›Trishagion‹ (›dreimal heilig‹) durch einen eigenen Zu-

---

67 Prokop, *Anekdota* 121 berichtet, daß Anastasius bei seinem Tode im Jahr
518 den immensen Goldschatz von 320 000 Pfund hinterlassen habe.
68 J. Karayannopulos, *Das Finanzwesen des frühbyzantinischen Staates*,
München 1958; N.F. Hendy, *Studies in the Byzantine Monetary Economy
c. 300–1450*, Cambridge 1985.

satz erweiterte: »Heiliger Gott, heilig und stark, heilig und unsterblich, für uns Gekreuzigter, erbarme dich unser.«

Den Aktionen des Anastasius läßt sich im Westen leicht nachspüren: Die durch das ›Henotikon‹ hervorgerufene Kirchenspaltung wurde noch verschärft, als Papst Gelasius (492–496), Nachfolger des Papstes Felix III., in einem scharfen Schreiben an Kaiser Anastasius die Lehre von den zwei Gewalten formulierte, die als weltliche und geistliche Macht nebeneinander stehen, wobei die weltliche Macht sich nicht in den kirchlichen Bereich einmischen dürfe.[69] Damit war das Papsttum dem Kaiser entzogen. Im Gegensatz zu ihm versuchte der neue Papst Anastasius II. (496–498) mit Byzanz ins Gespräch zu kommen; ja, er wurde verdächtigt, den Monophysiten Zugeständnisse machen zu wollen. Dieses Angebot führte dazu, daß sich der Kaiser noch 497 entschloß, Theoderich die *vestis regia* zuzusenden: Theoderich wurde zum Clientelkönig auf Foederatenbasis, Italien wieder Teil des Imperiums. Aber die tatsächliche Machtposition des Amalers wurde nicht neu definiert.

498 drohte der italischen Kirche selbst ein Schisma, als fast gleichzeitig am 22. November Symmachus, der Exponent des Klerus, und Laurentius, der Exponent der Senatsmehrheit, zu Päpsten gewählt wurden. Obwohl Laurentius den Ausgleich mit Byzanz favorisierte, war der Senat nicht stark genug, seinen Kandidaten durchzusetzen, und so wandten sich beide Parteien an den König, der in rein juristischer Abwägung für Symmachus entschied.[70] Symmachus vertrat die Linie des Gelasius, doch war Theoderich klargeworden, daß die Kirchenspaltung mit dem Osten allein keine tragfähige Basis für seine Herrschaft darstellte, der Senat sich noch nicht mit der Gotenherrschaft abgefunden hatte. Dennoch schien Theoderich, als er im Jahre 500 in Rom seine Tricennalien feierte, in unanfechtbarer Position zu sein.

---

69 Gelasius, *Epistulae* 12,2 f.
70 E. Wirbelauer, *Zwei Päpste in Rom. Der Konflikt zwischen Laurentius und Symmachus (498–514). Studien und Texte*, München 1993.

Auch als nach dem Tode des Symmachus mit Hormisdas (514–523) ein Papst gewählt wurde, der bereit war, mit Byzanz über die Fragen der Orthodoxie zu sprechen, hielt sich der Amaler aus der Kirchenpolitik zurück. Aber der König begann zunehmend innenpolitisch nervös zu reagieren, da seine Position von außen, von Gallien her geschwächt wurde. Die Ursache war die ungehemmte Eroberungspolitik des Frankenkönigs Chlodwig.

Chlodwig, 482 mit nur 16 Jahren zur Regierung gelangt, griff 486 Syagrius an. Damit war das letzte »römische« Gebiet Galliens dem Reich verlorengegangen.[71] 490 eroberte er die Saintonge, die ihm erst 496 wieder mit ostgotischer Hilfe abgenommen werden konnte; 497 unterwarf er die Alamannen. Noch beunruhigender aber war, daß sich der bislang heidnische Chlodwig an Weihnachten 498 mit Zustimmung des fränkischen Adels von Bischof Remigius in Reims katholisch taufen ließ. Damit unterlief er Theoderichs Plan einer Einheit der arianischen Könige: die Balancepolitik war zerstört. Dies zeigte sich sofort, als der Bischof Avitus von Vienne (Burgund) den Übertritt Chlodwigs zum Katholizismus als Erlösung und beginnende Einigung des Westens wertete.[72] Vor allem das Verhalten der Burgunden ab 500 zeigt, daß sie bereit waren, die Vorherrschaft Chlodwigs in Gallien anzuerkennen, um von der Feindschaft zwischen Franken und Westgoten zu profitieren. Als daher 507 der fränkisch-westgotische Krieg ausbrach, in dem Alarich II. auf dem »vogladensischen Feld« [Vouillé] Schlacht und Leben verlor, besetzten sie die west-

---

71 Syagrius, dessen Vater Aegidius um Soissons eine quasi-unabhängige Herrschaft (*regnum*) errichtet hatte, war zu dem Westgoten Alarich II. geflohen. Chlodwig verlangte die Auslieferung, und als Alarich nachgab, zeigte er dadurch, daß er kein ernstzunehmender Gegner war. H. H. Anton, »Chlodwig«, in: RGA IV ²1980, S. 478–485.

72 W. v. den Steinen, »Chlodwigs Übergang zum Christentum«, in: MIÖG Erg.Band 12 (1932) S. 417–501; E. Zöllner, *Geschichte der Franken*, München 1970, S. 57–64; F. Beisel, *Studien zu den fränkisch-römischen Beziehungen*, Idstein 1987, S. 80–82.

gotische Provence. Theoderich, durch ein byzantinisches Flottenunternehmen in Unteritalien gehindert, konnte erst Mitte 508 die Provence den Burgunden und Septimanien den Franken abnehmen, aber das Bündnissystem war endgültig gescheitert, obwohl die Franken zumindest vom Mittelmeer ferngehalten waren.

Sorge bereitete Theoderich auch die eigene Nachfolge. 515 hatte er seine Tochter Amalaswintha mit dem Westgoten Eutharich verheiratet, einem überzeugten Arianer, der trotz seiner Romfreundlichkeit Konflikte mit der Kirche heraufbeschwor. Lediglich der Kirchenstreit verhütete, daß Byzanz sich auf der Seite der Römer engagierte. Als aber nach dem Tod des Anastasius am 9. Juli 518 der damalige *comes excubitorum* Iustinus Nachfolger wurde, war die Möglichkeit eines Ausgleichs gegeben.[73] Iustinus, etwa 65 Jahre alt, stand unter dem Einfluß seines Neffen Iustinian.[74] Iustinus gehörte wie Iustinian zu den Orthodoxen, und so betrieben beide von Anfang an eine romfreundliche Kirchenpolitik. Auf diese Weise kamen sie der Absicht des Papstes Hormisdas entgegen, der eine gegen die Monophysiten gerichtete ›Formula Hormisdae‹ ausgearbeitet hatte, die die Bedeutung des ›Tomus Leonis‹ betonte und die Bestimmungen des Konzils von Chalcedon als Grundlage der Orthodoxie hervorhob. Am 28. Mai 519 ließ nun Iustinus den Patriarchen von Constantinopel, Iohannes II., unterschreiben. Die religiöse Einheit war wiederhergestellt, auch wenn in Alexandria sofort Unruhen ausbrachen. Für Rom aber bedeutete dies eine mögliche Zusammenarbeit des Senates mit dem Kaiser, eine Haltung, die Eutharich offenbar durch Überreaktion gegen die Katholiken zu verhindern suchte. Wenig später (vor 523) erließ dann Iustinus ein Gesetz, das allen Nicht-Orthodoxen verbot, Staats- und Militärämter zu be-

---

73 A. A. Vasiliev, *Justin the First. An Introduction of the Epoch of Justinian the Great*, Cambridge (Mass.) 1950.
74 R. Browning, *Justinian and Theodora*, London ²1981.

kleiden.[75] Als dann im Jahr 523 Eutharich und Hormisdas gleichzeitig starben, wuchsen die Spannungen: die Thronfolge war ungesichert, römische Senatoren nahmen Kontakt auf mit Constantinopel. In dieser Situation wurden Briefe des *patricius* Albinus an Constantinopel abgefangen, und Theoderich ließ Anklage wegen Hochverrats erheben. Gleichzeitig wurde Papst Iohannes I. (523–526) nach Byzanz geschickt, um dort gegen die arianerfeindlichen Maßnahmen zu protestieren. Schließlich wurde 524 der angesehene Senator Boethius, ehemals *notarius* des Königs, wegen Landesverrats hingerichtet, 525 traf Symmachus, den Schwiegervater des Boethius, das gleiche Schicksal. 526 kehrte Iohannes I. nach Ravenna zurück, um den König von den wenig erfolgreichen Verhandlungen zu unterrichten. Der Amaler ließ ihn daraufhin in Ungnade fallen, und als der schwerkranke Papst kurz darauf starb, wurde er wie ein Märtyrer verehrt. Theoderich überlebte Iohannes nur um Wochen: sein Tod am 30. August 526 wurde von den Römern als gerechte Strafe Gottes angesehen. Nachfolger wurde Amalaswinthas 8jähriger Sohn Athalarich.

Auch in Byzanz kam es zum Herrscherwechsel. Am 1. April 527 erhob Iustinus seinen Neffen Iustinian zum Mitaugustus, und als er wenig später am 1. August 527 starb, war dieser unangefochtener Nachfolger. Mit Iustinian wurde auch dessen Frau Theodora, mit der er seit 525 verheiratet war, zur Augusta erhoben. Obwohl der Zeitgenosse Prokopios von Caesarea beide in seinen posthum erschienenen »Anekdota« als »Verderber von Reich und Volk« apostrophiert, besteht kein Zweifel, daß sie über eine herausragende politische Begabung verfügten. Wie seine Vorgänger sah der Kaiser die Klammer des Imperiums in der Glaubenseinheit und Gemeinsamkeit des Rechtes. Die Glaubenseinheit schien durch die Anerkennung der ›Formula Hormisdae‹ erreicht. Nun gab Iustinian 528 den Auftrag,

75 CJ 1,5,12 (Jahr 527) im Rückgriff auf ein früheres Gesetz.

eine neue Sammlung der Kaiserconstitutionen vorzunehmen. Eine zehnköpfige Kommission legte dann unter Leitung des *quaestor sacri palatii* Tribonianus und unter Beiziehung der Rechtsschulen von Constantinopel und Berytus eine emendierte Kompilation der Constitutionen vor, die 529 als »Summa constitutionum« publiziert wurde. 530 wurde eine Exzerptensammlung des Juristenrechts vorgenommen, die Ende 533 unter dem Namen »Digesta« – oder »Pandectae«, d. h. πανδέχται (βίβλοι), ›allumfassende (Bücher)‹ – publiziert wurde. Gleichzeitig wurde Mitte 533 ein juristisches Lehrbuch, die »Institutiones«, veröffentlicht. Diese Arbeiten hatten dazu geführt, daß die »Summa constitutionum« überarbeitet und ergänzt werden mußten. So wurde 534 eine Zweitauflage, der »Codex repetitae praelectionis«, veröffentlicht. Diese drei Einzelwerke wurden von dem französischen Gelehrten Dionysius Gothofredus 1583 erstmals als »Corpus Iuris Civilis« gesamthaft publiziert. Neue Gesetze (»Novellae«) wurden von Anbeginn zumeist griechisch verfaßt und mit einer amtlichen lateinischen Übersetzung versehen. Hier spätestens ist das Ende der »römischen Geschichte« zu sehen, das byzantinisch-griechische Reich manifest.

Der Versuch Iustinians, den lateinischen, von Germanen beherrschten Westen zurückzuerobern, kann daher nur noch als Intermezzo gewertet werden, das Byzanz mehr schadete als nützte. Die Möglichkeit dazu bot ihm ein 532 mit den Persern geschlossener »ewiger Frieden«. Der schnelle Erfolg über die Vandalen – noch 533 wurde die neue Provinz Carthaginiensis und eine *praefectura Africae* geschaffen – ließ Iustinian an einen ähnlichen Erfolg über die Ostgoten glauben, doch zog sich der 535 begonnene Krieg, in dem auch Rom verwüstet wurde, bis Ende 552 hin. Dann war Italien in der Hand Iustinians, auch wenn der Widerstand in Oberitalien um Verona und Brescia noch bis 564 anhielt. Auch das in sich zerstrittene Westgotenreich bot Iustinian Gelegenheit zum Angriff, doch eingedenk des

Schicksals ihrer ostgotischen Vettern schlossen sich die Westgoten zusammen und konnten die Byzantiner in langwierigen, jahrzehntelangen Kämpfen wieder aus Spanien vertreiben (bis 625).

Die Erneuerung des Imperiums hatte die Kräfte des Reiches fast erschöpft. Die gewonnenen Gebiete waren nur mühsam zu halten, Italien ein Nebenland ohne politische Bedeutung geworden, aber Kriegsschauplatz geblieben. Der Franke Theudebert wie sein Nachfolger Theudebald (seit 548) hatten Norditalien besetzt, waren sogar bis Venetien vorgestoßen, ohne daß die Byzantiner viel ausrichten konnten. Doch blieb die Ordnung bis zu Iustinians Tod am 14. November 565 einigermaßen bestehen. Sein Neffe Iustinus II. allerdings gab den Westen militärisch frei, so daß schon 568 die Langobarden unter König Alboin in Italien einbrachen. Sie kamen nicht mehr als Foederaten, sie kamen als Eroberer. Der Traum Iustinians von der *renovatio Imperii* war gescheitert.

Zweifellos hatten die meisten Germanenreiche die überlegene Kultur der Römer anerkannt und für sich nutzbar machen wollen. Es sind vor allem die *leges*, die als Grundlage den »Codex Theodosianus« benutzten, um das Verhältnis zu den Romanen und der katholischen Kirche zu regeln: so der »Codex Euricianus«, das »Breviarium Alarici« und der »Codex renovatus« Leovigilds für die Westgoten, das »Edictum Theoderici« für die Ostgoten, die »Lex Gundobada« für die Burgunden.[76]

Die Tradition der Kirche und die Kirchensprengel ließen die Ordnung der Verwaltung weiterwirken, die Städte mit ihrer munizipalen Selbstverwaltung gingen nur teilweise unter. Überlebt und geprägt hat aber auch die – gefilterte – Tradition der antiken Bildung:

---

76 C. Schott, »Der Stand der Leges-Forschung«, in: *Frühmittelalterliche Studien* 13 (1979) S. 29–55; andere Gesetzessammlungen, die »Lex Salica« und die »Lex Alamannorum«, stehen als Volksrechte dem gegenüber.

*Boethius* (480–524) hatte nicht nur die heidnische Philosophie im Westen mit der Kirche versöhnt (»De consolatione Philosophiae«), sondern auch die Tradition des Dialogs bewahrt. Seine Studienhandbücher – erhalten sind die »Institutio arithmetica«, die »Institutio musica« – wurden tragend für die frühen mittelalterlichen Universitäten.

*Cassiodor* (485–580) hatte 555 in Scyllaceum das Kloster Vivarium als Hort der Bildung gegründet; die »Institutiones«, verfaßt in Absprache mit dem Papst, legten einen Lesekanon für die geistliche und die weltliche Lektüre fest. Wir erhalten dadurch einen guten Einblick in die umfangreiche Bibliothek, die Cassiodor dort einrichtete, und erfahren von dem damit verbundenen Auftrag, die Bibliothek durch eigenes Bemühen der Mönche zu ergänzen. Gefordert wurden zudem Kritik und Kommentar: der Auftrag für ein kritisch arbeitendes Scriptorium wurde formuliert. Cassiodor trug damit dazu bei, die von den Heiden den Christen vorgeworfene Bildungsfeindlichkeit zu überwinden.

*Benedict von Nursia* (480–547) gründete 529 Monte Cassino. Seine »Regula« legte Wert auf gleichgewichtige Beschäftigung mit Arbeit und Studium der antiken Literatur.

*Isidor von Sevilla* (600–636) hat in seinen »Etymologiae« lexikonartig das antike Wissen gesammelt und in Form von Worterklärungen dargestellt. Damit ist er der Vermittler von Bildung und Sachwissen zugleich für das Mittelalter.

# Aspekte des Staatswesens

I

## Der Kaiser

Wie bereits mehrfach betont, darf das Kaisertum nicht als Teil einer Verfassung gesehen werden. Trotz der bereits von Tacitus (»Historiae« 1,16) formulierten Unverzichtbarkeit dieser Herrschaftsform orientierte sich der Staatsaufbau weiterhin an der republikanischen Ämterordnung. Die Consuln standen an der Spitze des Staatswesens, auch wenn sie an faktischer Macht hinter die Kaiser zurücktraten. Es gab auch keinen auf eine bestimmte Klasse – Patriziat, senatorischer Adel, Ritterstand – begrenzten Anspruch auf Macht, so daß im Prinzip jeder, der vorgab, Exponent einer im Sinne des Staatswohls handelnden Gruppe zu sein, das Recht auf Herrschaft beanspruchen konnte. Die dazu notwendigen Gewalten (*potestates*) wurden ihm staatsrechtlich jedoch erst vom Senat zuerkannt. Dennoch haben die Kaiser bereits seit der Iulisch-Claudischen Dynastie immer wieder versucht, ein dynastisches Regiment zu errichten, versucht, die eigene Familie als allein herrschaftsberechtigt vorzustellen. Anhand fiktiver Stammbäume (Severer, Constantin) oder durch Heirat mit einer Dame aus »kaiserlichem Geblüt« (Gratian und Constantia, Tochter des Constantius II.) wurde versucht, den Anspruch zu untermauern. Auch Truppen haben aus persönlicher Bindung heraus eine Herrscherfamilie unterstützt (Severer, Söhne Constantins d. Gr.), so daß wir einerseits die Kurzlebigkeit herrschender

Familien feststellen, andererseits den Versuch erkennen, den eigenen Herrschaftsanspruch auf den göttlichen Willen zu gründen (*consensus deorum*) und so aus der Zustimmung durch den Senat oder eine Gruppe von Kaisermachern zu lösen. Dennoch blieb der *consensus universorum* die Grundlage jedes Regierungsanspruchs während der gesamten Kaiserzeit.[1] So waren im Augusteischen Prinzipat bereits alle Elemente angelegt, die das Kaisertum der Römer künftig kennzeichneten:

(1) Die dynastische Bindung von Truppen beeinflußte Wahl und Macht des Herrschers.

(2) Der *consensus* konnte jedem geeignet erscheinenden Manne zugesprochen werden: der Weg zur Usurpation war frei.

(3) Die Anerkennung eines Herrschers durch den Senat verhinderte zwar keine Usurpation, blieb aber als legitimistisches Prinzip unverzichtbar.

(4) Der Senat hatte weitgehend die Möglichkeit aufgegeben, auf die Bestellung des neuen Princeps Einfluß zu nehmen, ja durch eigenes Verhalten verspielt.

## 1 Kaisername und Herrschertitulatur

### Kaisername

Der römische Kaisername entwickelte sich in Anlehnung an die römischen *tria nomina* – Vorname (*praenomen*), Familienname (*nomen gentile*) und (ehrender) Beiname (*cognomen*) – aus den *cognomina* des Dictators Caesar wie des ersten Princeps: der erbliche Ehrenname ›Imperator‹ wurde

---

1 H.U. Instinsky, »Consensus universorum«, in: *Hermes* 75 (1940) S. 265-278. P. Herrmann, *Der römische Kaisereid. Untersuchungen zu seiner Herkunft und Entwicklung*, Göttingen 1968.

zum *praenomen* (*praenomen Imperatoris*), das *cognomen*
›Caesar‹ zum *nomen gentile* (*nomen Caesaris*), der Ehrenname ›Augustus‹ zum *cognomen: Imperator Caesar Augustus.*[2] Da die Angabe des Vatersnamens (*filiatio*) üblicher-
weise zur Namensnennung gehört, ist diese vor allem dann
beigegeben, wenn der Vater (auch Adoptivvater) durch Senatsbeschluß unter die Staatsgötter aufgenommen worden
war (*in numerum deorum relatus:* Divinisierung). So
nannte sich Augustus nach der Divinisierung Caesars *Imperator Caesar Divi filius Augustus.* Ferner konnte die Filiation den dynastischen Anspruch auf Herrschaft begründen helfen, wie es eine Inschrift des L. Septimius Severus
aus Formiae verdeutlicht: *Imp(eratori) Caesari, divi Marci
Antonini Pii Germ(anici) Sarm(atici) filio, divi Commodi
fratri, divi Antonini Pii nepoti, divi Hadriani pronepoti,
divi Traiani Parth(ici) abnepoti, divi Nervae adnepoti,
L. Septimio Severo Pio Pertinaci Aug(usto), Arab(ico), Adia-
b(enico), pont(ifici) max(imo), trib(unicia) pot(estate) V,
imp(eratori) VIII, co(n)s(uli) II, p(atri) p(atriae), Col(onia)
Aelia Hadriana Augusta Formiae* (CIL X 6079 = ILS 420;
Jahr 197).

## Herrschertitulatur[3]

**Imperator.** Dieser militärische Beiname war Caesar als vererbbar zugestanden worden;[4] dennoch ließ ihn sich der
junge Caesar (Augustus) vom Senat im Jahr 29 v. Chr. noch

2 M. Hammond, »Imperial Elements in the Formula of the Roman Emperors
During the First Two and a Half Centuries of the Empire«, in: MAAR 25
(1957) S. 19–64.
3 L. Lesuisse, La nomination de l'empereur et le titre d'IMPERATOR«, in: LAC
30 (1961) S. 415–428; Ders., »Le titre de CAESAR et son évolution au cours
de l'histoire de l'empire«, in: LEC 29 (1961) S. 271–278; D. Kienast, *Kaisertabelle*, S. 22–43.
4 D. Felber, *Caesars Streben nach der Königswürde*, Frankfurt a. M. 1961,
S. 237 f.; 241.

einmal *ad personam* bestätigen. Das *praenomen Imperatoris* verdeutlichte die militärische Macht des Princeps. Daher wurde die Zuerkennung des Imperator-Namens (*dies imperii*) mit nachfolgender Eidesleistung der Soldaten[5] als erste militärische Akklamation gewertet – *Imperator (I)*. Jeder weitere wichtige Sieg der Truppen wurde als zusätzliche Akklamation – *Imperator II, III,* usw. – gezählt.

**Caesar.**[6] Der Name Caesar war aufgrund von Adoptionen Namensteil der iulischen Familie, wandelte sich aber bereits unter Claudius zur Herrscherbezeichnung. Mit Galba, der nicht zur Dynastie zählte, und dann mit Vespasian wurde das *nomen gentile* des Augustus zum Herrschertitel, seit Galba, der das *nomen Caesaris* Piso zuerkannte, auch zur Bezeichnung des künftigen Nachfolgers. So ist erkennbar, daß der Name als Zeichen des Herrschaftsanspruches aufgegriffen und über Adoption oder direkte Familienbeziehung weitergegeben wurde. Die endgültige Wandlung zum imperialen Titel erfolgte unter den Adoptivkaisern, wo der Caesartitel den Nachfolger im Prinzipat vorstellte (»Caesarat«) und damit eine Art »Vorstufe« zum Augustusnamen (»Augustat«) wurde. Der Ehrentitel *princeps* hingegen wurde zur Bezeichnung der Regierungsform: ›Prinzipat‹, das *praenomen Imperatoris* zum Herrschertitel (des »Augustus«) schlechthin.

**Augustus.**[7] Der erste Princeps hatte diesen persönlichen Beinamen in der Senatssitzung vom 16. Januar 27 v. Chr. erhalten. In seinem Testament ließ er ihn jedoch nicht seinem Haupterben Tiberius, sondern seiner Frau Livia zukommen, so daß er ursprünglich nicht Teil des Herrschernamens

---

5 Bereits seit Claudius erfolgte die militärische Zustimmung – sei es durch die Praetorianer, sei es durch das Feldheer – zuerst.
6 D. Kienast, *Kaisertabelle*, S. 23 f.
7 D. Kienast, *Kaisertabelle*, S. 24–26.

war. Tiberius hatte, um die Verdienste des Augustus zu respektieren, zumeist auf dieses Namenselement verzichtet,[8] mit den Flaviern wurde es endgültig zum Herrschernamen.[9]

Anzumerken ist, daß bei gemeinsamer Regierung mehrerer Augusti die Endbuchstaben der normalerweise in Abkürzung geschriebenen Herrschertitulatur gemäß der Zahl der Herrscher vervielfacht wurden: *Impp. Caess. Augg., Imppp. Caesss. Auggg.*; dasselbe geschah bei der Nennung der Caesaren: *nobb. Caess.* Die Angabe *Auggg.* blieb in der ausgehenden Spätantike aber auch dann in Gebrauch, wenn nur ein oder zwei Augusti regierten.[10]

Da Augustus seinen besonderen Beinamen testamentarisch Livia hinterlassen hatte, sahen sich spätere Kaiser berechtigt, den Titel ›Augusta‹ Damen des regierenden Herrscherhauses zu verleihen, wobei nicht nur »Kaiserinnen«, sondern auch andere Angehörige der Familie (Mutter, Schwestern, Töchter) diese Auszeichnung erhalten konnten.[11]

**pontifex maximus.**[12] Der Senat hatte dieses Amt dem Dictator Caesar als vererbbar zugesprochen, doch war es in den Wirren der Bürgerkriege auf Lepidus übergegangen. Nach dessen Tod ließ sich Augustus das Amt am 6. März 12 v. Chr. in den Comitien übertragen. Seit dieser Zeit waren Amt und Titel fester Bestandteil des Principats und der Kaisertitulatur. Ursprünglich an eine Einzelperson gebunden, wurde das Amt erstmals unter Pupienus und Balbinus ge-

---

8 Die vollständige Herrscherbezeichnung erscheint allerdings häufig auf Inschriften.
9 R. Syme, »Imperator Caesar: A Study in Nomenclature, in: *Historia* 7 (1958) S. 127–188.
10 J. Lafaurie, »*Le trésor de Chély*«, in: *Gallia* Suppl. 12 (1958) S. 275–311.
11 D. Kienast, *Kaisertabelle*, S. 53.
12 D. Kienast, *Kaisertabelle*, S. 26.

teilt.[13] Kaiser Gratian hat dann seit 379 auf das offizielle Führen dieses Titels verzichtet.[14]

**pater patriae.**[15] Dieser Ehrenname wurde Augustus am 5. Februar 2 v. Chr. vom Senat verliehen aufgrund seiner militärischen wie politischen Leistung zur »Rettung« der Bürger vor außen- wie innenpolitischen Feinden: OB CIVES SERVATOS.[16] Tiberius hatte aus Respekt vor Augustus auf diesen Ehrennamen offiziell verzichtet,[17] während Caligula und Claudius ihn führten. Mit Nero wurde es Brauch, den Titel zunächst zurückzuweisen (*recusatio*), so daß ein zweites Angebot erfolgte.[18] Seit Kaiser Pertinax wurde dieser Ehrenname sofort mit der Machtergreifung aufgenommen.[19]

**consul.**[20] Die Kaiser respektierten den Consulat als offizielle »republikanische« Magistratur und bekleideten ihn im allgemeinen sparsam, da die zu häufige Aufnahme des Amtes – siehe etwa Caligula und Domitian – als Zeichen des Mißbrauchs, d. h. der Tyrannis, gewertet wurde.[21] Die Kaiser bewarben sich wie »normale« Bürger um das weiterhin

---

13  SHA, Balbinus 8,1; M. Hammond, *The Antonine Monarchy*, Rom 1959, S. 67 und Anm. 53. – Seit Nerva sind spezielle *comitia pontificatus maximi* nicht mehr nachweisbar, so daß die Kaiser wohl das Amt sofort am *dies imperii* aufgenommen haben; D. Kienast, *Kaisertabelle*, S. 26.

14  Die letzte inschriftliche Erwähnung des Pontifex-Maximus-Titels datiert aus dem Jahr 369 (Dessau, ILS 771), der letzte literarische Beleg aus dem Jahr 379 (Ausonius, *Gratiarum actio* 7.9); A. Cameron, »Gratian's Repudiation of the Pontifical Robe«, in: JRS 58 (1968) S. 96–102; A. Demandt, *Spätantike*, S. 220, Anm. 33.

15  D. Kienast, *Kaisertabelle*, S. 27.

16  RIC I S. 90; vgl. CIL XI 1421[8]: *custos imperi Romani totiusque orbis Romani praes[es].*

17  Sueton, *Tiberius* 26,2.

18  Sueton, *Nero* 8.

19  SHA, *Pertinax* 5,5; M. Hammond, (s. Anm. 13) S. 88.

20  D. Kienast, *Kaisertabelle*, S. 27–29.

21  ILS 242 (*Rom*): *A. Vitellius L. f(ilius) Imperator, co(n)s(ul) perp(etuus)*; vgl. ILS 243; s. dazu Sueton, *Vitellius* 11: *Vitellius comitia in decem annos ordinavit seque perpetuum consulem* (»Vitellius ließ die Comitien für die nächsten zehn Jahre beschließen und sich zum Consul auf Dauer wählen«).

collegial geführte Amt, auch wenn der Kaiser den Mitconsul an Ansehen (*auctoritas*) überragte. Der Amtsantritt erfolgte zumeist zu Jahresanfang (eponymes Consulat), d. h. das erste Kaiserconsulat wurde an dem der Machtergreifung folgenden 1. Januar angetreten. Zumeist wurde das Amt nur wenige Monate, manchmal nur einige Tage bekleidet, anschließend trat der Kaiser – nicht selten zusammen mit seinem Kollegen – zugunsten eines Ersatzconsuls (*consul suffectus*) zurück. Die Anzahl der bekleideten Consulate wurde gezählt (*cos. iterum, cos. ter* usw.) und in der offiziellen Kaisertitulatur auch in den Jahren genannt, in denen der Kaiser kein (neues) Consulat bekleidete. Die Kaiser empfahlen ihre Amtskollegen meist persönlich zur Wahl (*commendatio*), so daß diese ein höheres Ansehen im Senat besaßen als die Consuln »normaler« Jahre. Eine zunehmend häufiger geübte Praxis war, verdienten Personen auf Antrag des Kaisers die Rangabzeichen eines Consuls (*ornamenta consularia*) zu verleihen oder den Rang eines gewesenen Consuls (*vir consularis*) zuzusprechen. Bei nicht wenigen Kaisern des 3. Jahrhunderts, die ihre Regierungszeit als *consul iterum* begannen, ist daher nicht feststellbar, ob sie je vormals das Amt wahrgenommen hatten.

**proconsul.**[22] Diese Amtsbezeichnung war seit Sulla Statthaltern mit militärischen Aufgaben vorbehalten, die in Provinzen *pro consule* amtierten. Die Wahrnehmung der damit verbundenen Aufgaben von Italia (Rom) aus war ursprünglich untersagt. Für Augustus wurde die Sonderregelung getroffen, die mit dem Amt verbundenen Aufgaben auch dann wahrnehmen zu dürfen, wenn er sich innerhalb des *pomeriums* befand; aber Augustus scheint die Bezeichnung innerhalb Roms nicht geführt zu haben. Seit Claudius spätestens können wir den Titel *proconsul* (vereinzelt) auf offiziellen Dokumenten nachweisen, auch wenn die Kaiser die

---

22 I. König, »Der Titel PROCONSUL von Augustus bis Traian«, in: *Schweizer Münzblätter* 82 (1971) S. 42–54.

Stadt nicht verlassen hatten. Seit Septimius Severus ist die Bezeichnung *proconsul* fester Bestandteil der Kaisertitulatur.

**tribunicia potestas.**[23] Augustus hatte im Jahre 23 v. Chr. die *tribunicia potestas* als Ersatz für den bis dahin jährlich wahrgenommenen Consulat erhalten, doch ist das genaue Tagesdatum der Verleihung umstritten.[24] Da die tribunizische Gewalt eine aus einem plebeischen Amt (d h. nicht-patrizische Magistratur) ausgegliederte zivile Befugnis (*potestas*) war, verliehen durch die *concilia plebis*, hat Augustus sie in Anlehnung an die Regierungsjahre hellenistischer Herrscher fortlaufend gezählt. Der Wechsel in der Zählung entsprach dem Monatsdatum der Verleihung. Bei seinen Nachfolgern entsprach der sog. »tribunizische Neujahrstag« dem jeweiligen *dies imperii*, d. h. dem Tag der Übernahme des Principats. Nero strebte möglicherweise eine Verlegung auf den 10. Dezember an, den Tag, an dem die Volkstribunen (*tribuni plebis*) herkömmlicherweise ihr Amt antraten, und auch für Nerva ist ein derartiger Versuch erkennbar; doch erst mit Traian wird die Wahl des 10. Dezember zur Norm. Dies führte dazu, daß alle zwischen *dies imperii* und dem nächstfolgenden 10. Dezember liegenden Tage als erstes tribunizisches Jahr (*trib. pot. I*) gerechnet wurden. Das System scheint bis in die Zeit Valentinians I. beibehalten worden zu sein. Erkennbar sind allerdings Manipulationen (spätestens seit Caracalla), indem eine Rangerhöhung (vom Caesarat zum Augustat) oder der Beginn einer Alleinherrschaft als zusätzliche Erneuerung der

---

23  D. Kienast, *Kaisertabelle*, S. 30–36.
24  Während O. Hirschfeld (»Das Neujahr des tribunizischen Kaiserjahres«, in: O. H., *Kleine Schriften*, Berlin 1913, S. 438–448) und D. Kienast (*Kaisertabelle*, S. 31) den 26. Juni annehmen, haben Th. Mommsen (*Staatsrecht*, Bd. 2, Leipzig ³1887, Nachdr. 1963, S. 797 Anm. 3) und M. Hammond (»The Tribunician Day During the Early Empire«, in: MAAR 15, 1938, S. 23–61, hier: S. 24) aus der Parallelität der Zählung zu Tiberius den 1. Juli abgeleitet.

*trib.pot.* (»Doppelzählung«) innerhalb des entsprechenden Jahres erscheint.[25]

**Beinamen (Epitheta).**[26] In der Republik für führende Männer (*principes civitatis*) üblich (*Africanus, Asiagenus, Numidicus, Creticus, Pius, Felix*), entwickelte sich nun für die Kaiser die Aufnahme schmückender bzw. charakterisierender Beinamen weiter. So erhielt Traian vom Senat offiziell die Bezeichnung *optimus princeps* verliehen, eine Ehrung, die zur stehenden Bezeichnung dieses Kaisers wurde. Aber die bereits mit den ersten Kaisern einsetzende Entwicklung blieb nicht bei Traian stehen, sondern wurde von späteren Machthabern ständig ausgebaut, um eine Art Herrscheraspekt zu formulieren.

(a) *optimus – pius – felix.* Während das Adjektiv *optimus* fast immer in Verbindung mit der Bezeichnung *princeps* erscheint, seltener mit *Augustus*, treten die übrigen Epitheta eher in Verbindung mit *Augustus* auf. Das Charakteristicum *pius* ist persönliches Cognomen für Kaiser Antonius ›Pius‹, findet sich aber seit 183 fast regelmäßig als Teil der Herrschertitulatur des Commodus. Ab 185 fügte er die Bezeichnung *felix* hinzu: *Imperator Caesar Pius Felix Augustus.*[27] Während aber Septimius Severus noch verhältnismäßig ›sparsam‹ mit den Epitheta *pius – felix* umging,[28] werden sie mit Caracalla stehend.

(b) *invictus.* Dieses Epithet tritt in Verbindung mit *felix* erstmals unter Commodus auf (z. B. ILS 400), dann als

---

25 Obwohl die *trib.pot.* grundsätzlich als Zählung der Herrschaftsjahre eines Kaisers herangezogen werden kann, werden die entsprechenden Dokumente (vor allem in der Numismatik) im 3. Jh. so unzuverlässig, daß hier die Zählung der ägyptischen Regierungsjahre (28. August bis zum folgenden 27. August) auf alexandrinischen Prägungen verläßlicher ist.

26 Literatur zur offiziellen und inoffiziellen Herrschertitulatur auf Inschriften, Münzen und Papyri bietet D. Kienast, *Kaisertabelle*, S. 20, Anm. 75.

27 ILS 393; SHA, Commodus 8,1; M. Hammond (s. Anm. 13), S. 62 f.

28 G. Weinberger, Diz.ep. III S. 45.

*pius felix invictus Augustus* unter Caracalla,[29] doch hat
sich noch keine strenge Reihenfolge herausgebildet. Die
Bezeichnung *invictus* findet sich in der übersteigerten
Form *invictissimus* bereits unter Caracalla (CIL VIII
7973. 10305) und wird unter späteren Kaisern zum fast
stehenden Epithet.

(c) *semper.* Mit der Einbürgerung der Bezeichnung *Dominus noster* unter Diocletian[30] findet sich das Epithet
   *semper* in Verbindung mit *felix*,[31] doch sind Beispiele für
   *semper Augustus* unter Diocletian und Maximian noch
   selten.

(d) *aeternus – perpetuus.* Hingegen finden wir seit der
   Tetrarchie vermehrt die Bezeichnungen *aeternus* bzw.
   *perpetuus Augustus*, was auf die Stützung durch den
   *consensus deorum* hinweist.

(e) *bono rei publicae natus.* Die Bezeichnung ist erst seit
   Constantin d. Gr. bezeugt[32] und wird seit Constantin II. und seinen Brüdern stehende Bezeichnung auch
   bei Usurpatoren (CIL VIII 22552, Magnentius).

Solche Epitheta blieben natürlich nicht auf die Kaiser selbst
beschränkt. Ehrende Beinamen kamen vor allem den Kaiserinnen zu, die nicht nur, wie bereits Livia,[33] als »Mütter«
der Herrscher, sondern auch als Gattinnen der Herrscher
verehrt wurden.[34] Erstmals unter Marcus Aurelius findet
sich für die Kaiserin Faustina Minor der Ehrentitel *mater
castrorum*,[35] der unter den Severern auf *mater castrorum et*

29 CIL VI 62. 1065; X 7228.
30 Die Anrede *D(ominus) n(oster)*, von Sueton, *Domitian* 13,2 noch für Kaiser Domitian als *arrogantia* kritisiert, tritt bereits gehäuft auf Inschriften
   seit Kaiser Hadrian auf, auch wenn, wie Aurelius Victor meint, diese Bezeichnung *vor* Diocletian noch nicht offiziellen Charakter besessen habe.
31 CIL VIII 2347 = ILS 631: ... *semper fel(icis) Aug(usti)*.
32 Dies vor allem auf Meilensteinen, etwa CIL VIII 10035. 10050. 10332.3.
33 CIL II 2038: *Iulia Aug(usta) Drusi [f.] div[i Aug.], mater Ti. Caesaris Aug.
   principis et conservatoris et Drusi Germanici, gen[etrix] orbis*.
34 Siehe etwa CIL IX 5994: *Plotina Augusta coniux Augusti*.
35 RIC III S. 346 n. 1659–1662: Rs. MATRI CASTRORVM – SC; vgl. S. 274 n. 751–
   753, posthume Prägung.

*senatus ac patriae* erweitert wurde,[36] für Iulia Mamaea sogar auf *mater . . . universi generis humani*.[37] Für Iulia Domna finden wir die Epitheta *pia felix* (CIL X 5826), ja sogar die Erhöhung (*Iulia Augusta*) *caelestis dea* (CIL XIII 6671; IX 4637)[38] und Iulia Mamaea (CIL XI 3774) die Bezeichnung als *sanctissima Augusta*, die auch manche spätere Kaiserin bis zu Salonina, Frau des Kaisers Gallienus, führte. Von neuer Qualität sind die Titulaturen der Kaiserinnen des Constantinischen Hauses: Constantin I. läßt seine Gattin Fausta als *piissima ac venerabilis domina nostra* verehren (CIL X 678), seine Mutter Helena erscheint als *piissima ac clementissima* (CIL X 1483) bzw. als *piissima ac venerabilis domina nostra* (CIL X 1484).

Neben dieser das Herrschertum (Augustat, Caesarat) charakterisierenden Titulatur erscheinen immer häufiger Siegesbeinamen.[39] Unter der Iulisch-Claudischen Dynastie noch als Namen weitergegeben (Germanicus, Britannicus), von Vitellius in Anlehnung an die Truppen, die den Herrscher unterstützt hatten, angenommen und seinem Sohn als Name beigegeben,[40] war Domitian der erste, der Ende 83 einen echten Siegesbeinamen (*Germanicus*) aufnahm. Unter Traian erweiterte sich die Liste auf *Germanicus, Dacicus* und *Parthicus*, Marcus Aurelius fügte dem Siegesbeinamen *Parthicus* erstmals *maximus* bei; Commodus nannte sich nach einem wiederholten Germanensieg *Germanicus maximus*. Mit Caracalla wurde es üblich, Siegestitel mit dem Beiwort *maximus* zu versehen. Aber es ist auch erkennbar, daß sich bald eine Standardisierung der Siegestitulatur herausbildete, d. h. daß die Kaiser des 3. Jahrhunderts eine bestimmte Folge an Siegestiteln (vor allem *Germanicus*) auch

---

36 Iulia Domna, CIL II 2661.
37 CIL II 3413; III 7970.
38 I. Mundle, »Dea Caelestis in der Religionspolitik des Septimius Severus und der Julia Domna«, in: *Historia* 10 (1961) S. 228–237.
39 Vgl. D. Kienast, *Kaisertabelle*, zu den einzelnen Herrschern und Usurpatoren bis Theodosius d. Gr.
40 Tacitus, *Historiae* 1,62,2; Sueton,*Vitellius* 8.

dann aufnahmen, wenn sie dort keine großen Kriege vorgenommen hatten. Diese »Inflation« führte dazu, daß sich Kaiser Probus von den Vorgängern dadurch unterscheiden wollte, daß er sich als *verus Gothicus verusque Germanicus ac victoriarum omnium nominibus inlustris* bezeichnete.[41] Mit der Tetrarchie änderte sich das Bild, indem nun die einzelnen Siege als Siegesbeinamen gezählt wurden. So rechnete etwa Diocletian *Germanicus maximus, Germanicus maximus II, Germanicus maximus III usw.* bis *Germanicus maximus VI*, wobei auch Siege gezählt wurden, die seine Mitregenten errungen hatten. Der Brauch, sich mit derartigen Siegestiteln zu schmücken, scheint offenbar nach der Herrschaft Kaiser Gratians erloschen zu sein.

## 2 Grundzüge des Herrscheraspekts – des Herrscherideals[42]

In einer bewußt knapp gehaltenen Darstellung der Kaiserzeit kann ein so komplexes Thema wie die Entwicklung des Herrscherideals nicht angemessen behandelt werden. Dennoch ist es unumgänglich, wenigstens einige Aspekte anzusprechen. Bereits unter den Kaisern der Iulisch-Claudischen Dynastie erscheinen – vor allem in den Provinzen – schmückende Beinamen und Charakteristika, die man gemeinhin als »inoffizielle Herrschertitulatur« bezeichnet. Sie sind Teil eines Herrscheraspekts, der gleichzeitig auch in Anlehnung an den hellenistischen Herrscherkult die Erhabenheit des Herrschers wie die Erwartungen, die man an den Kaiser knüpfte, veranschaulichen sollten. Aber es war

---

41 CIL II 3738 = ILS 597: »wahrhafter Gotenbesieger, wahrhafter Germanenbesieger und berühmt durch die Namen aller Siege«.
42 F. Taeger, *Charisma. Studien zur Geschichte des antiken Herrscherkultes*, Bd. 1: *Hellenismus*, Bd. 2: *Rom*, Stuttgart 1959–60; J. Straub, *Vom Herrscherideal in der Spätantike*, Stuttgart 1938.

nicht der *populus Romanus* gemeinhin, es war vor allem der
Senat, der diese Erwartungshaltung gegenüber den Herrschern formulierte und unter dem Stichwort *libertas* einforderte.[43] Aus dieser Sichtweise, die uns vor allem Plinius
d. J. als echte Zusammenarbeit zwischen Kaiser und Senat
vermitteln will, wird die Definition des Kaisertums neu ge-
formt: »Das ist nicht weniger bürgerlich-freiheitlich (*civile*):
Princeps und Consul gleichermaßen zu sein als lediglich
Consul.«[44] Die *civilitas*, d. h. die freiheitlich-rechtliche Gesinnung, die die überkommenen republikanischen Institutionen achtete, ist damit als herausragende Eigenschaft des
Princeps definiert und gefordert. Das *obsequium*, d. h. der
»Gehorsam«, den man einem Herrn (*dominus*) schuldet,
wird damit zum Respekt, zur »freiwilligen« Mitarbeit. Tyrann ist somit der, der keine *civilitas* übt und damit die Bürger auf den Stand von »Sklaven« drückt. *Civilitas* und *dominatio* schließen einander aus. Aber nichts hindert freie
Bürger, einen rechtlich denkenden und handelnden Kaiser,
eben einen *civilis princeps*, wie einen Vater zu verehren[45]
und ihn dennoch freiwillig als *Dominus* anzusprechen. Der
senatorische Anspruch wird von Plinius d. J. perfekt formuliert: was Augustus nie sein wollte, soll Traian als Lob
suggeriert werden: der *princeps* sollte ein *princeps civium*
sein.

43 Tacitus, *Historiae* 1,16 (Galbas Rede an Piso): *cogitare quid aut volueris
sub alio principe aut nolueris; neque enim hic, ut gentibus quae regnantur,
certa dominorum domus et ceteri servi, sed imperaturus es hominibus qui
nec totam servitutem pati possunt nec totam libertatem* (»nachdenken, was
man unter einem anderen Herrscher entweder wollte oder nicht wollte;
denn hier besteht nicht, wie bei Völkern, die unter Fürsten stehen, ein fe-
stes Herrscherhaus und die anderen sind Sklaven, sondern du wirst Menschen befehlen, die weder die totale Sklaverei noch die volle Freiheit ertragen können«).
44 Plinius, *Panegyricus* 78,3: *Non est minus civile et principem esse pariter et
consulem quam tantum consulem.*
45 Plinius, *Panegyricus* 2,3: *non [. . .] de tyranno sed de cive, non de domino
sed de parente loquimur* (»wir sprechen nicht von einem Tyrannen, sondern einem Bürger, nicht von einem Herrn, sondern einem Vater«).

Gemessen an dem stoischen Anspruch, daß »der Beste« (*optimus*) regieren solle, erschien Traian seit seiner Adoption als Garant der inneren Ruhe, der Sicherheit (*securitas*) und der Eintracht (*concordia*).[46] So war es zuerst der politische Zirkel, der Freundeskreis um Traian, dem Tacitus wie Plinius d. J. angehörten, der die Propaganda von Traian als *optimus princeps* steuerte. Der Senat verlieh dem Kaiser schließlich diesen persönlichen Titel Mitte August 114, aber Plinius spricht von einem bereits früher abgelehnten Angebot.[47]

Anhand derartiger Epitheta läßt sich auch die Weiterentwicklung des Kaisertums erkennen. Das persönlich Kennzeichnende des ersten Princeps, sein Beiname *Augustus*, war zum Kaisertitel an sich geworden und damit wertneutral. Mit *optimus princeps* wurde der Neubeginn gewagt auf einer Entwicklungsstufe, da der Kaiser bereits zwischen offen absoluter und verschleiert absoluter Monarchie wählen konnte. So wurde die Festrede (*panegyricus*) des Plinius d. J. zum Vorbild, nicht allein wegen ihrer sprachlichen Qualität, mehr noch wegen ihres Inhaltes, der, in Übernahme der einst im »Philippos« von Isokrates gewählten Form, das Herrscherlob vortrug, eine Mischung aus Selbstdarstellung des Regenten, Auftrag der Götter, Erwartungshaltung der Regierten und Entwurf des Bildes vom »guten Monarchen«, dem der augenblickliche Regent entsprach. Alle späteren erhaltenen Kaiser-Panegyrici richten sich nach diesem Schema.

Zu den Eigenschaften, die einen Kaiser neben der *civilitas* auszeichnen sollen, gehören natürlich Gerechtigkeit (*iustitia*) und Mäßigung (*moderatio*). Der Kaiser muß als Schiedsrichter über den Parteiungen (*factiones*) stehen, soll kein persönliches, d. h. egoistisches Interesse am Staat haben

---

46 J.G. Wolf, *Politik und Gerechtigkeit bei Traian*, Berlin / New York 1978.
47 Plinius, *Panegyricus* 2,7. Der früheste Beleg ist eine Inschrift des Jahres 100 (IGR III 914), auf Münzen erscheint OPTIMUS PRINCEPS seit dem 5. Consulat (103) ziemlich regelmäßig.

wie an einem Privatbesitz; er soll schützen, ohne selbst Unrecht zu schaffen, soll den Willen der Götter vollziehen, soll die Schwachen (*tenuiores*) vor der Ungerechtigkeit der Mächtigen (*potentes*) schützen. Die Verkörperung aller Herrschertugenden aber war seit früher Zeit, vor allem seit Philipp II. von Makedonien, Herakles.[48] Mit Traian wurde Hercules zum ersten Mal besonders verehrt im Zusammenhang mit den Feldzügen gegen Dacer und Parther, aber es war nicht mehr nur der alte kämpfende Herakles, es war der »spanische« Hercules, *Hercules Gaditanus*, der das Reich durchmaß und Siege wie Glück gleichermaßen versprach. Er war der Hausgott der neuen Dynastie, für Traian, Hadrian und besonders Commodus.[49]

Dem »Panegyricus« und den Briefen Plinius' d. J. ist zu verdanken, daß uns Traian als idealer Herrscher vorgestellt wird, der über alle notwendigen Eigenschaften verfügte: *civilitas, iustitia, virtus*. Doch obwohl zu diesem Ideal aus der Sicht des Senats auch die militärische Fähigkeit des Kaisers zählte, beklagte er die häufige Abwesenheit des Herrschers. So wurde Antoninus Pius gelobt, daß er wie eine Spinne in ihrem Netz in Rom verblieb, wo alle Fäden des Reiches zusammenliefen, und die »Historia Augusta«, die wir als Organ senatorischer Geschichtsschreibung ansehen dürfen, überliefert den Verhaltensgrundsatz des Kaisers: »Dem Senat erwies er als Kaiser so viel Ehre, wie er sich diese noch als Privatmann von einem anderen Kaiser erwünscht hatte.«[50] Damit entspricht auch dieser Kaiser dem Ideal der *civilitas*. Aber noch ein weiteres Lob wurde Antoninus Pius zuteil, als der Senat ihm im Jahr 143 mit einer Inschrift für die Förderung der öffentlichen Kulte und Religion dankte:

48 W. Derichs, *Herakles. Vorbild des Herrschers in der Antike*, Diss. phil. Köln 1950.

49 Unter den Iuliern war es vor allem Apollo-Sol, unter Domitian Minerva.

50 SHA *Antoninus Pius* 6,5: *Senatui tantum detulit imperator, quantum, cum privatus esset, deferri sibi ab alio principe optavit.* Dieser Ausspruch erinnert natürlich an die Formulierung, die Tacitus in der Adoptionsrede Galbas (*Historiae* 1,16) wählte (s. Anm. 43).

*optimo maximo(que) principi et cum summa benignitate
iustissimo, ob insignem erga caeremonias publicas curam ac
religionem.*[51] Der Kaiser hatte, wie die Münzbilder zeigen,
in Abkehr von der religiösen Haltung und Politik des Phil-
hellenen und Henotheisten Hadrian die altrömischen Kulte
propagiert (Vergleich mit Numa). Die Aufgabe des Kaisers
lag somit nicht nur im Politischen und Militärischen, sondern auch – als Exponent des *consensus deorum* – in der
Wahrung der alten, staatserhaltenden Kulte. Von hier aus
war es nur ein kurzer Weg, bis Kaiser Marc Aurel als *sacratissimus Imperator* angesprochen wurde (CIL VIII 21567),
und die Ausmerzung staatsbedrohender Kulte gehörte zu
den wichtigen Aufgaben aller Herrscher.

Regierungsform und Leistung des Herrschers waren zentrales Thema der vor allem stoisch geprägten Aristokratie
wie der Gebildeten. So zeigt die von Aelius Aristides vermutlich am 23. April 143 gehaltene berühmte »Preisrede«
auf Rom (Εἰς Ῥώμην[52]) eine erstaunliche Adaption griechischer Staatsvorstellung auf das Rom der Antoninenzeit.
Wie vormals Polybios an der römischen Mischverfassung
(μικτὴ πολιτεία) das Zusammenspiel von Monarchie – Aristokratie – Demokratie rühmte, so wurde dieses erneut von
Aristides gelobt, wobei er den Kaiser als Exponenten des
monarchischen Elements vorstellte, der, wie es bereits Dion
von Prusa in den »Königsreden« gegenüber Traian formuliert hatte, ein Regent über freie Menschen sei, kein Despot
über Sklavenseelen. Ein aufgeklärtes Herrschertum als
Wächter über Staat, Recht und Religion binde aufgeklärte
Menschen an sich, so daß das Reich eine neue Form der Po-

---

51 Dessau, ILS 341: »dem besten, größten und aufgrund höchster Wohltätig-
keit sehr gerechten Herrscher, wegen seiner herausragenden Sorge für die
öffentlichen Riten und die Religion«.

52 H. J. Oliver, *The Ruling Power. A Study of the Roman Empire in the Second Century after Christ Through the Roman Oration of Aelius Aristides*,
Philadelphia 1953 (TAPhS 43, 1953, 4, S. 871–1003); R. Klein, *Die Romrede des Aelius Aristides*, 2 Bde., Darmstadt 1981 (Einführung), 1983
(Text).

lis darstelle. Alle Gutgesinnten müßten trachten, in diesem
Staatswesen »Rom« zu wohnen, das nur dumme, an Despo-
tismus gewohnte Menschen ablehnen könnten. Der *consensus* aber mache das Imperium zu einem Staatswesen ohne
Grenzen, dessen Repräsentant und Beschützer der Kaiser
(*princeps*) sei. Diese Sichtweise, die auch im Senat vertreten
wurde, verpflichtete den Kaiser, den Bestand des Reiches
nach innen wie außen zu verteidigen bzw. zu mehren, da Sicherheit (*securitas*) auch Freiheit (*libertas*) bedeute. Genau
dieses aber wollte die Bezeichnung des Septimius Severus
als *pacator orbis et fundator imperi Romani*[53] ausdrücken.
Natürlich trachteten vor allem die sog. »Senatskaiser« danach, ihre Regierung als Ausdruck »wiedergewonnener«
oder »bewahrter« *libertas* zu propagieren,[54] und in diesen
Rahmen gehört auch die Mitteilung der »Historia Augusta«, Alexander Severus habe mit Vorzug Platon und Cicero
gelesen.[55] Die Erwartungshaltung gegenüber dem Kaiser
floß automatisch in den »Tugendkatalog« ein, den die antiken Autoren als Wunschvorstellung formulierten: die Herrscher sollen weise, gütig, freigebig, verantwortungsvoll gegenüber dem Staat, ehrerbietig gegen den Senat, maßvoll,
Freunde des Volkes, gewissenhaft, ernsthaft, gottesfürchtig
sein,[56] und Kaiser Probus ließ sich als *pietate iustitia fortitu-*

---

53 CIL VIII 21613; *propagator imperii*, z. B. CIL VIII 4826. 5699. 5700.
54 Valerian: *restitutor publicae securitatis ac libertatis conservator* (CIL XI
3310 = ILS 533); Tacitus: *verae libertatis auctor* (CIL XII 5563 = ILS 591);
Probus: *conservator dignitatis et libertatis* (CIL VIII 26561); Iulian: *restitu-
tori libertatis et Romanae religionis ac triumphatori orbis* (CIL VIII 4326
= ILS 752).
55 SHA *Alexander* 30,1: *Post actus publicos seu bellicos seu civiles lectioni
Graecae operam maiorem dabat de re p(ublica) libros Platonis legens. La-
tina cum legeret, non alia magis legebat quam de officiis Ciceronis et de re
p(ublica)* (»Nach Erledigung öffentlicher, sei es kriegerischer, sei es ziviler
Angelegenheiten, widmete er sich der Lektüre großer griechischer Werke,
wobei er die Bücher Platons ›Über den Staat‹ las. Wenn er Latein las, las
er nichts lieber als Ciceros Schriften ›Über die Pflichten‹ und ›Über den
Staat‹«).
56 SHA, *Carus* 18,4.

*dine et plenus omnium virtutum princeps* feiern (CIL II
3738). So benützte Ammian die Gelegenheit, anläßlich von
Iulians Tod die Eigenschaften eines »Philosophenkaisers«,
der Iulian sein wollte, mit dem Tugendkatalog seiner Zeit
zu vergleichen. Es zeigt sich sehr schnell, daß dieser Katalog
auch dem des Herrscherideals entspricht: »Wenn es nämlich
nach der Definition der Weisen [Philosophen] vier Haupt-
tugenden gibt: Mäßigung, Klugheit, Gerechtigkeit, Seelen-
stärke, zu denen andere äußerliche Tugenden treten: Kriegs-
kunst, Ansehen, Glück und Freigebigkeit, so hat er [Iulian]
diese im Allgemeinen wie im Einzelnen mit hohem Eifer
gepflegt.«[57]

Andererseits haben wir die Selbstdarstellung wie auch die
Abgrenzung gegenüber der Leistung früherer Machthaber
als Ziel der Herrscherpropaganda zu beachten. Natürlich
sind hier Augustus und Traian unantastbar, werden in der
Literatur als Vorbilder bis in die Spätantike hinein zitiert;
selbst der Ostgote Theoderich d. Gr. bemüht Traian als sein
Vorbild für *civilitas*.[58] Aber die Entwicklung des Herrscheraspekts läßt schon früh erkennen, daß schmeichlerische,
adulatorische Bezeichnungen der Herrscher durch die
Reichsbewohner von den Kaisern als Mittel zur Selbstdarstellung aufgegriffen wurden. Vor allem die Inschriften
bieten hier eine ungeheure Materialfülle, die hier nur ange-
deutet werden kann: Tiberius wurde bereits als *optimus ac
iustissimus princeps* gelobt (CIL VI 93 = Aép. 1953 n. 89),
Titus noch zu Lebzeiten seines Vaters Vespasian als *conservator pacis Augustae* geehrt (ILS 259). Hadrian ließ sich als
*fortissimus liberalissimusque* bezeichnen (CIL VIII 2534),
eine Ehrung, die auch für Marcus Aurelius bezeugt ist,[59]

---

57  Ammian 25,4,1: *Cum enim sint (ut sapientes definiunt,) virtutes quattuor
    praecipuae, temperantia, prudentia, iustitia, fortitudo, eisque accedentes ex-
    trinsecus aliae, scientia rei militaris, auctoritas, felicitas atque liberalitas, in-
    tento studio coluit omnes ut singulas.*
58  Anonymus Valesianus c. 60.
59  CIL VIII 2547. 18067. Vgl. 19919: *conservator generis humani.*

während Antoninus Pius als *omnium saeculorum sacratissimus princeps* (ILS 6988) angesprochen wurde. Commodus erscheint auf einem Meilenstein als *nobilissimus omnium et felicissimus principum* (ILS 397), und Septimius Severus ließ sich erneut als *pacator orbis et fundator imperi Romani* feiern (CIL VIII 21613). Unter Caracalla finden wir die Überhöhung des Kaisers als *maximus invictissimus sanctissimus fortissimus felicissimus et super omnes principes indulgentissimus*,[60] eine Ehrung, die kaum durch Aurelians Bezeichnung als *magnus Augustus, princeps maximus, imperator fortissimus, conservator orbis* (ILS 579) bzw. *perpetuus gloriosissimus indulgentissimus* (CIL VIII 22361. 22449) zu überbieten war,[61] auch wenn sich Probus als *victoriarum omnium nominibus inlustris* (ILS 597) feiern ließ. Gegenüber solchen Formulierungen kann die Bezeichnung Diocletians als *invictissimus ac restitutor et propagator orbis sui* fast als dezent gelten, wenn man von der Formulierung *orbis sui*, d. h. »seines Weltkreises«, absieht.[62] Erst mit Galerius finden wir wieder die übersteigerte Form *providentissimus et cum orbe suo reddita libertate triumfans dominus noster perpetuus Imperator Galerius Valerius [Maximianus iunior] invictus pius felix Augustus victor* (CIL VIII 18260), was unter Constantin d. Gr. eine weitere Steigerung erfuhr: *conditor adque amplificator totius orbis Romani sui ac singularum quarumque civitatum adque ornatum liberalitate clementiae suae augens* (CIL VIII 1179), *dominus triumfi libertatis et noster restitutor invictis laboribus suis privato-*

---

60  CIL VIII 10305. 22384; vgl. *super omnes retro principes invictissimus* 6305. 6306.

61  Siehe CIL XI 3878 *[sa]nctissim[us et] super omn[es pr]incipes vic[toriosis]simus*, was an die Formulierung bei Caracalla anknüpft. – Gallienus, dessen Ansehen unter der Gefangennahme seines Vaters Valerian durch die Perser zu leiden hatte, bezeichnete sich daher als *magnus et invictus*, ILS 542. 6224.

62  CIL VIII 2572; 2572 für Maximian. Die Bezeichnung als *restitutor orbis, providentissimus retro principum ac super omnes fortissimus*, CIL XII 78, ist nicht zweifelsfrei auf Diocletian zu beziehen.

*rum et publicae salutis* (CIL VIII 15451 = ILS 690), *trium-phator omnium gentium ac domitor universaru[m factio-num], qui libertatem tenebris servitutis oppressam sua felici vi[ctoria nova] luce inluminavit* (CIL VIII 7006; vgl. 7007), Ehrungen, die im Zusammenhang mit der Beseitigung des Usurpators Maxentius zu sehen sind. Demgegenüber sind die Formulierungen in schmeichelnden Inschriften für die Constantin-Söhne kaum ungewöhnlich.[63] Erst Iulian, der sich als Wiederbringer der wahren (heidnischen) Religion und damit Freiheit vorstellte, wurde durch solch übertriebene Formulierungen geehrt: *Pius felix omni genere pollens virtutum invictus princeps, restitutor libertatis et Romanae religionis ac triumfator orbis* (CIL VIII 4326. 18529. 22181), er selbst stilisierte sich als *dominus totius orbis, filosofiae magister, venerandus princeps, piissimus imperator, victorio-sissimus Augustus, propagator libertatis et rei publicae.*[64] Mit Iulian scheint die adulatorische Apostrophierung des Herrschers, die ihn über seine Vorgänger hinausheben sollte, ihren Höhepunkt überschritten zu haben.[65] Die Inschriften der folgenden Kaiser halten sich im Rahmen der gebräuchlich gewordenen Herrschertitulatur *semper, perpetuus* bzw. *aeternus Augustus.*

Aber der Kaiser selbst legte Wert darauf, bereits in seiner Erscheinung als der »Erhabene«, der von den Göttern gewünschte (*a diis electus*) zu erscheinen, so daß ihr persönliches Wohlergehen = Heil (*salus Augusti*) mit dem Staats-

---

63 Constantin II.: *Caesar nob(ilissimus) semper orbi taerre profuturus*, CIL XII 5457. – Constantius II.: *liberator orbis Romani, conservator rei publicae et omnium provincialium dominus noster*, CIL V 8073. – Constans: *virtute et felicitate omnes retro principes supergressus*, CIL III 2771.

64 CIL III 7088 = ILS 751.

65 Vgl. *fundatores pacis et conservatores imperii Romani dd.nn. Valentinianus et Valens principes maximi ac triumfatores semper Augg. b.r.p. imperantes*, CIL XI *6627ª. 6632ᵇ. – Theodosius, ILS 780: *Dominus noster invictissimus perennisque princeps Theodosius perpetuus Aug(ustus).* – Valentinian III., ILS 804: *D(ominus) n(oster) Placidus Valentinianus, providentissimus omnium retro principum.* S. auch Dessau, ILS 807: *dominus rerum humanarum Valentinianus Augustus* [Valentinian III.].

wohl (*salus rei publicae*) identisch erschien. Im historischen Teil wurde immer wieder hervorgehoben, daß sich die Kaiser seit Augustus einem göttlichen Schutzpatron unterstellten, sich schon frühzeitig vom schwankenden *consensus universorum* zu trennen suchten, um den *consensus deorum* als Basis ihrer Herrschaft gegen mögliche Opponenten zu betonen. Damit wurde in ihnen natürlich auch die göttliche Kraft wirksam, die ihnen spätestens bei ihrem Tode einen Platz unter den staatserhaltenden Göttern (*di conservatores*) sichern mußte. Auch hier drang die hellenistische Vorstellung bald in den Aspekt des Herrschertums ein, es wurde zum Symbol, ja zur Realität der auf Erden wirksamen Kraft des Göttlichen. Herrscherhaus (*domus divina*) und Glück des Staates wurden zur Einheit. Bereits Caligula ließ sich als ›Iuppiter Latiaris‹ verehren, Domitian forderte von seinen Untergebenen die Anrede *Dominus et Deus*. Nero bediente sich der Strahlenkrone des Apollo, mit der er sich bildlich darstellen ließ (Münzen; Koloß in Rom, der seine Züge trug), um den Anspruch göttlicher Wirksamkeit zu dokumentieren. Unter Traian erfolgte die direkte Bezugnahme auf bestimmte Götter (vor allem Hercules), um diese als »Führungsmächte« der Herrscher vorzustellen. Für die Severer waren es die Götter Isis und Sarapis, unter den Soldatenkaisern erscheint fast das gesamte Pantheon unter den *di comites*, den persönlichen Schutz- und Beratungsmächten der Herrscher. Da die Götter in ihrem *consensus* den Herrschern auch göttliche Befähigung zur Bewältigung fast unmenschlicher Aufgaben verliehen, lag es schließlich nahe, sich von den »Untertanen« ähnlich einem lebendigen Gott verehren zu lassen.[66] Daß damit alles, was in Zusammenhang mit dem Kaiser gebracht werden kann, dem *sacratissimus princeps*, selbst *sacer* wurde, ist eine selbstverständlich anmutende Konsequenz. So haben wir vor allem im Zusam-

---

66 Gallienus wird in CIL III 8193 als *dis animo vol[t]uque compa[r]* bezeichnet; CIL II 3823: *Deus Aurelianus.*

menhang mit der Schilderung der Investitur des Constantius Chlorus am 1. März 297 eine herausragende Darstellung, wie sich schließlich sogar Göttliches (Sol) am Glanz des Kaisers messen lassen mußte – und unterlag.[67] Der Regierungsanfang eines Herrschers wurde, wie der angesprochene Redner von 297 deutlich erklärt, in Erwartung eines positiven Neubeginns begrüßt.[68] Auch die Christianisierung des Herrschers und damit des Reiches änderte nichts daran, daß der Kaiser seine Herrschaft als göttlichen Auftrag definierte: Ein um 330 in Constantinopel geprägtes Goldmedaillon zeigt zur Umschrift GAVDIVM ROMANORVM eine vom Himmel herabreichende Hand, die Constantin mit einem Kranze krönt.[69]

Die Kaiser der Prinzipatszeit vermieden, um den Eindruck eines *princeps civilis* zu erwecken, das Auftreten im Senat im militärischen Gewand, d. h. dem Gewand des Triumphators (*paludamentum*). Gerade Traian wird gelobt, daß er höchstens das Festgewand des Consuls (*trabea*) getragen habe, und auch Septimius Severus überraschte die Senatoren mit der *trabea*. Von Iulian, der sich als Wiederbringer der Freiheit verstand, besitzen wir nicht wenige Münzen, die ihn im »zivilen« Herrschergewand der *trabea* zeigen, wohingegen der Epitomator de Caesaribus (41,14) Constantin d. Gr. den Vorwurf macht, er habe ein mit Edelsteinen geschmücktes »Königsgewand« getragen (*habitum gemmis [ornatum]*) und sei nie anders als mit dem Diadem auf dem Haupte aufgetreten. Hier handelt es sich um das spätantike, bereits unter Diocletian übliche Repräsentationsgewand des Herrschers, das dieser trug, um Ehrbezeugungen (*adoratio*) entgegenzunehmen. Der Kaiser war in seiner Erhabenheit nun-

67 *Panegyrici latini* 4 [VIII], 2,3: *nunc certasse creditur ne maiestate vestra videretur obscurior* (»damals glaubte man, sie [die Sonne] habe gekämpft, damit sie nicht angesichts Eurer Majestät dunkler erscheine«).
68 *Panegyrici latini* 4 [VIII] 3,1 ed. Galletier.
69 A. Alföldi, *Die monarchische Repräsentation im römischen Kaiserreiche*, Darmstadt ³1980, S. 174 mit Abb. 6. – R. Fears, *Princeps a diis electus: The Divine Election of the Emperor as a Political Concept at Rome*, Rom 1977.

mehr so entrückt, daß er einen Gesichtsausdruck annahm, dem alle Gemütsbewegungen fremd schienen.[70] Solche »Äußerlichkeiten« aber beeindruckten Volk, Militär, Senat wie die engere Umgebung.

Natürlich kann die Entwicklung des Herrscherideals von Augustus bis in die Spätantike nicht in wenigen Zeilen aufgezeigt werden, aber es ist erkennbar, daß das Ideal, das bereits vom Senat gegenüber Augustus formuliert worden war, sich über Jahrhunderte hin nur wenig geändert hatte. Wenn in einer in Karien gefundenen Inschrift Constantius II. als *virtute gloria pietate iustitia cunctos retro principes supergressus* bezeichnet wird,[71] so lehnt sich diese Formulierung eng an die Inschrift des »Tugendschildes« (*clupeus virtutis*) an, mit dem der Senat den ersten Princeps ehrte: *virtutis clementiaeque et iustitiae et pietatis causa.*[72] Bereits C. Caesar, Adoptivsohn des ersten Princeps, wurde an den Tugenden des Vaters gemessen: *[i]ustissimus ac simillumus parentis sui virtutibus princeps* (CIL XI 1421₁₃). Selbst wenn in der Zeit des 4. Jahrhunderts der Anspruch *bono rei publicae natus* zur stereotypen Formel wurde, so legten die Kaiser doch Wert darauf, ihre Verpflichtungen ge-

---

70 Ammian 16,10,10 (Constantius II. beim Einzug in Rom): *nam et corpus perhumile curvabat, portas ingrediens celsas, et velut collo munito, rectam aciem luminum tendens, nec dextra vultum nec laeva flectebat, et (tamquam figmentum hominis) nec cum rota concuteret nutans, nec spuens aut os aut nasum tergens vel fricans, manumve agitans visus est umquam* – »Denn er beugte seinen Körper sehr tief, als er durch die hohen Tore (die Stadt) betrat, und als ob er mit einem (steifen) Kragen versehen sei, hielt er seinen Nacken aufrecht, wandte das Gesicht weder rechts noch links wie ein steinernes Menschenbild; er schwankte nicht bei Stoß des Rades, spuckte nicht, bewegte kein Glied und rieb sich nicht die Nase, und man sah ihn kein einziges Mal die Hand bewegen«.

71 ILS 733 (Tralles): ... *Germanias Gallias Britaneas Africam adque Illuricum virtute gloria pietate iustitia cunctos retro principes, D(omino) N(ostro) Fl(avio) Iul(io) Constantio victori maximo ac triumfatori semper Augusto, Fl(avius) Magnus [v(ir) s]p(ectabilis) [vi]c(arius) Asiae, vice sacra iudican[s], [mai]estati [e]ius clementiaeque devotus, curante \*M. Anatolium curatore* [a. 354?].

72 *Res gestae 34.*

Aspekte des Staatswesens

genüber der *res publica und dem populus Romanus* zu definieren. Die Formulierung, die der *vir consularis* Aelius
Claudius Dulcetius für seine in Pergamon für Kaiser Julian
errichtete Inschrift wählte,[73] entspricht denn auch bei verän-
dertem Wortlaut dem, was auch für Constantius II. formuliert wurde.[74] Daß dieser Anspruch, vor allem der Schutz
der *res publica*, nicht unterging, d. h. das Bild des Tyrannen
zugunsten des verantwortungsbewußten Herrschers vermieden wurde, versteht sich von selbst, auch wenn die In-
halte zunehmend im christlichen Sinne interpretiert wurden. Aber wenn unter Iovian, dem Nachfolger Iulians, die
*beatitudo felicium temporum* gepriesen wurde[75] – als allgemeines Propagandawort zu fassen –, so finden wir unter
Valentinian eine Zusammenführung der »Augusteischen«
wie Ammianschen Formulierungen: *legum domino Roma-*
*narum, iustitiae aequitatisque rectori, domitori gentium*
*barbarum, conservatori libertatis, D(omino) N(ostro) Fl(a-*
*vio) Valentiniano fortissimo invictissimoque principi semper*
*Augusto.*[76] Natürlich war jedem bewußt, daß das spätantike
Herrschertum nicht mehr dem frühen Principat entsprach,
wie es Plinius in seinem »Panegyricus« auf Traian entwor-
fen hatte, aber es hatte trotz aller Veränderungen nicht den
Anspruch aufgegeben, dem es seine Entstehung verdankte:
es war – so behauptete einst Augustus – entstanden, um die
innen- wie außenpolitische Freiheit des Staates zu schützen,
*rei publicae causa*. Es leugnete somit weiterhin die dynastischen, hegemonialen Ansprüche: Der Herrscher war immer
noch jemand, der vom Volke und den Göttern / Gott einen
Regierungs-, besser: einen Schutzauftrag erhalten hatte,

---

73 Siehe Anm. 64.
74 CIL II 5239[addit.]: *at augmentum rei pub(licae) natus dilectusque princeps*;
   CIL III 445: *virtute gloria pietate iustitia cunctos retro principes supergres-*
   *sus.*
75 ILS 756.
76 ILS 765.

dem er sich persönlich verpflichtet fühlte, auch wenn er seine Herrschaft der Zugehörigkeit zu einer herrschenden Familie (griech. δυνάστης) verdanken mochte.[77] Und obwohl Plinius d. J. Kaiser Nerva dafür lobt, daß er durch die Adoption die Nachfolge des Besten ermöglicht habe, obwohl er – wie Tacitus[78] – die Erbmonarchie der Iulier und Flavier ablehnte, wünschte er doch Traian einen Sohn als Nachfolger.[79] Die Realität des Herrschertums mußte auch Plinius berücksichtigen.

Dieses Prinzip muß auch dort gesehen werden, wo der *consensus* der zur Nachfolgewahl schreitenden Personen nicht auf einen Verwandten des Kaisers fiel: der neue Kaiser trat ohne Einschränkung seiner *auctoritas* in die Position des Vorgängers ein und verpflichtete sich sofort mit der Aufnahme des Purpurs, des äußeren Zeichens für die Annahme des *consensus*, zur Wahrung der *libertas rei publicae*.

---

77 Dies drückt nicht nur, wie oben gezeigt, die Filiation innerhalb der Kaisernamen aus; so bezeichnen sich Crispus als *patre avo maioribus impp. natus* (CIL XII 5502), ebenso Constantin II. (CIL XII 5457). Valentinian II. ist *divina stirpe progenitus* (CIL VIII 11024. 22671). Auch nichtkaiserliche Vorfahren konnten so verehrt, ja divinisiert werden: *M. Ulpius Traianus pater*, CIL VIII 8316; *divus Traianus pater*, CIL VIII 22705; *memoriae felicissimae vir atque per omnia saecula celebrandus Gratianus pater*, CIL VIII 7014 (Vater von Valentinian I. und Valens).

78 *Historiae* 1,16: *sub Tiberio et Caio et Claudio unius familiae quasi hereditas fuimus: loco libertatis erit, quod eligi coepimus; et finita Iuliorum Claudiorumque domo optimum quemque adoptio inveniet. Nam generari et nasci a principibus fortuitum, nec ultra aestimatur; adoptandi iudicium integrum et, si velis eligere, consensu monstratur* (»Unter Tiberius und Caius und Claudius waren wir gleichsam das Erbstück einer Familie. An die Stelle der Freiheit soll treten, daß wir beginnen, auszuwählen. Nach dem Ende des Herrscherhauses der Iulier und Claudier soll die Adoption den jeweils Besten finden. Denn von Fürsten abzustammen und geboren zu werden ist Zufall und wird nicht überschätzt. Zu adoptieren ist ein unfehlbares Urteil, und wenn man auswählen will, wird dies durch Zustimmung gezeigt«).

79 Plinius, *Panegyricus* 94,5.

## 3 Divinisierung – *damnatio memoriae*[80]

Die jeweiligen Nachfolger im Principat konnten im Senat den Antrag stellen, den Vorgänger ob seiner Leistung für das Staatswesen unter die Götter aufnehmen zu lassen, was gleichbedeutend mit der Einrichtung eines speziellen Kultes mit entsprechender Priesterschaft (*flamines*) war. Augustus hatte zuerst daran gedacht, den Herrscherkult von der neuorganisierten Arvalbruderschaft tragen zu lassen,[81] doch wurde diese Aufgabe bald von entsprechenden Kultvereinen (Hymnoden) wahrgenommen, die derartige Kaiserfeste als Feiertage zu organisieren hatten. Auch für das Militär war dies, wie der berühmte Festkalender von Dura Europos zeigt, unverzichtbar. Gerade an solchen Kalendern können wir feststellen, welche Herrscher auch in späterer Zeit als »vergöttlicht« verehrt wurden bzw. aus der Liste der »Staatsgötter« verschwanden. Hintergrund ist natürlich die Absicht, entweder seinen Herrschaftsanspruch auf die dynastische Nachfolge eines solchen »Divus« gründen zu können,[82] oder aber sich in die Nachfolge eines solchen guten Kaisers (*bonus princeps*) einreihen zu dürfen. Natürlich konnten Herrscher auch Mitglieder des eigenen Hauses zu Göttern erheben (*in numerum deorum referre*), und es war eine bewußt ideologische Handlung, daß Caligula seine verstorbene Schwester Drusilla genau an dem Tag vergöttli-

---

80 D. Kienast, *Kaisertabelle*, S. 50–53. – Eine vollständige Liste der vergöttlichten Kaiser und Kaiserinnen (S. 170–172) bzw. solcher, die der *damnatio memoriae* anheimfielen (S. 192–194) findet sich bei R. Cagnat, *Cours d'épigraphie latine*, Paris ⁴1914.

81 E. Olshausen, »Über die römischen Ackerbrüder«. Geschichte eines Kultes«, in: ANRW II 16.1 (1978) S. 820–832.

82 Siehe etwa Anonymus Valesianus (= Origo Constantini) 1,1: *Constantius, divi Claudi optimi principis nepos ex fratre* für Constantius Chlorus. Septimius Severus ließ Commodus nachträglich divinisieren, um die Fiktion, Bruder des Commodus zu sein (*divi Commodi frater*), als Herrschaftsberechtigung zu propagieren.

chen ließ, da der Geburtstag des Augustus (*natalis Augusti*) gefeiert wurde.[83] Äußerer Vorgang war seit der Vergöttlichung Caesars das Zeugnis eines Mannes von Stand oder einer entsprechenden Gruppe im Senat, daß man die Seele des Herrschers zum Himmel habe aufsteigen sehen.[84]

Die Verhängung der *damnatio memoriae*, d. h. die offiziell beschlossene Tilgung des Andenkens, hingegen war Kennzeichen dafür, daß sich der neue Kaiser von der Regierung eines schlechten Herrschers (*malus princeps*) absetzen wollte: der Tod eines solchen Kaisers wurde als »Wiedergewinnung« der Freiheit gewertet. So schreibt Sueton, daß beim Tode Neros »die allgemeine Freude so groß war, daß das Volk mit dem Freiheitshut bekleidet durch die ganze Stadt lief«.[85] Auch der Beschluß, über einen Kaiser die *damnatio memoriae* zu verhängen, erfolgte auf Antrag im Senat. Für Commodus kam dieser, wie die »Historia Augusta« zeigt, aus dem Kollegium der *pontifices*: »Cingius Severus sprach: ›Er ist zu Unrecht bestattet worden. Dies sage ich als Pontifex, dies sagt das Kollegium der Pontifices. Da ich bereits Fröhliches vorgebracht habe, möchte ich nun zum Notwendigen übergehen: Ich beantrage nämlich, die Ehrenbeschlüsse, die er, der nur zum Schaden des Staates und zu seiner eigenen Schande lebte, für sich erzwang, zu beseitigen. Statuen sind wo immer zu zerstören, sein Name aus allen privaten und öffentlichen Dokumenten zu tilgen, Monatsnamen (wieder) mit der Bezeichnung zu versehen, die

---

83 *Acta Fratrum Aarvalium* XLVIe 12 = E. Pasoli, *Acta Fratrum Arvalium*, Bologna 1950 S. 113 n. 9e, 12: ᴠɪɪɪɪ ᴋ. ᴏᴄᴛ. = 23. September 38: *[Eodem die ob consecrationem Drusillae] in templo Divi Augusti novo.*

84 Sueton, *Augustus* 100,4: *nec defuit vir praetorius, qui se effigiem cremati euntem in caelum vidisse iuraret* (»Es fand sich auch ein Mann im praetorischen Rang, der schwor, er habe die Gestalt des Eingeäscherten zum Himmel auffahren sehen«). – Eine anschauliche Beschreibung der Divinisierung des Pertinax durch Septimius Severus im Jahr 193 bietet Cassius Dio 75,4 f.; vgl. SHA, *Pertinax* 15.

85 Sueton, *Nero* 57,1: *tantumque gaudium publice praebuit, ut plebs pilleata tota urbe discurreret.*

sie damals besaßen, als jenes Übel sich dem Staat auferlegte.«»[86] Wir können die Wirkung solcher Beschlüsse vor allem auf Inschriften erkennen, obwohl die mit der Durchführung beauftragten Behörden vor allem in den Provinzen nicht immer sorgfältig oder gar umfassend vorgingen. Aber gerade das Beispiel des Commodus zeigt, daß ein späterer Herrscher die *damnatio memoriae* nicht nur aufheben, sondern sogar die Divinisierung beantragen konnte. Wichtig wurde dieses Verfahren vor allem hinsichtlich der Gesetzgebung, da im Falle einer *damnatio memoriae* auch die Verfügungen und Amtshandlungen (*acta*) eines Kaisers zumindest in Frage gestellt wurden. Ihre Aufhebung (*abolitio*) verlangte daher eine genaue juristische Diskussion.

86 SHA, *Commodus* 20,3–5: *Cingius Severus dixit: »Iniuste sepultus est. Qua pontifex dico, hoc collegium pontificum dicit. Quoniam laeta iam percensui, nunc convertar ad necessaria: censeo, quae is, qui non nisi ad perniciem civium et ad dedecus suum vixit, ob honorem suum decerni coegit, abolanda. Statuas, quae undique sunt, abolandas, nomen ex omnibus privatis publicisque monumentis eradendum mensesque his nominibus nuncupandos, quibus nuncupabuntur, cum primum illud malum in re publica incubuit.«*

## II
## *Populus*, Verwaltung und Provinzen

Ein Großteil des hier Aufgeführten wurde bereits innerhalb des historischen Abrisses angesprochen, da sich dort die Entwicklung der Reichsverwaltung auch in bedeutenden Sonderformen besser aufzeigen ließ. Daher soll hier nur auf einige wesentliche Einrichtungen wie deren Veränderung im Laufe der Kaiserzeit hingewiesen werden.

### 1 Der *populus Romanus* und die Magistraturen

Die einzelnen Wahl- und Beschlußgremien des *populus Romanus*, d. h. die *comitia curiata*, – *centuriata*, – *tributa* und *concilia plebis* hatten bereits in der ausgehenden Republik ihren Einfluß auf die Politik weitgehend eingebüßt, da die Wahlkörper nicht mehr den Erfordernissen entsprachen. Auch der Versuch des Augustus, Munizipien und Colonien zu beteiligen, indem er deren Stadtrat (*decuriones*) als Wahlkörper anerkannte, dessen Stimme schriftlich in Rom eingereicht wurde, scheiterte als zu umständlich.[1] Damit blieben die Wahlkörper, soweit überhaupt noch einberufen, auf Rom und Italien beschränkt. Zumindest bis Nerva traten für die Wahl des Princeps zum *pontifex maximus* die *comitia pontificatus* zusammen, die Verleihung der *tribunicia potestas* fand durch die *comitia plebis* in Rom statt. Die Wahl der Magistrate hingegen war dem *populus* weitgehend entzogen, da die Comitien lediglich die Liste der Gewähl-

---

1 Sueton, *Augustus* 46.

ten bestätigten. Was den Volksversammlungen des ersten Jahrhunderts verblieb, war die Bestätigung der von Magistraten oder den Kaisern selbst in Form eines Antrags (*rogatio*) vorgelegten Gesetze. Sie wurden als *plebiscita* registriert. Unter Kaiser Nerva fand zum letztenmal ein solches »Plebiscit« statt.[2]

**Die klassischen Magistraturen des *cursus honorum.*** Die republikanische Ämterlaufbahn (*cursus honorum*) blieb weitgehend bestehen. Augustus kehrte bezüglich der zu besetzenden Magistraturen zu der von Sulla festgelegten Anzahl zurück, doch das Nebeneinander von »staatlicher« und »kaiserlicher« Verwaltung bewirkte massive Veränderungen. Hinzu kam, daß das vom Kaiser aufgenommene Bündel an Vollmachten (*potestates*) einen wesentlichen Teil magistratischer Kompetenzen überlagerte, so daß bestimmte Magistraturen ihre ursprünglichen Funktionen einbüßten. Ferner wurde der *cursus honorum* neu gegliedert: wie bisher standen patrizischen und plebeischen Bewerbern alle Ämter, d. h. Vigintivirat, Quaestur, Ädilität, Praetur und Consulat, offen, aber für Plebeier wurde zwischen Quaestur und Praetur das Amt des Volkstribunen verpflichtend eingeschoben.

Die Besetzung der Magistraturen vollzog sich zudem unter neuen Bedingungen:[3] Die Kandidaten reichten ihre Bewerbung dem Wahlleiter oder dem Kaiser persönlich ein. Hierbei konnte der Kaiser von seinem Recht der »Vorauswahl« Gebrauch machen, indem er für die Besetzung der Praetur geeignete Kandidaten empfahl (*commendatio*), für die des Consulats geeignete Bewerber benannte (*nominatio*). Seit dem Jahr 5 n. Chr. wählte ein aus Senatoren und Rittern der Richterdecurien geschaffenes Gremium aus den zur Wahl

---

2 Zur »Lex agraria« 96 n. Chr.: CIL VI 1548; Cassius Dio 68,2; E. Cizek, *L'Époque de Trajan*, Paris 1983 S. 195.
3 B. Levick, »Imperial Control under the Early Principate. Commendatio, suffragatio and nominatio«, in: *Historia* 16 (1967) S. 207–230.

Zugelassenen die geeigneten Männer (*destinatio*),[4] seit dem Jahr 14 (Tiberius) bestimmten sie nur noch den jeweiligen Kandidaten für das jeweils zu besetzende Amt (Einkandidatenvorschlag[5]). Der Wahlleiter verkündete anschließend das Ergebnis (*renuntiatio*), das die Comitien bestätigten. Aber Tacitus schreibt, daß Tiberius bereits im Jahre 14 die »Wahl« der Volksversammlung (*comitia tributa*) zugunsten des Senates entzogen hatte.[6] Zudem griffen die Kaiser häufiger in die »freie« Wahl ein durch Benennung eigener Kandidaten (*candidati Caesaris*), die dann als gewählt galten.

**Der Consulat.** Der Consulat blieb weiterhin die repräsentative Magistratur; auch an der Zweizahl wurde festgehalten.[7] Allerdings war den Consuln die politische und militärische Kompetenz weitgehend entzogen; wie alle Magistrate und Militärs leisteten sie dem Kaiser den Gefolgschaftseid. So zeigt Tacitus, daß bereits während des Vierkaiserjahres 68/69 die Consuln sich nicht mehr in der Lage sahen, den Staat in eigener Verantwortung zu leiten.[8] Die Consuln führten weiterhin den Vorsitz in den Senatssitzungen (*ius agendi cum senatu*), doch waren von ihnen selbständig anberaumte Sitzungen selten geworden. Sondersitzungen konnte zudem der Kaiser dank seiner tribunizischen Gewalt einberufen. Außerdem waren die amtierenden Consuln Vorsitzende des mit Strafsachen beschäftigten Senatsgerichtes.

---

4 Augustus hatte zehn Centurien eingerichtet, die die Namen seiner verstorbenen Adoptivsöhne Caius und Lucius trugen (je fünf Centurien). Tiberius erhöhte die Zahl auf 15, indem er fünf nach Germanicus Caesar benannte hinzufügte.
5 Dulckeit/Schwarz/Waldstein, *Rechtsgeschichte*, § 27 II. Dieses Verfahren wird auf der ›Tabula Hebana‹ (Magliano) beschrieben: J. H. Oliver / R. E. A. Palmer, »The Text of the Tabula Hebana«, in: AJPh 75 (1954) S. 225–249; Übersetzung bei Freis, *Inschriften*, Nr. 19.
6 Tacitus, *Annales* 1,15,1.
7 In der Spätantike wurde zumeist ein Consul aus dem Westen und einer aus dem Osten benannt.
8 Tacitus, *Historiae* 3,68.

Die Consulare selbst gliederten sich nunmehr nach Termin und Ansehen der Amtsbekleidung in drei »Rangstufen«: hohes Ansehen besaß natürlich der Amtsantritt zu Jahresbeginn, da die »ordentlichen Consuln« (*consules ordinarii*) wie in republikanischer Zeit das Jahr bezeichneten (*consules eponymi*). Nunmehr wurde unterschieden zwischen denen, die (1) ihr Amt zusammen mit dem Kaiser antraten, und denen (2), die es mit einem anderen Kollegen bekleideten. Ihre Amtszeit war auf ein Halbjahr, drei Monate, wenige Wochen oder Tage beschränkt, danach (3) gaben sie ihr Amt an »Ersatzconsuln« (*consules suffecti*) ab. Zudem konnte der Kaiser beantragen, einer Person die Abzeichen eines Consuls (*ornamenta consularia*) zuzuerkennen. Es ist bis heute nicht eindeutig geklärt, ob die Verleihung der *ornamenta consularia* oder des Ranges eines gewesenen Consuls (*vir consularis*) der tatsächlichen Bekleidung eines Consulats gleichgesetzt war, d. h. ob eine derart geehrte Person bei Antritt eines (Suffect-)Consulats dieses als zweites Consulat (*cos. II*) rechnen durfte.

Innerhalb des Senates orientierte sich das Abstimmungsverhalten der Consulare natürlich nach ihrem Ansehen, wobei diejenigen das höchste besaßen, die mehrere Consulate (möglicherweise als Kollege eines Kaisers) bekleidet hatten. Sie wurden meinungsbildend oder als Sprecher des Senats (*princeps senatus, caput senatus*) bezeichnet.

**Die Praetur.** Das Amt hatte bereits in republikanischer Zeit seine politische Bedeutung weitgehend verloren, behielt allerdings seine juristischen Aufgaben innerhalb der magistratischen Gerichtsbarkeit. Durch die Entwicklung der konkurrierenden außerordentlichen Gerichtsbarkeit (*cognitio extraordinaria*) des Princeps wurden die Praetoren auf die Zivilgerichtsbarkeit beschränkt. Die Praetoren waren Vorsitzende der Schwurgerichtshöfe für Straf- und Zivilsachen, leiteten Fideikomiß-, Fiskal-, Vormundschafts-

und Bürgerrechtsprozesse.[9] Seit 22 v. Chr. wuchs den Praetoren die Aufgabe zu, die öffentlichen Spiele auszurichten. Augustus übertrug 23 v. Chr. die Aufsicht über die Staatskasse zwei *praetores aerarii*, eine Aufgabe, die sie allerdings unter Nero an zwei *praefecti aerarii* abgeben mußten. Im 3. Jahrhundert verschwand die noch aus der Republik stammende Einrichtung der Sondergerichtshöfe (*quaestiones perpetuae*), die unter dem Vorsitz der Praetoren getagt hatten.

Augustus setzte die Zahl der Praetoren auf acht fest, wobei der *praetor urbanus* und der *praetor peregrinus* ihre überkommenen Funktionen bewahrten. Mit dem Anwachsen und der Ausdifferenzierung der Gerichtshöfe aber wuchs die Zahl der Praetoren bis Claudius auf die Normzahl von 18.

**Die Aedilen.** Die Aedilen wurden auf die Aufgaben der Marktpolizei (Marktaufsicht, Marktgerichtsbarkeit) beschränkt und verloren ihre Zuständigkeit für die Ausrichtung von Spielen an die Praetoren, die Getreideverteilung (*cura annonae*) bezüglich der Armen (*plebs frumentaria*) an kaiserliche Beamte. Gleiches galt für die Sicherheitsaufsicht in Rom (*cura urbis*).

**Die Quaestur.** Die Zahl der Quaestoren wurde von Augustus zwar auf 20 festgesetzt, erhöhte sich aber im Laufe der Prinzipatszeit auf 40. Ursprünglich zuständig für die Staatskasse (*aerarium populi Romani*), wurde diese Aufgabe von Augustus zwei *praetores aerarii* übertragen. Damit blieb ihnen in Rom lediglich die Aufsicht über das Staatsarchiv. Ferner wurden sie in den kaiserlichen Provinzen als Unterstützungsbeamte der Statthalter eingesetzt. Zwei *quaestores Augusti* standen dem Kaiser für finanzielle Aufgaben zur Verfügung.

9 Für die Fideikomißklagen, d. h. Erfüllung formfreier oder mündlicher Bitten eines Erblassers, einer dritten Person etwas zukommen zu lassen, wurde von Claudius ein eigener *praetor fideicommissarius* eingesetzt, nachdem zuvor die Consuln diese Aufgabe wahrgenommen hatten; Dulckeit/Schwarz/Waldstein, *Rechtsgeschichte*, § 32 III.3.

**Der Vigintivirat.** Das ursprüngliche Vigintisexvirat wurde reduziert, indem das Zweimännerkollegium für die Straßenreinigung außerhalb Roms (*duoviri viis extra urbem purgandis*) und das Hilfspersonal für die Gerichtssprengel Capua und Cumae (*quattuorviri praefecti Capuam Cumas*) gestrichen wurden. Übrig blieben die auf die Stadt Rom beschränkten Kollegien, die *decemviri stlitibus iudicandis*, die *tresviri capitales*, die *tresviri monetales* und die *quattuorviri viis in Urbe purgandis*.

**Der Volkstribunat.** Am stärksten verlor der Volkstribunat an Macht, da der Kaiser als Inhaber der *tribunicia potestas* alle Funktionen und Rechte eines Volkstribunen besaß, ohne jedoch diesem Gremium anzugehören. Seine Macht überlagerte damit die *potestas* des Zehnmännerkollegiums, ohne an dessen Beschränkung (Einstimmigkeit des Beschlusses) gebunden zu sein. Auch die Volkstribunen waren aus diesem Grunde machtlos gegenüber jeder kaiserlichen Initiative.

**Die Censur.** Die Befugnis der Censoren wurde weitgehend vom Kaiser kraft seiner *cura legum et morum* wahrgenommen: Kontrolle der Senatsmitglieder (*lectio senatus*) und Schatzung der Bürgerschaft (*census civium*). Augustus und Claudius haben die Censur persönlich bekleidet, Vitellius ließ sich offenbar die *censoria potestas* verleihen; Domitian beanspruchte im Jahr 84 die Censur auf Lebenszeit: *censor perpetuus*. Danach gibt es keine gesicherten Hinweise auf das Weiterleben der Institution: die Angabe der »Historia Augusta«, Valerian sei am 27. Oktober 251 zum Censor gewählt worden (»Valerian« 5,4 ff.), ist historisch nicht überprüfbar. Constantin d. Gr. scheint seinem Halbbruder Dalmatius 333 den Titel eines Censors verliehen zu haben, ohne daß wir über die Funktion Bescheid wissen.

**Der Senat.**[10] Während der Censur des Jahres 18 v. Chr. wurde von Augustus eine weitere *lectio senatus* durchgeführt und die Zahl der residierenden Senatoren – von Caesar auf 900 erhöht – erneut auf 600 Mitglieder begrenzt.[11] Obwohl der Senat der repräsentative Staatskörper blieb – Gesandtschaften wurden im Senat empfangen –, verlor er mit Augustus die politische Machtposition. Dies zeigte sich auch in der Reichsverwaltung nach der Aufgliederung der Provinzen in ›senatorische‹ und ›kaiserliche‹. Aufgrund des dem Kaiser verliehenen *imperium maius* konnte dieser auch in den senatorischen Provinzen eingreifen, senatorische gegen kaiserliche austauschen oder senatorische Provinzen aus administrativen bzw. militärischen Gründen an sich ziehen.[12]

Die Mitgliedschaft im Senat ergab sich aufgrund des *cursus honorum*, d. h. ab dem Rang des Quaestors, aber auch über die vom Kaiser dank der censorischen Befugnis geübte Zuwahl (*adlectio in ordinem splendidissimum*). Damit gerieten vermehrt Angehörige des Ritterstandes und Provinzialen in den Senat. Da die Kaiser über außerordentliche censorische Befugnisse verfügten, konnten sie über die Revision der Senatslisten (*lectio senatus*) die Zusammensetzung des Senats kontrollieren.

Augustus beschränkte das Tragen des Purpurstreifens auf Senatoren und Magistrate. Ferner verfügte er feste Sitzungstage; Fernbleiben außerhalb der Senatsferien wurde streng bestraft. Kein Senator durfte ohne kaiserliche Erlaubnis Italien verlassen, außer für Reisen nach Sizilien oder in die Narbonensis. Der Besuch Ägyptens war Senatoren grund-

---

10  A. Chastagnol, *Le Sénat romain à l'époque impériale. Recherches sur la composition de l'Assemblée et le statut de ses membres*, Paris 1992.
11  Cassius Dio 54,14,1; D. Kienast, *Augustus. Princeps und Monarch*, Darmstadt 1982, S. 128 f.
12  Siehe die Amtsbezeichnung des Plinius d. J., als ihm Traian die senatorische Doppelprovinz Pontus-Bithynia übertrug: *legat(atus) pro pr(aetore) provinciae Ponti et Bithyniae consulari potestate in eam provinciam ex s(enatus) c(onsulto), missus ab Imp(eratore) Caesar(e) Nerva Traiano Aug(usto).*
[CIL V 5262 = ILS 2927, Como.]

sätzlich verboten. Angehörige des Senatorenstandes, die seit Marcus Aurelius offiziell den Titel *clarissimi* führten, wurden strengen Heiratsgeboten unterworfen.[13]

In den von Consuln geleiteten Sitzungen besaßen die Senatoren das Recht der freien Diskussion und Meinungsäußerung. Allerdings schwand dieses Recht zunehmend zugunsten der rhythmischen Zustimmung zu Anträgen oberster Magistrate oder des Kaisers.

Der Senat wurde zum Gesetzgebungsorgan in Erweiterung der vormals geübten Senatsempfehlungen (*senatus consulta*): die Verdrängung der Volksversammlung als gesetzesbestätigende Körperschaft setzte die »Senatsgesetzgebung« an die Stelle der alten *legislatio*. Damit wurden die *senatusconsulta* zu *leges*.

Der Senat befand weiterhin über die formale Anerkennung eines Kaisers,[14] sprach diesem Triumphe zu, formulierte Ehrenbezeugungen (*acclamationes*)[15] und beschloß die *dam-*

---

13 Eheverbot zwischen Senatorentöchtern und Freigelassenen, zwischen Senatoren und gerichtlich belangten Frauen.

14 Seit Theodosius d. Gr. wurde die Wahl eines Kaisers zuerst dem Senat von Constantinopel angezeigt.

15 Echte Triumphzüge, wie etwa für Kaiser Aurelian bezeugt (SHA, *Aurelian* 33), wurden nach der Zeit der Antonine immer seltener. Die Akklamation der Truppen, auch bei Kaisererhebungen, wurde dem Senat schriftlich mitgeteilt, wo in einer entsprechenden Sitzung die rhythmisierten Ehrenbezeugungen gerufen wurden: *itum est ad Apollinis templum ac lectis litteris Claudii principis haec in Claudium dicta sunt:* »*Auguste Claudi, dii te praestent.*« *dictum sexagies.* »*Claudi Auguste, te principem aut qualis tu es, semper optavimus.*« *dictum quadragies.* »*Claudi Auguste, te res p. requirebat.*« *dictum quadragies.* »*Claudi Auguste, tu frater, tu pater, tu amicus, tu bonus senator, tu vere princeps.*« *dictum octogies* (SHA, *Claudius* 4,3): »Man begab sich zum Tempel des Apollo, wo nach Verlesen des Schreibens des Claudius (II.) folgende Worte zu Ehren des Claudius gerufen wurden: ›Kaiser Claudius, die Götter sollen dich schützen!‹ Dies wurde 60 Mal gesprochen. ›Kaiser Claudius, dich oder einen Herrscher wie dich haben wir uns immer gewünscht!‹ 40 Mal gesprochen. ›Kaiser Claudius, dich hat der Staat gesucht!‹ 40 Mal gerufen. ›Kaiser Claudius, du bist (unser) Bruder, Vater, Freund, guter Senator, echter Herrscher!‹ 80 Mal gesprochen.« Sueton (*Augustus* 57,2) nennt diese Form rhythmischer Sprechchöre *carmina modulata*, die auch von Musik unterstützt werden konnten.

*natio memoriae* bzw. Vergöttlichung eines Kaisers (einer Kaiserin), auch wenn dies auf Antrag des regierenden Herrschers geschah.

Unter Tiberius erhielt der Senat die Strafgerichtsbarkeit für Fälle, die nicht an offiziellen Gerichtshöfen (*quaestiones*) verhandelt werden sollten, d. h. vor allem bei Prozessen gegen Mitglieder der kaiserlichen Familie oder bei Hochverratsprozessen (*crimen laesae maiestatis*). Zudem war er als »Standesgerichtshof« gedacht in Strafsachen, in die lediglich Senatoren involviert waren. Allerdings begann bereits im 1. Jahrhundert das Kaisergericht Fälle an sich zu ziehen.

In der Spätantike sank der Senat in seiner Bedeutung weiter ab. Mit der Einrichtung des Senates von Constantinopel entstanden zwei unterschiedliche Körperschaften, die in ihren Funktionen denen einer Stadtverwaltung ähnelten. Der stadtrömische Senat besaß zudem bis zu Constantius II. den Vorrang als Gremium der *clarissimi*, dann wurde auch dieser Rang dem Senat (= Synkletos) von Constantinopel verliehen, der sich vermehrt zum »Beamtensenat« entwickelte. Dennoch versuchte zumindest der von Rom, dem vor allem ältere Geschlechter angehörten, sein Ansehen als Repräsentant der »Freiheit« zu bewahren, so wie auch das Senatsgebäude (*curia*) häufig als *atrium libertatis* bezeichnet wurde. Den Senatoren blieb lediglich die Standesgerichtsbarkeit unter Leitung des *praefectus Urbi* erhalten, ebenso die formale Bestätigung der Gesetze und Gesetzeswerke. Das von den Kaisern geübte Recht der *adlectio* aber vermehrte die Zahl der »residierenden« Senatoren wie die der »Ehrensenatoren« so sehr (über 2000 in Rom!), daß statt einer Anwesenheitspflicht seit dem 4. Jahrhundert nur noch ein Abstimmungsquorum von 50 Mitgliedern gefordert war. Aber bereits unter Theoderich d. Gr. wird erkennbar, daß der römische Senat zu einer »Stadtverwaltung« Roms abzusinken begann.

Aus der oben aufgeführten Liste klassischer Magistraturen und Einrichtungen blieben in der Spätantike lediglich der Consulat, die Praetur und der Senat – nunmehr gespalten in

den von Rom und Constantinopel – erhalten, wobei die
Kompetenzen weitgehend eingeschränkt waren auf die
Rechtsprechung, die Finanzverwaltung, die Spiele und die
Bauten.

**Die Stände (***ordines***).**[16] Anders als in der Republik bestand
die Nobilität (*nobilitas*) des Principats nicht nur aus den
führenden Mitgliedern des Senates, deren Ansehen auf der
Bekleidung der Magistraturen basierte, sondern auch aus
den Mitgliedern senatorischer Familien. Daneben entwik-
kelte sich der Ritterstand weiter, da sich aus ihm die Mitarbeiter der kaiserlichen Verwaltung rekrutierten, die in ihrem
Ansehen kaum den Senatoren nachstanden. Zudem besaßen
die Kaiser die Möglichkeit, verdiente Personen aus dem Ritterstand in den Senatorenstand zu befördern, was zur sozia-
len Mobilität beitrug. Aber wenn wir auch immer wieder
den sog. »gebrochenen« *cursus* feststellen können, d. h. den
Wechsel aus der ritterlichen in die senatorische Laufbahn, so
können wir gleichzeitig eine schärfere Trennung zwischen
den Ständen beobachten. Die Kontinuität und »Reinhal-
tung« der Stände wurde durch sog. Ehegesetze gefördert
(»Lex Iulia de maritandis ordinibus«; »Lex Papia Poppaea«). Unverheiratete und Kinderlose hatten mit erheblichen Nachteilen, vor allem im Erbrecht, zu rechnen. Bereits
in der hohen Principatszeit findet sich die Bezeichnung *potentes* für diejenigen, die aufgrund eines Amtes oder ihres
Vermögens, das Voraussetzung für die Bekleidung eines
Amtes war, »Macht« ausüben konnten. Zu ihnen tritt die
Schicht der städtischen Magistrate und Stadträte (*decuriones*, später *curiales*); sie alle gehören aufgrund amtlicher
Funktionen (*honores*) zur großen Gruppe der *honesti* (›*honestiores*‹). Wirtschaftliches Merkmal dieser Gruppe war der
(Groß-)Grundbesitz. Ihnen gegenüber stand die »Unter-
klasse« (*plebs*), die *humiliores* (*tenuiores*), die ihre Interes-

16 J. Gagé, *Le classes sociales dans l'Empire romain*, Paris 1964.

sen häufig nur durch freiwillige Unterordnung unter einen *patronus* wahrnehmen konnten, zumal die *potentes* das Gerichtswesen beherrschten.

a) **Der Senatorenstand** *(ordo senatorius).* Der Senatorenstand hatte auch in der Kaiserzeit den Rang eines »Adels« *(nobilitas)* bewahrt, auch wenn infolge der Bürgerkriege nur noch wenige Familien aus republikanischer Zeit vorhanden waren, und auch diese bedingt durch Hochverratsprozesse[17] oder Abkapselung gegen »Neuadlige« auszusterben begannen. Wie bereits unter Sulla muß unterschieden werden zwischen Familien »residierender« Senatoren und Mitgliedern des *ordo senatorius.* Die Zugehörigkeit zum Senatorenstand war erblich, d. h. der Sohn eines Senators hatte ein Anrecht auf den senatorischen *cursus honorum.* Als Census wurden von Augustus eine Million Sesterzen festgesetzt.[18] Das Vermögen mußte aus (auch italischem) Grundbesitz bestehen gemäß den Bestimmungen der »Lex Claudia de senatoribus« vom Jahr 218 (?) v. Chr. Die Güter lagen weit verstreut in den Provinzen, wo sie von Beauftragten *(conductores)* geleitet wurden, während die Besitzer sich zumeist in ihren italischen Villen aufhielten. Der Reichtum dieses Standes war steuerrechtlich bevorzugt, wurde zwar in der Spätantike durch Sondersteuern belastet, aber kaum gefährdet. Äußerlich dokumentierte sich der Stand durch den breiten Purpurstreifen *(latus clavus),* der auch Senatorensöhnen zustand. Auch die Militärlaufbahn für Senatorensöhne war durch die Bestimmungen für *laticlavi* geregelt. Augustus und seine Nachfolger stützten den Stand dadurch, daß sie schuldlos verarmten Senatoren entweder das fehlende Kapital schenkten oder ihnen entsprechende Kredite gewährten. Im Theater hatten die Senatoren ihre be-

---

17 Sie galten zumindest im 1. Jh. als geeignet, den Principat zu übernehmen, bildeten also eine mögliche Bedrohung regierender Herrscher.
18 Cassius Dio 54,30,2; s. jedoch Sueton, *Augustus* 41, der 1,2 Millionen Sesterzen nennt.

sonderen Plätze. Durch kaiserliche *adlectio* wurden zunehmend außeritalische Familien in den Senatorenstand aufgenommen, so daß dieser ein sprachliches und kulturelles
Spiegelbild des Imperiums darstellte. Plinius d. J. zeigt, daß
die Erhebung in diesen Stand auch durch Empfehlung an
den Kaiser (Traian) erfolgen konnte, ohne daß eine besondere Leistung vorlag.[19]

b) **Der Ritterstand** *(ordo equester).* Anders als der Senatorenstand war der Ritterstand nicht erblich, sondern definierte sich durch den Census, der 400 000 Sesterzen als
Mindestvermögen festlegte, sowie durch die Zulassung zu
diesem Stand durch Berufung *(nominatio)* durch den Kaiser.
Er rekrutierte sich aus der städtischen Aristokratie (Verwaltungsbeamten), reichen Unternehmern und Bankiers. Er
war somit bereits frühzeitig für die Provinzialen offen, was
sich positiv auf die Romanisierung auswirkte. Äußeres Abzeichen war der schmale Purpurstreifen *(angustus clavus)*
und der goldene Ritterring. Auch die Ritter besaßen das
Privileg reservierter Plätze im Theater (hinter den Senatoren). Aus dem Ritterstand rekrutierten sich die Mitarbeiter
des Princeps, und entsprechende Verdienste konnten mit
der Erhebung in den Senatorenstand durch Zuerkennung
eines entsprechenden Ranges (Quaestorier, Praetorier, Con-
sularier) belohnt werden. Vor allem Vertrauensposten in der
kaiserlichen Administration – so der *praefectus praetorio,*
der *praefectus annonae,* der *praefectus vigilum,* der *praefectus Aegypti* – wurden mit Rittern besetzt. Seit Domitian
waren Ritter als Vorsteher der kaiserlichen Kanzleien *(principales officiorum)* tätig, seit Hadrian (?) besaßen sie Zugang
zum kaiserlichen Rat *(concilium principis).* Unter Hadrian

19 Plinius, *Epistulae* 10,4 empfiehlt den Saguntiner C. Licinius Macrinus Voconius Rufus für die *adlectio* aus dem einfachen Grunde, daß dieser ein
Freund aus dem Rhetorikstudium in Rom, gebildet und wohlerzogen sei.
Außerdem habe der junge Mann von der Mutter ein Geldgeschenk von
vier Millionen Sesterzen sowie umfangreichen Grundbesitz erhalten, erfülle damit die ökonomischen Voraussetzungen.

und Antoninus Pius erhielten die aus dem Ritterstand stammenden großen Juristen das *ius respondendi* und waren daher auch am Kaisergericht tätig.

Der Ritterstand wurde seit Marcus Aurelius je nach Dienstrang in *eminentissimi* (*praefecti praetorio*), *perfectissimi* (Praefecten und Mitglieder der kaiserlichen Zentralverwaltung), *egregii* (Procuratoren) hierarchisch gegliedert, wobei die von einem Ritter sukzessive bekleideten militärischen und administrativen Posten genau geregelt wurden: drei Jahre *militiae* als Tribunen bzw. Praefecten, dann eine Procuratur. Die von Pflaum[20] gesammelten Dokumente verweisen häufig auf die Gehaltsstufe, die mit einem Posten verbunden war (*sexagenarius, centenarius, ducenarius*), so daß wir in der Lage sind, die Bedeutung solcher Posten abzuschätzen. Schließlich konnte der Posten eines Provinzgouverneurs, eines Kommandanten der Flotte von Ravenna oder Misenum, des *praefectus vigilum* oder *praefectus praetorio* erreicht werden. Ein hohes Amt war die *praefectura Aegypti*, das der Position eines »Vizekönigs« in Ägypten gleichkam. Die Bedeutung stieg zudem, als mit Kaiser Gallienus in Militärprovinzen Senatoren durch militärisch erfahrene Ritter ersetzt wurden.

Der Niedergang des Ritterstandes erfolgte unter Constantin d. Gr., der seine Beamtenschaft aus dem Senatorenstand rekrutierte. 364 wird zum letztenmal ein Gesetz bezüglich des *ordo equester* und seiner Rekrutierung erlassen.[21]

c) **Der Munizipaladel.** Die Führungsschicht der Städte rekrutierte sich in erster Linie aus dem mittleren Grundbesitz, Bankiers, Händlern und Unternehmern, zu denen auch ehemalige Offiziere zählten. Sie hatten nicht selten überregionale Beziehungen, die sich auch in Familienbe-

---

20 H.-G. Pflaum, *Les carrières procuratoriennes équestres sous le Haut-Empire romain*, 4 Bde., Paris 1960–61.
21 CTh 6,37,1 vom 31. Oktober 364: »De equestri dignitate«.

ziehungen niederschlagen konnten. Diese teilweise recht wohlhabende Mittelschicht besetzte nicht nur die städtischen Magistraturen (*quattuorviri*), bildete den Stadtrat, sie schmückte vor allem dank ihrer Vermögen die Städte mit öffentlichen Bauten, Stiftungen (*alimentationes*), Bibliotheken, Veranstaltungen öffentlicher Spiele und trug den Kaiserkult. Ihr Vermögen, abhängig von wirtschaftlicher Entwicklung in Friedenszeiten, geriet vor allem im 3. Jahrhundert in die Krise; zudem wandelte sich die Steuerverantwortung der Decurionen in eine Steuerhaftung. Bereits unter Traian unterlagen die städtischen Finanzen kaiserlicher Kontrolle (s. dazu den Briefwechsel des Plinius mit Kaiser Traian), wurden die Decurionen für die Aufgaben der Stadtverwaltung (*munera*) haftbar gemacht. Der *ordo decurionum* wurde nicht nur zu einem erblichen Stand, der Eintritt in die *curia* wurde verpflichtend, das Eintrittsalter auf 18 Jahre gesenkt. Trotz einiger Steuerprivilegien führte die Steuerhaftung zum Ruin vieler Vermögen, so daß man sich diesen Verpflichtungen zu entziehen trachtete. Dennoch blieb, vor allem im Osten des Reiches, der Munizipaladel dank der wenn auch beschränkten städtischen Selbstverwaltung bestehen.

**d) Die Plebs.** Alle nicht den genannten Ständen zuzurechnenden Personen zählten zur *plebs*: Kleinbauern, Pächter, freie Landarbeiter, Handwerker und das städtische Proletariat. Hierzu zählten auch die Freigelassenen, auch wenn deren ökonomische Verhältnisse meist besser waren. Da sich Freigelassene aus dem Sklavenstand rekrutierten, d. h. zumeist fremdländischer Herkunft waren, bestimmte Augustus, daß der *dominus* nur noch eine begrenzte Anzahl Freilassungen vornehmen konnte (»Lex Fuvia Caninia«, 2 v. Chr.; »Lex Aelia Sentia«, 4 n. Chr.). Andererseits bestimmte die »Lex Papia«, daß eine Freigelassene mit vier Kindern aus rechtsgültiger Ehe (*iustae nuptiae*) die gleichen Privilegien erhalten sollte wie eine freigeborene Verheiratete nach dem Dreikinderrecht, d. h. Befreiung von der Vormundschaft des Eheherrn oder des Rechtsvormundes (*tutor*) und damit selbständige Geschäftsfähigkeit.

Seit frühester Zeit war es das Hauptanliegen der Kaiser, die Versorgung der Hauptstadt mit Getreide zu gewährleisten, die Bedürfnisse der sozial schwachen *plebs frumentaria* zu befriedigen. Das notwendige Getreide wurde in den kornreichen Gebieten (Afrika, Ägypten, Sizilien) aufgekauft und in Ostia bzw. Rom aufbewahrt. Bereits Kaiser Claudius hatte für die Winterzeit die volle Risikogarantie für überseeische Getreidetransporte nach Rom übernommen.[22] Gleichzeitig wurde von ihm der Hafen von Ostia ausgebaut, auch wenn er die Einweihung nicht mehr erlebte. Die Versorgung der *plebs frumentaria* gehörte zu den vorzüglichen Aufgaben eines Princeps, und natürlich lobte Plinius die Großzügigkeit des Kaisers Traian.[23] Die Anzahl der Bezugsberechtigten wurde von Augustus auf etwa 150 000 bis 200 000 Bürger beschränkt und scheint sich in der Folgezeit auf die geringere Zahl eingependelt zu haben.[24] Traian ging aber vor allem in den Sonderzuwendungen der *congiaria*,

---

22 Sueton, *Claudius* 18,2: *nihil non excogitavit ad invehendos etiam tempore hiberno commeatus. Nam et negotiatoribus certa lucra proposuit suscepto in se damno, si cui quid per tempestates accidisset, et naves mercaturae causa fabricantibus magna commoda constituit pro condicione cuiusque: civi vacationem legis Papiae Poppaeae, Latino ius quiritium, feminis ius IIII liberorum* (»er erdachte alles mögliche, um auch in der Winterzeit Getreidekäufe herbeiführen zu lassen. So garantierte er denn den Händlern sicheren Gewinn, wobei er selbst den Verlust übernahm, falls durch die Stürme etwas geschähe, und für Personen, die Handelsschiffe bauten, verfügte er große Vergünstigungen, gemäß ihrer rechtlichen Stellung: den Vollbürgern die Befreiung von den Bestimmungen der Lex Papia Poppaea – Dreikinderrecht –, den Bürgern latinischen Rechts das volle Bürgerrecht, den Frauen das ›Vierkinderrecht‹«). Zum Ausbau des Hafens von Ostia Sueton, *Claudius* 20; RIC I, »Nero« n. 74. Unter Traian wurde die Hafenanlage erneut ausgebaut.

23 Plinius, *Panegyricus* 25 ff.

24 D. van Berchem, *La distribution de blé et d'argent à la plèbe romaine sous l'empire*, Genf 1939.

die häufig bar ausgezahlt wurden, über diese Zahl hinaus. Natürlich gab es in anderen Städten ähnliche Einrichtungen, die von Decurionen sowie reichen Bürgern und deren Stiftungen getragen wurden.

## 2 Die Verwaltung[25]

Die politische Entmachtung der Magistrate und des Senates, die Gliederung des Reiches in senatorische und kaiserliche Provinzen führten dazu, daß die Administration des Reiches in der vom Kaiser berufenen und abhängigen Beamtenschaft lag. Da es kein Berufsbeamtentum gab, bestimmte die im Laufe einer Karriere erreichte Sachkompetenz die Einsatzmöglichkeit.

### Die Verwaltung der Stadt Rom

**praefectus Urbi.** An der Spitze der städtischen Verwaltung stand der *praefectus Urbi*, der dem Senatorenstand angehörte und meist den Rang eines gewesenen Consuls besaß. Ihm unterstanden die drei am Forum Suarium kasernierten städtischen Kohorten (*cohortes Urbanae X, XI, XII*). Damit besaß er die Polizeigewalt und eine damit verbundene niedere Gerichtsbarkeit innerhalb Italiens. Seit Septimius Severus übte er dann die Strafgerichtsbarkeit für Rom innerhalb von 100 Meilen aus.[26]

**praefectus annonae.** Seit der ausgehenden Republik (vgl. Pompeius) wurde die Aufgabe der Getreideversorgung

---

25 Dulckeit/Schwarz/Waldstein, *Rechtsgeschichte*, § 29 II A.B.
26 *Digesta* 1,12,1,4; Ulpian, *Collatio legum* 14,3,2: *Si intra miliarium centesimum sit iniuria commissa [. . .].*

Roms (*cura annonae*) Einzelpersonen übertragen. Auch Augustus besaß die *curae annonae*, übertrug sie nun aber einem ritterlichen Beamten. Der *praefectus annonae* war zuständig für den Aufkauf von Getreide zur Sicherstellung der Versorgung Roms (*frumentatio*) und kontrollierte die Getreidepreise. Ihm unterstanden entsprechende Beamte in Ostia und den Provinzen, aus denen Getreide nach Rom transportiert wurde bzw. in den Speichern deponiert war. Er auch wies dem *praefectus frumenti dandi* das entsprechende Getreidekontingent zu.

**praefecti frumenti dandi.** Aus der Gruppe der Senatoren wurden die Jahresbeamten gewählt, die für die unentgeltliche Kornverteilung an die dafür berechtigte Stadtbevölkerung (*plebs frumentaria*) zuständig waren. Da es derartige soziale Einrichtungen auch in anderen großen Städten gab, trugen die hauptstädtischen Beamten den Zusatz *domo Roma*.

**praefecti praetorio.** Die mächtigsten Männer in der kaiserlichen Umgebung waren die aus dem Ritterstand kommenden Befehlshaber der Praetorianergarde. Von Augustus im Jahr 2 n. Chr. zum Schutze des Kaisers und der Stadt als Elitetruppe konzipiert, war sie seit Tiberius und seinem Gardepraefecten Seian in der Praetorianerkaserne (*castra praetoria*) vor den Toren Roms zentral untergebracht (zwischen Via Nomentana und Via Tiburtina Vetus). Bereits unter Tiberius als Sprecher des militärischen Willens (*consensus militum*) bei der Eidesleistung hervorgetreten,[27] erreichte Seian eine Stellung, die der eines »Vizekaisers« nahekam. Praetorianerpraefecten und Praetorianer beanspruchten frühzeitig das Recht der Kaiserkür. Seit Marcus Aurelius und dann unter Septimius Severus waren die *praefecti praetorio* gleichsam Vertreter des Kaisers in der Zivilverwaltung und Rechtsprechung, ohne aber ihre militärische Aufgabe als

27 Tacitus, *Annales* 1,7,2.

Befehlshaber der Gardetruppe in der Umgebung des Kaisers zu verlieren. Das Amt wurde normalerweise kollegial geführt, in wenigen Fällen war es nur mit einer Person besetzt. Nach der Auflösung der Praetorianergarde durch Constantin im Jahre 312[28] erhielt das Amt des *Praefectus praetorio* eine neue Definition als juristischer Vertreter des Kaisers innerhalb eines Reichssprengels (*praefectura praetorio*).

**praefectus vigilum.** Das quasi-militärische Amt betraf die Führung der stadtrömischen Nachtwache und die Feuerwehr (*vigiles*). Der aus dem Ritterstand kommende *praefectus vigilum* war der zweithöchste Offizier neben dem *praefectus praetorio* und kommandierte eine aus sieben Cohorten bestehende Mannschaft, die zur Not auch sicherheitspolitische Aufgaben innerhalb der Stadt wahrnehmen konnte.[29] Die Rekrutierung der *vigiles* erfolgte unter den Freigelassenen. Sie waren auf sieben Stationen verteilt, d. h. je eine *cohors* zuständig für zwei städtische Regionen. Die politische Bedeutung des *praefectus vigilum* zeigt sich erstmals beim Sturz des Seian.[30]

Die Stadt Rom selbst wurde in 14 Regionen unterteilt, die meist den Namen eines charakteristischen Bauwerkes trugen: I Porta Capena, II Caelimontium, III Isis et Serapis, IV Templum Pacis, V Esquilinae, VI Alta Semita, VII Via Lata, VIII Forum Romanum, IX Circus Flaminius, X Palatium, XI Circus Maximus, XII Piscina Publica, XIII Aventinus, XIV Trans Tiberim. Die Verwaltung der Regionen unterstand je einem *tribunus plebis* oder einem *aedilis*, diese wurden unterstützt von jährlich zu wählenden Quartiervorstehern (*magistri vici*).

**curatores.** Beibehalten wurden auch die senatorischen Amtsbereiche der *curatores*, zuständig für die städtischen

28 Iohannes Lydus, *De magistratibus* 2,10.
29 H. Freis, *Die cohortes urbanae*, Köln 1967 (Epigraphische Studien, 2).
30 Cassius Dio 58,9.

Wasserleitungen (*curatores aquarum*), die Tiberregulierung und Kloaken (*curatores alvei Tiberis et riparum et cloacarum urbis*) und die öffentlichen Bauten (*curatores aedium*).

## Die Verwaltung Italiens

Durch die Verfügung der Triumvirn wurde das Gebiet der ehemaligen *Gallia cisalpina* Italien zugeschlagen, d. h. es gab keine Provinz mehr auf »italischem« Boden. Augustus teilte das Gebiet in elf Bezirke (*regiones*), die vermutlich nur als Censussprengel dienten.[31] Daneben standen die Städte (*municipia, coloniae*), die ihre aus republikanischer Zeit überkommene Selbstverwaltung bewahrten. Die Kontrolle der Städte wie des italischen Gebietes unterlag dem Senat. Zudem war Italien von der Steuerpflicht des *tributum* (»Kriegssteuer«) befreit, die Vollbürger hatten das Recht, in der Legion oder bei den Praetorianern Dienst zu leisten. Das Gerichtswesen wurde allerdings dem *praetor urbanus* unterstellt. Daneben entwickelte sich das Recht der Appellation an den Kaiser, da in vielen Munizipien Veteranen saßen, die dieses Recht in Anspruch nehmen konnten. Damit wurde zunehmend die Gerichtsbarkeit des Praetors durch die kaiserliche Gerichtsbarkeit verdrängt. In Konsequenz wurde dann unter Hadrian das Amt der *iuridici*, zuerst consularischen, seit Marcus Aurelius praetorischen Ranges, geschaffen. Dafür wurde Italien in vier Gerichtssprengel unterteilt: Transpadana, Aemilia & Liguria & Toscana, Flaminia & Umbria & Picenum, Apulia & Calabria & Lucania & Bruttium. In der Zeit der Severer wurde Italien *correctores* consularischen Ranges unterstellt,[32] die für Finanzen, Verwaltung und Rechtswesen zuständig waren. Das Amt wurde nach dem Tode Caracallas offenbar nicht mehr be-

---

31 R. Thompsen, *The Italic Regions from Augustus to the Lombard Invasion*, Kopenhagen 1947.

32 Der erste war Pomponius Bassus, *corrector totius Italiae* (212?).

setzt, doch sind unter Aurelian *correctores* bezeugt, die für
eine bestimmte Region zuständig waren.[33] Diocletian bezog
Italien in die Provinzialordnung ein, indem er den *correctores* die Funktion von Statthaltern übertrug.[34] Der »Laterculus Veronensis«, ein spätantikes Provinzverzeichnis, kennt
eine Aufteilung Italiens in zwölf Provinzen, von denen er
aber nur acht nennt. Dies hatte zur Folge, daß Italien in die
Steuerordnung Diocletians einbezogen wurde. Nur Rom
und Ostia (Portus) behielten ihre Privilegien unter dem
Verwaltungsvorsitz des *praefectus Urbi*.

## Die Verwaltung der Provinzen[35]

Im Jahre 27 hatte Augustus mit Zustimmung des Senates
eine Aufteilung der Provinzen vorgenommen: militärisch
unsichere oder neugewonnene Provinzen behielt er für sich
(*provinciae Caesaris*), befriedete Provinzen beließ er dem
Senat (*provinciae populi Romani*). Da diese zumeist ohne
Militär waren, wurden sie häufig pauschal als »unbewaffnete Provinzen« (*provinciae inermes*) bezeichnet: Asia,
Pontus & Bithynia, Creta & Cyrenaica, Achaia, Macedonia,
Africa, Sicilia, Sardinia-Corsica, Baetica, Illyricum. Illyricum wurde im Jahr 11 gegen die Narbonensis ausgetauscht,
die als völlig romanisiert angesehen wurde.[36]

**provinciae populi Romani.** Die Senatsprovinzen unterstanden *praesides provinciae* consularischen Ranges (*proconsul*), auch wenn der Amtsinhaber nur die Praetur erreicht hatte. Echte consularische Provinzen waren nur

---

33 So wurde der gallische Usurpator Tetricus nach seiner Unterwerfung zum
   *corrector Lucaniae* berufen: Aurelius Victor 35,5; Eutrop 9,13,2; Epitome
   35,7.
34 W. Seston, *Dioclétien et la Tetrarchie*, Bd. 1, Paris 1946, S. 332 f.
35 Dulckeit/Schwarz/Waldstein, *Rechtsgeschichte*, § 30 II.
36 Plinius, *Naturalis historia* 3,31.

Africa und Asia, die beide – vor allem Asia – als Krönung des senatorischen *cursus* angesehen wurden. Alle *praesides* erhielten seit Augustus eine »Aufwandsentschädigung« aus der kaiserlichen Kasse, wobei das Jahresgehalt sich nach der Bedeutung der Provinz richtete (für die consularischen Provinzen 1 Million Sesterzen). Die Amtsdauer der im Losverfahren bestimmten Statthalter betrug ein Jahr. Die *praesides* übten die Zivil- und Strafgerichtsbarkeit aus und setzten Geschworenengerichtshöfe ein. Sie wurden im Gerichtswesen unterstützt von senatorischen *legati proconsulis pro praetore* (drei in Africa und Asia, sonst nur einer). Ferner wurde ihnen ein *quaestor* beigegeben, der die Finanzkontrolle über die Provinz besaß: er bezahlte das Verwaltungspersonal und war der Staatskasse (*aerarium*) rechnungslegungspflichtig. Die Gewalt der Statthalter war jedoch beschränkt durch das *imperium maius* des Kaisers, der das Recht hatte, jederzeit in einer Provinz einzugreifen oder diese bei schlechter Verwaltung bzw. militärischer Bedrohung an sich zu ziehen. So verschwand bald der Unterschied zu den kaiserlichen Provinzen, da die Kaiser auch über die Besetzung der »Senatsprovinzen« mit geeigneten Kandidaten bestimmten.

**provinciae Caesaris.** Alle übrigen Provinzen, ebenso alle neu hinzugewonnenen, blieben in kaiserlicher Gewalt. Der Kaiser nahm die Verwaltung »seiner« Provinzen nicht persönlich wahr, sondern gab sie selbst gewählten Beauftragten (*legati*), die er aus der senatorischen oder ritterlichen Schicht rekrutierte. So kann man unterscheiden zwischen propraetorischen – die Mehrzahl aller Provinzen, vor allem solche, die bereits in sullanischer Zeit bestanden –, procuratorischen Provinzen und Ägypten, das einen Sonderstatus erhielt. Die propraetorischen Provinzen wurden von *legati Augusti pro praetore* verwaltet, die entweder praetorischen oder consularischen Rang erreicht hatten. Die übrigen Provinzen, zumeist ehemalige kleine Königreiche oder die kleinen Donauprovinzen (Raetia, Noricum), wurden je nach Bedeutung einem *procurator* oder *praefectus* aus dem Ritterrang unterstellt. Ägypten selbst war einem in Alexandria (*Alexandria ad Aegyptum*) amtierenden *praefectus Alexandriae et Aegypti* unterstellt, und der Kaiser verbot Senatoren und reichen Rittern den Besuch Ägyptens ohne direkte kaiserliche Erlaubnis.[37] Die Bedeutung Ägyptens war dadurch gegeben, daß es bis Nero die Kornkammer Roms war, und so war die Bekleidung der *praefectura Aegypti* eine der höchsten Positionen, die ein Ritter erreichen konnte. Daß Ägypten einen Sonderstatus hatte, zeigt sich auch dadurch, daß Ägypter im Gegensatz zu anderen peregrinen Reichsbewohnern nicht direkt das Bürgerrecht erreichen konnten, sondern nur über die Zwischenstufe des alexandrinischen Bürgerrechts.

Im Gegensatz zu den Statthaltern senatorischer Provinzen war die Amtsdauer dieser Statthalter nicht auf ein Jahr beschränkt, sondern richtete sich nach dem Ermessen des Kaisers. Wie in den senatorischen Provinzen besaßen die kaiserlichen Statthalter die Gerichtsbarkeit, die aber bezüglich römischer Bürger vom Kaiser als Appellationsinstanz überlagert wurde; zunehmend wurde die Gerichtsbarkeit besonderen kaiserlichen Beauftragten (*legati Augusti iuridici*) übertragen. Die Statthalter besaßen ferner keine Legaten, sondern einen ritterlichen *procurator fisci*, der das Finanzgebaren innerhalb der Verwaltung der Provinz kontrollierte und nicht dem *aerarium populi Romani*, sondern der kaiserlichen Kasse (*fiscus*) verantwortlich war. Im Gegensatz zu den Proconsuln senatorischer Provinzen hatten die kaiserlichen Statthalter auch das militärische Kommando innerhalb ihres Verwaltungsbereiches, waren aber dem kaiserlichen *imperium proconsulare* untergeordnet. Damit waren alle von ihnen erfochtenen Siege automatisch Siege des Kaisers, der auch für die Aushebung von Truppen, die Entlassung und Versorgung der Veteranen zuständig war.

---

37 Dies betraf auch Mitglieder der kaiserlichen Familie.

Unter den Severern aber begann auch für Ägypten die administrative Sonderstellung zu schwinden, da der Kaiser die Einrichtung der munizipalen Selbstverwaltung zuließ. Lediglich das ökonomische System, das auf der alexandrinischen Sonderwährung für Ägypten beruhte, verhinderte bis zu Diocletian die volle Gleichstellung des Gebietes mit anderen Provinzen. Unter der Tetrarchie aber wurde der Unterschied zwischen kaiserlichen und Senatsprovinzen beseitigt, so daß lediglich das Vorrecht bestehen blieb, die Provinzen Asia, Achaia und Africa mit senatorischen *proconsules* zu besetzen.

## Die kaiserliche Verwaltung

Die kaiserliche Verwaltung entwickelte sich aus den »Hausämtern«, die in großen Haushalten republikanischer *nobiles* bereits üblich waren. Natürlich wuchs mit der Ausweitung der Aufgaben, die der Senat dem Princeps zugestand – oder die in späterer Zeit der Princeps an sich zog –, eine Administration und persönliche Verantwortung der Amtsinhaber. Die Aufgaben wurden zuerst von Freigelassenen wahrgenommen, ohne daß wir unter Augustus oder Tiberius festgefügte »Amtsbereiche« erkennen. Erst unter Claudius entwickelten sich die zentralen Büros, deren inhaltliche Beschreibung während der gesamten Prinzipatszeit im Wesentlichen unverändert blieb: (1) Das Büro *a rationibus* beschäftigte sich mit den Finanzen der kaiserlichen Provinzen, deren Steuererträge in die kaiserliche Sonderkasse (*fiscus Caesaris*, d. h. »Körbchen des Kaisers«) flossen; (2) *a memoria*, zuständig für die kaiserliche Personalverwaltung, die auch die Bestallungsurkunden (*codicillum*) ausfertigte, ebenso vom Kaiser gewährte Bürgerrechtsverleihungen; (3) *ab epistulis* befaßte sich mit Anfragen kaiserlicher Beamter und anderer Verwaltungspersonen, die sich auf diese Weise absichern wollten. Dort wurden auch die Tätigkeitsberichte

Aspekte des Staatswesens

der Beamten gesammelt und ausgewertet, vor allem auf dem Hintergrund administrativer und juristischer Entscheidungen. (4) Das Büro *a libellis* schließlich befaßte sich mit privaten Eingaben und Bittschriften. Das Büropersonal bildeten zumeist Sklaven. Bereits unter Domitian begann eine Ausdifferenzierung der einzelnen Büros, von denen die wichtigsten von Rittern geleitet wurden (*principales officiorum*), während die Bürovorsteher den Reihen der kaiserlichen Freigelassenen (*liberti Caesaris*) entnommen waren. Unter Hadrian schließlich wurden alle »Staatskanzleien« an Ritter vergeben. Die oben angesprochene Ausdifferenzierung der kaiserlichen Verwaltung führte zur Entstehung der Sekretariate:

*a libellis*:[38] Anfragen administrativer oder juristischer Natur → *magister libellorum*

*a cognitionibus*: prozessuale Anfragen und Entscheide bzw. kaiserliche Gerichtsbarkeit → *magister cognitionis*.

*a studiis*: Vorbereitung von kaiserlichen Entscheiden → *magister studiorum*

*ab epistulis*: »persönliche« Schreiben des Kaisers auf Anfragen und Bitten.[39] Die Scheidung des Imperiums in zwei Sprachlandschaften führte zur Untergliederung des Büros in *ab epistulis latinis* bzw. *ab epistulis graecis*, wobei der *procurator ab epistulis graecis* nur 60 000 Sesterzen Gehalt bezog im Gegensatz zum *procurator ab epistulis latinis*, der 100 000 Sesterzen erhielt, da das Gerichts- und Ediktwesen sich an der lateinischen Jurisprudenz orientierte.

*a memoria*: vermutlich Personal- und Archivwesen.

38 Die Anfragen des Plinius d. J. werden von Traian zumeist als *litterae* bezeichnet.
39 Wie die Korrespondenz Plinius' d. J. mit Kaiser Traian (Buch 10) zeigt, wurden die Schreiben in der Kanzlei vorbereitet, aber als persönliche Antworten abgefaßt; z. B. *recte renuntiasti, mi Secunde carissime* (Brief 16; vgl. 20; 44; 50; 62; 89); *libellos . . . legi* (60; 107); *cognovi ex litteris tuis* (36, vgl. 53); *mihi scribes* (78).

Die Gliederung der Büros blieb auch in der Krise des 3. Jahrhunderts weitgehend erhalten. Erst unter Diocletian und seinen Nachfolgern wurde die inhaltliche Beschreibung der Büros (*scrinia*) modifiziert.[40] Die Hierarchie der »Hofämter« begann mit dem *magister officiorum*, dem Chef aller kaiserlichen Kanzleien (*officia*) und vortragenden Räte (*referendarii*). Ihm unterstanden die überkommenen Abteilungen *memoriae* (Ernennungen), *epistolarum* (amtliche Korrespondenz), *libellorum* (Entscheide) und *dispositionum* (Archivwesen), ferner die Kanzlei (*schola notariorum*), die von einem *primicerius notariorum* geleitet wurde, der der Personalchef aller zivilen wie militärischen Beamten war.[41] Er war seit Constantin der Befehlshaber der Palastgarde (*domestici*) und der *agentes in rebus*, die die Funktion von kaiserlichen Kurieren wie Polizei(spitzel) besaßen und in einem eigenen Büro organisiert waren. Weitere hohe Beamte waren der *praepositus sacri cubiculi* (»Kämmerer«, der die Palastbeamten beaufsichtigte), der *quaestor sacri palatii*, der oberste Justizbeamte, der die Erlasse (*edicta*) und Verfügungen (*constitutiones*) des Kaisers ausarbeitete und diesem zur Unterschrift vorlegte,[42] sowie der *comes sacrarum largitionum* (Finanzminister, Beamtenbesoldungen). Für die Einnahmen aus den kaiserlichen Domänen (*res privatae*) wie die Ausgaben der Hofhaltung war der *comes rerum privatarum* zuständig.

Die obersten vier Kanzleichefs, d. h. der *magister officiorum*, der *quaestor sacri palatii*, der *comes sacrarum largitionum* und der *comes rerum privatarum* – ihre Rangbezeichnung war *illustres* – waren seit Constantin d. Gr. (?) ständige Mitglieder des »Staatsrates« (*comites consistoriani*[43]). Bereits Augustus, vor allem aber Tiberius hatte ein Beratergremium

---

40 Dulckeit/Schwarz/Waldstein, *Rechtsgeschichte*, § 26 III 2.

41 Die zivilen Beamten erhielten nunmehr das *cingulum* (Militärgürtel), d. h. ihre Tätigkeit wurde ebenfalls als *militia* gewertet.

42 Der Kaiser unterzeichnete mit *legi*, seit Iustinian mit *legimus*.

43 *consistorium:* Versammlungsort.

aus hochgestellten Senatoren berufen, die Sueton, zur Zeit
Hadrians schreibend, als *velut consiliarii* bezeichnet.[44] Was
zuerst ein Rückgriff auf die republikanische Form der privaten politischen wie juristischen Berater (*amici*) war, entwickelte sich zu einem nicht fest definierten Beraterstab
(*consilium principis*) aus Experten für die jeweils zu behan-
delnden Vorlagen. Zu diesem Gremium wurden seit Domitian auch Ritter hinzugezogen. In die Entscheide des *consilium* flossen die Rechtsgutachten (*responsa*) der Juristen ein.
Diese Form der Expertengremien scheint sich bis Diocletian gehalten zu haben (*sacrum consistorium*); erst unter
Constantin d. Gr. und Constantius II. wurde ein festgefüg-
tes Gremium daraus, dem später auch der *praefectus praetorio* wie die beiden zur Umgebung des Kaisers gehörenden
Heermeister, der *magister peditum praesentalis* und der
*magister equitum praesentalis* angehörten.

## Die Provinzen

Wie bereits oben gesagt, verschwand im Verlaufe des 2. Jahrhunderts, besonders in der Severerzeit, der Unterschied
zwischen kaiserlichen und senatorischen Provinzen, da nunmehr alle Statthalter von den Kaisern ernannt wurden. Die
Größe der Provinzen wurde zumindest bis zu Marcus Aurelius und Commodus weitgehend unangetastet belassen,
doch werden vor allem unter Marcus Aurelius und Lucius
Verus aufgrund militärischer Bedürfnisse mehrere Provinzen zu Großräumen zusammengefaßt, so wie wir es später
in der Einrichtung von Diözesen und Praefecturen ab der
Tetrarchie kennen. Bereits unter Septimius Severus wurden

---

44 Sueton, *Tiberius* 55: *Super veteres amicos ac familiares viginti sibi e numero
principum civitatis depoposcerat velut consiliarios in negotiis publicis* (»Außer alten Freunden und Vertrauten forderte er für sich 20 der angesehensten Männer gleichsam als Berater für öffentliche Angelegenheiten«). Augustus wählte dafür 15 Senatoren.

jedoch Provinzen verkleinert, weil deren Verwaltung entweder mit einem bedeutenden Militärkommando gekoppelt war (Gefahr durch Usurpationen[45]), oder die Gebiete einer intensiveren fiskalischen Kontrolle unterworfen werden sollten: Britannia → Britannia inferior & Britannia superior; Syria → Syria Coele & Syria Phoenice; Africa proconsularis → Africa & Numidia.[46] Unter Diocletian und Constantin wurden die 50 Provinzen der Severerzeit auf fast 100 verdoppelt. Während Asia, Africa und nunmehr Achaia proconsularische Provinzen blieben, wurden die neuen Provinzen *correctores* senatorischen Ranges (*clarissimi viri*) und ritterlichen *praesides* (*perfectissimi viri*) unterstellt. Die Provinzen wurden zu größeren Verwaltungseinheiten (*dioecesis*) zusammengefaßt unter einem *vicarius* (*agens vices praefecti*). Damit entstand ungefähr folgende Gliederung:[47]

im Osten die Diözesen

Oriens: Libya Superior – Libya Inferior – Thebais – Aegyptus Iovia (von 314–324) – Aegyptus Herculia (von 314–324) – Arabia Nova (seit 314) – Arabia – Augusta Libanensis – Palaestina – Phoenice – Syria Coele – Augusta Euphratensis – Cilicia – Isauria – Cyprus – Mesopotamia – Osrhoene

Pontica: Bithynia – Cappadocia – Galatia – Paphlagonia (384 geteilt) – Diospontus – Pontus Polemoniacus – Armenia, nach 381 geteilt in Armenia Minor & Armenia Maior

Asiana: Lycia et Pamphylia – Phrygia Prima – Phrygia – Asia – Lydia – Caria – Pisidia – Hellespontus

---

45 Aus diesem Grunde wurden bereits unter Domitian die Militärsprengel von Ober- und Untergermanien in eigenständige Provinzen getrennt.

46 Statthalter von Numidia wurde der Legat der *legio III Augusta*.

47 Die Liste folgt der Darstellung des Provinzverzeichnisses »Laterculus Veronensis« aus dem Jahre 314; T. D. Barnes, *The New Empire of Diocletian and Constantine*, Cambridge (Mass.) 1982, S. 203–205.

an der Donau die Diözesen

Thracia: Europa – Rhodope – Thracia – Haemimontus – Scythia – Moesia Inferior

Moesia: Dacia – Dacia Ripensis – Moesia Superior (bzw. Margensis) – Dardania – Macedonia – Thessalia – Achaia – Praevalitana – Epirus Nova – Epirus Vetus – Creta

Pannonia: Pannonia Inferior – Savensis (bzw. Savia) – Dalmatia – Valeria – Pannonia Superior – Noricum Ripense – Noricum Mediterraneum

[Illyricum]

im Westen die Diözesen

Britanniarum: Britannia Prima – Britannia Secunda – Maxima Caesariensis – Flavia Caesariensis

Galliarum: Belgica Prima – Belgica Secunda – Germania Prima – Germania Secunda – Sequania – Lugdunensis Prima – Lugdunensis Secunda – Alpes Graiae et Poeninae

Viennensis: Viennensis – Narbonensis Prima – Narbonensis Secunda – Novem Populi – Aquitanica Prima – Aquitanica Secunda – Alpes Maritimae

Hispaniarum: Baetica – Lusitania – Carthaginiensis – Gallaecia – Tarraconensis – Mauretania Tingitana

im Süden die Diözese

Africa: Africa Proconsularis – (Valeria) Byzacena – Tripolitania – Numidia Cirtensis & Numidia Militiana (314 zusammengelegt) – Mauretania Caesariensis – Mauretania Sitifensis

in Italien die Diözesen[48]

Italia Annonaria (Ancona bis Donau): Alpes Cottiae – Raetia – Venetia & Histria – Aemilia & Liguria – Flaminia & Picenum – Tuscia & Umbria

---

48 Die Diözesen waren je einem *corrector* unterstellt, manchmal aber auch einem einzigen (*corrector utriusque Italiae*) übertragen. Rom selbst blieb bis zum 100. Meilenstein dem *praefectus Urbi* unterstellt.

Italia Suburbicaria und die Inseln: Campania – Apulia & Calabria – Lucania & Bruttii – Sicilia – Sardinia – Corsica.

Diese Gebiete wurden gemäß der Zahl der Kaiser in drei oder vier Reichssprengeln zusammengefaßt (*praefecturae*), die von den Kaisern und deren Stellvertretern, den *praefecti praetorio* im Rang von *illustres*, kontrolliert wurden.

# III

## Das Steuerwesen

Die Trennung zwischen den Verwaltungssprengeln Italien, senatorischen bzw. kaiserlichen Provinzen hatte automatisch die Scheidung in verschiedene Finanzkassen zur Folge: das *aerarium populi Romani* blieb weiterhin bestehen, aber der Großteil der Steuern floß nunmehr in die kaiserliche Kasse, den *fiscus Caesaris*. Die Tatsache, daß neben der Verwaltung eigener Provinzen, dem Unterhalt des Heeres, der Besoldung auch senatorischer Statthalter, der Kaiser immer mehr Aufsichts- und Versorgungsbereiche des Staates an sich zog (z. B. *cura annonae* – Getreideversorgung; *cura viarum* – Straßenverwaltung und Straßenbau; *cura vehiculorum* – staatliches Transport- und Verkehrswesen, auch die Post), ließ das *aerarium* bald zur Bedeutungslosigkeit absinken, so daß der *fiscus* zur eigentlichen »Staatskasse« wurde. Bereits Augustus hatte ein entsprechendes *libellum* angelegt, in dem alle Steuereinnahmen (*tributa aut vectigalia*) und Ausgaben (*necessitates ac largitiones*) verzeichnet waren,[1] so daß wir mit einem festen kaiserlichen (staatlichen?) Haushaltsplan rechnen können. Dem Steueraufkommen diente natürlich auch der immer wiederkehrende Census, wobei wir – gemessen an der unterschiedlichen Belastung – zwischen dem römischer Bürger und dem Provinzcensus unterscheiden müssen.

Die Steuern waren in zwei Hauptgruppen gegliedert, die Grundsteuer und die Personensteuer,[2] wobei Italien und Rom von der Grundsteuer bis Diocletian befreit blieben. Dies geschah auch deshalb, weil die Senatoren Grundbesitz in Italien nachweisen mußten.

---

1 Tacitus, *Annales* 11,4.
2 Dulckeit/Schwarz/Waldstein, *Rechtsgeschichte*, § 30 II 3.4.

(1) **tributum soli** bzw. **stipendium.**[3] Ertragssteuern aus Grundbesitz von etwa 10%.[4] Die Steuer konnte entweder als Naturalsteuer (*frumentum*, besonders für Truppenversorgung, Versorgung der Hauptstadt) oder in Geld erhoben werden. Die Besteuerung erfolgte aufgrund eines Census, der die Vermessung des Gebietes (Katastrierung) verlangte.

(2) **tributum capitis.** Eine »Kopfsteuer« bis zum 65. Lebensjahr für Männer und Frauen, die auf der Arbeitskraft des einzelnen beruhte; ferner eine Steuer auf bewegliche Vermögen (z. B. Sklaven, Viehbestand) sowie auf Gewerbeeinkünfte (Händler, Gewerbetreibende, Dirnen). Diese Steuern wurden vor allem dort erhoben, wo sie bereits in vorrömischer Zeit bestanden, z. B. in den hellenistischen Reichen des Ostens, vor allem Ägypten und den griechischen Poleis.

Diese sog. direkten Steuern (*tributum*) wurden in senatorischen Provinzen von Steuerpächtern (*publicani*) erhoben, deren Tätigkeit von den Proconsuln überwacht wurde.[5] Im 2. Jahrhundert wurde der Einzug der Steuern in den Städten den dortigen Behörden (*civitates, decuriones*) übertragen, die nunmehr in Steuerhaftung standen. Die Steuern selbst flossen dem Aerar zu; da aber die Kaiser einen »Kassenbeamten«, den *praefectus aerarii Saturni*, bestimmten, war die Verfügungsgewalt des Senates beschränkt. Zudem liefen die Personensteuern der senatorischen Provinzen (Africa, Asia) seit dem ausgehenden 1. Jahrhundert in den kaiserlichen Fiscus. Im 3. Jahrhundert wurden dann verschiedene Steuerkassen eingerichtet (*arcae publicae*), die aus dem den alten

---

3 *Stipendium* wurde diese Steuer nur in den Senatsprovinzen genannt.

4 Die Berechnung bezieht sich auf die alten, bereits in der Republik erworbenen griechischen bzw. hellenistischen Gebiete, wo dieser Steuertarif mehrheitlich üblich war. Allerdings wurde sie auch dort immer wieder neu berechnet, so daß diese Angabe nur als ungefähre Pauschale gewertet werden darf.

5 Ulpian, *Digesta* 39,4,1,1; Cassius Dio 53,15.

*aerarium* zufließenden Steuern gespeist wurden und häufig
nach der entsprechenden Steuer benannt waren (z. B. *arca
vinaria*, Weinsteuer). Unter den Flaviern und später unter
den Adoptivkaisern wurden in bestimmten Provinzen Personensteuern eingeführt, die nicht dem *aerarium*, sondern
dem *fiscus Caesaris* zuflossen: so der *fiscus Iudaicus*, der *fiscus Asiaticus*, der *fiscus Aegyptiacus*.
In kaiserlichen Provinzen unterstand die Steuererhebung
und Steuereintreibung einem *procurator fisci*, ursprünglich
ein Freigelassener, später ein Ritter. Seit dem 2. Jahrhundert
wurde der Einzug der Steuern den Städten übertragen, deren
Tätigkeit von einem *procurator fisci* überwacht wurde.
Neben diesen direkten Steuern (*tributum*) standen die indirekten Steuern (*vectigalia*):

(1) **Portorium:** Zölle für Warentransporte, die aus einem
    Zollbezirk in einen anderen transportiert wurden. Zu-
    meist wurden größere Wirtschaftsgebiete zu Zollge-
    meinschaften zusammengefaßt; solche waren Gallien,
    Hispanien, Italien, Afrika, Illyricum, Asia. Bis Ende des
    1. Jahrhunderts wurde, um Personalkosten zu sparen,
    der Zoll an Gesellschaften verpachtet, die zumeist einen
    *conductor* beauftragten. Nun finden wir neben den in
    den Provinzen ansässigen Procuratoren, die das Steuer-
    aufkommen der kaiserlichen Provinzen kontrollierten,
    zunehmend Finanzprocuratoren, die das *publicum por-
    torium* kontrollierten. Die Höhe des Portoriums vari-
    iert nach Zollbezirk und Warenwert (*ad valorem*): die
    *quadragesima Galliarum* (Narbonensis, Tres Galliae,
    Alpenprovinzen) etwa betrug 2½ % des Warenwertes.
    Höher waren die Zölle an den Ostgrenzen, wo Luxus-
    güter importiert und exportiert wurden: an Handelssta-
    tionen wie z. B. Dura Europos, Zeugma oder Palmyra
    wurden 25 % kassiert (*quarta mercium*).
(2) **Vicesima libertatis:** eine 5%ige Freilassungssteuer, von
    Caracalla auf 10 % erhöht (Cassius Dio 77,9,4).

(3) **Vicesima quinta venalium manciporum:** 4 % der Kaufsumme eines Sklaven.

(4) **Vicesima hereditatum:** 5%ige Steuer auf Erbschaften und Legate, die alle römischen Bürger zu zahlen haben; von Caracalla auf 10 % erhöht (Cassius Dio 77,9,4).

(5) **Centesima rerum venalium:** 1 % Verkaufssteuer auf Waren und Versteigerungen.

Die beiden indirekten Steuern *vicesima hereditatum* und die *centesima rerum venalium* speisten das *aerarium militare*, das, im Jahr 6 n. Chr. von Augustus geschaffen, die Veteranenentlassung und -versorgung bezahlen sollte. Es wird geleitet von zwei *praefecti* im Rang von Praetoriern.
Hinzu traten Prozeßsteuer, Berufs- und Collegiatssteuern, Monopolsteuern (Salz und Bergwerke), Wege- und Brückenzölle sowie die berühmte Steuer für Bedürfnisanstalten.[6]
Dieses Steuersystem, das je nach sozialer Stellung kaum 15 % Durchschnittsbelastung überstieg, wurde durchbrochen von der Großzügigkeit des Kaisers, der Steuer- und Handelsprivilegien verlieh, Steuerschulden nicht einforderte oder sogar erließ. Doch die Belastung des Staatshaushaltes durch militärische Ausgaben verlangte ein immer besser funktionierendes Steuersystem, das die *honestiores* – vor allem den *ordo senatorius* – zu Lasten der unteren Schichten bevorzugte. Bevorzugt waren auch römische Bürger, die, als *quirites* vom *tributum* befreit, lediglich den *vectigalia* unterlagen. Andererseits waren Peregrine von den typisch römischen Steuern wie Freilassungssteuer oder Erbschaftssteuer ausgenommen. Hier setzte die berühmte »Constitutio Antoniniana« an, indem sie der Mehrzahl der Peregrinen das römische Bürgerrecht verlieh, jedoch *sine diminutione tributorum et vectigalium populi et fisci*, d. h. ohne Minderung der Steuern hinsichtlich der Staatskasse und des Fiscus.[7] Da-

---

6 Sueton, *Vespasian* 32,3. Der Harnstoff wurde zum Gerben gebraucht.
7 So die Formulierung der Tabula Banasitana aus der Zeit des Marcus Aurelius / Commodus.

mit mußten Neubürger neben den bisherigen Steuern noch die »römischen« tragen.

Unter der Tetrarchie wurde die Berechnungseinheit verändert: die Hauptsteuerlast lag weiterhin auf der Landwirtschaft und dem erwirtschaftbaren (Steuer-)Ertrag (*iugum*); daneben aber wurde eine umfassende Personensteuer (*capitatio*) eingezogen.[8] Die *capitatio* griff dabei auf das schon früher in den Provinzen erhobene *tributum capitis* zurück, das teils in Geld, teils in Naturalabgaben geleistet werden mußte. Grundlage der *capitatio* war die Anzahl aller steuerpflichtigen Reichsbewohner, so daß von einer allgemeinen »Kopfsteuer« gesprochen werden darf, von der es Erleichterungen oder Befreiungen gab: Soldaten, die ihre gesamte Dienstverpflichtung abgeleistet hatten, erhielten eine Ermäßigung von vier *capita*, Veteranen, die vorzeitig aus dem Dienst schieden, zwei *capita* oder ein *caput*. Besaß der Steuerpflichtige Grundbesitz, der der Bodenertragssteuer unterlag, konnte die Steuererleichterung damit verrechnet werden. Steuerpflichtig waren vor allem alle freien Landarbeiter und Sklaven zwischen 12 und 60 Jahren, wobei Frauen als halbe Arbeitskraft nur den halben Steuersatz leisten mußten. Nach Lactanz (»De mortibus persecutorum« 23,2) wurden auch Nutztiere der *capitatio* unterworfen.

Neben der *capitatio* stand die Steuereinheit des *iugum*, d. h. einer Bodennutzungseinheit, die nur als Steuerbegriff, nicht in der Flächenausdehnung einheitlich war.[9] Grundlage der Bemessung war möglicherweise eine Fläche, die einem Mann den Lebensunterhalt ermöglichte.[10] Auch sie griff auf

---

8 F. de Martino, *Wirtschaftsgeschichte des alten Rom*, übers. von B. Galsterer, München 1985, S. 466–480.

9 Der Begriff *iugum* ist eine »Steuereinheit«, die je nach Qualität des Bodens und des Anbaues aus mehreren *iugera* (»Morgen«, d. h. Flächeneinheit) bestand.

10 Diese These wird allerdings von F. de Martino (s. Anm. 8) S. 473 abgelehnt. – Die Bezeichnung der Steuergrundfläche variierte gemäß dem Sprachgebrauch der Provinzen: *aroura* (2756 m²) in Ägypten, *centuria* (50 ha) in Africa, *iugum* in Italien: es war der juristische *terminus technicus*.

eine Steuerveranlagung der Principatszeit zurück. So wurde
der Boden nach Ertrag und Lage eingeteilt. Das syrisch-rö-
mische Rechtsbuch gibt für die Zeit Diocletians folgende
Vergleichsform:[11] fünf *iugera*[12] Weinberg gelten steuerrechtlich als ein *iugum*. 20 *iugera* Ackerland bzw. 225 Oliven-
bäume in ebener Lage oder 450 in bergiger Lage ergeben
ebenfalls ein *iugum*. 40 *iugera* minderer (»zweiter«) Qualität, z. B. Bergland, ergeben ein *iugum*. In Gegenden, die als
drittklassig eingestuft sind, entsprechen 60 *iugera* einem *iugum*. *Caput* und *iugum* zusammen ergab nun die Steuerbelastung des Steuerpflichtigen, die zumeist in Naturalien zu
leisten war. Großgrundbesitzer – Senatoren, Ritter, Curialen (Stadträte) – unterlagen dabei der *iugatio*.
Um dieses System durchführen zu können, wurde ein allgemeiner Census eingeführt (*novus census*), der erstmals 287
faßbar wird und danach alle fünf Jahre wiederholt wurde.[13]
Die Censusbeamten (*censitores*) führten dabei auch Grenz-
kontrollen durch; so wurde eine fast unanfechtbare Katastrierung des Reichsbodens erreicht. Im Streitfall wurden
*inspectores* eingesetzt. Die Steuererhebung wurde auf Pro-
vinzebene von Einnehmern (*susceptores*) und Eintreibern
(*exactores*) durchgeführt, die aus dem Stande der Curialen
zwangsverpflichtet wurden. Sie hafteten mit ihrem Vermögen für die berechneten Steueraufkommen. Alle fünf Jahre
wurde eine Kontrolle der Steuerlisten durchgeführt, die
Steuererhebung wurde offiziell »angezeigt« (*indictio*). Allerdings nahm sich der Kaiser das Recht, zusätzliche Steuer-
leistungen zu erheben (*superindictio*).
Die nicht als Grundbesitzer oder Landarbeiter erfaßten
Reichsbewohner waren zu unentgeltlichen Dienstleistungen

---

11 *Liber Graeco-Syriacus Iuris Romani: Leges saeculares* (ex lingua syriaca latine vertit C. Ferrini), FIRA II² § 121.
12 Das Rechtsbuch gibt die Parallelrechnung in Plethren, wobei ein *iugum*
zwei Plethren entspricht.
13 *Archiv des Aristius Optatus*, hrsg. von A.E.R. Boak und H.C. Youtie, Ann
Arbor 1960, Nr. 1, S. 23–29, vom 16. März 297.

(*munera*) verpflichtet, Händler mußten Zölle zahlen, wenn ihre Waren von einer Handelszone in die andere transportiert wurden.

Constantin unterwarf die Senatoren einer Grundsteuer, die in Geld zu leisten war (*glebalis collatio* bzw. *follis senatorius*). Die Steuerbemessung lag je nach Größe des Grundbesitzes bei 2, 4 oder 8 *folles*. Im Jahr 392 senkte dann Theodosius d. Gr. die niedrigste Steuerklasse auf 7 Solidi, die höchste wurde mit einem Pfund Gold festgelegt. Damit ist es fast unmöglich, die 2 *folles* – eine Goldbemessung – in eine reale Steuersumme umzurechnen. Die Senatoren waren neben der Grundbesitzsteuer auch noch zur Zahlung des *aurum oblaticium*, einer »freiwilligen« Sondersteuer, verpflichtet, deren Höhe sie selbst bestimmen durften; es wurde an den Festtagen des Kaisers, z. B. anläßlich der Regierungsjubiläen, erwartet. Die Städte, d. h. die Curialen, hingegen waren zum *aurum coronarium* (»Kranzgold«) verpflichtet, das ebenfalls anläßlich der Kaiserjubiläen, aber auch als Dank für Gnadenerweise (*beneficia*) oder bei Gesandtschaften an den Hof erwartet wurde.

Handwerker, Händler, Gastwirte und alle Dienstleistungsgewerbe (auch Prostituierte) unterlagen der *collatio lustralis*, die eigentlich alle fünf Jahre (*lustrum*) erhoben werden sollte, jedoch jederzeit nach Bedarf eingefordert werden konnte. Befreit davon waren Veteranen (?) und der Klerus.

Neben diesen regulären Steuereinkünften standen die Einkünfte aus Vermögens- und Erbschaftsprozessen; Besitz von Personen, die ohne direkte Erben und ohne gültiges Testament verstarben (*intestati*), wurde eingezogen. Es wurde üblich, daß bei Vermögensprozessen Vertreter der Finanzbehörde anwesend waren, um die staatlichen Interessen zu wahren.

Städter und Bauern waren zudem verpflichtet, Einquartierungen (*hospitalitas*) zu tragen und der Staatspost Pferde zu stellen bzw. sie zu unterhalten. Die Benutzung der Staatspost war kostspielig, und nur der *praefectus praetorio* hatte das Recht, ein *sigillum*, einen »Freibrief«, auszustellen.

# IV
## Das Militär

Die Aushebung von Soldaten (*dilectus*) lag in republikanischer Zeit in der Zuständigkeit des Senates, aber seit Marius hatte sich das Heer in ein stehendes Heer gewandelt. Während der Bürgerkriege war die Anzahl der Truppen infolge von Aushebung und Anwerbung von Freiwilligen durch die jeweiligen Widersacher über alle Maßen angewachsen. Sie waren wie eine politische Gefolgschaft in die Auseinandersetzungen involviert und zwangen sogar ihren Führern Entscheidungen auf. Mit dem Sieg des Augustus wurde daher auch die Entlassung der Soldaten, deren Versorgung, vor allem aber die Neuorganisation des Heeres notwendig.

## 1 Die Legion

Das Feldheer bestand auch weiterhin aus den Legionen als Hauptmilitärkörper. Augustus verringerte ihre Anzahl auf 28, nach dem Untergang von drei Legionen (die *legio XVII, XVIII, XIX*) in der Varusschlacht auf 25. Claudius erhöhte die Zahl um zwei (*legio XV Primigenia, legio XXII Primigenia*), unter Traian waren es bereits 30 Legionen, unter Septimius Severus 33. Die Legionen waren im Prinzip durchnumeriert, wobei auch Doppellegionen (*legio gemina*) auftraten. Häufig erhielten die Legionen einen Beinamen, der von einem bestimmten Rekrutierungsgebiet oder Kriegsziel hergeleitet war. Legionen, die im Krieg (unehrenhaft) untergingen, wurden aus dem Verzeichnis getilgt, ihre Nummern als unglückbringend nicht mehr verge-

ben.[1] Jede Legion hatte eine Sollstärke von 4800 Fußsoldaten, zusätzlich 120 Reiter.[2] Der Dienst (*stipendium*) war anfänglich auf 16 Jahre festgesetzt, wurde dann unter dem
Eindruck der Verluste in Germanien und Pannonien auf
20 Jahre verlängert, eine Regelung, die Tiberius beibehielt.[3]
Nach der Entlassung (*missio*) blieb der Legionär als *vetera-
nus* noch fünf Jahre dienstpflichtig innerhalb der *cohors ve-
teranorum*.[4] Aber diese Regelung scheint bereits im 2. Jahrhundert untergegangen zu sein, d. h. die normale Dienst-
pflicht betrug nunmehr 25 Jahre.[5] Die Legion rekrutierte
sich bis in die Zeit Vespasians aus der Gesamtheit der römischen Bürger,[6] das Rekrutierungsalter lag zwischen 17 und
20 Jahren. Seit Vespasian rekrutierte sich die Legion aus der
Provinz ihres Standlagers, so daß im Laufe des 2. und
3. Jahrhunderts der Anteil der Italiker in der kämpfenden
Truppe immer stärker zurückging.[7] Unter Hadrian wurde
die Legion auf 6100 Mann erhöht, zusätzlich 726 Reiter, die
Lokalrekrutierung allgemein üblich. Nach Ableistung der
Dienstzeit wurde der Legionär ehrenhaft entlassen (*honesta
missio*),[8] unterlag aber noch fünf Jahre als *emeritus* der
Wehrpflicht. Die Legion gliederte sich in zehn Cohorten,
bestehend aus fünf (nur die *prima cohors*) bzw. sechs *centu-*

1 So die im Krieg gegen Arminius untergegangenen Legionen XVII, XVIII,
  XIX, deren Überlebende auf andere Truppenkörper verteilt wurden.
2 Eine genaue Gliederung der Legion in der Hohen Kaiserzeit bietet
  Ph. Filzinger, *Limesmuseum Aalen*, Stuttgart ³1983, S. 50, der unter Einbe-
  ziehung des Lagerstabes wie des Lager- und Hilfspersonals auf 6400 Mann
  kommt.
3 Tacitus, *Annales* 1,17,6; 36,3; 78,2.
4 Unter Augustus bei 16jähriger Dienstzeit nur vier Jahre.
5 A. v. Domaszewski, *Die Rangordnung des römischen Heeres*, hrsg. von
  B. Dobson, Köln/Wien ³1981, S. 78.
6 Die allgemeine Wehrpflicht blieb bestehen, auch wenn sie nicht mehr alle
  Bürger erfaßte.
7 G. Forni, *Il reclutamento delle legioni da Augusto a Diocleziano*, Mailand/
  Rom 1953; G. Forni, »Estrazione etnica e sociale dei soldati delle legioni nei
  primi tre secoli dell'impero«, in: ANRW II 1 (1974) S. 339–391.
8 Natürlich konnte man auch »mit Schande« (*cum ignominia*) aus der Armee
  ausgestoßen werden.

*riae.* Der Sold betrug am Ende der augusteischen Zeit 225 Denare und wurde unter Domitian im Jahr 83 auf 300 Denare erhöht.[9] Weitere Erhöhungen erfolgten unter Septimius Severus und Caracalla, doch sind hierbei auch die Geldentwertungen zu berücksichtigen.[10] Solderhöhungen im 3. Jahrhundert lassen sich nur schwer berechnen.[11] Anläßlich eines Regierungsantritts oder Herrscherfestes erhielten die Truppen Geschenke (*donativa*) und »Großzügigkeiten« (*liberalitates*) ausbezahlt, zumeist in Denaren, doch Diocletian begründet sein Höchstpreisedikt nicht zuletzt mit der Tatsache, daß gerade die Truppen unter einer willkürlichen Teuerung zu leiden hätten. Ferner haben wir genügend Hinweise, daß der Truppensold nicht immer ausbezahlt wurde.

Die Legion unterstand einem *legatus legionis*, in Provinzen mit nur einer Legion hatte der Statthalter diese Funktion inne. Der Legionskommandant entstammte bis Gallienus dem Senatorenstand; ihm waren sechs Tribunen (*tribuni militum*) beigegeben. Der rangerste Tribun entstammte ebenfalls dem Senatorenstand (*tribunus latus clavus*) und war Stellvertreter des Legionslegaten. Alle übrigen *tribuni militum* waren Ritter (*tribuni angusti clavi*). Die Militärtribunen bildeten den Stab des Legionslegaten. Das Legionslager unterstand einem *praefectus castrorum*, der dem Statthalter direkt unterstellt war. Die Truppe selbst wurde von 59 Hauptleuten (*centuriones*) angeführt und einem *primus pilus*, der das Recht hatte, an den Besprechungen des Stabes teilzunehmen. Das Avancement erfolgte durch alle zehn Cohorten, innerhalb deren man den Rang eines *hastatus prior → hastatus posterior → princeps prior → princeps posterior → triarius prior – triarius posterior* durchlief bis zur

9 Sueton, *Domitian* 7,3.

10 Y. Le Bohec, *L'Armée romaine*, S. 225.

11 R. Alston, »Roman Military Pay from Caesar to Diocletian«, in: JRS 84 (1994) S. 113–123; R. Duncan-Jones, »Pay and Numbers in Diocletian's Army«, in: *Chiron* 8 (1978) S. 541–560.

höchsten Stelle eines *primus pilius*, des Kommandanten der
1. Cohorte. *Primus pilus* und *centuriones* entstammten der
kämpfenden Truppe, zählten somit zu den Mannschaftsgra-
den (*ex caligis*).[12]

## Die Namen der Legionen[13]

Legio I Adiutrix: seit Nero (?); Truppenzeichen: Capricorn
(Pegasus). Standort: Italia (unter Nero/Galba bei Rom);
seit Vitellius Hispania, seit Domitian Germania (Mainz),
unter Traian Pannonia (erst Apulum, dann Brigetio)

Legio I Germanica: seit Augustus (?); Truppenzeichen: ?.
Standort: Germania (bei Köln), von Vespasian aufgelöst

Legio I Italica: seit Nero; Truppenzeichen: Eber, Stier.
Standort: Gallien (Lyon), seit Vitellius Moesia

Legio I Macriana: seit Nero (von Clodius Macer in Africa
gegen Nero ausgehoben als *legio I Macriana Liberatrix*);
von Vitellius unter andere Truppeneinheiten Africas aufgeteilt

Legio I Minervia: seit Domitian; Truppenzeichen: Widder,
(Minerva). Ehrenname: *Flavia Pia Fidelis Domitiana*.
Standort: Germania (seit Traian Bonn)

Legio I Parthica: seit Septimius Severus. Standort: Mesopotamien (z. Z. der »Notitia Dignitatum« Nisibena)

---

12 Eine Tabelle der Mannschaftsgrade bietet Y. Le Bohec, *L'Armée romaine*,
S. 67–69.

13 R. Cagnat, »Legio«, in: *Dictionnaire des antiquités grecques et romaines*,
hrsg. von C.V. Daremberg und E. Saglio, Bd. 3, Paris 1904, S. 1047–93, bes.
1075–90; E. Ritterling, »Legio«, in: RE XII (1924/25) Sp. 1186–1837. – Der
hier verzeichnete »Standort« betrifft das sog. Stammlager. Nicht berücksichtigt werden hier die Dislozierungen der Legionen oder einiger
Detachements, die durch Feldzüge bedingt sind. So kann es sein, daß bestimmte Legionen gleichzeitig an verschiedenen Ecken des Imperiums zu
agieren scheinen. Vgl. hierzu etwa die berühmten Legions-Aurei des Usurpators Victorinus, die, geprägt in Trier, ein fast komplettes Repertoire der
damaligen Legionen aufzeigen: I. König, *Die gallischen Usurpatoren von
Postumus bis Tetricus*, München 1981, S. 153.

LEGIO II ADIUTRIX: seit Vespasian; Truppenzeichen: Eber, Pegasus. Ehrenname: *Pia Fidelis*, seit Claudius II. Gothicus *Constans*. Standort: Donau, seit Traian (?) Acumincum, später (seit Hadrian?) Aquincum

LEGIO II AUGUSTA: seit Augustus; Truppenzeichen: Capricorn, Pegasus. Standort: Germania, seit Claudius Britannia (Isca Silurum)

LEGIO II ITALICA: seit Marcus Aurelius; Truppenzeichen: Wölfin, Capricorn. Standort: Noricum

LEGIO II PARTHICA: seit Septimius Severus; Truppenzeichen: Centaur. Ehrenname: *Pia Fidelis Aeterna*. Standort: Italia (Albanerberge bei Rom), unter Constantin im Osten, z. Z. der »Notitia Dignitatum« in Mesopotamia (Cefa)

LEGIO II TRAIANA: seit Traian; Truppenzeichen: Hercules. Standort: Aegyptus (Alexandria, z. Z. der »Notitia Dignitatum« in mehrere Standlager aufgeteilt)

LEGIO III AUGUSTA: seit Augustus (bzw. Caesar): Ehrenname: *Pia Vindex* (unter Septimius Severus). Standort: Africa (Theveste, unter Hadrian Lambaesis?). Aufgelöst unter Gordian III., von Valerian wieder eingerichtet. Ehrenname: *Iterum Pia, Iterum Vindex*, später auch *Constans, Perpetua*, seit Diocletian *Pia Fidelis*

LEGIO III CYRENAICA: seit der Republik; Truppenzeichen: Skorpion. Ehrenname: *Claudia* (unter Nero). Standort: Cyrenaica, seit Augustus Aegyptus (seit Caligula Alexandria), unter Traian Arabia Petraea (Bostra)

LEGIO III GALLICA: seit der Republik; Truppenzeichen: Stier. Ehrenname: *Felix*. Standort: Syrien, seit Hadrian in Phoenizien; unter Elagabal aufgelöst, später (wann?) wieder eingerichtet, seit Aurelian nahe Palmyra

LEGIO III ITALICA: seit Marcus Aurelius; Truppenzeichen: Storch. Standort: Raetia (Reginum)

LEGIO III PARTHICA: seit Septimius Severus. Standort: Mesopotamien

LEGIO IV FLAVIA: seit Vespasian; Truppenzeichen: Löwe. Ehrenname: *Felix*. Standort: Moesia Superior (Singidunum?)

Legio IV Macedonica: seit der Republik (Caesar); Truppenzeichen: Capricorn, Stier. Standort: seit Augustus Hispania (Burgos), unter Claudius Germania (Mainz)

Legio IV Scythica: seit der Republik; Standort: Syria (?), seit Tiberius Moesia, seit Nero Syria (z. Z. der »Notitia Dignitatum« Oresa)

Legio V Alaudae = Legio V Gallica: seit Caesar; Truppenzeichen: Elefant. Standort: seit Augustus zuerst Hispania, dann Germania (Vetera), unter Vespasian aufgelöst

Legio V Macedonica:[14] seit der Republik (Caesar); Truppenzeichen: Stier, Adler. Ehrennamen: (nach Septimius Severus) *Pia, Pia Fidelis, Pia Constans*. Standort: seit Augustus Moesia, seit Nero Pontus, seit Titus Moesia (Troesmis), seit Septimius Severus in Dacia (Torda = Potaissa), seit Aurelian Moesia Inferior (Oescus)

Legio VI Ferrata: seit M. Antonius; Truppenzeichen: Wölfin. Ehrenname: *Fidelis constans*. Standort: Syria (unter Augustus Raphanae oder Apamea), seit Hadrian Palaestina

Legio VI Victrix: seit der Republik;[15] Truppenzeichen: Stier. Ehrenname: *Pia Fidelis* (seit Domitian oder Traian). Standort: seit Augustus Hispania, seit Nero Asturica, seit Vespasian Germania (Vetera), seit Hadrian Britannia (Eburacum)

Legio VII Claudia:[16] seit der Republik; Truppenzeichen: Stier. Ehrenname: *Claudia Pia Fidelis* (seit Claudius). Standort: Illyricum (Viminacium)

---

14 Möglicherweise identisch mit *legio V Urbana*; CIL V 2508; E. Ritterling (s. Anm. 13) Sp. 1572.

15 Anläßlich der Schlacht bei Philippi als *legio VI Macedonica*, erhielt sie von Augustus den Beinamen *Victrix*, Aép. 1899 n. 73; E. Ritterling (s. Anm. 13) Sp. 1598 denkt eher an die *VI Ferrata*.

16 Anläßlich der Schlacht bei Philippi als *legio VII Macedonica*, erhielt sie von Claudius den Beinamen *Claudia*.

Legio VII Gemina: seit Galba.[17] Ehrenname: *Felix* (unter Vespasian), seit Caracalla *Gemina Pia Felix*. Standort: Pannonia, seit Vespasian Hispania (Léon)

Legio VIII Augusta: seit der Republik; Truppenzeichen: Stier. Ehrennamen: seit Claudius *bis Augusta*, unter Commodus *Pia Fidelis* bzw. *Pia Fidelis Constans Commoda*. Standort: Cyrenaica, dann Syria[18] (nahe Beirut), seit Augustus Pannonia (Poetovio = Pettau), seit Claudius Moesia, seit Vespasian Germania Superior (Argentorate = Straßburg)

Legio IX Hispana:[19] seit Caesar (?);[20] Standort: seit Augustus Pannonia, seit Claudius Britannia (zuerst Caleva, dann Lindum, unter Domitian Eburacum); wurde unter Hadrian aufgerieben

Legio X Fretensis: seit der Republik; Truppenzeichen: Stier, Eber (Galere). Standort: Sicilia (Fretum Siculum), seit Augustus Syria (Cyrrhus), seit Vespasian Palaestina (Judaea, Jerusalem, z. Z. der »Notitia Dignitatum« Aila = Eilath)

Legio X Gemina: seit Caesar (möglicherweise die »10. Legion« des Gallienkrieges); Truppenzeichen: Stier. Ehrennamen: *Pia Fidelis* (unter Domitian). Standort: seit Augustus Hispania, seit Vespasian Germania (Arenacum, danach Noviomagus, anstelle der *Legio II Augusta*?), seit Traian Pannonia (Vindobona, anstelle der *Legio III Gemina*)

Legio XI Claudia: seit Caesar; Truppenzeichen: Neptun. Ehrenname: unter Claudius *Claudia Pia Fidelis*. Standort: Dalmatia (Burnum), seit Vespasian Germania Superior (Vindonissa), seit Antonius Pius (Traian?) Moesia Superior (Durostorum)

---

17 Von Galba am 11. 1. 68 gegen Nero ausgehoben (CIL II 2553), daher auch *Galbiana* genannt, Dio 55,24; CIL II 11,86; III 7,25.
18 Damals offenbar mit dem Beinamen *Gallica*, Dio 54,11.
19 Anläßlich der Schlacht bei Philippi als *legio IX Macedonica*, CIL III 551.
20 Caesar soll ihr, so Appian, *Bellum Civile* 4,7, den Beinamen *Triumphalis* verliehen haben.

LEGIO XII FULMINATA: seit (vor?) Augustus. Ehrenname: *Certa Constans* (3. Jh.). Standort: Syria (? Raphanaea), seit Titus Melitene

LEGIO XIII GEMINA: seit Augustus; Truppenzeichen: Löwe. Ehrenname: seit Hadrian: *Pia Fidelis*. Standort: Germania (Mainz, seit Claudius Vindonissa), seit Nero (?) Pannonia (Poetovio = Pettau), seit Domitian Vindobona, seit Traian Dacia (Apulum), seit Aurelian Dacia Ripensis

LEGIO XIV GEMINA MARTIA VICTRIX: seit Augustus; Truppenzeichen: Capricorn, Adler. Ehrenname: seit Nero *Martia Felix*. Standort: Germania Superior, seit Claudius Britannia (Camelodunum, bis nach 62), seit Nero Dalmatia; Vitellius sandte sie nach Britannien zurück, seit Vespasian Germania Superior (Mainz), seit Domitian (?) Pannonia Superior (Carnuntum)

LEGIO XV APOLLINARIS: seit Augustus. Ehrenname: seit Septimius Severus *Pia Fidelis*. Standort: Pannonia (Carnuntum? Emona?), seit Traian (?) Cappadocia (Sattala)

LEGIO XV PRIMIGENIA: seit Claudius. Standort: Germania Inferior, von Vespasian aufgelöst

LEGIO XVI FLAVIA: seit Vespasian, anstelle der *XVI Gallica*; Truppenzeichen: (Löwe?). Ehrenname: seit Traian *Flavia Firma*, seit Antoninus Pius *Flavia Fidelis*. Standort: Cappadocia, seit Traian Syria, z. Z. der »Notitia Dignitatum« Syria Eufratensis (Sura)

LEGIO XVI GALLICA: seit Augustus, Standort: Germania Superior (Mainz), seit Claudius Germania Inferior (Novaesium?), von Vespasian aufgelöst

LEGIO XVII, XVIII, XIX: Standort: unter Augustus Germania Inferior, im *bellum Varianum* (9 n. Chr.) untergegangen. Die Nummern wurden nicht mehr vergeben

LEGIO XX VALERIA VICTRIX: seit Augustus; Truppenzeichen: Eber. Standort: zuerst Illyricum, nach 9 n. Chr.

Germania Inferior (Ara Ubiorum = Köln), seit Claudius
Britannia (Deva = Chester)
LEGIO XXI RAPAX: seit Augustus (9 n. Chr.); Truppenzei-
chen: Capricorn. Standort: Germania Inferior (Vetera),
seit Nero Germania Superior (Vindonissa, seit Vespasian
Mainz), seit Domitian (?) aufgelöst
LEGIO XXII DEIOTARIANA: seit Augustus (9 n. Chr.)[21].
Standort: Aegyptus (Alexandria), unter Hadrian (Trai-
an?) verschwunden
LEGIO XXII PRIMIGENIA: seit Claudius; Truppenzeichen:
Capricorn, Stier. Ehrenname: seit Domitian *Pia Fidelis*.
Standort: Germania Superior (Mainz)
LEGIO XXX ULPIA: seit Traian (J. 98); Truppenzeichen:
Neptun, (Capricorn). Ehrenname: seit Traian *Victrix*, seit
Septimius Severus *Pia Fidelis*. Standort: Pannonia, seit
Hadrian Germania Inferior (Vetera = Xanten)

Lactanz (»De mortibus persecutorum« 7,2) hat Diocletian
und den Tetrarchen vorgeworfen, die Anzahl der Legionen maßlos erhöht zu haben. Die uns überlieferten Zahlen sind allerdings unzuverlässig, da wir einerseits mit einer Verkleinerung der Truppeneinheiten, andererseits mit
einer nie erreichten Sollstärke der Kontingente rechnen
müssen.[22]

---

21 Die vom galatischen Tetrarchen Deiotaros nach römischem Vorbild gegründete Legion wurde bei Einrichtung der Provinz Galatia (J. 25) als
Auxiliareinheit bestehen gelassen. Ihren Beinamen erhielt sie vermutlich
vermutlich unter Claudius. Allerdings ist der Beiname ›Deiotariana‹ erst seit Traian
offiziell.
22 Vgl. A. Demandt, *Spätantike*, S. 256, mit Belegstellen.

## 2  Die Hilfstruppen (*auxilia*)[23]

Die Hilfstruppen gliederten sich in reine Fußtruppen (*cohors peditata*), gemischte Fuß- und Reitertruppen (*cohors equitata*) und reine Reitertruppen (*ala*). Im Gegensatz zur Legion besaßen diese Soldaten kein römisches Bürgerrecht, erwarben dieses aber im Zusammenhang mit der ehrenhaften Entlassung (*honesta missio*) für sich, eine nunmehr gewählte Ehefrau (*uxor*) und aus dieser Verbindung bereits entsprossene Kinder (*liberi*). Diese Regelung galt bis Kaiser Hadrian; seit Antoninus Pius waren die Kinder nicht mehr einbezogen. Die so erworbene *civitas Romana* wurde durch ein von römischen Bürgen bezeugtes und versiegeltes Militärdiplom bestätigt, dessen Original in Rom aufbewahrt war. Das Rekrutierungsalter lag zwischen 20 und 25, die Dienstzeit betrug 25 Jahre. Ihre Aufstellung erfolgte in Eigenverantwortung der *civitates*, die zur Stellung von Hilfsvölkern vertraglich (*foedus*) verpflichtet waren. Sie trugen daher in Iulisch-Claudischer Zeit häufig den Namen des Rekrutierungsgebietes (z. B. *cohors Asturum*, *cohors Raetorum*, *ala Treverorum*). Die Anzahl der von einer *civitas* zu stellenden Cohorten wurde durchnumeriert.[24] Ferner trugen sie Namen von Offizieren (*ala Indiana Gallorum*), von Provinzen (*cohors Germanorum*), von Kaisern (*ala Flavia*, *cohors Aelia*) oder der Ausrüstung (*cohors sagittariorum* = Bogenschützen, *cohors scutata* = Schildträger; *ala dromedariorum* = Kamelreiter). Die Auxiliarformationen konnten natürlich wie die Legionen mit Ehrenbezeichnungen (*pia fidelis*) versehen werden. Eine besondere Ehre stellt die Bezeichnung *civium Romanorum* dar: die gesamte Einheit

---

23  G.L. Cheesman, *The Auxilia of the Roman Imperial Army*, Oxford 1914 (mit einer Liste der in den Provinzen stationierten Auxiliarformationen); Ph. Filzinger (s. Anm. 2) S. 66–71.

24  Z. B. *cohors IV Delmatarum*; insgesamt wurden sieben dalmatische Cohorten aufgestellt.

hatte einst wegen Tapferkeit noch vor der *honesta missio* das römische Bürgerrecht erhalten. Die Organisation bestand aus 480 Mann (*cohors quingenaria*) bzw. entsprechend höher (*ala milliaria* = 1008 Reiter). Kommandant der Auxiliarcohorten war ein *praefectus* oder *praepositus* (*c. quingenaria*), bzw. ein *tribunus* (*c. milliaria*), unter ihm standen die Hauptleute (*centuriones*); sie wurden vom Statthalter ernannt. Die Alen, untergliedert in *turmae*, unterstanden einem *praefectus*, der vom Kaiser ernannt wurde. Diese Offiziere entstammten dem Ritterstand, ihr Avancement war in die Laufbahn der *angusti clavi* integriert: *praefectus cohortis quingenariae* → *tribunus militum legionis* bzw. *tribunus cohortis milliariae* → *praefectus alae quingenariae*. Zu dieser seit Claudius üblichen Karriere (*tres militiae*) wurde seit Hadrian eine vierte Stufe (*quarta militia*) nachgeschoben: *praefectus alae milliariae*.

Bereits in der Zeit der Flavier wurde das Standortgebiet der Auxiliareinheiten auch Rekrutierungsgebiet, obwohl die Namen bestehen blieben. Seit der »Constitutio Antoniniana« besaß die Mehrzahl der Auxiliarsoldaten bereits das römische Bürgerrecht, so daß die Militärdiplomata überflüssig wurden.

## 3 Die Reiterei

Unter Gallienus zeigte sich die Notwendigkeit, den schnell beweglichen, weil berittenen barbarischen Angreifern an der Donau, im Osten (Perser) und in Nordafrika Reiterkontingente entgegenzustellen, deren Effizienz über das berittene Kontingent der Alen und Cohorten hinausging.[25] So

25 K.R. Dixon / P. Southern, *The Roman Cavalry from the First to the Third Century A.D.*, London 1992.

entstand eine »Schlachtenkavallerie«, die als eigenständige taktische Waffe einem *dux* unterstellt war. Der erste dieser Generäle scheint Aureolus gewesen zu sein, doch ist erkennbar, daß der Großteil der sog. »Illyrischen Kaiser« der Kavallerie angehört hatte.[26] Die Schlagkraft dieser neuen Truppe bewies sich in der Auseinandersetzung gegen das Gallische Gegenreich ebenso wie im Einsatz gegen Palmyra. Dennoch blieb die Reiterei in ihrer Bedeutung bis zu Constantin weitgehend hinter der Infanterie zurück.

## 4 Die Flotte (*classis*)

Obwohl mit der Schlacht bei Actium die letzte große Seeschlacht der Antike geschlagen worden war, bestand das Bedürfnis, sowohl im Mittelmeer, wie auch an den großen Grenzflüssen Flottenstützpunkte einzurichten. Die Mittelmeerflotte war nach zwei Kontrollpartien eingerichtet: die Flotten von Forum Iulii [Fréjus], von Misenum und Ravenna waren für den Schutz Italiens und des westlichen Mittelmeeres zuständig, die Flotten von Alexandria und von Syrien waren für das östliche Mittelmeer und die Ägäis zuständig. Zu den weiteren großen Flottenkörpern zählten seit Claudius die Britannienflotte, deren Hauptstandort Gesoriacum [bei Boulogne sur Mer] war, dazu die Rhein- und die Donauflotte. Die Flotten unterstanden einem »Admiral« (*praefectus classis*) aus dem Ritterstand, jedes Schiff einem Steuermannskapitän (*gubernator*) und einem Truppenkapitän (*centurio*). Mehrere Schiffe waren zu kleineren Einheiten zusammengefaßt, die von einem »Flottillenadmiral« (*nauarchus*) befehligt wurden. Die Ruderer und

---

26 E. Ritterling, »Zum römischen Heerwesen des ausgehenden dritten Jahrhunderts«, in: *Festschrift für Otto Hirschfeld*, Berlin 1903, S. 345–349.

Flottensoldaten wurden unter der peregrinen Bevölkerung bzw. den Freigelassenen rekrutiert, wobei die ehrenhafte Entlassung aus dem Dienst (*honesta missio*) mit dem vollen römischen Bürgerrecht belohnt wurde. Da der Dienst bei der Flotte als ›geringer‹ angesehen wurde, betrug die Dienstzeit 26 Jahre. Entsprechend muß auch der Sold niedriger angesetzt werden.

## 5 Die Praetorianer[27]

Ursprünglich Wache am *praetorium*, wurden sie von Augustus als kaiserliche Gardetruppe begründet und stellten auch die »Palastwache«. Sie wurden seit 2 v. Chr. von zwei *praefecti praetorio* aus dem Ritterstand befehligt, die der Kaiser selbst ernannte.[28] Die Praetorianer bestanden aus neun Cohorten à 1000 (?) Mann Elitesoldaten,[29] kommandiert von je einem *tribunus praetorianorum* und sechs *centuriones*. Domitian erhöhte die Zahl der Cohorten auf zehn. Die Cohorten bestanden aus Fußsoldaten (zu rund vier Fünfteln) und Berittenen (zu einem Fünftel); zu ihnen zählte auch die Elitetruppe der *speculatores* (»Späher«), die als kaiserliche Kuriere dienten.[30] Ursprünglich war ihre Dienstzeit

---

27 Y. Le Bohec, *L'Armée romaine*, S. 20 f.; A. Passerini, *Le coorti pretorie*, Rom 1939 (Neudr. 1969); M. Durry, *Les cohortes prétoriennes*, Paris ²1968; M. Durry, »praetoriae cohortes«, in: RE XXII, 1954 Sp. 1607–34.

28 Cassius Dio 55,10.

29 Die Zahl ist nicht völlig klar: Während L. Passerini (s. Anm. 27) und D. L. Kennedy, »Some Observations on the Praetorian Guard«, in: *Ancient Society* 9 (1978) S. 275–301, von 1000 Mann seit augusteischer Zeit ausgehen, befürworten M. Durry und Y. Le Bohec eine Stärke von 500 Mann, die erst von Vitellius auf 1000 gebracht wurde. Vespasian sei zur augusteischen Mannschaftsstärke zurückgekehrt; erst Septimius Severus habe die Stärke erneut auf 1000 gebracht (nach Kennedy bereits unter Commodus auf 1500 erhöht).

30 Sueton, *Caligula* 44,2.

auf 12 Jahre beschränkt, wurde aber bereits unter Augustus auf 16 Jahre erhöht. Alle Veteranen erhielten bei ihrer *honesta missio* eine Geldabfindung, die sich nach Grad und Dienstalter richtete. Längerdienenden (*evocati*) wurde die Möglichkeit geboten, im Zenturionenrang weiter aufzusteigen. Ursprünglich auf verschiedene Lager bei Rom verteilt, wurden sie im Jahr 23 n. Chr. von Seian in einer einzigen Kaserne auf dem Viminal (*castra praetoria*) zusammengezogen.[31] Wegen ihres unrühmlichen Verhaltens im Jahre 193 wurden sie von Septimius Severus »mit Schande« (*cum ignominia*) entlassen; dieser bildete aus der kämpfenden Truppe eine neue Praetorianergarde; der Dienst bei der Legion wurde nunmehr Voraussetzung für den Dienst bei der Garde, so daß es sich hierbei um eine schlagkräftige Truppe handelte. Als solche kämpfte sie auf der Seite des Maxentius gegen Constantin, dem sie 312 an der Milvischen Brücke unterlag. Constantin löste die Garde auf und übertrug ihre Aufgaben den bereits unter Gallienus gebildeten *protectores divini lateris*.

## 6 Die *cohortes urbanae* und die *vigiles*[32]

Es handelt sich bei den *cohortes urbanae* um eine aus drei Cohorten bestehende Polizeitruppe unter dem Befehl des *praefectus Urbi*.[33] Es ist zu vermuten, daß ihre Mannschaftsstärke der der *cohortes praetoriae* nachgebildet war,[34] da sie nach den Praetorianercohorten fortlaufend von X bis XII durchnumeriert waren. Unter Vitellius wurden neun Cohorten aufgestellt, von denen je eine in Ostia, eine in Pu-

---

31 Tacitus, *Annales* 4,2.
32 Y. Le Bohec, *L'Armée romaine*, S. 22 f.
33 Sueton, *Augustus* 49,1.
34 Zur Diskussion Y. Le Bohec, *L'Armée romaine*, S. 22.

teoli und eine in Lyon stationiert war. Vespasian formte die
städtischen Cohorten, die auf der Seite des Vitellius gekämpft hatten, neu und legte eine nach Karthago. Die Cohorte von Lyon wurde durch die *cohors I Flavia urbana* ersetzt, diese wiederum von Septimius Severus nach seinem
Sieg über Clodius Albinus aufgelöst. Seit Aurelian am Forum Suarium kaserniert, standen sie später auf der Seite des
Maxentius. Seit Constantin wurden ihre Aufgaben vom *officium* des *praefectus Urbi* wahrgenommen.

Die *vigiles* waren 23 v. Chr. von Augustus als Brandwache
und Feuerwehr in Rom eingerichtet worden. Ursprünglich
aus 600 Sklaven bestehend, wurden sie 6 v. Chr. neu gegründet, diesmal aus Freigelassenen.[35] Eingerichtet wurden sieben Cohorten à 1000 Mann, die einem *praefectus vigilum*
unterstanden. Sie waren in »Feuerwachen« (*stationes, excu-
bitoria*) untergebracht, verrichteten aber auch Streifen-
dienst. So konnten sie im Eventualfall die *cohortes urbanae*
unterstützen. Claudius stationierte eine weitere Cohorte in
Ostia und in Puteoli.[36] Die Dienstzeit betrug zuerst sechs,
später drei Jahre, nach deren Abschluß das volle römische
Bürgerrecht (*ius quiritium*) erteilt wurde.

# 7 Das Heer der Spätantike

Die Vervielfachung der Kriegsschauplätze wie die Grenzsicherung machten eine Neuorganisation des Heeres notwendig. Bereits Gallienus hatte die Vorarbeit dafür geleistet,
zwischen schnell beweglichen Einheiten (»Fähnchen«, *vexillationes*) der regulären Legionen und stationären Trup-
penkontingenten zu scheiden. Die Legionäre wurden nun

35 Sueton, *Augustus* 25; Cassius Dio 55,26.31.
36 Sueton, *Claudius* 25,6.

vermehrt an den Grenzen (*limes*) stationiert, unterstützt von
Reiterabteilungen (*vexillatio*). So standen in jeder Grenzpro-
vinz zwei Legionen, zwei Vexillationen, Auxiliarsoldaten
(*auxiliares et cohortales*) sowie *gentiles*, rekrutiert aus angesiedelten Barbaren, d. h. Laeten oder *dediticii*. Der Kaiser
selbst schuf sich eine eigene bewegliche Begleittruppe, den
*comitatus*, der weitgehend die Aufgaben der Praetorianergarde übernahm und vom Kaiser selbst befehligt wurde.
Constantin weitete diese Einrichtung aus und schuf das bewegliche Feldheer der *comitatenses*, während die Grenzen
zunehmend von den stationären Auxiliarverbänden bzw.
kleineren Einheiten der Kavallerie und Infanterie bewacht
wurden (*riparenses*, später *limitanei*). Infolge der Trennung
von militärischem und zivilem Kommando wurde nunmehr
das Heer zwei Heermeistern unterstellt, einem *magister peditum* (Fußtruppen) und einem *magister equitum* (Kavallerie).[37] Dieses waren seit Constantius II. zumeist Alamannen,
Franken oder Goten.[38] Die *comitatenses* wurden in der Zeit
Valentinians I. (?) geschieden in die Elitetruppe der *palatini*,
die in der unmittelbaren Umgebung des Kaisers diente –
hierzu zählten auch die vorwiegend germanischen Auxiliarformationen –, während die übrigen Feldtruppen den Namen *comitatenses* bewahrten. Die Grenztruppen hingegen
wurden geschieden in *riparenses* und *pseudo-comitatenses*,
wobei letztere vermutlich Aufgaben über eine reine Grenz-
wehr (Landwehr) hinaus erhielten und damit auch im Ansehen zwischen Feldheer und *riparenses* standen.
Die Soldaten selbst rekrutierten sich zuerst aus den Solda-
tensöhnen (*ex castris*), die dem erblichen Militärdienst unterlagen. Diese hatten sich in den Büros der Aushebungs-

---

37 A. Demandt, »Magister 3b): magister militum«, in: RE Suppl. XII (1970)
Sp. 553–790.
38 K. F. Stroheker, »Zur Rolle der Heermeister fränkischer Abstammung im
späten vierten Jahrhundert«, in: K. F. S.: *Germanentum und Spätantike*,
Zürich/Stuttgart 1965, S. 9–29; K. F. Stroheker, »Alamannen im römischen
Reichsdienst«, in: ebd., S. 30–53.

offiziere, dem Büro der *protectores*, zu melden und konnten nur durch kaiserlichen Dispens freigestellt werden. Ausgehoben wurden zudem alle Diensttauglichen zwischen 18 und 45 Jahren, die nicht einer Berufscorporation oder einer Bauernstelle zugeordnet waren, ferner alle Nichtseßhaften (*vacantes, vagi et otiosi*). Korporationen und Grundbesitzer mußten *einen* Rekruten stellen. Um bei den zahlreichen vom Staat eingeforderten Dienstleistungen Härten zu vermeiden, wurde die Möglichkeit geboten, eine Ablösesumme an den Staat zu zahlen. Für dieses Geld konnten dann Freiwillige – sofern sie nicht dem Erbberufszwang unterstanden – sowie Reichsfremde, zumeist Germanen, angeworben werden.

Umgewandelt wurde auch die kaiserliche Garde. Nach der Auflösung der Praetorianergarde wurden von Constantin die *protectores domestici* eingerichtet, die seit Constantius II. zwei *comites* unterstellt waren, dem *comes domesticorum equitum* bzw. *peditum*. Die Mitglieder der *protectores* waren Angehörige germanischer Fürstengeschlechter[39] bzw. Söhne von Curialen.[40] Constantin schuf als Leibwache die in fünf Abteilungen gegliederten *scholae palatinae*, die, je 500 Mann stark, von einem *tribunus* kommandiert wurden. Die Truppen selbst unterstanden dem *magister officiorum*. Ursprünglich nur fünf *scholae*, standen im 5. Jahrhundert (infolge der Teilung des Reiches) im Osten sieben, im Westen fünf Scholen. Kaiser Leo I. schuf dann im Jahre 460 (?) die kaiserliche Garde der *excubitores*. Sie umfaßte 300 Mann und bestand vor allem aus Isauriern.[41] Einer ihrer Offiziere war der spätere Kaiser Zeno.

---

39 CIL XIII 3682 (Trier): *Hariulfus, protector domes(i)tigus, filius Hanhavaldi, regalis gentis Burgundionum, qui vicxi[t a]nnos XX et mensis nove(m) et dies nove(m). Reutilo avunculus ipsius fecit* (»Hariulf, Angehöriger der kaiserlichen Garde, Sohn des Hanhavald, aus dem Königsgeschlecht der Burgunden, lebte 20 Jahre, neun Monate und neun Tage. Sein Onkel Reutilo hat ihm das Grabmal errichtet«). M. Waas, *Germanen im römischen Dienst*, Bonn 1971.

40 CTh 12,1,38; 88.

41 Iohannes Lydus, *De magistratibus populi romani* 1,16,3.

# V

## Das Rechtswesen

Weder soll hier ein Abriß der Rechtsgeschichte (Rechtsentwicklung) noch eine Entwicklung der Rechtsprechung und des Gerichtswesens vorgelegt werden. Vielmehr sollen, ausgehend von der Definition des Rechts innerhalb der »Institutiones« Iustinians, einige wichtige Begriffe knapp vorgestellt werden. Das für die Ausbildung der Juristen 533 veröffentlichte fundamentale Werk basiert zwar auf den Ausführungen des Gaius, dennoch soll hier – gleichsam als Einleitung – ein Textausschnitt der »Institutiones« geboten werden, um so die Zeitlosigkeit der Definition von der Hohen Kaiserzeit bis zum Ende des weströmischen Kaisertums und darüber hinaus aufzuzeigen.

## 1 Institutiones[1]

1 prooemium *Iustitia est constans et perpetua voluntas ius suum cuique tribuens.* Die Gerechtigkeit ist der beständige und dauerhafte Wille, jedem einzelnen sein Recht zukommen zu lassen.
1,1,1 *Iuris prudentia est divinarum atque humanarum rerum notitia, iusti atque iniusti scientia.* Die Rechtswissenschaft ist die Kenntnis von göttlichen und menschlichen Dingen, das Wissen von Recht und Unrecht.

---

1 Eine vollständige deutsche Übersetzung der *Institutiones* liegt nunmehr leicht zugänglich innerhalb einer zweisprachigen Ausgabe vor: O. Behrends / R. Knütel / B. Kupisch / H. H. Seiler, *Corpus Iuris Civilis. Die Institutionen*, Heidelberg 1993 (UTB 1764).

**1,2,3** *Constat autem ius nostrum aut ex scripto aut ex non scripto, ut apud Graecos:* τῶν νόμων οἳ μὲν ἔγγραφοι, οἳ δὲ ἄγραφοι. *Scriptum ius est lex, plebi scita, senatus consulta, principum placita, magistratuum edicta, responsa prudentium.* Unser Recht aber besteht aus Geschriebenem und Nichtgeschriebenem, wie auch die Griechen festhalten, daß einige der Gesetze schriftlich, andere nicht schriftlich niedergelegt sind. Schriftlich fixiertes Recht besteht aus: Gesetz, Plebisciten, Senatsbeschlüssen, Erlassen der Kaiser, Edikten der Magistrate, Gutachten der Rechtsgelehrten.

**4** *Lex est, quod populus Romanus senatore magistratu interrogante, veluti consule, constituebat. plebi scitum est, quod plebs plebeio magistratu interrogante, veluti tribuno, constituebat. plebs autem a populo eo differt, quo species a genere: nam appellatione populi universi cives significantur connumeratis etiam patriciis et senatoribus: plebis autem appellatione sine patriciis et senatoribus ceteri cives significantur. sed et plebi scita lege Hortensia lata non minus valere quam leges coeperunt.* Ein Gesetz ist, was das römische Staatsvolk auf Antrag eines senatorischen Magistrats, etwa eines Consuls, beschlossen hat. Ein Plebiscit ist, was die Plebs auf Antrag eines plebeischen Magistrats, etwa eines (Volks-)Tribuns beschlossen hat. Die Plebs aber unterscheidet sich vom Staatsvolk wie die Art von der Gattung: denn durch die Bezeichnung »Volk« werden alle Bürger erfaßt, eingerechnet die Patrizier und die Senatoren; durch die Bezeichnung »Plebs« werden alle übrigen Bürger unter Ausschluß der Patrizier und der Senatoren bezeichnet. Aber seit der »Lex Hortensia« (287 v. Chr.) haben Plebiscite nicht weniger Gewicht als Gesetze.

**5** *Senatus consultum est, quod senatus iubet atque constituit. nam cum auctus est populus Romanus in eum modum, ut difficile sit in unum eum convocare legis sanciendae causa, aequum visum est senatum vice populi consuli.* Ein Senatsbeschluß ist, was der Senat befiehlt und festsetzt. Denn da das römische Staatsvolk derart groß geworden

war, daß es schwer war, es zur Verabschiedung der Gesetze
einzuberufen, erschien es billig, den Senat anstelle des Volkes zu befragen.

6 *Sed et quod principi placuit, legis habet vigorem, cum lege*
*regia, quae de imperio eius lata est, populus ei et in eum*
*omne suum imperium et potestatem concessit. quodcumque*
*igitur imperator per epistulam constituit vel cognoscens*
*decrevit vel edicto praecepit, legem esse constat: haec sunt,*
*quae constitutiones appellantur. plane ex his quaedam sunt*
*personales, quae nec ad exemplum trahuntur, quoniam non*
*hoc princeps vult: nam quod alicui ob merita indulsit, vel si*
*cui poenam irrogavit, vel si cui sine exemplo subvenit, perso-*
*nam non egreditur. aliae autem, cum generales sunt, omnes*
*procul dubio tenent.*    Aber auch das, was der Kaiser verordnet, hat Gesetzeskraft, da durch das »Königsgesetz«, das
hinsichtlich seiner Herrschaft erlassen wurde, das Staatsvolk ihm und in ihm seine gesamte Staatsgewalt zugestanden hat. Was immer also der Kaiser durch Schreiben anordnet, aufgrund richterlicher Untersuchung entscheidet bzw.
durch ein Edikt anordnet, hat anerkanntermaßen Gesetzeskraft: dies ist es, was als ›Constitution‹ bezeichnet wird.
Unter diesen befinden sich allerdings persönliche, die nicht
als Beispiel herangezogen werden, weil der Kaiser das nicht
will: denn was er jemandem ob seiner Verdienste gewährt,
eine Strafe auferlegt bzw. jemanden, ohne einen Präzedenzfall zu schaffen, unterstützt, so reicht das über die betrof-
fene Person nicht hinaus. Die anderen hingegen sind ohne
Zweifel bindend, da sie allgemeiner Art sind.

7 *Praetorum quoque edicta non modicam iuris optinent*
*auctoritatem. haec etiam ius honorarium solemus appellare,*
*quod qui honores gerunt, id est magistratus, auctoritatem*
*huic iuri dederunt. proponebant et aediles curules edictum*
*de quibusdam casibus, quod edictum iuris honorarii portio*
*est.*    Auch die Edikte der Praetoren erlangen Gesetzeskraft von nicht geringem Gewicht. Diese pflegen wir auch
als »Amtsrecht« zu bezeichnen, weil diejenigen, die Staats-

ämter bekleiden, d. h. die Magistrate, diesem Recht Geltung
verliehen haben. Auch die Aedilen verkünden für bestimmte
Rechtsfälle ein Edikt, was Teil des »Amtsrechtes« ist.

8 *Responsa prudentium sunt sententiae et opiniones eorum,*
*quibus permissum erat iura condere. nam antiquitus institu-*
*tum erat, ut essent qui iura publice interpretarentur, quibus*
*a Caesare ius respondendi datum est, qui iuris consulti ap-*
*pellabantur. quorum omnium sententiae et opiniones eam*
*auctoritatem tenent, ut iudici recedere a responso eorum non*
*liceat, ut est constitutum.* Gutachten der Rechtsgelehrten
sind Ansichten und Meinungen derer, denen erlaubt war,
Recht zu setzen. Denn von alters her war eingerichtet, daß
es Personen gab, die das Recht öffentlich auslegten. Ihnen
wurde vom Kaiser das Recht, Gutachten zu erstellen, verliehen, und sie wurden Juriskonsulte (›Rechtsgutachter‹) genannt. Die Ansichten und Meinungen all dieser besitzen ein
derartiges Gewicht, daß es einem Richter, wie festgesetzt
wurde,[2] nicht gestattet ist, von diesen abzuweichen.

9 *Ex non scripto ius venit, quod usus comprobavit. nam*
*diuturni mores consensu utentium comprobati legem imi-*
*tantur.* Recht entsteht aus Ungeschriebenem, wenn es
durch Erfahrung gebilligt ist. Denn lang andauernde
Gewohnheiten, die durch die Übereinstimmung derer, die
damit Erfahrung haben, gebilligt werden, kommen einem
Gesetz gleich.

11 *Sed naturalia quidem iura, quae apud omnes gentes per-*
*aeque servantur, divina quadam providentia constituta sem-*
*per firma atque immutabilia permanent: ea vero, quae ipsa*
*sibi quaeque civitas constituit, saepe mutari solent vel tacito*
*consensu populi vel alia postea lege lata.* Naturrechtliche
Rechtssätze aber, die von allen Völkern gleichermaßen beachtet werden, bleiben, als von gleichsam göttlicher Vorse-
hung festgelegt, für immer fest und unveränderlich; diejenigen Rechtssätze hingegen, die sich jede staatliche Gemein-

2 Gaius, *Institutiones* 1,7.

schaft selbst setzt, pflegen häufig verändert zu werden, sei es durch stillschweigende Zustimmung des Staatsvolkes, sei es durch später erlassene Gesetze.

12 *Omne autem ius, quo utimur, vel ad personas pertinet vel ad res vel ad actiones.*   Alles Recht aber, das wir anwenden, bezieht sich entweder auf Personen oder auf Sachen oder auf Klagen.

## 2 Gesetze und Anordnungen[3]

**Lex.** Unter Augustus trat die gesetzgeberische Tätigkeit der Volksversammlungen hinter die des Senats zurück, und auch die anfänglich geübte Bestätigung durch die *concilia* wurde aufgegeben. Gaius (»Institutiones« 1,4) verweist darauf, daß Senatsbeschlüsse (*senatus consulta*) nunmehr Gesetzeskraft erhielten (*legis vicem optinent*). Da nach republikanischer Gewohnheit das Gesetz den Namen des Antragstellers (*legislator*) tragen sollte, wurden bis ins 2. Jahrhundert solche »Senatsgesetze« mit dem Namen des Antragstellers verbunden: z. B. *S(enatus) C(onsultum) Hosidianum* (Jahr 44 n. Chr.), *SC Claudianum* (Jahr 47), *SC Iuventianum* (Hadrian), *SC Orfitianum* (Jahr 178); daneben standen *senatus consulta*, die lediglich mit dem Sachtitel belegt waren: *SC de aedificiis non diruendis* (Jahr 44 und 56 = SC Hosidianum; SC Volusianum), *SC de collegiis* (Zeit des Augustus), *SC de sumptibus ludorum gladiatoriorum minuendis* (Jahr 176). Aber das Recht des Kaisers, Anträge einzubringen, überlagerte auch diese Tätigkeit.

**Oratio principis.** Antrag des Kaisers im Senat, den dieser entweder persönlich einbrachte oder durch einen Vertreter

3 M. Kaser, *Rechtsgeschichte*, § 34.

verlesen ließ. Durch Akklamation im Senat erhielt er Gesetzeskraft.

**Constitutio (principis).** Basierend auf der vom Senat ausgesprochenen *lex de imperio*[4] erhielten die kaiserlichen Rechtssetzungen, die ohne Mitwirkung des Senates zustande gekommen waren, dank der kaiserlichen *auctoritas* Gesetzeskraft.

**Edicta.** Ähnlich den republikanischen Amtsinhabern besaß der Kaiser – sei es als amtierender Consul, sei es aufgrund der ihm zugesprochenen außermagistratischen *potestates* – das Recht, innerhalb eines bestimmten Bereiches Verfügungen zu treffen. Dank der überlegenen *auctoritas* des Kaisers waren diese den Verfügungen der übrigen Magistrate überlegen.

**Decreta.** Ursprünglich magistratische »Prozeßentscheidungen«, waren es auch Entscheide der kaiserlichen Gerichtsbarkeit. Entweder wurde eine Sache erstinstanzlich vor dem Kaisergericht verhandelt und entschieden, oder das Kaisergericht war als Appellationsgerichtshof damit befaßt. Zudem konnte sich in Fällen, da das geltende Recht als unangemessen (*iniquum*) erschien, eine Gerichtsbehörde an den Kaiser wenden und seine höhere *auctoritas* anrufen. Auf diese Weise war eine Fortbildung des Rechts möglich.

**Rescripta.** Kaiserliche Antwortschreiben auf Anfragen aus zumeist kaiserlichen Provinzen. Diese Rechtsauskünfte wurden von der kaiserlichen Kanzlei auf der Basis des dort verwahrten Archivmaterials vorbereitet, im juristischen Beraterstab – später *consilium* bzw. *consistorium* – entschieden und als Antwort des Kaisers von der entsprechenden Kanz-

---

4 Die *Institutiones* nennen sie eine *lex regia* in Anlehnung an die Berufung des altrömischen Königs.

lei ausgefertigt. Die *rescripta* bezogen sich zwar auf einen
speziellen Fall, besaßen aber den Charakter von Grundsatz-
entscheiden.

**Subscriptio.** Aktenvermerk des Kaisers auf Anfragen von
Privatpersonen (*libelli, preces*). Die Eingaben wurden in der
Kanzlei *a libellis* bearbeitet und dem Kaiser zur Entschei-
dung vorgelegt. Die Entscheidung wurde publiziert durch
Aushang (*propositio*) in Rom, versehen mit dem Namen des
Kaisers (oder der Kaiser), dem Namen des Adressaten, dem
Datum der Publikation [*subscriptio d(ata)*], des Aktenver-
merks [*s.s(ubscripta)*] oder des Aushangs [*s.p(ro)p(osita)*].
Der Anfragende hatte sich selbst um eine Abschrift des
Entscheids zu bemühen. Die *subscriptiones* gehören zur
Gruppe der *rescripta*.

**Epistulae.** In die gleiche Kategorie kaiserlicher Schreiben
gehören die Antwortschreiben auf Anfragen von Provin-
zialbeamten, Städten oder Provinziallandtagen. Sie unterschieden sich von den Rescripta lediglich durch den persönlich gehaltenen Stil der Antwort.
*Edicta, decreta, rescripta* und *epistulae* gehören zu der großen Gruppe der Kaiserconstitutionen.

**Mandata (principis).** Dienstanweisungen des Kaisers an
seine Stellvertreter und Unterbeamten in den Provinzen
(*Praefectus Aegypti, legati Augusti, procuratores*). Vor allem
in der Finanzverwaltung (*procuratores fisci*) spielten die
*mandata* eine bedeutende Rolle. Das *mandatum principis*
war im Prinzip eine an die Person des Empfängers gebun-
dene Anweisung und galt nur für die Regierungszeit des
Herrschers, der diese erließ.

**Pragmaticum.** Ein »oft auf Bitten von Einzelpersonen erlassenes Gesetz, aber immer von allgemeinem Interesse,

und heißt deshalb auch *lex pragmatica*«.[5] Nach einer An-
ordnung des Kaisers Zeno aus dem Jahr 477 mußten jedoch
alle derartigen Verfügungen auf ihre Gültigkeit hin überprüft werden; die *leges pragmaticae* sollten ihre Gültigkeit
nur dann behalten, wenn sie an Korporationen, Verwal-
tungsbehörden, Städte oder Provinzen gerichtet waren; an
Einzelpersonen durften sie nicht mehr gerichtet sein.[6]

**Annotatio.** Anmerkungen bzw. Randvermerke des Kaisers, die von minderem Gewicht (*auctoritas*) und daher vor
Gericht nicht zugelassen waren. *Annotationes* konnten daher kaiserliche *rescripta* nicht außer Kraft setzen.[7]

## 3 Die Gerichtshöfe

Die seit der klassischen Republik gültige Scheidung zwischen Privatrecht und Kriminalrecht wurde beibehalten. So
regelte die »Lex Iulia iudiciorum privatorum« die Privat-
strafklage, die von einem Einzelrichter, den die streitenden
Parteien im Einvernehmen mit dem Gerichtsmagistrat
wählten (*iudex privatus*), entschieden wurde. Nur in
schwierigen Fällen wurde ein Gremium aus drei Geschwo-
renenrichtern (*recuperatores*) bestellt. Die Richter wurden
einer Richterliste entnommen, die jährlich aufgestellt
wurde. Augustus hatte den bisherigen drei Richterdecurien
(Senatoren und Ritter) eine vierte aus weniger wohlhaben-
den Bürgern (*ducenarii*) für geringere Straftaten hinzuge-
fügt, das Alter für die Tätigkeit am Geschworenengericht

---

5 F. Dölger / J. Karayannopulos, *Byzantinische Urkundenlehre*, Bd. 1: *Die
Kaiserurkunden*, München 1968, S. 78.
6 CJ 1,23,7.2 (vom 23. Dezember 477).
7 CTh 1,2,1, Trier 30. 12. 313.

auf 30 Jahre abgesenkt.[8] Caligula fügte eine weitere *decuria* hinzu (Sueton, »Caligula« 16,2).

Eine »Lex Iulia iudiciorum publicorum« regelte die Einsetzung von zehn Geschworenengerichtshöfen zu 17 Richtern, die zumeist unter einem Prätor tagten und wie in Sullanischer Zeit für bestimmte Delikte (*crimina*) zuständig waren.

Unter Ausnutzung des republikanischen *ius intercedendi*, d. h. des Rechtes des höheren Magistrats, das Urteil eines geringeren zu kassieren, entwickelte sich die Möglichkeit der Appellation an den Kaiser. Sie bildete sich im Bereich der *cognitio extra ordinem* heraus und hatte abändernde Wirkung: Durch schriftliche Eingabe (*libellum*) wurde eine Aufschiebung des Urteils (*suspensio*) beantragt, um den Fall von einer höheren Instanz prüfen zu lassen. Dies hatte zur Folge, daß der Fall und seine Rechtsgrundlage noch einmal neu verhandelt werden mußte. Entstanden aus der statthalterlichen *iurisdictio*, der der Kaiser in den eigenen Provinzen vorgesetzt war, war in Auslegung des *imperium maius* die Appellation auch aus senatorischen Provinzen möglich. Damit ist das vom *praefectus praetorio* oder dem Kaiser persönlich entschiedene Verfahren als »letztinstanzlich« anzusehen. Hiernach war nur noch der »Gnadenerweis« (*indulgentia*) möglich. Auf diese Weise entwickelte sich ein Instanzenzug, der in dieser Ausformung in der Republik nicht bestanden hatte.

Ausgenommen war weiterhin das magistratische Urteil, gegen das keine Appellation möglich war,[9] doch bestand die Möglichkeit, das Kaisergericht anzurufen bzw. für den Kaiser einen Prozeß an sich zu ziehen. Es war nur natürlich,

---

8 Sueton, *Augustus* 32,3; es handelt sich um den halben Rittercensus. Möglicherweise wurden bereits unter Augustus die Senatoren aus den *decuriae iudicum* ausgeschlossen, obwohl ein in seine Zeit einwandfrei datierbares Zeugnis fehlt; Th. Mommsen, *Römisches Staatsrecht*, Bd. 3, Leipzig ³1887 (Nachdr. 1963), S. 535 Anm. 3; A. Neumann, »Decuria«, in: KlP I, Sp. 1416 f.
9 Sueton, *Caligula* 16,2.

daß unter diesen Umständen selbst erfahrene Magistrate (z. B. Statthalter senatorischer Provinzen) schwierige Fälle an das Kaisergericht zur Entscheidung überwiesen.

Das Kaisergericht war ein außerordentliches Verfahren (*cognitio extra ordinem*), das Zivilklagen betraf.[10] Bereits in der ausgehenden Republik hatte es diese Form, in der ein magistratischer *iudex* ein Verfahren von Anfang bis zur Urteilsverkündung leitete, gegeben. Streitgegenstand war dabei eine Auseinandersetzung zwischen einer Privatperson und dem Staat. Augustus dehnte nun diese Möglichkeit auf Privatklagen zwischen Bürgern aus. Mit der Prozeßführung wurde ein Richter (*praetor*) beauftragt. Dieses Verfahren war nicht an das klassische ›Spruchformelverfahren‹ gebunden,[11] so daß sich eine größere Freiheit entwickelte: bislang nicht nach der klassischen Form zu führende Prozesse (z. B. Fideikomiß) konnten damit erfaßt werden. Der für den Klagebereich zuständige Praetor gab an den Geschworenenrichter (*iudex pedaneus*) eine Instruktion (*formula*) aus, die den Streitgegenstand fixierte.

**Quaestio.**[12] Nach römischem Verständnis konnte ein Magistrat lediglich bei politischen Straftaten (*crimen laesae maiestatis*) selbständig Klage erheben. Im Normalfall war eine Privatanzeige notwendig, die von jedem Bürger eingereicht werden konnte. Aufgrund dieser Anzeige lud der Kläger den Beklagten vor einen Magistrat (Praetor oder Statthalter); dort wurde öffentlich der Schuldvorwurf erhoben (*edere crimen*), den der Beklagte bejahen (*confessio*) oder verneinen konnte. Legte er ein Schuldeingeständnis ab, wurde der *confessus* sofort verurteilt. Leugnete er, so mußte der Magistrat über die Zulassung der Klage entscheiden (*receptio nominis*). Der Kläger mußte dann innerhalb einer gesetzten Frist (meist 30 Tage) den Beweis seiner Anschul-

10 Dulckeit/Schwartz/Waldstein, *Rechtsgeschichte*, § 32 III.
11 Siehe dazu die »Lex Aebutia« des Jahres 2 v. Chr.
12 D. Medicus, »Quaestio«, in: KlP IV, Sp. 1287 f.

digung erbringen (*inquisitio*). Anschließend wurde die
Geschworenenbank durch Los (*sortitio*) bestimmt, wobei
Geschworene wegen Befangenheit oder Interesse abgelehnt
werden konnten (*reiectio*). Beide Parteien mußten vor den
Geschworenen ihre Position begründen, danach wurde vom
vorsitzenden Magistrat den Geschworenen die Frage nach
Schuld oder Unschuld des Beklagten gestellt. Die Geschworenen zogen sich zur Beratung zurück (*mittere in consilium*)
und fällten ihren Spruch, für den eine einfache Mehrheit ausreichte: (*non*) *fecisse videri*. Der vorsitzende Magistrat verhängte dann das Urteil (Strafmaß) gemäß dem Strafgesetz.
Bei Verbrechen gegen den Staat (*crimina publica*) waren
Ankläger (*delatores*) zugelassen, die bei Erfolg der Klage
mit einem Anteil (¼?[13]) entschädigt wurden. Dafür mußten
sie gegenüber dem Gericht die Beweislast tragen. Erwies
sich die Beschuldigung als haltlos, so drohte dem *delator*
seit Hadrian die Strafe, die den Beschuldigten erwartet
hätte.
Es erscheint sinnvoll, ein solches Gerichtsverfahren zusammen mit Anfrage und Antwortschreiben des Kaisers (kaiserlicher Kanzlei) anhand des bekannten ›Christenbriefes‹
des Plinius d. J. vorzustellen, der den Vorgang der *cognitio*
zusammen mit der Darstellung des Falles präzise beschreibt. Hierbei sollen die für die Kirchengeschichte relevanten Fragen ausgespart bleiben.[14]

## Plinius, *Epistulae* 10,96[15]

*C. Plinius Traiano Imperatori.* (1)*Solemne est mihi, domine,
omnia de quibus dubito ad te referre. Quis enim potest*

13 Sueton, Nero 10 zur »Lex Papia«.
14 Es soll lediglich angemerkt werden, daß wir vor allem über die Märtyrerakten die Vorgehensweise und das Gerichtsverfahren römischer Behörden
erkennen können.
15 A. N. Sherwin-White, *The Letters of Pliny. A historical and social commentary*, Oxford 1966, S. 691–710. – Die wichtigsten Rechtsausdrücke sind hervorgehoben und werden S. 416 f. erläutert.

*melius vel cunctationem meam regere vel ignorantiam in-*
*struere?* **Cognitionibus** *de Christianis interfui numquam:*
*ideo nescio quid et quatenus* **aut puniri soleat aut quaeri.**
C. Plinius an Kaiser Traian. Es ist mein Grundsatz, Herr,
Dir alle Fälle, wo ich im Zweifel bin, vorzulegen. Denn wer
kann mich besser lenken, wenn ich zögere, oder mich infor-
mieren, wenn ich etwas nicht weiß? An Gerichtsverhandlungen gegen die Christen habe ich niemals teilgenommen;
daher weiß ich nicht, was und wieweit man zu strafen oder
zu untersuchen pflegt.

(2)*Nec mediocriter haesitavi, sitne aliquod* **discrimen aetatum,**
*an quamlibet teneri nihil a robustioribus differant; detur* **pae-**
**nitentiae venia,** *an ei, qui omnino Christianus fuit, desisse non*
*prosit; nomen ipsum, si* **flagitiis** *careat, an flagitia cohaerentia*
**nomini** *puniantur. Interim, ⟨in⟩ iis qui ad me tamquam Chri-*
*stiani deferebantur, hunc sum secutus modum.* Auch habe
ich nicht geringe Unsicherheit verspürt, ob man beim Alter einen Unterschied macht, oder ob kein Unterschied besteht
zwischen einem ganz jungen und einer reiferen Person, ob
Reue Gnade nach sich zieht oder dem, der einmal Christ war,
nichts nützt, wenn er davon Abstand nimmt. Soll die Bezeichnung (Christ) an sich bestraft werden, auch dann, wenn sie frei
von Verbrechen ist, oder Verbrechen, die in Verbindung mit
dem Namen stehen. Vorläufig bin ich bei denen, die mir als
Christen angezeigt wurden, wie folgt verfahren:

(3)**Interrogavi** *ipsos an essent Christiani.* **Confitentes** *iterum*
*ac tertio interrogavi* **supplicium** *minatus: perseverantes duci*
*iussi. Neque enim dubitabam, qualecumque esset quod* **fate-**
**rentur, pertinaciam** *certe et inflexibilem* **obstinationem** *de-*
*bere puniri.* Ich habe sie selbst gefragt, ob sie Christen
seien. Die Geständigen habe ich ein zweites und ein drittes
Mal unter Androhung der Todesstrafe befragt. Beharrten sie
darauf, habe ich sie hinrichten lassen. Denn ich zweifelte
nicht, daß – was auch immer sie gestehen mochten – zumindest ihre Hartnäckigkeit und ihr unbeugsamer Starrsinn bestraft werden müssen.

(4)*Fuerunt alii similis amentiae, quos, quia cives Romani erant, **adnotavi in urbem remittendos**.* Es gab einige von gleichem Wahnsinn Befallene, die ich, da sie römische Bürger waren, zur Überstellung nach Rom vormerkte.

*Mox ipso tractatu, ut fieri solet, diffundente se crimine plures species inciderunt.* Schon bald hatte dieses gerichtliche Einschreiten, wie gewöhnlich, ein weiteres Ausbreiten der Beschuldigungen zur Folge, und so gelangten unterschiedliche Fälle zur Anzeige.

(5)*Propositus est **libellus sine auctore** multorum nomina continens. **Qui negabant** esse se Christianos aut fuisse, cum praeeunte me deos adpellarent et imagini tuae, quam propter hoc iusseram cum simulacris numinum adferri, ture ac vino supplicarent, praeterea male dicerent Christo, quorum nihil cogi posse dicuntur qui sunt re vera Christiani, dimittendos putavi.* Es wurde nämlich eine anonyme Anzeigeschrift eingereicht, die die Namen vieler enthielt. Diejenigen, die leugneten, Christen zu sein oder gewesen zu sein, und die unter meiner Anleitung die Götter anriefen und vor Deinem Bild, das ich eigens deswegen zusammen mit den Götterbildern zu bringen befahl, Wein- und Weihrauchopfer darbrachten, außerdem Christus lästerten – wozu echte Christen durch nichts zu zwingen sein sollen –, diese glaubte ich freilassen zu dürfen.

(6)*Alii ab indice nominati esse se Christianos dixerunt et mox negaverunt; fuisse quidem sed desisse, quidam ante triennium, quidam ante plures annos, non nemo etiam ante viginti. ⟨Hi⟩ quoque omnes et imaginem tuam deorumque simulacra venerati sunt et Christo male dixerunt.* Andere vom Angeber Genannte sagten, daß sie Christen seien, leugneten aber bald darauf: sie seien es zwar gewesen, hätten aber aufgehört, manche vor drei Jahren, manche vor noch längerer Zeit, einige sogar schon vor zwanzig Jahren. Auch diese haben ausnahmslos Dein Bild und die Götterstatuen verehrt und Christus gelästert.

(7)*Adfirmabant autem hanc fuisse summam vel **culpae** suae*

*vel **erroris**, quod essent soliti stato die ante lucem convenire,
carmenque Christo quasi deo dicere secum invicem seque sa-
cramento non in scelus aliquod obstringere, sed ne furta ne
latrocinia ne adulteria committerent, ne fidem fallerent, ne
depositum adpellati abnegarent. Quibus peractis morem sibi
discedendi fuisse rursusque coeundi ad capiendum cibum,
promiscuum tamen et innoxium; quod ipsum facere desisse
post edictum meum, quo secundum mandata tua hetaerias
esse vetueram.* Sie versicherten aber, ihr gesamtes Vergehen und ihr Irrtum habe darin bestanden, daß sie an einem
bestimmten Tag vor Tagesanbruch zusammenzukommen
pflegten, miteinander im Wechselgesang Christus als einen
Gott verehrten und sich eidlich verpflichteten, sich in kein
Verbrechen einzulassen, weder Diebstahl noch Raub, noch
Ehebruch zu begehen, ein gegebenes Wort nicht zu brechen,
anvertrautes und wieder eingefordertes Gut nicht zu ver-
leugnen. Danach pflegten sie sich wieder zu trennen und bei
einem Mahl wieder zusammenzukommen, das zwar gemeinsam, aber unschuldig sei. Aber auch dies hätten sie aufgegeben nach meinem Edikt, in dem ich Deinem Auftrag
gemäß Vereine verboten hatte.

(8)*Quo magis necessarium credidi ex duabus ancillis, quae
ministrae dicebantur, quid esset veri, et **per tormenta quaerere**. Nihil aliud inveni quam superstitionem pravam et im-
modicam.* Ich hielt es daher für um so notwendiger, von
zwei Skavinnen, die Dienerinnen (Ministrantinnen) genannt wurden, die Wahrheit zu erfahren und diese auf der
Folter zu befragen. Aber ich fand nichts als einen schiefen
und maßlosen Aberglauben.

(9)*Ideo dilata cognitione ad consulendum te decucurri. Visa
est enim mihi res digna consultatione, maxime propter peri-
clitantium numerum. Multi enim omnis aetatis, omnis ordinis, utriusque sexus etiam vocantur in periculum et voca-
buntur. Neque civitates tantum, sed vicos etiam atque agros
superstitionis istius contagio pervagata est; quae videtur sisti
et corrigi posse.* Daher habe ich die Untersuchung aufge-

schoben, um Deinen Rat einzuholen. Die Angelegenheit
schien mir wert, Deine Ansicht einzuholen, besonders wegen der großen Zahl der Angeklagten. Geraten doch zahlreiche Personen jeden Alters und jeden Standes beiderlei
Geschlechts in Gefahr oder werden in Gefahr geraten. Und
nicht nur über Städte, auch über Dörfer und das flache
Land hat sich die Seuche dieses Aberglaubens verbreitet; jedoch scheint man sie aufhalten und heilen zu können.
[(10)]*Certe satis constat prope iam desolata templa coepisse ce-
lebrari, et sacra sollemnia diu intermissa repeti passimque
venire ⟨carnem⟩ victimarum, cuius adhuc rarissimus emptor
inveniebatur. Ex quo facile est opinari, quae turba hominum
emendari possit, si sit paenitentiae locus.*    Jedenfalls steht
zur Genüge fest, daß die fast schon verödeten Tempel wieder besucht, lange unterbrochene heilige Zeremonien wieder aufgenommen werden, und das Fleisch der Opfertiere,
das bislang nur wenig Käufer gefunden hatte, findet allent-
halben Absatz. Daraus kann man leicht schließen, welche
Menge an Menschen man bessern kann, wenn man Gelegenheit zur Reue gibt.

*cognitio:*[16] Gerichtliche Untersuchung, geleitet von einem
Magistrat oder einem Einzelrichter (*iudex*). – *punire:* Zuerkennung einer Strafe. – *quaerere:* eine Untersuchung vornehmen, ob und welcher Strafbestand vorliegt. – *discrimen
aetatis:* Alter, nach dem sich das Strafmaß richten kann.[17]
– *paenitentiae venia:* Einstellung des Verfahrens aus Gründen der »Nachsicht«, z. B. aus Alters- oder Gesundheitsgründen. Plinius spricht von *dementia,* »Wahnsinn«. – *fla-
gitium:* anfänglich nur Vergehen gegen die guten Sitten,
später ein Vergehen allgemein. – *nomen:* es handelt sich hier
um die Mitgliedschaft in einer (verbotenen) Vereinigung. –

---

16 H. G. Heumann / E. Seckel, *Handlexikon zu den Quellen des römischen
    Rechts,* Jena ⁹1907.
17 Auch hinsichtlich des Geschlechts konnten beim Strafmaß Unterschiede
    gemacht werden.

*interrogatio:* richterliche Befragung des Beklagten, um ein Geständnis zu erhalten. Plinius möchte hier sichergehen und wiederholt die Befragung dreimal, um ein zweifelsfreies Geständnis zu erhalten. – *confessio:* (teilweises) Geständnis im Sinne der Anklage. – *supplicium:* alle Arten der Todesstrafe. – *fateri* s. *confessio*. – *pertinacia* bzw. *obstinatio:* hartnäckiges Beharren auf einer Aussage trotz richterlicher Ermahnung, richterlichen Entgegenkommens. – *adnotare:* mit einem Aktenvermerk versehen, der den Strafbestand umreißt. – *in Urbem remittere:* römische Bürger wurden vom Statthalter dem Kaisergericht überstellt, wenn es sich um eine vom Kaiser verwaltete Provinz handelte. – *libellus sine auctore:* anonymes Schreiben an eine Behörde, um jemanden einer Straftat zu bezichtigen, ohne selbst als Kläger (*delator*) in Erscheinung zu treten. Auf diese Weise konnte man der Strafe für falsche Anschuldigung entgehen. – *negare:* eine Straftat vor dem Magistrat oder dem Richter leugnen, was im Prinzip dem *delator* bzw. dem Gericht die Beweispflicht anlastete. – *culpa:* prozeßrechtlich faßbares Verschulden, bei dem der Schuldige die Konsequenz seines Handelns nicht absehen konnte. – *error:* (vorgebliche) Unwissenheit bezüglich einer strafbaren Handlung. – *per tormenta quaerere:* die Befragung auf der Folter war bis ins 2. Jahrhundert bei *honestiores* nur im Falle von Hochverrat (*maiestas*) zulässig. Sklaven, Peregrine und *humiliores* konnten der Folter unterzogen werden, um ein Geständnis zu erhalten.

## Plinius, *Epistulae* 10,97[18]

*Traianus Plinio.* (1)*Actum quem debuisti, mi Secunde, in excutiendis causis eorum, qui Christiani ad te delati fuerant, secutus es. Neque enim in universum aliquid, quod quasi certam formam habeat, constitui potest.*    Traian an Pli-

18 A. N. Sherwin-White (s. Anm. 15) S. 710–712.

nius: Beim Untersuchungsverfahren gegen diejenigen, die Dir als Christen angezeigt worden waren, bist Du, mein Secundus, pflichtgemäß verfahren. Denn es läßt sich nichts Allgemeingültiges festsetzen, das als feste Verfahrensregel gelten könnte.

(2)*Conquirendi non sunt; si deferantur et arguantur, puniendi sunt, ita tamen ut, qui negaverit se Christianum esse idque re ipsa manifestum fecerit, id est supplicando dis nostris, quamvis suspectus in praeteritum, veniam ex paenitentia impetret. Sine auctore vero propositi libelli ⟨in⟩ nullo crimine locum habere debent. Nam et pessimi exempli nec nostri saeculi est.*   Sie sollen nicht aufgespürt werden; werden sie jedoch angezeigt und überführt, muß man sie bestrafen, doch mit folgender Einschränkung: wer bestreitet, Christ zu sein, und dafür einen Beweis erbringen kann, d. h. durch ein Opfer für unsere Götter, der soll, auch wenn er in der Vergangenheit verdächtig war, aufgrund seiner Reue Verzeihung erfahren. Anonyme Anklageschriften dürfen aber bei keiner Anschuldigung berücksichtigt werden. Denn das wäre ein äußerst schlechtes Beispiel und unseres Zeitalters nicht würdig.

*agere:* einen Prozeß durchführen, leiten. – *excutere causam:* die gerichtliche Behandlung einer möglichen Straftat. – *deferre:* jemanden bei einem Gerichtsmagistrat anzeigen. – *certa forma:* eine durch magistratisches Edikt oder eine Kaiserconstitution feststehende Gesetzesnorm. – *conquirere:* durch eine gesetzliche Maßnahme aufspüren lassen. – *arguere:* die gegen den Angezeigten erhobene Beschuldigung bekennen; – *manifestum facere:* (seine Unschuld) beweisen können. – *veniam et paenitentiam impetrare:* die zu erwartende Strafe wird, selbst wenn nicht alle Verdachtsmomente ausgeräumt sind, nicht verhängt. – *libelli sine auctore locum non habent:* anonyme schriftliche Anzeigen, d. h. solche, bei denen der *delator* nicht selbst vor Gericht gehört werden kann, werden als Beweismittel vor Gericht nicht zugelassen.

# 4 Jurisconsulte und Rechtsschulen[19]

Der Vorzug des Kaisergerichts bestand in erster Linie darin, daß sich dort die Blüte der Rechtswissenschaft (*prudentes*) versammelte, die durch ihre Gutachten (*sententiae*) Revisionen und Reformation des Rechts ermöglichten. Damit wurde der kaiserliche Beraterstab zum »Hort« der Rechtsinterpretation, auf die sich wiederum die Rechtsschulen in ihrer studentischen Ausbildung (Unterweisung, *institutio*) stützten.

Bereits in der Republik war, vor allem im Zusammenhang mit der Herausbildung der *cognitio extra ordinem*, die Notwendigkeit entstanden, Prozeßentscheide zu sammeln, um die Klagefähigkeit, aber auch die Strafmöglichkeit zu prüfen. Dies führte dazu, daß neben der reinen Kasuistik abstrakte Rechtsregeln (*regulae iuris*) aufgestellt wurden, die den Wert von *interpretationes* erhielten. Vor allem die Beschäftigung mit dem Rechtsgegenstand und dessen Begriffsbestimmung führte dazu, aus der Rechtskunde eine Rechtswissenschaft zu machen, deren wichtigster Vertreter nach Ciceros Aussage Servius Sulpicius Rufus war.[20] Die Entwicklung der Rechtswissenschaft führte dazu, daß die angesehenen Juristen, die alle Erfahrungen aus der Beamtentätigkeit innerhalb des *cursus honorum* hatten, privat als Gutachter oder Berater streitender Parteien tätig waren. Ihre Rechtsgutachten (*responsa*) wurden gesammelt und – obwohl aus dem Einzelfall geboren – als Rechtsgrundsätze gelehrt. Die Responsentätigkeit war vor allem im Consilium der Gerichtsmagistrate wichtig, da auf diese Weise besonders das Privatrecht weiterentwickelt wurde.

Der Jurist Sex. Pomponius (2. Jh. n. Chr.) hat in seinem »Enchiridion«, einem Unterrichtshandbuch, einen Abriß

---

19 M. Kaser, *Rechtsgeschichte*, §§ 36–43; Dulckeit/Schwarz/Waldstein, *Rechtsgeschichte*, § 34.

20 Cicero, *Brutus* 155.

der Entstehung von Magistraturen und eine Aufstellung der bedeutendsten Jurisconsulten geboten, wobei er auch Namen seiner eigenen Wirkungszeit aufzählt. Unter den Genannten finden sich so berühmte Namen wie M. Antistius Labeo (gest. vor 22 n. Chr.), C. Ateius Capito (gest. nach 22 n. Chr.), Massurius Sabinus, C. Cassius Longinus (gest. unter Vespasian), Proculus, M. Cocceius Nerva, Caelius Sabinus, Pegasus, L. Iavolenus Priscus, P. Iuventius Celsus, L. Neratius Priscus, Aburnius Valens, Tuscianus, P. Salvius Iulianus.[21] Was diese Männer auszeichnete, war, daß sie das *ius respondendi ex auctoritate principis* erhalten hatten.[22] Mit den Namen Ateius Capito & Massurius Sabinus, bzw. Antistius Labeo & Proculus verbindet Pomponius zudem die Entstehung zweier »Rechtsschulen«, die ›Sabinianer‹ und die ›Proculianer‹, die ihre eigene Schultradition weitergaben und deren Hochblüte (»Hochklassik«) in der Zeit des 2. Jahrhunderts (vor allem unter Hadrian) lag. Aus diesen Schulen wiederum entnahmen die Kaiser die Juristen, denen sie das *ius respondendi* erteilten, wobei zu erkennen ist, daß je nach eigener Ausbildung eine bestimmte Rechtsschule Vorrang besaß (z. B. unter Antoninus Pius die Sabinianer).[23] Natürlich wurde dadurch auch die juristische Ausbildung in den Provinzen beeinflußt, wo sich Ausbildungszentren entwickelten (z. B. Karthago, Beirut, später natürlich Constantinopel). Vor allem Beirut hat hier eine Vorrangstellung eingenommen, die durch den Rechtsgelehrten Gaius mitbe-

---

21 *Digesta* 2,2 = Pomponius *libro singulari enchiridii.*

22 Pomponius = *Digesta* 1,2,2,49: *Primus divus Augustus, ut maior iuris auctoritas haberetur, constituit, ut ex auctoritate eius responderent: et ex illo tempore peti hoc pro beneficio coepit* (»Als erster hat der vergöttlichte Augustus, damit das Recht ein höheres Gewicht erhalte, verfügt, daß sie in seinem Auftrag Rechtsgutachten erstellten: seit jener Zeit wurde es eine Ehre, diese ›Wohltat‹ zu erstreben«). – M. Kaser, *Rechtsgeschichte*, § 41 II und Dulckeit/Schwarz/Waldstein, *Rechtsgeschichte*, § 34 I.2 gehen davon aus, daß Labeo dieses Recht nicht besessen habe, da er es ablehnte, von Augustus den Consulat zu erhalten (*destinatio*).

23 W. Kunkel, Herkunft und soziale Stellung der römischen Juristen, Graz/Wien/Köln ²1967.

gründet war. Gaius, vermutlich aus Kleinasien stammend, hatte in Rom studiert (Sabinianer?) und war später nach Beirut gegangen, wo er um 161 seine berühmten »Institutiones« publizierte.[24] Obwohl Gaius nicht zu den »Hofjuristen« des *consilium principis* zählte, wurden seine »Institutiones« von fast zeitloser Bedeutung für die Rechtssystematik.[25]

Unter den »Spätklassikern«, die mit der Zeit der Severer gleichgesetzt werden können, finden sich vor allem Juristen, die in ihrer Stellung als *praefecti praetorio* das Rechtswesen beeinflußten. Sie kamen aus dem Ritterstand, hatten somit eine Karriere im Militär wie in der kaiserlichen Verwaltung absolviert. Hierher gehören Personen wie Aemilius Papinianus, Iulius Paulus[26] und Domitius Ulpianus. Sie sind es vor allem, die durch Sammeln der Kaiserconstitutionen und umfangreiche Kommentare die Tätigkeit der Gerichte beeinflußten. Überhaupt hatte die Tätigkeit auch weniger bedeutender Rechtsschulen zu einer Flut privater Gesetzessammlungen wie Kommentare geführt, so daß die Gerichte nach Richtlinien ihrer Tätigkeit suchten. Zwei bedeutende (private) Sammlungen dieser Art entstanden in der Zeit Diocletians, der »Codex Gregorianus«, der Constitutionen von Hadrian bis Diocletian umfaßte, und der »Codex Hermogenianus«, der solche Diocletians (bis 294) enthielt.[27] Eine gewisse Ordnung suchte auch Constantin d. Gr. zu erreichen, indem er die »Anmerkungen« (*notae*) der Spätklassiker Paulus und Ulpian zu den Reponsen Papinians außer

---

24 A. M. Honoré, *Gaius. A Biography*, Oxford 1962.
25 M. Kaser, *Rechtsgeschichte* § 42, III.2.
26 Paulus war zwar Mitglied des Consiliums, aber nicht *praefectus praetorio*.
27 T. Honoré, *Emperors and Lawyers*, London 1981. Vermutlich waren beide Vorsteher der kaiserlichen Kanzlei *a libellis*, so daß ihren Sammelwerken offiziöser Charakter zukam. Weitere Sammlungen verschiedener Constitutionen sind die sog. »Fragmenta Vaticana«, die »Collatio legum Mosaicarum et Romanarum«, die »Consultatio veteris cuiusdam iuris consulti« und die von J. Sirmond entdeckten und publizierten »Constitutiones Sirmondianae«.

Kraft setzte.[28] Einen »Höhepunkt« des Bemühens, in die Kommentarienliteratur Ordnung zu bringen, stellte aber das sog. »Zitiergesetz« des Kaisers Valentinian III. dar, das die Schriften der Juristen Papinian, Paulus, Gaius, Ulpian, Modestinus, Scaevola, Sabinus, Julian, Marcellus bestätigte, wobei bei Unstimmigkeit der Ansichten Papinian den Vorrang haben sollte.[29] Wenig später, 429, setzte dann Theodo-

28 CTh 1,4,1: *Imp(erator) Constantinus A(ugustus) ad Maximum p(raefectum) U(rbi). Perpetuas prudentium contentiones eruere cupientes Ulpiani ac Pauli in Papinianum notas, qui dum ingenii laudem sectantur, non tam corrigere eum, quam depravare maluerunt, aboleri praecipimus. Dat. IIII K.Oct. Crispo et Constantino cons(ulibus).* – »Der Kaiser Constantin an den Stadtpräfecten Maximus. In der Absicht, immerwährende Streitigkeiten unter Rechtsgelehrten zu beseitigen, verfügen wir, die gelehrten Anmerkungen des Ulpian und des Paulus zu Papinian zu tilgen, die, während sie nach Ruhme ihres Talents strebten, diesen weniger zu korrigieren als zu verfälschen suchten. Erlassen am 28. September unter dem Consulat des Crispus und Constantin (321).«

29 CTh 1,4,3: *Imp(eratores) Theod(osius) et Valentin(ianus) A(ugusti) ad senatum urbis Rom(ae): ... Papiniani, Pauli, Gai, Ulpiani atque Modestini scripta universa firmamus ita, ut Gaium quae Paulum, Ulpianum et ceteros comitetur auctoritas lectionesque ex omni eius corpore recitentur. Eorum quoque scientiam, quorum tractatus atque sententias praedicti omnes suis operibus miscuerunt, ratam esse censemus, ut Scaevolae, Sabini, Iuliani atque Marcelli omniumque, quos illi celebrarunt, si tamen eorum libri propter antiquitatis incertum codicum collatione firmentur. Ubi autem diversae sententiae proferuntur, potior numerus vincat auctorum, vel, si numerus aequalis sit, eius partis praecedat auctoritas, in qua excellentis ingenii vir Papinianus emineat, qui ut singulos vincit, ita cedit duobus. Notas etiam Pauli atque Ulpiani in Papiniani corpus factas, sicut dudum statutum est, praecipimus infirmari. Ubi autem eorum pares sententiae recitantur, quorum par censetur auctoritas, quos sequi debeat, eligat moderatio iudicantis. Pauli quoque sententias semper valere praecipimus. Et cetera. Dat(a) VII Id. Novemb(res) Ravenna D(omini) n(ostri) Theod(osio) XII et Valent(iniano) II A(ugusti) cons(ulibus).* – »Die Kaiser Theodosius und Valentinian an den Senat der Stadt Rom. ... Wir bestätigen die Geltung aller Schriften von Papinian, Paulus, Gaius, Ulpianus und Modestinus in der Art, daß Gaius die Geltung zukommt wie Paulus, Ulpian und den übrigen und aus seinem ganzen Werk Belegstellen vor Gericht angeführt werden können. Auch die Wissenschaft derjenigen, deren Abhandlungen und Ansichten alle die Vorgenannten in ihre Werke aufgenommen haben, erachten wir als gültig, so Scaevola, Sabinus, Iulianus, Marcellus und alle, die von jenen ständig herangezogen werden, sofern ihre Schriften angesichts der

sius II. eine Kommission ein, die die beiden früheren Codices durch eine Sammlung von Kaiserconstitutionen seit Constantin d. Gr. ergänzen sollten.[30] Da sich die Arbeit hinauszog, setzte der Kaiser 435 eine neue Kommission ein, die bis 438 eine Sammlung von über 3000 chronologisch und nach Titeln geordnete Kaiserconstitutionen vorlegte, die schließlich am 1. Januar 439 auch von Valentinian III. als gesetzlich anerkannt wurde: der »Codex Theodosianus«. Er wurde dann durch die Constitutionen späterer Kaiser (bis 468) ergänzt: *Novellae* (»posttheodosianische Novellen«). Diese Sammlung diente als Grundlage späterer Germanenrechte, dem westgotischen »Codex Euricianus« (um 475) und der »Lex Romana Visigothorum« Alarichs II. (»Breviarium Alarici«, 506), der »Lex Romana Burgundionum« (um 500) und dem vermutlich von Theoderich d. Gr. stammenden »Edictum Theoderici«.[31]

Die Sammlung des »Codex Theodosianus« wurde erst von Iustinian ersetzt, als dieser 528 seinem *magister officiorum* Tribonianus den Auftrag gab, eine neue Sammlung der Constitutionen zu erstellen.[32] Eine vor allem aus Juristen

durch hohes Alter unsicher gewordenen Überlieferung durch Textvergleich gesichert ist. Wo aber unterschiedliche Ansichten vorgetragen werden, soll die größere Zahl der Schriftsteller den Ausschlag geben, bzw. wenn die Zahl auf beiden Seiten gleich ist, jene Ansicht zum Tragen kommen, die dadurch herausragt, daß auch der ausgezeichnete Jurist Papinian sie vertritt, der zwar hinter zwei anderen zurückweicht, gegenüber einem aber obsiegt. Wir verfügen ferner, daß die kritischen Anmerkungen, die Paulus und Ulpian dem Werk des Papinian beigegeben haben, wie schon früher verordnet, ungültig sind. Wo aber die gleiche Zahl von Ansichten solcher Juristen angeführt wird, deren Geltung gleich zu gewichten ist, dort soll das Ermessen des Richters wählen, welchen er folgen soll. Wir verfügen, daß auch die *sententiae* des Paulus stets mitzählen. Gegeben am 7. November zu Ravenna, im 12. Consulat des Kaisers Theodosius und im 2. des Valentinian (426).«

30 M. Kaser, *Rechtsgeschichte*, § 52 II.

31 R. Buchner, *Rechtsquellen*, Beiheft zu: W. Wattenbach / W. L. Levison, *Deutschlands Geschichtsquellen im Mittelalter*, Weimar 1953, S. 1–14.

32 M. Kaser, *Rechtsgeschichte*, §§ 55–58. – T. Honoré, *Tribonian*, London 1978.

aus Beirut und Constantinopel bestehende Zehnmännerkommission konnte diese Arbeit bis 529 auf der Basis der genannten älteren Codices bewältigen (»Summa Constitutionum«), doch enthielt sie offensichtlich Mängel, so daß eine neue Kommission eingesetzt wurde, die 534 eine Revision, den »Codex repetitae praelectionis«,vorlegte. 530 erfolgte auch die Sammlung des Juristenrechts, d. h. eine Sammlung von Exzerpten aus den klassischen Schriften, unter Berücksichtigung der im Zitiergesetz genannten Autoritäten. Sie wurde bereits am 30. Dezember 533 unter dem Titel »Digesta« (»Pandectae«) verkündet und setzte damit die ältere Juristenliteratur für die Praxis außer Kraft. Um die Juristenausbildung zu vereinheitlichen, wurde zudem auf der Basis des »Gaius« und unter Benützung ähnlicher Handbücher ein offizielles Lehrbuch erarbeitet, das 533 als »Institutiones« veröffentlicht wurde. Im gleichen Jahr erließ dann Iustinian die Constitutio »Omnem«, eine verbindliche Studienordnung. Die drei Einzelwerke, von Dionysius Gothofredus 1583 unter dem Sammeltitel »Corpus Iuris Civilis« publiziert, waren die letzten in lateinischer Sprache vorgelegten juristischen Werke. Die von Iustinian nachträglich erlassenen Gesetze (*novellae leges*, Novellen) wurden bereits in griechischer Sprache publiziert.

# VI
## Ausgewählte Quellentexte zum römischen Bürgerrecht

## Gai institutionum commentarii quattuor[1]

[III. DE CONDICIONE HOMINUM] (9)*Et quidem summa divisio de iure personarum haec est, quod omnes homines aut liberi sunt aut servi.* (10)*Rursus liberorum hominum alii ingenui sunt, alii libertini.* (11)*Ingenui sunt qui liberi nati sunt; libertini, qui ex iusta servitute manumissi sunt.* (12)*Rursus libertinorum ⟨tria sunt genera; nam aut cives Romani aut Latini aut dediticiorum⟩ numero sunt. De quibus singulis dispiciamus; ac prius de dediticiis* [III: Über die rechtliche Stellung der Menschen] (9)Und zwar ist die oberste Einteilung für das Personenrecht diese, daß alle Menschen entweder Freie oder Sklaven sind. (10)Von den freien Menschen wiederum sind die einen ›ingenui‹, die anderen ›libertini‹. (11)›Ingenui‹ sind die Freigeborenen, ›libertini‹ diejenigen, die aus der zivilrechtlich anerkannten Sklaverei entlassen sind. (12)Außerdem gibt es drei Gruppen von Freigelassenen: entweder zählen sie zu den römischen Bürgern oder Bürgern latinischen Rechts oder sind ›dediticii‹. Alle diese wollen wir einzeln betrachten, und zwar zunächst die ›dediticii‹.

[IV. DE DEDITICIIS VEL LEGE AELIA SENTIA] (13)*Lege itaque Aelia Sentia cavetur, ut qui servi a dominis poenae nomine vincti sint, quibusve stigmata inscripta sint, deve quibus ob noxam quaestio tormentis habita sit et in ea noxa fuisse con-*

---

1 Hrsg. von J. Baviera, in: Fontes Iuris Romani Antejustiniani [FIRA] Bd. 2, Florenz 1968. De Zulueta, The Institutes of Gaius, Oxford 1953, 2 Bde. (Text und Kommentar).

*victi sint, quive ut ferro aut cum bestiis depugnarent traditi*
*sint, inve ludum custodiamve coniecti fuerint, et postea vel*
*ab eodem domino vel ab alio manumissi, eiusdem condicio-*
*nis liberi fiant, cuius condicionis sunt peregrini dediticii.*
[IV: Über die ›dediticii‹ oder die »Lex Aelia Sentia«] Durch
die »Lex Aelia Sentia« [4 n. Chr.] also wird verfügt, daß solche Sklaven, welche von ihren Herren zur Strafe gefesselt
oder durch Brandmale gekennzeichnet oder wegen Verbrechens auf der Folter peinlich befragt und jenes Verbrechens
überführt worden sind, ferner die, die zum Gladiatoren-
kampf oder zum Kampfe mit wilden Tieren verurteilt wurden, die zu Spielen verurteilt oder ins Gefängnis geworfen
wurden und die später von demselben Herrn oder einem
andern freigelassen wurden, als Freie in dieselbe rechtliche
Stellung einrücken sollen, in der sich die ›peregrini dediticii‹
befinden.

(V. DE PEREGRINIS DEDITICIIS] [14]*Vocantur autem peregrini*
*dediticii hi, qui quondam adversus populum Romanum ar-*
*mis susceptis pugnaverunt, deinde victi se dediderunt.*
[15]*Huius ergo turpitudinis servos quocumque modo et cui-*
*uscumque aetatis manumissos, etsi pleno iure dominorum*
*fuerint, numquam aut cives Romanos aut Latinos fieri dice-*
*mus, sed omni modo dediticiorum numero constitui intelle-*
*gimus.* [16]*Si vero in nulla tali turpitudine sit servus, manu-*
*missum modo civem Romanum modo Latinum fieri dice-*
*mus.* [17]*Nam in cuius persona tria haec concurrunt, ut*
*maior sit annorum triginta, et ex iure Quiritium domini, et*
*iusta ac legitima manumissione liberetur, id est vindicta aut*
*censu aut testamento, is civis Romanus fit; sin vero aliquid*
*eorum deerit, Latinus erit.* [V: Über die ›peregrini dediticii‹] [14]›Peregrini dediticii‹ werden aber diejenigen genannt, welche einst gegen das römische Volk zu den Waffen
griffen und dann besiegt sich ergeben haben. Von Sklaven
solcher Verworfenheit, unter welchen Umständen und in
welchem Alter sie freigelassen worden sein mögen, auch

wenn sie nach vollem Recht Eigentum ihrer Herren gewesen wären, muß man sagen, daß sie niemals römische Bürger oder Latiner werden können, sondern man wird sie in jeder Hinsicht als zu den ›dediticii‹ gehörend rechnen. ⁽¹⁶⁾Wenn ein Sklave aber keiner solchen Schändlichkeit schuldig ist, so kann man sagen, daß die Freilassung ihn entweder zum römischen Bürger oder zum Latiner macht. ⁽¹⁷⁾Denn in wessen Person nämlich folgende drei Voraussetzungen zusammentreffen, daß er älter als dreißig Jahre, nach quiritischem Recht Eigentum seines Herrn ist und in gesetzlich anerkannter Form freigelassen wurde, d. h. vor dem Praetor² durch den Census oder durch ein Testament, der wird römischer Bürger; fehlt aber eines dieser Erfordernisse, so wird er Latiner sein.

[VI. DE MANUMISSIONE VEL CAUSAE PROBATIONE] ⁽¹⁸⁾*Quod autem de aetate servi requiritur, lege Aelia Sentia introductum est. Nam ea lex minores XXX annorum servos non aliter voluit manumissos cives Romanos fieri, quam si vindicta, apud consilium iusta causa manumissionis adprobata, liberati fuerint.* ⁽¹⁹⁾*Iusta autem causa manumissionis est veluti si quis filium filiamve aut fratrem sororemve naturalem, aut alumnum, aut paedagogum, aut servum procuratoris habendi gratia, aut ancillam matrimonii causa apud consilium manumittat.* [VI: Über die Freilassung oder den Nachweis eines Freilassungsgrundes] ⁽¹⁸⁾Was das Alter des Sklaven betrifft, so ist es durch die »Lex Aelia Sentia« eingeführt worden. Denn dieses Gesetz wollte, daß Sklaven unter 30 Jahren nicht anders durch Freilassung römische Bürger werden sollten, als wenn sie vor dem Praetor, wenn der Freilassungsgrund von einem Consilium (Juristengremium) gebilligt worden ist, freigelassen werden. ⁽¹⁹⁾Ein anerkannter Freilassungsgrund aber ist z. B., wenn jemand seinen natürlichen Sohn oder seine natürliche Tochter, seinen natürlichen Bruder oder seine natürliche Schwester, sein

---

2 *Vindicta* = der Freilassungsstab des Praetors.

Pflegekind oder seinen Pädagogen, einen Sklaven, um ihn
als Verwalter einsetzen zu können, oder seine Sklavin der
Ehe wegen beim Consilium freiläßt.

(42)*Praeterea lege Fufia Caninia certus modus constitutus est
in servis testamento manumittendis.* (43)*Nam ei, qui plures
quam duos neque plures quam decem servos habebit, usque
ad partem dimidiam eius numeri manumittere permittitur;
ei vero, qui plures quam X neque plures quam XXX servos
habebit, usque ad tertiam partem eius numeri manumittere
permittitur. At ei, qui plures quam XXX neque plures quam
centum habebit, usque ad partem quartam potestas manumittendi datur. Novissime ei qui plures quam C nec plures
quam D habebit, non plures manumittere permittitur quam
quintam partem; neque plures [quam D habentis ratio ha-
betur, ut ex eo numero pars defini]atur:³ sed praescribit lex,
ne cui plures manumittere liceat quam C. Quodsi quis unum
servum omnino aut duos habet, ad hanc legem non pertinet
et ideo liberam habet potestatem manumittendi.* (44)*Ac ne
ad eos quidem omnino haec lex pertinet, qui sine testamento
manumittunt. Itaque licet iis, qui vindicta aut censu aut inter amicos manumittunt, totam familiam [suam]⁴ liberare,
scilicet si alia causa non inpediat libertatem.* (45)*Sed quod de
numero servorum testamento manumittendorum diximus,
ita intellegemus, ne umquam ex eo numero, ex quo dimidia
aut tertia aut quarta aut quinta pars liberari potest, paucio-
res manumittere liceat, quam ex antecedenti numero licuit.
Et hoc ipsa [lege]⁵ provisum est; erat enim sane absurdum,
ut X servorum domino quinque liberari liceret, quia usque
ad dimidiam partem eius numeri manumittere ei conceditur,
XII autem servos habenti non plures liceret manumittere
quam IIII; item eis qui plures quam X neque* [... (46) ...⁶]

---

3 Die Ergänzung entspricht dem Text von E. Seckel / B. Kübler in der Teub-
  ner-Ausgabe ⁷1935 (Nachdr. Stuttgart 1969).
4 *suam* fügen hinzu Seckel/Kübler.
5 *ratione*, so Seckel/Kübler.
6 Es fehlen ca. 24 Zeilen.

*nam et si testamento scriptis in orbem servis libertas data sit,*
*quia nullus ordo manumissionis invenitur, nulli liberi erunt,*
*quia lex Fufia Caninia quae in fraudem eius facta sint res-*
*cindit. Sunt etiam specialia senatusconsulta, quibus rescissa*
*sunt ea, quae in fraudem eius legis excogitata sunt.* (42)Au-
ßerdem wird durch die Lex Fufia Caninia [Jahr 2 v. Chr.]
ein bestimmtes Maß hinsichtlich der testamentarischen
Freilassungen von Sklaven festgesetzt. (43)Denn dem, der
mehr als zwei, aber nicht mehr als zehn Sklaven hat, ist gestattet, bis zur Hälfte der Zahl freizulassen (d. h. die Hälfte
seiner Sklaven); der aber, der mehr als zehn, aber nicht
mehr als 30 Sklaven hat, darf bis zu einem Drittel davon
freilassen. Und der, der mehr als 30, aber nicht mehr als
100 hat, hat das Recht (d. h. die Gewalt), bis zu einem Viertel freizulassen. Schließlich ist dem, der mehr als 100, aber
nicht mehr als 500 besitzt, nicht erlaubt, mehr als ein Fünftel freizulassen; hinsichtlich dessen, der mehr als 500 besitzt, wird dem dadurch Rechnung getragen, daß sich aus
dieser Zahl der Anteil berechnet; jedoch schreibt das Gesetz
vor, daß niemandem erlaubt ist, mehr als 100 freizulassen.
Falls jemand überhaupt nur einen oder zwei Sklaven hat, so
unterliegt er diesem Gesetz nicht und besitzt daher für die
Freilassung freie Verfügungsgewalt. (44)Auch betrifft dieses
Gesetz nicht diejenigen, die ohne Testament freilassen. Daher ist es denen, die vor dem Praetor oder durch den Census oder in Gegenwart von Freunden freilassen, erlaubt, die
(seine) ganze (Sklaven-)Familie freizulassen, sofern nicht
eine andere Ursache der Freilassung entgegensteht. (45)Aber
was wir hinsichtlich der durch testamentarische Verfügung
Freizulassenden gesagt haben, verstehen wir so, daß man
von der Anzahl, von der man die Hälfte, ein Drittel, ein
Viertel oder ein Fünftel freilassen darf, auch weniger freilassen darf, als gemäß der vorstehenden Anzahl gestattet
wäre. Und dies ist vom Gesetz selbst vorgesehen: es wäre
nämlich unsinnig, daß vom Herrn über zehn Sklaven fünf
freigelassen werden dürfen, weil ihm gestattet wird, bis zur

Hälfte der Anzahl freizulassen, derjenige aber, der 12 Sklaven besitzt, nur vier freilassen darf; desgleichen, daß denen, die mehr als zehn, aber [... (46) ...] wenn durch das Testament ›in orbem‹ (d. h. in allgemeiner Erwähnung) den Sklaven die Freiheit geschenkt wird, so soll keiner frei sein, weil man keine Reihenfolge der Freilassung erkennen kann und weil die Lex Fufia Caninia alles ungültig macht, was zu ihrer Umgehung getan wird. Überdies gibt es besondere Senatsbeschlüsse, durch die das, was zur Umgehung dieses Gesetzes ersonnen wird, ungültig gemacht wird.

Der Zweck der »Lex Fufia Caninia« lag in erster Linie darin, eine Überfremdung durch die (damals noch) zumeist aus dem östlichen Bereich stammenden Sklaven zu unterbinden.

## Der Erwerb des römischen Bürgerrechts

Es erschien sinnvoll, den Text des Gaius, der sich auf die zwei berühmten Gesetze, die »Lex Aelia Sentia« und die »Lex Fufia Caninia«, bezieht, an den Anfang zu stellen, da die nachfolgenden Quellentexte, die die Möglichkeit des Bürgerrechtserwerbs für Peregrine und Freigelassene aufzeigen, so besser verständlich werden.

### 1. Inschriften des Frühen Principats

*C. Iulius Vepo donatus civitate Romana viritim et inmunitate ab divo Aug(usto), vivos fecit sibi et Boniatae Antoni fil(iae) coniugi et suis.* C. Iulius Vepo, persönlich mit dem römischen Bürgerrecht und der Steuerfreiheit vom vergöttlichten Augustus beschenkt, hat dieses (Grabmal) zu Lebzeiten für sich, seine Gattin Boniata, Tochter des Antonius, und die Seinen errichtet.[7]

7 ILS 1977 = CIL III 5232, aus Celeia, Provinz Noricum.

*P. Cornelio Q(uirina tribu) Macro viritim a divo Claudio civitate donato, quaestori, Ilvir(o), ex testamento ipsius [...] Quintius Capito cum Q(uinto) f(ilio) h(eres) p(osuit).* Dem P. Cornelius Macer, aus der Tribus Quirina, vom vergöttlichten Claudius mit dem Bürgerrecht persönlich beschenkt, dem (städtischen) Quaestor, Duumvirn (Bürgermeister), hat gemäß dem Testament desselben [...] Quintius Capito zusammen mit seinem Sohn Quintus als Erbe (das Grabmal) aufgestellt.[8]

## 2. Ein Militärdiplom des Kaisers Vespasian[9]

*Imp(erator) Caesar Vespasianus Augustus, pontifex max(imus), tribunic(ia) potestat(e) V, imp(erator) XIII, p(ater) p(atriae), co(n)s(ul) V, designat(us) VI, censor, equitibus et peditibus, qui militant in alis sex et cohortibus duodecim, quae appellantur* (1)*I Flavia gemina et* (2)*I Cannenefatium et* (3)*II Flavia Gemina et* (4)*Picentiana et* (5)*Scubulorum et* (6)*Claudia nova; et* (1)*I Thracum et* (2)*I Asturum et* (3)*I Aquitanorum veterana et* (4)*I Aquitanorum Biturigum et* (5)*II Augusta Cyrenaica et* (6)*III Gallorum et* (7)*III et* (8)*IIII Aquitanorum et* (9)*IIII Vindelicorum et* (10)*V Hispanorum et* (11)*V Dalmatarum et* (12)*VII Raetorum, et sunt in Germania sub Cn. Pinario Cornelio Clemente, qui quina et vicena stipendia aut plura meruerant, quorum nomina subscripta sunt: ipsis liberis posterisque eorum civitatem dedit et conubium cum uxoribus, quas tunc habuissent, cum est civitas iis data, aut si qui caelibes essent, cum iis quas postea duxissent dumtaxat singuli singulas. A(nte) d(iem) XII k(alendas) Iunias, Q. Petillio Ceriale Caesio Rufo II, T. Clodio Eprio Marcello II co(n)s(ulibus).*
*Alae Scubulorum, cui praest Ti. Claudius Sp. f(ilius) Atticus, gregali Veturio Teutomi f(ilio), Pannon(io).*

---

8 ILS 1978 = CIL II 159, nahe Portalegre, Provinz Lusitania.
9 ILS 1992 = CIL XVI 20, gefunden im ungarischen Sikator bei Raab (Pannonien), 21. Mai 74.

*Descriptum et recognitum ex tabula aenea, quae fixa est Romae in Capitolio intro euntibus ad sinistram, in muro inter duos arcus. L. Caecili L. f(ilii) Quir(ina tribu) Ioviani – L. Cannuti Luculli Clu(stumina tribu), Tuder – L. Iuli C. f. Silvini, Carthag(ine) – Sex. Iuli C. f. Fab(ia tribu) Italici, Rom(a) – P. Atini Rufi Pal(atina tribu) – C. Semproni Secundi – M. Salvi Norbani Fab(ia tribu).*

Kaiser Vespasianus Augustus, Pontifex maximus, in seiner fünften tribunizischen Gewalt (seinem fünften »Regierungsjahr«), zum 13. Mal Imperator, Vater des Vaterlandes, Consul zum fünften Mal, designiert für ein sechstes Consulat, Censor, den Reitern und Fußsoldaten, die in sechs Alen und 12 Cohorten kämpfen, die da heißen: (1)1. Flavia Gemina, (2)1. der Caninefaten, (3)2. Flavia Gemina, (4)Picentina, (5)Scubuler und (6)Claudia Nova; sowie die (1)1. Thrakische, (2)1. Asturische, (3)1. Aquitanische Veteranen, (4)1. Aquitanische Biturigische, (5)2. Augustische Cyrenaiker, (6)3. Gallische, (7)3. und (8)4. Aquitanische, (9)4. Vindelicische, (10)5. Hispanische, (11)5. Dalmatische und (12)7. Rätische, und die in Germanien unter dem Befehl des Cn. Pinarius Cornelius Clemens stehen, die 25 oder mehr Dienstjahre abgeleistet haben, deren Namen unten aufgeführt sind: Diesen selbst, ihren Kindern und Nachkommen hat er das Bürgerrecht verliehen und das Recht der Eheschließung mit den Frauen, die sie damals hatten, da ihnen das Bürgerrecht gegeben wurde, bzw., sofern sie unverheiratet waren, mit den Frauen, die sie später heiraten werden, sofern es sich jeweils um eine einzige Frau handelt. Gegeben am 12. Tag vor den Kalenden des Juni, als Q. Petilius Cerealis Caesius Rufus und T. Clodius Eprius Marcellus jeweils zum zweitenmal Consul waren [21. Mai 74].

Dem Pannonier Veturius, Sohn des Teutomus, aus der Ala Scubolorum unter dem Kommando des Tiberius Claudius Atticus, Sohn des Spurius, Soldat.

Abgeschrieben und mit der [originalen] Erztafel verglichen, die in Rom auf dem Capitol angebracht ist, beim Eingang

auf der linken Seite an der Mauer zwischen den zwei Bögen.
[Es folgen die Namen der Zeugen.]

In diesem Militärdiplom (»Bürgerrechtsverleihung«), unter-
zeichnet von Zeugen, die das römische Bürgerrecht bereits
besaßen, und unter Angabe, wo das Original der Abschrift,
die der ehrenhaft entlassene Soldat mit nach Hause nehmen
durfte, aufbewahrt und eingesehen werden konnte, wurde
genau bestimmt, daß der ausgeschiedene Soldat der Ala
Scubulorum nunmehr das volle Bürgerrecht erhielt; die vor-
hergehende allgemeine und umfassende Formulierung ergänzt, daß das ihm zuerkannte Bürgerrecht sich nunmehr
(a) auch auf die von ihm gewählte (peregrine) Ehefrau bezog, ferner (b) auf alle Kinder, die aus dieser Verbindung
hervorgegangen waren, als der Soldat noch nicht eine voll-
gültige, d. h. »römische« Ehe eingehen durfte. Zudem (c)
hatte er nunmehr die Möglichkeit, sei es eine Peregrine in
vollgültiger Ehe (*matrimonium iustum*), sei es eine Bürgerin
zu ehelichen. Diese Regelung wurde allerdings unter Antonius Pius eingeschränkt, wie die entsprechend abgewandelte
Passage z. B. im Militärdiplom von 158 beweist:[10]

[...] *quinq(ue) et vigint(i) stip(endis) emer(itis) dimiss(is) honesta mission(e), quor(um) nomin(a) subscripta sunt, civi-
tat(em) Roman(am), qui eorum non haber(ent), dedi[t] et
conub(ium) cum uxoribus, quas tunc habuis(sent) cum est
civitas is data, aut cum is quas postea duxiss(ent) dumtaxat
singulis.* [...] die nach 25 Dienstjahren ehrenvoll aus
dem Militärdienst entlassen wurden und deren Namen unten verzeichnet sind, denen, die es noch nicht besitzen, gibt
[der Kaiser] das römische Bürgerrecht, ferner die Erlaubnis
zur Ehe mit den Frauen, die sie zu diesem Zeitpunkt, da ihnen das Bürgerrecht verliehen wurde, hatten, oder denen,
die sie später heimführten, jedoch nur einer einzigen.

10 ILS 2006 = CIL XVI 108, gefunden nahe Maros-Keresztúr bei Apulum
(Dacia), 8. Juli 158.

Auch hier folgt das Verzeichnis der Zeugen und die Benennung des Ortes, wo in Rom die Originalurkunde aufbewahrt wurde. Was aber fehlt, ist der Hinweis, daß sich die Verleihung des Bürgerrechts auch auf die Kinder aus dieser nunmehr anerkannten Ehegemeinschaft bezog. Die Heirat mit einer Peregrinen ließ somit die Kinder in den geringeren Stand zurückfallen.

Diese Einschränkung traf natürlich nicht auf Personen zu, die durch persönliche Empfehlung vom Kaiser das volle Bürgerrecht erhalten hatten. Der Vorgang, der die Tätigkeit der kaiserlichen »Bürgerrechtsregisterbüros« aufzeigt, ist uns aus dem Briefwechsel des Plinius bestens bekannt und wird durch die Tafel von Banasa (s. S. 439 ff.) weiter präzisiert.

## 3. Briefwechsel zwischen Plinius und Kaiser Traian

### Plinius, *Epistulae* 10,5[11]

*C. Plinius Traiano Imperatori.* (1)*Proximo anno, domine, gravissima valetudine usque ad periculum vitae vexatus iatraliptem adsumpsi; cuius sollicitudini et studio tuae tantum indulgentiae beneficio referre gratiam parem possum.* (2)*Quare rogo des ei civitatem Romanam. Est enim peregrinae condicionis manumissus a peregrina. Vocatur ipse Arpocras, patronam habuit Thermuthin Theonis, quae iam pridem defuncta est. Item rogo des ius Quiritium libertis Antoniae Maximillae, ornatissimae feminae, Hediae et Antoniae Harmeridi; quod a te petente patrona peto.* C. Plinius an Kaiser Traian. (1)Als ich, o Herr, im vergangenen Jahr von einer sehr schweren Krankheit bis auf den Tod befallen war, nahm ich einen Arzt; für seine Sorgfalt und seinen Eifer kann ich ihm nur durch die Wohltat Deiner Huld Dank abstatten. (2)Daher bitte ich Dich, ihm das römische Bürgerrecht zu verleihen. Er ist nämlich, da von einer Peregrinen

11 A. N. Sherwin-White, *The Letters of Pliny*, Oxford 1966, S. 566–568.

freigelassen, peregrinen Rechtsstandes. Er nennt sich Harpokras, seine Herrin war Thermuthis, Tochter des Theon,
die schon längst verstorben ist. Ebenso bitte ich dich, das
Quiritische Recht[12] an Hedia und Antonia Harmeris zu verleihen, den Freigelassenen der Antonia Maximilla, einer
sehr ehrenwerten Frau; ich ersuche darum auf Bitten ihrer
Gebieterin.

## Plinius, *Epistulae* 10,6[13]

*C. Plinius Traiano Imperatori.* (1)*Ago gratias, domine, quod
et ius Quiritium libertis necessariae mihi feminae et civitatem Romanam Arpocrati, iatraliptae meo, sine mora indul-
sisti. Sed cum annos eius et censum sicut praeceperas ederem,
admonitus sum a peritioribus debuisse me ante ei Alexandrinam civitatem impetrare, deinde Romanam, quoniam esset
Aegyptius.* (2)*Ego autem, quia inter Aegyptios ceterosque
peregrinos nihil interesse credebam, contentus fueram hoc
solum scribere tibi, esse eum a peregrina manumissum pa-
tronamque eius iam pridem decessisse. De qua ignorantia
mea non queror, per quam stetit ut tibi pro eodem homine
saepius obligarer. Rogo itaque, ut beneficio tuo legitime frui
possim, tribuas ei et Alexandrinam civitatem [et Romanam].
Annos eius et censum, ne quid rursus indulgentiam tuam
moraretur, libertis tuis quibus iusseras misi.* C. Plinius an
Kaiser Traian. (1)Ich danke Dir, Herr, daß Du gnädigst einerseits das Quiritische Recht den Freigelassenen einer mir
befreundeten Frau, andererseits das römische Bürgerrecht
an Harpokras, meinen Arzt, ohne zu zögern erteilt hast. Als
ich jedoch gemäß Deinen Anweisungen sein Alter und sein
Einkommen angab, wurde ich von Rechtskundigeren darauf
hingewiesen, daß ich für ihn zuerst das alexandrinische Bürgerrecht hätte beantragen müssen und dann erst das römi-

12 D. h. das Vollbürgerrecht ohne Unterstellung unter einen Rechtsvormund.
13 A. N. Sherwin-White (s. Anm. 11), S. 568–570.

sche, da er Ägypter ist. (2)In der Annahme, daß zwischen
Ägyptern und anderen Peregrinen kein Unterschied be-
stehe, habe ich mich damit zufriedengegeben, Dir lediglich
zu schreiben, daß er von einer Peregrinen freigelassen und
seine Patronin bereits seit langem verstorben ist. Ich be-
klage mich nicht wegen meiner Unwissenheit, da durch sie
feststeht, daß ich Dir wegen mehrerer Gunstbeweise für
denselben Mann noch mehr verpflichtet bin. Ich bitte daher,
damit ich Deine Wohltat in rechtlich einwandfreier Form
genießen kann, Du mögest ihm auch das alexandrinische
Bürgerrecht zuerkennen. Sein Alter und seinen Vermögens-
stand habe ich, damit nicht erneut Deine Wohltat einen
Aufschub erleide, Deinen Freigelassenen, an die Du mich
verwiesen hast, zugesandt.

## Plinius, *Epistulae* 10,7[14]

*Traianus Plinio. Civitatem Alexandrinam secundum institu-
tionem principum non temere dare proposui. Sed cum Arpocrati, iatraliptae tuo, iam civitatem Romanam impetrave-
ris, huic quoque petitioni tuae negare non sustineo. Tu, ex
quo nomo sit, notum mihi facere debebis, ut epistulam tibi
ad Pompeium Plantam praefectum Aegypti amicum meum
mittam.* Traianus an Plinius: Ich habe es mir zum Grundsatz gemacht, gemäß dem Brauch [früherer] Kaiser das
alexandrinische Bürgerrecht nicht eilfertig zu verleihen. Da
Du jedoch für Deinen Arzt Harpokras bereits das römische
Bürgerrecht erlangt hast, kann ich Dir auch diese Bitte
kaum abschlagen. Du mußt mir zur Kenntnis bringen, aus
welchem Bezirk der Mann ist, damit ich Dir einen Brief an
den Praefectus Aegypti Pompeius Planta[15], meinen Freund,
schicken kann.

---

14 Ebd., S. 570–571.
15 Pompeius Planta war Praefekt von Ägypten in den Jahren (Juli?) 98 bis
   100.

**Plinius,** *Epistulae* 10,10[16]

*C. Plinius Traiano Imperatori.* (1)*Exprimere, domine, verbis non possum, quanto me gaudio adfecerint epistulae tuae, ex quibus cognovi te Arpocrati, iatraliptae meo, et Alexandrinam civitatem tribuisse, quamvis secundum institutionem principum non temere eam dare proposuisses. Esse autem Arpocran* νομοῦ Μεμφίτου *indico tibi.* (2)*Rogo ergo, indulgentissime imperator, ut mihi ad Pompeium Plantam praefectum Aegypti amicum tuum, sicut promisisti, epistulam mittas. Obviam iturus, quo maturius, domine, exoptatissimi adventus tui gaudio frui possim, rogo permittas mihi quam longissime occurrere tibi.* C. Plinius an Kaiser Traian: (1)Ich kann nicht mit Worten ausdrücken, Herr, welche Freude mir Dein Schreiben bereitet hat, dem ich entnehmen konnte, daß Du meinem Arzt Harpokras auch das alexandrinische Bürgerrecht erteilt hast, obgleich Du es Dir gemäß dem Brauch früherer Kaiser zum Grundsatz gemacht hattest, es nicht leichtfertig zu erteilen. Ich zeige Dir aber an, daß Harpokras dem Bezirk von Memphis angehört. (2)Daher bitte ich Dich, gnädigster Kaiser, daß Du mir gemäß Deinem Versprechen das Schreiben an Deinen Freund Pompeius Planta, den Praefectus Aegypti, zusenden mögest. Da ich Dir, o Herr, um die Freude Deiner höchst ersehnten Ankunft so bald als möglich genießen zu können, entgegenzugehen beabsichtige, bitte ich Dich, mir zu gestatten, Dir so weit als möglich entgegenzueilen.

Seit Augustus bestand für die Bewohner Ägyptens ein Sonderstatus, der sie nicht auf die gleiche Stufe wie »normale« Peregrinen stellte. Auch wird ersichtlich, daß die Verwaltungshauptstadt der dem Kaiser vorbehaltenen Provinz, Alexandria, nicht zu Ägypten zählte, sondern »bei« Ägypten lag (Alexandria ad Aegyptum). Die Korrespondenz verdeutlicht, daß sich einerseits keine Hindernisse auftaten,

16  A. N. Sherwin-White (s. Anm. 11), S. 575–576.

den beiden weiblichen Freigelassenen der Antonia Maximilla das Quiritische Recht zuerkennen zu lassen, daß andererseits lediglich Bürger Alexandrias das Recht besaßen, das römische Bürgerrecht zu beantragen. Der Vorgang für Ägypter war somit mehrstufig, indem diese zuerst das alexandrinische Bürgerrecht besitzen mußten, bevor ihnen vom Kaiser die persönliche Gnade des römischen Bürgerrechts zuerkannt wurde. Traian reagierte somit ziemlich ungehalten, als er sich durch die mangelnde Kenntnis seines Freundes Plinius gezwungen sah, den »Zwischenschritt« nachträglich zu vollziehen, um nicht die Bürgerrechtsverleihung ungültig werden zu lassen oder gar einen Präzedenzfall zu schaffen.

## Plinius, *Epistulae* 10,11[17]

*C. Plinius Traiano Imperatori.* (1)*Proxima infirmitas mea, Domine, obligavit me Postumio Marino medico; cui parem gratiam referre beneficio tuo possum, si precibus meis ex consuetudine bonitatis tuae indulseris.* (2)*Rogo ergo, ut propinquis eius des civitatem, Chrysippo Mithridatis uxorique Chrysippi, Stratonicae Epigoni, item liberis eiusdem Chrysippi, Epigono et Mithridati, ita ut sint in patris potestate utque iis in libertos servetur ius patronorum. Item rogo indulgeas ius Quiritium L. Satrio Abascanto et P. Caesio Phosphoro et Panchariae Soteridi; quod a te volentibus patronis peto.* C. Plinius an Kaiser Traian: (1)Meine letzte Krankheit hat mich dem Arzt Postumius Marinus verpflichtet. Ich kann ihm durch Deine gütige Mitwirkung den entsprechenden Dank abstatten, wenn Du meinen Bitten in Deiner gewohnten Güte zu willfahren geneigt bist. (2)Ich ersuche Dich daher, seinen Verwandten das römische Bürgerrecht zu verleihen, und zwar dem Chrysippus, Sohn des Mithridates, der Stratonice, Gattin des Chrysippus, Tochter des

---

17 Ebd., S. 576–578.

Epigonus, sowie den Kindern desselben Chrysippus, Epigonus und Mithridates, doch so, daß sie unter väterlicher Gewalt sind und jenen das Patronatsrecht über ihre Freigelassenen verbleibt. Desgleichen ersuche ich Dich, Du mögest dem Lucius Satrius Abascantius, dem Publius Caesius und der Pancharia Soteris das Quiritische Recht zuerkennen. Ich tue diese Bitte auf Ersuchen ihrer Patrone.

Diese Bitte des Plinius hinsichtlich der Kinder des Chrysippus war notwendig, da sie ja keiner Ehe römischer Vollbürger entstammten, sondern unter Eigenrecht (*sui iuris*) bleiben würden: *Si peregrinus sibi liberisque suis civitatem Romanam petierit, non aliter filii in potestate eius fient quam si imperator eos in potestatem redegerit.*[18]   Derselbe Zustand betrifft natürlich auch die Freigelassenen, die zu einem Zeitpunkt ihre Freiheit erhalten hatten, als der Freilasser noch Peregriner war: seine Patronatsrechte wären mit der Bürgerrechtsverleihung automatisch erloschen.

## 4. Tabula Banasitana[19]

*Exemplum epistulae Imperatorum nostrorum An[toni]ni et Veri Augustorum ad Coiiedium Maximum: Liibellum Iuliani Zegrensis litteris tuis iunctum legimus, et quamquam civitas Romana non nisi maximis meritis provocata in[dul]gentia principali gentilibus istis dari solita sit, tamen cum eum adfirmes et de primoribus esse popularium suorum, et nostris rebus prom(p)to obsequio fidissimum, nec multas familias arbitraremur aput Zegrenses paria possi de officis suis praedicare quamquam plurimos cupiamus honore*

---

18 Gaius, *Institutiones* 1,93: »Wenn ein Peregriner für sich und seine Kinder das römische Bürgerrecht erreicht hat, so können die Kinder nicht anders in seiner väterlichen Gewalt stehen, als wenn der Kaiser sie dieser Gewalt unterstellt.«

19 *Inscriptions antiques du Maroc II: Inscriptions latines*, Paris 1982, Nr. 94 S. 76–91; Freis, *Inschriften*, Nr. 107.

*a nobis in istam domum conlato ad aemulationem Iuliani
excitari, non cunctamur et ipsi Ziddinae uxori, item liberis
Iuliano, Maximo, Maximino, Diogeniano, civitatem Romanam salvo iure gentis dare.*     Abschrift des Schreibens unserer Kaiser Antoninus und Verus Augusti an Coiedius Maximus. Das Ansuchen des Zegrensers Iulianus, das Deinem
Schreiben beigefügt war, haben wir gelesen, und obwohl das
römische Bürgerrecht durch kaiserlichen Gnadenerlaß nur
aufgrund herausragender Verdienste an die Fürsten dieser
Völkerschaften vergeben zu werden pflegt, Du jedoch versi-
cherst, daß er zu den führenden Familien seines »Stammes«
zählt und unseren Interessen immer höchst ergeben ist, wir
zudem annehmen, daß es bei den Zegrensern nur wenige
gibt, die sich gleicher Verdienste rühmen können, und obwohl wir wünschen, daß die Ehre, die wir dem Hause des
Iulianus haben zukommen lassen, zur Nachahmung anrege,
zögern wir nicht, ihm selbst, seiner Gattin Ziddina, desgleichen seinen Kindern Iulianus, Maximus, Maximinus und
Diogenianus das römische Bürgerrecht zuzuerkennen, ohne
Beeinträchtigung des Volksrechtes.

*Exemplum epistulae Imperatorum Antonini et Commodi
Augg(ustorum) ad Vallium Maximianum: Legimus libellum
principis gentium Zegrensium animadvertimusq(ue) quali
favore Epidi Quadrati praecessoris tui iuvetur proinde et il-
lius testimonio et ipsius meritis et exemplis quae allegat per-
moti, uxori filiisq(ue) eius ciuitatem Romanam salvo iure
gentis dedimus; quod in commentarios nostros referri possit,
explora quae cuius aetatis sit et scribe nobis.*     Abschrift des
Schreibens der Kaiser Antoninus und Commodus Augusti
an Vallius Maximus: Wir haben das Ansuchen des Zegrenserfürsten gelesen und haben bemerkt, mit welcher Gewo-
genheit er von Deinem Vorgänger Epidius Quadratus unterstützt wird; deshalb geben wir ihm, bewogen durch dessen
Zeugnisse, seine eigenen Verdienste und Beispiele (Belege),
die er vorbringt, seiner Frau und seinen Kindern das römi-

sche Bürgerrecht ohne Beeinträchtigung des Volksrechtes. Bringe in Erfahrung – was wir unseren Akten beifügen müssen –, welches ihr jeweiliges Alter ist, und schreibe uns.

*Descriptum et recognitum ex commentario civitate Romana donatorum Divi Aug(usti) et Ti(berii) Caesaris Aug(usti) et C. Caesaris et Divi Claudi et Neronis et Galbae et Divorum Augg(ustorum) Vespasiani et Titi et Caesaris Domitiani et Divorum Augg(ustorum) Ner(v)ae et Traiani Parthici et Traiiani Hadriani et Hadriani Antonini Pii et Veri Germanici, Medici, Parthici maximi et Imp(eratoris) Caesaris M. Aureli Antonini Aug(usti) Germanici, Sarmatici, et Imp(eratoris) Caesaris L. Aureli Commodi Aug(usti) Germanici Sarmatici, quem protulit Asclepiodotus lib(ertus). Id quod i(nfra) s(criptum) est.*
*Imp(eratore) Caesare L. Aurelio Commodo Aug(usto) et M. Plautio Quintillo co(n)s(ulibus), pr(idie) non(as) Iul(ias), Romae.*
Abgeschrieben und geprüft anhand des Verzeichnisses der Bürgerrechtsverleihungen des vergöttlichten Augustus und Tiberius Caesar Augustus, des C. Caesar, des vergöttlichten Claudius, des Nero und Galba, der vergöttlichten Kaiser Vespasian und Titus, des Caesars Domitian, der vergöttlichten Kaiser Nerva, Traianus Parthicus, Traianus Hadrianus, Hadrianus Antoninus Pius und des Verus Germanicus, Medicus, Parthicus Maximus, des Kaisers Marcus Aurelius Antoninus Germanicus Sarmaticus und des Kaisers Lucius Aurelius Commodus Germanicus Sarmaticus, welches der Freigelassene Asclepiodotus vorgelegt hat. Wie unten geschrieben. – Unter dem Consulat des Kaisers L. Aurelius Commodus und Publius Plautius Quintillus, zu Rom am Tag vor den Nonen des Juli (6. Juli 177).

*Faggura, uxor Iuliani principis gentis Zegrensium, ann(i)s XXII, Iuliana ann(i)s VIII, Maxima ann(i)s III, Iulianus ann(i)s III, Diogenianus ann(i)s II, liberi Iuliani s(upra) s(cripti).* Faggura, Gattin des Zegrenserfürsten Iulianus, 22 Jahre alt; Julianus, 8 Jahre alt, Maxima, 3 Jahre alt, Iulianus, 3 Jahre alt, Diogenianus, 2 Jahre alt, die Kinder des vorgenannten Iulianus.

*Rog(atu) Aureli Iuliani, principis Zegrensium, per libellum, suffragante Vallio Maximiano per epistulam, his civitatem Romanam dedimus salvo iure gentis sine diminutione tributorum et vectagalium populi et fisci. – Actum eodem die, ibi, isdem co(n)s(ulibus). – Asclepiodotus lib(ertus) recognovi. – Signaverunt:* Aufgrund eines schriftlichen Bittgesuches des Zegrenserfürsten Aurelius Iulianus, mit schriftlicher Unterstützung (Eingabe) des Vallius Maximianus haben wir diesen das römische Bürgerrecht gegeben, ohne Beeinträchtigung des Volksrechtes und ohne Minderung der Steuern und Abgaben an Staat und des Fiscus. – Ausgefertigt am gleichen Tag, gleichen Ort, gleichen Consuln (= gleichem Jahr). Ich, der Freigelassene Asclepiodotus, habe es als rechtmäßig bestätigt. – Es haben durch Unterschrift und Siegel beglaubigt:
[Es folgen die Namen der bestätigenden Zeugen] *M. Cav[i]us M. f(ilius) Pob(lilia tribu) Squilla Gaelicanus – M². Acilius M. f(ilius) Gal(eria tribu) Glabrio – T. Sextius T. f(ilius) Vo[t(uria tribu)] Lateranus – C. Septimius C. f(ilius) Qui(rina tribu) Severus – P. Iulius C. f(ilius) Ser(gia tribu) Scapula Tertulius – T. Varius T. f(ilius) Cla(udia tribu) Clemens – M. Bassaeus M. f(ilius) Stel(atina tribu) Rufus – P. Taruttienus P. f(ilius) Pob(lilia tribu) Paternus – [Sex(tus) Tigidiu]s [. . . f(ilius) . . . (tribu) Peren]nis (?) – Q. Cervidius Q. f(ilius) Arn(inesi tribu) Scaevola – Q. Larcius Q. f(ilius) Qui(rina tribu) Euripianus – T. Fl(avius) T. f(ilius) Pal(atina tribu) Piso.*

Das erste Schreiben, ausgegeben vor Februar 169 von den Kaisern Marcus Aurelius und Lucius Verus, gerichtet an den von 168 bis 169 amtierenden Procurator der Provinz

Mauretania, verlieh dem Zegrenserfürsten Iulianus und seinen Kindern von Ziddina das Bürgerrecht. Da dessen gleichnamiger Sohn Aurelius Iulianus mit Faggura eine einheimische (peregrine) Dame geheiratet hatte, mußte er für diese und die aus dieser Verbindung stammenden Kinder erneut das Bürgerrecht beantragen. Der Antrag wurde in der kaiserlichen Kanzlei, wo alle von früheren Kaisern vorgenommenen Bürgerrechtsverleihungen aktenkundig waren, überprüft. Wie in dem oben zitierten Plinius-Brief (10,7) wird eine genaue Personenstandsangabe verlangt, und wie bei den Militärdiplomata wird dem Bedachten lediglich eine beglaubigte Kanzleikopie zugesandt.

Es fällt natürlich sofort auf, daß die Neubürger keiner Tribus zugeteilt werden, während die Zeugen des Vorgangs nach klassischer Art, d. h. auch unter Angabe der Tribus, unterschreiben. Dies bedeutet, daß er das den »echten« Römern zustehende ›Ius Quiritium‹ nicht erhielt. Was wir in der Unterschriftsliste zudem vorfinden, ist das für diesen speziellen Fall der Bürgerrechtsverleihung an einen mauretanischen Berberfürsten gebildete *consilium principis*, bestehend aus Personen, die entweder als ehemalige Statthalter Mauretaniens genaue Kenntnisse besaßen oder Vorsteher der hier involvierten kaiserlichen *officia* waren:

*consulares:* M. Gavius Gallicanus, Consul 150. – M'. Acilius Glabrio, Consul 152. – T. Sextius Lateranus, Consul 154. – C. Septimius Severus, Consul suffectus 160 (?). – P. Iulius Scapula Tertullus, Consul zwischen 160 und 166.

*equestri:* T. Varius Clemens, *ab epistulis*. – M. Bassaeus Rufus, *praefectus praetorio* (Februar 169–177, 172 allein). – P. Tarut(t)ienus Paternus, *praefectus praetorio* (179–180), *ab epistulis latinis* bis 174. – Sex. Tigidius Perennis, *praefectus praetorio* (180–185);

*consiliarii:* Q. Cervidius Scaevola, *iurisconsultus, praefectus vigilum* 175. – Q. Larcius Euripianus, *procurator a rationibus* (gest. 182). – T. Flavius Piso, *a libellis* (*praefectus annonae* 179).

Die wichtigste Formulierung betraf die Frage der Steuer-
zuordnung. Bereits hier wird erkennbar, was später die
»Constitutio Antoniniana« als Norm formulierte: der Neubürger blieb – um seinen auch von Rom gewünschten Einfluß auf den Stamm zu bewahren – in sein Stammesrecht
eingebunden, erhielt ferner die mit dem Bürgerrecht verbundenen Rechtsvergünstigungen (Prozeßrecht, Erbrecht,
Schenkungsrecht, Bewerbung um römische Ämter in der
Munizipalverwaltung oder Grade beim Militär), mußte
nunmehr die römischen Steuern entrichten (z. B. Erbschaftssteuer, Freilassungssteuer), wurde aber keinesfalls von den
bisher auf ihm lastenden Provinzsteuern (*tributum*) befreit.
Damit war ein Zugewinn für den Fiskus gegeben.
Diese Regelung wurde, wie gesagt, durch die »Constitutio
Antoniniana« verallgemeinert, so daß wir in ihr keine Neuerung, sondern eher den Abschluß einer bereits mit Antoninus Pius und Marcus Aurelius erkennbaren Regelung einer
eingeschränkten Bürgerrechtsverleihung erkennen können.
Die »Constitutio Antoniniana« ist uns glücklicherweise auf
einem (verstümmelten) Papyrus erhalten, der die knappen,
von Cassius Dio bzw. Ulpian gegebenen Hinweise erhellt.

## 5. »Constitutio Antoniniana de civitate (a. 213?)[20]

### Papyrus Gießen I 40

[Αὐτοκράτωρ Καῖσαρ Μᾶ]ρκος Αὐρήλι[ος Σεουῆρος]
᾽Αντωνῖνο[ς] Σ[εβαστὸς] λέγει· [Νυνὶ δέ . . . χρ]ὴ μᾶλλον

20 FIRA² I [1968] Nr. 88; s. auch die äußerst sorgfältigen Editionen von Ch.
Sasse, *Die Constitutio Antoniniana. Eine Untersuchung über den Umfang
der Bürgerrechtsverleihung auf Grund des Papyrus Gieß. 40 I*, Wiesbaden
1958, und P. F. Girard / F. Senn, *Les lois des Romains*, Bd. 2, Neapel 1977;
Abt. VIII: Constitutions impériales, Nr. 21 (ediert mit franz. Übersetzung
von J. Modrzejewski). Sasse bietet in der »Übersicht über die literarischen
Quellen« (S. 9–11) eine Zusammenstellung aller sonstigen Quellentexte
zur *Constitutio Antoniniana*; H. Wolff, *Die Constitutio Antoniniana und
Papyrus Gissensis 40 I*, 2 Bde., Köln 1976.

ἀν[αβαλόμενον τὰ]ς αἰτίας κ[α]ὶ το[ὺ]ς λ[ιβ]έλλου[ς]
[ζητεῖν, ὅπως ἂν τοῖς θ]εοῖς τ[οῖ]ς ἀθ[αν]άτοις εὐχαρισ-
τήσαιμι, ὅτι τῇ τοιαύτῃ [νίκῃ (?) . . . . . . σῷο]ν ἐμὲ
συν[ετή]ρησαν. Τοιγαροῦν νομίζω [ο]ὕτω με[γαλο-
πρεπῶς (?) καὶ εὐσεβ(?)]ῶς δύ[να]σθαι τῇ μεγαλει[ό]τητι
αὐτῶν τὸ ἱκανὸν ποι[εῖν, εἰ τούς ξένους, ὁσ]άκις ἐὰν
ὑ[π]εισέλθ[ωσ]ιν εἰς τοὺς ἐμοὺς ἀν[δρ]ώπους. [εἰς τὰς
θρησκείας (?) τῶ]ν θεῶν συνεπενέγ[κοι]μι. Δίδωμι τοί-
[ν]υν ἅπα[σιν ξένοις τοῖς κατὰ τ]ὴν οἰκουμένην π[ο-
λιτ]είαν Ῥωμαίων, [μ]ένοντος [παντὸς γένους πολιτευ-
μ]άτων, χωρ[ὶς] τῶν [δε]δειτικίων. Ὀ[φ]είλει [γ]ὰρ τὸ
[πλῆθος – οὐ μόνον –]νειν πάντα, ἀ[λλ]ὰ ἤδη κ[α]ὶ τῇ
νίκῃ ἐνπεριει[λεῖ]σθαι. Τοῦτο δὲ τὸ διάταγμα ε[. . .]
λώσει [τὴν] μεγαλειότητα [το]ῦ Ῥωμαίων δήμου διὰ τὸ
τὴν αὐτὴν. . . .]ν περὶ τοὺς [. . .]υς γεγενῆσθαι, ἥπερ
δ[ι]ὰ [ca. 24 Buchstaben] [τῶν κα]ταλειφ[θέντων (?)
. . .]ων τῶ[ν ἐ]κάστης [χώρας (?)] [. . .]²¹     Der Imperator
Caesar Marcus Aurelius Severus Antoninus Augustus
spricht: ›Es ist nunmehr Zeit, daß ich Klage- und Bittschriften beiseite lege und suche, auf welche Weise ich den [un-
sterblichen] Göttern Dank dafür abstatte, daß sie mich
durch einen derartigen [Sieg?] bewahrt haben. Deshalb
glaube ich, daß ich ihre Majestät vergrößern und mich auf
fromme Weise bedanken kann, wenn ich alle Fremden (Peregrinen), die zu meinen Untertanen gehören, dazu bringe,
diese Götter zu verehren. Aus diesem Grunde verleihe ich

21 Aus Vollständigkeitsgründen ist hier die lateinische Übersetzung aus
FIRA beigegeben: *Imperator Caesar Marcus Aurelius Severus Antoninus
Augustus dicit: Nunc vero [. . .] potius oportet querellis et libellis sublatis
quaerere quomodo diis immortalibus gratias agam, quod ista victoria [. . .]
me servaverunt. Itaque existimo sic magnifice et religiose maiestati eorum
satisfacere me posse, si peregrinos, quotienscumque in meorum hominum
numerum ingressi sint, in religiones (?) deorum inducam. Do igitur omnibus peregrinis, qui in orbe terrarum sunt, civitatem Romanorum, manente
omni genere civitatum, exceptis dediticiis. Oportet enim multitudinem non
solum omnia [. . .] sed etiam victoria circumcingi. Praeterea hoc edictum au-
gebit (?) maiestatem populi Romanorum cum facta sit eadem aliorum (? pe-
regrinorum ?) dignitas.*

das römische Bürgerrecht allen Peregrinen in der ganzen
»Welt« (Ökumene), wobei alle Arten des Bürgerrechts bewahrt bleiben, ausgenommen den *dediticii.* Denn die Mehrheit darf nicht [ausgeschlossen . . .], sondern soll nunmehr
ebenfalls an Unserem Sieg teilhaben. Außerdem soll dieses
Edikt die Majestät des römischen Volkes vergrößern, denn
[. . .].[22]

## Digesta 1,5,17 = Ulpian, *Libro vicensimo secundo ad edictum*

*In orbe Romano qui sunt ex constitutione imperatoris Anto-
nini cives effecti sunt.* Alle in der römischen Welt Lebenden wurden aufgrund der Constitution des Kaisers Antoninus zu Bürgern gemacht.

## Cassius Dio 77,9,5

[. . .] οὗ ἕνεκα καὶ Ῥωμαίους πάντας τοὺς ἐν τῇ ἀρχῇ αὐ-
τοῦ, λόγῳ μὲν τιμῶν, ἔργῳ δὲ ὅπως πλείω αὐτῷ καὶ ἐκ
τοῦ τοιούτου προσίῃ διὰ τὸ τοὺς ξένους τὰ πολλὰ αὐτῶν
μὴ συντελεῖν, ἀπέδειξεν    [. . .] abgesehen von dem Bürgerrecht, das er allen Untertanen des römischen Reiches an-
geblich als eine Auszeichnung, tatsächlich aber in der Absicht verlieh, dadurch seine Einkünfte zu vermehren, da
nämlich die Nichtbürger die meisten dieser Abgaben nicht
zu entrichten brauchten [. . .].

Es ist klar erkennbar, daß die »Constitutio Antoniniana«
nicht auf eine Nivellierung des kulturellen Eigenlebens der

---

22 Es kann hier nur eine ungefähre Übersetzung vorgelegt werden, da wichtige Textteile zerstört und heftig umstritten sind. Hierher gehört vor allem
die Ergänzung nach dem Worte [μ]ένοντος die große Kontroversen hervorgerufen hat; s. dazu den kritischen Apparat von J. Modrzejewski in Gi-
rard/Senn (s. Anm. 20) S. 487.

Provinzen zielte, sondern dem römischen (Staats-)Recht einen Vorrang gegenüber den Volksrechten verschaffen wollte, was zur Stabilisierung des Imperiums nicht unwesentlich beitrug. Bürgerrechtsverleihungen wurden weiterhin vom Kaiser vorgenommen, betrafen nunmehr aber in erster Linie Reichsfremde (z. B. Germanen), die so in den Reichsdienst eingebunden wurden.

# VII
## Kirche und Häresien

Im Zuge der Entwicklung christlichen Glaubens und der Christologie, aber auch unter dem Eindruck der Verfolgungen gab es bereits frühzeitig Entwicklungen, die als abweichlerisch oder als Irrglauben (Häresie) angesehen wurden. Kennzeichnend dafür ist, daß diese Erscheinungen fast ausschließlich aus dem Osten in den Westen gelangten, da dort im Spannungsfeld hellenistischer Philosophie und christlicher Mission zuerst die Fragen nach der Definition Gottes, der Auslegung der Schriften (Evangelien und Apostelbriefe) und der Natur Christi diskutiert wurden.[1] Eine der frühesten Häresien ist die der Marcionisten, wobei Marcion, dessen großer Einfluß in Nordafrika spürbar ist, sich nicht nur um die Sammlung und Sichtung der Paulus-Briefe, sondern auch um eine schärfere Abgrenzung des Christentums vom Judentum verdient gemacht hat. Aber erst nach der Anerkennung des Christentums als *religio licita* (Galerius-Edikt) und im Zuge der von den Kaisern massiv unterstützten Christianisierung des Imperiums bei gleichzeitiger Unterdrückung des Heidentums (*pagani*) begannen sich die christologischen Streitigkeiten zu vertiefen, so daß eine ungeheure Vielfalt von Sekten und Sektierern erkennbar wird, die sich nicht selten in blutigen Auseinandersetzungen bekämpften. Natürlich wurde auf allgemeinen Konzilien immer wieder um die Einheit des Glaubens, um eine gemeinsame Christologie gerungen, zu der auch die Frage nach einem einheitlichen Datum des Osterfestes, die Gnadenlehre und die Bewertung der Askese (Mönchtum)

---

1 W. Bauer, *Rechtgläubigkeit und Ketzerei im ältesten Christentum*, hrsg. von G. Strecker, Tübingen ²1963.

gehörte, aber trotz aller synodalen Verurteilungen, trotz harter gesetzlicher Maßnahmen blieben viele dieser Häresien bestehen, bildeten nicht selten die Grundlage neuer Sekten, die bis ins Mittelalter Bestand hatten. Um diese Vielfalt aufzuzeigen, soll hier das Häretikergesetz von 428 in voller Länge wiedergegeben werden, da es eine fast vollständige Liste der damals verbotenen Irrglauben gibt. Anzumerken ist hierbei, daß das Gesetz natürlich nicht die Juden erwähnt, da diese durch entsprechende Toleranzedikte geschützt,[2] wenn auch minderberechtigt waren.[3]

## Codex Theodosianus XVI 5,65 (30. Mai 428)

*IMP(eratores) THEOD(osius) et VAL(entini)ANUS A(ugusti) FLORENTIO P(raefecto) P(raetorio). Haereticorum ita est reprimenda insania, ut ante omnia quas ab orthodoxis abreptas tenent ubicumque ecclesias statim catholicae ecclesiae tradendas esse non ambigant, quia ferri non potest, ut, qui nec proprias habere debuerant, ab orthodoxis possessas aut conditas suaque temeritate invasas ultra detineant.*
Die Kaiser Theodosius und Valentinianus an den *Praefectus praetorio* Florentius. Der Wahnsinn der Ketzer ist derart zu unterdrücken, daß sie nicht im Zweifel sind, daß vor allem die Kirchen, die sie wo auch immer den Rechtgläubigen weggenommen haben, umgehend der Katholischen Kirche zu übergeben sind, da nicht geduldet werden kann, daß diejenigen, denen nicht erlaubt ist, eigene zu besitzen, die von Orthodoxen besessenen oder gebauten und die sie in ihrer Kühnheit besetzten, weiterhin diesen vorenthalten.
*(1)Dein ut, si alios sibi adiungant clericos vel, ut ipsi aestimant, sacerdotes, decem librarum auri multa per singulos ab eo, qui fecerit et qui fieri passus sit vel, si paupertatem praetendant, de communi clericorum eiusdem superstitionis cor-*

2 Vgl. etwa CTh 16,8,21 [= CJ 1,9,14] vom 6. August 412.
3 M. Brücklmeier, *Beiträge zur rechtlichen Stellung der Juden im römischen Reich*, Speyer 1939 [Diss. jur. München].

*pore vel etiam donariis ipsis extorta nostro inferatur aera-rio.* Weiterhin, daß, falls sie andere Kleriker oder – wie sie selbst glauben – Priester sich anschließen, eine Geldstrafe von 10 Pfund Gold für jeden einzelnen an unser Aerar zu zahlen ist von dem, der dies getan hat oder der es zugelassen hat, oder, falls diese Armut vorschützen, von der Gemeinschaft der Kleriker dieses Aberglaubens oder auch den Spenden selbst erzwungen wird.

(2)*Post haec, quoniam non omnes eadem austeritate plectendi sunt, Arrianis quidem, Macedonianis et Apollinarianis, quorum hoc est facinus, quod nocenti meditatione decepti credunt de veritatis fonte mendacia, intra nullam civitatem ecclesiam habere liceat; Novatianis autem et Sabbatianis omnis innovationis adimatur licentia, si quam forte temptaverint; Eunomiani vero, Valentiniani, Montanistae seu Priscillianistae, Fryges, Marcianistae, Borboriani, Messaliani, Euchitae sive Enthusiastae, Donatistae, Audiani, Hydroparastatae, Tascotrogytae, Photiniani, Pauliani, Marcelliani et qui ad imam usque scelerum nequitiam pervenerunt, Manichaei nusquam in Romano solo conveniendi orandique habeant facultatem; Manichaeis etiam de civitatibus expellendis, quoniam nihil his omnibus relinquendum loci est, in quo ipsis etiam elementis fiat iniuria.* Ferner, da nicht alle mit derselben Härte zu treffen sind, ist es den Arianern etwa, den Makedonianern und Apollinariern, deren Verbrechen darin besteht, daß sie von einer schädlichen Betrachtungsweise getäuscht an Lügen über den Quell der Wahrheit glauben, nicht gestattet, innerhalb einer Stadt eine Kirche zu besitzen; den Novatianern aber und den Sabbatianern wird die Erlaubnis für jegliche Erneuerung entzogen, sosehr sie danach streben sollten. Die Eunomianer jedoch, die Valentinianer, Montanisten bzw. Priscillianisten, die Phrygier, Marcianisten, Borborianer, Messalianer, Euchiten bzw. Enthusiasten, Donatisten, Audianer, Hydroparastaten, Tascodrogiten, Photianer, Paulianer, Marcellianer und diejenigen, die zur untersten Nichtsnutzigkeit des Ver-

brechens gelangt sind, die Manichäer, sollen nirgendwo auf
römischem Boden eine Möglichkeit zu Versammlung und
zum Beten besitzen. Die Manichäer sind zudem aus den
Städten zu vertreiben, da ihnen kein Ort überlassen werden darf, an dem durch diese Elemente ein Unrecht ge-
schehe.

(3)*Nulla his penitus praeter cohortalinam in provinciis et
castrensem indulgenda militia; nullo donationis faciendae
invicem, nullo testamenti aut voluntatis ultimae penitus iure
concesso; cunctisque legibus, quae contra hos ceterosque, qui
nostrae fidei refragantur, olim latae sunt diversisque promulgatae temporibus, semper viridi observantia valituris,
sive de donationibus in haereticorum factis ecclesias, sive ex
ultima voluntate rebus qualitercumque relictis, sive de privatis aedificiis, in quae domino permittente vel conivente
convenerint, venerandae nobis catholicae vindicandis ecclesiae, sive de procuratore, qui hoc nesciente domino fecerit,
decem librarum auri multam vel exilium, si sit ingenuus,
subituro, metallum vero post verbera, si servilis condicioni
sit; ita ut nec in publico convenire loco nec aedificare sibi ecclesias nec ad circumscribtionem legum quicquam meditari
valeant, omni civili et miltari, curiarum etiam et defenso-
rum et iudicum sub viginti librarum auri interminatione
prohibendi auxilio. Illis etiam in sua omnibus manentibus
firmitate, quae de militia et donandi iure ac testamenti factione vel neganda penitus vel in certas vix concessa personas
poenisque variis de diversis sunt haereticis promulgatae, ita
ut nec speciale quidem beneficium adversus leges valeat im-
petratum.* Weiterhin ist ihnen kein Reichsdienst erlaubt
außer dem bei der Provinzialverwaltung oder beim Heer;
sie haben kein Recht, sich gegenseitig Geschenke zu machen, kein Recht, ein Testament zu errichten oder eine letztwillige Verfügung zu treffen. Alle Gesetze, die gegen diese
und andere, die unseren Glauben ablehnen, einstmals erlassen und zu verschiedenen Zeiten verkündet wurden, bleiben für immer in Kraft, sei es, daß es sich um Schenkungen

an die Kirchen der Häretiker handelt, sei es, daß es sich um
Sachen handelt, die durch letztwillige Verfügung in irgend-
einer Form hinterlassen wurden, sei es, daß es sich um Pri-
vatgebäude handelt, in denen sie mit Erlaubnis oder Duldung des Besitzers zusammengekommen sind und die von
der von Uns zu verehrenden katholischen Kirche bean-
sprucht werden, sei es von dem Verwalter, der dies ohne
Wissen des Herrn tat, dieser soll mit 10 Pfund Gold Strafe
oder, wenn er ein Freigeborener ist, mit Exil bestraft werden; wenn er aber ein Sklave ist, soll er nach dem Auspeit-
schen zum Dienst in den Minen verurteilt werden; damit sie
weder einen Ort öffentlicher Versammlung besitzen noch
sich Kirchen bauen können, noch irgendeine Möglichkeit
haben, die Gesetze zu umgehen, sollen alle Militär- und Zi-
vilbehörden, Gemeinderäte, auch Defensoren und Richter
unter Androhung einer Strafe von 20 Pfund Gold ihnen
jede Hilfe versagen. Zudem bleiben jene Gesetze in Kraft,
die vom Reichsdienst, dem Schenkungsrecht und dem Recht
der Testamentserrichtung handeln, eine Fähigkeit, die entweder völlig abgesprochen oder nur bestimmten Personen
zugesprochen wurde, sowie die, die bezüglich der verschiedenen Strafen gegen verschiedene Ketzer erlassen wurden,
so daß auch keine gegen die Gesetze erlangte besondere kaiserliche Gnade Gültigkeit besitzt.

(4)*Nulli haereticorum danda licentia vel ingenuos vel servos
proprios, qui orthodoxorum sunt initiati mysteriis, ad suum
rursus baptisma deducendi, nec vero illos, quos emerint vel
qualitercumque habuerint necdum suae superstitioni con-
iunctos, prohibendi catholicae sequi religionem ecclesiae.
Quod qui fecerit vel, cum sit ingenuus, in se fieri passus sit
vel factum non detulerit, exilio ac decem librarum auri
multa damnabitur, testamenti et donationis faciendae utri-
que deneganda licentia.* Keinem Häretiker ist die Erlaubnis gegeben, Freigeborene oder die eigenen Sklaven, die in
die Geheimnisse der orthodoxen Kirche eingeweiht sind,
wiederum ihrer eigenen Taufe zuzuführen, noch auch jene,

die sie gekauft oder auf irgendeine Weise erworben haben und die noch nicht ihrem Aberglauben angehören, abzuhalten, der Religion der Katholischen Kirche zu folgen. Wenn dies jemand tut, mit sich – wenn er ein Freigeborener ist – geschehen läßt oder das Geschehen nicht verhindert, soll er mit Exil und zu einer Geldstrafe von 10 Pfund Gold verurteilt werden, das Recht, ein Testament zu errichten oder Schenkungen zu machen, ist beiden entzogen.

[5]*Quae omnia ita custodiri decernimus, ut nulli iudicum liceat delatum ad se crimen minori aut nulli cohercitioni mandare, nisi ipse id pati velit, quod aliis dissimulando concesserit. – Dat. III Kal. Iun. Constant(ino)p(oli) Felice et Tauro cons(ulibu)s.* Dies alles, so beschließen Wir, ist so zu beachten, daß es niemandem erlaubt ist, von sich aus ein geringeres Urteil zu sprechen oder gar keine Strafe zu verhängen, wenn ihm das Verbrechen angezeigt wird, wollte er nicht selbst erleiden, was er anderen durch Verschleiern der Tat zugestanden hat. – Gegeben zu Constantinopel am 3. Tag vor den Kalenden des Juni, als Felix und Taurus Consuln waren.[4]

## Kleines Glossar[5]

*Adoptianismus:* s. Paulianer.
*Anhomöer:* In Alexandria entstandene Lehre, die die »Unähnlichkeit« von Gottvater und Sohn vertritt.

---

4 Interessant ist in diesem Zusammenhang das Schreiben Theoderichs an die Juden zu Genua (Cassiodor, *Variae* 2,27,2), in dem der König im vollen Bewußtsein der »Rechtgläubigkeit« (er selbst war Arianer!) gegenüber Andersgläubigen Toleranz ausspricht: *religionem imperare non possumus, quia nemo cogitur ut credat invitus* (»eine Religion können wir nicht befehlen, weil niemand gezwungen werden kann, gegen seinen Willen zu glauben«).

5 Es soll hier keinesfalls der Versuch gemacht werden, alle Begriffe zu erfassen, wie sie die einschlägigen theologischen Fachlexika bieten: *Lexikon für Theologie und Kirche*, hrsg. von J. Höfer und K. Rahner, ²1957; *Evangelisches Kirchenlexikon*, hrsg. von H. Brunotte und O. Weber, ²1961; *Theologische Realenzyklopädie*, seit 1976.

*Apollinarier:* Anhänger des Bischofs Apollinaris von Alexandria (Laodicea?, gest. 392). Er lehrte, daß Christus eine Vereinigung der vollkommen göttlichen Natur mit der fehlerhaften menschlichen Natur darstelle, somit diese das Wesen Christi mitbestimme.

*Arianer:* Genannt nach Arius aus Alexandria (256–336), der die Gottesnatur Christi ablehnte. Christus ist das erstgeschaffene Geschöpf, das den Heilsauftrag Gottes durchführt. Es besitzt daher einen Anfang und ist nicht ewig. Die Lehre wurde auf den Konzilien von Nicaea (325) und Constantinopel (381) als häretisch verurteilt.

*Audianer:* Eine im 4. Jahrhundert in Syrien entstandene Sekte, genannt nach Audius. Er lehrte die vollkommene Menschwerdung Gottes gemäß Genesis 1,26 f.

*Borborianer:* Eine Sekte undefinierbarer Lehre.

*Caelicoli:* Eine Sekte des 4. und 5. Jahrhunderts, die Jüdisches und Christliches zu vereinigen trachtete.

*Circumcellionen:* Rigoristische und kämpferische Gruppe der Donatisten (Nordafrika), die sich zumeist aus den Unterschichten und berberischen Einheimischen rekrutierte. Sie siedelten um die Märtyrerkapellen (*cella*) und erstrebten durch Provokation der Behörden (auch der Katholiken) den Märtyrertod als einziges Mittel, heilig zu werden.

*Dyophysitismus:* Die Lehre von der Verbindung menschlicher und göttlicher Natur (Hypostase) in Christus (»wahr Mensch und wahrer Gott«). Auf dem Konzil von Chalcedon 451 als Lehrsatz formuliert.

*Donatisten:* Ausgehend von der Position des Bischofs Donatus von Casae Nigrae (Nordafrika) lehnen seine Anhänger unter Bezug auf die Schriften (und Tertullian!) alle Sakramente als ungültig ab, die von einem während einer Verfolgung Gefallenen (*lapsus, traditor*) oder Sünder gespendet werden.

*Eutychianer:* Eutyches lehrte, daß in Christus nur die göttliche Natur bestand: er sah wie ein Mensch aus, ohne einer zu sein.

*Eunomianer:* Als Anhänger der Lehre des Arius formte Enomius im 4. Jahrhundert diese Lehre weiter. Er hielt Christus für ein Geschöpf Gottes, diesem im Willen unterworfen und nicht wesenseins. Die Lehre wurde zusammen mit dem Arianismus in Constantinopel (381) verurteilt.

*Homöer:* Arianische Sekte, die Christus als »wesensähnlich (*homoios*) im Sinne der Schrift« bezeichnet.

*Homöusianer:* Sie bezeichnen Christus als »wesensähnlich« (*homoi-usios*) mit dem Vater.

*Homousios:* Auf dem Konzil von Nicaea (325) wurde das Wesen (*usia*) Christi definiert als »geboren, nicht geschaffen, eines Wesens (*homo-usios*) mit dem Vater« und damit ebenso »ewig« wie dieser.

*Hydroparastaten:* Griechischer Name für eine Gruppe, die die Verwendung von Wasser statt Wein bei der Eucharistiefeier befürwortete. Erst Theodosius d. Gr. erklärte sie in einem Edikt von 382 (CTh 16,5,9) zu Häretikern.

*Makedonianer* bzw. *Pneumatomachen (Semi-Arianer):* genannt nach Bischof Macedonius von Constantinopel. Sie leugneten die Göttlichkeit des Hl. Geistes und stellten ihn auf die Stufe der Engel als hilfreicher Geist.

*Manichäer:* Anhänger der Lehre des persischen Religionsstifters Mani (3. Jh.). Er lehrte den metaphysischen und religiösen Dualismus, der die Welt beherrsche. Basierend auf der Lehre Zarathustras vom Kampf zwischen Gut und Böse, bezog die Lehre buddhistische wie christliche Elemente mit ein. Gott ist der Ursprung des Guten, die Welt Schöpfer des Bösen.

*Marcellianer:* Anhänger des Bischofs Marcellus von Ancyra, der die Lehre der Photianer weiterentwickelte.

*Marcianisten:* Anhänger des Marcion aus Sinope, eines ehemaligen Schiffseigners, der 144 erstmals in Rom eine eigene Gemeinde gründete. Er suchte den Unterschied von Christentum und Judentum herauszuarbeiten, basierend auf den Schriften des Paulus. Er lehrte Christus als den

guten Gott im Gegensatz zum strengen alttestamentari-
schen Gott. Da die Marcianisten die Seele für das einzig
Göttliche im Menschen hielten, lehnten sie die Taufe wie
die Lehre der Wiederauferstehung ab.

*Messalianer, Euchiten* bzw. *Enthusiasten:* Unter diesen Bezeichnungen sind die Anhänger des Syrers Adelphius zusammengefaßt. Sie glaubten, daß ausschließlich das Gebet
zur Gnade führe, und lehnten die Sakramente ab.

*Montanisten* bzw. *Phrygier* oder auch *Tascodrogiten:* Gegründet im 2. Jahrhundert von dem Phrygier Montanus;
die Sekte wandte sich gegen die zunehmende Verwelt-
lichung der Kirche. Sie glaubte an die unmittelbar bevorstehende Wiederkunft Christi, verbot die Wiederver-
heiratung von Witwen und leugnete die Sündenverge-
bung durch die Priester. Tertullian wurde später einer
ihrer Sympathisanten.

*Nestorianer:* Nestorius von Antiochia, später Bischof von
Constantinopel (gest. um 451), lehrte die Doppelnatur
Christi und lehnte damit die Bezeichnung »Gottesgebärerin« (*Theotokos*) für Maria ab, da Gott kein Kind sei.
Außerdem dürfen göttliche und menschliche Prädikate
gemeinsam nur für Christus, nicht für den Hl. Geist (*Lo-
gos*) verwendet werden. Seine Lehre wurde auf dem Konzil von Ephesus (451) verurteilt.

*Novatianer:* Anhänger des 251 gewählten Bischofs Nova-
tius; sie leugneten die Möglichkeit für *lapsi* und Sünder, in
den Schoß der Kirche zurückzukehren. Sie hielten sich
für die »Reinen« und verlangten von »bekehrten« Katholiken die Wiedertaufe.

*Paulianer:* Anhänger des Bischofs Paulus von Samosata
(260–268), die die Gottesnatur Christi leugneten. Für sie
war Jesus ein auserwählter Mensch, den Gott adoptiert
habe, um seinen Willen durchführen zu können.

*Pelagianer:* Eine von dem britannischen Mönch Pelagius
vertretene Lehre, die im Gegensatz zu Augustins ›Gnadenlehre‹ das eigene Bemühen (Willensfreiheit) um das

Heil (Askese, gute Werke) betonte. Pelagius lehnte die Erbsünde und damit die Taufe ab. Der etwas veränderte ›Semipelagianismus‹, der den freien Willen des Gläubigen im Gegensatz zur Vorherbestimmung hervorhob, hatte großen Einfluß auf die christliche Gnadenlehre.

*Photianer:* Photius, ursprünglich Diakon des Marcellus von Ancyra, später Bischof von Sirmium, leugnete die Gottesnatur Christi.

*Priscillianisten:* Nach Priscillian (Bischof von Avila) genannte extreme asketische Bewegung in Spanien, die ein besonderes Auserwähltenbewußtsein kultivierte und sich daher von den übrigen christlichen Gemeinschaften absonderte. Erst spät nahm sie eigene Züge an, indem sie die Ehe verwarf und Astrologie erlaubte.

*Sabbatianer:* Anhänger des jüdischen Konvertiten Sabbatius, der sich (um 400) den Novatianern anschloß und forderte, das Osterfest zum gleichen Termin wie die Juden zu feiern.

*Valentinianer:* Gnostische Sekte, gegründet Mitte des 1. Jahrhunderts von dem Ägypter Valentinus, der eine Mischung aus platonischer und orientalischer Philosophie mit christlicher Theologie vertrat. Für ihn war Christus ein vollkommenes Geistwesen, das dem Menschen die Überwindung des Materiellen und den Weg zur Vergeistigung zeigen konnte. Aber nur wenige Menschen konnten diese höchste geistige Stufe und damit Erlösung erreichen.

# Die Consuln der Kaiserzeit

Da die Kaiser jederzeit die Möglichkeit hatten, verdienten Personen die *ornamenta consularia* zu verleihen bzw. den Rang eines gewesenen Consuls zuzuerkennen, werden im folgenden nur solche Consuln verzeichnet, die dieses Amt als ordentliche (eponyme) Consuln oder als Ersatzconsuln (Suffectconsuln) für einen durch Rücktritt oder Tod aus dem Amt geschiedenen bekleidet haben.[1] Die Namen von Kaisern und Usurpatoren sind in Kapitälchen gesetzt. Die Jahreszahlen in Klammern bezeichnen die Zählung vom Datum der Stadtgründung an (*ab urbe condita*).

v. Chr.

30 (724)  IMP. CAESAR DIVI F. IIII & M. Licinius Crassus
          (bis 1. Juli)
          coss. suff.:[2] C. Antistius Vetus
                    (bis 13. September)
          M. Tullius Cicero (für Vetus)

29 (725)  IMP. CAESAR DIVI F. V & Sex. Appuleius
          cos. suff.:  Potitus Valerius Messalla
                    (für Appuleius)

28 (726)  IMP. CAESAR DIVI F. VI & M. Vipsanius
          Agrippa II

---

1 A. Degrassi, *I fasti consolari dell'Impero Romano dal 30 avanti Cristo al 613 dopo Cristo*, Rom 1952; R. S. Bagnall / A. Cameron / S. R. Schwartz / K. A. Worp, *Consuls of the Later Roman Empire*, Atlanta 1987; vgl. auch die Consullisten in PLRE I und PLRE II; zu den Kaiserconsulaten bis 395 D. Kienast, Römische Kaisertabelle.

2 coss. suff.: *consules suffecti*; cos. suff.: *consul suffectus*.

**27** (727)  IMP. CAESAR DIVI F. VII & M. Vipsanius Agrippa III

**26** (728)  IMP. CAESAR DIVI F. AUGUSTUS VIII & T. Statilius Taurus II

**25** (729)  AUGUSTUS VIIII & M. Iunius Silanus

**24** (730)  AUGUSTUS X & C. Norbanus Flaccus

**23** (731)  AUGUSTUS XI (bis 26. Juni?) & A. Terentius Varro Murena (bis 1. Juli)
coss. suff.:  Cn. Calpurnius Piso (für Terentius)
L. Sestius Quirinalis Albinianus
(für Augustus)

**22** (732)  M. Claudius Marcellus Aeserninus & L. Arruntius

**21** (733)  M. Lollius (anfänglich *sine collega*) & Q. Aemilius Lepidus

**20** (734)  M. Appuleius & P. Silius Nerva

**19** (735)  C. Sentius Saturninus & Q. Lucretius (Cinna?) Vespillo
cos. suff.:   M. Vinucius (Vinicius) (für Sentius)

**18** (736)  P. Cornelius Lentulus Marcellinus & Cn. Cornelius Lentulus

**17** (737)  C. Furnius & C. Iunius Silanus

**16** (738)  L. Domitius Ahenobarbus & P. Cornelius Scipio
cos. suff.:   L. Tarius Rufus (für Cornelius)

**15** (739)  M. Livius Drusus Libo & L. Calpurnius Piso Pontifex

**14** (740)  M. Licinius Crassus & Cn. Cornelius Lentulus Augur

**13** (741)  Ti. Claudius Nero & P. Quinctilius Varus

**12** (742)  M. Valerius Messalla (Messala) Appianus &
P. Sulpicius Quirinius
coss. suff.: C. Valgius Rufus (für Messalla)
L. Volusius Saturninus
(für Sulpicius)[3]
C. Caninius Rebilus (für Valgius)

**11** (743)  Q. Aelius Tubero & Paullus Fabius Maximus

**10** (744)  Africanus Fabius Maximus & Iullus Antonius

 **9** (745)  Nero Claudius Drusus (Germanicus) &
T. Quinctius Crispinus Sulpicianus

 **8** (746)  C. Marcius Censorinus & C. Asinius Gallus

 **7** (747)  Ti. Claudius Nero II & Cn. Calpurnius Piso

 **6** (748)  D. Laelius Balbus & C. Antistius Vetus

 **5** (749)  AUGUSTUS XII & L. Cornelius Sulla
coss. suff.: L. Vinicius & Q. Haterius
C. Sulpicius Galba

 **4** (750)  C. Calvisius Sabinus & L. Passienus Rufus
coss. suff.: C. Caelius (Rufus?) & Galus Sulpicius

 **3** (751)  L. Cornelius Lentulus & M. Valerius Messalla
(Messala) Messallinus (Messalinus)[4]

 **2** (752)  AUGUSTUS XIII & M. Plautius Silvanus
coss. suff.: L. Caninius Gallus (für Silvanus)
C. Fufius Geminus (für Augustus)
Q. Fabricius (für Geminus)

 **1** (753)  Cossus Cornelius Lentulus & L. Calpurnius
Piso Augur
coss. suff.: A. Plautius
A. Caecina Severus

3 Nach dem Tode des Caninius Rebilus *consul sine collega* für den Rest des
Jahres.
4 In CIL VI 10243 offenbar mit dem Cognomen Corvinus.

n. Chr.

1 (754)  C. Caesar & L. Aemilius Paullus (bis 30. Juni)
         cos. suff.:  M. Herennius Picens

2 (755)  P. Vinicius & P. Alfenus Varus (beide bis
         30. Juni)
         coss. suff.:  P. Cornelius Lentulus Scipio &
                       T. Quinctius Crispinus Valerianus

3 (756)  L. Aelius Lamia & M. Servilius (beide bis
         30. Juni)
         coss. suff.:  P. Silius & L. Volusius Saturninus

4 (757)  Sex. Aelius Catus & C. Sentius Saturninus
         (beide bis 30. Juni)
         coss. suff.:  Cn. Sentius Saturninus &
                       C. Clodius Licinus

5 (758)  L. Valerius Messalla (Messala) Volesus & Cn.
         Cornelius Cinna Magnus (beide bis 30. Juni)
         coss. suff.:  C. Vibius Postimus (Postumus) &
                       C. Ateius Capito

6 (759)  M. Aemilius Lepidus & L. Arruntius
         (bis 30. Juni)
         cos. suff.:  L. Nonius Asprenas

7 (760)  Q. Caecilius Metellus Creticus Silanus &
         A. Licinius Nerva Silanus (bis 30. Juni)
         cos. suff.:  Lucilius Longus

8 (761)  M. Furius Camillus & Sex. Nonius Quinctilianus
         (beide bis 30. Juni)
         coss. suff.:  L. Apronius & A. Vibius Habitus

9 (762)  C. Poppaeus Sabinus & Q. Sulpicius Camerinus
         (beide bis 30. Juni)
         coss. suff.:  M. Papius Mutilus & Q. Poppaeus
                       Secundus

**10** (763)  P. Cornelius Dolabella & C. Iunius Silanus
(beide bis 30. Juni)
coss. suff.:  Ser. Cornelius Lentulus Maluginen-
sis & Q. Iunius Blaesus

**11** (764)  M'. (M.) Aemilius Lepidus (bis 30. Juni) &
T. Statilius Taurus
cos. suff.:  L. Cassius Longinus

**12** (765)  Germanicus Caesar & C. Fonteius Capito
(bis 30. Juni)
cos. suff.:  C. Visellius Varro

**13** (766)  C. Silius A. Caecina Largus & L. Munatius
Plancus

**14** (767)  Sex. Pompeius & Sex. Appuleius

**15** (768)  Drusus Caesar & C. Norbanus Flaccus
(bis 30. Juni?)
cos. suff.:  M. Iunius Silanus

**16** (769)  Sisenna Statilius Taurus & L. Scribonius Libo
coss. suff.:  C. Vibius Rufus Rufinus
C. Pomponius Graecinus

**17** (770)  L. Pomponius Flaccus & C. Caelius (Caecilius?)
Rufus (Nepos?)
coss. suff.:  C. Vibius Marsus
L. Voluseius (Volunseius) Proculus

**18** (771)  Ti. Caesar Augustus III (bis 31. Jan.) & Germanicus Caesar II (bis April?)
coss. suff.:  L. Seius Tubero (für Tiberius)
L. Livineius Regulus
(für Germanicus)
C. Rubellius Blandus (ab 1. August)
M. Vipstanus Gallus (ab 1. August)

**19** (772)  M. Iunius Silanus Torquatus & L. Norbanus
Balbus (bis 30. April)
cos. suff.:   P. Petronius

**20** (773)  M. Valerius Messalla (Messala) Messallinus
(Messalinus) & M. Aurelius Cotta Maximus
Messallinus (Messalinus)

**21** (774)  TI. CAESAR AUGUSTUS IIII (bis 31. März) &
Drusus Caesar II
cos. suff.:   Mam. Aemilius Scaurus
Cn. Tremellius

**22** (775)  D. Haterius Agrippa & C. Sulpicius Galba

**23** (776)  C. Asinius Pollio & C. Antistius Vetus
cos. suff.:   C. Stertinius Maximus
(für Antistius)

**24** (777)  Ser. Cornelius Cethegus & L. Visellius Varro
coss. suff.:  C. Calpurnius Aviola
P. Cornelius Lentulus Scipio

**25** (778)  Cossus Cornelius Lentulus & M. Asinius
Agrippa
cos. suff.:   C. Petronius (Umbrinus?)
(für Lentulus)

**26** (779)  Cn. Cornelius Lentulus Gaetulicus & C. Calvisius Sabinus
coss. suff.:  Q. Iunius Blaesus
L. Antistius Vetus

**27** (780)  L. Calpurnius Piso & M. Licinius Crassus Frugi
coss. suff.:  P. (Cornelius?) Le[ntulus?]
C. Sall[ustius (Passienus) Crispus]

**28** (781)  C. Appius Iunius Silanus & P. Silius Nerva
coss. suff.:  [L. Iunius Silanus
C. Vellaeus Tutor]

29 (782)  C. Fufius Geminus (bis 30. Juni) & L. Rubellius
          Geminus (bis 30. Juni)[5]
          coss. suff.:  A. Plautius
                        L. Nonius Asprenas

30 (783)  M. Vinicius (bis 30. Juni) & L. Cassius Longi-
          nus (bis 30. Juni)
          coss. suff.:  L. Naevius Surdinus
                        C. Cassius Longinus

31 (784)  Ti. Caesar Augustus V (bis VIII id. Mai) &
          L. Aelius Seianus (bis VIII id. Mai)[6]
          coss. suff.:  Faustus Cornelius Sulla
                        (bis 30. Sept.) & Sex. Tedius (Tei-
                        dius) Valerius Catullus (bis
                        30. Juni) & L. Fulcinius Trio (für
                        Catullus)
                        P. Memmius Regulus (für Sulla)

32 (785)  Cn. Domitius Ahenobarbus & L. Arruntius
          (Furius) Camillus Scribonianus (bis 30. Juni)
          cos. suff.:  A. Vitellius (im Amte verstorben)

33 (786)  L. Livius Ocella Sulpicius Galba (bis 30. Juni)
          & L. Cornelius Sulla Felix
          coss. suff.:  L. Salvius Otho & C. Octavius
                        (Laenas)

34 (787)  Paullus Fabius Persicus (bis 30. Juni) &
          L. Vitellius (bis 30. Juni)
          coss. suff.:  Q. Marcius Barea Soranus &
                        T. Rustius Nummius Gallus

35 (788)  C. Cestius Gallus (bis 30. Juni) & M. Servilius
          Nonianus (bis 30. Juni)
          coss. suff.:  D. Valerius Asiaticus &
                        [P. Gab]inius S[ecundus]

---

5 Das Jahr wird in der Literatur als das Consulatsjahr der *duo Gemini*
  bezeichnet.
6 Der Name Seians wurde aufgrund der *damnatio memoriae* getilgt.

**36** (789)  Sex. Papinius Allienus (bis 30. Juni) &
Q. Plautius (bis 30. Juni)
coss. suff.: [A. Didius Gallus] & M. Porcius
Cato

**37** (790)  Cn. Acerronius Proculus (bis 30. Juni) &
C. Petronius Pontius Nigrinus (bis 30. Juni)
coss. suff.:  C. Caesar Augustus Germanicus
(bis 31. August) & Ti. Claudius
Nero Germanicus (bis 31. August)
A. Caecina Paetus & C. Caninius
Rebilus

**38** (791)  M. Aquila Iulianus (bis 30. Juni) & P. Nonius
Asprenas (bis 30. Juni)
coss. suff.:  Ser. Asinius Celer & Sex. Nonius
Quintilianus (Quinctilianus)

**39** (792)  C. Caesar Augustus Germanicus II (bis
31. Januar) & L. Apronius Caesianus
(bis 30. Juni)
coss. suff.:  Q. Sanquinius Maximus II
(für Caesar, bis 30. Juni)
Cn. Domitius Corbulo
Cn. Domitius Afer

**40** (793)  C. Caesar Augustus Germanicus III (*sine
collega* bis 13. Januar)
cos. suff.:  C. Laecanius Bassus & Q. Terentius
Culleo

**41** (794)  C. Caesar Augustus Germanicus IIII (bis
7. Januar) & Cn. Sentius Saturninus
cos. suff.:  [[Q. Pomponius Secundus]][7]
(für C. Caesar)

**42** (795)  Ti. Claudius Caesar Augustus Germanicus II
(bis Ende Febr.) & C. Caecina Largus
coss. suff.:  C. Cestius Gallus (für Claudius)
Cornelius Lupus (für Gallus)

7 Der Name wurde eradiert.

**43** (796) CLAUDIUS AUG. III (bis Ende Febr.) & L. Vitellius II (bis Ende Febr.)
coss. suff.: L. Pedanius Secundus & Sex. Palpellius Hister

**44** (797) T. Statilius Taurus & C. (Sallustius) Passienus Crispus II (bis Ende April?)
cos. suff.: - - -]isius Sabinus P. Pomponius Secundus (für Crispus)

**45** (798) M. Vinicius II & T. Statilius Taurus Corvinus
coss. suff.: Ti. Plautius Silvanus Aelianus (für Vinicius)
Rufus & M. Pompeius Silvanus (ab Juni?)

**46** (799) D. Valerius Asiaticus II (bis 31. März) & M. Iunius Silanus
coss. suff.: C. Antistius Vetus (für Valerius)
Q. Sulpicius Camerinus (Pythicus? Peticus?) (für Vetus, bis 30. Juni)
D. Laelius Balbus (für Camerinus, bis 30. September)
C. Terentius Tullius Geminus (für Balbus)

**47** (800) CLAUDIUS AUG. IIII (bis 28. Febr.) & L. Vitellius III

**48** (801) A. Vitellius (bis 30. Juni) & L. Vipstanus Poplicola (Publicola) (Messalla)
coss. suff.: L. Vitellius (für A. Vitellius)
C. Silius (vor Antritt des Amtes getötet)

**49** (802) Q. Veranius & C. (A.?) Pompeius Longinus Gallus
coss. suff.: L. Mammius Pollio & Q. Allius Maximus

**50** (803)   C. Antistius Vetus II & M. Suillius Nerullinus

**51** (804)   CLAUDIUS AUG. V & Ser. Cornelius (Scipio)
Salvidienus Orfitus (Orphitus)
coss. suff.:   L. Calventinus Vetus Carminius
T. Flavius Vespasianus

**52** (805)   Faustus Cornelius Sulla Felix & L. Salvius
Otho Titianus
cos. suff.:   Marcius Barea Soranus (für Otho)
L. Salvidienus Rufus Salvianus
(für Soranus)

**53** (806)   D. Iunius Silanus Torquatus & Q. Haterius
Antoninus

**54** (807)   M'. Acilius Aviola & M. Asinius Marcellus

**55** (808)   NERO CLAUDIUS CAESAR AUGUSTUS GERMANI-
CUS (bis 28. Febr.) & L. Antistius Vetus
coss. suff.:   N. Cestius (für Nero)
Cn. Cornelius Lentulus Gaetulicus
& T. Curtilius Mancia

**56** (809)   Q. Volusius Saturninus & P. Cornelius (Lentu-
lus?) Scipio
coss. suff.:   L. Annaeus Seneca & M. Trebellius
Maximus
P. Palfurius (für Maximus)
L. Duvius Avitus & P. Clodius
Thrasea Paetus

**57** (810)   NERO AUG. II & L. Calpurnius Piso
coss. suff.:   L. Caesius Martialis (für Piso)

**58** (811)   NERO AUG. III & M. Valerius Messalla (Messala) Corvinus
coss. suff.:   C. Fonteius Agrippa (für Nero)
A. Paconius Sabinus & A. Petronius
Lurco

59 (812)  C. Vipstanus Apronianus & C. Fonteius Capito
            coss. suff.:  T. Sextius Africanus & M. Ostorius
                      Scapula

60 (813)  Nero Aug. IV & Cossus Cornelius Lentulus
            coss. suff.:  C. Velleius Paterculus (?) &
                      M. Manilius Vopiscus (?)

61 (814)  P. Petronius Turpilianus & L. Caesennius Paetus

62 (815)  P. Marius Celsus & L. Afinius (Asinius?) Gallus
            cos. suff.:  Q. Iunius Marullus

63 (816)  C. Memmius Regulus & L. Verginius Rufus

64 (817)  C. Laecanius Bassus & M. Licinius Crassus
            Frugi

65 (818)  A. Licinius Nerva Silianus Firmus Pasidienus &
            M. (Iulius) Vestinus Atticus
            coss. suff.:  C. Pomponius Pius & C. Anicius
                      Cerialis

66 (819)  C. Luccius Telesinus & C. Suetonius Paullinus
            (Paulinus) II (?)
            coss. suff.:  M. Arruntius & M. Vettius Bolanus

67 (820)  L. Iulius Rufus & [-] Fonteius Capito
            cos. suff.:  L. Aurelius Priscus

68 (821)  Ti. Catius Asconius Silius Italicus & P. Galerius
            Trachalus
            coss. suff.:  Nero Aug. V[8]
                      C. Bellicus Natalis & P. Cornelius
                         Scipio Asiaticus
                      Cingonius Varro

---

8 Sueton, *Nero* 43.

**69** (822)   SER. SULPICIUS GALBA IMPERATOR CAESAR
AUGUSTUS II & T. Vinius (Rufinus?)
coss. suff.:   IMP. M. OTHO CAESAR AUGUSTUS
                & L. Salvius Otho Titianus II
                L. Verginius Rufus II & L. Pom-
                peius Vopiscus
                T. Flavius Sabinus & Cn. Arulenus
                Caelius Sabinus
                Arrius Antoninus & Marius Celsus
                Fabius Valens & A. Caecina Alienus
                Rosius Regulus (für Caesina)
                C. Quinctius Atticus & Cn. Caeci-
                lius Simplex
                A. VITELLIUS IMPERATOR[9]

**70** (823)   IMP. CAESAR VESPASIANUS AUGUSTUS II &
TITUS CAESAR VESPASIANUS
coss. suff.:   Q. Licinius Mucianus II
                Q. Petillius Cerialis Caesius Rufus

**71** (824)   VESPASIANUS AUG. III & M. Cocceius Nerva
coss. suff.:   CAESAR DOMITIANUS & Cn. Pedius
                Cascus
                C. Calpetanus Rantius Quirinalis
                Valerius Festus (für Cascus)
                L. Acilius Strabo & Sex. Neranius
                Capito

**72** (825)   VESPASIANUS AUG. IV & TITUS CAESAR II
coss. suff.:   C. Licinius Mucianus III & T. Fla-
                vius Sabinus II

---

9 Martius Macer, P. Valerius Marinus, Pedanius Costa waren *coss. designati*,
traten jedoch ihr Amt nicht an. D. Valerius Asiaticus starb vor Antritt des
Amtes.

**73** (826)  CAESAR DOMITIANUS II & L. Valerius Catullus
Messallinus (Messalinus)
cos. suff.:  M. Arrecinus Clemens

**74** (827)  VESPASIANUS AUG. V & TITUS CAESAR III
coss. suff.:  Ti. Plautius Silvanus Aelianus II
(für Vespasian)
CAESAR DOMITIANUS III (für Titus)
Q. Petillius Cerialis Caesius Rufus II
& T. Clodius Eprius Marcellus II
[S. Iulius Fr]on[tinus?]

**75** (828)  VESPASIANUS AUG. VI & TITUS CAESAR IV
coss. suff.:  C. Pomponius [- - -] & L. Manlius
Patr[ui]nus

**76** (829)  VESPASIANUS AUG. VII & TITUS CAESAR V
coss. suff.:  CAESAR DOMITIANUS IV &
L. Cassidienus [- - -
Galeo Tettienus Petronianus &
M. Fulvius Gillo

**77** (830)  VESPASIANUS AUG. VIII & TITUS CAESAR VI
coss. suff.:  CAESAR DOMITIANUS V (für Titus)
Cn. Iulius Agricola

**78** (831)  D. Iunius Novius Priscus (Rufus?) & L. Ceionius Commodus
coss. suff.:  [S. Vi]tulasius Nepos
[Q. Articulei]us Paetus

**79** (832)  VESPASIANUS AUG. IX & TITUS CAESAR VII
coss. suff.:  CAESAR DOMITIANUS VI
L. Iunius Caesennius Paetus &
P. Calvisius Ruso Iulius Frontinus
T. Rubrius Aelius Nepos &
M. Arrius Flaccus

**80** (833)  IMP. TITUS CAESAR VESPASIANUS AUGUSTUS VIII
& CAESAR DOMITIANUS VII

   coss. suff.: A. Didius Gallus Fabricius
        Veiento II & L. Aelius Plautius
        Lamia Aelianus
       Q. Aurelius Pactumeius Fronto
        (für Veiento)
       C. Marius Marcellus Octavius
        Publius Cluvius Rufus
        (für Fronto)
       M. Tittius Frugi & T. Vinicius
        Iulianus

**81** (834) L. Flavius Silva Nonius Bassus & L. (?) Asinius
    Pollio Verrucosus
    coss. suff.: M. Roscius Coelius & C. Iulius
        Iuvenalis
       L. Vettius Paulluss & J. Iunius
        Montanus
       M. Petronius Umbrinus &
        L. Carminius Lusitanicus

**82** (835) Imp. Domitianus Caesar Vespasianus Augu-
    stus VIII & T. Flavius Sabinus
    coss. suff.: [- - - In]noc(ens?)
        [- - -]an(us)
        [- - - Mo]dest(. . .)

**83** (836) Domitianus Aug. IX & Q. Petillius Rufus II
    coss. suff.: Tettius Iulianus & Terentius Strabo
        Erucius Homullus

**84** (837) Domitianus Aug. X & C. Oppius Sabinus
    coss. suff.: [- - -] Ursus
        C. Tullius Capito Pomponianus
        Plotius Firmus & C. Cornelius
        Gallicanus
       [- - - G]allus

**85** (838) DOMITIANUS AUG. XI & [- Vale]rius Mess(alla)
*oder* Mess(allinus) II
coss. suff.: [- - -]atus
[- - -Po]llio filius
D. Aburius Bassus & Q. Iulius
Balbus

**86** (839) DOMITIANUS AUG. XII & Ser. Cornelius Dola-
bella Petronianus
coss. suff.: C. Secius Campanus (für Domitian)
[- - -] & Q. Vibius Secundus
Sex. Octavius Fronto & Ti. Iulius
Candidus Marius Celsus
A. Lappius Maximus & C. Octavius
Tidius Tossianus L. Iavolenus
Priscus

**87** (840) DOMITIANUS AUG. XIII & L. Volusius
Saturninus
coss. suff.: C. Calpurnius (Crassus Frugi?) Piso
Licinianus (für Domitian)
C. Bellicus (Bellicius?) Natalis Teba-
nianus & C. Ducenius Proculus
C. Cilnius Proculus & L. Neratius
Priscus

**88** (841) DOMITIANUS AUG. XIV & L. Minucius Rufus
coss. suff.: D. Plotius Grypus (für Domitian)
Q. Ninnius Hasta
M. Otacilius Catulus & Sex. Iulius
Sparsus

**89** (842) T. Aurelius Fulvus & M. Asinius Atratinus
coss. suff.: P. Sallustius Blaesus & M. Peducaeus Saenianus
A. Vicirius Proculus & M'. (M.?)
Laberius Maximus

474 Die Consuln der Kaiserzeit

90 (843) DOMITIANUS AUG. XV & M. Cocceius Nerva II
coss. suff.: L. Cornelius Pusio (für Domitian)
L. Antistius Rusticus & Ser. Iulius
Servianus
Q. Accaeus Rufus & C. Caristanius
Fronto
P. Baebius Italicus & C. Aquilius
(Aquillius) Proculus
L. Albius Pullaienus Pollio &
Cn. Pinarius Aemilius Cicatricula
Pompeius Longinus
M. Tullius Cerialis & Cn. Pompeius
Catullinus

91 (844) M'. Acilius Glabrio & M. Ulpius Traianus
coss. suff.: D. Minicius Faustinus & P. Valerius
Marinus
Q. Valerius Vegetus & P. (L.?) Metilius (Sabinus?) Nepos

92 (845) DOMITIANUS AUG. XVI & Q. Volusius Saturninus
coss. suff.: L. Venuleius (Vennuleius) Montanus
Apronianus (für Domitian)
L. Stertinius Avitus & Ti. Iulius Celsus Polemaeanus
C. Iulius Silanus & Q. Iunius Arule-
nus Rusticus

93 (846) Sex. Pompeius Collega & Q. Peducaeus Priscinus
cos. suff.: T. Avidius Quietus

**94** (847)  L. Nonius Calpurnius Asprenas Torquatus &
T. Sextius Magius Lateranus
coss. suff.: M. Lollius Paullinus D. Valerius
Asiaticus Saturninus & C. Antius
A. Iulius Quadratus
L. Silius Decianus & T. Pomponius
Bassus

**95** (848)  DOMITIANUS AUG. XVII & T. Flavius Clemens
coss. suff.: L. Neratius Marcellus
(für Domitian)
A. Lappius Maximus II & P. Ducenius Verus
Q. Pomponius Rufus & L. Baebius
Tullus

**96** (849)  C. Manlius Valens & C. Antistius Vetus
coss. suff.: Q. Fabius Postuminus & T. Prifernius [Paetus?]
Ti. Catius Caesius Fronto & M. Calpurnius [- - -]icus

**97** (850)  IMP. NERVA CAESAR AUGUSTUS III & L. Verginius Rufus III
coss. suff.: P. (?) Cornelius Tacitus
Q. Glitius Atilius Agricola

**98** (851)  NERVA AUG. IV & IMP. CAESAR NERVA TRAIA-
NUS AUGUSTUS II
coss. suff.: Cn. Domitius [Apollinaris?]
(für Nerva)
Sex. Iulius Frontinus II
(für Domitius)
L. Iulius Ursus (für Frontinus)
T. Vestricius Spurinna II (für Ursus)
C. Pomponius Pius (für Spurinna)
A. Vicirius Martialis & L. Maecius
Postumus

C. Pomponius Rufus Acilius
[Prisc?]us Coelius Sparsus &
Cn. Pompeius Ferox Licinianus

**99** (852) A. Cornelius Palma Frontonianus & Q. Sosius
(Sossius) Senecio
coss. suff.: [-] Sulpicius Lucretius Barba &
Senecio Memmius Afer
Q. Fabius Barbarus Valerius Magnus
Iulianus & A. Caecilius Faustinus

**100** (853) TRAIANUS AUG. III & Sex. Iulius Frontinus III
coss. suff.: T. Vestricius Spurinna III
(für Frontinus)
L. Herennius Saturninus & T. Pom-
ponius Mamillianus (Mamilianus)
C. Plinius Caecilius Secundus &
C. Iulius Cornutus Tertullus
L. Roscius Aelianus Maecius Celer
& Ti. Claudius Sacerdos Iulianus

**101** (854) TRAIANUS AUG. IV & Q. Articuleius Paetus
coss. suff.: Sex. Attius Suburanus Aemilianus
(für Traian)
Q. Servaeus Innocens & M. Maecius
Celer
[- - -]us Procu[- - -
[- - -]ic[- - -]

**102** (855) L. Iulius Ursus Servianus II & L. Licinius Sura II
coss. suff.: L. Fabius Iustus (für Sura)
[- - - & L. Publi]lius Cels[us]
L. Antonius Albus & M. Iunius
Homullus

**103** (856) Traianus Aug. V & M'. Laberius Maximus II
      coss. suff.: Q. Glitius Atilius Agricola II
               (für Traian)
               [P. M]ertiliu[s Sabinus Nepos II?]

**104** (857) Sex. Attius Suburanus Aemilianus II &
      M. Asinius Marcellus

**105** (858) Ti. Iulius Candidus Marius Celsus II &
      C. Antius A. Iulius Quadratus II
      coss. suff.: C. Iulius Quadratus Bassus &
               Cn. Afranius Dexter
               Q. Caelius Honoratus (für Dexter)
               M. Vitorius Marcellus & C. Caeci-
               lius Strabo

**106** (859) L. Ceionius Commodus & Sex. Vettulenus
      Civica Cerialis
      coss. suff.: L. Minucius Natalis & Q. Licinius
               Silvanus Granianus Quadronius
               Proculus

**107** (860) L. Licinius Sura III & Q. Sosius (Sossius)
      Senecio II
      coss. suff.: [L. Acilius] Rufus
               C. Minicius (Minucius) Fundanus &
               C. Vettennius Severus
               C. Iulius Longinus & C. Valerius
               Paullinus

**108** (861) Ap. Annius Trebonius Gallus & M. Atilius
      Metilius Bradua
      coss. suff.: P. Aelius Hadrianus & M. Trebatius
               Priscus
               [- - - & Q. Roscius Coelius Murena
               Silius Decianus Vibullius (Vibul-
               lus) Pius Iulius Eurycles Hercu-
               lanus (Herclanus) Pompe]ius
               F[alco?]

**109** (862) A. Cornelius Palma Frontonianus II & P. Calvi-
sius Tullus Ruso
coss. suff.:  L. Annius Largus (für Palma)
Cn. Antonius Fuscus & C. Iulius
Antiochus Epiphanes Philopappus
C. Aburnius Valens & C. Iulius
Proculus

**110** (863) M. (L.?) Peducaeus Priscinus & Ser. (Cornelius)
Scipio Salvidienus Orfitus
coss. suff.:  C. Avidius Nigrinus & Ti. Iulius
Aquila Polemaeanus
L. Catilius Severus Iulianus Clau-
dius Reginus & C. Erucianus Silo
A. Larcius Priscus & Sex. Marcius
Honoratus

**111** (864) C. Calpurnius Piso & M. Vettius Bolanus
coss. suff.:  T. Avidius Quietus & L. Eggius
Marullus
L. Octavius Crassus & P. Coelius
Apollinaris

**112** (865) Traianus Aug. VI & T. Sextius Africanus
coss. suff.:  [M.?] Licinius Ruso (für Traian)
Cn. Pinarius Cornelius Severus &
L. Mummius Niger Q. Valerius
Vegetus (Severinus Caucidius
Tertullus?)
P. Stertinius Quartus & T. Iulius
Maximus Ma[- - -] Brocchus Servi-
lianus A. Quadronius L. Servilius
Vatia Cassius Cam[- - -]
[C. Clau]dius Severus & T. Settidius
Firmus

**113** (866) L. Publilius Celsus II & C. Clodius Crispinus
(Crispus)
coss. suff.: Ser. Cornelius Dolabella Metilianus
Pompeius Marcellus (für Celsus)
L. Stertinius Noricus & L. Fadius
Rufinus
Cn. Cornelius Urbicus & T. Sem-
pronius Rufus

**114** (867) Q. Ninnius Hasta & P. Manilius Vopiscus Vici-
nillianus L. Elufrius Severus Iulius Quadratus
Bassus
coss. suff.: C. Clodius Nummus & [- - -]
L. Lollianus Avitus & L. Messius
Rusticus

**115** (868) L. Vipstanus (Vipstanius) Messalla (Messala) &
M. Pedo Vergilianus
coss. suff.: T. Statilius Maximus Severus
Hadrianus (für Pedo)
L. Iulius S[- - - & - - -]
M. Pom[- - - & - - -]

**116** (869) L. Fundanius Lamia Aelianus & Sex. Carminius
Vetus
coss. suff.: Ti. Iulius Secundus & M. Egnatiu[s
Marcellinus]
D. Terentius Gentianus &
Q. Co[rnelius Senecio Annianus?]
L. Statius Aquila & C. Iulius Alex-
ander Berenicianus

**117** (870) Q. Aquilius Niger & M. Rebilus (Rebulus)
Apronianus

**118** (871) IMP. CAESAR TRAIANUS HADRIANUS AUGUSTUS II
& Cn. Pedanius Fuscus Salinator
coss. suff.: (Bellicius?) Tebanianus
(für Salinator?)
[-] Libo (für Tebanianus)
C. Ummidius Quadratus (für Libo)
L. Pomponius Bassus & T. Sabinius
Barbarus

**119** (872) HADRIANUS AUG. III & P. Dasumius Rusticus
coss. suff.: A. Platorius (Plaetorius) Nepos
Aponius Italicus Manilianus
C. Licinius Pollio (für Rusticus)
[- - -] Gallus
C. Herennius [A]pella (?) &
L. [Coel]i[us] Rufus

**120** (873) L. Catilius Severus Iulianus Claudius Reginus II
& T. Aurelius Fulvus Boionius Arrius Antoni-
nus
coss. suff.: C. Quinctius Certus Poblicius (Publicius) Marcellus & T. (L.?)
Rutilius Propinquus

**121** (874) M. Annius Verus II & Cn. Arrius Augur
coss. suff.: M[- - - F]austus & Q. Pomponius
Marcellus
T. Pomponius Antistianus Funisula-
nus Vettonianus & L. Pomponius
Silvanus

**122** (875) M.’ (M.) Acilius Aviola & Corellius Pansa
coss. suff.: Ti. Iulius Candidus Capito & L. Vitrasius Flamininus
C. Trebius Maximus & T. Calestrius
Tiro

**123** (876) Q. Articuleius Paetinus & L. Venuleius Apronianus Octavius Priscus

**124** (877) M.' Acilius Glabrio & C. Bellicius Flac[cus]
Torquatus Tebanianus
coss. suff.: C. Iulius Gallus & C. Valerius
Severus

**125** (878) M. Lollius Paullinus D. Valerius Asiaticus
Saturninus II & L. Epidius Titius Aquilinus

**126** (879) M. Annius Verus III & C. Eggius Ambibulus
(Ambibolus)
cos. suff.: Propinquus (für Verus)

**127** (880) T. Atilius Rufus Titianus & M. Gavius (Clau-
dius?) Squilla Gallicanus
coss. suff.: P. Tullius Varro & [-] Iunius Paetus
Q. Tineius Rufus & M. Licinius
Nepos
L. Aemilius Iuncus & Cn. Minicius
Faustinus Sex. Iulius Severus

**128** (881) L. Nonius Calpurnius Asprenas Torquatus II &
M. Annius Libo
coss. suff.: L. Caesennius Antoninus
(für Torquatus)
M. Iunius Mettius Rufus &
Q. Pomponius Maternus
L. Valerius Flaccus & M. [- - -
(M. Acilius Priscus) A. Egrilius Pla-
rianus & Q. [Planius Sardus
Varius Ambibulus]

**129** (882) P. Iuventius Celsus T. Aufidius Hoenius
Severianus II & L. Neratius Marcellus II
cos. suff.: Q. Iulius Balbus (für Marcellus)

**130** (883) Q. Fabius Catullinus & M. Flavius (Fabius?)
Aper
coss. suff.: Cassius Agri[ppa] *oder* Agri[ppinus]
& [Ti. Claudius?] Quartinus

**131** (884) M. Ser. Octavius Laenas Pontianus & M. Antonius Rufinus

**132** (885) C. Iunius Serius Augurinus & C. (M.) Trebius Sergianus

**133** (886) M. (C.?) Antonius Hiberus & P. Mummius
Sisenna
coss. suff.: Q. Flavius Tertullus & Q. Iunius
Rusticus

**134** (887) L. Iulius Ursus Servianus III & T. Vibius Varus
coss. suff.: T. Haterius Nepos (Atinas Probus
Publicius Matenianus?)
(für Servianus)
P. Licinius Pansa & L. Attius Macro

**135** (888) L. Tutilius Lupercus Pontianus & P. Calpurnius
Atilianus (Atticus Rufus?)

**136** (889) L. Ceionius Commodus & S. Vettulenus
(Vetulenus) Civica Pompeianus

**137** (890) L. Aelius Caesar II & P. Coelius Balbinus
Vibullius Pius

**138** (891) Kanus Iunius Niger & C. Pomponius
Camerinus
coss. suff.: M. Vindius Verus & P. (C.?) Pactumeius Clemens
P. Cassius Secundus & P. Delphius
Peregrinus Alfius Alennius Maximus Curtius Valerianus Proculus
M. Nonius Mucianus

**139** (892) Imp. Caesar T. Aelius Hadrianus Antoninus
Augustus Pius II & C. Bruttius (Brittius?)
Praesens L. Fulvius Rusticus II
coss. suff.: Balbinus (?, für Praesens)
M. Ceccius Iustinus & C. Iulius
Bassus

**140** (893) Antoninus Aug. Pius III & M. Aelius Aurelius Verus Caesar

**141** (894) T. Hoenius Severus & M. Peducaeus Stloga
Priscinus

**142** (895) L. (C.?) Cuspius Pactumeius Rufinus &
L. Statius Quadratus

**143** (896) C. Bellicius Flaccus (?) Torquatus (II?) &
L. Vibullius Hipparchus Ti. Claudius Atticus
Herodes
cos. suff.: M. Cornelius Fronto

**144** (897) L. Lollius Avitus & T. Statilius Maximus

**145** (898) Antoninus Aug. Pius IV & M. Aelius Aure-
lius Verus Caesar II
coss. suff.: Cn. Arrius Cornelius Proculus &
D. Iunius [Paetus?]
L. Petronius Sabinus & C. Vicrius
Rufus
C. Fadius Rufus & P. Vicrius [- - -

**146** (899) Sex. Erucius Clarus II & Cn. Claudius Severus
Arabianus
coss. suff.: Q. Licinius Modestinus Attius
Labeo (für Clarus)
P. Mummius Sisenna Rutilianus &
T. Prifernius Paetus

Cn. (L?) Terentius Homullus Iunior
& L. Aurelius Gallus
Q. Voconius Saxa Fidus & C. An-
nianus Verus
L. Aemilius Longus & L. Stertinius
Quintilianus Acilius Strabo
Q. Cornelius Rusticus Apronius
Senecio Proculus

**147** (900) C. Prastina Pacatus Messallinus (Messalinus) &
L. Annius Largus
coss. suff.: [-] Claudius Charax & Q. Fuficius
Cornutus
[-] Cupressenus Gallus &
Q. Cornelius Quadratus
Sex. Cocceius Severianus Honorinus
& Ti. Licinius Cassius Cassianus
C. Popilius Carus Pedo
(für Cassianus)

**148** (901) L. Octavius Cornelius P. Salvius Iulianus Aemi-
lianus & C. Bellicius Calpurnius Torquatus
coss. suff.: [-] Satyrius Firmus & C. Salvius
Capito
L. Coelius Festus & P. Orfidius
Senecio
C. Fabius Agrippinus & M. Anto-
nius Zeno

**149** (902) Ser. Cornelius Scipio L. (?) Salvidienus Orfitus
(Orphitus) & Q. (Pompeius) Sosius Priscus
coss. suff.: Q. Passienus Licinus & C. Iulius
Avitus

**150** (903) M. Gavius Squilla Gallicanus & Sex. Carminius
Vetus

coss. suff.: M. Cassius Apollinaris & M. Petronius Mamertinus

**151** (904) Sex. Quintilius Condianus & Sex. Quintilius
Valerius Maximus

**152** (905) M.' (M.) Acilius Glabrio Cn. Cornelius Severus
& M. Valerius Homullus
coss. suff.: L. Claudius Modestus & L. Dasu-
mius Tullius Tuscus
C. Novius Priscus & L. Iulius
Romulus
[- - -] & M. Servilius Silanus

**153** (906) L. Fulvius [- - -] C. Bruttius Praesens Min[- - -]
Valerius Maximus Pompeius L[- - -] Valens
Cornelius Proculus [- - -] Aquilius Veiento &
A. Iunius Rufus
coss. suff.: [C. Iulius Max?]imus & M. Pontius
Sabinus
P. Septimius Aper & M. Sedatius Se-
verianus Iulius Acer Metilius
Nepos Rufinus Ti. Rutilianus
Censor
[- - -] Gallus & C. Catius Marcellus

**154** (907) L. Aelius Aurelius Commodus & T. Sextius
Lateranus
coss. suff.: [- - -] Paetus & M. N[onius Macri-
nus]
[Cn. Iulius Ve]rus & L[- - -
[- - -]nus & Sex. [- - -
C. Iulius Statius Severus & T. Iunius
Severus

**155** (908) C. Iulius Severus & M. Iunius Rufinus Sabinia-
nus
coss. suff.: C. Au[f]idius Victorinus M. Ul[pius
- - - Marc]ellinus Rhesius
Pe[- - -]us Rufus Arrius
Paul[inus? - - -] Cocceius Gal[lus]
& M. Gavius - - -
Antius Pollio (Polio) & Opimianus
[T. Statilius Iulius?] Severus &
L. Iulius Statilius Severus

**156** (909) M. Ceionius Silvanus & C. Serius Augurinus
coss. suff.: A. Avillius Urinatius Quadratus &
[- - -] Strabo Aemilianus

**157** (910) M. (Ceionius) Civica Barbarus & M. Metilius
Aquillius Regulus Nepos Volusius Torquatus
Fronto
coss. suff.: - - -]onus & C. Aelius Se[- - -

**158** (911) Sex. Sulpicius Tertullus & Q. Tineius Sacerdos
Clemens
coss. suff.: M. Servilius Fabianus Maximus &
Q. Iallius Bassus

**159** (912) Plautius Quintillus (Quintilius) & M. Statius
Priscus Licinius Italicus

**160** (913) Appius Annius Atilius Bradua & T. Clodius
Vibius Varus
coss. suff.: [- - - & Postu]mius Festus
[- - - & S]everus
[- - - & - - -] Esorius Paulus
[- - - & - - -nin]nius Hastianus
[- - - & - - - Octa?]vius Sabinus

161 (914) M. Aurelius Caes. III ⟨ab 7. März: Imp. Caesar M. Aurelius Antoninus Augustus III⟩ &
L. Aelius Aurelius Commodus II
⟨ab 7. März: Imp. Caesar L. Aurelius Verus
Augustus II⟩

162 (915) Q. Iunius Rusticus II & L. Titius Plautius
Aquilinus
cos. suff.: M. Insteius Bithynicus

163 (916) M. Pontius Laelianus & A. Iunius Pastor
L. Caesennius Sospes

164 (917) M. Pompeius Macrinus & P. Iuventius Celsus
coss. suff.: Ti. Haterius Saturninus & Q. Caecilius Avitus

165 (918) M. Gavius Orfitus & L. Arrius Pudens

166 (919) Q. Servilius Pudens & L. (A.?) Fufidius Pollio
coss. suff.: M. Vibius Liberalis & P. Martius
Verus

167 (920) Verus Aug. III & M. Ummidius Quadratus
coss. suff.: Q. Caecilius Dentilianus &
M. Antonius Pallas

168 (921) L. Venuleius Apronianus Octavius [- - -] II &
L. Sergius Paullus II

169 (922) Q. Pompeius Senecio Roscius Murena Coelius
Sex. Iulius Frontinus Silius Decianus C. Iulius
Eurycles Herculaneus L. Vibullius Pius Augu-
stanus (Augustanius) Alpinus Bellicius Sollers
Iulius Aper Ducenius Proculus Rutilianus Silius
Valens Valerius Niger Cl(audius) Fuscus Saxa
Amyntianus Sosius Priscus & M. Aqu(uillius)
P. Coelius Apollinaris

**170** (923) C. (Sex.?) Erucius Clarus & M. Gavius Cornelius Cethegus
cos. suff.: T. Hoenius Severus

**171** (924) T. Statilius Severus & L. Alfidius Herennianus

**172** (925) Ser. (Calpurnius) Scipio Orfitus & Quintilius
Maximus

**173** (926) Cn. Claudius Severus II & Ti. Claudius Pompeianus II

**174** (927) L. Aurelius Gallus & Q. Volusius Flaccus
Cornelianus
cos. suff.: M. Aemilius Macer Saturninus

**175** (928) L. Calpurnius Piso & P. Salvius Iulianus
coss. suff.: P. Helvius Pertinax & M. Didius
Severus Iulianus

**176** (929) T. Pomponius Proculus Vitrasius Pollio II &
M. Flavius Aper II

**177** (930) Imp. Caesar L. Aelius Aurelius Commodus
Augustus & M. Peducaeus Plautius Quintillus

**178** (931) Ser. (Cornelius) Scipio (Salvidienus) Orfitus &
D. Velius Rufus (Iulianus?)

**179** (932) Commodus Aug. II & P. Martius Verus II

**180** (933) L. Fulvius [- - -] C. Bruttius Praesens Min[- - -]
Valerius Maximus Pompeius L[- - -] Valens
Cornelius Proculus [- - -] Aquilius Veiento II &
Sex. Quintilius Condianus (II?)[10]

**181** (934) Commodus Aug. III & L. Antistius Burrus

**182** (935) M. Petronius Sura Mamertinus & Q. Tineius
Rufus

10 So CIL VIII 24117 und Papyrus Berolinensis 6866.

183 (936) COMMODUS AUG. IIII & C. Au[f]idius Victo-
rinus M. Ul[pius - - - Marc]ellinus Rhesius
Pe[- - -]us Rufus Arrius Paul[inus? - - -]
Cocceius Gal[lus] II
    coss. suff.:  L. Tutilius Pontianus Gentianus
              M. Herennius Secundus & M. Egna-
              tius Postumus
              T. Pactumeius Magnus & L. Septi-
              mius Fla[- - -

184 (937) L. Cossonius Eggius Marullus & Cn. Papirius
Aelianus
    coss. suff.:  C. Octavius Vindex & [- - -

185 (938) Maternus[11] & Ti. Claudius M. Appius Atilius
Bradua Regillus Atticus

186 (939) COMMODUS AUG. V & M.' Acilius Glabrio II

187 (940) L. Bruttius Quintius Crispinus & L. Roscius
Aelianus Paculus

188 (941) P.(?) Seius Fuscianus II & M. Servilius Silanus II

189 (942) Dulius (D. Iulius?) Silanus & Q. Servilius
Silanus [*duo Silani*][12]

190 (943) COMMODUS AUG. VI & M. Petronius Sura
Septimianus
    coss. suff.:  L. Septimius Severus & Apuleius
              Rufinus

191 (944) Opilius (Popilius) Pedo Apronianus &
M. Valerius Bradua Mauricus

192 (945) COMMODUS AUG. VII & P. Helvius Pertinax II
    coss. suff.:  Q. Tineius Sacerdos & P. Iulius Sca-
              pula Priscus

11 Möglicherweise Triarius Maternus Lascivius; Degrassi, *Fasti*, S. 51.
12 Consulat der beiden Silani.

**193** (946) Q. Pompeius Sosius Falco & C. Iulius Erucius
Clarus Vibianus
coss. suff.: M. Silius Messalla
L. Fabius Cilo Septiminus Catinius
Acilianus Lepidus Fulcinianus

**194** (947) IMP. CAESAR L. SEPTIMIUS SEVERUS PERTINAX
AUGUSTUS II & D. CLODIUS SEPTIMIUS ALBINUS
CAESAR II[13]
im Osten:   IMP. CAESAR C. PESCENNIUS NIGER
IUSTUS AUGUSTUS II[14]

**195** (948) P. Iulius Scapula Tertullus Priscus & Q. Tineius
Clemens

**196** (949) C. Domitius Dexter II & L. Valerius Messalla
Thrasea Priscus
cos. suff.: P [. . .] CC *oder* CO[. .]Fuscus
(für Priscus)

**197** (950) T. Sextius Lateranus & L. Cuspius Rufinus

**198** (951) P. Martius Sergius Saturninus & L. Aurelius
Gallus

**199** (952) P. Cornelius Anullinus II & M. Aufidius Fronto

**200** (953) Ti. Claudius Severus Proculus & C. Aufidius
Victorinus

**201** (954) L. Annius Fabianus & M. Nonius Arrius
Mucianus

**202** (955) SEPTIMIUS SEVERUS AUG. II & IMP. CAESAR
M. AURELIUS SEVERUS ANTONINUS AUGUSTUS

**203** (956) C. Fulvius Plautianus II & P. Septimius Geta II

---

13 *cos. I suffectus* ca. 187.
14 *cos. I suffectus* zwischen 183 und 191.

204 (957) L. Fabius Cilo Septiminus Catinius Acilianus
Lepidus Fulcinianus II & M. Annius Flavius
Libo

205 (958) M. AURELIUS SEVERUS ANTONINUS AUG. II &
P. SEPTIMIUS GETA CAESAR

206 (959) M. Nummius Umbrius Primus Senecio Albinus
& Fulvius (Gavius Numisius Petronius) Aemilianus

207 (960) (L.?) Annius Maximus & L. Septimius Aper

208 (961) M. AURELIUS SEVERUS ANTONINUS AUG. III &
GETA CAES. II

209 (962) Pompeianus & Avitus[15]

210 (963) M.' Acilius Faustinus & A. Triarius Rufinus

211 (964) Terentius Gentianus & Bassus[16]

212 (965) C. Iulius Asper II & C. Iulius (Camilius?) Galerius Aper

213 (966) M. AURELIUS SEVERUS ANTONINUS AUG. IIII &
D. Caelius (Calvinus) Balbinus II[17]

214 (967) L. Valerius Messalla (Messala) (Apollinaris?) &
C. Octavius Appius Suetrius Sabinus

215 (968) (Q.) Maecius Laetus II & M. Munatius Sulla
Cerialis (Cerealis)

216 (969) P. Catius Sabinus II & P. Cornelius Anullinus

217 (970) C. Bruttius Praesens & T. Messius Extricatus II

---

15 Vielleicht identisch mit Ti. Claudius Pompeianus bzw. Q. Lollianus Plautius Avitus; Degrassi, *Fasti*, S. 58.
16 Vielleicht identisch mit Ti. Pomponius Bassus; Degrassi, *Fasti*, S. 59.
17 *cos. I* nicht datierbar.

**218** (971) Imp. Caesar M. Opellius Severus Macrinus
Augustus & Oclatinius Adventus[18]
cos. suff.:   Imp. Caesar M. Aurellius
(Aurelius) Antoninus
Augustus (für Macrinus)

**219** (972) Imp. Caesar M. Aurellius (Aurelius) Antoninus Augustus II & M. Aurellius (Aure-
lius) Severus Alexander Caesar (ab
13. März: Imp. Caesar M. Aurellius (Aurelius) Severus Alexander Augustus, seit
15. April *sine collega*)

**220** (973) M. Aurellius (Aurelius) Antoninus Aug. III
& P. Valerius Comazon Eutychianus

**221** (974) C. Vettius Gratus Sabinianus & M. Flavius
Vitellius Seleucus

**222** (975) M. Aurellius (Aurelius) Antoninus Aug. IIII
& M. Aurellius (Aurelius) Severus
Alexander Caesar (ab 13. März: Imp. Caesar
M. Aurellius (Aurelius) Severus Alexander
Augustus, seit 15. April *sine collega*)

**223** (976) L. Marius Maximus Perpetuus Aurelianus II &
L. Roscius Aelianus Paculus Salvius Iulianus

**224** (977) Ap. Claudius Iulianus II & C. (L.?) Bruttius
Crispinus

**225** (978) Ti. Manilius Fuscus II & Ser. Calpurnius Domitius Dexter

**226** (979) Severus Alexander Aug. II & C. Aufidius
Marcellus II

---

18 In manchen Dokumenten beide *cos. II*, vermutlich aufgrund der Verleihung von *ornamenta consularia* im Jahr 217; Degrassi, *Fasti*, S. 61.

**227** (980) M. Nummius Senecio Albinus & M. Laelius
(Fulvius?) Maximus Aemilianus

**228** (981) Q. Aiacius Modestus Crescentianus II &
M. (Pomponius?) Maecius Probus

**229** (982) SEVERUS ALEXANDER AUG. III & Cassius Dio
Cocceianus II

**230** (983) L. Virius Agricola & Sex. Catius Clementinus
Priscillianus

**231** (984) Claudius Pompeianus & T. Flavius Sallustius
Paelignianus

**232** (985) L. Virius Lupus (Iulianus?) & L. Marius
Maximus

**233** (986) L. Valerius Maximus & Cn. Cornelius Paternus
(Agricola?[19])

**234** (987) M. Clodius Pupienus (Pupienius, Puppienius)
Maximus II[20] & - - -]ius [Su?]lla Urbanus

**235** (988) Cn. Claudius Severus & L. Ti. Claudius Aurelius Quintianus

**236** (989) IMP. CAESAR C. IULIUS VERUS MAXIMINUS
AUGUSTUS & M. Pupienius Africanus

**237** (990) L. Marius Perpetuus & L. Mummius Felix
Cornelianus

**238** (991) (C.?) Fulvius Pius & Pontius Proculus Pontianus
coss. suff.:  Iunius Silanus
Claudius Iulianus & Celsus
Aelianus

---

19 So Barbieri, *L'albo senatorio da Settimo Severo a Carino (193–285)*, Rom
1952, n. 1009, S. 928.
20 *cos. I* zwischen 205 und 217.

**239** (992)   IMP. CAESAR M. ANTONIUS GORDIANUS AU-
               GUSTUS & M. Acilius Aviola

**240** (993)   Sabinus[21] II & Se[ius?] Venustus

**241** (994)   GORDIANUS AUG. II & (Clodius) Pompei-
               anus

**242** (995)   C. Vettius Gratus Atticus Sabinianus &
               C. Asinius Lepidus Praetextatus

**243** (996)   L. Annius Arrianus & C. Cervonius Papus

**244** (997)   Ti. Pollenius Armenius Peregrinus & Fulvius
               Aemilianus

**245** (998)   IMP. CAESAR M. IULIUS PHILIPPUS AUGUSTUS
               & C. Maesius Titianus

**246** (999)   C. Bruttius Praesens & C. All[- - -] Albinus

**247** (1000)  PHILIPPUS AUG. II & IMP. CAESAR M. IULIUS
               SEVERUS PHILIPPUS (AUGUSTUS seit Juli)

**248** (1001)  PHILIPPUS AUG. III & PHILIPPUS AUG. II
               (*Philippi duo*)

**249** (1002)  Fulvius Aemilianus II & L. Naevius
               Aquilinus

**250** (1003)  IMP. CAESAR C. MESSIUS QUINTUS TRAIANUS
               DECIUS AUGUSTUS II[22] & Vettius Gratus

**251** (1004)  DECIUS AUG. III (*divus Decius*) &
               Q. HERENNIUS ETRUSCUS MESSIUS DECIUS
               CAESAR (AUGUSTUS seit Juni?)

21 Vielleicht identisch mit C. Appius Sabinus, CIL VI 37061; Degrassi, *Fasti*,
   S. 67.
22 *cos. I suffectus* vor 232.

**252** (1005)  Imp. Caesar C. Vibius Trebonianus Gallus Augustus II[23] & Imp. Caesar C. Vibius
Afinius Gallus Veldumnianus Volusianus Augustus

**253** (1006)  Volusianus Aug. II & Valerius Maximus

**254** (1007)  Imp. Caesar P. Licinius Valerianus Augustus II[24] & Imp. Caesar P. Licinius Egnatius Gallienus Augustus
Usurpator: Imp. Caesar L. Iulius Aurelius
Sulpicius Severus uranius
Antoninus Augustus
[in Syrien]

**255** (1008)  Valerianus Aug. III & Gallienus Aug. II

**256** (1009)  L. Valerius Maximus II & M. Acilius Glabrio

**257** (1010)  Valerianus Aug. IIII & Gallienus
Aug. III

**258** (1011)  M. Nummius Tuscus & Mummius Bassus

**259** (1012)  (Nummius) Aemilianus (Dexter) &
(Ti. Pomponius) Bassus

**260** (1013)  P. Cornelius Saecularis II & C. Iunius
Donatus II
Usurpator: Imp. Caesar M. Cassianius
Latinius Postumus Augustus
[in Gallien][25]

23 *cos. I suffectus* ca. 245.
24 *cos. I* vor 238.
25 Alleiniger Consul, oder – so L. Bakker – zusammen mit Honoratianus;
L. Bakker, »Raetien unter Postumus – Das Siegesdenkmal einer Juthun-
genschlacht im Jahr 260 n. Chr. aus Augsburg«, in: *Germania* 71 (1993)
S. 369–386.

**261** (1014) GALLIENUS AUG. IIII & L. Petronius Taurus
Volusianus
Usurpatoren: IMP. CAESAR T. FULVIUS
IUNIUS QUIETUS AUGUSTUS II
[im Osten][26]
POSTUMUS AUG. II
Zwischen 261 und 268: Cen-
sor II & Lepidus II
[in Gallien]
Dialis & Bassus [in Gallien]
Apr- - - & Ruf- - - [in Gallien]

**262** (1015) GALLIENUS AUG. V & Nummius Fausianus
Usurpator: POSTUMUS AUG. III

**263** (1016) (M.) Nummius (Ceionius) Albinus II &
Dexter (oder Maximus?)

**264** (1017) GALLIENUS AUG. VI & Saturninus

**265** (1018) (Licinius) Valerianus II, Lucillus

**266** (1019) GALLIENUS AUG. VII & Sabinillus
Usurpator: POSTUMUS AUG. IIII & M. Piavonius Victorinus [in Gallien]

**267** (1020) Paternus[27] & Archesilaus (Arcesilaus)

**268** (1021) (Aspasius?) Paternus II & (Egnatius?) Mari-
nianus
Usurpator: POSTUMUS AUG. V & ? [in
Gallien]

**269** (1022) IMP. CAESAR M. AURELIUS VALERIUS CLAU-
DIUS AUGUSTUS[28] & Paternus

---

26 *cos. I* unbekannt.
27 Vielleicht identisch mit Ovinius Paternus, Degrassi, *Fasti*, S. 72.
28 *cos. II* in Inschriften ist vermutlich als *cos. II designatus* zu lesen.

270 (1023)    Flavius Antiochianus II & Virius Orfitus
Usurpator: IMP. CAESAR M. PIAVONIUS VIC-
TORINUS AUGUSTUS II & Sanc-
tus [in Gallien]

271 (1024)    IMP. CAESAR L. DOMITIUS AURELIANUS
AUGUSTUS & (Ti.) Pomponius Bassus II

272 (1025)    Quietus & Iunius Veldumnianus
Usurpator: IMP. CAESAR C. PIUS ESUVIUS TE-
TRICUS AUGUSTUS [in Gallien]

273 (1026)    M. Claudius Tacitus & Iulius Placidianus
Usurpator: TETRICUS AUG. II [in Gallien]

274 (1027)    AURELIANUS AUG. II & Capitolinus
Usurpator: TETRICUS AUG. III & TETRICUS
IUN. CAESAR [in Gallien]

275 (1028)    AURELIANUS AUG. III & Marcellinus
coss. suff.: Aurelius Gordianus
Velius Cornificius Gordianus
IMP. CAESAR M. CLAUDIUS TACI-
TUS AUGUSTUS II

276 (1029)    IMP. CAESAR M. CLAUDIUS TACITUS AUGU-
STUS III & Aemilianus (II?)
coss. suff.: IMP. CAESAR M. ANNIUS FLORIA-
NUS AUGUSTUS
Aelius Scorpianus

277 (1030)    IMP. CAESAR M. AURELIUS PROBUS AUGUSTUS
& Paulinus[29]

278 (1031)    PROBUS AUG. II & Virius Lupus

279 (1032)    PROBUS AUG. III & Nonius Paternus II

---

29 Vielleicht identisch mit L. Iu(lius?) Paulinus, *proconsul Africae*, Inscr. Trip.
461; Degrassi, *Fasti*, S. 74.

**280** (1033)    Messalla & Gratus

**281** (1034)    Probus Aug. IIII & C. Iunius Tiberianus

**282** (1035)    Probus Aug. V & Victorinus

**283** (1036)    Imp. Caesar M. Aurelius Carus Augustus II[30] & Imp. Caesar M. Aurelius Carinus (Augustus nach dem Tod des Vaters)
cos. suff.:    C. Aurelius Valerius Diocletianus & Bassus

**284** (1037)    Carinus Aug. II & Imp. Caesar M. Aurelius Numerius Numerianus Augustus

**285** (1038)    Carinus Aug. III & T. Claudius M. Aurelius Aristobulus [nur im Osten]
cos. suff.:    Imp. Caesar C. Aurelius Valerius Diocletianus Augustus II
(nach dem Tode des Carinus)

**286** (1039)    M. Iunius Maximus II & Vettius Aquilinus

**287** (1040)    Imp. Caesar C. Aurelius Valerius Diocletianus Augustus III & Imp. Caesar M. Aurelius Valerius Maximianus Augustus
Usurpator: Imp. C. M. Aurelius M(ausaeus?) Carausius Augustus [nur in Britannien]

**288** (1041)    Maximianus Aug. II & Pomponius Ianuarianus
Usurpator: Carausius Aug. II

---

30 *cos. I suffectus*: 282 oder früher.

**289** (1042) L. Ragonius Quintianus & M. Magrius
Bassus
coss. suff.: M. Umbrius Primus & T. Flavius
Coelianus
[Ce]ionius Proculus & Helvius
Clemens
Flavius Decimus & [- - -]ninius
Maximus
Usurpator: CARAUSIUS AUG. III

**290** (1043) DIOCLETIANUS AUG. IIII & MAXIMIANUS
AUG. III
Usurpator: CARAUSIUS AUG. IV
IMP. C. ALLECTUS AUGUSTUS
(nach der Ermordung des Carau-
sius)

**291** (1044) C. Iunius Tiberianus II & Cassius Dion

**292** (1045) Afranius Hannibalianus & Iulius Asclepiodotus

**293** (1046) DIOCLETIANUS AUG. V & MAXIMIANUS
AUG. IIII

**294** (1047) C. FLAVIUS VALERIUS CONSTANTIUS NOBI-
LISSIMUS CAESAR & C. GALERIUS VALERIUS
MAXIMIANUS NOBILISSIMUS CAESAR

**295** (1048) Nummius Tuscus & C. Annius Anullinus

**296** (1049) DIOCLETIANUS AUG. VI & CONSTANTIUS
NOB. CAES. II

**297** (1050) MAXIMIANUS AUG. V & GALERIUS NOB.
CAES. II

**298** (1051) (M. Iunius Caesonius Nicomachus) Anicius
Faustus (Paulinus) II & Virius Gallus

**299** (1052) Diocletianus Aug. VII & Maximianus
Aug. VI

**300** (1053) Constantius Nob. Caes. III & Galerius
Nob. Caes. III

**301** (1054) T. Flavius Postumius Titianus II & Virius
Nepotianus

**302** (1055) Constantius Nob. Caes. IIII & Galerius
Nob. Caes. IIII

**303** (1056) Diocletianus Aug. VIII & Maximianus
Aug. VII

**304** (1057) Diocletianus Aug. IX & Maximianus
Aug. VIII

**305** (1058) Constantius Nob. Caes. V ⟨seit 1. Mai
Augustus⟩ & Galerius Nob. Caes. V
⟨seit 1. Mai Augustus⟩

**306** (1059) DD. NN. Flavius Valerius Constantius
Augustus VI & C. Galerius Valerius
Maximianus Augustus VI

**307** (1060) *im Westen:* DD. NN. Maximianus Aug. IX
& L.(?) Flavius Valerius Constantinus
Nobilissimus Caesar
*bzw. in Rom:* DD. NN. Maximianus
Aug. IX & C. Valerius Galerius Maximinus Nob. Caes.
*im Osten:* DD. NN. Flavius Valerius Severus Augustus & C. Valerius Galerius
Maximinus Nob. Caes.

**308** (1061) DD. NN. Diocletianus Augustus X &
Galerius Aug. VII
*in Rom:* D. N. M. Aurelius Valerius
Maxentius Augustus & M. Valerius
Romulus

**309** (1062)   *im Westen:* Post consulatum X et VII
*in Rom:* D. N. Maxentius Aug. II &
M. Valerius Romulus II
*im Osten:* DD. NN. Valerius Licinianus
Licinius Augustus & Constantinus Aug.

**310** (1063)   *im Westen:* Post consulatum X et VII
*in Rom:* D. N. Maxentius Aug. III
*im Osten:* Tatius Andronicus & Pompeius
Probus

**311** (1064).  DD. NN. Galerius Aug. VIII & Galerius
Maximinus Aug. II
*in Italien und Nordafrica seit September:*
C. Caeionius (Ceionius) Rufius Volusianus
(Eusebius?)

**312** (1065)   DD. NN. Constantinus Aug. II & Licinius Aug. II
*in Rom:* D. N. Maxentius Aug. IIII (bis
28. Oktober)

**313** (1066)   DD. NN. Constantinus Aug. III &
Licinius Aug. III
*im Westen:* für Licinius: D. N. Galerius
Maximinus Aug. III

**314** (1067)   C. Caeionius (Ceionius) Rufius Volusianus II
& Petronius Annianus

**315** (1068)   DD. NN. Constantinus Aug. IIII &
Licinius Aug. IIII

**316** (1069)   Antonius Caecina (?) Sabinus & Vettius
Rufinus[31]

31 Vielleicht identisch mit C. Vettius Cossinius Rufinus, CIL 5061 – ILS
1217; Degrassi, *Fasti*, S. 78.

**317** (1070)    *Consules quos iusserint DD. NN.*
                  coss. suff.:  Ovinius Gallicanus & Iunius
                               Bassus (seit 17. Februar)

**318** (1071)    DD. NN. LICINIUS AUG. V & FLAVIUS
                  IULIUS VALERIUS CRISPUS NOB. CAES.

**319** (1072)    DD. NN. CONSTANTINUS AUG. V &
                  VALERIUS LICINIANUS LICINIUS NOB. CAES.

**320** (1073)    DD. NN. CONSTANTINUS AUG. VI &
                  FLAVIUS CLAUDIUS CONSTANTINUS NOB.
                  CAES.

**321** (1074)    *im Westen:* DD. NN. CRISPUS NOB. CAES. II
                  & CONSTANTINUS NOB. CAES. II[32]
                  *im Osten:* DD. NN. LICINIUS AUG. VI &
                  LICINIANUS LICINIUS NOB. CAES. II

**322** (1075)    Petronius Probianus & Amnius Anicius
                  Iulianus (im Osten nicht anerkannt)

**323** (1076)    Acilius Severus & Vettius Rufinus[33] (im
                  Osten nicht anerkannt)

**324** (1077)    DD. NN. CRISPUS NOB. CAES. III &
                  CONSTANTINUS NOB. CAES. III

**325** (1078)    Sex. Anicius (Faustus) Paulinus II &
                  P. Caeionius (Ceionius) Iulianus (Camenius)

**326** (1079)    DD. NN. CONSTANTINUS AUG. VII &
                  FLAVIUS IULIUS CONSTANTIUS NOB. CAES.

**327** (1080)    D. N. CONSTANTIUS NOB. CAES. II &
                  Valerius Maximus

---

32  D. Kienast, *Kaisertabelle*, S. 292 verlegt den Consulat des Licinius iun. ins
    Jahr 322.
33  Vermutlich identisch mit C. Vettius Cossinius Rufinus, vgl. Jahr 316;
    Degrassi, *Fasti*, S. 79.

**328** (1081)   Flavius Ianuarius & Vettius Iustus

**329** (1082)   DD. NN. Constantinus Aug. VIII &
Constantinus Nob. Caes. IIII

**330** (1083)   Flavius Gallicanus & Aurelius Valerius
Tullianus Symmachus [Phospho]rius

**331** (1084)   Iunius (Annius) Bassus & Flavius Ablabius

**332** (1085)   L. Papinius Pacatianus & Maecilius
(Mecilius) Hilarianus

**333** (1086)   Flavius Iulius Delmatius (Dalmatius) &
Domitius Zenofilus

**334** (1087)   Flavius Optatus & Ammius (Amnius)
Manius Caesonius Nicomachus Anicius
Paulinus

**335** (1088)   D. N. Flavius Iulius Constantius Nob.
Caes. III & Caeionius (Ceionius) Rufius
Albinus

**336** (1089)   Vi[ri]us Nepotianus & Tettius Facundus

**337** (1090)   Flavius Felicianus & Fabius Titianus

**338** (1091)   Flavius Ursus & Flavius Polemius

**339** (1092)   DD. NN. Flavius Iulius Constantius
Augustus II & Flavius Iulius Claudius
Constans Augustus

**340** (1093)   Septimius Acyndinus & L. Aradius
Val(erius?) Proculus *signo* Populonius

**341** (1094)   Antonius Marcellinus & Petronius Probinus

**342** (1095)   DD. NN. Constantius Aug. III & Constans Aug. II

**343** (1096)    M. Maecius Memmius Furius Baburius
                 Caecilianus Placidus & Flavius Pisidius
                 Romulus

**344** (1097)    Flavius Domitius Leontius & Flavius
                 Sallustius Bonosus

**345** (1098)    Flavius Amantius & Flavius Rufius Albinus

**346** (1099)    DD. NN. CONSTANTIUS AUG. IIII &
                 CONSTANS AUG. III

**347** (1100)    Vulcacius (Volcacius) Rufinus & Flavius
                 Eusebius

**348** (1101)    Flavius Filippus (Philippus) & Flavius Salia
                 (Sallia)

**349** (1102)    Ulpius Limenius & Fabius Aco Catullinus
                 (Catulinus) Philomathius

**350** (1103)    Flavius Anicius Sergius & Flavius Nigrinia-
                 nus (Nigrianus)

**351** (1104)    *im Westen:* D. N. FLAVIUS MAGNUS MAGNEN-
                 TIUS AUGUSTUS & Gaiso
                 *im Osten:* post consulatum Sergii et Nigrini

**352** (1105)    *im Osten:* DD. NN. CONSTANTIUS AUG. V &
                 FLAVIUS CLAUDIUS CONSTANTIUS GALLUS
                 NOB. CAES.
                 *im Westen:* FLAVIUS MAGNUS DECENTIUS
                 NOB. CAES. & Paulus

**353** (1106)    *im Osten:* DD. NN. CONSTANTIUS AUG. VI
                 & GALLUS NOB. CAES. II
                 *im Westen:* DD. NN MAGNENTIUS AUG. II &
                 DECENTIUS NOB. CAES. II (bis August)

**354** (1107)    DD. NN. CONSTANTIUS AUG. VII & GALLUS
                 NOB. CAES. III

355 (1108)   Fl. Arbitio & Q. Flavius Maesius (Messius)
             Egnatius Lollianus *signo* Mavortius

356 (1109)   DD. NN. CONSTANTIUS AUG. VIII & FLA-
             VIUS CLAUDIUS IULIANUS NOB. CAES.

357 (1110)   DD. NN. CONSTANTIUS AUG. IX & IULIA-
             NUS NOB. CAES. II

358 (1111)   Datianus & Naeratius Cerealis (Caerialis)

359 (1112)   Fl. Eusebius & Fl. Hypatius

360 (1113)   DD. NN. CONSTANTIUS AUG. X & IULIANUS
             NOB. CAES. III

361 (1114)   Fl. Palladius Rutilius Taurus Aemilianus &
             Fl. Florentius

362 (1115)   Fl. Claudius Mamertinus & Fl. Nevitta

363 (1116)   D. N. FLAVIUS CLAUDIUS IULIANUS AUGU-
             STUS IIII[34] & Fl. Sallustius

364 (1117)   D. N. FLAVIUS IOVIANUS AUG.[35] & Fl. Varro-
             nianus

365 (1118)   DD. NN. FLAVIUS VALENTINIANUS AUG. &
             FLAVIUS VALENS AUG.

366 (1119)   D. N. FLAVIUS GRATIANUS NOB. CAES. &
             Dagalaifus

367 (1120)   Fl. Lupicinus & Fl. Iovinus

368 (1121)   DD. NN. VALENTINIANUS AUG. II & VALENS
             AUG. II

369 (1122)   Fl. Valentinianus & Fl. Victor

370 (1123)   DD. NN. VALENTINIANUS AUG. III &
             VALENS AUG. III

34 Ab 26. Juni DIVUS IULIANUS.
35 Ab 16. Februar DIVUS IOVIANUS.

**371** (1124)   D. N. FLAVIUS GRATIANUS AUG. II & Sex.
(Anicius) Flavius Petronius Probus

**372** (1125)   Fl. Domitius Modestus & Fl. Arintheus[36]

**373** (1126)   DD. NN. VALENTINIANUS AUG. IIII &
VALENS AUG. IIII (*duo Augusti IIII*)

**374** (1127)   D. N. GRATIANUS AUG. III & Fl. Equitius

**375** (1128)   *post consulatum Gratiani III et Equiti*

**376** (1129)   DD. NN. VALENS V & FLAVIUS VALENTINIA-
NUS IUN. AUG.

**377** (1130)   D. N. GRATIANUS AUG. IIII & Fl. Merobaudes

**378** (1131)   DD. NN. VALENS AUG. VI & VALENTINIA-
NUS IUN. AUG. II

**379** (1132)   D. Magnus Ausonius & Q. Clodius Hermogenianus Olybrius

**380** (1133)   DD. NN. GRATIANUS V & FLAVIUS
THEODOSIUS AUG.

**381** (1134)   Fl. Syagrius (Siagrius; Suagrius) & Fl. Eucherius (Eucerius, Eutherius, Euterius)

**382** (1135)   Fl. Claudius Antonius & Fl. Afranius
Syagrius

**383** (1136)   Fl. Merobaudes II & F. Saturninus

**384** (1137)   Fl. Ricomer (Ricomedes) & Fl. Clearchus
*in Gallien:* D. N. FLAVIUS MAGNUS MAXIMUS
AUG.

---

36 Variationen des Namens: Arinthaeus, Arenteus, Aronteus, Arontheus,
Arrontius.

385 (1138)   D. N. Flavius Arcadius Aug. & Fl. Bauto
             (Baudo)[37]

386 (1139)   Flavius Honorius & Fl. Evodius (Eubo-
             dius)

387 (1140)   D. N. Valentinianus Iun. Aug. III &
             Eutropius

388 (1141)   D. N. Theodosius Aug. II & Fl. Maternus
             Cynegius (Cynigius)
             *im Westen:* D. N. Maximus Aug. II[38]

389 (1142)   Fl. Timasius & Fl. Promotus

390 (1143)   D. N. Valentinianus Iun. Aug. IIII &
             Fl. Neoterius (Neuterius)

391 (1144)   Q. Flavius Tatianus & Q. Flavius Aurelius
             Symmachus *signo* Eusebius

392 (1145)   D. N. Arcadius Aug. II & Fl. Rufinus

393 (1146)   D. N. Theodosius Aug. III & Fl. Abundan-
             tius
             *im Westen:* D. N. Flavius Eugenius Aug.
             [anstelle von Abundantius]

394 (1147)   DD. NN. Arcadius Aug. III & Honorius
             Aug. II
             *im Westen:* Virius Nicomachus Flavianus
             [alleiniger Consul]

395 (1148)   Fl. Anicius Hermogenianus Olybrius &
             Fl. Anicius Probinus

396 (1149)   DD. NN. Arcadius Aug. IIII & Honorius
             Aug. III

---

37 Verrius Agorius Praetextatus (*cos. design.*, gestorben vor Amtsantritt).
38 De Rossi, Inscriptiones Christianae I 370: Fl. Merobaudes III.

**397** (1150)    Fl. Caesarius & Fl. Nonius Atticus Maximus

**398** (1151)    D. N. Honorius Aug. IIII & Fl. Eutychia-
                  nus (Eutycianus)[39]

**399** (1152)    Eutropius ⟨Osten⟩ & Fl. Mallius Theodorus
                  ⟨Westen⟩

**400** (1153)    Fl. Stilicho (Stillico, Stellico) ⟨Westen⟩ &
                  Aurelianus ⟨Osten⟩

**401** (1154)    Fl. Vincentius ⟨Westen⟩ & Fl. Fravitus (Frau-
                  tus, Fravita) ⟨Osten⟩

**402** (1155)    DD. NN. Arcadius Aug. V ⟨Osten⟩ &
                  Honorius Aug. V ⟨Westen⟩

**403** (1156)    D. N. Flavius Theodosius Aug. ⟨Osten⟩ &
                  Fl. Rumoridus (Romoridus, Rimoridus,
                  Romodorus) ⟨Westen⟩

**404** (1157)    D. N. Honorius Aug. VI ⟨Westen⟩ &
                  Aristaenetus ⟨Osten⟩

**405** (1158)    Fl. Stilicho II ⟨Westen⟩ & Fl. Anthemius
                  ⟨Osten⟩

**406** (1159)    D. N. Arcadius Aug. VI ⟨Osten⟩ & Anicius
                  Flavius Petronius Probus ⟨Westen⟩

**407** (1160)    DD. NN. Honorius Aug. VII ⟨Westen⟩ &
                  Theodosius Aug. II ⟨Osten⟩

**408** (1161)    Fl. Anicius Auchenius Bassus ⟨Westen⟩ &
                  Fl. Filippus (Philippus) ⟨Osten⟩

---

39 Nach der »Reichsteilung« unter Honorius und Arcadius wurde zumeist
   ein Consul aus dem Westen und ein Kollege aus dem Osten benannt.

**409** (1162)  DD. NN. Honorius Aug. VIII ⟨Westen⟩ &
Theodosius Aug. III ⟨Osten⟩, nicht aner-
kannt in Britannien, Gallien und Hispanien;
statt dessen:
DD. NN. Honorius Aug. VIII & Flavius
Claudius Constantinus Augustus

**410** (1163)  Varanes (Barnes) ⟨Osten⟩ & Tertullus
⟨Westen⟩[40]

**411** (1164)  D. N. Theodosius Aug. IIII ⟨Osten⟩

**412** (1165)  DD. NN. Honorius Aug. VIIII ⟨Westen⟩ &
Theodosius Aug. V ⟨Osten⟩

**413** (1166)  Heraclianus ⟨Westen⟩ & Lucius ⟨Osten⟩

**414** (1167)  Fl. Constantius ⟨Westen⟩ & Constans ⟨Osten⟩

**415** (1168)  DD. NN. Honorius Aug. X ⟨Westen⟩ &
Theodosius Aug. VI ⟨Osten⟩

**416** (1169)  D. N. Theodosius Aug. VII ⟨Osten⟩ &
Fl. Iunius Quartus Palladius

**417** (1170)  D. N. Honorius Aug. XI ⟨Westen⟩ &
Fl. Constantius II ⟨Westen⟩

**418** (1171)  DD. NN. Honorius Aug. XII ⟨Westen⟩ &
Theodosius Aug. VIII ⟨Osten⟩

**419** (1172)  Fl. Monaxius ⟨Westen⟩ & Plinta (Plenta)
⟨Osten⟩

**420** (1173)  D. N. Theodosius Aug. VIIII ⟨Osten⟩ &
Fl. Constantius III ⟨Westen⟩

**421** (1174)  Agricola (Agricolus) ⟨Westen⟩ & Fl. Eusta-
thius ⟨Osten⟩

40 Ernannt vom Usurpator Attalus, wurde er später abgesetzt.

**422** (1175)  DD. NN. HONORIUS AUG. XIII ⟨Westen⟩ &
THEODOSIUS AUG. X ⟨Osten⟩

**423** (1176)  Fl. Avitus Marinianus ⟨Westen⟩ & Asclepiodotus ⟨Osten⟩

**424** (1177)  Fl. Castinus ⟨Westen⟩ & Victor ⟨Osten⟩

**425** (1178)  DD. NN. THEODOSIUS AUG. XI ⟨Osten⟩ &
FLAVIUS PLACIDUS VALENTINIANUS CAESAR
(AUGUSTUS seit 23. Oktober) ⟨Osten⟩, erst ab
März im Westen publiziert; bis dahin:
D. N. IOHANNES AUGUSTUS

**426** (1179)  DD. NN. THEODOSIUS AUG. XII ⟨Osten⟩ &
VALENTINIANUS AUG. II ⟨Westen⟩

**427** (1180)  Fl. Hierius ⟨Osten⟩ & Fl. Ardabur ⟨Osten⟩

**428** (1181)  Fl. Constantius Felix & Fl. Taurus

**429** (1182)  Florentius ⟨Osten⟩ & Dionysius ⟨Osten⟩

**430** (1183)  DD. NN. THEODOSIUS AUG. XIII ⟨Osten⟩ &
VALENTINIANUS AUG. III ⟨Westen⟩

**431** (1184)  Fl. Anicius Bassus ⟨Westen⟩ & Fl. Antiochus

**432** (1185)  Fl. Aetius ⟨Westen⟩ & Valerius ⟨Osten⟩

**433** (1186)  D. N. THEODOSIUS AUG. XIIII ⟨Osten⟩ &
Fl. Petronius Maximus ⟨Westen⟩

**434** (1187)  Fl. Ardabur Aspar ⟨Westen⟩ & Fl. Areobin-
dus (Ariobindus, Arivendus) ⟨Osten⟩

**435** (1188)  DD. NN. THEODOSIUS AUG. XV ⟨Osten⟩ &
VALENTINIANUS AUG. IIII ⟨Westen⟩

**436** (1189)  Fl. Anthemius Isidorus Theophilus ⟨Osten⟩
& Fl. Senator ⟨Osten⟩

**437** (1190)  Fl. Aetius II ⟨Westen⟩ & Fl. Sigisvultus
⟨Osten⟩

**438** (1191)  D. N. THEODOSIUS AUG. XVI ⟨Osten⟩ &
Anicius Acilius (Achilius, Achillius) Glabrio
Faustus ⟨Westen⟩

**439** (1192)  D. N. THEODOSIUS AUG. XVII ⟨Osten⟩ &
Rufius Postumius Festus

**440** (1193)  D. N. VALENTINIANUS AUG. V ⟨Westen⟩ &
Anatolius

**441** (1194)  Fl. Constantius Cyrus

**442** (1195)  Fl. Dioscorus (Dioscurus) ⟨Westen⟩ & Fl. Eu-
doxius ⟨Osten⟩

**443** (1196)  Fl. Petronius Maximus II & Fl. Paterius (Pa-
therius) ⟨beide Westen⟩

**444** (1197)  D. N. THEODOSIUS AUG. XVIII ⟨Osten⟩ &
Fl. Albinus ⟨Westen⟩

**445** (1198)  D. N. VALENTINIANUS AUG. VI ⟨Westen⟩ &
Nomus ⟨Osten⟩

**446** (1199)  Fl. Aetius III & Q. Aurelius Symmachus
⟨beide Westen⟩

**447** (1200)  Calepius (Callepius, Calypius, Kalipius, Aly-
pius) ⟨Westen⟩ & Ardabur (Artaburius)
⟨Osten⟩

**448** (1201)  Fl. Rufius Praetextatus Postumianus ⟨Westen⟩
& Fl. Zeno ⟨Osten⟩

**449** (1202)  Fl. Asturius (Astyrius) ⟨Westen⟩ & Protoge-
nes ⟨Osten⟩

**450** (1203)  D. N. VALENTINIANUS AUG. VII ⟨Westen⟩ &
Gennadius Avienus (Habienus) ⟨Osten⟩

**451** (1204)   D. N. FLAVIUS MARCIANUS AUGUSTUS
⟨Osten⟩ & Fl. Adelfius ⟨Westen⟩

**452** (1205)   Fl. Bassus Herculianus ⟨Westen⟩ & Sporacius
⟨Osten⟩

**453** (1206)   Fl. Venantius Rufius Opilo ⟨Westen⟩ &
Fl. Iohannes Vincomalus ⟨Osten⟩

**454** (1207)   Fl. Aetius IIII ⟨Westen⟩ & Studius (Istudius)
⟨Osten⟩

**455** (1208)   D. N. VALENTINIANUS AUG. VIII ⟨Westen⟩ &
Procopius Anthemius ⟨Osten⟩

**456** (1209)   Iohannes & Varanes ⟨beide Osten⟩, im
Westen nicht anerkannt; statt dessen
D. N. M. MAECILIUS FLAVIUS EPARCHUS
(EPARCHIUS) AVITUS AUG.

**457** (1210)   Fl. Constantinus & Rufus ⟨beide Osten⟩

**458** (1211)   DD. NN. FLAVIUS IULIUS VALERIUS MAIORI-
ANUS AUGUSTUS ⟨Westen⟩ & FLAVIUS NOVUS
LEO AUGUSTUS ⟨Osten⟩

**459** (1212)   Fl. Ricimer ⟨Westen⟩ & Fl. (Iulius[41]) Patricius
⟨Osten⟩

**460** (1213)   Magnus ⟨Westen⟩ & Apollonius ⟨Osten⟩

**461** (1214)   Fl. Severinus ⟨Westen⟩ & Fl. Dagalaifus
⟨Osten⟩

**462** (1215)   DD. NN. LIBIUS SEVERUS AUGUSTUS
⟨Westen⟩ & LEO AUG. II ⟨Osten⟩

**463** (1216)   Fl. Caecina Decius Maximus Basilius
⟨Westen⟩ & Fl. Vibianus (II)[42] ⟨Osten⟩

---

41 Bezeugt in CIL III 9522.
42 Die Iteration ist nur in Papyri bezeugt.

**464** (1217)   Fl. Rusticius (Rusticus) & ⟨Fl.⟩ Anicius
                Olybrius ⟨beide Osten⟩

**465** (1218)   Hermenericus (Ermenericus, Herminericus)
                ⟨Westen⟩ & Fl. Basiliscus ⟨Osten⟩

**466** (1219)   D. N. Leo Aug. III ⟨Osten⟩ & Tatianus
                ⟨Westen, im Osten nicht anerkannt⟩

**467** (1220)   Fl. Illus(trius)[43] Puseus (Poseus) & Iohannes
                ⟨beide Osten⟩

**468** (1221)   D. N. Procopius Anthemius Aug. II
                ⟨Westen, *sine collega*⟩

**469** (1222)   Fl. Marcianus ⟨Westen⟩ & Fl. Zeno ⟨Osten⟩

**470** (1223)   Fl. Messius Phoebus Severus ⟨Westen⟩ &
                Fl. Iordanes ⟨Osten⟩

**471** (1224)   D. N. Leo Aug. IIII ⟨Osten⟩ & Caelius
                Aconius Probinianus (Probianus) ⟨Westen⟩

**472** (1225)   Rufius Postumius Festus ⟨Westen⟩ &
                Fl. Marcianus ⟨Osten⟩

**473** (1226)   D. N. Leo Aug. V ⟨Osten, *sine collega*⟩

**474** (1227)   D. N. Leo Iunior Aug. ⟨Osten, *sine collega*⟩

**475** (1228)   D. N. Zeno Aug. II ⟨Osten, *sine collega*⟩
                [im Westen: *post consulatum Leonis Iunioris
                Aug.*]

**476** (1229)   D. N. Basiliscus Aug. II & Fl. Armatus
                ⟨beide Osten⟩

**477** (1230)   *post consulatum Basilisci Aug. II et
                Fl. Armati*

**478** (1231)   Illus (Ellus) ⟨Osten, *sine collega*⟩

43  Siehe dazu L. Robert, *Études Anatoliennes* (1937) S. 543 Anm. 3.

**479** (1232)    D. N. Zeno Aug. III ⟨Osten, *sine collega*⟩

**480** (1233)    Caecina Decius Maximus Basilius ⟨Westen, im Osten nicht anerkannt⟩

**481** (1234)    Rufius Achilius Maecius Placidus ⟨Westen, *sine collega*⟩

**482** (1235)    Severinus iun. ⟨Westen⟩ & Fl. Appalius Illus Trocundus ⟨Osten⟩

**483** (1236)    Anicius Acilius (Aginantius) Faustus ⟨Westen⟩
                  [im Osten: *post consulatum Trocondi*]

**484** (1237)    Decius Marius Venantius Basilius ⟨Westen⟩ & Fl. Theodericus ⟨Osten⟩ (meist *sine collega*)

**485** (1238)    Q. Aurelius Memmius Symmachus ⟨Westen⟩ (meist *sine collega*) ⟨im Osten: *post consulatum Fl. Theoderici* (selten Symmachus *sine collega*)⟩

**486** (1239)    ⟨Westen⟩ Caecina Mavortius Basilius Decius ⟨Osten⟩ (meist *sine collega*) & Fl. Longinus (meist *sine collega*)

**487** (1240)    Mar. Manlius Boethius ⟨Westen⟩
                  im Osten: *post consulatum Fl. Longini*

**488** (1241)    Claudius Iulius Ecclesius Dynamius & Rufius Achilius Sividius ⟨beide Westen⟩

**489** (1242)    Petronius Probinus ⟨Westen⟩ & Fl. Eusebius ⟨Osten⟩ (meist *sine collega*)

**490** (1243)    Anicius Probus Faustus ⟨Westen⟩ & Fl. Longinus II ⟨Osten⟩ (meist *sine collega*)

**491** (1244)    Fl. Olybrius iunior, *sine collega*

**492** (1245)    D. N. Anastasius Aug. ⟨Osten⟩ & Fl. Rufus ⟨Westen⟩

**493** (1246)    Fl. Albinus ⟨Westen⟩ & Fl. Eusebius II ⟨Osten⟩ (meist *sine collega*)

**494** (1247)    Turcius Rufius Apronianus Asterius ⟨Westen⟩ & Fl. Praesidius ⟨Osten⟩

**495** (1248)    Fl. Viator ⟨Westen, *sine collega*⟩

**496** (1249)    (Fl.) Paulus ⟨Osten⟩
[im Westen: *post consulatum Fl. Viatoris*]

**497** (1250)    D. N. Anastasius Aug. II
[im Westen: *iterum post consulatum Fl. Viatoris*]

**498** (1251)    Fl. Paulinus ⟨Westen⟩ & Iohannes Scytha ⟨Osten⟩

**499** (1252)    Iohannes qui et Gibbus ⟨Osten⟩
[im Westen meist: *post consulatum Paulini*]

**500** (1253)    Fl. Patricius & Fl. Hypatius ⟨beide Osten⟩
[im Westen meist: *iterum post consulatum Paulini*]

**501** (1254)    Fl. Avienus ⟨Westen⟩ & Fl. Pompeius ⟨Osten, im Westen meist nicht genannt⟩

**502** (1255)    Rufius Magnus Faustus Avienus ⟨Westen⟩ & Fl. Probus ⟨Osten⟩

**503** (1256)    Fl. Volusianus ⟨Westen⟩ (meist *sine collega*) & Fl. Dexicrates ⟨Osten⟩

**504** (1257)    Rufius Petronius Nicomachus Cethegus (Cytheus) ⟨Osten, *sine collega*⟩

**505** (1258)    Fl. Theodorus ⟨Westen⟩ & Fl. Sabinianus ⟨Osten⟩

**506** (1259) Ennodius Messala ⟨Westen⟩ & Fl. Ariobindus Dagalaifus Ariobindus ⟨Osten⟩

**507** (1260) D. N. ANASTASIUS AUG. III ⟨Osten⟩ (meist *sine collega*) [im Westen: Venantius iunior (meist *sine collega*)]

**508** (1261) Basilius Venantius ⟨Westen⟩ & Fl. Celer ⟨Osten, im Westen meist nicht genannt⟩

**509** (1262) Fl. Inportunus ⟨Westen, *sine collega*⟩

**510** (1263) Anicius Manlius Severinus Boethius ⟨Westen, *sine collega*⟩

**511** (1264) Fl. Felix ⟨Westen⟩ & Fl. Secundinus (Secundianus) ⟨Osten⟩

**512** (1265) Fl. Paulus & Fl. Moschianus ⟨beide Osten; im Westen meist: *post consulatum Fl. Felicis*⟩

**513** (1266) Fl. Probus ⟨Westen⟩ & Fl. Taurus Clementinus Armonius Clementinus ⟨Osten⟩

**514** (1267) Magnus Aurelius Cassiodorus Senator ⟨Westen, *sine collega*⟩

**515** (1268) Fl. Florentius ⟨Westen⟩ & Procopius Anthemius ⟨Osten⟩

**516** (1269) Fl. Petrus ⟨Westen, *sine collega*⟩

**517** (1270) Fl. Agapitus ⟨Westen⟩ & Fl. Anastasius Paulus Probus Sabinianus Pompeius Anastasius ⟨Osten⟩ (beide Consulate gegenseitig nicht anerkannt)

**518** (1271) Fl. Anastasius Paulus Probus Moschianus Probus Magnus ⟨Osten⟩ [im Westen meist: *post consulatum Fl. Agapiti*]

519 (1272)  D. N. Iustinus Aug. ⟨Osten⟩ & Fl. Euthari-
cus Cillica (Cilliga) ⟨Westen⟩

520 (1273)  Fl. Rusticius ⟨Westen⟩ & Fl. Vitalianus
⟨Osten⟩

521 (1274)  Fl. Valerius ⟨Westen⟩ & Fl. Petrus Sabbatius
Iustinianus ⟨Osten⟩

522 (1275)  Fl. Symmachus & Fl. Boethius ⟨beide We-
sten⟩

523 (1276)  Fl. Anicius Maximus ⟨Westen⟩ (*sine collega*)

524 (1277)  Iustinus Aug. II ⟨Osten⟩ & Rufius Venantius Opilio ⟨Westen⟩

525 (1278)  Fl. Probus iun. ⟨Westen⟩ & Fl. Theodorus
Philoxenus Soteric(h)us Philoxenus

526 (1279)  Fl. Anicius Olybius iun. ⟨Westen⟩

527 (1280)  Vettius Agorius Basilius Mavortius ⟨Westen⟩

528 (1281)  D. N. Fl. Petrus Sabbatius Iustinianus
Aug. II ⟨Osten⟩

529 (1282)  Fl. Decius iun. ⟨Westen, *sine collega*⟩

530 (1283)  Fl. Lampadius & Rufius Gennadius Probus
Orestes ⟨beide Westen⟩

531 (1284)  *post cons. Lampridi et Orestis*

532 (1285)  *iterum post cons. Lampridi et Orestis*

533 (1286)  D. N. Iustinianus Aug. III ⟨Osten⟩
[im Westen: *et iterum post cons. Lampridi et
Orestis*]

534 (1287)  D. N. Iustinianus Aug. IIII ⟨Osten⟩ &
Fl. (Decius) Paulinus iun. ⟨Westen⟩

**535** (1288)     Fl. Belisarius (Vilisarius) ⟨Osten⟩
                 [im Westen: *post cons. Paulini iun.*]

**536** (1289)     im Osten: *post cons. Belisari*
                 [im Westen: *iterum post cons. Paulini iun.*]

**537** (1290)     im Osten: *iterum post cons. Belisari*
                 [im Westen: *III post. cons. Paulini iun.*]

**538** (1291)     Fl. Iohannes Orientalis ⟨Osten⟩
                 [im Westen: *IIII post cons. Paulini iun.*]

**539** (1292)     Fl. Strategius Appion Strategius Appion
                 ⟨Osten⟩
                 [im Westen: *post cons. Iohannis; V post cons.*
                 *Paulini iun.*]

**540** (1293)     Fl. Mar. Petrus Theodorus Valent. Rust. Bo-
                 raid. Germanus Iustinus ⟨Osten⟩
                 [im Westen: *iterum post cons. Iohannis;*
                 *VI post cons. Paulini iun.*]

**541** (1294)     Fl. Anicius Faustus Albinus Basilius Iun.
                 ⟨Osten⟩
                 [im Westen: *VII post cons. Paulini iun; post*
                 *cons. Iustini*]

Vom Jahr 542 an werden die Consulate lediglich als *post cons(ulatum)* ... bis zum jeweils nächstfolgenden Kaiser-consulat (Byzanz) durchgezählt.

# Bibliographie

Die Bibliographie ist zunächst nach Gattungen, dann, der Gliederung des Buches folgend, nach Epochen und Sachgruppen geordnet. Um den Umfang zu beschränken, wurden von den in den Anmerkungen genannten Titeln nur wenige hier erneut aufgenommen. Forschungsberichte aus *Aufstieg und Niedergang der römischen Welt* sind nur ausnahmsweise genannt. In den Anmerkungen verkürzt zitierte Titel finden sich in den Abschnitten »Quellensammlungen« und »Epochenübergreifende Literatur« (S. 522–524) sowie »Spätantike. Allgemeine Darstellungen« (S. 532 f.) ausführlich verzeichnet.

## Abkürzungen

| | |
|---|---|
| A&A | Antike und Abendland |
| AC | L'Antiquité Classique |
| Aép | Année épigraphique |
| AHR | American Historical Revue |
| AJPh | American Journal of Philology |
| ANRW | Aufstieg und Niedergang der Römischen Welt |
| AC | L'Antiquité Classique |
| BAR | British Archaeological Report |
| BJbb | Bonner Jahrbücher |
| Bonner HAC | Bonner Historia Augusta Colloquium |
| Cah. Hist. | Cahiers d'Histoire |
| Chron. Min. | Chronica minora |
| CIL | Corpus Inscriptionum Latinarum. Hrsg. von der Preußischen Akademie der Wissenschaften. Berlin 1862 ff. |

| | |
|---|---|
| CJ | Corpus Juris Civilis |
| C&M | Classica et Mediaevalia |
| CTh | Codex Theodosianus |
| DHA | Dialogues d'Histoire Ancienne |
| Diz. ep. | Dizionario epigrafico di Antichità romane |
| DOP | Dumbarton Oaks Papers |
| FIRA | Fontes Iuris Romani Antejustiniani. Hrsg. von S. Ricobono [u. a.]. 3 Bde. Florenz ²1940–43. |
| HA | Historia Augusta |
| HdAW | Handbuch der Altertumswissenschaft |
| HThR | Harvard Theological Review |
| HZ | Historische Zeitschrift |
| IGRR | Inscriptiones Graecae ad Res Romanas pertinentes. Hrsg. von R. Cagnat [u. a.]. Paris 1906–1928. |
| ILS | Dessau, H., Inscriptiones latinae selectae. Hrsg. von H. Dessau. 3 Bde. Berlin 1892–1916. Nachdr. ebd. 1972. |
| Inscr. It. | Inscriptiones Italiae. Hrsg. von den Akademien Italiens. Rom 1916 ff. |
| Jbb | Jahrbücher |
| JbAC | Jahrbuch für Antike und Christentum |
| JNG | Jahrbuch für Numismatik und Geldgeschichte |
| JRS | Journal of Roman Studies |
| JThS | Journal of Theological Studies |
| KlP | Der Kleine Pauly. Lexikon der Antike in fünf Bänden. München 1975. |
| LEC | Les Études Classiques |
| MAAR | Memoirs of the American Academy of Rome |
| MGH | Monumenta Germaniae Historica |
| MH | Museum Helveticum |
| MIÖG | Mitteilungen des Instituts für Österreichische Geschichtsschreibung |
| Num. Chron. | Numismatic Chronicle |
| Num. Z | Numismatische Zeitschrift |

| | |
|---|---|
| PLRE | The Prosopography of the Later Roman Empire. Hrsg. von A. H. M. Jones [u. a.]. Cambridge 1971–92. |
| RAC | Reallexikon für Antike und Christentum |
| RE | Pauly's Realencyclopädie der classischen Altertumswissenschaft. Stuttgart/München 1894–1980. |
| REA | Revue des Études Anciennes |
| REB | Revue des Études Byzantines |
| REL | Revue des Études Latines |
| RGA | Reallexikon der Germanischen Altertumskunde |
| RH | Revue Historique |
| RIC | The Roman Imperial Coinage |
| RIDA | Revue Internationale des Droits de l'Antiquité |
| RNum | Revue Numismatique |
| SB | Sitzungsberichte |
| SHA | Scriptores Historiae Augustae |
| TAPhA | Transactions and Proceedings of the American Philosophical Association |
| TAPhS | Transactions of the American Philosophical Society |
| WdF | Wege der Forschung |
| ZPE | Zeitschrift für Papyrologie und Epigraphik |

## *Bibliographien, Gesamtdarstellungen*

Christ, K.: Römische Geschichte. Eine Bibliographie. Darmstadt 1976.
– Römische Geschichte. Einführung, Quellenkunde, Bibliographie. Darmstadt ⁵1995.
Heuss, A.: Römische Geschichte. Braunschweig ⁵1983.
Petit, P.: Histoire générale de l'Empire romain. Bd. 1: Le Haut-Empire (27 av. J.-C. – 161 apr. J.-C.). Bd. 2: La crise de l'Empire (Des derniers Antonins à Dioclétien, 161–284). Bd. 3: Le Bas-Empire (284–395). Paris 1974.

## Quellensammlungen

Arend, W.: Altertum. Alter Orient – Hellas – Rom. München 1965. (Geschichte in Quellen. Bd. 1.)

Beck, H.-G.: Byzantinisches Lesebuch. München 1982.

Freis, H.: Historische Inschriften zur römischen Kaiserzeit. Von Augustus bis Konstantin. Darmstadt 1984. ²1994. [Übersetzungen.]

Jones, A. H. M.: A History of Rome Through the Fifth Century. Bd. 2: The Empire. New York 1970. (Documentary History of Western Civilization.) [Übersetzte Quellen, nach Themen geordnet.]

Ritter, A. M.: Alte Kirche. Ausgew., übers. und komm. von A. M. R. Neukirchen-Vluyn ²1982.

Schumacher, L.: Römische Inschriften. Lat./Dt. Stuttgart 1988.

## Epochenübergreifende Literatur

Berger, A.: Encyclopedic Dictionary of Roman Law. Philadelphia 1953. [TAPhS 43 (1953). Tl. 2.]

Bleicken, J.: Verfassungs- und Sozialgeschichte des römischen Kaiserreichs. 2 Bde. Paderborn ³1989. (UTB.)

Degrassi, A.: I fasti consolari dell'Impero romano dal 30 avanti Cristo al 613 dopo Cristo. Rom 1952.

Dulckeit, G. / Schwarz, F. / Waldstein, W.: Römische Rechtsgeschichte. Ein Studienbuch. München ⁹1995.

Eck, W.: Die Statthalter der germanischen Provinzen vom 1. bis 3. Jahrhundert. Köln/Bonn 1985.

Gaudemet, J.: Les institutions de l'Antiquité. Paris ⁴1994.

Halfmann, H.: Itinera Principum. Geschichte und Typologie der Kaiserreisen im Römischen Reich. Stuttgart 1986.

Kaser, M.: Römische Rechtsgeschichte. Göttingen 1950. ²1967.

Kienast, D.: Römische Kaisertabelle. Grundzüge einer römischen Kaiserchronologie. Darmstadt 1990. ²1996.

Kolb, F.: Rom. Die Geschichte der Stadt in der Antike. München 1995.

Le Bohec, Y.: L'Armée romaine sous le Haut-Empire. Paris 1989. [Dt.: Die römische Armee: von Augustus zu Konstantin d. Gr. Übers. von C. Bertrand-Dagenbach. Stuttgart 1993.]

Martino, F. de: Storia della costituzione romana. 6 Bde. Neapel ²1958–72.

Alföldi, A.: Die monarchische Repräsentation im römischen Kaiserreiche. Darmstadt ³1980.

Behringer, W.: Princeps iuventutis. In: RE XXII (1954) Sp. 2296 bis
2311.

Christ, K.: Geschichte der Römischen Kaiserzeit von Augustus bis
Konstantin. München 1988. ³1995.

Fears, J. R.: Princeps a diis electus: The Divine Election of the Emperor as a Political Concept at Rome. Rom 1977.

Kornemann, E.: Doppelprinzipat und Reichsteilung im Imperium
Romanum. Leipzig/Berlin 1930.

Taeger, F.: Charisma. Studien zur Geschichte des antiken Herrscherkultes. Bd. 2: Rom. Stuttgart 1960.

Wallace-Hadrill, A.: Civilis Princeps: Between Citizen and King.
In: JRS 72 (1982) S. 32–48.

Wickert, L.: Princeps (civitatis). In: RE XXII (1954) Sp. 1998 bis
2296.

– Princeps. In: Mélanges J. Carcopino. Paris 1966. S. 979–986.

– Neue Forschungen zum römischen Principat (bis 1970). In:
ANRW II 1 (1974) S. 3–76.

Balsdon, D.: Die Frau in der römischen Antike. Übers. von M. zur
Nedden-Pferdekamp. München 1979.

Clarc, G.: Women in Late Antiquity. Pagan and Christian Life-
Style. Oxford 1994.

Eck, W. / Heinrichs, J.: Sklaven und Freigelassene in der Gesellschaft der römischen Kaiserzeit. Darmstadt 1993.

Herrmann-Otto, E.: Ex ancilla natus: Untersuchungen zu den
›hausgeborenen‹ Sklaven und Sklavinnen im Westen des römischen Kaiserreiches, Stuttgart 1994.

Pomeroy, S. B.: Women's History and Ancient History. Chapel Hill
(N. C.) 1992.

Barbieri, G.: L'Albo senatorio da Settimio Severo a Carino (193 bis
285). Rom 1952.

Bergener, A.: Die führende Senatorenschicht im frühen Prinzipat
(14–62 n. Chr.). Bonn 1965.

Chastagnol, A.: Le Sénat romain à l'époque impériale. Recherches
sur la composition de l'Assemblée et le statut de ses membres.
Paris 1992.

Eck, W.: Senatoren von Vespasian bis Hadrian. München 1970.
(Vestigia 13.)

Garbarino, P.: Contributo allo studio del senato in età giustiniana. Neapel 1992.

Näf, B.: Senatorisches Standesbewußtsein in spätrömischer Zeit. Göttingen 1995. (Paradosis. 40.)

Schäfer, C.: Der weströmische Senat als Träger antiker Kontinuität unter den Ostgotenkönigen (490–540 n. Chr.). St. Katharinen 1991. (Scripta Mercaturae.)

Talbert, R. J. A.: The Senate of Imperial Rome. Princeton (N. J.) 1984.

Vincenti, U.: La partecipazione del senato all'amministrazione della giustizia nei secoli III–VI d. C. Padua 1992.

# Principat

## *Allgemeine Darstellungen*

Bengtson, H.: Römische Geschichte. München ³1982.

Christ, K.: Geschichte der römischen Kaiserzeit von Augustus bis Konstantin. München 1988. ²1992.

Wells, C.: Das römische Reich. München 1984. (dtv.)

Alföldy, G.: Die Stellung der Ritter in der Führungsschicht des »Imperium Romanum«. In: Chiron 11 (1981) S. 169–215.

Béranger, J.: Recherches sur l'aspect idéologique du Principat. Basel 1953.

Chaumont, M.-L.: L'Arménie entre Rome et l'Iran. De l'avènement d'Auguste à l'avènement de Dioclétien. In: ANRW II 9.1 (1976) S. 71–194.

Christensen, A.: L'Iran sous les Sassanides. Kopenhagen 1944.

Crook, J.: Consilium Principis. Cambridge 1955.

Deininger, J.: Die Provinziallandtage der römischen Kaiserzeit von Augustus bis zum Ende des dritten Jahrhunderts n. Chr. München 1965.

Flaig, E.: Den Kaiser herausfordern. Die Usurpationen im römischen Reich. Frankfurt a. M. / New York 1992. (Historische Studien. 7.)

Garzetti, A.: From Tiberius to the Antonines. A History of the Roman Empire AD 14–192. Transl. by J. R. Foster. London 1974

(Ital. Original-Ausg.: L'Impero da Tiberio agli Antonini. Bologna ²1960.)

Hahn, I.: Zur politischen Rolle der stadtrömischen Plebs unter dem Prinzipat. In: Die Rolle der Plebs im spätrömischen Reich. Hrsg. von W. Seyfarth. Berlin 1969. S. 39–54.

Herz, P.: Kaiserfeste der Prinzipatszeit. In: ANRW II 16.2 (1978) S. 1135–1200.

Hirschfeld, O.: Die Rangtitel der römischen Kaiserzeit. SB der Preußischen Akademie der Wissenschaften. Berlin 1901. S. 579–610 [1–32].

Howe, L. L.: The pretorian prefect from Commodus to Diocletian (A. D. 180–305). Chicago 1942.

Kunkel, W.: Herkunft und soziale Stellung der römischen Juristen. Weimar ²1967.

Magdelain, A.: Auctoritas Principis. Paris 1967.

Magie, D.: Roman Rule in Asia Minor to the End of the Third Century a. C. Princeton 1950.

Mann, J. C.: The Frontiers of the Principate. In: ANRW II 1 (1974) S. 508–533.

Millar, F.: Emperors at Work. In: JRS 57 (1967) S. 9–19.

– The Roman Near East, 31 BC–AD 337. Harvard 1993.

Nörr, D.: Imperium und Polis in der hohen Prinzipatszeit. München ²1969.

Pflaum, H.-G.: Les procurateurs équestres sous le Haut-Empire romain. Paris 1950.

– Procurator. In: RE XXIII 1957 Sp. 1240–1279.

– Les carrières procuratoriennes équestres sous le Haut-Empire romain. 4 Bde. Paris 1960–61.

Schippmann, K.: Grundzüge der parthischen Geschichte. Darmstadt 1980.

– Grundzüge der Geschichte des sasanidischen Reiches. Darmstadt 1990.

Stein, A.: Die Präfekten von Ägypten in der römischen Kaiserzeit. Bern 1950.

Weaver, P. R. C.: Familia Caesaris. Cambridge 1972.

Yavetz, Z.: Plebs und Princeps. Oxford 1969.

*Einzelne Kaiser*

Alföldy, G.: Herkunft und Laufbahn des Clodius Albinus in der HA. Bonner HAC 1966/1967. Bonn 1968. S. 19–38.

Kaiser Augustus und die verlorene Republik. Eine Ausstellung im Martin-Gropius-Bau, Berlin, 7. Juni–14. August 1988. Berlin 1988. (Mainz 1988.)

Baar, M.: Das Bild des Kaisers Tiberius bei Tacitus, Sueton und Cassius Dio. Stuttgart 1990.

Baldus, H. R.: Uranius Antoninus. Münzprägung und Geschichte. Bonn 1971. (Antiquitas III 11.)

Balsdon, J. P. V. D.: The Emperor Gaius. Oxford 1934.

Bellezza, A.: Massimino il Trace. Genua 1964.

Bertrand-Dagenbach, C.: Alexandre Sévère et l'Histoire Auguste, Brüssel 1990. (Collection Latomus. 208.)

Birley, A.: Marc Aurel. Kaiser und Philosoph. Übers. von A. Stylow. München ²1977.

– Septimius Severus. The African Emperor. London ²1988.

Cizek, E.: L'époque de Trajan. Circonstances politiques et problèmes idéologiques. Bukarest/Paris 1983.

Cubelli, V.: Aureliano imperatore: La rivolta dei monetieri e la cosidetta riforma monetaria. Florenz 1992.

Damerau, P.: Kaiser Claudius II Gothicus. Leipzig 1934. (Klio-Beiheft 33.)

De Blois, L.: The policy of the emperor Gallienus. Leiden 1976.

– The Reign of the Emperor Philipp the Arabian. In: Talanta 10/11 (1978/79) S. 9–43.

Elsner, J. / Masters, J. H.: Reflections of Nero: Culture, History and Representation. London 1994.

Fitz, J.: Ingenuus et Régalian. Brüssel 1966. (Collection Latomus. 81.)

Gherardini, M.: Studien zur Geschichte des Kaisers Commodus. Wien 1974.

Göbl, R.: Regalian und Dryantilla. Wien 1970. (Denkschriften der Österreichischen Akademie der Wissenschaften, 101)

Grant, M.: Nero. Übers. von H. Fließbach. München 1978.

Grosso, F.: La lotta politica al tempo di Commodo. Turin 1964.

Hurley, D. W.: A Historical and Historiographical Commentary on Suetonius' Life of C. Caligula. Atlanta 1993. (American Classical Studies. 32.)

Hüttl, W.: Antoninus Pius. 2 Bde. Prag 1933–36.

Jones, B. W.: The Emperor Titus. London 1984.

– The Emperor Domitian. London ²1993.

Kettenhofen, E.: Die syrischen Augustae in der historischen Überlieferung: Ein Beitrag zum Problem der Orientalisierung. Bonn 1979.

Kienast, D.: Augustus. Princeps und Monarch. Darmstadt 1982. ²1992.

König, I.: Die gallischen Usurpatoren von Postumus bis Tetricus. München 1981.

Kornemann, E.: Tiberius. Frankfurt a. M. ²1980.

Krzyzanowska, A.: Macrinus, usurpateur du temps des guerres Perses dans les émissions monétaires. In: RNum (1968) S. 293–396.

Lambrechts, P.: L'empéreur Lucius Verus: Essai de réhabilitation. In: AC 13 (1944) S. 173–201.

Levi, M. A.: Nerone e i suoi tempi. Mailand 1949.

Levick, B.: Tiberius the Politician. London 1976.

– Claudius, London 1990.

Lippold, A.: Kommentar zur Vita Maximini Duo der Historia Augusta. Bonn 1991.

Mellor, R. (Hrsg.): From Augustus to Nero: the First Dynasty of Imperial Rome. East Lansing (Mich.) 1990.

Murison, C.: Galba, Otho and Vitellius. Careers and Controversies. Hildesheim 1993 (Spudasmata. 52.)

Perowne, St.: Hadrian. Sein Leben und seine Zeit. Übers. von H. Wilken. München ²1977.

Perret, L.: Essai sur la carrière d'Hadrien jusqu'à son avènement à l'Empire (76–117). Paris 1935.

Scramuzza, V. M.: The Emperor Claudius. Cambridge (Mass.) 1940.

Shotter, D.: Augustus Caesar. London 1991.

– Tiberius Caesar. London / New York 1992.

Stoneman, R.: Palmyra and its Empire. Zenobia's Revolt against Rome. Ann Arbor 1992.

Temporini, H.: Die Frauen am Hofe Traians. Ein Beitrag zur Stellung der Augustae im Prinzipat. Berlin / New York 1978.

Vitucci, G.: L'Imperatore Probo. Rom 1952.

Zanker, P.: Augustus und die Macht der Bilder. München 1987.

*Auswahlbibliographie*
*zu den einzelnen Epochen*

Die Iulisch-Claudische Dynastie
und das Vierkaiserjahr

Aigner, H.: Die Soldaten als Machtfaktor in der ausgehenden Republik. Innsbruck 1974.

Becher, I.: Das Bild der Kleopatra in der griechischen und lateinischen Literatur. Berlin 1966.

Bleicken, J.: Zwischen Republik und Prinzipat. Zum Charakter des Zweiten Triumvirats. Göttingen 1990. (Abhandlungen der Akademie der Wissenschaften Göttingen, phil. hist. Kl. 185.)

Fadinger, V.: Die Begründung des Prinzipats. Quellenkritische und staatsrechtliche Untersuchung zu Cassius Dio und der Parallelüberlieferung. Berlin 1969. [Diss. phil.]

Gruen, E.: The last generation of the Roman Republic. Berkeley 1974.

Lindsay, J.: Cleopatra, London 1970.

Martin, P. M.: Antoine et Cléopatre. La fin d'un rève. Paris 1990.

Premerstein, A. von: Vom Werden und Wesen des Prinzipats. Aus dem Nachlaß hrsg. von H. Volkmann. München 1937. (Abhandlungen der Bayerischen Akademie der Wissenschaften München, phil. hist. Kl. 15.)

Roberts, A.: Mark Antony: His Life and Times. Upton-upon-Severn 1988.

Alföldi, A.: Vater des Vaterlandes im römischen Denken. Darmstadt 1971. [Aufsätze aus dem *Museum Helveticum*.]

Baumann, R. A.: Impietas in Principem. A Study of Treason against the Roman Emperor with a special reference to the 1$^{st}$ Century A. D. München 1974.

Brunt, P. A.: Princeps and Equites. In: JRS 73 (1983) S. 42–75.

Castritius, H.: Der römische Prinzipat als Republik. Husum 1982.

Chilver, G. E. F.: The Army in Politics, A. D. 68–70. In: JRS 47 (1957) S. 29–35.

Corbett, J. H.: The Succession Policy of Augustus. In: Latomus 33 (1974) S. 87–97.

Grant, M.: From Imperium to Auctoritas. Cambridge 1946. Nachdr. 1969.

Hammond, M.: The Augustan Principate. New York ²1968.

Hennig, D.: L. Aelius Seianus. München 1975. (Vestigia. 21.)

König, I.: Exire de imperio – cedere imperio. Tacitus und Sueton über die Abdankungsversuche des Vitellius. In: Sodalitas. Festschrift A. Guarino. Bd. 1. Neapel 1984. S. 295–314.

Lesuisse, L.: L'aspect héréditaire de la succession impériale sous les Julio-Claudiens. In: LEC 30 (1962) S. 32–50.

Manuwald, B.: Cassius Dio und Augustus. Wiesbaden 1979. (Palingenesia. 14.)

Meise, E.: Untersuchungen zur Geschichte der julisch-claudischen Dynastie. München 1969.

Nicolas, E. P.: De Néron à Vespasien. Paris 1979.

Orth, W.: Die Provinzialpolitik des Tiberius. München 1970. [Diss. phil.]

Paltiel, E.: Vassals and Rebels in the Roman Empire: Julio-Claudian Policies in Judaea and the Kingdoms of the East. Brüssel 1991. (Collection Latomus. 212.)

Ramage, E. S.: The Nature and Purpose of Augustus' ›Res Gestae‹. Stuttgart 1987. (Historia Einzelschriften. 54.)

Roddaz, J.-M.: Marcus Agrippa. Paris 1984.

Rudich, V.: Political Dissidence under Nero: the Price of Dissimulation. London / New York 1993.

Sancery, J.: Galba ou l'armée face au pouvoir. Paris 1983.

Schönbauer, E.: Municipia und coloniae in der Prinzipatszeit. In: Anzeiger der Akademie der Wissenschaften in Wien 91 (1954) S. 14–48.

Schrömbges, P.: Tiberius und die Res Publica Romana. Untersuchungen zur Institutionalisierung des frühen römischen Prinzipats. Diss. Bonn 1986.

Wellesley, K.: The Long Year A. D. 69. London 1975.

Wiegels, R. / Woesler, H.: Arminius und die Varusschlacht. Paderborn 1994.

Yavetz, Z.: Vitellius and the »Fickleness of the Mob«. In: Historia 18 (1969) S. 557–569.

Zancan, P.: La crisi del'principato nell'anno 69 d. C. Padua 1939.

Zäch, C.: Die Majestätsprozesse unter Tiberius in der Darstellung des Tacitus. Diss. phil. Zürich 1971.

Die Flavier

Bessone, L.: La rivolta batavica e la crisi de 69 d. C. Turin 1972.
Brunt, P. A.: Lex de Imperio Vespasiani. In: JRS 67 (1977) S. 95–116.
Christ, K.: Zu Herrschaftsauffassung und Politik Domitians. Aspekte des modernen Domitiansbildes. In: Schweizerische Zeitschrift für Geschichte 12 (1962) S. 187–213.
Dabrowa, E.: L'Asie mineure sous les Flaviens. Recherches sur la politique provinciale. Breslau 1980.
Dräger, M.: Die Städte der Provinz Asia in der Flavierzeit. Studien zur kleinasiatischen Stadt- und Regionalgeschichte, Bern / Frankfurt/M. 1993.
Nicols, J.: Vespasian and the Partes Flavianae. Wiesbaden 1978. (Historia Einzelschriften. 28.)
Urban, R.: Der »Bataveraufstand« und die Erhebung des Iulius Classicus. Trier 1985.
Waters, K. H.: The Character of Domitian. In: Phoenix 18 (1964) S. 49–77.
Yarden, L.: The Spoils of Jerusalem on the Arch of Titus: A reinvestigation. Stockholm 1991.

Die Adoptivkaiser

Astarita, M. L.: Avidio Cassio. Rom 1983.
Carcopino, J.: L'hérédité dynastique chez les Antonins. In: REA 51 (1949) S. 262–321.
Fell, M.: Optimus Princeps? Anspruch und Wirklichkeit der imperialen Programmatik Kaiser Traians. München 1992.
Frankfort, Th.: Le retour de Trajan aux apparences républicaines. In: Latomus 21 (1962) S. 134–144.
Lepper, F. A.: Traian's Parthian War. Oxford/London 1948.
Sherwin-White, A. N.: The Letters of Pliny. A historical and social commentary. Oxford 1966.
Strobel, K.: Untersuchungen zu den Dakerkriegen Traians. Bonn 1984.
Waters, K. A.: Traianus Domitiani continuator. In: AJPh 90 (1969) S. 385–404.
Widmer, W.: Kaisertum, Rom und Welt in Herodians ΜΕΤΑ ΜΑΡΚΟΝ ΒΑΣΙΛΕΙΑΣ ΙΣΤΟΡΙΑ. Diss. Zürich 1967.

Die Severer und die Reichskrise

Walser, G. / Pekáry, Th.: Die Krise des römischen Reiches. Berlin 1962.

Alföldi, A.: Studien zur Weltkrise des 3. Jahrhunderts nach Christus. Darmstadt 1967. [Aufsatzsammlung.]

Alföldy, G.: Barbareneinfälle und religiöse Krise in Italien. Bonner HAC 3, 964/1965 (1966) S. 1–19.

Armstrong, A. H.: Plotinus, London 1953.

Aubin, P.: Plotin et le Christianisme: triade plotinienne et trinité chrétienne, Paris 1992.

Bowman, A. K.: The Town Councils of Roman Egypt. Toronto 1971 [American Studies in Papyrology 11].

Barbieri, G.: Littérature et numismatique: L'avènement de Dioclétien et la Théologie du pouvoir impérial dans les dernières décennies du III\* siècle. In: Mélanges J. Lafaurie. Paris 1980. S. 83–91.

Christol, M.: Panégyriques et revers monétaires: L'empereur, Rome et les provinciaux à la fin du III\* siècle. In: DHA 21 (1967) S. 421–433.

Dietz, K.-H.: Senatus contra principem. Untersuchungen zur senatorischen Opposition gegen Kaiser Maximinus Thrax. München 1980. (Vestigia. 29.)

Dodgeon, M. H. / Lieu S. N. C. (Hrsg.): The Roman Eastern Frontier and the Persan Wars (A. D. 226–363): A Documentary History. London 1991.

Frey, M.: Untersuchungen zur Religion und zur Religionspolitik des Kaisers Elagabal. Stuttgart 1989. (Historia Einzelschriften. 62.)

Halsberghe, G.: The Cult of Sol Invictus. Leiden 1972.

Hammond, M.: The Antonine Monarchy. Rom 1959.

Hartmann, F.: Herrscherwechsel und Reichskrise: Untersuchungen zu den Ursachen und Konsequenzen der Herrscherwechsel im Imperium Romanum der Soldatenkaiserzeit (3. Jahrhundert n. Chr.). Frankfurt a. M. / Bern 1982.

Kettenhofen, E.: Die römisch-persischen Kriege des 3. Jahrhunderts n. Chr. nach der Inschrift Šahpuhrs I. an der Ka'be-ye Zartost (SKZ). Wiesbaden 1982. (Beihefte zum Tübinger Atlas des Vorderen Orients. Reihe B, Nr. 55.)

Kuhlmann, P. A.: Die Gießener literarischen Papyri und die Caracalla-Erlasse. Edition, Übersetzung und Kommentar. Gießen 1994.

Lafaurie, J.: Réformes monétaires d'Aurélien et de Dioclétien. In: RNum (1975) S. 73–138.

Maricq, A.: Res Gestae Divi Saporis. In: Syria 35 (1958) S. 295–360.

Merlan, Ph.: From Platonism to Neoplatonism. Den Haag ²1968.

Nakamura, B.: Palmyra and the Roman East. In: Greek-Roman and Byzantine Studies 34 (1993) S. 133–150.

Petersen, H.: Senatorial and Equestrian Governors in the Third Century A. D. In: JRS 45 (1955) S. 47–57.

Pink, K.: Der Aufbau der römischen Münzprägung in der Kaiserzeit. Tl. 1: Die Zeit des Septimius Severus. (Mit einem Anhang: Die Münzen des Macrinus.) In: NumZ 66 (1933) S. 17–54. Tl. 2: Von Caracallas Regierungsantritt bis zum Tode Elagabals. In: NumZ 67 (1934) S. 3–17. Tl. 3: Von Alexander Severus bis Philippus. In: NumZ 68 (1935) S. 12–34. Tl. 4: Von Decius bis Aemilianus. In: NumZ 69 (1936) S. 10–28. Tl. 6,1: Probus. In: NumZ 73 (1949) S. 13–74. Magna Urbica. Gattin des Carinus. In: NumZ 79 (1961) S. 5–9. Tl. 6,2: Carus und seine Söhne. In: NumZ 80 (1963) S. 5–67.

Remondon, R.: La crise de l'empire romain. Paris ²1970.

Saffrey, H. D.: Recherches sur le néoplatonism après Plotin. Paris 1990.

Sasse, Ch.: Die Constitutio Antoniniana. Wiesbaden 1958.

Schulte, B.: Die Goldprägung der gallischen Kaiser von Postumus bis Tetricus, Aarau / Frankfurt a. M. / Salzburg 1983. (Typos 4.)

Sherwin-White, A. N.: The »Tabula Banasitana« and the »Constitutio Antoniniana«. In: JRS 63 (1973) S. 86–98.

Strobel, K.: Das Imperium Romanum im ›3. Jahrhundert‹. Modell einer historischen Krise? Stuttgart 1993. (Historia Einzelschriften. 75.)

Wolski, J.: Iran und Rom. Versuch einer historischen Wertung der gegenseitigen Beziehungen. In: ANRW II 9.1 (1976) S. 195–214.

## Spätantike

### *Allgemeine Darstellungen*

Cameron, Av.: Das späte Rom 284–430. Übers. von K. Brodersen. München 1994. (Originalausg.: The Later Roman Empire. London 1993.)

Demandt, A.: Die Spätantike. Römische Geschichte von Diocletian bis Justinian 284–565 n. Chr. München 1989. (HdAW III 6.)

Demougeot, E.: La formation de l'Europe et les invasions barbares. 2 Bde. Paris 1969–79.

Jones, A. H.: The Later Roman Empire 284–602. A social economic and administrative survey. 2 Bde. Oxford 1964. (Nachdr. 1973.)

Martin, J.: Spätantike und Völkerwanderung. München ³1995. [Oldenbourg Grundriß der Geschichte. 4.)

Mazal, O.: Handbuch der Byzantinistik. Graz 1989.

Ostrogorsky, G.: Geschichte des byzantinischen Staates. München ³1963. (HdAW XII 1.2.)

Seeck, O.: Geschichte des Untergangs der antiken Welt. 7 Tle. Stuttgart ²1920–22.

Stein, E.: Histoire du Bas-Empire. Hrsg. von J.-R. Palanque. 2 Bde. Brügge ²1959. [Neudr. Amsterdam 1968].

Vogt, J.: Der Niedergang Roms. Metamorphose der antiken Kultur. Zürich 1965.

Bagnall, R. S. / Cameron, A. / Schwartz, S. R. / Worp, K. A.: Consuls of the Later Roman Empire. Atlanta 1987.

## Epochengrenze

Bleicken, J.: Prinzipat und Dominat. Gedanken zur Periodisierung der römischen Kaiserzeit, Wiesbaden 1978. (Frankfurter Historische Vorträge. 6.)

Croke, B.: A. D. 476: The Manufacturing of a Turning Point. In: Chiron 13 (1983) S. 81–119.

Fischer, J.: Oriens – Occidens – Europa. Begriff und Gedanke »Europa« in der späten Antike und im frühen Mittelalter. Wiesbaden 1957.

Hübinger, P. E. (Hrsg.): Zur Frage der Periodengrenze zwischen Altertum und Mittelalter, Darmstadt 1969. (WdF 51.)

Passagio dal mondo antico al medio evo: Da Teodosio a San Gregorio Magno. Convegno Internazionale. Rom 1980.

*Einzelne Kaiser*

Andreotti, R.: Licinius. In: Diz. ep. ⁴(1959) S. 979–1041.

Athanassiadi-Fowden, P.: Julian: An intellectual biography. London / New York 1992.

Barnes, T. D.: Constantine and Eusebius. Cambridge (Mass.) 1981.

– The New Empire of Diocletian and Constantine. Cambridge (Mass.) 1982.

– Athanasius and Constantius: Theology and Politics in the Constantinian Empire. Cambridge (Mass.) / London 1993.

Bastien, P.: Le monnayage de Magnence. Wetteren 1964.

Bidez, J.: Julian der Abtrünnige. München 1940.

Bonamente, G. / Fuso, F. (Hrsg.): Costantino il Grande. Dall'Antichita all'Umanesimo. Colloquio sul christianesimo nel mondo antico, Macerata 18–20 Dicembre 1990. Macerata 1993.

Bouffartigue, J.: L'Empereur Julien et la culture de son temps. Paris 1992.

Bowersock, G. W.: Julian the Apostate. London 1978.

Browning, R.: The Emperor Julian. London 1975.

– Justinian and Theodora. London ²1981.

Cappizzi, J.: L'Imperatore Anastasio I (491–518). Studi sulla sua vita, la sua opere e la sua personalità. Rom 1969. (Orientalia Christiana Analekta. 184.)

Casey, P. J. / Tomlin, R. S. O.: Carausius and Allectus. The British Usurpers. With translation of the texts by R. S. O. Tomlin. London 1994.

Castritius, H.: Studien zu Maximinus Daja. Kallmünz 1969.

Charanis, P.: Church and State in the Later Roman Empire. Religious Policy of Anastasius the First 491–518. Thessaloniki ²1974.

Christensen, T.: C. Galerius Valerius Maximinus. Studier over Politik og Religion i Romerriget 305–313. Festskrift udgivet af Københavns Universitet i anledning af Hendes Majestaet Dronningens Foedelsdag 16. April 1974. Kopenhagen 1974.

Edward, M. G.: Majorian Augustus. Diss. phil. Madison (Wisconsin) 1975.

Elmer, G.: Eugenius. Eine historisch-numismatische Studie. In: NumZ 69 (1936) S. 29–51.

Ensslin, W.: Theoderich der Große. München ²1959.

Feld, H.: Der Kaiser Licinius. Saarbrücken 1960. [Diss. phil.]

Holum, K.: Theodosian Empresses. Women and Imperial Dominion in Late Antiquity. Berkeley 1982.

Kent, J. P. C.: Julius Nepos and the Fall of the Western Empire. In: Corolla memoriae E. Swoboda. Köln/Graz 1966. S. 146–150; Taf. XI.

Klein, R. (Hrsg.): Julian Apostata. Darmstadt 1978. (WdF 509.)

König, I.: Die Berufung des Constantius Chlorus und des Galerius zu Caesaren. Gedanken zur Entstehung der Ersten Tetrarchie. In: Chiron 4 (1974) S. 567–576.

Kolb, F.: Diokletian und die Erste Tetrarchie. Improvisation oder Experiment in der Organisation monarchischer Herrschaft? Berlin / New York 1987.

Kraft, H. (Hrsg.): Konstantin der Große. Darmstadt 1974. (WdF 131.)

Lippold, A.: Theodosius der Große und seine Zeit. München ²1980.

Meyendorff, J.: Justinian, the Empire and the Church. In: DOP 22 (1968) S. 44–60.

Moorhead, J.: Theoderic in Italy. Oxford 1992.

Palanque, J.-R.: L'Empereur Maxime: In: Les empereurs romains d'Espagne. Paris 1965. S. 255–263.

Pasqualini, A.: Massimiano Herculius. Per un'interpretazione della figura e dell'opera, Rom 1979.

Rousselle, A.: La chronologie de Maximien Hercule et le mythe de la tétrarchie. In: DHA 2 (1976) S. 445–466.

Seston, W.: Dioclétien et la Tetrarchie. Bd. 1: Guerres et réformes (284–300). Paris 1946. [Mehr nicht erschienen.]

Sirago, V. A.: Galla Placidia e la trasformazione politica dell'Occidente. Löwen 1961.

Smith, J. H.: Constantine the Great. London 1971.

Tomlin, P. S. D.: The Emperor Valentinian. Oxford 1973.

Vasiliev, A. A.: Justin the First. An introduction of the Epoch of Justinian the Great. Cambridge (Mass.) 1950.

Vogler, Ch.: Constance II et l'administration impériale. Straßburg 1979.

Vogt, J.: Constantin der Große und sein Jahrhundert. München ²1960.

Williams, S. / Friell, G.: Theodosius. London 1994.

## Allgemeine Literatur

Alföldi, M. R.: Die constantinische Goldprägung. Untersuchungen zu ihrer Bedeutung für Kaiserpolitik und Hofkunst. Mainz 1963.

Asche, U.: Roms Weltherrschaftsidee und Außenpolitik in der Spätantike im Spiegel der Panegyrici Latini. Bonn 1983 [Habelts Dissertationsdrucke. Reihe Alte Geschichte. 16.)

Ausbüttel, F. M.: Die Verwaltung der Städte und Provinzen im spätantiken Italien. Frankfurt a. M. / Bern 1987.

Barceló, P.: Roms auswärtige Beziehungen unter der Constantinischen Dynastie (306–363). Regensburg 1981.

Barnwell, P. S.: Emperors, Prefects and Kings. The Roman West, 395–565. London 1992.

Biermann, M.: Die Leichenreden des Ambrosius von Mailand. Rhetorik, Predigt, Politik. Stuttgart 1995. (Hermes-Einzelschriften. 70.)

Bird, H. W.: Sextus Aurelius Victor: A historiographical study. Liverpool 1984.

Bischoff, B.: Paläographie des römischen Altertums und des abendländischen Mittelalters. Berlin 1979. (Grundlagen der Germanistik. 24.)

Blockley, R. C.: East Roman foreign policy: Formation and conduct from Diocletian to Anastasius. Leeds 1992.

Boeft, J. den (Hrsg.): Cognitio gestorum: The historiographic Art of Ammianus Marcellinus. Amsterdam 1992.

Bowersock, G. W.: Fiction as History. Nero to Julian. Berkeley 1994.

Buchner, R.: Die Rechtsquellen. Beiheft zu: Wilhelm Wattenbach / Wilhelm Levison: Deutschlands Geschichtsquellen im Mittelalter. Weimar 1953.

Budé, G.: Le passage de l'Hellénisme au Christianisme. Paris 1993.

Cameron, Av.: Procopius and the sixth century. Berkeley / Los Angeles 1986.

Cameron, Al.: Circus Factions: Blues and Greens at Rome and Byzantium. Oxford 1976.

Castritius, H.: Zur Sozialgeschichte der Heermeister des Westreiches. Einheitliche Rekrutierungsmuster und Rivalitäten im spätrömischen Militäradel. In: MIÖG 92 (1984) S. 1–34.

Chadwick, H.: Augustinus. Aus dem Engl. übertr. von M. Mühlenberg. Göttingen 1987. (Kleine Vandenhoeck-Reihe.)

Charanis, P.: Coronation and its Constitutional Significance in the Later Roman Empire. In: Byzantion 15 (1940/41) S. 49–666.

Chastagnol, A.: La préfecture urbaine à Rome sous le Bas-Empire. Paris 1960.

– Les Fastes de la préfecture de Rome au Bas-Empire. Paris 1962.

– Le repli sur Arles des services administratifs gaulois en l'an 407 de notre ère. In: RH 505 (1973) S. 23–40.

Christol, M. (Hrsg.): Institutions, société et vie politique dans l'Empire romain au IV^e siècle après J.-C. Actes de la table ronde autour de l'œuvre d'André Chastagnol, Paris, 20–21 janvier 1989. Paris 1992.

Classen, P.: Kaiserreskript und Königsurkunde. Diplomatische Studien zum römisch-germanischen Kontinuitätsproblem. In: Archiv für Diplomatik. Tl. 1: 1 (1955) S. 1–87. Tl. 2: 2 (1956) S. 1–115.

Claude, D.: Universale und partikulare Züge in der Politik Theoderichs. In: Francia 6 (1978) S. 19–58.

Clauss, M.: Der magister officiorum in der Spätantike (4.–6. Jahrhundert). Das Amt und sein Einfluß auf die kaiserliche Politik. München 1980. (Vestigia. 32.)

Clover, F. M. / Humphreys, R. S.: Tradition and Innovation in Late Antiquity. Madison (Wisconsin) 1989.

Crise et redressement dans les provinces européennes de l'Empire. Colloque de Strasbourg 1981. Straßburg 1983.

Croke, B.: Christian Chronicles and Byzantine History, 5th–6th Centuries. Aldershot 1992.

Dagron, G.: Naissance d'une capitale. Constantinople et ses institutions de 330 à 451. Paris 1974.

Demougeot, E.: La Notitia Dignitatum et l'histoire de l'Empire d'Occident au début du V^e siècle. In: Latomus 34 (1975) S. 1079 bis 1134.

Diesner, H.-J.: Der Untergang der römischen Herrschaft in Nordafrika. Weimar 1964.

Downey, G.: Justinian and Imperial Office. Lectures in Memory of Louise Taft Semple. University of Cincinnati Studies II, 1973. S. 131–162.

Durliat, J.: De la ville antique à la ville byzantine. Le problème des subsistances. Rom 1990.

Ensslin, W.: Gottkaiser und Kaiser von Gottes Gnaden. München 1943. (SB der Bayerischen Akademie der Wissenschaften. phil.

hist. Abt. 6.) Wiederabgedr. in: H. Hunger (Hrsg.): Das Byzantinische Herrscherbild. Darmstadt 1975. (WdF 341.) S. 54–85

Esmonde Cleary, S.: The Ending of Roman Britain. London 1989.

Ferguson, J.: The Religions of the Roman Empire. London/South-
ampton 1970.

Fischer, H.: Die Aktualität Plotins. München 1956.

Giardina, A. (Hrsg.): Società romana e impero tardoantico. Bd. 2:
Roma, Politica, Economica, Paesaggio urbano. Rom/Bari 1986.

Girardet, K. M.: Kaiser Konstantin II. als »episcopus episcoporum«
und das Herrscherbild des kirchlichen Widerstandes. In: Historia
26 (1977) S. 95–128.

Gluschanin, E. P.: Der Militäradel des frühen Byzanz. Barnaul 1991.
(Scripta Classica, Mediaevalia et Archaeologica Sibirica. 1.)

Goffart, W.: Rome, Constantinople, and the Barbarians. In: AHR
86 (1981) S. 275–306.

Guilland, R.: Patrices des IV$^e$ et V$^e$ siècles. Paris 1965.

Harries, J. / Wood, I. H.: The Theodosian Code: Studies in the Imperial Law of Late Antiquity. London 1993.

Hartke, W.: Römische Kinderkaiser. Eine Strukturanalyse römischen Denkens und Daseins. Berlin 1951. Nachdr. Darmstadt
1972.

Heil, W.: Der Konstantinische Patriziat, Basel/Stuttgart 1966. (Bas-
ler Studien zur Rechtswissenschaft. 78.)

Heim, F.: Virtus. Idéologie politique et croyances religieuses au IV$^e$
siècle. Bern 1991.

– La théologie de la victoire de Constantin à Théodose. Paris 1992.
(Théologie Historique. 89.)

Higham, J. N.: Rome, Britain and the Anglo-Saxons. London 1992.

Hill, D. J.: A History of Diplomacy in the International Development of Europe. Bd. 1. New York 1967.

Janin, R.: Constantinople byzantine. Dévelopement urbain et répertoire topographique. Paris ²1964.

Jones, R. F. (Hrsg.): Britain in the Roman Period: Recent Trends.
Sheffield 1991.

Krautschik, S.: Cassiodor und die Politik seiner Zeit. Bonn 1983.
[Diss. phil. Berlin.]

Ladner, G. B.: On Roman Attitudes Toward Barbarians in Late Antiquity. In: Viator 7 (1976) S. 1–26.

Lee, A. D.: Information and Frontiers: Roman Foreign Relations in
Late Antiquity. Cambridge 1993.

Lewin, A.: Studi sulla città imperiale romana nell'oriente tardo-antico. Como 1991.

Liebeschuetz, J. H. W. G.: Barbarians and Bishops. Army, Church, and State in the Age of Arcadius and Chrysostom. Oxford 1991.

Lim, R.: Public Disputation, Power and Social Order in Late Antiquity. Berkeley 1995.

– Religious Disputation and Social Disorder in Late Antiquity. In: Historia 44 (1995) S. 204–231.

L'Orange, H. P. / Gerkan, A. von: Der spätantike Bildschmuck des Konstantinbogens. Berlin 1939. (Studien zur spätantiken Kunstgeschichte. 10.)

Lotter, F.: Historische Daten zur Endphase römischer Präsenz in Ufernorikum. In: Von der Spätantike zum frühen Mittelalter. Aktuelle Probleme in historischer und archäologischer Sicht. Hrsg. von J. Werner und E. Ewig. Sigmaringen 1979. S. 27–90.

Macmullen, R.: Late Roman Slavery. In: Historia 36 (1987) S. 359–382.

Markus, R. A.: Ravenna and Rome, 554–604. In: Byzantion 51 (1981) S. 566–578.

Masur, I.: Die Verträge der germanischen Stämme. Diss. Berlin 1952. [Masch.]

Mathisen, R. W.: Roman Aristocrats in Barbarian Gaul: Strategies for Survival in an Age of Transition. Austin (Tex.) 1993.

Matthews, J. F.: Ammianus and the Eternity of Rome. The Inheritance of Historiography (359–900). Hrsg. von C. Holdsworth und T. P. Wiseman. Exeter 1986.

– Western Aristocracies and Imperial Court A. D. 364–425. Oxford ²1991.

Mause, M.: Die Darstellung des Kaisers in der lateinischen Panegyrik. Stuttgart 1994 (Palingenesia. 50.)

McCormic, M.: Eternal Victory, Triumphal Rulership in Late Antiquity, Byzantium and Early Medieval West. Cambridge 1980.

McLynn, N.: Ambrose of Milan. Church and Court in a Christian Capital. Berkeley 1994.

Meyer-Flügel, B.: Das Bild der ostgotisch-römischen Gesellschaft bei Cassiodor. Bern / Frankfurt a. M. 1992.

Migl, J.: Die Ordnung der Ämter. Prätorianerpräfektur und Vikariat in der Regionalverwaltung des Römischen Reichs von Konstantin bis zur Valentinianischen Dynastie. Bern 1994.

Nixon, C. E. V. / Saylor Rodgers, B.: In Praise of Later Roman Emperors. The Panegyrici Latini. Berkeley 1994.

Oehler, K.: Der *consensus omnium* als Kriterium der Wahrheit in der antiken Philosophie und Patristik. In: A&A 10 (1961) S. 103–129.

O'Flynn, J. M.: Generalissimos of the Western Roman Empire. Edmonton 1983.

Palanque, J.-R.: La date du transfert de la préfecture des Gaules de Trèves à Arles. In: REA 36 (1934) S. 359–365.

– Collégialité et partages dans l'empire romain aux IVᵉ et Vᵉ siècles. In: REA 46 (1944) S. 47–64. 280–298.

– Du nouveau sur la date du transfert de la préfecture des Gaules de Trèves à Arles? In: Provence Historique 23 (1973) S. 29–38.

Paradisi, B.: La caduta dell'impero romano e la crisi della civiltà in Occidente. In: La fine dell'Impero Romano d'Occidente. Rom 1978. S. 51–67.

Patsch, C.: Die Völkerbewegungen an der unteren Donau in der Zeit von Diokletian bis Heraklius. Wien 1929. (SB der Österreichischen Akademie der Wissenschaft, phil.-hist. Kl. 208,2.)

Peirce, P.: The Arch of Constantine. Propaganda and Ideology in Late Roman Art. In: Art History 12 (1989) S. 387–418.

Pestman, P. W.: Chronologie égyptienne d'après les textes démotiques (332 av. J.-C. – 453 apr. J. C.). Leiden 1967.

Picotti, G. B.: Il ›Patricius‹ nell'ultima età imperiale e nei primi regni barbarici d'Italia. In: Archivio Storico Italiano (1928) Nr. 1. S. 333–380.

Piret, P.: La destinée de l'homme. La cité de Dieu. Un commentaire du ›De Civitate Dei‹ d'Augustin. Brüssel 1991.

Raeck, W.: Modernisierte Mythen. Zum Umgang der Spätantike mit klassischen Bildthemen. Stuttgart 1992.

Randers-Pehrson, J. D.: Barbarians and Romans: The birth struggle of Europe, AD 400–700. London/Canberra 1983.

Rich, J. (Hrsg.): The City in Late Antiquity, London / New York 1992.

Rösger, A.: Herrschererziehung in der Historia Augusta. Diss. phil. Bonn 1978.

Rubin, B.: Das Zeitalter Justinians I. Berlin 1960.

Rudolph, K.: Die Gnosis. Wesen und Geschichte einer spätantiken Religion. Göttingen ³1989. (UTB 1577.)

Saitta, B.: La civilitas di Teodorico. Rom 1993.

Salway, P.: Roman Britain. Oxford 1981.

Salzman, M. R.: On Roman Time: The Codex-Calendar of 354 and the Rhythms of Urban Life in Late Antiquity. Berkeley 1991.

Scharf, R.: Comites und comitiva primi ordinis. Stuttgart 1994. (Abhandlungen der Akademie der Wissenschaften und Literatur Mainz 1994,8.)

Schott, C.: Der Stand der Leges-Forschung. In: Frühmittelalterliche Studien 13 (1979) S. 29–55.

Schulz, R.: Die Entwicklung des römischen Völkerrechts im vierten und fünften Jahrhundert n. Chr. Stuttgart 1993. (Hermes Einzelschriften. 61.)

Seeck, O.: Regesten der Kaiser und Päpste für die Jahre 311 bis 476 n. Chr. Vorarbeit zu einer Prosopographie der christlichen Kaiserzeit. Stuttgart 1919. Nachdr. 1964.

Sellert, W. (Hrsg.): Das Gesetz in Spätantike und frühem Mittelalter. 4. Symposion der Kommission ›Die Funktion des Gesetzes in Geschichte und Gegenwart‹. Göttingen 1992. (Abhandlungen der Akademie der Wissenschaften Göttingen. 196.)

Sivan, H.: On foederati, hospitalitas, and the settlement of the Goths A. D. 418. In: AJPh 108 (1987) S. 759–772.

Skeat, T. C.: Papyri from Panopolis. Dublin 1964. (Chester Beatty Monographs. 10.)

Stallknecht, B.: Untersuchungen zur römischen Außenpolitik in der Spätantike (306–309 n. Chr.). Bonn 1969. [Habelts Dissertationsdrucke. Reihe Alte Geschichte. 7.)

Starr, C. G.: Aurelius Victor: Historian of Empire. In: AHR 61 (1956) H. 2. S. 574–586.

Straub, J.: Vom Herrscherideal in der Spätantike. Stuttgart 1939. Nachdr. Darmstadt 1964.

Stroheker, K. F.: Der senatorische Adel im spätantiken Gallien. Reutlingen 1948. Nachdr. Darmstadt 1970.

Sundwall, J.: Abhandlungen zur Geschichte des ausgehenden Römertums. Helsingfors 1919. Nachdr. New York 1975.

Szidat, J.: Staatlichkeit und Einzelschicksal in der Spätantike. In: Historia 44 (1995) S. 481–495.

Thompson, E. A.: Romans and Barbarians. The Decline of the Western Empire. Madison (Wisconsin) 1982.

Tinnefeld, F.: Die frühbyzantinische Gesellschaft. München 1977.

Vittinghoff, F.: Zur Verfassung der spätantiken ›Stadt‹. In: Studien

542        *Bibliographie*

zu den Anfängen des europäischen Städtewesens. Reichenau-Vorträge 1955–1956. Sigmaringen 1975. S. 11–39.

Warmington, H. B.: The North African Provinces from Diocletian to the Vandal Conquest. Cambridge 1954.

Wegner, M.: Verzeichnis verläßlicher oder vermeintlicher Herrscherbilder von Valentinian I. bis Herakleios. In: Boreas 19 (1987) S. 117–132. Taf. 8–11.

Wes, M. A.: Das Ende des Kaisertums im Westen des römischen Reiches. s'Gravenhage [Den Haag] 1967.

Wieacker, F.: Recht und Gesellschaft in der Spätantike. Stuttgart 1964.

Wielers, M.: Zwischenstaatliche Beziehungsformen im frühen Mittelalter (Pax, Foedus, Amicitia, Fraternitas). Diss. Münster 1959.

Winkelmann, F.: Zur Rolle der Patriarchen von Konstantinopel bei den Kaiserwechseln in frühbyzantinischer Zeit. In: Klio 60 (1978) S. 467–481.

Wistrand, E.: Felicitas imperatoria. Göteborg 1987. (Acta Universitatis.)

Ziegler, J.: Zur religiösen Haltung der Gegenkaiser im 4. Jh. n. Chr. Kallmünz 1970. (Frankfurter althistorische Studien. 4.)

*Literatur, Bildung*

Albrecht, M. v.: Geschichte der römischen Literatur von Andronicus bis Boethius. Mit Berücksichtigung ihrer Bedeutung für die Neuzeit. Bern 1992.

– (Hrsg.): Die römische Literatur in Text und Darstellung. 5 Bde. Stuttgart. [Bes. Bde. 3–5.]

Dihle, A.: Griechische und lateinische Literatur der Kaiserzeit. Von Augustus bis Justinian. München 1989.

Browning, R.: Byzantinische Schulen und Schulmeister. In: Das Altertum 9 (1963) S. 105–118.

Cameron, Av.: Christianity and the Rhetoric of Empire: The Development of Christian Discurse. Berkeley (Cal.) 1991.

Fuhrmann, M.: Rom in der Spätantike: Porträt einer Epoche. München/Zürich 1994.

Funke, H.: Kirche und Literatur am Übergang von der Spätantike zum Mittelalter. In: Klio 64 (1982) S. 459–465.

Holdsworth, C. / Wiseman, T. P. (Hrsg.): The Inheritance of Historiography 350–900. Exeter 1986.

Lemerle, P.: Le premier humanism byzantin. Notes et remarques sur l'enseignement et culture à Byzance des origines au X^e siècle. Paris 1971.

L'Huillier, M.-C.: L'Empire des mots: Orateurs gaulois et empereurs romains, 3^e et 4^e siècle. Paris 1992.

Marrou, H.-I.: Geschichte der Erziehung im klassischen Altertum. Übers. von C. Blumann. München 1977. (dtv.)

Momigliano, A.: Cassiodorus and Italian Culture of His Time. Proceedings of the British Academy 41 (1955) S. 207–245.

O'Meara, J. J. / Naumann, B.: Latin script and letters A. D. 400–900. Festschrift presented to Ludwig Bieler on the occasion of his 70th birthday. Leiden 1976.

Prinz, F.: Kirchen und Klöster als literarische Auftraggeber. In: Committenti e produzione artistico-letteraria nell'alto medioevo occidentale. In: Settimane di studio 39 (1992) S. 759–790.

Schlange-Schöningen, H.: Kaisertum und Bildungswesen im spätantiken Konstantinopel. Stuttgart 1995 [Historia Einzelschriften. 94.]

Schneider, C.: Geistesgeschichte der christlichen Antike, München 1978. (dtv. – Gekürzte Sonderausg. – Originalausg.: Geistesgeschichte des antiken Christentums. 2 Bde. München 1954.)

Wilson, N. G.: Scholars of Byzantium. London 1983.

## Germanen und Hunnen

Schmidt, L.: Geschichte der deutschen Stämme bis zum Ausgang der Völkerwanderung. Bd. 1: Die Ostgermanen. München ²1941. Bd. 2: Die Westgermanen. 2 Tle. München ²1938/40.

– Geschichte der Wandalen. München ²1942.

Schulze, H. K.: Grundstrukturen der Verfassung im Mittelalter. 2 Bde. Stuttgart 1985–86.

Altheim, F.: Geschichte der Hunnen. 5 Bde. Berlin 1959–61.

Bang, M.: Die Germanen im römischen Dienst bis zum Regierungsantritt Constantins I. Berlin 1906.

Beisel, F.: Studien zu den fränkisch-römischen Beziehungen. Von ihren Anfängen bis zum Ausgang des 6. Jahrhunderts. Idstein 1987.

Bertolini, O.: I Germani. Migrazioni e regni nell'Occidente già romano. Mailand 1965.

Courtois, C.: Les Vandales et l'Afrique. Paris 1955.

Diesner, H.-J.: Das Vandalenreich. Aufstieg und Untergang. Stuttgart 1966.

Dietz, K.: Schriftquellen zur Völkerwanderungszeit im pannonischen Raum (von 378–584 n. Chr.). In: Germanen, Hunnen und Awaren. Schätze der Völkerwanderungszeit. Ausstellungskatalog des Germanischen Nationalmuseums. Hrsg. von G. Bott, Nürnberg 1988. S. 27–67. [Textübersetzungen.]

Heather, P. J. / Matthews, J.: The Goths in the Fourth Century. Liverpool 1991. (Translated Texts for Historians. 11.)

Jarnuth, J.: Geschichte der Langobarden. Stuttgart 1982.

Maenchen-Helfen, O. J.: Die Welt der Hunnen. Übers. von R. Göbl, Wien/Köln/Graz 1978.

Perrin, P. / Feffer, L. C.: Les Francs à la conquête de la Gaule. 2 Bde. Paris 1987.

Pohl, W.: Die Gepiden und die *gentes* an der mittleren Donau nach dem Zerfall des Attilareiches. In: Die Völker an der mittleren und unteren Donau im fünften und sechsten Jahrhundert. Hrsg. von H. Wolfram und F. Daim. Wien 1980. (Denkschriften der Österreichischen Akademie der Wissenschaften, phil.-hist. Kl. 145.) S. 240–305.

Rugullis, S.: Die Barbaren in der spätrömischen Gesetzgebung. Eine Untersuchung des Terminus »barbarus«. Frankfurt a. M. 1992.

Stroheker, K. F.: Germanentum und Spätantike. Zürich 1965.

– Die Alamannen und das Spätrömische Reich. In: Die Alamannen in der Frühzeit. Hrsg. von W. Hübener. Bühl (Baden) 1974. S. 9–26. (Veröffentlichungen des Alamannischen Instituts. 34.)

Thompson, E. A.: The Visigoths in the Time of Ulfilas, Oxford 1966.

Waas, M.: Germanen im römischen Dienst im 4. Jh. n. Chr. Bonn 1965.

Wenskus, R.: Stammesbildung und Verfassung. Das Werden der frühmittelalterlichen *Gentes*. Köln 1961.

Wolfram, H.: Die Goten. Von den Anfängen bis zur Mitte des sechsten Jahrhunderts. Entwurf einer historischen Ethnographie. München ³1990.

Zöllner, E.: Geschichte der Franken. München 1970.

## Christentum und Judentum

Macmullen, R. / Lane, E. N. (Hrsg.): Paganism and Christianity, 100–425 C. E. Minneapolis 1992.

Aland, K.: Das Verhältnis von Kirche und Staat in der Frühzeit. In: ANRW II 23.1 (1979) S. 60–246.

Anton, H.-H.: Kaiserliches Selbstverständnis in der Religionsgesetzgebung der Spätantike und päpstliche Herrschaftsinterpretation im 5. Jahrhundert. In: Zeitschrift für Kirchengeschichte 1 (1977) S. 38–84.

Baus, K.: Innerkirchliches Leben bis zum Ausgang des siebten Jahrhunderts. In: Handbuch der Kirchengeschichte. Bd. 2,2. Hrsg. von K. B. Freiburg i. Br. / Basel / Wien 1975. S. 180–282.

Brunert, M.-E.: Das Ideal der Wüstenaskese und seine Rezeption in Gallien bis zum Ende des 6. Jahrhunderts. Münster 1994. (Beiträge zur Geschichte des alten Mönchtums und des Benediktinertums. 42.)

Campenhausen, H. von: Lateinische Kirchenväter. Stuttgart 1960.
– Griechische Kirchenväter. Stuttgart ³1961.

Caspar, E.: Geschichte des Papsttums. 2 Bde. Tübingen 1930–33.

Colpe, C.: Spätantike und Christentum. Beiträge zur Religions- und Geistesgeschichte der griechisch-römischen Zivilisation der Kaiserzeit. Berlin 1992.

De Clercq, V. C.: Ossius of Cordoba. A Contribution of the History of Constantinian Period. Washington 1954.

Effenberger, A.: Frühchristliche Kunst und Kultur. Von den Anfängen bis zum 7. Jahrhundert. Leipzig 1986.

Frank, K. S.: Askese und Mönchtum in der Alten Kirche. Darmstadt 1975. (WdF 409.)

Frend, C. W. H.: The Donatist Church. A movement of protest in Roman North Africa. Oxford 1952.
– The Rise of Christianity. London 1984.

Girardet, K. M.: Kaiser Konstantin d. Gr. als Vorsitzender von Konzilien. Die historischen Tatsachen und ihre Deutung. In: Gymnasium 98 (1991) S. 548–560.

Gould, G.: The Desert Fathers on Monastic Community. Oxford 1993.

Gregory, T.: Vox Populi. Popular Opinion and Violence in the Religious Controversies of the Fifth Century A. D. Columbus (Ohio) 1979.

Harnack, A. von: Die Mission und Ausbreitung des Christentums in den ersten drei Jahrhunderten. Leipzig ⁴1924.

Herrmann, E.: Ecclesia in Re Publica. Die Entwicklung der Kirche von pseudostaatlicher zu staatlich inkorporierter Existenz. Stuttgart 1980.

Jacobs, M.: Das Christentum in der antiken Welt. Von der frühkatholischen Kirche bis zu Kaiser Konstantin. Göttingen 1987. (Zugänge zur Kirchengeschichte. 2.)

– Die Reichskirche und ihre Dogmen. Von der Zeit Constantins bis zum Niedergang des weströmischen Reiches. Göttingen 1987. (Zugänge zur Kirchengeschichte. 3.)

Leeb, R.: Konstantin und Christus. Die Verchristlichung der imperialen Repräsentation unter Konstantin dem Großen als Spiegel seiner Kirchenpolitik und seines Selbstverständnisses als christlicher Kaiser. Berlin / New York 1992.

Lohse, B.: Askese und Mönchtum in der Antike und in der Alten Kirche. München/Wien 1969.

Magoulias, H. J.: Byzantine Christianity: Emperor, Church and the West. Chicago 1970.

Maier, H. O.: The Topography of Heresy and Dissent in Late-Fourth-Century Rome. In: Historia 44 (1995) S. 232–249.

McLynn, N.: Christian Controversy and Violence in the Fourth Century. In: Kodai 3 (1992) S. 15–44.

Rees, B. R. (Hrsg.): The Letters of Pelagius and his Followers. Woodbridge 1991.

Richards, J.: The Popes and the Papacy in the Early Middle Ages 476–752. London/Boston 1979.

Rousseau, P.: Basil of Caesarea. Berkeley 1994.

Schäferdiek, K.: Die geschichtliche Stellung des sogenannten germanischen Arianismus. In: Kirchengeschichte als Missionsgeschichte. Bd. 2,1: Die Kirche des frühen Mittelalters. Hrsg. von K. S. München 1978. S. 79–90.

Schweizer, C.: Hierarchie und Organisation der römischen Reichskirche in der Kaisergesetzgebung vom vierten bis zum sechsten Jahrhundert. Bern / Frankfurt a. M. 1991.

Trombley, F. R.: Hellenic Religion and Christianization c. 370–529. Leiden / New York / Köln 1992.

Ullmann, W.: Gelasius I. (492–496). Das Papsttum an der Wende der Spätantike zum Mittelalter. Stuttgart 1981.

Vogt, J.: Die kaiserliche Politik und die christliche Mission im 4. und

5. Jahrhundert. In: Kirchengeschichte als Missionsgeschichte. Bd. 1: Die Alte Kirche. Hrsg. von H. Frohnes [u. a.]. München 1974. S. 166–188.

Williams, R. L.: Arius, Heresy and Tradition. London 1987.

Wirbelauer, E.: Die Nachfolgerbestimmung im römischen Bistum (3.–6. Jh.). Doppelwahlen und Absetzungen in ihrer herrschafts-soziologischen Bedeutung. In: Klio 76 (1994) S. 388–437.

Ben-Sasson, C. H.: Geschichte des jüdischen Volkes. Bd. 1: Von den Anfängen bis zum 7. Jahrhundert. München ²1981.

Brücklmeier, M.: Beiträge zur rechtlichen Stellung der Juden im römischen Reich. Speyer 1939.

Oppenheimer, A. / Rappaport, U.: The Bar-Kokhva Revolt. Jerusalem 1984.

Rokeah, D.: Jews, pagans and christians in conflict. Jerusalem/Leiden 1982.

### Christenverfolgung

Alföldi, A.: Zu den Christenverfolgungen in der Mitte des 3. Jahrhunderts. In: Klio 31 (1938) S. 323–348. Wiederabgedr. in: A. A.: Studien zur Geschichte der Weltkrise des 3. Jahrhunderts nach Christus. Darmstadt 1967. S. 285–311.

Allard, P.: Histoire des persécutions. 5 Bde. Paris 1905–11.

Bludau, A.: Die ägyptischen Libelli und die Christenverfolgung des Kaisers Decius. Freiburg i. Br. 1931. (Römische Quartalschrift. Suppl. 27.)

Kereztes, P.: The Imperial Roman Government and the Christian Church. Bd. 1: From Nero to the Severi. In: ANRW II 23.1 (1979) S. 247–315.

Knipfing, J. R.: The Libelli of the Decian Persecution. In: HThR 16 (1923) S. 345–390.

Moreau, J.: Die Christenverfolgung im Römischen Reich. Berlin ²1971.

Schwarte, K.-H.: Intention und Rechtsgrundlage der Christenverfolgung im römischen Reich. Eine entwicklungsgeschichtliche Skizze. In: Spätantike und Christentum. Ausstellung im Liebieghaus. Frankfurt a. Main 1984. S. 20–33.

Selinger, R.: Die Religionspolitik des Kaisers Decius. Anatomie einer Christenverfolgung, Bern / Frankfurt a. M. 1994.

Vogt, J.: Zur Religiosität der Christenverfolger im römischen Reich. SB der Heidelberger Akademie der Wissenschaften, phil.-hist. Kl. 1962.

Wlosok, A.: Rom und die Christen: Zur Auseinandersetzung zwischen Christentum und römischem Staat. Stuttgart 1970.


## Heiden

Chuvin, P.: A Chronicle of the Last Pagans. Cambridge (Mass.) 1990.

Clauss, M.: Mithras: Kult und Mysterien. München 1990.

– Cultores Mithrae: Die Anhängerschaft des Mithras-Kultes. Stuttgart 1992.

Fredouille, J.-C.: Heiden. In: RAC XIII (1986) S. 1113–49.

Geffcken, J.: Der Ausgang des griechisch-römischen Heidentums. Heidelberg 1929. Nachdr. Darmstadt 1972.

Grégoire, H. / Orgels, P.: ›Paganus‹; étude de sémantique et d'histoire. In: Mélanges G. Smets. Brüssel 1952. S. 363–400. [Ergänzung in: Byzantion 22 (1952) S. 333–335.]

Momigliano, A. (Hrsg.): Paganism and Christianity in the Fourth Century. Essays. Oxford 1963.

Noethlichs, K. L.: Die gesetzgeberischen Maßnahmen der christlichen Kaiser im 4. Jahrhundert gegen Häretiker, Heiden und Juden. Köln 1971.

– Heidenverfolgung. In: RAC XIII 1986 S. 1149–90.

Smith, R. B. E.: Julian's God. Religion and philosophy in the thought and action of Julian the Apostate. London 1995.

Wyzes, J.: Der letzte Kampf des Heidentums in Rom. Leiden 1977.


## Militär

Austin, N. J. E. / Rankow, N. B.: Exploratio. Military and political intelligence in the Roman world from the Second Punic War to the Battle of Adrianopel. London 1995.

Cameron, Av. / Campbell, J. B.: The Roman Army, 31 BC – AD 337: a Sourcebook. London 1994.

Cesa, M.: Römisches Heer und barbarische Föderaten. Bemerkungen zur weströmischen Politik in den Jahren 402–414. In: BJbb 193 (1993) S. 203–217.

Domaszewski, A. von: Die Rangordnung des römischen Heeres. Hrsg. von B. Dobson. Köln/Wien ³1981.

Durry, M.: Les cohortes prétoriennes. Paris ²1968.

Forni, G.: Il reclutamento delle legioni da Augusto a Diocleziano. Rom/Mailand 1953.

Grosse, R.: Römische Militärgeschichte von Gallienus bis zum Beginn der byzantinischen Themenverfassung. Berlin 1920.

Hoffmann, D.: Das spätrömische Bewegungsheer und die Notitia Dignitatum. 2 Bde. Düsseldorf 1969–70. (Epigraphische Studien. 7,1.2.)

Keppie, L.: The making of the Roman army: from Republic to Empire. London 1984.

Kienast, D.: Untersuchungen zu den Kriegsflotten der römischen Kaiserzeit. Bonn 1966. (Antiquitas I 13.)

Kraft, K.: Zur Rekrutierung von Alen und Kohorten an Rhein und Donau. Bern 1951.

Le Bohec, Y.: L'Armée romaine sous le Haut-Empire. Paris 1989. [Dt.: Die römische Armee: von Augustus zu Konstantin d. Gr. Übers. von C. Bertrand-Dagenbach. Stuttgart 1993.]

Le Roux, P.: L'Armée romaine et l'organisation des provinces d'Auguste à l'invasion de 401. Paris 1982.

Saxer, R.: Untersuchungen zu den Vexillationen des römischen Kaiserheeres von Augustus bis Diokletian. Köln 1967. (Epigraphische Studien. 1.)

## Wirtschaft

Rostovtzeff, M.: The Social and Economic History of the Roman Empire. Hrsg. von P. M. Frazer. 2 Bde. Oxford ²1957.

Effenterre, H. (Hrsg.): Points de vue sur la fiscalité antique. Paris 1979.

Bruhn, J.-A.: Coins and Costume in Late Antiquity. Washington 1993.

Cracco-Ruggini, L.: Vicende rurali dell'Italia antica dall'éta tetrarchica ai Langobardi. In: Rivista Storica Italiana 766 (1964) S. 266 bis 281.

Crawford, M.: Finance, Coinage and Money from the Severans to Constantine. In: ANRW II 2 (1975) S. 560–593.

Delmaire, R.: Les responsables des finances impériales au Bas-

Empire romain (IVe–VIe s.). Études prosopographiques. Brüssel 1989. (Collection Latomus. 203.)

Drinkwater, J. F.: Peasants and Bagaudae in Roman Gaul. In: Classical Views 28 (1984) S. 349–371.

Duncan, G. L.: Coin Circulation in the Danubian and Balkan Provinces of the Roman Empire AD 294–578. London 1993.

Günther, R.: Laeti. Foederati und Gentiles in Nord- und Nordostgallien im Zusammenhang mit der sogenannten Laetenzivilisation. In: Zeitschrift für Archäologie 5 (1971) S. 19–38.

Hendy, M.: Studies in the Byzantine Monetary Economy c. 300 bis 1450. Cambridge 1985.

Herz, P.: Studien zur römischen Wirtschaftsgesetzgebung. Die Lebensmittelversorgung, Stuttgart 1988. (Historia Einzelschriften. 55.)

Karayannopulos, J.: Das Finanzwesen des frühbyzantinischen Staates. München 1958.

King, C. E. (Hrsg.): Imperial Revenue, Expenditure and Monetary Policy in the Fourth Century A. D. London 1980. (BAR Int. Ser. 76.)

Krause, J. U.: Spätantike Patronatsformen im Westen des römischen Reiches. München 1987.

Lacam, G.: La fin de l'empire romain et le monnayage d'or en Italie (455–493). 2 Bde. Luzern 1983.

Lewit, T.: Agricultural Production in the Roman Economy, A. D. 200–400. Oxford 1991.

Martino, F. de: Wirtschaftsgeschichte des alten Rom. Übers. von B. Galsterer. München 1985.

Mickwitz, G.: Geld und Wirtschaft im römischen Reich des vierten Jahrhunderts n. Chr. Helsingfors 1932. Nachdr. Amsterdam 1965.

Millar, F.: The Fiscus in the First Two Centuries. In: JRS 53 (1963) S. 28–42.

Pekáry, Th.: Studien zur römischen Währungs- und Finanzgeschichte von 161–235 n. Chr. In: Historia 8 (1959) S. 443–489.

Rickman, G.: The Corn-supply of Ancient Rome. Oxford 1980.

Sirks, B.: Food for Rome. The legal structure of the transportation and processing of supplies for the imperial distribution in Rome and Constantinopel. Amsterdam 1991.

Veyne, P.: Le pain et le cirque. Sociologie historique d'un pluralisme politique. Paris 1976.

# Römische Literatur

IN RECLAMS UNIVERSAL-BIBLIOTHEK

## Geschichtsschreibung

Augustus, *Res gestae / Tatenbericht.* Lat./griech./dt. 88 S. UB 9773

Caesar, *De bello Gallico / Der Gallische Krieg.* Lat./dt. 648 S. UB 9960 – *Der Bürgerkrieg.* 216 S. UB 1090 – *Der Gallische Krieg.* 363 S. UB 1012

Eugippius: *Vita Sancti Severini / Das Leben des heiligen Severin.* Lat./dt. 157 S. UB 8285

Livius, *Ab urbe condita. Liber I / Römische Geschichte. 1. Buch.* Lat./dt. 240 S. UB 2031 – *Ab urbe condita. Liber II / Römische Geschichte. 2. Buch.* Lat./dt. 237 S. UB 2032 – *Ab urbe condita. Liber III / Römische Geschichte. 3. Buch.* Lat./dt. 263 S. UB 2033 – *Ab urbe condita. Liber IV / Römische Geschichte. 4. Buch.* Lat./dt. 235 S. UB 2034 – *Ab urbe condita. Liber V / Römische Geschichte. 5. Buch.* Lat./dt. 229 S. UB 2035 – *Römische Geschichte. Der Zweite Punische Krieg.* I. Teil. 21.–22. Buch. 165 S. UB 2109 – II. Teil. 23.–25. Buch. 160 S. UB 2111 – III. Teil. 26.–30. Buch. 240 S. UB 2113

Nepos, Cornelius, *De viris illustribus / Biographien berühmter Männer.* Lat./dt. 456 S. UB 995

Sallust, *Bellum Iugurthinum / Der Krieg mit Jugurtha.* Lat./dt. 222 S. UB 948 – *De coniuratione Catilinae / Die Verschwörung des Catilina.* Lat./dt. 119 S. UB 9428 – *Historiae / Zeitgeschichte.* Lat./dt. 88 S. UB 9796 – *Die Verschwörung des Catilina.* 79 S. UB 889 – *Zwei politische Briefe an Caesar.* Lat./dt. 95 S. UB 7436

Sueton, *Augustus.* Lat./dt. 200 S. UB 6693 – *Nero.* Lat./dt. 151 S. UB 6692 – *Vespasian, Titus, Domitian.* Lat./dt. 136 S. UB 6694

Tacitus, *Agricola.* Lat./dt. 150 S. UB 836 – *Annalen I–VI.* 320 S. UB 2457 – *Annalen XI–XVI.* 320 S. UB 2458 – *Dialogus de oratoribus / Dialog über die Redner.* Lat./dt. 117 S. UB 7700 – *Germania.* 80 S. UB 726 – *Germania.* Lat./dt. 112 S. UB 9391 – *Historien.* Lat./dt. 816 S. 8 Abb. u. 6 Ktn. UB 2721 (auch geb.)

Velleius Paterculus, *Historia Romana / Römische Geschichte.* Lat./dt. 376 S. UB 8566

# Philipp Reclam jun. Stuttgart